공립유치원교사 임용시험 대비

하수혜 거름이 누리과정

① 신체운동 · 건강

하수혜 편저

박문각

하수혜 거름이
누리과정

1 신체운동·건강

머리말

희 망

성실하게 뚜벅뚜벅 자신의 길을 가는 사람들에게만
보이는 그 별의 이름은 희망입니다.

지금도 어디선가 자신의 자리에서
묵묵히 책장을 넘기고 있을 선생님들이

자신들의 별을 찾아
그 빛을 나누어 주는 시간이 오기를 간절히 바랍니다.

아무리 어려워도 희망을 다 써버린 때는 없습니다.

우리가 견뎌내야 하는 시간들에
혹 어둠이 오더라도
맘도 몸도 다치지 않고
어울려 다독여 가며
세상의 밤을 밝히고
서로의 마음을 따듯하게 어루만져 줄 수 있는 우리이기를.

― by 하수혜

차례

SESSION 01 유아동작교육

Ⅰ. 유아동작교육의 이해
- UNIT01 유아동작교육의 기초이론 … 8
- UNIT02 운동기능 발달의 원리 … 9
- UNIT03 운동능력의 발달단계-갤러휴 … 11
- UNIT04 기초체력(체력) … 15
- UNIT05 체육활동 … 19

Ⅱ. 유아동작교육의 내용
- UNIT06 유아동작교육의 기초 영역-동작의 구성요소 … 25
- UNIT07 동작교육의 기초 영역-기본동작 능력 … 36
- UNIT08 유아동작교육의 응용 영역-리듬동작 … 46
- UNIT09 유아동작교육의 응용 영역-창의적 신체표현(표현동작) … 48
- UNIT10 유아동작교육의 응용 영역-동작감상 … 51

Ⅲ. 유아동작교육의 교수학습방법
- UNIT11 유아동작교육의 교수방법-직접적 교수방법 … 55
- UNIT12 유아동작교육의 교수방법: 안내-발견적 교수법 … 57
- UNIT13 유아동작교육의 교수방법-탐색적 교수법 … 58
- UNIT14 유아동작교육의 교수학습원리 … 62

Ⅳ. 유아동작교육의 접근방법
- UNIT15 주제 중심 접근법-신체적 접근방법 … 63
- UNIT16 주제 중심 접근법-극적 접근방법 … 69
- UNIT17 통합적 접근법 … 75

Ⅴ. 리듬적 접근법
- UNIT18 리듬적 동작교수법-와이카트 … 80
- UNIT19 리듬 중심 동작교수법-브라운 … 86
- UNIT20 음률 중심 동작교수법-몬슈어, 코헨, 린델 … 87

Ⅵ. 유아동작교육을 위한 교사 역할
- UNIT21 유아동작교육에서 교사의 역할 … 88
- UNIT22 유아동작교육과 교사의 상호작용 … 93
- UNIT23 효율적인 동작교육 활동을 위한 교사 역할 … 96
- UNIT24 창의성 신장을 위한 교사 역할 … 100

Ⅶ. 유아동작교육을 위한 환경
- UNIT25 공간 구성 … 103

SESSION 02 유아건강교육

Ⅰ. 유아건강교육
- UNIT26 유아건강교육의 이해 … 108
- UNIT27 유아건강교육의 운영 및 교수·학습 방법 … 110
- UNIT28 유아의 건강에 영향을 미치는 요인 … 115
- UNIT29 유아의 건강관리 … 118
- UNIT30 정신건강교육 … 119

Ⅱ. 유아영양교육
- UNIT31 영양교육의 이해 … 130
- UNIT32 영양의 관리 … 135
- UNIT33 유아교육기관의 영양관리 … 139
- UNIT34 식습관 지도 … 144

Ⅲ. 유아보건교육
- UNIT35 기관에서의 위생관리 … 152
- UNIT36 유아의 질병관리-식중독 … 162
- UNIT37 유아의 질병관리-휴식 … 169
- UNIT38 유아의 질병관리-치아관리 … 170
- UNIT39 유아의 질병관리-예방접종 … 171
- UNIT40 유아의 질병관리-약물관리 … 172

SESSION 03　유아안전교육

Ⅰ. 안전교육의 기초
- UNIT41 유아 안전사고의 발생 원인 … 176
- UNIT42 안전교육 관련 법령 … 177
- UNIT43 7대 안전교육 표준안 … 178
- UNIT44 기관에서의 안전 및 사고관리 … 180

Ⅱ. 생활안전교육
- UNIT45 시설 안전–실내 안전 … 182
- UNIT46 시설 안전–위생관리 … 190
- UNIT47 시설 안전–다중이용시설의 안전 수칙 … 192
- UNIT48 시설 안전–전기 안전 … 198
- UNIT49 제품 안전–생활용품 안전 … 201
- UNIT50 제품 안전–식품 안전 … 203
- UNIT51 실험·실습 안전 … 205
- UNIT52 신체활동 안전–놀이활동 안전 … 208
- UNIT53 신체활동 안전–계절놀이 안전 … 214
- UNIT54 신체활동 안전–물놀이 안전 … 216
- UNIT55 신체활동 안전–등산 안전 … 219
- UNIT56 신체활동 안전–탈 것 안전 … 221
- UNIT57 신체활동 안전–현장체험학습 안전 … 224

Ⅲ. 교통안전교육
- UNIT58 보행자 안전 … 226
- UNIT59 자전거 안전 … 236
- UNIT60 오토바이 안전–오토바이 안전 … 242
- UNIT61 자동차 안전–자동차 안전 … 244
- UNIT62 자동차 안전–대중교통 안전 … 253

Ⅳ. 폭력예방 및 신변보호교육
- UNIT63 학교폭력–학교폭력, 언어·사이버 폭력, 신체폭력, 집단 따돌림 … 255
- UNIT64 성폭력–성폭력 … 262
- UNIT65 성폭력–성매매 … 284
- UNIT66 아동학대 … 286
- UNIT67 자살 … 336
- UNIT68 유괴·미아사고 예방–실종·유괴 예방 … 338
- UNIT69 동물 물림 … 348

Ⅴ. 약물 및 사이버중독 예방교육
- UNIT70 약물 중독–마약 등 약물류 폐해 및 예방 … 352
- UNIT71 약물 중독–흡연 폐해 및 예방 … 356
- UNIT72 약물 중독–고카페인 식품 폐해 및 예방 … 358
- UNIT73 사이버 중독–인터넷 게임 중독 예방, 스마트폰 중독 예방 … 360

Ⅵ. 재난안전교육 및 응급처치교육
- UNIT74 화재 … 367
- UNIT75 자연재난–태풍·집중호우·낙뢰 … 381
- UNIT76 자연재난–지진 … 388
- UNIT77 자연재난–대설·한파 … 399
- UNIT78 자연재난–폭염 … 404
- UNIT79 자연재난–황사 … 410
- UNIT80 자연재난–미세먼지 … 416
- UNIT81 응급처치의 이해 … 421
- UNIT82 응급처치의 실제 … 431
- UNIT83 사회재난–감염병 등 … 458
- UNIT84 학교 감염병 예방·위기대응 매뉴얼 … 463
- UNIT85 재난으로 인한 휴업 … 528
- UNIT86 장애 학생 및 조력자 재난 대응 요령 … 531

Ⅶ. 2019 개정 누리과정–신체운동·건강

	CHECK 1	CHECK 2	CHECK 3
Ⅰ. 유아동작교육의 이해			
UNIT01 유아동작교육의 기초이론			
UNIT02 운동기능 발달의 원리			
UNIT03 운동능력의 발달단계-갤러휴			
UNIT04 기초체력(체력)			
UNIT05 체육활동			
Ⅱ. 유아동작교육의 내용			
UNIT06 유아동작교육의 기초 영역-동작의 구성요소			
UNIT07 동작교육의 기초 영역-기본동작 능력			
UNIT08 유아동작교육의 응용 영역-리듬동작			
UNIT09 유아동작교육의 응용 영역-창의적 신체표현(표현동작)			
UNIT10 유아동작교육의 응용 영역-동작감상			
Ⅲ. 유아동작교육의 교수학습방법			
UNIT11 유아동작교육의 교수방법-직접적 교수방법			
UNIT12 유아동작교육의 교수방법: 안내-발견적 교수법			
UNIT13 유아동작교육의 교수방법-탐색적 교수법			
UNIT14 유아동작교육의 교수학습원리			
Ⅳ. 유아동작교육의 접근방법			
UNIT15 주제 중심 접근법-신체적 접근방법			
UNIT16 주제 중심 접근법-극적 접근방법			
UNIT17 통합적 접근법			
Ⅴ. 리듬적 접근법			
UNIT18 리듬적 동작교수법-와이카트			
UNIT19 리듬 중심 동작교수법-브라운			
UNIT20 음률 중심 동작교수법-몬슈어, 코헨, 린델			
Ⅵ. 유아동작교육을 위한 교사 역할			
UNIT21 유아동작교육에서 교사의 역할			
UNIT22 유아동작교육과 교사의 상호작용			
UNIT23 효율적인 동작교육 활동을 위한 교사 역할			
UNIT24 창의성 신장을 위한 교사 역할			
Ⅶ. 유아동작교육을 위한 환경			
UNIT25 공간 구성			

SESSION 01

유아동작
교육

Ⅰ 유아동작교육의 이해

MEMO

UNIT 01 유아동작교육의 기초이론

개념 및 정의	• 유아동작교육이란 동작의 기본원리와 구성요소에 대한 이해를 바탕으로 유아가 자신의 느낌, 감정, 생각을 동작으로 움직이고 적용하는 것을 의미한다. 이는 유아가 자신의 신체를 이용하여 탐색해 보면서 동작과 관련한 요소를 이해하고, 운동기술을 증진하며, 자기 생각이나 느낌을 창의적으로 표현하는 것이라고 볼 수 있다. • 유아동작교육은 신체운동기술과 관련된 '기능적 움직임'과 자신의 생각을 자유롭고 창의적으로 표현하는 '표현적 움직임'의 의미를 포함하고 있다. • Lynch-Fraser(2000)는 신체기능의 획득과 같은 '기능적 신체동작(functional physical)'과 개인의 내적 감정이나 상태를 반영한 '창의적 동작(personal creative movement)'으로 구분하여 동작개념을 정의하였다. • Gallahue(1976)는 유아동작교육에 대해 '동작을 위한 교육'과 '동작을 통한 교육'으로 구분하여 제안하였다. 　- '동작을 위한 교육'은 동작을 가르치는 교육으로서 체육교육의 일부이다. 유아는 성숙해지면서 자연스럽게 운동기술을 획득하지만, 그것을 경험하는 기회를 통해 자신이 가진 잠재적인 운동능력을 실험하고 탐색해 보면서 자신감과 성취감을 갖게 된다. 경험을 통해 정교하고 정확한 운동기술을 숙달함으로써 이를 토대로 예술적 무용이나 고난이도의 체육활동을 위한 기초능력을 갖추게 되는 것이다. 　- '동작을 통한 교육'은 몸을 움직이며 다양한 동작을 시도하고 경험함으로써 신체적 운동기술뿐만 아니라 언어발달, 인지발달, 내적인 자기표현 등이 이루어지는 것이다. • 이처럼 동작교육을 '동작 자체에 강조점을 두고 바라보는가?' 또는 '통합적 발달 측면에서 동작교육을 실시하는가?'에 따라 개념과 접근방식이 달라질 수 있다.
목적	• 유아교육이 전인발달을 추구하는 것과 같이 유아들은 동작교육을 통해 신체, 인지, 사회, 정서 발달 등이 이루어진다. 유아들은 다양한 움직임을 시도하며 자신의 신체능력을 실험하고, 실패하고 도전하는 과정을 통해 신체발달이 이루어진다. 스스로 몸을 움직이며 자신이 생각한 것이나 느낌을 자연스럽게 표출하면서 인지, 창의성, 정서, 사회성이 상호작용하며 발달하게 된다. 유아는 동작교육을 통해 다양한 운동형태와 운동기술을 익히며 자신의 신체능력에 대한 유능감을 갖게 될 뿐만 아니라 자기만족감, 자신감 등 긍정적 태도를 형성하게 된다. 　- 이처럼 유아동작교육은 유아의 신체 기술과 기능의 발달뿐만 아니라 즐거움과 자연스러운 느낌의 표현을 통해 정서를 순화하고 또래와 협동하여 관계를 맺으며 사회성 발달을 촉진한다. 또한 다양한 움직임을 활용하여 문제해결력이 향상되며, 이를 통해 자기만족감과 효능감, 창의성, 탐구능력 등 전인발달이 이루어진다.

	• 즉, 유아동작교육은 자신의 신체에 대한 이해와 움직임을 토대로 그 과정 속에서 심미감, 창의성, 언어, 정서, 인지, 사회성, 신체 발달이 통합적으로 이루어지는 것을 목적으로 한다. - 이를 토대로 구체적인 유아동작교육의 목표를 제시하면 다음과 같다. ① 신체에 대한 지식과 기술을 터득하고, 신체 조절 및 활용 능력을 증진한다. ② 감정표현 능력과 상징적 표상능력을 향상시킨다. ③ 동작교육을 통해 동작어 등 언어발달을 증진한다. ④ 동작교육을 통해 자신감 향상, 긍정적 자아개념, 협동능력 등 사회성 발달을 증진한다. ⑤ 동작교육을 통해 실험, 탐색, 발견의 기회를 토대로 인지개념을 발달시킨다. ⑥ 동작교육을 통해 창의적으로 표현하며 심미감과 창의성을 기른다. ⑦ 동작활동을 즐기며, 긍정적 태도를 갖는다.
필요성	• 유아동작교육은 유아의 건강과 체력증진, 신체적 성장을 위해 필요하다. - 유아들은 동작으로 표현하면서 자신이 신체를 조절하고 움직일 수 있다는 자신감과 성취감을 느끼며, 환경과의 관계도 인식하게 된다. 특히 유아기는 발달특성상 끊임 없이 탐색하며 알아가기 위해 계속 움직이고, 자신의 생각이나 느낌을 자유롭게 표현하고자 한다. 유아의 동작활동은 운동기술 발달에 중요한 영향을 미치며, 대소근육 및 신체 각 부분의 발달을 촉진하고, 운동능력을 향상시킨다.

UNIT 02 운동기능 발달의 원리

개념		신체근육을 조절할 수 있는 운동기능 발달에는 그것이 진행되는 일정한 경향, 즉 일반화되어 공통적으로 적용되는 원리가 있다.
원리 (발달의 진행 방향)	두미발달 (cephalocaudal development)의 원칙	• 운동능력은 뇌에서 가장 가까운 부분부터 발달한다. • 발달은 상부에서 하부로 진행된다. 즉, 머리 부분이 몸통이나 팔, 다리보다 먼저 발달한다. 예 영아들은 머리를 들게 된 후 가슴을 들고, 다리 근육이 발달하면서 기고, 서고, 걷게 된다.
	근원발달 (proximodistal development)의 원칙	운동능력은 신체의 중심 부분에서 말초 부분으로 발달한다. 즉, 몸의 안쪽에서 바깥쪽으로 발달한다. 예 팔-손목-손-손가락의 순서대로 발달이 이루어진다.

	세분화발달
	(hierarchical integration development)의 원칙
		• 운동능력은 대근육이 먼저 발달하고 소근육이 나중에 발달한다.
		• 단순한 것에서 복잡한 것으로 진행된다. 즉, 일반적이고 전체적인 것에서 점차 분화하여 특수한 것으로 발달한다.
		  - 영아의 초기 행동은 몸 전체를 사용하는 거칠고 산만하며 분화되지 않은 형태이지만, 점차 분화되면서 정밀한 행동으로 대체된다.
		    예 영아들은 물건을 잡기 위해 손바닥 전체를 사용하지만, 점차 엄지와 검지로 물건을 잡을 수 있게 된다.

	양방에서 일방으로의 발달	• 운동능력은 양방에서 일방으로 발달한다.
		  - 유아의 신체 구조는 생리적으로 상하, 양방의 관계로 균형을 이루고 있으나, 점차 어느 한쪽이 선택되어 발달한다.
		    예 유아가 처음에는 양쪽 손을 모두 사용하게 되지만, 초등학교 입학 시기쯤에는 어느 한쪽 손을 주로 사용하게 된다.

	수평적인 동작에서 수직적인 동작으로의 발달	운동능력은 수평적인 동작에서 수직적인 동작으로 발달한다. 예 유아는 걷거나 앞으로 뛰는 동작을 학습한 후 수직으로 뛰는 동작을 학습하게 된다.
	독립발달 (independence development)의 원칙	각각 다른 신체 시스템은 다른 속도로 성장한다. 예 신체 크기, 신경계, 성적 성숙에 대한 성장 패턴은 상당히 다르다.
신체발달 패턴	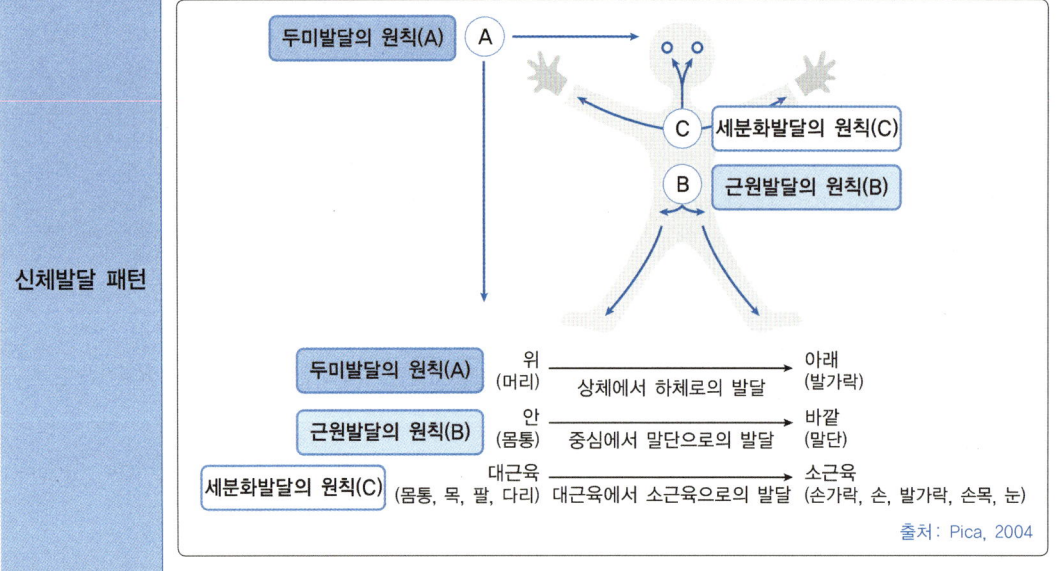	

출처: Pica, 2004

UNIT 03 운동능력의 발달단계 - 갤러휴(Gallahue)

#KEYWORD 운동능력의 발달단계 중 기본적 동작기

- 운동능력은 연령이 증가함에 따라 일정한 방향과 순서로 발달하며, 개인에 따라 발달속도의 차이는 있을 수 있으나 발달단계를 뛰어넘을 수는 없다.
- 영아전기(infant), 걸음마기(toddler), 유아기(preschooler)에 이르기까지 불안정한 움직임에서 점차 숙련되면서 유연하고 완전한 자세로 발전하게 된다.
- Gallahue(1993)는 운동능력의 발달단계를 연령에 따라 4단계로 나누었다.
  ① **1단계** 반사적 동작(reflective movement) : 최초로 나타나는 운동발달로 외부자극에 무의식적으로 반응하여 신체를 움직이는 것이다.
  ② **2단계** 초보적 동작(rudimentary movement) : 반사적 동작이 줄어들면서 의도성을 가진 신체 움직임이 나타나게 된다.
  ③ **3단계** 기본적 동작(fundamental movement) : 초보적 동작이 좀 더 발달되어 성숙된 동작으로 나타나지만, 동작의 정확도는 아직 미흡하다.
  ④ **4단계** 전문화된 동작(specialized movement) : 운동능력이 점차 발달하여 복합적이고 성숙된 동작 기술이 나타난다.

1단계 반사적 동작

- 반사적 동작은 생후 1년 이내의 신생아에게 나타나는 최초 운동발달의 특징으로, 반사는 외적인 자극에 따라 무의식적으로 신체가 움직여지는 것을 말한다.
  - 반사는 주로 먹는 기능과 생리적 기능을 유지하는 데 유용하며, 신생아를 위험으로부터 보호해 주는 기능을 한다.
  - 반사적 동작은 점차 통제되면서 의도성을 지니는 초보적 운동능력 발달로 발전하게 된다.

A 반사행동의 유형

구분	유형	반응과 의미
생존반사	눈 깜빡임 반사	눈에 강한 빛이 비치거나 물체가 급히 다가오면, 눈을 감거나 깜빡여 눈을 보호한다.
	호흡 반사	반복적인 들숨과 날숨을 쉼으로써 체내에 산소를 공급하고 이산화탄소를 방출한다.
	젖 찾기 반사	신생아의 입 주변에 가만히 손가락이나 고무젖꼭지 등으로 자극을 주면 자극물을 향해 고개와 입을 돌리는 모습을 관찰할 수 있다.
	빨기 반사 (근원 반사)	입이나 입술을 자극하면 빨기 시작하는 것으로, 생존을 위해 영양을 섭취할 수 있도록 한다.
	삼키기 반사	입 속에 음식물이 들어오면 삼키는 것으로, 생존을 위해 영양을 섭취할 수 있도록 한다.
원시반사	모로반사	모로(Moro)가 발견한 반사로, 아기의 머리 위치를 갑자기 변화시키거나 큰 소리를 내면 팔과 다리를 순간적으로 떨며 움직여 무엇을 껴안으려는 듯한 행동을 보인다.
	바빈스키반사	바빈스키(Babinski)가 발견한 반사로, 아기의 발바닥을 자극하면 발가락을 부챗살처럼 펴는 반사 행동을 보인다.

		잡기 반사	손바닥을 물체로 자극하면 손을 오므려 물체를 잡는다.
		걸음마 반사	아기의 몸을 세워서 발바닥이 지면에 닿게 하면 마치 걷는 것처럼 다리를 움직이는 반사이다.

2단계 초보적 동작	• 초보적 동작은 출생 직후 영아에서 약 2세까지 나타나며 처음으로 자발적이고 의도적인 신체 운동이 시작되는 주요한 시점이다. 이 시기에는 안정(비이동) 동작, 이동 동작, 조작적 동작 능력이 상호작용하며 발달되는데, 그 수준은 생존을 위해 필요한 가장 초보적인 단계에 그친다.
	• 반사적 행동이 점차 감소되면서 불완전해 보이는 기초 움직임이 나타나며 의도적인 신체 운동이 시작된다.
	  - 목, 머리, 몸을 통제하기 시작하며, 앉고 서는 안정(비이동) 동작이 가능하다.
	  - 이후 기기, 기어가기, 걷기와 같은 이동 동작이 나타난다.
	  - 조작적 동작은 의도성을 갖고 사물에 손을 뻗거나, 물건을 잡을 때 손을 이용하다가 점차 손가락 힘으로 잡게 된다.		

3단계 기본적 동작	• 기본적 동작은 생후 2년에서 약 7세까지 나타나는 동작능력으로, 초보적인 동작 단계에서 나아가 점차 다양한 기본 동작을 능숙하게 수행할 수 있는 단계이다. 이는 연속적 발달 단계를 통해 이루어지며 기본운동 능력과 함께 기초체력이 형성되는 시기이다.
	  - 여러 가지 기본적 동작을 성숙하게 수행할 수는 있지만, 세분화되고 정확한 기술적인 움직임까지는 발달되어 있지 않다.
	    📖 유치원 시기에 이르게 되면 뛰어넘기와 스키핑을 제외하고는 기본적인 동작을 대부분 할 수 있다. 스키핑 동작은 대부분의 유아가 기본동작 단계에서 성공하지만 일부 유아는 7세 이후에도 성공하지 못하는 경우도 있다.
	    📖 조작적 동작에서 공 던지기의 경우 어떤 유아는 아래로 내려 꽂으면서 던지고, 어떤 유아는 머리 위로 던지기도 한다. 공을 던지는 팔과 교차되는 발을 앞으로 하고 팔과 허리를 뒤로 젖혔다가 던지면서 앞으로 하는 동작은 8세 정도가 되면 가능해진다.		

	초기 (입문 단계)	• 2~3세 • 기본적인 운동능력을 형성하는 시기로, 신체 각 기관의 협응력이 갖추어지지 않아 다소 거칠고 협응되지 않은 동작을 말한다. • 이 시기 유아는 던지기, 잡기, 차기, 높이 뛰어오르기 등과 같은 기본적 동작 기술을 시도할 수 있으나, 가끔 동작이 너무 과장되거나 위축될 수 있고, 동작의 율동감도 결여되어 신체의 움직임이 자연스럽거나 능숙하지 않다.		
	중기 (초보 단계)	• 4~5세 • 이전 단계에 비하여 신체 협응력이 다소 향상되고 자연스러워진다. • 이 시기 유아는 자신의 신체 움직임을 대체로 조정할 수 있으나 여전히 움직임이 서툴고 경직되어 있으며 유연성이 결여되어 있다.		
	성숙기 (성숙 단계)	• 6~7세 • 이 시기 유아는 기본운동 기술이 능숙하게 되고 신체 협응력이 증가한다. • 기술적으로 정확하며, 모든 움직임의 요소들이 통합되어 효율적인 동작으로 나타나게 된다. • 이 시기 이후부터 유아들의 운동 수행능력이 급속히 발달하여, 이전 단계보다 더 멀리 던지고, 더 빨리 달리고, 더 높이 뛰는 것이 가능해진다.		

- 전문화된 동작은 초등학교 저학년인 7세 이후부터 청년기까지 지속적으로 발달한다. 연령이 증가함에 따라 세분화된 동작기술이 발달하면서 정확하고 복합적인 성격을 나타낸다.
  - 14세부터 청소년기까지는 전문화된 운동기술이 나타나는데, 이 단계에서 습득한 운동능력은 경쟁적이고 오락적인 각종 스포츠나 레크리에이션에 적용하는 것이 가능하다.

4단계 전문화된 동작	① 과도기 (전환 단계) (7세~10세)	• 일반적 운동능력이 발달한다. • 기본적 동작 단계에서보다 각종 동작을 정확하게 할 수 있다.
	② 응용기 (적용 단계) (11세~13세)	특수하고 세분화된 운동능력이 발달하며 복합된 동작기술이 출현한다.
	③ 이용기 (활용 단계) (14세~청년기)	• 전문화된 운동기술이 발달한다. • 이제까지 습득한 모든 운동능력을 경쟁적이고 오락적인 각종 스포츠나 레크리에이션에 적용할 수 있는 시기이다.

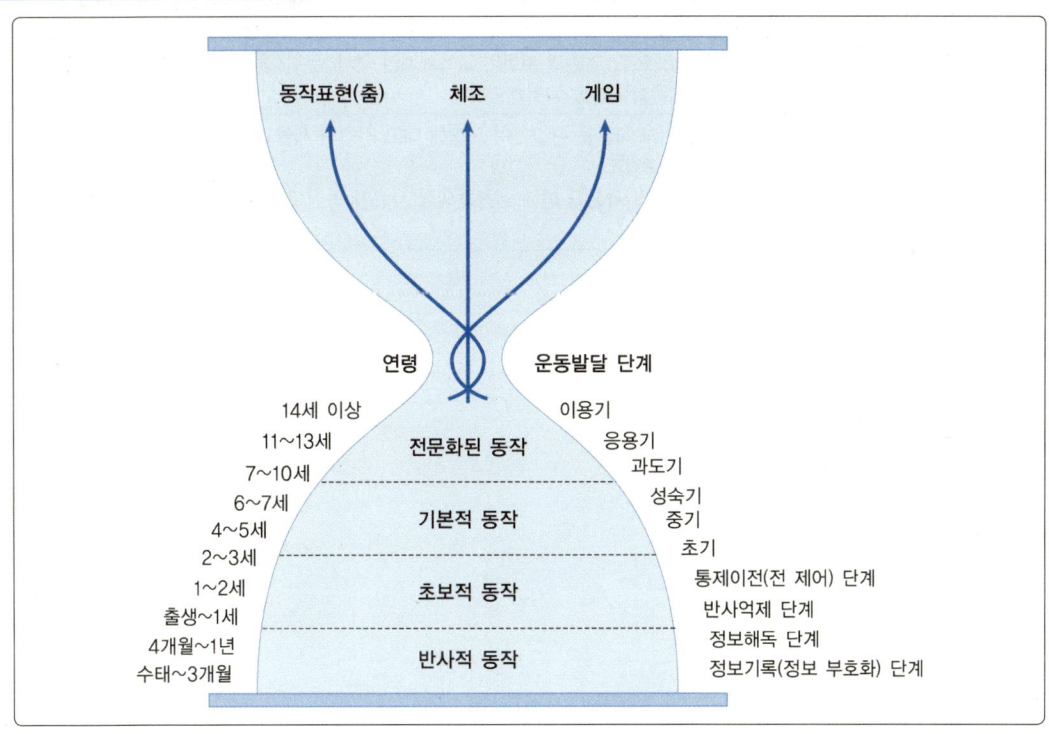

🔸 Gallahue와 Ozmun의 운동발달 4단계

던컨(Duncan)의 동작교육

- 던컨은 무용의 의미가 곧 '발레'였던 서구 무용사회에서 인간의 자유를 갈망한 현대무용을 탄생시켰다.
  - 전통 발레와 대조적으로 사상과 감정을 자유로운 움직임으로 표현하였다.
  - 자유로운 움직임, 다양한 표현을 위한 신체 움직임, 전인발달을 위한 동작의 통합적 접근, 그리고 주변 관찰을 통한 실용주의적 동작교육 등의 측면에서 유아동작교육에 영향을 주었다.

① 자유로운 움직임으로서의 동작교육	• 평상시 움직이는 사람들의 모습, 즉 걷고 뛰는 것들을 동작교육으로 반영한 것이다. 　- 유아들에게 친숙할 뿐만 아니라 혼란한 사회에 노출되기 전 유아와 주변의 것들이 조화롭게 어울리도록 도와주는 교육으로서 유아기에 적합한 교육방식이다. • 수업 안에서 신체의 움직임을 유도하는 가장 초보적인 매개체로 음악을 설명한다. 　- 음악을 들으며 유아들이 규칙적 리듬에 신체가 반응하도록 하는 즉흥적으로 움직이는 교육을 강조한다.
② 생각을 표현하기 위한 신체표현교육	• 움직임 자체를 강조하는 운동보다는 표현을 강조하는 움직임에 초점을 둔다. 　- 기존 발레에서 배제된 상체 움직임을 강조하면서 지구와 자신의 움직임을 연관시키고자 하였다. 　- 호흡과 우주를 느끼는 방법으로 팔을 들거나 흔드는 동작, 전신을 바닥에 눕혔다 일으키는 동작을 지도한다. 　- 유아들의 신체가 우주와 교감하고 있다는 사실을 교육으로 반영하고자 하였다.
③ 전인발달을 위한 통합교육	• 철학자들의 저서 내용과 자신이 쓴 시를 사용하여 신체적 움직임으로 표현하였다. 　- 신체교육임과 동시에 예술교육, 그리고 인문교육을 아우르는 종합적인 교육임을 보여주는 것으로, 기존의 분화된 교육체계인 역사, 문화, 음악, 미술을 신체표현으로 교차시켜 통합교육을 강조하였다.
④ 자연관찰을 통한 실용주의를 반영한 교육	• 주변의 자연이나 사물을 관찰하여 표현해 내고 각각의 사물과 자연에 동화되는 인간의 움직임을 강조하였다. 　- 이는 자연주의 사상과 함께 실용주의적 사고가 동작교육 안으로 편입된 것을 보여주는 것이다.

UNIT 04 기초체력(체력)

#KEYWORD 기초체력의 요소

1 기초체력의 개념 및 요소

개념	체력이란 인간이 살아가는 환경에 적극적으로 대처하고 환경의 변화와 스트레스를 이겨낼 수 있는 능력이며 건강한 정도를 확인할 수 있는 준거이다.	
	적응력	인간이 처한 물리적·화학적 스트레스, 생물학적 스트레스, 생리적 스트레스, 정신적 스트레스 등에 대항하여 견뎌낼 수 있는 능력이다.
	활동력	• 힘을 일으키는 운동 발현능력, 힘을 오랫동안 낼 수 있는 운동 지속능력 및 힘을 조절해서 낼 수 있는 운동 조절능력이다. • 일상생활에서 생산성을 높이는 능력으로 피로 없이 작업을 수행할 수 있는 능력이다.
체력의 요소 (갤러휴)	건강 관련 체력	근력, 근지구력, 전신지구력, 유연성
	행위 관련 체력	협응력, 속력, 민첩성, 힘, 평형성

> **운동적성**
> • 운동적성이라는 용어는 운동능력이나 신체적성 또는 체력이라는 용어와 혼용되고 있다.
> • 운동적성
>   - 신체적성이나 운동능력에 포함되는 어느 정도의 운동에 대한 소질로서, 운동능력의 한 측면이다.
>   - 행동체력과 동일한 것으로 운동에 대한 적응능력을 말한다.
>   - 다면적인 여러 운동요인으로 구성되며, 어느 한 운동요인이 우수하거나 몇몇 요인이 뛰어나다고 해서 우수한 운동적성을 가지고 있다고 평가할 수 없다.
> • 일반적으로 운동적성은 근력, 지구력, 조정력, 순발력, 유연성의 다섯 가지 운동요인으로 구성된다.
>
> 출처: 전인옥 외 1명, 「유아동작교육」

2 체력 요소의 개념과 측정

(1) 건강 관련 기초체력

근력	• 근육이 한 번 수축할 때 발휘할 수 있는 최대의 힘을 나타낸다.
	  - 유아에게 근력은 일상생활에서 전반적인 신체활동을 자유롭게 해주고, 각종 질병에 대한 저항력을 높여 건강하고 활기찬 생활을 할 수 있도록 해 주는 중요한 운동요인이다.
	  - 근력이 좋으면 무거운 물건을 잘 들어 올릴 수 있다.		

	근력을 향상시키기 위한 체육활동	• 뛰어넘기 • 밀기	• 오르기 • 당기기
	측정	윗몸 일으키기	

지구력	• 지구력이란 운동을 지속하는 능력으로서, 근지구력과 전신지구력(심폐지구력)으로 나뉜다. ① 근지구력 　- 오래 매달리기와 같이 정적인 근수축을 장시간 오래 계속할 수 있는 능력이다. 　- 일정한 힘을 얼마나 오래 반복해서 낼 수 있는가에 대한 능력이다. ② 전신지구력(심폐지구력) 　- 격렬한 전신운동을 장기간 계속할 수 있는 능력이다. 　- 전신운동을 장시간 계속할 수 있는 능력이므로 유산소 능력이 특히 중요하다. 　- 유산소 능력은 호흡·순환계의 산소운반능력과 조직의 산소이용능력에 의해 좌우되므로 전신지구력은 호흡·순환지구력 또는 심폐지구력이라고도 한다.		
	지구력을 향상시키기 위한 체육활동	• 달리기 • 매달리기 • 팔굽혀펴기	
	측정	지구력 V자 앉기	근지구력 • 팔굽혀펴기 • 윗몸 일으키기 • 오래 매달리기 • 턱걸이	전신지구력 • 의자 오르내리기 • 오래 달리기
유연성	• 관절에 뻣뻣함 없이 부드럽고 자연스럽게 움직일 수 있는 능력이다. • 일반적으로 신체의 부상 없이 몸을 꼬고, 비틀고, 구부리고, 돌리는 능력을 말한다. 　- 연령이 적을수록 크고, 연령이 많아질수록 점차 약화되며, 대체적으로 여아가 남아에 비해 유연성이 크다.		
	유연성을 향상시키기 위한 체육활동	• 손목·발목 수축 이완 운동 • 어깨와 귀 닿기 • 몸으로 비행기 만들기 • 윗몸 앞으로 구부리기	• 다리 벌리기 • 발 들어올리기 • 발로 신체부위 대기 • 윗몸 뒤로 젖히기
	측정	앉아서 윗몸 굽히기	
신체 성분 (체구성, = 신체 조성, = 신체 구성, body composition)	• 지방, 조직(tissue), 섬유와 뼈 혹은 체지방(lean body tissue) 대 지방의 비율에 의한 신체의 구성이다. 　- 신체 내 *체지방과 *제지방의 비율을 기준으로 하여 전반적인 체력을 평가할 수 있다. • 체내를 구성하고 있는 성분인 근육·지방·뼈와 물 등의 상대적인 비율을 지표로 나타낸 것으로, 최근 소아비만의 위기 증가로 신체 성분에 대해 많은 관심이 쏠리고 있다. 　- 체중만이 신체건강의 주요한 지표는 아니다. 왜냐하면 어떤 어린이들은 단지 뼈대가 커서 다른 어린이들보다 체중이 많이 나가기도 하고, 같은 양이라도 근육은 지방보다 더 무겁기 때문이다. 체중이 같은 두 명의 어린이라도 한 명은 근육과 소량의 지방을 가진 반면 다른 한 명은 지방만 많이 가진 것처럼, 전혀 다른 신체 성분을 가질 수 있다는 것이다.		

* 체지방
신체에 있는 지방량(kg)을 말하며, 체지방이 체중(kg)에서 차지하는 비율을 체지방율(%)이라고 한다.

* 제지방
신체 내 지방을 제외한 모든 조직을 일컫는 말이다.

(2) 행위 관련 기초체력

평형성	• 움직이거나 정지한 상태에서 몸의 균형을 유지시킬 수 있는 능력을 말하며, 안정을 지속하면서 운동을 할 수 있는 능력이다. - 신체의 안전과 사고 및 위험 예방에 중요한 역할을 한다. - 평형성을 발달시킴으로써 바르고 좋은 자세를 유지할 수 있으며 안정된 동작으로 운동을 수행할 수 있게 된다.		
	평형성을 향상시키기 위한 체육활동	• 줄 따라 걷기 • 엉덩이로 서기 • 평균대 걷기	• 한발로 서기 • 허수아비 • 회전하여 중심잡기
	측정	한 발로 중심잡기	
민첩성	• 몸 전체 또는 부분적인 동작을 급속히 변경하거나, 일정한 방향으로 움직이는 몸을 신속하게 다른 방향으로 바꿀 수 있는 능력이다. - 민첩성이 향상됨에 따라 유아는 자신의 몸을 신속하고 효율적으로 통제할 수 있는 능력이 발달하여 신체활동을 할 때 다치거나 부상당할 위험이 줄어든다.		
	민첩성을 향상시키기 위한 체육활동	• 차렷·열중쉬어 • 가위바위보 뛰기 • 왕복 달리기	• 소리 듣고 움직이기 • 얼음놀이 • 방향 바꾸어 달리기
	측정	왕복 달리기	
순발력	신체 전체의 위치를 이동하고 변화시키는 순간적인 능력으로, 힘과 속도를 포함한 동적인 역량을 의미한다.		
	순발력을 향상시키기 위한 체육활동	• 높이뛰기 • 공 던지기 • 멀리뛰기	• 가위 점프 • 개구리 뛰기 • 무릎과 가슴 닿기
	측정	제자리 멀리뛰기	
협응성	• 신체의 움직임을 얼마나 매끄럽고 정확하게 하는가에 대한 신체 각 분절의 조화를 의미하는 것으로, 몸 전체를 신속하고 능률적으로 조정하며 통제할 수 있는 능력을 말한다. - 협응력은 신체동작을 민첩하게 수행할 수 있는 민첩성과 순발력, 평형성 등의 조화를 통해 이루어지는 것이며 최소한의 지적 능력을 수반한다. - 또한 협응력은 발휘할 힘을 그 목적에 맞게 적절히 이용하는 과정으로 운동의 효율성에도 기여할 수 있는 운동능력이다. 유아들의 여러 가지 운동양식이 어색하게 또는 위험하게 보이거나, 웬만한 것에도 넘어지거나, 신체의 균형을 잃거나 하는 것 등은 신체의 모든 기능이 아직 미숙하고 상황의 변화에 따라 적절하게 각 부위를 조정할 수 없기 때문이다.		

- 협응성은 두 개 이상의 신체 부위의 조화를 목표로 하며 주로 도구를 많이 사용하여 활동하기 때문에 특히 유아의 동기나 흥미 측면에서 자주 이루어지고 있는 활동들이 포함된다. 즉, 협응력은 운동을 보다 잘할 수 있게 하는 능력으로 이 능력의 향상을 통하여 유아는 보다 적극적인 신체활동을 하게 된다. 유아 운동성취의 특징은 '얼마나 안전하게', '얼마나 안정된 상태로', '얼마나 많은' 운동 패턴을 성취할 수 있는가 하는 것이다. 이러한 운동성취에는 '시각·청각 등과 같은 감각 및 신체 각 부위를 얼마나 적절하게 협응하여 운동을 성취하게 하는가?'하는 능력이 가장 중요하다고 할 수 있다.

❸ 신체구조, 운동적성(체력) 및 운동능력의 관계

- 신체구조, 운동적성, 운동능력은 상호작용한다.
  - 신체구조가 튼튼하면 운동적성이 발달하고, 역으로 운동적성이 발달하면 근육과 근육 사이의 협응적 신체활동이 원활해지면서 튼튼한 신체구조를 갖추게 된다.
  - 운동적성이 잘 갖추어지면 운동능력이 발달하고, 역으로 다양한 체육활동을 통해 달리기, 던지기, 뛰기 등의 운동능력이 발달하면서 운동적성을 획득할 수 있게 된다.

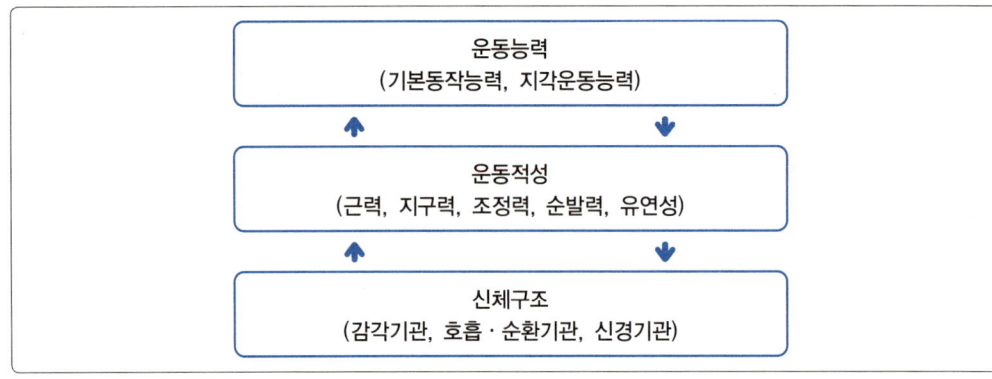

❹ 체력운동의 원리

효과적으로 체력운동을 하기 위한 방법이다.

과부하의 원리	일상의 부하보다 큰 운동의 부하를 준다.
점진성의 원리	운동의 시간, 강도, 빈도를 점진적으로 늘려간다.
지속성의 원리	운동을 꾸준히 실시한다.
반복성의 원리	운동은 지속적으로 반복해서 실시한다.
균형성의 원리	다양한 방법으로 전신에 고르게 실시한다.

UNIT 05 체육활동

#KEYWORD 지도 방법

1 개념

- 유아교육에서 동작교육은 신체활동, 체육교육, 신체표현, 움직임교육, 춤교육 등의 용어로 다양하게 사용된다. 이는 동작표현에 기초한 접근방법과 체육에 기초한 접근방법이 구분없이 적용되어 왔기 때문으로 보고 있다.
  - 이런 측면에서 유아동작교육은 신체운동기술과 관련된 '기능적 움직임'과 자신의 생각을 자유롭고 창의적으로 표현하는 '표현적 움직임'의 의미를 포함하고 있다.
- Gallahue(1976)는 유아동작교육은 '동작을 위한 교육'과 '동작을 통한 교육'으로 구분하여 제안하였다.

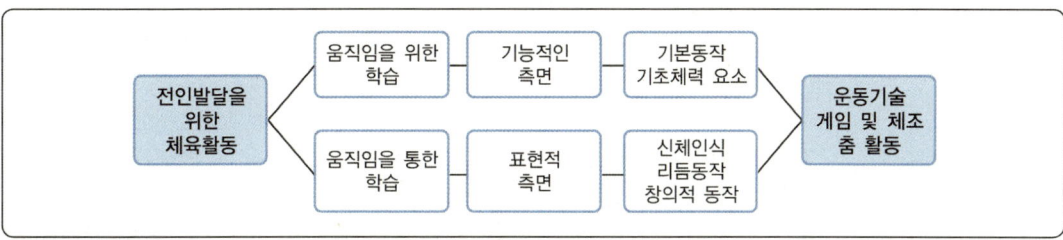

움직임
(동작)을
위한 학습
	• 기능적인 측면의 향상과 움직임 자체를 목적으로 하는 것으로, 유아들이 일상생활이나 운동경기에서 자신의 몸을 효율적으로 움직일 수 있도록 하는 것이다.
	• '동작을 위한 교육목표'는 크게 지각운동능력과 기본동작능력의 발달로 나누어 생각할 수 있다.
	① 유아동작교육은 유아의 지각운동능력을 길러 주며 신체발달을 도와준다.
	  - 즉, 유아가 신체를 움직이면서 갖게 되는 신체지각, 공간지각, 시간지각, 그 외에도 무게지각, 관계지각 등이 발달한다.
	  - 또 유아동작교육은 유아로 하여금 다양한 동작활동을 경험하게 함으로써 유아의 신체적 성장을 촉진시켜 주며, 체력을 증진시켜 신체발달을 도와준다.
	② 유아동작교육은 유아의 기본적인 동작능력과 운동적성능력을 발달시킨다.
	  - 즉, 이동 동작, 안정 동작, 조작 동작과 같은 기본적인 동작능력과 신체조절력, 근육운동 조절력과 같은 운동적성능력을 발달시킨다.

움직임
(동작)을
통한 학습
	• 표현적인 측면의 향상이 목적이며, 유아가 주변 세계를 알아가는 데 사용하는 수단으로 움직임을 활용하는 것이다.
	  - 주변의 여러 가지 사물의 모양이나 움직임을 신체나 매개체로 표현하는 경험을 통해 신체에 대한 지식이 증가한다.
	• '동작을 통한 교육목표'는 유아의 전인발달과 관련한 모든 발달영역을 포함하지만, 크게 언어와 인지능력의 발달, 정서와 사회성의 발달, 음악성의 발달, 창의성과 심미감의 발달, 긍정적 자아개념의 발달로 나누어 생각할 수 있다.
	① 유아동작교육을 통해 유아의 기본적인 인지능력을 발달시키고 언어발달을 도모한다.
	  - 신체를 이용한 다양한 동작활동을 해 보게 함으로써 실험, 조작, 탐색, 발견의 기회를 갖게 하고, 자연현상 및 사회현상에 대한 개념이나 수, 색, 공간, 시간, 어휘력 등 기본적인 인지개념을 학습하고 언어능력을 발달시키도록 한다.

- 유아는 각종 동물이나 곤충의 움직임을 동작으로 자유롭게 표현해 보는 가운데 동물이나 곤충의 특징을 파악할 수 있으며, 바람 부는 날 바람을 등지고 달리거나 바람을 안고 달려 봄으로써 바람의 힘에 대해 경험해 볼 수 있다. 뿐만 아니라 시소 타기를 표현하면서 균형의 개념을 학습할 수 있다.
- "거북이처럼 느린 걸음으로 천천히 다섯 걸음 걸어 보자."라는 표현을 통해서 수세기와 수의 의미를 자연스럽게 학습할 수 있으며, 각종 동작활동을 통해 동그라미, 네모, 긴 네모, 세모 등 모양에 대해 알게 되고, 토끼와 거북이처럼 움직이면서 속도개념을 획득할 수 있다.
- 그 밖에 외국의 전통무용 등을 배우면서 다른 문화의 특징을 인식하게 되며, 여럿이 집단으로 함께 동작활동을 하면서 규칙과 질서를 체험하게 된다.

② 유아동작교육은 유아의 정서발달을 도와주고 정신건강을 증진한다.
- 신체를 움직이고 동작활동을 함으로써 유아는 기쁨과 성취감을 경험하며, 슬픔이나 분노 등 부정적인 감정을 동작을 통해 표출할 수 있다. 동작을 통하여 정서표현을 함으로써 유아는 정서적인 만족감을 갖게 되고 정신건강이 증진된다.

③ 유아동작능력을 통해 사회적 능력이 발달한다.
- 즉, 유아로 하여금 신체를 다양하게 움직여 보게 함으로써 신체에 대한 자아의식을 길러주며, 아울러 적절한 동작기술을 발달시켜 타인과 원만한 관계를 맺는 사회적 기술을 증진시켜 준다.
- 또 다른 사람에게 효과적으로 반응하고 행동할 수 있는 능력을 갖게 됨에 따라 타인과의 관계가 원만해질 수 있다.

④ 유아동작교육을 통하여 유아의 음악성이 발달한다.
- 음악성 발달은 음악 능력의 발달과 음악적 개념의 발달로 나뉘는데, 유아동작교육의 영역 중 특히 리듬동작과 표현동작은 유아의 음악성 발달을 도와준다.
- 예를 들면, 음악의 기본박을 느낄 수 있는 손뼉치기, 무릎치기와 같은 리듬놀이와 음악의 강약을 느끼는 리듬지각동작, 또한 음악의 리듬패턴에 따라 집단이 함께 리듬동작을 창작하는 창작율동이나 창작무용을 하는 경우 리듬조정동작과 다양한 표현동작을 함으로써 유아의 음악적 개념을 발달시킬 수 있다.

⑤ 유아동작교육을 통하여 유아는 심미감과 창의적 표현력을 기를 수 있다.
- 동작활동의 영역 속에는 음악과 동작의 통합영역인 리듬동작활동과 창의적 신체표현활동이 있다. 유아들이 즐겨하는 손으로 하는 리듬놀이는 물론이고, 손뼉치기와 걸음걸이와 같은 모든 움직임에는 리듬이 있다.
- 특히 리듬에 맞추어 자신의 감정을 다양하게 표현해 보면서 리듬과 동작의 아름다움을, 그리고 균형과 조화의 아름다움 등을 느끼고 이해함으로써 예술적·심미적 감각을 기를 수 있다.

⑥ 유아동작교육은 궁극적으로 유아의 전인발달을 도모하므로 유아의 긍정적인 자아개념을 길러준다.
- 유아들이 자유자재로 자신의 신체를 조절하고 탐색하며 동작개념과 관련된 다양한 문제를 해결하면서 많은 성공적인 경험을 통해 긍정적인 자아개념을 형성할 수 있다.

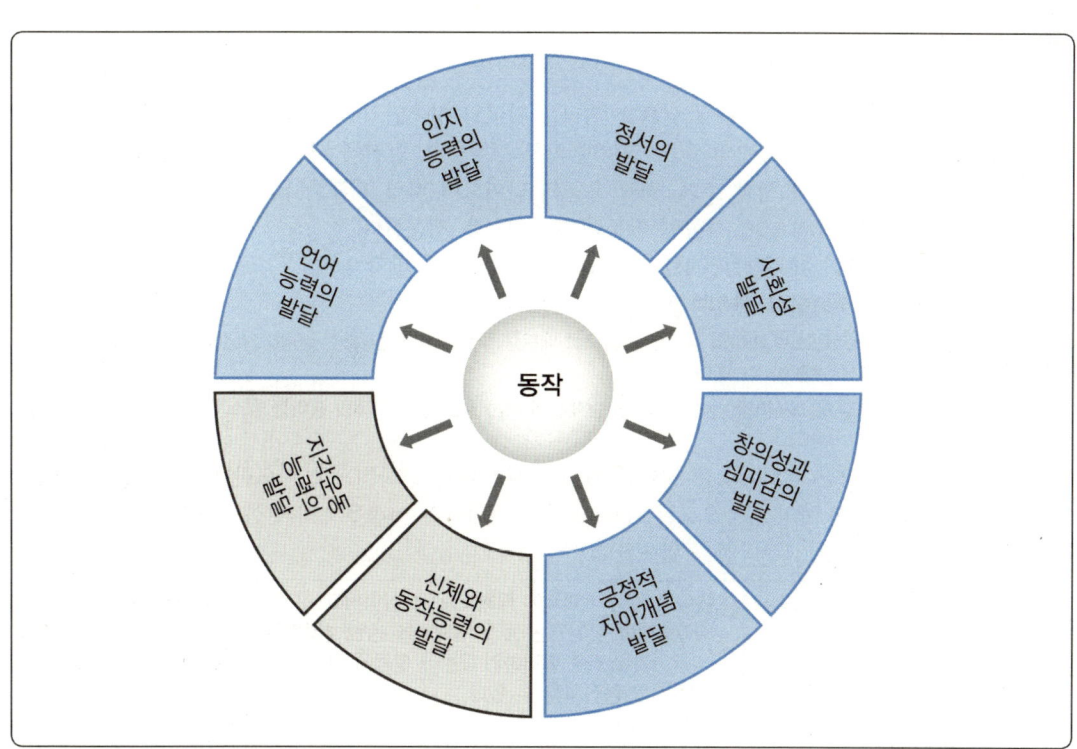

② 지도 방법

지도 방법	
	• 교사는 체육교육에 필요한 지식을 가지고 장·단기적인 계획을 수립한다. 　- 교사는 체력의 요소, 연령에 따른 신체능력, 안전에 대한 지식 등을 습득해야 한다. 　- 연령과 생활 주제, 체력 요소의 난이도에 따라 계획한다. • 유아의 발달에 적합한 활동과 활동시간을 제공한다. 　- 1회 체육활동은 20~30분간 실시하는 것이 바람직하다. 　- 부적절한 체육활동 　　예 만 3세 대상의 정교한 방법으로 매트를 구르는 활동은 해당 유아의 발달에 부적절하고 두려움을 초래할 수 있다. 　　예 만 5세에게 익숙한 매트를 탐색하게 하는 것은 활동에 대한 흥미를 감소시킬 수 있으므로 부적절하다. • 다양한 체력요소를 포함한 활동을 제공하고, 반복적으로 지도한다. 　- 한 번의 활동으로는 체력 향상을 기대하기 어려우므로 반복 지도가 필요하다. • 다양한 교수방법을 활용한다.
	<table><tr><td>발견적 방법</td><td>• 유아가 주어진 과제에 대해 스스로 실험하고, 관찰하고, 평가함으로써 스스로 해결방법을 찾아가는 등 문제해결을 통한 방법이다. 　- 유아가 스스로 발견하기 때문에 활동에 더욱 적극적으로 참여할 수 있고, 성취감을 증진시킬 수 있다. • 교사의 발문 　예 "몸을 흔들 수 있는 방법을 찾아보자.", "높이 뛰면서 동시에 할 수 있는 움직임은 무엇이 있을까?"</td></tr><tr><td>지시적 방법</td><td>특정한 기술을 습득하도록 지도하기 위해서 구체적이고 명확하게 제시하는 직접 지도를 통한 방법이다.</td></tr></table>
	• 다른 영역과 통합적으로 운영한다. 　예 유연성 활동 시 신체로 도형 만들기를 하며 도형개념과 통합 　예 장애인 이해를 위해 목적물까지 눈 가리고 돌아오기 활동 진행 • 심리적인 지지와 격려를 통해 자신감을 갖도록 고려한다. 　- 흥미와 재미를 느낄 수 있는 활동을 계획하여 유아의 동기를 유발함으로서, 적극적인 태도와 다양한 시도가 가능하도록 한다. 　- 충분한 시간을 부여하고 좀 더 쉬운 단계를 경험하도록 난이도를 조절한다. 　- 어려움을 느끼거나 두려워하는 유아들에게 격려의 말을 해 주어, 유아가 자신의 능력을 최대한 발휘할 수 있도록 돕는다. • 유아와 교사가 활동을 평가하는 시간을 갖고 다음 활동에 반영한다. 　- 유아: 활동에 대한 느낌과 생각을 표현하는 기회를 통해 다음 활동을 성공적으로 이끌 수 있다. 　- 교사: 유아들의 체력, 운동능력의 발달 수준에 대한 평가를 통해 다음 활동에 반영할 수 있다.

❸ 유의사항

유의사항	• 교사는 체육활동을 진행하기 전에 안전사고를 유발할 수 있는 요소를 매일 점검해야 한다. 　◉ 평균대 사용 　　• 기구의 견고성과 안정성 : 평균대의 모서리나 튀어나온 못, 거친 부분 등을 점검한다. 　　• 공간 바닥의 안정성 : 평균대를 사용할 때에는 평균대 밑, 착지하는 곳에 매트를 비치한다. 　◉ 뜀틀 사용 　　• 기구의 견고성과 안정성 : 뜀틀이 움직이지 않도록 설치되었는지, 구름판이 밀리지 않는지와 나사가 잘 조여졌는지 점검한다. 　　• 기구와 유아의 신체발달 적합성 : 뜀틀의 사용법을 정확히 제시하여 유아들의 손목, 엉덩이, 목 등에 무리가 발생하지 않도록 한다. • 유아의 건강상태와 신체리듬을 고려한다. 　- 체육활동 참여 여부 결정 : 건강상태, 적합한 옷 확인(간편한 복장으로 만들기) 　- 일과 중 체육활동 시간배정 시 고려사항 : 식후 또는 수면 1시간 이내에 하지 않는다. 　- 본 활동 전 : 체조나 가벼운 움직임으로 몸의 근육의 긴장을 충분히 이완할 수 있는 시간을 가진다. 　- 본 활동 후 : 서서히 동적인 상태에서 정적인 상태로 갈 수 있도록 마무리 운동을 한다. • 유아가 안전하게 체육활동을 할 수 있도록 유아가 스스로 활동의 안전에 필요한 지식과 태도를 갖도록 돕는다. 　◉ 유아들의 분쟁으로 인한 사고의 위험성에 대해 토론한다. 　◉ 기구 사용에 대한 안전 규칙을 제시한다. • 교사가 유아들에게 안전하게 체육활동을 할 수 있도록 정확한 시범을 보인다. 　- 교사의 시범을 통해 유아가 자신의 신체에 무리를 주지 않고 안전한 방법으로 활동하도록 돕는다. 　　◉ 손과 시선의 위치에 대한 설명과 시범으로 유아들이 안전하고 정확하게 앞구르기를 할 수 있다.
점검사항	① 체육활동을 하는 공간의 크기 ② 적절한 유아 수 ③ 공간 바닥의 안정성 ④ 채광 ⑤ 환기 ⑥ 체육기구의 유아 신체발달에의 적합성 ⑦ 체육기구 재질의 견고성과 안정성

❹ 소도구 활용의 중요성

소도구 활용의 중요성	① 소도구는 일상생활 주변에서 쉽게 구하고 활용할 수 있다는 측면에서 유의미하다. ② 유아의 흥미를 유도하고 운동능력 발달단계에 알맞게 지도할 수 있다. ③ 소극적이며 내성적인 유아들에게 접근이 용이하다. ④ 유연성, 순발력, 민첩성, 지구력, 평형성 등 기초체력 요소를 발달시킬 수 있다. ⑤ 사회성을 높이고 유아들 간의 협동심과 단결심을 기를 수 있다. ⑥ 소도구를 활용한 다양한 놀이를 통해 창의성을 증진시킬 수 있다.

II 유아동작교육의 내용

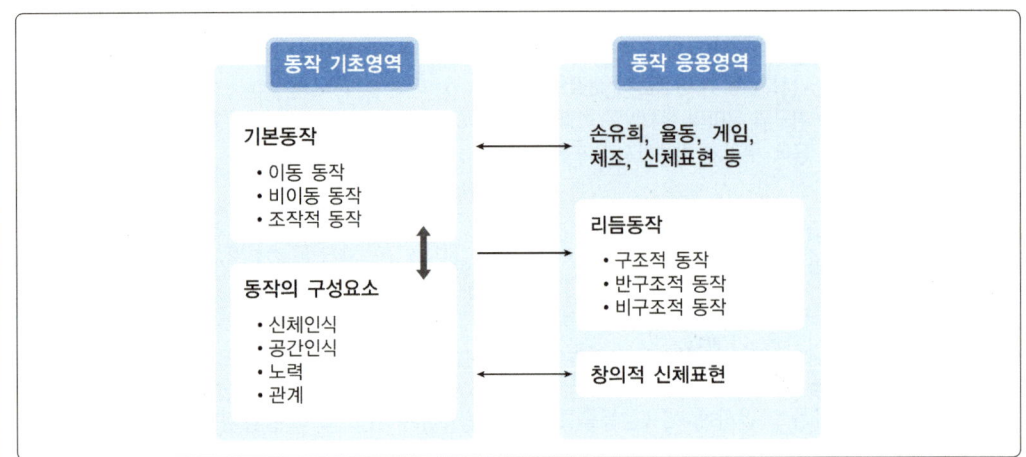

▲ 동작교육 내용의 개요

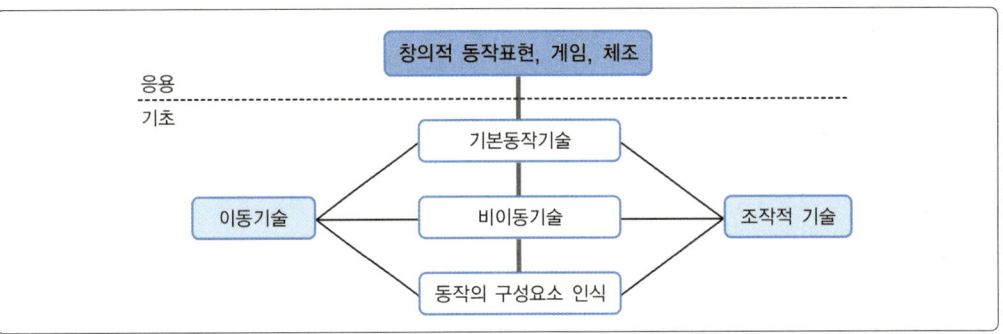

▲ 동작교육의 내용

- 유아동작교육을 위한 내용은 '동작 기초영역'과 '동작 응용영역'으로 구분할 수 있다.
  - 예 동작의 기초영역에서 말뛰기(gallopping)의 이동 동작을 익혔다면, 응용영역에서는 자신이 말이 되는 것을 상상하면서 신체를 이용하여 말이 달리는 움직임에 대해 말뛰기 동작을 활용하여 표현할 수 있게 되는 것이다.
- 이처럼 기초동작과 응용동작은 동작의 위계성을 지니고 있다. 그러나 때로는 기초동작과 응용동작이 전후 순서에 관계없이 부분적으로 상호 교류하며 이루어지거나 두 가지 영역이 통합될 수도 있다.
  - 예 교사가 유아와 함께 손과 발을 이용하여 노래에 맞는 율동을 하고, 추후 기초동작으로 비이동 동작인 손과 발의 구부리기 동작, 손과 발을 위로 높이 뻗어 흔드는 동작을 익힐 수도 있다.

기초영역	• 추후 복잡하고 창의적으로 표현할 수 있는 응용동작을 표현하기 전에 동작의 기본 토대가 되는 동작을 익히는 것이다. – 기초영역은 ① '기본동작'과 ② '동작 구성요소'로 구분할 수 있다.
응용영역	• 기초영역에서 익힌 동작을 활용하여 체조, 게임, 신체표현 활동 등을 통해 표현하는 것으로, 유아가 동작교육의 기초영역에서 기본적으로 필요한 동작 구성요소와 기본동작을 익혔다면, 좀 더 섬세하고 복잡한 기술이 요구되는 동작을 수행하기 위하여 동작교육의 응용영역으로 확장시킬 수 있다. • 동작의 기초영역을 기반으로 하여 응용영역은 ① '리듬동작', ② '창의적 신체표현', ③ '동작 감상' 등으로 나누어 볼 수 있다.

UNIT 06 유아동작교육의 기초 영역 – 동작의 구성요소

#KEYWORD 지각운동요소, 동작의 구성요소

Plus

라반(Laban)의 동작교육

라반의 움직임 이론		• 루돌프 본 라반(Rudolf von Laban)은 헝가리의 무용이론가이자 표현주의 무용의 아버지로 불리며 일생동안 무용과 인간의 움직임을 연구하였다. – 어린이를 위한 움직임 교육을 위해 시간(time), 힘(force), 공간(space), 흐름(flow) 등 움직임의 요소를 4가지로 분류(1963)하여 동작 분석체계를 발전시켰다.
	시간	• 시간은 신체나 신체 각 부분이 여러 가지 속도로 움직일 수 있는 능력을 말한다. – 빨리 움직이거나 천천히 움직이기, 리듬에 맞춰 움직이기 등이 있다.
	힘	• 힘은 신체의 움직임에서 근육의 수축 정도를 말한다. – 움직임이 무거울 수도 있고 가벼울 수도 있는 상태이다.
	공간	• 공간은 신체가 공간을 어떻게 사용하는가를 말한다. – 신체나 신체의 각 부분을 여러 방향(앞, 뒤, 옆)과 여러 궤도(똑바로, 돌아서)로 그리고 여러 단계로 움직일 수 있다.
	흐름	• 흐름은 움직임의 계속적인 특징을 말한다. – 쉽게 멈출 수 있는 움직임이 있는가 하면 조금 더 계속적인 움직임이 있다.
라반의 움직임 분석 (LMA)		• 라반의 움직임 분석「LMA(Laban Movement Analysis)」은 라반의 이론을 기반으로 만들어진 동작 이론으로 신체(body), 내적 의도(effort), 공간(space), 형태(shape)의 네 가지 요소로 나누어 움직임을 분석하고 있다. • 이후 라반은 움직임의 4가지 요소를 유아들에게 적합한 동작교육을 위한「LMS(Laban Movement Studies)」 핵심 요소로 분석하여 제안하게 되는데 이것이 신체, 에포트, 공간, 관계이다. • Laban의 움직임 체계는 이후 연구자들에 의해 상당한 수정과 확대가 이루어졌으나, 동작 이론가들은 대체로 Laban의 이론에 기초하여 동작의 구성요소를 신체(body), 에포트/노력(effort), 공간(space), 관계(relationships)로 정의하고 있다.

동작 구성요소의 인식이란 여러 연구자의 연구 결과를 토대로 제시된 신체, 공간, 에포트, 관계의 네 가지 구성요소가 어떻게 동작에 반영되는지를 인식하고 움직임으로써 질적으로 우수한 동작을 만들어 내는 것을 의미한다.

학자	동작 구성요소의 분류
Laban	신체(body), 공간(space), 에포트(effort), 형태(shape) • 신체는 신체의 각 부위가 어떻게 연결되어 있는지, 신체의 일부분 또는 전신이 어떻게 움직이는지에 관한 내용이다. • 공간은 신체가 공간 안에서 어디로 움직이고 어떤 형태로 존재하는지, 즉 공간과 움직임의 관계성을 발견하는 것에 대한 내용이다. • 에포트는 흐름(flow), 공간(space), 시간(time), 무게(weight)의 조합으로 일어나는 움직임에 역동적인 변화를 일으키는 내적인 힘에 대한 내용이다. • 형태는 공간 안에서 형성되는 신체의 모양 자체를 가리킨다. ➡ 이후 여러 학자들은 라반이 제시한 동작의 기본 요소를 재구성하거나 발전시켜서 동작의 기본 요소들을 제시하였다.
Gallahue(1996)	공간, 노력, 관계
Gilliom(1970)	신체 인식, 공간, 힘, 시간, 흐름
Purcell(1994)	신체 인식, 공간 인식, 노력, 관계
Pica(2004)	공간, 형태(모양), 시간, 힘, 흐름, 리듬
김은심(2015)	신체 인식, 공간 인식, 노력, 관계

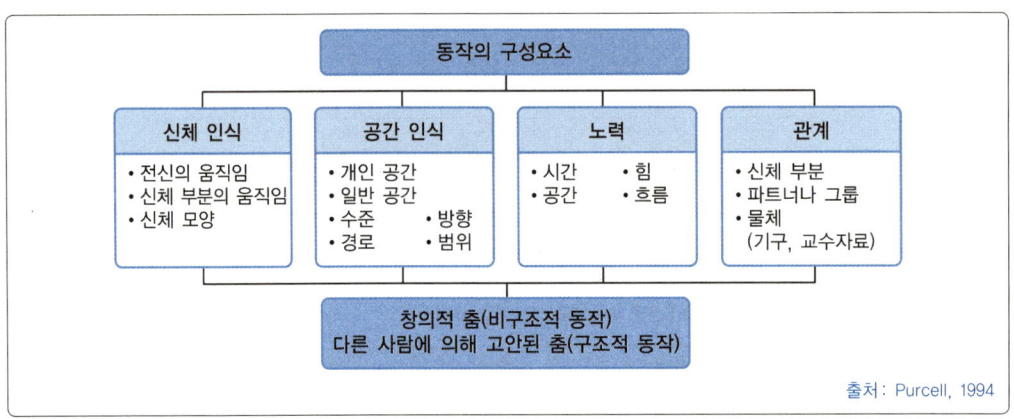

출처: Purcell, 1994

🔖 동작 구성요소의 세부내용을 적용한 동작교육과정의 내용

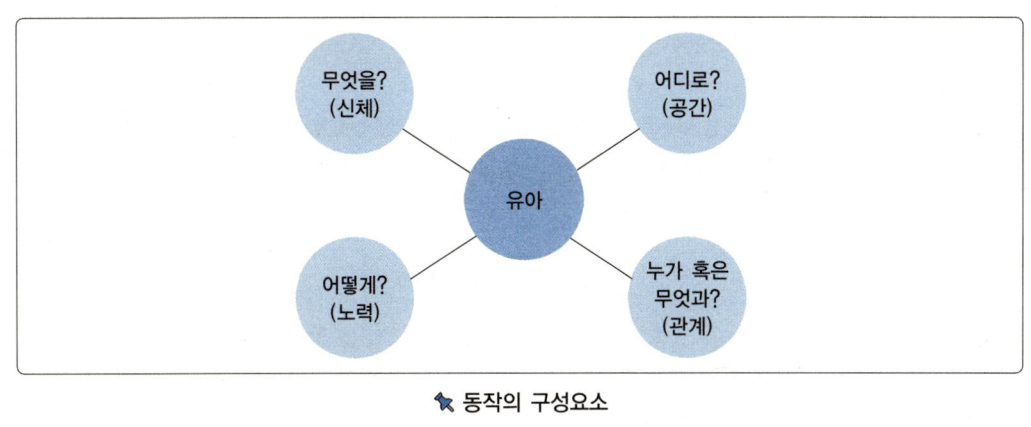

★ 동작의 구성요소

① 신체 인식(body awareness)

- '무엇이 움직이고 있는가(무엇을 움직이는가)'에 대한 것으로 신체는 움직임을 만드는 주체이다.
  - 따라서 유아가 자신의 신체명칭을 이해하고, 신체부분을 어떻게 움직일 수 있는지 탐색하도록 하는 것이 필요하다. 유아들은 신체의 움직임을 통해 새롭게 만들어지는 동작을 발견하면서 자신의 신체를 조절하게 된다.
  - 신체를 활용한 동작활동을 통해 신체 특성과 기능을 이해하고, 신체기관의 역할과 자신의 신체에 긍정적인 태도를 지니게 된다.
- 신체 인식의 하위요소는 전신의 움직임, 신체부분의 움직임, 신체모양으로 구성된다.

전신의 움직임	• 전신의 움직임은 신체의 모든 부분들이 움직임에 사용되는 것을 말한다.
	• 전신의 동작은 이동 동작과 비이동 동작으로 대별할 수 있다.
	  - 이동 동작의 경우 신체를 한 장소에서 다른 장소로 이동하게 된다. 전신으로 달리기를 하거나 점프, 건너뛰기 등을 통해 움직임을 나타낼 수 있다.
	  - 안정 동작과 결합될 경우 유아가 제자리에 서서 몸을 흔들거나 손가락만 꼬는 것이 아니라 몸 전체를 이용하여 꼬기를 할 수 있다.
	  - 이 외에 이동 동작과 안정 동작이 결합되어 이루어질 수도 있다. 달리기를 하면서 팔을 흔들 수도 있고, 훌라춤을 추면서 손과 발의 꼬기 동작이 나타날 수도 있다.
	• 몸짓으로 생각, 감정, 태도 표현하기
	  - 몸짓으로 생각, 감정, 태도를 표현하는 전신 움직임의 경우 표현의 다양성에 대한 제한이 없기 때문에 무수히 많고 다채로운 동작을 만들어낼 수 있다.

신체부분의 움직임		• 신체 각 부분을 따로 또는 같이 움직이는 동작이다. – 머리, 어깨, 가슴, 팔, 손 등 상반신이나 다리, 발, 발가락, 엉덩이 등 하반신만 각각 움직일 수도 있으며 상반신과 하반신을 동시에 움직일 수도 있다. ㉠ 스프링 인형이나 로봇의 움직임을 보면서 움직인 신체부분을 이야기해 보고, 따라서 움직여 볼 수 있다.
	독립적 동작	• 신체의 한 부분이 움직이는 동안 다른 부분들은 움직임을 멈추고 있는 동작이다. – 이를 위해서는 신체 균형과 집중력이 필요하므로 오히려 유아들에게는 어려운 동작일 수도 있다.
	주도적 동작	신체의 한 부분을 주도적으로 움직여서 나머지 신체부분이 따라오게 하는 동작이다. ㉠ 왼쪽 팔을 옆으로 들어올린 상태에서 팔을 왼쪽으로 이동시키면 머리, 어깨, 가슴, 다리 등 나머지 신체부분들이 따라가게 된다. ㉠ 두 명이 함께 마주 선 상태에서 두 손을 맞잡고 한 사람이 다른 사람의 손을 당겨봄으로써 주도적 움직임을 경험해 볼 수 있다.
	(몸)무게 지탱하기	손, 발, 머리, 배, 등, 무릎, 어깨 등을 이용하여 신체의 일부분이 몸무게를 지탱하는 것이다. ㉠ 요가에서의 다리(bridge) 자세를 만들어 두 팔과 다리로 신체의 무게를 지탱하는 방법이 해당된다.
신체 모양 (body shape)		신체 모양이란 신체를 이용하여 직선, 곡선, 구부러진 모양 등을 나타내는 동작으로, 유아가 신체를 이용하여 겉으로 나타내고자 하는 생김새 혹은 모습을 의미한다. ㉠ 유아들은 나비의 두 날개를 만들기 위해 두 팔을 이용하기도 하며, 화가 난 것을 표현하기 위해 두 주먹을 꽉 움켜쥐기도 한다. 이렇게 계획하여 만들어진 신체 모양은 상대방에게 특별한 메시지를 전달하게 된다.
	직선 모양	• 전신을 이용하거나 신체부분을 사용하여 만들 수 있다. – 팔꿈치, 무릎, 손목, 손가락, 등뼈 등을 구부림으로써, 신체를 여러 가지 좀 더 작은 직선 모양들로 구성된 각진 형태로 만들 수 있다.
	곡선 모양	• 곡선 모양은 척추를 구부려서 앞쪽, 뒤쪽, 옆쪽으로 신체를 둥글게 만드는 것이다. – 팔과 다리를 몸에 덧붙여서 둥글게 만들 수 있으며, 척추를 구부리지 않고도 둥근 모양을 만들 수 있다. – 이 밖에도 구불구불한 모양, 아치 모양, 나선형 모양 등을 만들 수도 있다.
	꼬인 모양 (비틀린 모양, twisted shape)	• 비틀린 모양은 신체가 동시에 각각 반대가 되는 방향으로 회전하는 형태를 말한다. – 대부분의 비틀린 모양은 허리를 중심으로 엉덩이와 다리는 같은 쪽 방향으로 향하고, 상체는 그 반대 방향을 향하게 된다. – 하나의 신체부분으로 꼬인 모양을 만들 때는 신체의 나머지 부분과 반대 방향으로 신체를 회전시키면 된다.
	대칭 모양과 비대칭 모양	• '대칭 모양'은 신체의 오른쪽과 왼쪽이 정확하게 같은 모양을 취하는 것을 말한다. • '비대칭 모양'은 신체의 양 측면에 서로 다른 모양을 취하는 것을 말한다.

❷ 공간 인식(space awareness)

- 동작에 있어서 '어디로 움직일 수 있는가'를 이해하는 것을 의미한다.
  - 공간을 인식한다는 것은 유아 자신의 신체가 다양한 공간 속에서 움직일 수 있다는 것을 이해하고 공간에 따라 자연스럽게 움직임을 변화시킬 수 있으며, 다양한 공간의 영향을 받아 다채로운 움직임을 만들어낼 수도 있다는 것을 의미한다.
  - 공간 인식이 발달한 사람은 다른 사람들과 충돌하지 않으면서 공간 속에서 움직일 수 있고, 움직이면서 신속히 높낮이를 변화시킬 수도 있으며, 자기의 파트너와 함께 움직이거나 혹은 더욱 복잡해지는 여러 공간 관계에서 물체를 가지고 잘 움직일 수 있을 뿐만 아니라, 신체부분의 공간 관계를 섬세히 변화시킬 수도 있게 된다.
  - 유아들이 움직일 수 있는 공간은 ① 개인공간 혹은 자기공간과 함께 일반공간, 집단공간 혹은 공유된 공간이라는 두 개의 영역으로 구성된다. 이 외에 ② 공간의 위/아래, 오른쪽/왼쪽, 앞/뒤로 움직일 수 있는 공간 안에서 움직임을 통해 동작을 만들게 되는데, ③ 이는 높낮이(수준), 방향, 경로, 범위(면적)로 구분할 수 있다.

장소	개인 공간 (자기 공간)	• 개별 유아가 다른 사람의 방해를 받지 않고 혼자서 움직일 수 있는 공간을 말한다. - 일반적으로 자신의 팔과 다리를 옆으로 뻗었을 때 나타나는 공간으로, 양팔을 쭉 뻗어 벌려 움직였을 때 타인의 방해를 받지 않고 자유롭게 움직일 수 있는 공간으로 볼 수 있다. • 유아의 신체와 아주 가까이에 있는 영역으로 다른 사람의 공간을 침범하지 않고 자신에 의해서만 차지하게 되는 자신의 공간을 의미한다. 예 훌라후프를 바닥에 놓고 그 안에서만 움직여 보자.
	일반 공간	신체가 도달할 수 없는 주변 영역을 의미하며, 이동하면서 집단이 함께 사용하는 공간을 말한다. 예 훌라후프를 두 손으로 잡고 허리 정도 위로 들어 올린 다음, 내가 가고 싶은 곳으로 움직이는 비눗방울이 되어보자. 친구 비눗방울과 부딪히지 않으면서 교실 주위를 걸어보거나 뛰어보자.
수준 (높낮이, level)	낮은 수준 (낮게, deep)	• 낮은 수준은 지면에 가깝거나 지면 위와 같은 무릎 아래 공간을 의미한다. - 기기, 구르기, 바닥에서 스트레칭하기와 같은 동작을 할 때 사용되는 공간이다.
	중간 수준 (중간, medium)	• 중간 수준은 낮은 수준과 높은 수준 사이를 의미하는 것으로, 무릎에서 어깨까지의 공간을 말한다. - 일반적으로 무릎을 꿇고 기거나 똑바로 선 자세로 걷거나 달리는 동작을 예로 들 수 있다.
	높은 수준 (높게, high)	• 높은 수준은 어깨 위쪽의 공간으로, 신체를 위로 도약시켜서 바닥으로부터 떨어지게 하는 동작을 말한다. - 호핑, 점프 등이나 팔을 위쪽으로 높게 뻗어 올리는 동작은 높은 수준에서 이루어지는 동작에 해당한다.

방향 (direction)	• 동작이 어느 쪽으로 이동하는 것을 나타내는 것으로, 신체부분 또는 전신을 앞, 뒤, 옆, 오른쪽, 왼쪽, 위, 아래 방향으로 이동하며 나타내는 움직임이다. — 각 방향으로 움직일 수도 있고, '오른쪽 위로'처럼 2개의 방향이 조합될 수도 있다. — 유아는 이를 통해 공간 안에서 움직일 수 있는 다양한 방향이 있음을 이해하게 된다. 📖 옆(오른쪽/왼쪽)으로 꽃게처럼 걸어보자. 앞으로 나오다가 뒤로 뒷걸음질 쳐 볼까? 손을 쭉 뻗어 앞(뒤/위/아래)에서 반짝반짝 흔들어 보자.		
범위 (넓이, 면적, extension)	• 범위는 동작에 있어서의 넓이, 크기, 길이를 의미하는 것으로, 하나의 동작이 얼마나 큰지/작은지, 긴지/짧은지, 넓은지/좁은지를 나타내는 것이다. — 신체부분을 서로 멀리 떨어뜨리면서 크게 만들거나, 신체부분을 서로 가깝게 하면서 작게 만들어 다양한 범위를 나타낼 수 있다. — 대체로 다음과 같이 세 개의 범주로 나누어 볼 수 있다.		
	작다	신체의 부분들이 서로 가깝게 있는 것이다.	
	크다	신체의 부분들이 서로 멀리 떨어져 있는 것이다.	
	'작다'와 '크다' 사이의 중간 크기		
경로 (pathway)	• 공간에서 신체가 움직이면서 발생하는 길의 모양을 의미한다. — 모든 경로는 직선, 곡선, 혹은 직선과 곡선의 조합으로 이루어지며, 움직임에 의해서 공중에 그려지는 모양은 직선, 각이 있는 선, 곡선 및 꼬인 선 등으로 다양하다. 📖 지그재그 모양을 그리며 선을 따라 말뛰기를 해 보자. 교실에서 패턴(동그라미, 곡선 등)을 만들어 움직여 보자. 깃발을 엑스 자 모양으로 흔들며 바닥의 선을 따라 걸어볼까?		
	바닥에서의 경로	이동하면서 움직이는 경우 바닥에 다양한 경로가 만들어진다.	
	공중에서의 경로	팔 등 신체의 일부나 소도구를 흔들며 동작을 하는 경우 공중에 경로가 만들어진다.	

3 에포트(노력, effort)

- 에포트는 '어떻게 움직이는가'와 관련된 동작의 질적인 요소이다.
  - 인간의 움직임은 인간의 태도나 노력에 따라 다르게 나타나며, 이는 시간, 힘(무게), 흐름, 공간 요소의 적용 정도에 따라 동작이 달라진다.
  - 노력의 네 가지 요소는 모든 동작에 존재하는 것으로, 동작의 의도에 따라 각기 다르게 조합되어 움직이는 사람의 의도를 나타낼 수 있다.
    📖 화가 난 것을 표현하기 위해 느리고 규칙적인 리듬으로 바닥에 발을 구를 수 있다. 낙엽의 움직임을 나타내기 위해 가볍고 유연한 움직임을 사용하면서 손을 구불구불한 경로로 빨리 움직일 수 있다.

공간 (space)		공간이란 신체를 수용하고 움직임이 이루어지도록 시각적으로 마련된 장소이다. 신체나 신체의 각 부분이 여러 방향으로(앞, 뒤, 옆), 여러 궤도로(똑바로, 돌아서) 움직임에 따라 공간에 생기는 길도 다양해진다. 노력의 한 요소로서 공간은 '똑바르게' 혹은 '빙 에둘러서'로 정의된다.

	똑바로 하는 동작
	(똑바르게, direct)
		• 시작점에서 끝점까지 변경이나 방해 없이 곧장 앞으로 가는 경로로 이루어진다.
		  - 한 가지 생각에 깊숙이 빠져 초점을 맞추거나 집중을 하는 움직임을 말하며, 이는 직접적인 공간을 사용한 움직임이라고도 부른다.
		  예 시작부터 끝까지 직선으로 움직이는 차기, 물체를 향해 행진하기, 활에서 목표물을 향해 움직이는 화살의 움직임 등을 말한다.

	똑바르지 않게 돌아서 움직이기
	(빙 에둘러서 움직이는 동작)
		• 시작부터 끝까지 계속 직선적인 경로에서 벗어나면서 빙 에둘러서 움직이는 동작이다.
		  - 움직이는 사람의 생각이 다른 곳에 흩어져 있을 때 방황하거나 산만한 것 등과 관련한 움직임을 말하며, 이는 간접적인 공간을 사용한 움직임이라고도 부른다.
		  예 종이에 연필로 선을 끄적이는 것과 비슷하다. 이때 특정 위치에서 시작과 끝이 이루어지지만 연필은 종이 전체의 위에서 선을 그리며 움직인다.

시간
(time)
		• 신체의 움직임이나 이동동작의 길이 및 속도를 의미하는 것으로, 속도, 지속 시간, 가속 및 감속, 리듬 등을 포함한다.
		  - 속도 : 빠르게, 보통으로, 느리게, 갑작스럽게, 날카롭게 등으로 표현될 수 있다.
		  - 가속과 감속 : 점점 빠른 동작, 점점 느린 동작으로 나타난다.
		  - 리듬 : 속도, 박, 박자, 강세, 지속, 리듬패턴의 결합에 따라 규칙적으로 반복되는 움직임이다.
		• 시간이란 신체의 각 부분이 여러 가지 속도로 움직이게 하는 것으로 지속적인(sustained) 동작과 갑작스러운(sudden) 동작으로 나누어 볼 수 있다.
		  - 시간의 요소 속에는 지속성(duration)과 속도(speed)가 포함되며, 악센트와 가속 및 감속 등이 결합됨으로써 더욱 다양한 동작이 만들어질 수 있다.
		  예 폭풍우를 표현하기 위해 처음에는 느린 속도로 시작했다가 강한 폭풍우를 표현하기 위해 동작을 가속시키고, 폭풍우의 끝을 알리는 마지막 빗방울은 속도를 줄이며 끝낼 수 있다.

무게
(힘, weight or force)
		• 신체가 이동하거나 평형 상태를 유지할 때 필요한 근육의 수축 정도, 즉 동작의 강함이나 약함 또는 무거움이나 가벼움을 표현하는 요소이다.
		  - 강한 힘을 긴장하여 사용하면 단단한 근육과 상당한 양의 에너지가 강력한 동작으로 나타난다. 반면 가벼운 힘을 느슨하게 사용하면 이완된 근육이 부드럽고 온화하며 섬세한 동작으로 나타난다. 동작의 의도는 힘의 정도를 결정하게 된다.
		  - 발끝에 힘을 약하게 주면서 가볍게 총총 걸어 볼 수 있으며, 발에 힘을 주어 무겁게 쿵쿵 걸을 수도 있다.
		  예 가벼운 동물의 모습(나비, 잠자리 등)을 몸으로 표현해 보자. 무거운/가벼운 짐을 들고 갈 때 우리의 몸은 어떻게 움직일까? 힘을 많이 주고 걸어 볼까? 제자리에서 살살 걷다가 세게 걸어 보자.

흐름 (flow)		• 동작에서 힘이 어떻게 조절되는지를 말한다. • 동작이 멈추지 않고 계속적으로 연결되는 동작을 의미하며, 흐름은 연속적 흐름과 비연속적 흐름으로 나눌 수 있다. ⓐ 즐겁게 춤추다가 '세 명!' 하면 원 안으로 함께 모여보자. 음악이 멈추면 준비된 의자에 빠르게 앉아볼까? (스타카토, 레가토) 배경음악에 맞추어 우리 몸을 자유롭게 움직여 보자.
	구속된 흐름 (탄력적 흐름, 단절된 흐름)	• 비연속적 흐름은 딱딱 끊기는 흐름으로, 동작이 갑자기 또는 쉽게 멈추고 그 상태를 유지할 수 있는 동작이다. 즉, 동작의 끝이나 일부가 끊어지는 것을 의미한다. − 동작 에너지를 제한함으로써 정지된 동작 또는 조심스럽거나 유연하지 않은 움직임으로 나타내는 것이다. ⓐ 탭댄스, 로봇의 움직임
	자유로운 흐름 (유연한 흐름, 지속된 흐름, 연속 흐름)	• 연속적 흐름은 움직임이 부드럽게 연결되면서 계속적으로 나타나 갑자기 멈추기 어려운 움직임이다. − 동작 에너지를 제한하지 않음으로써 유연하고, 유창하게, 계속적으로, 자유롭게 움직이는 것이다. ⓐ 〈백조의 호수〉 속 발레리나가 되어 백조의 동작을 표현하는 것, 왈츠

4 관계(relationship)

- 유아와 맺을 수 있는 사람 혹은 사물과의 관련성을 말하는 것으로, 유아와 교사와의 관계, 유아와 유아와의 관계, 유아와 집단과의 관계, 유아가 속한 집단과 다른 집단과의 관계, 유아와 물체와의 관계를 의미하는 것이다.
- 동작에 있어서 관계란 신체 어느 한 부분과 다른 부분과의 관계, 사람과 사람과의 관계, 신체부분과 물체와의 관계를 의미하는 것이다.
  − 여러 유아가 동시에 하나의 공간을 함께 사용하게 되므로 다른 유아들과 동일 공간에서 혼자, 짝과 함께, 그룹으로 움직여 볼 수 있는 기회를 갖게 된다.

신체부분 (신체부분들) 과의 관계	• 신체 각 부분과 신체 주변 공간이 형성되는 관계이다. − 각 신체부분은 공간 안에서 다른 신체부분들과 서로 만나고 헤어지며, 위쪽/아래쪽, 앞/뒤, 멀리/가까이에 관계를 형성하면서 다양한 동작을 만들어낸다. − 신체부분과 부분들은 주변의 공간과 다른 신체부분들을 연합시켜 수많은 다양한 동작을 만들어 낼 수 있다. ⓐ 꽃이 피어나는 장면을 손을 모았다가 떨어뜨리면서 표현해 보자. 신체부분을 가깝게 해서 어떤 모양을 만들어 볼 수 있을까?

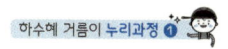

짝 혹은
그룹과의 관계
(파트너 및
그룹과의 관계)
	• 파트너 또는 그룹과의 관계는 짝과 한 팀이 되거나 세 명 이상의 유아가 소그룹이 되어 함께 동작을 표현하는 것이다.
	• 유아들이 다른 유아들과 짝이 되어 혹은 그룹의 일원으로 움직일 때 유아들은 서로 각기 다른 세 가지 방법으로 관계된다.
	① 공간 속에서 서로 연결되어 있는 관계
	   예 서로 마주보기, 등을 마주대기, 앞뒤로 일렬로 서기, 옆으로 나란히 있기 등
	② 한 사람의 동작과 다른 사람의 동작의 유사성에 있어서의 관계
	   예 서로 비슷한 동작 만들기, 서로 다른 동작 만들기 등
	③ 파트너나 그룹의 구성원 사이에서 동작이 일어나는 시기에 의해 발생되는 관계
	   예 동작이 동시에 일어나는가, 다른 사람에 이어 즉시 일어나는가, 조금 시간을 두고 일어나는가 등을 의미하며, 이들 중 가장 흔한 방법은 리드하는 사람의 뒤 혹은 앞에서 똑같은 동작을 동시에 하는 것이다.

물체와의 관계	• 도구나 기구와의 관계로, 소도구나 기구가 신체와 어떻게 관련되는가를 설명하는 것이다. - 유아교육기관에서 사용할 수 있는 사물은 스카프, 리듬막대, 모자, 리본막대, 훌라후프, 풍선, 한삼, 줄, 공 등으로 다양한 소도구와 대도구를 활용할 수 있다. - 유아들은 물체 주위의 공간을 움직이거나 신체의 주변으로 물체를 움직여서 이를 자신의 몸과 관련시킬 수 있다. - 공간과의 관계에 대한 인식을 탐색하기 위해 사용할 수 있는 단어들은 근처에, 가까이, 멀리, 떨어져서, 위로, 아래로, 통과하여, 돌면서, 넘어서, 앞에, 뒤에, 옆에, 주위에, 사이에, 안에, 밖에 등이다. 예 음악에 맞춰 리본막대를 흔들어 볼까? 호루라기 소리가 나면 파라슈트 안으로 숨어 보자. 스카프를 이용해서 춤을 춰 보자. 공을 가지고 반환점을 돌아와 보자.

지각운동의 구성요소와 기본동작의 구성요소의 관계

동작은 Laban이 제시하였던 신체, 공간, 에포트, 관계의 네 가지 구성요소를 바탕으로 Gilliom(1970)이 제시한 동작 개념에 따라 신체, 공간, 시간, 무게 또는 힘, 흐름이라는 다섯 가지 동작의 기본요소로 개념화할 수 있다(이영, 1992). 이러한 동작의 기본요소는 신체지각, 공간지각, 시간지각, 무게지각, 관계지각 등의 지각운동 요소로도 개념화할 수 있다(이영심, 1997; 전인옥·박선희, 2001).

지각운동

개념 및 기본 관점	• 지각운동이란, 운동을 위해 감각수용기로 받아들여진 감각자극과 과거의 경험 등을 대뇌피질에 저장된 정보와 통합하여, 보다 정확하고 세련된 운동을 일으키는 일련의 정보처리가 포함된 운동 수행과정을 말한다. • 전공서들에서는 Laban(1964)이 제시했던 신체, 공간, 에포트, 관계의 네 가지 동작의 구성요소, Gallahue(1993)와 Gilliom(1970)이 제시한 동작개념(신체, 공간, 시간, 무게 또는 힘, 흐름)을 바탕으로 아래와 같이 요약하여 지각운동능력의 개념적 요소를 제시하고 있다. – '방향지각'의 경우, 하나의 하위주제로 분류되기도 하지만 공간지각의 일부에 방향을 함께 포함시켜 제시되기도 한다.

▲ 지각운동의 구성요소

신체지각	• 신체이미지와 신체도식을 응용한 개념이며, 유아에게는 자신의 신체 부위를 정확하게 구분할 수 있는 능력이 요구된다.
	• 신체의 어느 부분이 어떻게 움직일 수 있는가를 지각하는 것을 말한다.
	  – 유아는 신체 각 부분의 모양이 다르다는 것과, 신체를 움직여보고 멈추어보며 다른 신체부분들과의 조화를 이루면서 만드는 신체행동을 통해 신체지각을 하게 된다.
	  – 신체지각은 자신의 신체이미지를 형성하는 활동들과 자신의 신체를 이용한 동작활동들을 통하여 구성된다. 신체이미지는 자신의 신체에 대해 품고 있는 느낌으로, 자신을 인식하는 사고과정의 총체이다. 이러한 신체이미지는 유아 개개인의 생활경험과 신체적 특징, 감각운동기능, 정서상태와 인간관계의 경험 등에 영향을 받기 때문에 유아의 모든 발달과 밀접하게 관련된다. 이와 같이 신체지각에 관한 활동은 동작교육과 유아교육의 모든 활동의 기본이라고 할 수 있다.
	  – 유아의 신체이미지를 발달시켜 주는 동작활동으로는 신체 각 부분의 명칭과 모양 알기, 신체모양의 변화와 각 신체부분의 기능 경험하기, 신체 각 부분의 관계 경험하기, 신체 각 부분의 협응과 이완하기 등이 있다.
	  – 유아는 신체가 만들 수 있는 모양의 변화를 경험하면서 도형의 개념을 학습할 수 있을 뿐만 아니라 직선과 곡선, 대칭과 비대칭 등과 관련된 개념도 발달시킬 수 있다. 이때 유아의 신체지각 발달을 위해 무엇보다 중요한 것은 정서적인 안정감과 성취감을 경험하는 일이므로, 유아에게 자기표현의 기회를 확대시켜 주고 긍정적인 자아개념을 갖도록 해 주어야 한다.
	• 하위주제
	  – 신체명칭 : 신체 각 부분의 명칭
	  – 신체모양 : 구부러진/곧게 뻗은, 둥근/긴 모양 등
	  – 신체표면 : 앞, 뒤, 옆(오른쪽/왼쪽)

공간지각	• 신체가 움직이는 공간의 구조와 그 안에서 신체가 차지하는 범위 및 방향과 움직임을 지각하여 인식하는 것이다. • 공간지각은 위, 아래, 오른쪽, 왼쪽, 멀리, 가까이 등 대상의 위치, 방향, 거리 등을 정확하게 이해하는 것이다. ① 공간의 위치지각은 물체와의 관계지각으로 정의할 수 있는데, 유아는 자기신체와 관련시켜 물체의 위치와 방향을 지각한다. 이러한 공간의 위치지각이 발달한 후에 물체와 물체의 관계를 인식하는 공간의 관계지각이 발달한다. 만약 공간의 위치지각이 충분히 발달하지 않으면 공간의 관계지각에 심한 어려움을 겪게 되는데, 이러한 유아는 안과 밖, 위와 아래, 오른쪽과 왼쪽 등과 같은 언어가 무엇을 의미하는지 잘 이해하지 못할 뿐만 아니라 움직임이 둔하고 머뭇거리며 느리게 된다. ② 공간의 관계지각은 둘 또는 그 이상의 물체들 상호간의 위치, 자기 자신과 물체의 위치를 지각하는 능력으로, 유아는 공간에서 몸을 자유롭게 움직이며 공을 던지고 받고, 줄을 뛰어넘고, 줄 달린 공을 때리고, 장애물을 뛰어넘는 활동을 통해 공간지각을 발달시킨다. 이러한 공간지각을 통해 유아는 깊이, 크기, 거리도 함께 지각하게 된다.

	• 하위주제 　- 장소: 자기 공간, 일반 공간 　- 높이: 낮게(낮은 공간), 중간 높이(중간 공간), 높게(높은 공간) 　- 방향: 앞, 뒤, 옆, 위, 아래, 비스듬히 　- 범위: 크게/작게, 넓게/좁게, 중간으로 　- 바닥모양: 곡선/직선으로, 지그재그로 등
방향지각	• 신체가 외부 공간에 투영되어 나타나는 방향인식 능력이며, 유아의 방향에 대한 인식은 오른쪽/왼쪽, 위/아래, 앞/뒤 등의 개념으로 신체활동을 통해 발달한다. • 공간지각과 함께 생각해 볼 수 있는 지각으로, 방향성과 측면성을 인지하는 능력이다. 　- 일반적으로 유아기에는 방향지각 운동능력이 가장 늦게 발달한다. • 하위주제 　- 방향성: 사물이 놓인 위치를 지각하는 것으로, 공간 내에서 좌/우, 위/아래, 너머, 사이, 꼭대기/바닥, 안/밖 등에 대한 지식이 포함된다. 　- 측면성(양측성): 위치와 방향을 고려하면서 신체의 다양한 차원을 느끼거나 내면적인 인식을 하는 것으로, 신체의 오른쪽/왼쪽이 다르다는 운동근육상의 지식이 포함된다.
시간지각	• 시간적 구조에 대한 이해를 필요로 하는 인식으로 유아의 내적 시간구조의 발달에 의해 형성되며, 시간지각이 발달하면서 눈과 손, 발 및 전신의 시간적 동시성과 리듬, 연속성 등에 의해 효율적인 협응동작이 가능해진다. • 동작을 얼마나 빠르게, 느리게, 혹은 중간 빠르기로 움직이는가 하는 속도와 관련되며, 리듬 또한 시간지각과 관련된다. 　- 리듬동작은 움직임에 주어지는 소리의 길고 짧음, 빠르고 느림 등의 차이에 반응하여 얼마나 변화 있게 움직이는가를 의미한다. 연속되는 리듬형태의 학습은 다양한 기본동작능력의 발달과 함께 이루어질 수 있다. 즉, 북소리에 맞춰 걷거나 달리기, 노래에 맞추어 율동하기, 손뼉이나 리듬막대 등의 소리에 맞춰 리듬동작하기 등의 모든 활동은 시간지각을 발달시켜 준다. • 하위주제 　- 속도: 빠르게/느리게, 점점 빠르게/점점 느리게 등 　- 리듬: 박자, 리듬패턴, 동시적으로/연속적으로
무게지각	• 무겁고 힘든 동작과 가볍고 쉬운 동작을 대조시키는 움직임과 관련된 지각요소로서, 신체의 움직임에서 자세위치의 변화나 평형상태를 유지할 때 필요한 조정력을 발달시켜 주는 요소이다. 　- 무게가 주어질 때의 동작과 전혀 주어지지 않았을 때의 동작은 그 질이나 형태에 현저한 차이가 있다. 물체를 밀고 끌 때, 공을 힘차게 또는 약하고 부드럽게 차고 굴리고 던질 때 등의 동작에서 유아는 무게와 힘을 지각하게 된다. • 하위 주제 　- 무게 전이: 무겁게/가볍게, 점차 사라지게 　- 힘의 세기: 세게/약하게, 중간 정도로
관계지각	• 신체 어느 한 부분과 다른 부분과의 관계, 사람과 사람의 관계, 신체 어느 부분과 물체와의 관계를 인식하는 것이다. • 하위 주제 　- 신체 간의 관계: 가까이/멀리, 꼬이게 등의 관계 　- 사람과의 관계: 짝, 소집단(만나기/헤어지기, 마주보기 등) 　- 물체와의 관계: 공, 훌라후프, 평균대 등과의 관계(위/아래 등)

UNIT 07 동작교육의 기초 영역 - 기본동작 능력

#KEYWORD 기본동작 능력의 유형과 명칭

- 기본동작이란 기본이 되는 신체적 동작을 말한다. 갤러휴(Gallahue)의 운동발달단계의 세 번째에 해당되는 것으로 제2단계인 초보적 동작 단계에 기초를 두고 훈련 없이 나타나는 운동 유형이다.
  - 기본동작은 운동을 할 때 토대가 되는 동작으로 이동 동작, 안정(비이동) 동작, 조작적 동작으로 이루어진다.
  - 기본동작은 영아기부터 초등학교 입학 전까지 이루어지며 연령이 증가함에 따라 점차 고도화되고 세련된 동작으로 발전해 나간다.
  - 과거에는 성숙론적 관점에서 시간이 지나면 자연스럽게 학습되는 것으로 기본동작을 인식하기도 했으나, 최근에는 영유아시기에 교육적 접근을 통해 더욱 정교한 동작으로 확장되도록 하는 것이 필요하다는 관점에서 유아동작교육의 한 요소로 다루고 있다.

이동 동작	안정 동작(비이동 동작)	조작적 동작
• 기기(creeping) • 걷기(walking) • 달리기(running) • 뛰기(jumping) • 한 발 뛰기(hopping) • 말뛰기(galloping) • 뛰어넘기(leaping) • 스키핑(skipping) • 오르기(climbing)	• 뻗기(stretching) • 구부리기(bending) • 흔들기(shaking) • 흔들거리기(swing) • 비틀기 또는 꼬기(twisting) • 회전하기(turning) • 앉기(sitting) • 구르기(rolling) • 재빨리 피하기(dodging) • 균형 잡기(balancing)	• 공 굴리기(rolling) • 차기(kicking) • 공 되받아치기(volleying) • 던지기(throwing) • 치기(striking) • 공 잡기(catching)

1 이동 동작(locomotor skill)

- 이동 동작은 신체의 힘과 속도를 활용하여 신체의 위치를 변화시켜 다른 공간으로 이동하는 것이다. 유아들은 이동 동작을 통해 환경 속에서 효과적으로 움직일 수 있는 방법을 습득하게 된다.
  - 이동 동작은 인간이 일정한 시기에 도달하면 자연스럽게 획득하는 것으로 볼 수 있다.
  - 그러나 이동 동작의 자연스러운 발달과 더불어 의도적인 동작교육 경험과 환경이 제공됨에 따라, 신체 조절 및 대처능력이 길러지고 운동능력이 더욱 성숙한 발달수준에 이르게 된다. 즉, 때가 되면 자동적으로 획득되고 발달되지만 연습과 격려, 지도 없이는 성숙한 단계에 도달하기 어렵다.
- 이동 동작은 안정(비이동) 동작과 함께 이루어지는 경우가 많으며, 경험이 많을수록 리듬적 운동능력과 표현능력이 증진되고 균형감이 풍부해져서 창의적인 동작에 활용할 수 있는 기초를 이루게 된다.

A 이동 동작의 유형별 내용 및 출현 시기

동작유형	세부내용(출현 시기)
걷기	도움 없이 똑바로 서서 걷는 초보적 걸음(13개월) ➡ 옆으로 걷기(16개월) ➡ 뒤로 걷기(17개월) ➡ 도움 받아 계단 오르기(20개월) ➡ 혼자 계단 오르기(한 계단에 두 다리를 모았다가 다시 또 다음 계단으로 오르기)(24개월) ➡ 혼자 계단 내려가기(25개월) ➡ 두 다리를 교대로 사용하여 계단 오르기(54개월)
달리기	급하게 걷기(두 발 중 한 발이 바닥과 접촉)(18개월) ➡ 진정한 의미의 달리기(두 발이 동시에 공중에 뜬 상태)(2~3세) ➡ 효율적이며 숙련된 달리기(4~5세) ➡ 달리기 속도의 증가(5세)
뛰기	낮은 장애물에서 내려오기(18개월) ➡ 장애물 위에서 두 발 모아 뛰어내리기(2세) ➡ 두 발 모아 뛰어오르기(28개월) ➡ 멀리뛰기, 높이뛰기(5세)
한 발 뛰기	편한 쪽 발로 3번 한 발 뛰기(3세) ➡ 같은 발로 4~6번 한 발 뛰기(4세) ➡ 같은 발로 8~10번 한 발 뛰기(5세) ➡ 리듬 변형에 맞추어 능숙하게 한 발 뛰기(6세)
말뛰기	기본적이고 서툰 말뛰기(4세) ➡ 숙련된 말뛰기(6세)
스키핑	한 발 스킵(4세) ➡ 숙련된 스키핑, 숙련된 지속적 스키핑(6세)

출처 : 최지선, 이애정, 박수진, 2020

기기 (crawl)	• 배를 바닥에 댄 채 상체의 무게를 팔꿈치로 받치고 머리와 어깨를 바닥에서 들어올려 기어가는 동작이다. 팔꿈치나 엉덩이로 움직이는 것도 포함된다. – 교차기기(cross-lateral : 왼팔과 오른쪽 다리를 함께 움직이는 기기, 혹은 그 반대로 기기)뿐만 아니라 동측기기(homolateral : 신체의 같은 편에 있는 팔과 다리를 동시에 움직이며 기기)를 할 수 있다. 🅔 뱀처럼 기어보자. 물개처럼 기어보자.
기어가기 (creeping)	• 손과 무릎 혹은 손과 발을 사용하여 신체를 이동시키는 것을 말하며, 유아들이 처음으로 획득하게 되는 이동기술이다. – 성숙한 수준의 교차 기어가기(cross-pattern creeping)가 발달하지 못한 유아에게는 4, 5세경에도 기어다닐 수 있는 기회를 많이 제공해 주어야 한다(Sinclair, 1973). 🅔 개(고양이, 거미, 아기, 거북, 바닷게 등)가 기어가는 모습을 표현해 보자.
걷기 (walking)	• 한쪽 발끝에서 다른 쪽 발뒤꿈치로 체중을 옮기며, 공간을 이동하는 것이다. – 두 발이 번갈아가며 지면에 닿게 되고, 팔과 다리는 교차해서 움직인다. • 발끝과 뒤꿈치에 무게를 옮김으로써 공간 속에서 신체를 옮기는 동작이다. 무게중심을 한 발에서 다른 발로 차례대로 옮기면서 자신의 몸을 앞으로/뒤로, 오른쪽/왼쪽으로 이동하게 된다. – 걷기 동작은 돌 전후에 시작되며, 초기 걷기 동작은 불안정한 형태를 보인다. 영아들은 균형을 잡기 위해 팔과 손을 높이 들고 걸음 폭은 좁으며 걸을 때마다 발바닥 전체가 바닥에 닿으면서 몸의 움직임이 크다. 이후 점차 발달하면서 뒤꿈치가 먼저 바닥에 닿고 팔과 앞발은 자연스럽게 구부리며 걷게 된다. 🅔 박수 소리에 맞추어 걸어 보자. 빠르게(또는 느리게) 걸어 볼까? 종이 벽돌 블록을 머리 위에 올려 떨어뜨리지 않도록 조심하며 걸어 보자. 모래 속에 있다고 상상하며 걸어 보자.

달리기
(running)
	• 걷기처럼 두 발이 교대로 움직이면서 몸을 순간적으로 공중에 뜨게 하여 몸의 무게를 한 발에서 다른 발로 옮기는 동작이다.
	  - 두 돌 전후로 나타나며, 순간적으로 두 발 모두 공중에 떠 있는 순간이 발생하는데 이것이 걷기와 구별되는 달리기의 특성이다.
	  - 앞/뒤, 옆으로, 지그재그로 달리기 등의 형태로 해 볼 수 있다.
	    예 탬버린 소리에 맞추어 달리기를 출발해 보자(멈추어 보자). 최대한 빠르게 달려 볼까? 친구가 달려와서 하이파이브를 하면 릴레이로 달려 보자. 어떻게 하면 빨리 달릴 수 있을까? 바닥의 선(직선, 곡선, 지그재그, 원 모양 등)을 따라서 달려 보자.

뛰기
(점프,
jumping)
	• 한 발이나 두 발을 이용하여 공중으로 날아오르듯 몸을 위로 올렸다가 착지하는 동작이다.
	  - 수평으로 두 발로 뛰는 '멀리뛰기', 수직으로 두 발로 뛰는 '높이뛰기', 높은 곳에서 '뛰어내리기' 등이 있다. 한 발이나 두 발로 도약해서 두 발로 착지하는 두 발 뛰기도 있다.
	    예 개구리처럼 펄쩍 뛰어 볼까? 트램펄린 위에서 점프해 보자. 두 발로 뛰어 보자. 벽에 매달린 풍선을 뛰어서 쳐 보자.

앙감질
(홉핑, 호핑
= 한 발 뛰기,
= 외발 뛰기,
hopping)
	• 한 발에 몸의 무게를 주고 바닥에서 밀어올리고 나서 같은 발이 다시 바닥에 닿는 것이다. 이때 한쪽 다리를 들어 올린 채 균형을 유지해야 하며, 발을 바꾸면서 반복적으로 리듬감 있게 움직일 수 있다.
	  - 발을 바꾸어 호핑하거나 앞/뒤, 좌/우로 호핑할 수 있다.
	    예 오른쪽 발을 들고 콩콩 뛰어보자. 발을 바꾸어 가면서 호핑해 보자. 바닥에 놓인 줄을 따라 한 발로 호핑해 볼까? 앞(뒤, 오른쪽, 왼쪽)으로 호핑해 보자.

말뛰기
(갤로핑,
galloping)
	• 한쪽 발을 다른 쪽 앞에 둔 채로 걷기와 뛰어넘기를 조화시킨 것으로, 한 발을 먼저 앞으로 내밀며 뛰고 뒤의 발을 재빨리 끌어다 붙이는 신체 균형감각이 필요한 동작이며, 검도나 펜싱 등에 활용된다.
	  - 말뛰기는 말이 달리는 동작과 비슷한 움직임이다.
	  - 유아들이 말뛰기를 할 때 교사가 리듬막대로 박자 소리를 내 주면 쉽게 두 발을 번갈아 말뛰기 동작을 할 수 있다.
	    예 무릎이 높이 올라가도록 말뛰기를 해 보자. 말뛰기 춤을 춰 보자. 동요에 맞추어 말뛰기를 해 볼까?
	• 한 발로 뛰고 다른 발은 뛰는 발의 뒤를 따라 걷는 동작으로서 한쪽은 항상 앞서게 된다.

미끄러지기
(sliding)
	• 미끄러지기는 옆으로 말뛰기를 하는 동작이다. 한 발이 먼저 바닥을 밀면서 옆으로 나가고 다른 발이 따라잡듯이 나가는 동작으로, 말뛰기와 마찬가지로 불규칙한 리듬을 갖는다.
	• 또는 한 발이 먼저 바닥을 밀면서 앞으로 나가면 다른 발이 따라잡듯이 나가는 동작으로, 두 발이 교대로 한 발씩 앞으로 밀면서 나갈 수도 있다.
	  - 보통 한쪽 방향을 바라보면서 다른 쪽 방향으로 움직이는 것은 유아들에게 어렵기 때문에, 어린 유아들은 말뛰기를 배우고 난 후 훨씬 뒤에 미끄러지기 동작을 배우게 된다.
	  - 일단 미끄러지기 동작을 익히면, 양쪽 방향을 모두 다 사용하여 미끄러지기를 할 수 있도록 연습해야 한다.
	    예 느린(빠른) 노래에 맞추어 미끄러져 볼까? 얼음 위를 건너간다고 상상하면서 미끄러져 보자. 스케이트 선수가 되어 빨리 스케이트를 타 보자. 친구와 함께 스케이트 경주를 한다고 상상하며 미끄러져 볼까?

뛰어넘기 (건너뛰기, leaping)	• 달리기와 비슷한 동작(달리기와 스텝의 연장)으로 한 발에 힘을 주어 공중으로 도약한 후 다른 발을 앞으로 한 걸음 더 내밀어 무게 이동을 하여 착지하며 이동하는 기술이다. – 장애물이 있다고 생각하고 뛰어넘으려고 하거나 목표지점에 먼저 도달하고자 더 멀리, 더 높이 뛰기 위해 달리기와 함께 포물선을 그리듯 날아가면서 뛰어넘기 동작이 나타나기도 한다. – 달리기 스텝의 높이와 거리가 증가함에 따라, 양발이 공중에 떠 있는 시간이 길어진다. 예) 훌라후프를 바닥에 놓고 뛰어넘어 보자. 줄을 뛰어넘어 보자. 사슴처럼 뛰어넘어 볼까? 앞에 물 웅덩이가 있다고 상상하며 뛰어넘어 보자.
스키핑 (skipping)	• 한 번의 스텝과 한 번의 앙감질이 조합된 동작으로 같은 발로 앙감질하면서 걷기 스텝이 뒤따라온다. – 스텝보다는 앙감질이 더 강조되며, 두 발이 지면에서 순간적으로 떨어지며 가볍게 미끄러지는 듯한 동작이다. • 두 발 번갈아 뛰기로 스텝과 앙감질을 다양한 리듬에 맞추어 결합시킨 것이며, 한 발짝 앞으로 걷고 가볍고 빠르게 뛰는 동작이 함께 일어나는 움직임이다. – 처음에는 한 발을 이용하여 스키핑을 하다가 점차 익숙해지면 두 발을 모두 이용하여 번갈아 스키핑을 하게 된다.
오르기 (climbing)	기기와 비슷한 기본적 동작으로 다리만 또는 팔로만으로 할 수도 있으며, 팔과 다리를 함께 사용할 수도 있다.

❷ 안정 동작(비이동 동작, nonlocomotor skill)

- 동작의 위치를 이동하지 않고 움직이는 여러 가지 '중축적 동작'이나 '균형 동작'을 의미한다.
- 안정 동작은 비이동 동작, 제자리 동작, 안정운동기술(nontraveling), 축 운동(axial movements)이라고도 한다.
  – 안정 동작은 신체부분 간의 관계가 변화하면 균형의 변화를 인식하고, 움직임의 변화에 따라 신체를 신속하고 정확하게 조정하는 능력을 필요로 한다.
  ① 중축성 동작은 고정자세인 정적 자세를 말하며, 유아기 초기인 2개월 이후부터 발달하기 시작한다.
  ② 균형 동작 중 '정적 균형'은 무게중심을 고정하고 균형을 유지하는 것으로 무게중심이 고정되어 있을 때 평형을 유지하는 능력을 뜻한다. '동적 균형'은 무게 전이에 따라 몸의 평형을 유지하는 것으로 무게중심이 이동할 때 평형을 유지하는 능력을 의미한다.

중축성 동작	균형 동작	
	정적 균형	동적 균형
• 뻗기 • 구부리기 • 회전하기 • 흔들기 • 비틀기 혹은 꼬기	• 앉기 • 균형잡기	• 구르기 • 평균대 위를 걷기 • 재빨리 피하기

뻗기
(stretching)
	• 근육을 이완하는 스트레칭 동작으로 신체 일부 또는 신체 여러 부분을 수직, 수평, 사선으로 쭉 뻗어서 늘이는 동작이다.
	• 신체의 한 부분 또는 여러 부분을 수직 또는 수평으로 뻗어 늘리는 것이다.
	  – 체조동작의 일부로 여겨지는 경향이 있으며, 준비운동에서 자주 사용되고 있으나 근육의 경직을 막기 위해 정리운동에서 사용하는 것이 보다 적절하다.
	    例 우리 신체부분 중에서 쭉 펼 수 있는 곳은 어디일까? 허리(또는 팔, 다리, 손가락 등)를 쭉 펴 볼까? 바닥에 등을 대고 누워 엎드려서 팔과 다리를 길게 쭉 늘려 볼까? 손가락까지 앞으로 쭉 뻗어 보자. 한 팔은 앞으로, 한쪽 다리는 뒤로 뻗어 볼까?

구부리기
(bending)
	• 신체부분이나 전신을 이용하여 근접한 두 신체 부위를 접근시켜 몸의 관절을 중심으로 구부리는 것, 즉 접는 것이다.
	  – 예를 들어 손목, 허리, 목, 손가락, 발가락, 무릎 등의 신체부분은 구부리기를 통해 근육을 수축하며 유연성을 기를 수 있다. 이와 반대인 뻗기 동작이 병행하여 나타나게 되는데 구부렸던 신체부분이나 전신을 수직, 수평으로 펴는 움직임을 말한다.
	    例 우리 신체부분 중에서 구부릴 수 있는 곳은 어디가 있을까? 신발 끈이 풀어졌네요. 신발 끈을 묶어 볼까? 아래에 무거운 돌이 있네요. 돌을 위로 들어 볼까? 맛있는 열매가 주렁주렁 열려 있어. 바닥에도 열매가 떨어져 있네. 바닥에 있는 열매를 주워서 바구니에 넣어 보자. 나무에 매달려 있는 열매도 하나씩 따서 바구니에 담아 보자.
	• 신체의 일부 혹은 전체를 수축시켜 가까이 하는 동작이다.
	  – 일반적으로 신체 중심을 향해서 움직임이 이루어지며, 전신 외에도 팔, 손가락, 다리, 목 등 많은 신체부위로 구부리기 동작을 할 수 있다.
	  – 신체의 한 부분이 구부러지고 난 뒤에는 그 부위가 다시 펴져야만 하기 때문에, 구부리기와 뻗기는 잘 어울리는 동작이라고 할 수 있다.

앉기 (sit)	• 체중을 궁둥이나 허벅지에 싣는 자세로, 몸의 수준을 위쪽에서 아래쪽으로 이동시키는 것이다. • 신체의 무게가 엉덩이와 대퇴부에 놓이는 자세를 말한다. – 어린 유아들도 앉는 방법을 잘 알고는 있지만, 앉기 위한 자세들을 다양하게 탐색하는 것은 신체와 공간과의 관계에 대한 인식을 강화시켜 줄 수 있다.
떨기 (shake)	• 긴장과 이완을 포함하여 진동하는 동작(vibratory movement)을 말하며, 신체부분을 떠는 동작뿐만 아니라 전신을 떠는 동작도 있다. – 어린 유아들에게는 몸을 구불구불하게 움직여 보도록(wiggle) 함으로써 이 동작을 소개할 수 있다.

회전하기
(돌기,
제자리에서
돌기,
turning)
	• 몸을 중심으로 하여 신체부분이나 몸 전체를 수직이나 수평축으로 돌리는 것이다.
	  – 전신을 이용하여 회전할 때는 팔과 머리를 돌리는 방향으로 움직여야 회전하기 동작이 잘 이루어질 수 있다.
	• 몸의 무게중심을 바꾸면서, 축을 중심으로 신체를 부분적으로 회전시키거나 혹은 완전히 회전시키는 동작이다.
	  – 돌기는 신체의 다양한 부위나 수준, 시계 방향이나 시계 반대 방향 등 여러 가지 방법으로 실행할 수 있다.

흔들기
(rocking & swaying)
	• 몸의 중심을 잡은 후에 몸에서 힘을 빼고, 몸 전체 또는 신체부분을 좌/우, 앞/뒤로 흔드는 동작이다.
	  – 몸의 근육을 긴장시켜 좀 더 세차게 흔드는 동작(rock)과 더 유연하고 가볍게 흔드는 동작(sway)으로 나누어 볼 수 있다.
	  – 유아에게 꽃처럼 흔들거리거나 미풍에 나뭇잎이 흔들리는 것처럼 해보게 한 다음, 강하게 흔들기가 될 때까지 흔들리는 힘을 점차 증가시켜 볼 수 있다.
	    예) 몸을 세게 또는 약하게 흔들어 보자. 강한 비바람이 몰아치고 있어. 내 몸이 어떻게 될까? 바람이 불어 꽃이 흔들리는 모습을 표현해 보자.

흔들거리기
(swing)
	• 흔들기와 구별해서 인식하는 것이 필요하다.
	• 신체의 한쪽 끝을 고정한 상황에서 시계추나 그네처럼 포물선을 그리며 움직이는 것을 의미한다.
	  – 몸의 중심을 잡은 상태에서 팔이나 다리 등 신체부분이나 몸 전체로 흔들거리기를 할 수 있다.
	• 신체 한 부분 끝을 고정하고 다른 부분은 포물선을 그리면서 앞과 뒤로 자유롭게 움직이는 동작이다.
	    예) 우리 몸에서 흔들거릴 수 있는 부분은 어디일까? 오뚝이(자동차의 와이퍼)를 살펴보자. 어떻게 움직이고 있니? 철봉에 매달려서 몸을 흔들거려보자.

비틀기
혹은 꼬기
(twisting)
	• 신체의 한 부분을 몸의 축으로 하여 무게중심을 잡고 다른 신체부분을 다른 방향으로 비틀거나 꼬는 동작이다. 이때 신체의 한 부분은 움직이지 않고 다른 부분을 돌리는 것이다.
	• 신체의 축을 중심으로 신체의 부분들을 돌리며 꼬는 동작이다.
	  – 신체부분 중 팔, 다리는 꼬기가 쉬운 부분이며, 몸 전체, 발가락, 어깨 등은 꼬거나 비트는 동작을 하기 어렵다.
	    예) 우리 몸 중에서 꼴 수 있는 부분은 어디가 있을까? 팔/다리를 꼬아볼까? 코끼리 코를 만들어 보자. 빨래를 꺼내니 물이 떨어지네. 빨래를 비틀어서 물기를 짜 보자. 하와이에 사는 사람처럼 훌라춤을 함께 춰 볼까? 손/발/허리를 어떻게 움직여야 할까?

재빨리 피하기
(dodge)
	• 전신을 사용하여 자신을 향해 움직이는 물체나 사람을 빠르고 힘 있게 피하는 동작이다.
	• 사물이나 사람을 피하기 위해 몸 전체를 아주 재빨리 힘차게(역동적으로) 움직이는 동작이다.
	• 제자리에 선 상태 또는 달리면서 이루어지기도 하는데, 유아기에는 주로 정지된 상태에서 피하는 동작이 나타나 안정(비이동) 동작에 포함된다.
	  – 서 있거나 고정된 상태에서는 구부리거나 뻗기, 꼬기 같은 안정(비이동) 동작이 포함되며, 달리기와 함께 피하는 동작을 하는 경우는 이동 동작기술이 된다.
	    예) 나무에서 떨어지는 나뭇잎을 피해 보자. 탱탱볼이 우리 몸으로 온다고 상상하면서 재빨리 피해 볼까? (피구게임) 친구가 던지는 눈송이를 빠르게 피해 보자.
	발달적 어려움
	유아들은 재빨리 피하기 동작을 할 때 자세가 경직되어 있고, 방향 전환이 느리며, 피하는 방향으로 무게중심을 재빨리 변환시키기 어려운 특성이 있다.

떨어지기 (fall)	• 높은 자세에서 납작 엎드리거나, 뒤로 눕거나, 혹은 옆으로 눕는 자세로 몸을 움직이는 것이다. – 떨어지기는 보통 급작스러우며 힘 있는 동작이지만 느리고 유연하게 해볼 수도 있다. 어느 경우든 다치지 않도록 몸의 긴장을 풀어야 한다.

균형 잡기
(서서 균형 잡기,
balancing)
	• 몸이 한쪽 방향으로 기울거나 치우치지 않고 척추를 중심으로 몸을 지지하여 균형을 잡은 자세이다.
	• 균형을 잡는다는 것은 신체의 중심인 척추가 몸을 잘 지지하여 주는 것으로, 한 발 또는 두 발로, 두 손으로, 또는 머리와 두 팔로 균형을 유지할 수 있다.
	  - 유아의 연령을 고려하여 폭이 넓고 높이가 낮은 평균대부터 사용하고, 균형 잡기에 어느 정도 익숙해지면 폭이 좁고 높은 평균대를 사용한다. 평균대 위에서 균형을 잡으며 걷는 것을 어려워하는 경우 바닥에 있는 마스킹 테이프나 줄 위를 따라 걸어 보도록 한다.
	  - 균형 잡기는 정지된 상태에서든 움직이면서든 모두 가능하다.
	    ① 정적 균형(static balances): 한 발로 균형을 잡을 때, 중심을 잃지 않고 서 있는 동작으로 정지된 상태에서 균형을 잡는 것이다.
	    ② 동적(역동적) 균형(dynamic balances): 매트나 평균대 위에서 걸어가기와 같이 움직이면서 균형을 잡는 것이다.
	    예 다양한 신체부분을 활용하여 균형을 잡아 볼까? 무릎을 구부리고 균형을 잡아 볼까? 이번에는 배/엉덩이를 바닥에 대고 균형을 잡아 볼까? 발끝으로 균형을 잡아 볼까? 한 발로 서서 균형을 잡아 볼까? (균형을 잡으며 앞으로 걷는 동작이 익숙해지면) 옆으로, 뒤로 움직이며 균형을 잡아 보자.
	발달적 어려움
	유아들은 균형을 잡을 때 도와주는 사람에게 지나치게 의존하기, 팔을 옆에 붙이기, 균형을 잡기 위해 부적절하게 움직이기, 자신의 걸음걸이를 눈으로 확인하기 위해 시선이 바닥을 향한 채 걷기 등 균형 잡기에 대해 발달적 어려움을 나타내는 특성이 있다.

구르기 (rolling)	• 신체를 앞, 뒤, 옆으로 옮기며 무게를 수평으로 이동하는 동작이다. 구르기 동작을 통해 신체와 공간인식, 균형감이 발달한다. • 신체가 순간적으로 앞, 뒤, 옆의 공간으로 뒤바뀌는 것이다. **발달적 어려움** 유아들은 구르기를 할 때 몸을 동그랗게 구부리지 못하고 정수리가 아닌 이마를 바닥에 대는 경우가 많다. 그리고 두 팔로 몸을 밀어내기 어려워 균형을 유지하지 못하는 등의 어려움이 있다.

3 조작적 동작(manipulative skill)

- 조작적 동작은 물체와의 관계 속에서 이루어지는 것으로, 물체에 힘을 주거나 물체로부터 힘을 받는 동작이다.
  - ① 추진적 동작(추진력이 있는 동작, propulsive movements): 물체에 힘을 주는 동작으로 던지기, 차기, 치기, 굴리기 등과 같이 물체를 신체에서 멀리 떨어뜨리는 동작이다.
  - ② 흡수적 동작(흡수력이 있는 동작, absorptive movements): 물체로부터 힘을 받는 동작으로 잡기, 받기 등 신체를 이용하여 물체를 멈추기 위해 움직이는 물체를 방해하는 것이다.
- 이러한 조작적 동작은 이동 동작이나 안정(비이동) 동작과 결합된 형태로 나타난다. 예를 들면, 제자리에 서서 또는 뛰면서 공을 차거나 잡을 수 있으며, 이동하지 않고 신체를 구부리면서 공을 잡거나 제자리에 멈춰 공을 찰 수도 있다.
- 조작적 동작은 공간 속에서 물체의 조작을 통해 움직이는 물체와의 관계를 탐색하는 부분에 초점을 맞춰야 한다. 조작적 동작을 위한 물체는 공 외에도 리본막대, 스카프, 훌라후프, 배트 등 다양하게 적용할 수 있다.

추진적 동작	흡수적 동작
• 굴리기 • 던지기 • 차기 • 치기 • 되받아치기	잡기

공굴리기
(ball rolling)/
굴리기
(rolling)
	• 한 손이나 두 손을 사용하여 공을 바닥에 놓고 앞, 뒤, 옆으로 멀리 보내는 동작이다.
	  - 던지기처럼 손을 사용해서 공을 신체로부터 멀리 떨어지도록 하는 것이지만, 던지기는 공중으로 공을 보내는 것이라면 굴리기는 바닥으로 공을 굴려 밀리 보내는 움직임이라는 점이 다르다.
	  - 이 기술은 종종 볼링이나 킥볼(kickball)과 같은 게임과 관련되어 나타나지만, 보치(boccie, 잔디밭이나 모래사장에서 하는 볼링 게임의 일종), 셔플보드(shuffleboard, 긴 막대로 원반을 치는 놀이), 컬링(curling, 얼음판에서 둥근 돌을 미끄러뜨려 과녁에 맞히는 놀이)과 같은 활동에 사용되기도 한다.
	   예) 멀리 앉아 있는(서 있는) 친구를 향해 공을 굴려 보자. 한 손/두 손으로 공을 굴려 보자. 벽에 붙어 있는 스티커를 향해서 공을 굴려 보자. 경사진 면 위에서 공을 아래로 굴려 보자.
	발달적 어려움
	유아들은 허리 위에서 공을 놓거나 손을 완전히 들어 올리지 못해 공이 조금밖에 굴러가지 않는 등의 어려움이 있을 수 있다.

던지기 (throwing)	• 손을 이용하여 물체를 신체로부터 멀리 떨어져 있는 공중으로 보내는 것이다. − 영아기나 걸음마 시기에는 대부분 물체를 아래쪽을 향해 던진다. 점점 나이가 들면서 처음에 두 손으로 밑에서 던져 올리다가(underhand throw), 다음에는 한 손으로 밑에서 던져 올리고, 마침내 어깨 위로 던지게(overhand) 된다. − 던지기의 자세는 공 등 사물의 크기와 무게, 거리에 따라 달라지기도 한다. 나이가 어린 유아들에게 던지기를 지도하고자 할 때에는 정확성에 초점을 두기보다는 유아가 던지는 동작에 익숙해지는 것에 초점을 맞추어야 한다. 　예 콩 주머니를 던져서 매달려 있는 물체를 맞춰 보자. 멀리/머리 위로 던져 보자. 가까이에 있는 바구니에 공을 던져 넣어보자.
차기 (kicking)	• 발을 사용하여 순간적으로 힘을 물체(공)에 가하는 동작이다. • 다리와 발(대부분 발의 안쪽 면이나 발끝)로 물체(대개 공)에 힘을 전달하는 것이다. − 바닥 위에 정지되어 있는 공을 차는 동작과, 공중에 떠있던 공이 바닥에 닿기 전에 차는 동작이 있다. − 이 기술은 눈과 발의 협응, 신체 조절(신체 균형), 힘과 방향의 정확성이 요구된다. 그러나 정확한 동작을 능숙하게 하기 위해서는 한 발로 서서 몸의 균형을 유지해야 한다. − 차는 동작은 거리를 조절함으로써 능숙한 기술이 발달하도록 도와야 하며, 능숙한 동작이 발달되기 전부터 차는 동작의 정확한 자세를 취하게 하는 것에 먼저 관심을 두어 지도해서는 안 된다. − 초기에는 발의 안쪽 면이나 발끝으로 차게 되는데 발등으로 차는 방법을 알 수 있도록 부드러운 공을 제공해 줄 수 있다. 　예 바닥에 있는 공을 차 볼까? 친구에게 발로 차서 공을 보내 보자. 풍선을 차 보자. 공을 차서 세워 둔 깡통을 쓰러뜨려 볼까? **발달적 어려움** 유아기에는 정면으로 공을 차지 못하거나 눈과 발의 협응이 잘 안 되어 공을 차는 것을 놓치는 경우도 있다. 힘의 조절을 통한 차기 동작에서 거리 조절 및 균형 잡기의 어려움 등이 있을 수 있다.
치기 (때리기, strike)	• 라켓이나 막대 등과 같은 도구를 활용하여 사물에 힘을 주어 멀리 보내는 동작으로, 야구, 테니스, 배드민턴, 골프 등에 필요한 기술이다. − 이 동작을 위해서는 눈과 손의 협응능력이 필요하고 움직이는 물체를 치기 위해서 날아오는 사물을 시각적으로 추적해야 하므로 유아기에는 어려울 수 있다. − 치기 기술이 미숙한 유아를 위해 방망이의 길이, 닿는 표면적 등을 고려한 방망이를 제공하여 치기 동작이 성공할 수 있도록 지원할 수 있다. 　예 날아오는 풍선을 야구 방망이를 이용해서 쳐 보자. 배드민턴 채를 활용하여 셔틀콕을 쳐 볼까? 멈추어 있는 물건을 방망이나 채로 쳐 보자.
되받아치기 [공(손으로) 되받아치기, volleying]	• 손을 어깨 위로 올려서 치는 쳐내기(striking)의 한 형태로 농구나 배구에서 많이 사용되는 기술이다. − 이 기술은 시각적으로 공을 계속해서 추적하는 기술이 필요하다. − 이 동작을 연습하기 위해서 실제 농구공이나 배구공 같은 것을 사용하기 전에 풍선이나 비치볼 등(색깔이 있고 가벼운 공)을 사용해 보도록 한다. 　예 날아오는 풍선을 손바닥으로 쳐 보자. 날아오는 공의 방향으로 몸을 기울여 손바닥으로 쳐 볼까? 풍선을 손으로 쳐서 위로 올려 보자. 친구가 올려 준 공을 다시 쳐서 친구에게 넘겨 보자.

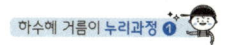

튀기기 (공 튀기기, bouncing)	• 드리블링(dribbling)이라고 표현되기도 한다. • 한 손이나 두 손을 이용해 물건을 아래쪽 방향으로 치는 동작이다. 　- 손으로 공을 바닥을 향해 반복적으로 미는 동작이다. 　- 눈과 손의 협응을 발달시키기 좋은 활동이다.
받기 (잡기, catching)	• 던져진 물체를 멈추게 하기 위해서 손을 사용하는 것이다. 　- 밑에서 받기(underhand)와 위에서 받기(overhand)의 두 가지로 나눌 수 있으나 이 둘은 기본적으로는 같은 기술이다. 주된 차이점은 물체와 부딪치게 되는 손의 자세이다. 　　① 밑에서 받기: 물체를 허리 아래에서 잡게 될 때 사용된다. 손바닥과 손목은 위쪽으로 향하게 된다. 　　② 위에서 받기: 물체가 허리 위쪽에 있을 때(물체가 가슴 위쪽으로 올 때) 사용된다. 손바닥은 몸에서 멀리 떨어져 날아오는 물체를 향하게 된다. 　- 자신에게 날아오는 공에 두려움을 느끼는 유아는 받기를 시도하지 않을 수 있다. 따라서 물체를 잘 추적하기 위해 부드럽고 가볍고 색깔이 있는 물체(스카프, 팥주머니, 풍선, 헝겊공)나 크더라도 부드러운 공(비치볼)을 사용해서 날아오는 물건을 두려워하는 것을 경감시키거나, 날아오는 물체를 더 쉽게 시각적으로 추적하도록 한다. 　- 또한 유아들이 받기 동작을 쉽게 할 수 있도록 공을 정확히 던져 주거나 공을 바닥에 튀겨 주어 이 공을 잡는 동작을 활용할 수도 있다. 　　예) 바닥에서 튀어 오르는 공을 두 손으로 잡아 볼까? 날아오는 공이 어디로 오는지 잘 보면서 잡아 보자. 풍선이나 스카프처럼 날아오는 물건을 잡아 볼까?
튀긴 공 받기 (trapping)	공을 다룰 때 공이 멀리 튀어나가지 않게 유지하는 기술로, 마치 특정한 영역에 잡혀 있듯이 공의 움직임을 멈추게 하는 동작이다. 즉, 패스된 공을 발, 허벅지, 이마, 가슴 따위로 멈추게 하는 것이다.
밀기 (pushing)	• 자신의 신체로부터 사람이나 사물을 멀리 보내도록 밀어내는 동작이다. • 저항에 반하여 무엇인가를 몸통으로부터 멀리 떨어지도록 한 곳에서 다른 곳으로 밀어내는 것이다. 　- 팔을 팽팽하게 하고 시작해서 계속 팔을 뻗는 것이다. 　- 이동 동작과 결합되어 확장되며, 밀기는 당기기보다 쉽다.
당기기 (pulling)	• 자신의 신체 안쪽 방향으로 힘을 주어 사람이나 사물을 끌어당기는 동작이다. • 저항을 일으키며, 무엇인가를 한 곳에서 몸통을 향해 끌어 움직이는 것이다. 　- 처음에는 팔을 쭉 뻗었다가 그 다음에는 대부분 구부린다. 　- 당기기는 대부분 걷기와 같은 이동 동작과의 결합으로 확장된다.
들어올리기 (lift)	• 사물을 낮은 수준에서 더 높은 수준으로, 한 장소에서 다른 장소로 옮기는 것이다. 　- 들어올리기는 물체의 운반을 요구할 수도 있기 때문에 이러한 경우에는 이동 동작이 될 수 있다.

UNIT 08 유아동작교육의 응용 영역 - 리듬동작

- 리듬동작 활동은 노랫말이나 리듬에 맞추어 하는 리듬놀이(손유희), 노랫말이나 리듬에 따라 몸 전체를 움직이는 리듬운동(율동), 음악 리듬에 맞춰 손이나 도구를 활용하여 움직이는 리듬체조로 구분할 수 있다.
- 그러나 학자에 따라 리듬동작 영역을 구분하는 기준이 상이하기 때문에 리듬놀이, 리듬운동, 리듬체조 모두 리듬동작 활동의 구조화 정도에 따라 접근한다면 구조적 리듬동작, 반구조적 리듬동작, 비구조적 리듬동작으로 살펴볼 수 있다.

구조적 리듬동작

- 교사가 사전에 계획하고 구성하여 시범을 보이고 유아들이 따라 하도록 하는 동작의 활동 형태이다.
  - 대표적인 예로는 손유희가 있다. 손유희는 신체부분 중 손이나 손가락을 가지고 움직이는 모든 동작에 리듬을 살려 표현하는 동작을 말한다.
  - 단순하고 반복되는 손동작을 만들어 교사가 시범을 보이면 유아들이 따라하는 형태로, 주로 좁은 공간에서 유아들의 주의집중을 위해 활용된다.

손유희를 통한 구체적인 교육적 효과
- 손가락을 통해 자신의 생각을 표현해 봄으로써 표현능력을 길러 준다.
- 표현 동작을 통해 자신감을 길러 준다.
- 동작을 통해 새로운 감각과 상상력을 높여 준다.
- 생각과 사고를 통해 지적인 발달을 높여 준다.
- 새로운 동작을 개발하여 표현해 봄으로써 창의성을 높여 준다.
- 여럿이 활동할 수 있으므로 사회성을 발달시킨다.
- 어려운 낱말을 쉽고 빠르게 익힐 수 있으므로 언어능력을 발달시킨다.
- 창조의 세계를 간접적으로 체험할 수 있다.
- 유아의 다양한 정서를 개발하고 심미감을 발달시킨다.

장점
- 유아교육에서 손동작이나 손유희는 일반적으로 전이활동이나 유아들의 교육활동 중에 분위기가 산만해지거나 지루해할 때, 전체 유아의 주의를 집중시키고 분위기를 조성하는 데 효과적으로 활용될 수 있다.
- 유아들은 손유희를 하면서 즐거움을 느끼며 자연스럽게 주의가 집중된다.
- 손동작은 유아들에게 흥미로우면서도 여러 가지 개념 형성을 도와 인지기능의 기초를 다져줄 수 있다.
- 모방을 즐기는 유아에게 동작에 대한 흥미와 관심을 이끌어낼 수 있고, 의미를 쉽게 이해하도록 도울 수 있다.

단점
손유희는 교사가 주도적으로 하는 교사중심의 구조적 리듬동작으로 유아들이 수동적으로 따라 하게 되므로 유아들의 창의성을 저해할 수 있다는 부정적인 의견도 있다.

유의점
- 손유희가 포괄적인 교육적 가치를 지니려면 손동작의 내용이 유아의 생활 주변과 밀접한 관계를 갖는 것이어야 한다.
- 모든 사물, 사람, 동식물, 기계, 자연현상 등의 특징에 말리듬을 넣은 노래나 간단한 챈트에 맞추어 얼굴놀이, 손짓, 발짓놀이 등을 통하여 쉽게 익혀 나갈 수 있는 내용이 담겨 있어야 한다.
- 과도한 사용이 아닌 유아의 연령 및 발달 수준, 흥미에 따라 융통성 있게 사용하는 것이 필요하다.

반구조적 리듬동작	• 정해진 지시나 교사의 시범에 따라 표현되는 부분과 유아들의 창의적이고 자유롭게 표현하는 움직임들이 함께 있는 활동 형태이다. • 노래 제목이나 가사, 음악에 어울리는 동작을 만들어 표현할 때 교사가 사전에 동작을 구성하여 제시함과 동시에, 유아들이 제안하는 동작에 대한 의견을 받아들여 교사와 유아가 함께 동작을 만들어 가는 것이다. 즉, 음악이나 노랫말에 내재된 제한적인 지시에 따라 창의적으로 움직여 보는 활동이다. • 대표적인 예로는 노랫말에 맞춘 리듬동작 활동이 있다. 노랫말에 맞춰 율동을 할 경우 교사가 일정 부분까지 동작을 만들고 나머지 부분은 유아가 노래 가사에 어울리는 동작을 만든다. 유아들은 노래를 부르며 가사에 어울리는 동작을 신체 움직임으로 표현할 수 있다. – 노랫말에 맞추어 반구조적 리듬동작을 만들 때 노래 가사에 동작요소가 직접적으로 드러나거나(예 머리 어깨 무릎 발, 둘이 살짝 손잡고, 옆에 옆에, 그대로 멈춰라, 쥐와 고양이 등), 가사 내용이 동작요소를 포함하고 있는 경우 노랫말에 맞춰 동작으로 표현하기가 쉬우므로 어린 영아나 유아에게 적합하다. **유의점** 만약 유아들이 노랫말에 맞춰 전체 동작을 만드는 경우에는 노랫말에 맞춘 리듬동작이라도 비구조적 리듬동작 활동에 포함된다.

비구조적
리듬동작
	• 음악적 요소에 맞춰 유아들이 창의적이고 자유롭게 동작을 표현하는 것이다.
	• 대표적으로 음악적 요소에 맞춘 동작은 노랫말이 없는 음악의 박자, 음조, 리듬 등에 따라 동작으로 표현하는 경우가 많다.
	  – 음악적 요소에는 음의 고저, 셈여림, 악구, 템포, 분위기, 리듬 등이 있다.
	  – 활동에 필요한 음악은 교사나 유아가 직접 악기를 사용하여 만들거나 녹음하여 들려줄 수 있다. 이때 음악적 요소의 뚜렷한 차이를 구별할 수 있도록 음악적 요소가 대비되어 녹음한 것을 들려주는 것이 좋다.
	  – 박자나 리듬을 쉽게 인식할 수 있도록 음악소리가 선명한 곡을 선정하고, 동작으로 표현하기 전에 음악을 듣고 느낀 점 및 생각에 대해 충분한 언어적 자극을 주는 것이 좋다.
	    예 유아는 음악을 듣고 자신이 느낀 음악적 요소에 맞춰 동작으로 표현한다. 큰 음악 소리를 들으면 발을 무겁게 구르고 작은 음악 소리에서는 발끝을 들고 가볍게 걸을 수 있다.
	활동 시 유의점
	• 음악적 요소들은 하나의 음악 안에서 다양하게 나타나기도 하고, 특정 요소가 강조되어 나타나기도 한다. 따라서 교사는 유아들이 음악을 듣고 나서 어떤 느낌이 드는지 이야기를 나눈 후, 이를 동작으로 자유롭게 표현해 보도록 할 수 있다.
	• 그러나 아직 다양한 기본동작을 경험하지 못한 유아들은 음악을 듣고 난 느낌을 동작으로 표현하는 것이 어려울 수 있다. 따라서 교사는 다양한 동작을 표현할 수 있도록 기본동작과 관련된 경험을 제공하고, 음악의 어느 부분이 달라졌는지, 그래서 어떤 느낌이 드는지, 어떻게 달라졌는지 등에 관해 이야기를 나눈 후 움직여 보도록 하면 유아들은 좀 더 구체적으로 자신의 느낌을 표현하게 될 것이다.

UNIT 09 유아동작교육의 응용 영역 – 창의적 신체표현(표현동작)

개념		창의적 신체표현은 교사가 제시한 동작의 모방이나 지시에 따르는 신체 움직임이 아닌 정해진 형식 없이 유아가 자신이 생각한 것, 상상한 것, 경험에 대한 회상, 느끼고 있는 감정을 즉흥적으로 신체로 표현해 내는 것이다. **창의적 신체표현의 특징 및 효과** • 창의적 신체표현 활동은 유아들이 자신의 신체를 의사소통의 도구로 사용하여 생각이나 느낌을 자유롭게 표현해 보는 것으로 유아의 이전 경험과 개인이 가진 특성, 활동에 대한 이해와 상상을 바탕으로 전개된다. – 이를 통해 유아들은 자유로운 움직임에 대한 욕구를 충족시키고 편안하며 자유롭게 내면의 느낌과 생각을 신체로 표현해 보면서 자아를 인식하고 발견할 수 있다. 또한 창의성, 자아효능감, 자기표현 등에 대한 자신감과 효능감을 갖게 된다. • 창의적 신체표현 활동의 내용요소는 사물, 동식물, 사건 등이 있는데 먼저 이를 관찰하고 탐색한 뒤 신체를 사용하여 창의적으로 표현한다. 표현할 대상의 모습을 자세히 관찰하고 탐색한 후에 유아가 신체로 표현한다면 보다 정교한 표현이 나올 수 있다. • 유아는 '~인 척(as if)하기'를 좋아하기 때문에 표현 주제에 대한 경험이나 생각, 느낌 등을 움직임으로 표현하는 과정에서 표현 대상이 되어 보거나 특정 장소에 있는 것처럼 표현하는 가작화, 상상을 즐기며, 이를 통해 신체활동에 더욱 몰입하게 된다. **창의적 신체표현 활동의 지도 방법** • 표현할 대상을 탐색하는 방법으로는 실물, 사진자료, 영상자료, 실험 등을 통해서 이루어질 수 있다. 유아들이 발견한 움직임이나 장면을 각자 앉은 자리에서 먼저 표현해 보고 이에 대한 생각과 의견을 나눈 후, 유아들의 다양한 표현을 수용해 주면서 자유롭고 정교한 표현에 대해 격려할 수 있다. • 창의적이고 독특한 표현이 있었다면 다른 유아들에게 소개하거나 함께 따라 해 보도록 할 수 있으며, 다른 유아의 창의적인 신체표현을 감상하고 평가해 보는 시간을 갖는 것도 좋은 방법 중 하나이다. 다른 유아들이 즐겁게 반응하고 관심 있게 지켜보는 분위기를 형성함으로써 자연스러운 움직임과 창의적 표현에 적극적으로 참여할 수 있도록 격려하는 것이다. • 신체표현 시 도구 및 소품을 활용할 경우에는 사전에 탐색하거나 안내하도록 한다. 신체표현에서 도구, 소품을 활용하는 것은 동작의 범위를 확장시키고, 유아의 창의적 표현이 흥미 있게 전개되도록 하는 매체가 되기 때문이다. 창의적 신체표현을 하는 과정에 방해가 되지 않도록 여러 가지 도구를 잘 활용하여 유아의 독창적인 움직임을 촉진하고, 동작의 내용을 더욱 풍부하게 표현하도록 한다.
창의적 신체표현 활동의 유형	모방적 동작 활동 (imitative movement activities)	• 모방적 동작활동이란 여러 가지 생물이나 무생물을 모방해서 표현해 보는 활동을 의미하며, 대상물의 모양과 움직임을 관찰하고 이를 사실적으로 나타내어 관찰력과 표현력을 기르는 것이다. – 이러한 활동을 위해서는 특정 대상물의 모양이나 움직임을 나타내기 위해 자신의 몸을 어떻게 조정할 것인지를 알아야 한다. 즉, 표현할 대상에 대해 충분히 탐색하는 것이 선행되어야 하므로 교사는 가능한 한 실물자료 또는 실물과 유사한 모의자료를 많이 제공해야 한다.

- 모방적 활동을 통해서 유아들은 자기 자신을 '어떤 것(be something)'으로 표현하고자 한다. 그러나 교사는 모방적 동작활동의 일부인 심상(이미지, imagery)을 도입하기 전에 유아들의 신체가 만들어 낼 수 있는 동작 잠재력(movement potential)을 깨닫도록 유의하여야 한다. 유아들은 자신들이 상상하는 것과 자신을 동일시하며, 이러한 동일시는 표현적인 동작으로 나타난다. 유아들은 다양하며 독창적인 동작으로 자신을 탐색하고 표현할 수 있도록 격려받아야 한다.
- 모방적인 동작활동을 위해 음악을 사용할 수 있으며, 이는 다음과 같은 방법으로 진행할 수 있다.
  ① 교사가 음악을 들려주고 유아에게 음악의 특징을 근거로 해서 모방할 것을 결정하는 방법이다.
    예 음악을 들려준 후 "이 음악을 들으니까 어떤 생각이 나니?"라고 물어보는 것이다.
  ② 교사가 음악을 선택하고, 그에 따라 모방할 것도 선택하는 방법이다. 이때 모든 유아들은 같은 것을 모방하게 된다. 각각의 유아는 교사가 선택한 개념 중 자기 나름의 개념을 선택해서 동작을 창출한다. 교사가 거인을 선택했다 하더라도 각각의 유아는 거인에 대한 자신의 독특한 개념을 연출하는 것이다.
  ③ 모방할 것을 선택한 후, 동작에 적합한 음악을 선택하는 것이다. 이러한 과정에서 유아가 음악의 특성을 '느껴야' 하기 때문에 음악을 잘 들어보는 기회를 갖는 것이 중요하다. 음악(박수치기 혹은 북치기에서부터 피아노 음악이나 레코드 음악에 이르기까지)은 동일시하는 데 적절한 것이어야 한다. 유아들의 움직임은 음악의 리듬과 잘 맞아야 하며, 리듬의 요소에 대한 기본적인 이해를 반영하는 것이어야 한다.
- 모빙적 동직활동의 범주는 '생물 모방하기(예 동물, 사람, 상상적인 사람이나 동물 등)', '자연물 모방하기(예 날씨, 기후 등)', '사물 모방하기(예 놀잇감, 운송기구, 기계 등)', '사건 모방하기(예 서커스, 스포츠 등)'를 예로 들 수 있다.

창의적 동작표현 활동 (interpretative movement activities)

- 창의적 동작표현 활동이란 대상물에 대한 느낌, 자신의 생각, 경험했거나 제시된 사건을 동작으로 나타내보는 것을 말한다.
  - 이는 모방적 표현활동을 한층 더 발전시킨 형태로 특정 대상물의 모양이나 움직임을 표현하는 것에서 그치지 않고, 그에 대한 느낌이나 사건의 전개 상황에 대한 자기 자신의 생각을 표현하는 활동이다.
- 창의적 동작표현 활동은 유아들의 생각, 친숙한 사건, 그리고 일상적인 절차 등을 동작으로 나타내는 것이다. 또한 감정, 느낌, 분위기 등을 동작을 통해서 표현할 수 있다.
  - 창의적 동작표현 활동에서 교사는 유아들이 자기 자신을 표현할 수 있는 분위기를 제공해야 한다.
    ① 교사는 하나의 아이디어나 이야기로 활동을 시작한다.
      - 이야기가 진행됨에 따라 적절한 배경음악을 사용하기도 하고 활동을 더욱 흥미있게 진행하기 위해서 언어적인 효과음이나 지시를 제공하기도 하지만, 이러한 것이 반드시 필요한 것은 아니다.

② 음악을 사용하여 음악에 적합한 아이디어를 전개해 나간다.
- 선정된 음악은 여러 가지 다른 특성을 제시해 주기 위해서 속도나 형식이 충분히 변화되는 것이어야 한다.

③ 유아들의 분위기나 느낌을 표현한다.
- 한 곡의 음악을 들려주고 어떤 느낌이 드는지 동작으로 표현해 보도록 하거나, 특별한 분위기를 나타내는 핵심단어(예 슬프다, 행복하다 등)를 주고 유아들로 하여금 이러한 단어들을 동작으로 표현하도록 한다.

- 창의적 동작표현 활동의 예시로는 '동작어 표현하기, 감정이나 분위기 표현하기, 미술에 관련된 요소들 표현하기(예 직선/곡선(선), 원/삼각형(형태), 하양/검정(색) 등), 순서가 있는 동작 표현하기(예 꽃이 피기까지, 집 짓는 과정 등), 흔들리는 물건의 움직임을 표현하기(예 시계, 그네 등), 특별한 날들 표현하기(예 크리스마스, 눈 오는 날 등)' 등을 들 수 있다.

🅰 창의적 동작표현 활동을 구성할 수 있는 동작활동 내용

음악에 초점을 두고 창의적 표현을 하는 동작활동	• 이 내용은 다시 '음악의 요소에 초점을 맞추어 움직여 보는 방법'과 '음악의 제목이나 분위기 및 줄거리에 초점을 맞추어 움직여 보는 방법'으로 나눌 수 있다. • 처음에는 간단한 리듬에 맞추어 유아 자신의 느낌을 단순하게 표현하는 활동을 경험하도록 하고, 차츰 음악의 요소들이 조화된 한층 긴 음악을 들려주어 그에 따라 다양한 상상을 신체로 표현해 보도록 한다.
짧은 이야기나 동시 등을 듣고 상상하여 동작으로 표현하는 활동	• 문학작품이나 이야기를 중심으로 하는 창의적 동작활동의 경우에 활동의 소재는 사람, 동물, 자연 현상 등으로 매우 다양하다. - 동작활동에 사용되는 문학작품이나 이야기는 유아가 이해할 수 있는 내용이어야 한다. - 초기에는 단순한 행동이나 상황을 표현하는 활동들을 경험하도록 하고, 익숙해지면 더 긴 내용의 이야기를 중심으로 창의적 표현을 하도록 이끈다. - 이야기를 동작교육 교수방법에 활용하기 위해서는 다양한 동작 동사, 혹은 표현이 포함되어 있는 책을 선정하거나, 이야기에 특별한 이동 동작 또는 안정(비이동) 동작을 포함시키거나 줄거리를 확장시킴으로써 이야기를 재구성하여 제시할 수 있다.

UNIT 10 유아동작교육의 응용 영역 – 동작감상

개념 및 정의

- 유아 예술교육의 맥락에서 감상은 단순히 보는 것이 아니라 유아들이 예술활동이나 예술작품을 보고 듣고 즐기며 생각과 느낌을 서로 나누는 활동이다.
  - 즉, 감상을 통해 주변세계와 자연 속의 아름다움을 발견하거나, 예술 감상을 하고 서로 느낌을 나누며 동시에 이를 통한 창의적 표현이 함께 이루어지면서 심미감이 발달하게 된다.
  - 국가수준 교육과정의 예술경험 영역에서도 유아들이 자연과 일상생활 속에서 아름다움을 느끼고, 예술적 표현을 존중하며, 우리나라의 전통 예술을 감상하는 내용을 포함하고 있다. 이는 감상을 통해 서로 다른 사람의 생각과 의견, 감정을 존중하는 능력을 강조함으로써 나와 다른 사람의 다름을 이해하고, 다른 사람의 작품을 소중히 여기는 마음과 태도를 자연스럽게 형성하도록 하는 것이다.
  - 이러한 감상의 중요성에 따라 많은 유아동작교육 프로그램에 대한 연구에서도 공통적으로 동작교육의 내용에 동작감상 영역이 포함되어야 함을 제시하고 있다.
- 유아기는 인간이 살아가는 데 기본이 되는 습관이나 가치, 태도를 형성하고, 미적 감각과 창의적 표현의 기초를 형성할 수 있는 가장 적합한 시기이다. 다양한 예술작품을 접하는 기회가 많아지면 예술에 대한 이해와 감상 능력이 높아지고, 작품 속에 내재된 다양한 재료의 특성, 분위기, 아름다움을 느끼는 미적 안목과 표현의 다양성을 이해하게 된다. 따라서 유아기부터 예술 감상을 통해 감성과 심미감을 느낄 수 있는 기회를 제공하는 것이 중요하다.
- 동작교육에서 '감상'과 '표현' 활동의 균형을 이루기 위해서는 유아들에게 질 높은 예술 작품(동작, 음악, 미술, 문학, 자연 등)의 감상과 함께 자신의 흥미와 능력에 맞는 다양한 신체표현 활동을 통합적으로 제공해야 한다. 더불어 유아들이 동작활동을 즐기기 위해서는 이러한 활동을 통해 무엇을 배웠다고 생각하기보다는 즐거움을 만끽하는 놀이로서 접근되어야 한다. 이를 위해 유아들이 다양한 예술작품을 감상하고 또래들과 동작활동을 하는 동안 생각을 나누고, 유아 개개인이 창조한 움직임을 사용하며 즐길 수 있도록 하는 것이다.

> **예술에서의 '감상'과 '표현'의 영역**
>
> - 예술은 크게 '감상'과 '표현'의 영역으로 나눌 수 있다. 예술활동으로서의 동작활동은 '감상'과 '표현'을 균형적으로 경험해야 한다.
>   ① '감상'은 유아들이 예술활동(동작, 음악, 미술, 문학 활동 등)이나 작품을 보고, 듣고, 즐기며 생각과 느낌을 서로 나누는 활동이다.
>   - 유아들이 좋은 예술작품이나 예술활동을 접하는 것은 유아들의 심미감 발달에 많은 도움을 주며, 그 심미적 요소를 알기 위해 교사나 또래와 적극적인 상호작용을 하는 것은 예술에 대한 이해와 감상력을 높여 준다.
>   ② '표현'은 다양한 예술활동을 통해 생각과 느낌을 자발적으로 자유롭게 표현하게 함으로써 창의적 표현능력을 기르고 정서적 안정감을 갖게 하는 활동이다. 특히 언어적 표현력이 부족한 유아들에게 동작활동은 신체를 이용하여 자신의 생각과 느낌을 보다 효과적으로 자연스럽게 표현하는 영역이다.

유아를 위한 동작감상의 목적	• 움직임을 즐길 수 있는 유아로 성장할 수 있도록 돕는 것이다. 　- 유아들이 감상한 춤이나 움직임에 대해 생각과 느낌을 언어로 표현하는 것은 자신의 생각을 구체화하면서 타인과 자신의 생각이나 느낌을 공유하는 기회, 타인의 표현을 관심 있게 보고 존중하는 태도를 기르도록 한다. 　- 동작감상 후 '춤에서 본 것이 무엇이니?', '춤의 어느 부분이 가장 재미있었고 그 이유는 무엇이니?', '어떤 동작을 가장 해 보고 싶니?', '내가 춤추는 사람이라면 어떻게 움직일 수 있을까?', '음악과 춤이 잘 어울린다고 생각하니?', '춤을 보면서 어떤 느낌이 들었니?', '새로 알게 된 점은 무엇이니?', 동작의 구성요소와 관련하여 특징적인 부분(동작의 크기, 동작에 힘이 들어간 정도, 동작의 부드러움과 끊어짐, 다양한 동작 - 신체모양, 동작의 속도, 사용한 소도구, 주로 사용하는 신체부분, 공간사용 등), 기본동작과 관련하여 특징적인 부분(주로 나타난 동작 등) 등에 대해 이야기를 나누면서 유아들이 자신의 생각과 느낌을 언어적으로 구체화하는 것은 유아의 비판적 사고를 자극한다.
동작 감상하기 활동의 교수방법	• 유아에게 양질의 동작작품을 제공한다. 　- 감상할 동작작품은 유아의 운동능력이나 표현능력보다 수준이 높은 것도 좋으며, 이는 예술적 가치를 지닌 작품이어야 한다. 즉, 아름다움을 느낄 수 있는 작품을 사용해야 한다. • 교사는 감상할 동작작품을 충분히 이해하고 있어야 한다. 　- 작품의 안무가, 공연자, 춤이나 체조에 활용된 음악, 작품에 내포된 이야기 등에 대해 충분히 파악한 후 활동을 이끌어야 한다. • 활동시간을 적절히 고려한다. 　- 감상할 동작작품의 길이는 5분 내외가 적합하다. 또한 유아의 발달단계에 따라 가능한 주의집중 시간을 고려하여 감상활동의 시간을 정한다. • 감상할 동작작품은 친숙한 것에서 생소한 것, 단순한 것에서 복잡한 것의 원리에 따라 선택한다. 　- 유아에게 친숙한 음악을 포함한 작품을 먼저 경험하게 하는 것은 동작감상 활동에 대한 흥미를 도모하고 적극적인 참여 동기를 부여한다. • 여러 문화권과 장르의 춤, 체조, 움직임 등 다양한 작품을 소개하고 감상하도록 한다. • 감상할 동작작품과 연관된 그림, 사진, 음악 등의 자료를 활용한다. 　- 감상할 동작작품에 대한 이해를 도울 수 있는 다양한 그림자료, 음악 등의 교수자료를 함께 제공하는 것이 좋다. • 감상 후의 느낌과 생각을 다양한 방법으로 표현해 보게 한다. 　- 가령 민속춤을 감상한 후 그 느낌을 말이나 그림, 동작으로 표현해 보게 하는 것은 자신의 생각과 느낌을 비교하고 공유해 볼 수 있는 기회를 제공하는 것이다. • 감상 후 유아가 자유롭게 직접 움직여 볼 수 있는 기회를 제공한다. 　- 유아의 감상활동은 감상만으로 이루어지기보다 참여의 기회를 제공하는 것이 효과적이다. 전문가나 전문 단체를 초청하는 경우 동작 체험을 함께 해보는 것은 매우 흥미롭고 새로운 경험이 될 것이며, 전문가들과 함께 감상한 느낌 등에 대해 이야기를 나누는 것 역시 효과적이다.

감상을 위해 적합한 자료의 선정	• 유아들의 감상을 통한 동작교육이 효과적으로 이루어지기 위해서는 감상을 위해 적합한 자료를 선정해야 한다. − 춤 자체의 아름다움을 느낄 수 있는 예술적 가치를 지닌 춤 − 유아가 이해하기 쉬운 음악을 사용한 춤 − 유아는 색상과 이미지에 매우 감각적으로 반응하므로 상상력을 불러일으키는 무대장치와 의상을 사용한 춤 − 즐거움을 주기 위해 다소 코믹하고 유머러스한 춤 − 지루함을 느끼지 않도록 5~10분 정도의 짧은 에피소드 형식의 춤 − 교훈적이거나 주입식 춤보다는 유아 스스로 생각하고 상상할 수 있는 여지가 있는 춤과 움직임 감상자료

III 유아동작교육의 교수학습방법

MEMO

- 갤러휴(Gallahue, 1993)는 교육자들의 관심이 교수방법에서부터 학습자에게로 전환되고 있음을 지적하였다. 즉, 교수방법의 양 측면에 있던 전문가들은 직접적인 교수방법과 간접적인 교수방법이 모두 학습자에게 영향을 줄 수 있으므로, '어떤 것이 최상의 교수방법인가?'하는 문제보다 '어떠한 방법이 그 주제를 가르치기에 더 적합한가?'가 중요함을 인식하게 되었다는 것이다.
  - 이는 직접적 교수방법과 간접적 교수방법 모두가 학습자에게 가치가 있으므로, 활동을 전개함에 있어서 교사는 지나치게 교사 주도적인 활동이나 지나친 유아 주도적 방법에 치우치지 말고 활동 내용에 적합한 교수방법을 찾는 것이 중요함을 의미한다.
- 교수방법은 직접적-교사주도적 방법(시범을 통한 교수방법), 교사 안내적 교수방법(안내된 발견을 통한 교수방법), 그리고 간접적-유아 주도적 방법(탐색을 통한 교수방법)의 세 가지로 나눌 수 있다 (Pica, 2004).

▲ 직접적 교수방법과 간접적 교수방법의 문제해결 과정

직접적 교수방법(교사 중심)	간접적 교수방법(유아 중심)	
	안내-발견적 교수법	탐색적 교수법
선택된 과제 동작 수행 지시 / 시범 결정된 해결	개방적 과제 동작 수행 관찰 / 관찰 선택적 해결	개방적 과제 동작 수행 개방적 해결

- 유아동작교육의 교수방법은 교사와 유아의 동작활동 주도성 여부를 기준으로 어떠한 과정과 방법으로 동작활동을 경험하도록 하는가에 따라 직접적 교수방법, 간접적 교수방법(안내-발견적 교수법, 탐색적 교수법)으로 구분된다.

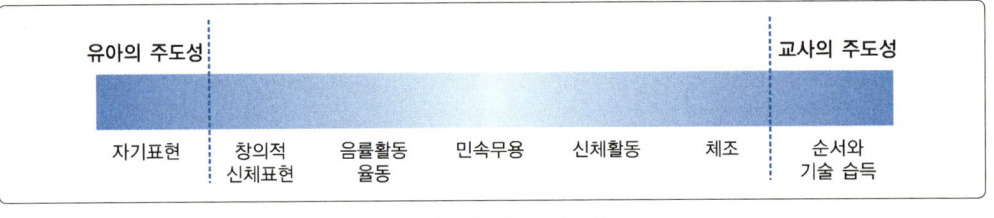

🔹 유아동작교육 스펙트럼

UNIT 11 유아동작교육의 교수방법 - 직접적 교수방법

개념 및 정의	• 직접적-교사주도적 방법, 시범을 통한 교수방법, 지시적 교수방법, 과제중심 접근방법 • 교육목표 및 내용, 교수방법을 교사가 사전에 계획하고 유아에게 동작에 대해 시범과 함께 간략한 설명을 하면, 유아는 그대로 모방하는 교사주도적인 동작교육 방법이다. • 유아가 학습해야 할 교육주제와 교수방법을 교사가 정하는 것으로서, 시범과 모방을 통한 학습방법이 주를 이룬다. • 교사가 동작 주제나 교수방법을 사전에 계획한 후 유아를 언제, 어떻게 움직이도록 할지 주도적으로 결정한다.

목표	• 모스톤과 애쉬워스(Mosston & Ashworth, 1990)는 지시적 교수방법의 목표에 대해 한 가지 형태의 동작을 동시에 함으로써 일치(conformity)와 획일성(uniformity)을 획득하는 것이라고 하였다.
	  - 일치와 획일성이 창의성과 자기표현력을 이끌어내지는 못하지만, 집단활동을 수행하는 데 반드시 필요한 것들이다.
	  - 이러한 활동들을 통해 유아들은 즐겁게 함께 움직이면서 소속감을 갖게 되므로 동작 프로그램의 한 부분이 되어야 할 것이라고 보았다.

특징	• 직접적이면서 교사주도적인 방법을 사용할 때, 교사는 교육목표와 내용 및 방법을 미리 계획하고 이를 가장 빠르고 효과적으로 수행할 수 있는 교수전략을 고안해 내어 대체로 대집단 위주의 활동을 진행하므로 교사는 정보제공자, 평가자, 학급운영자의 역할을 하게 된다.
	• 대집단 위주의 활동으로 진행되며, 교사가 유아들에게 동작에 대한 설명과 간단한 시범을 보이면 유아들은 교사의 시범과 설명, 지시에 따라 모방을 하며 활동하게 된다.
	• 특정한 기술을 학습하는 것에 초점을 둔다.
	  - 발레나 구조적 리듬활동과 같은 특정한 기술의 학습에는 시범과 모방이 가장 효율적인 방법이라고 본다. 이러한 유형의 활동은 정확한 동작이나 스텝을 수행하도록 하므로 학습자들이 탐색을 통해서 동작이나 스텝을 발견하도록 하는 것은 비효율적이다.
	• 그대로 따라해 보는 것이 유아에게 발달적으로 적합한 것인가에 대한 이견이 있을 수 있으나, 모방에 의한 학습도 필요하다.
	  - 모델링은 걸음마기 유아나 성취감을 맛보아야 하는 장애아를 도와줄 수 있다.
	  - 또한 유아들이 성숙해감에 따라, 유아들은 지시에 따르는 것을 학습해야만 하며 자신들이 본 것을 신체적으로 모방하기도 해야 한다.
	• 직접적 교수방법은 창의적인 표현을 만드는 기초가 될 수 있는 구조적인 표현 동작이나 기본운동 동작 등 학습에 효과적일 수 있다.
	  - 이 교수방법은 연령이 낮을수록, 유아의 인원수가 많을수록, 전통적인 체육활동이나 발레, 정해진 방법과 규칙이 있는 민속춤(예 호키포키)의 경우에 효과적이다. 어린 연령일수록 추상적 사고와 언어적 설명에 의한 이해가 어렵기 때문에 모델링과 모방은 유아의 발달에 적절하며, 유아가 과제를 성공적으로 이끄는 방법이 되기도 한다.

장점	• 교사가 모든 결정권을 가지고 행동의 주체가 되므로 통제가 용이하여 대그룹활동에 쉽게 적용할 수 있다.
	• 활동 중 지시에 따르는 유아들의 반응을 파악할 수 있기 때문에 교사가 유아의 동작수행 결과를 즉각적으로 확인할 수 있다.
	  - 즉각적으로 교수 결과가 나타나기 때문에 교사는 유아가 지시를 따르고 요구된 반응을 산출해 내는 데 어려움이 있는지에 대해 바로 알 수 있다.
	• 유아교육기관에서 많은 유아를 대상으로 짧은 시간 내에 정확한 동작표현과 동작기술을 익히는 데 효과적이다.
	  - 유아들에게 움직이는 방법을 보여주는 것은 유아들로 하여금 어떻게 움직일 것인가를 발견하도록 하는 것보다 훨씬 시간이 적게 들기 때문에 시간을 효율적으로 사용할 수 있다.
	• 지시에 따르는 경험을 제공한다.
	• 정확한 동작으로 실행해 내야 하는 활동인 '구조적 리듬동작', '기본운동능력'의 학습 및 활동에 효과적이다.

단점	• 유아기는 창의성을 발달시킬 수 있는 최적기임에도 불구하고, 유아의 창의성과 자기표현력을 이끌어내지 못한다. • 다양하게 표현할 수 있는 자율성을 유아들에게 허용하지 않는다. • 유아의 발달과 능력에 대한 개인차를 전혀 고려하지 않는다. • 학습의 과정 그 자체가 아니라 어떤 기술을 익히는 것에 초점을 둔다. • 학습과정보다는 동작기술을 익히는 결과에 초점을 두기 때문에 기술을 완전히 체득하기 위해 반복과 연습을 요구한다. • 직접적인 접근법의 획일성은 유아의 다양한 표현과 사고를 제한한다. - 따라서 직접적 교수방법만 사용하기보다는 집단활동 수행 시 필요한 순간에 동작 교수 방법의 한 부분으로 활용하는 것이 더욱 효과적이다.

UNIT 12 유아동작교육의 교수방법: 안내 – 발견적(guided-discovery) 교수법

개념 및 특징	• 교사 안내적 교수방법, 안내된 발견을 통한 교수방법을 말한다.
	• 수렴적 문제해결방법을 사용하는 교수방법으로, 유아가 움직임을 실험해 보고 스스로 발견하도록 허용하지만 '옳은 답(정답)'으로 초점이 모아지도록 안내하는 방법이다.
	• 교사는 유아들에게 일련의 질문을 하면서 교사가 생각하고 있는 과제를 유아들이 발견하도록 안내한다. 이 과정에서 교사는 유아들이 자유롭게 동작을 만들고 실험하도록 허용하면서도, 궁극적으로 '정답'으로 초점이 모아지도록 안내한다.
	  – 유아들로 하여금 '정답'으로 초점을 모을 수 있도록 안내하는 과정에서 중요한 것은 일련의 질문들이다.
	• 교사가 사전에 결정된 학습목표에 맞추어 적절한 질문을 던짐으로써 유아들이 창의적으로 표현하고 실험할 수 있도록 기회를 주고, 이를 통해 학습목표에 접근하도록 하는 방법이다.
	  – 교사가 동작교육 계획 후 수업을 진행하는 과정에서 유아들에게 질문을 던지고, 유아들이 답을 발견하도록 안내하는 것이다. 즉, 교사는 유아가 자유롭게 동작을 만들고 실험하도록 하면서 궁극적으로 정답으로 초점이 모아지도록 안내하는 역할을 한다.
	  – 교사가 마음속에 생각하고 있는 구체적인 동작교육에 대한 답을 유아에게서 이끌어내는 것이다.

**지도 방법
(교사 역할)**
	• 가장 중요한 것은 교사가 결코 답을 제공하지 않는 것이다.
	  – 시작할 때 이미 답이 주어지면 발견의 과정은 더 이상 일어나지 않게 된다. 만약 유아들이 기대되는 해결책을 발견하지 못하는 수렴적 문제해결의 과정이 계속되어 교사가 결국 답을 준다면, 유아들은 다음에도 교사가 답을 줄 것이라는 것을 예상하고 스스로 문제를 해결하는 것에 대해 흥미를 잃게 된다.
	  – 혹시 유아들이 계속 답을 하도록 기다리다가 해결책을 발견하지 못하고 수업을 끝내게 된다고 하더라도 아무런 해가 되지 않는다.
	• 교사가 원하던 방식이 아닌 부정확한 반응이라 할지라도 유아의 모든 반응과 방법을 인정하고 수용해야 한다. 즉, 정답으로 안내하되 유아의 창의성과 실험을 허용해야 한다.
	• 유아들에게는 '여러 가지 다른 방법'을 발견할 수 있는 충분한 시간이 제공되어야 한다.
	• 교사는 유아의 사고를 자극하고 격려하는 구체적인 질문을 계속해서 함으로써, 문제해결을 위한 발견이 일어나도록 유도해야 한다.
	• 문제해결을 촉진하기 위해 시범이 사용될 수 있다.
	  – 몇몇 유아들을 선택하여 시범을 보이게 하거나 혹은 학급 유아의 반은 동작을 해보고 나머지 반은 관찰하도록 함으로써, 유아들에게 신체적으로 그 동작을 경험하게 하는 것뿐만 아니라 동작을 볼 수 있는 기회를 제공하여 문제해결을 촉진할 수 있다.
	• 문제해결을 촉진하기 위해 언어화(verbalization)가 사용될 수 있다.
	  – 동작의 이름과 요소를 가르치기 위해 교사는 유아들의 동작을 언어화해 줄 수 있다. 또한 유아들에게 자신이 지금 막 수행한 동작이나 자세를 설명하게 함으로써 자신들이 한 행동을 정신적으로 그려보는 기회(심상, imagery)를 갖게 해줄 수 있다.

장점	• 학습하는 방법을 배우게 된다. 　- 단순히 동작기술을 습득하는 것이 아니라 스스로 참여하고 경험하면서 자신이 문제를 제기해 찾아가는 과정에서 유아가 스스로 선택·결정하는 경험을 하게 된다. 이러한 과정을 통해 유아들은 문제해결력과 비판적 사고 기술을 기르게 된다. • 책임감 및 자신감을 증진시킨다. 　- 유아가 동작을 스스로 탐색하고 발견하며 선택하는 과정을 통해 책임감을 기르고 자신이 찾은 답에 대한 성취감을 느끼게 되는데, 이는 자신의 능력에 대한 자신감을 갖게 한다. • 유아들의 동작어휘를 확장시킬 수 있도록 도와준다. 　- 동작활동을 통해 관련 어휘를 듣고 내면화시키면서 동작어휘력을 확장할 수 있다. • 문제를 스스로 해결한 경험을 통해 실패에 대한 두려움을 감소시키고, '할 수 있다'는 심리적 안정감을 가지게 된다. 　- 유아들이 계속해서 새로운 도전에 대해 실험하고 발견하도록 동기화한다. • 유아들로 하여금 주어진 과제를 단계적으로 상호 연결하는 방법을 찾을 수 있도록 한다.
단점	• 교사의 인내와 숙련을 요구하고, 직접적인 방법보다 많은 시간을 필요로 한다. • 유아들이 교사가 계획한 정답에 초점을 맞추지 못할 경우, 활동이 다른 방향으로 진행될 가능성이 있다.

UNIT 13 유아동작교육의 교수방법 - 탐색적(exploratory) 교수법(= 탐색법)

개념 및 정의	• 간접적 - 유아 주도적 방법, 탐색을 통한 교수방법을 말한다. • 교사가 의미 있는 과제를 제시하면 유아들이 자신의 신체동작 가능성을 탐색하여 창의적인 방법으로 표현해 보는 것이다. 　- 교사의 개입과 참여, 지시는 최소화하고, 유아가 동작표현 상황에서 다양한 방법으로 문제해결을 위한 시도를 함으로써 이루어질 수 있다. • 유아 스스로의 실험과 문제해결, 자기발견을 통해 학습이 일어나는 과정을 강조하는 방법으로, 교사가 유아들에게 과제를 소개하고 유아들은 동작으로 자신들만의 해답을 제시하는 것이다. 　- 이 방법을 사용할 때 교사는 시범을 보이거나 안내하지 않으므로 유아들은 자신들만의 방식과 속도로 활동에 참여한다. 　- 탐색은 유아기의 발달에 적합한 동작 프로그램에서 가장 많이 사용되는 방법이다. • 3無: 시범 보이기, 모방 격려, 최선(최상)의 해답에 대한 요구가 없다. 　- 교사는 시범을 보이지도, 모방을 격려하지도 않을 뿐만 아니라, 어떤 한 가지 최상의 해답을 요구하지도 않는다. • 교사는 유아가 자신의 방식으로 자신의 속도에 맞추어 발전해 나가도록 허용함으로써 다르다는 것에 대해 두려움을 느끼지 않도록 해 주며, 자유롭게 상상할 수 있는 학급 분위기를 형성하여 적극적이고 다양한 활동을 할 수 있도록 지원한다. 　- 유아들은 각자에게 적절한 해답을 찾게 되기 때문에 유아마다 동작도 각각 다르게 된다. 즉, 해답이 유아의 수만큼 다양해진다.

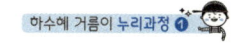

탐색적 교수법은 네 가지 기본적인 절차에 따라 유아들이 자신의 생각대로 자유롭게 신체를 움직이도록 하는 것이다(Pica, 2004).

기본 절차 (할시와 포터, Halsey & Porter, 1970)	① 문제 설정 (과제 설정하기)	예 교사는 유아들에게 '고양이처럼 움직여 보기'라는 과제를 제시한다.
	② 유아 스스로 실험하기 (유아에 의한 실험, 스스로 실행하기)	예 유아들은 고양이가 몸을 쭈―욱 뻗는 모습, 조용히 걸어가는 모습, 고양이처럼 세수하는 모습 등의 동작으로 움직여 본다.
	③ 관찰과 평가 (관찰하고 평가하기)	예 교사는 유아들의 움직임을 관찰하고 유아들 역시 다른 유아들의 움직임을 관찰함으로써, 어떻게 움직이는 것이 가장 '고양이'다운 모습일지를 평가해 보게 된다.
	④ 평가에서 얻은 포인트를 사용한 추가 연습 (평가를 통해 획득된 내용의 재적용, 평가에서 알게 된 내용을 적용하여 다시 시도하기)	예 이러한 평가 과정에서 유아들 스스로 자신의 움직임 중 수정해야 할 부분이 있다면 그 부분을 수정하여 다시 '고양이처럼 움직이는 모습을 표현'한다. • 교사는 탐색법을 지속하거나 다양하게 하기 위해서(활동 확장) 추가적인 과제를 제시하기도 하고, 교사가 관찰한 것을 개선 혹은 수정하기 위해 추후 질문을 할 수도 있다. • 교사는 유아의 흥미와 관심, 발달 정도를 고려하여 유아의 현재 수준에서 더 확장된 동작활동을 이끌 수 있도록 도와야 한다. 이러한 과정에서 동작표현을 확장시킬 수 있도록 추후 질문이나 과제를 제시할 수 있다. • 활동을 확장하기 위해서는 다음과 같은 세 가지 방법을 사용할 수 있다. ① 동작기술(skill)을 다양하게 변화시킬 수 있는 동작의 요소를 사용한다(동작기술을 다양하게 변화시킬 수 있는 동작의 구성요소를 사용하여 다양한 동작기술이 발휘될 수 있도록 돕는다). ② 유아들이 나타낸 반응에 대해 교사가 다시 반응을 해 준다(유아의 동작에 교사가 긍정적인 반응을 해 준다. 격려를 통한 추후 질문으로 유아가 새로운 생각을 찾을 수 있도록 제안한다). 　– 교사는 유아들이 평균대 위를 걷는 것을 보고 그것에 기초하여, 다른 이동 형태를 취하도록 하기 위한 질문을 선택할 수도 있다. 　– Mosston & Ashworth(1990)는 대부분 처음 나타나는 반응이 과거의 경험을 회상한 결과물인 '안전한' 또는 '보편적인' 반응이라고 한다. 　– 격려를 통한 추후질문으로 유아가 새로운 생각을 찾을 수 있도록 제안해야 한다. 　　예 유아에게 몸을 작게 만들어 보기 활동을 제안한 후, "○○는 앉아서 몸을 아주 작게 만들었구나(안전한 또는 보편적인 반응).", "앉지 않고 작게 만들 수 있는 방법은 어떤 것이 있을까?(새로운 생각을 찾도록 격려하는 질문)" 등의 제안을 할 수 있다.

		③ 활동의 실시에 한계(한정요소)를 둔다(활동을 실시할 때 난이도를 조정하면서 지속적인 참여와 성취감을 느낄 수 있도록 한다). – 예를 들어 평균대를 걸어갈 때, 처음에는 넓은 평균대를 이동하고 성공할 경우, 좁은 평균대를 이동할 수 있도록 기회 제공하기, 신체의 두 부분 이상을 평균대에 닿게 하면서 이동해 보기 등으로 제한을 두되, 점점 수준을 높여 다양한 해결책을 경험하도록 기회를 주면서 신체운동기술을 발전시켜 나간다. – 교사들은 평균적으로 할 수 있는 활동만을 선택하는 경향이 있다. 이러한 방법이 보통의 유아들에게는 적절한 것이었다고 할지라도 기술이 부족한 유아들은 계속해서 뒤처지게 되며, 이들의 자신감은 손상되고 이것은 더 많은 실패를 야기하는 악순환을 야기하게 될 것이다. 또한 평균보다 좀 더 기술이 높은 유아들은 과제가 이들에게 충분하게 도전할 만한 것이지 않기 때문에 점점 더 지루해하게 된다. 따라서 유아교사는 탐색의 방법을 통해 모든 유아가 참여할 수 있도록 하고, 유아가 자신의 발달 수준과 능력에 따라 성공할 수 있도록 도와주어야 한다.
지도 방법	과제의 계획	교사는 반드시 과제를 계획해야 하며, 주제나 유아들의 생활에 적절하고 발달적으로 적합한 확장활동을 제시해야 한다.
	동작의 기본요소	동작기술을 다양하게 변화시킬 수 있는 동작의 요소를 사용하고, 동작의 기본요소를 언어적으로 표현해야 한다.
	추후질문	• 비록 교사들이 모든 반응을 수용한다고 할지라도, 간혹 유아들이 좀 더 발전되고 세련된 반응을 생각해 내기를 바랄 때가 있을 것이다. 이때 교사는 유아가 사물을 바라보는 다른 방법을 생각해 보도록 하기 위해서 추후질문을 할 수 있다. – 추후질문을 사용함으로써 교사는 유아들의 반응이 향상되도록 도와주면서도 다양한 해결책이 만들어질 수 있는 가능성을 열어 둠은 물론, 유아 개개인의 개성도 무시하지 않게 되는 것이다. 즉, 유아들의 개별성을 억제하지 않고 다양한 해결방법을 제시해 보도록 하는 방법이다.
	중립적 피드백	교사는 유아들이 계속해서 다양한 반응을 하도록 격려하여야 하는데 이때 사용하는 격려는 중립적 피드백(neutral feedback)으로 이루어져야 한다. 예 "너는 배를 이용해서 평균대를 가로질러 가고 있구나. 너는 두 손과 한 발을 이용해서 균형을 잡고 있구나."와 같이 유아의 움직임을 기술해 주는 것이 좋다.
	예상 가능한 반응에 한계를 두는 것	활동의 실시에 한계를 두고 예상 가능한 반응을 제한하여 익숙한 방법 외의 대안을 모색하도록 한다.
	개인차 인정	개별 유아의 개인차를 인정해 주고, 유아가 표현한 모든 반응을 수용하며 격려해 주어야 한다.

	자기표현의 기초 마련	기본동작을 알려줌으로써 창의적인 방법으로 자기표현을 할 수 있는 기초를 마련해 준다.
장점		• 유아의 개성과 개인차를 인정하기 때문에 유아 스스로 다른 사람과 다른 것에 대해 두려움을 갖지 않게 된다. • 자신만의 방식과 속도로 자유롭게 활동에 참여하게 되어 상상이 자유로운 학급 분위기가 만들어진다. 　- 더욱 적극적으로 동작활동에 참여하게 함으로써 발명이 활발해지고 다양한 창작이 나타나게 된다. • 모든 유아들이 자신의 발달수준과 능력수준에 따라 참여하고 성공할 수 있게 한다. 이러한 방법을 사용함으로써 유아들은 자신감과 안정감을 갖게 되고, 계속해서 과제를 성공적으로 수행하게 된다. 이러한 과정을 통해 유아는 독립심을 증진시키고, 자신과 또래들과의 관계에서 인내심을 기르며, 다른 사람의 생각을 수용할 수 있게 된다.
단점		탐색을 확장하는 것은 교사에게 시간, 인내심 및 연습을 요구한다.

- 간접적 교수방법은 유아 스스로 탐색, 문제해결, 자기발견을 통해 학습이 이루어지는 교수학습 방법으로, 유아중심적 접근에 근거하며 결과보다 과정에 중심을 둔다.
- 간접적 교수방법은 교사 역할의 차이에 따라 안내-발견적 교수법과 탐색적 교수법으로 구분할 수 있다.

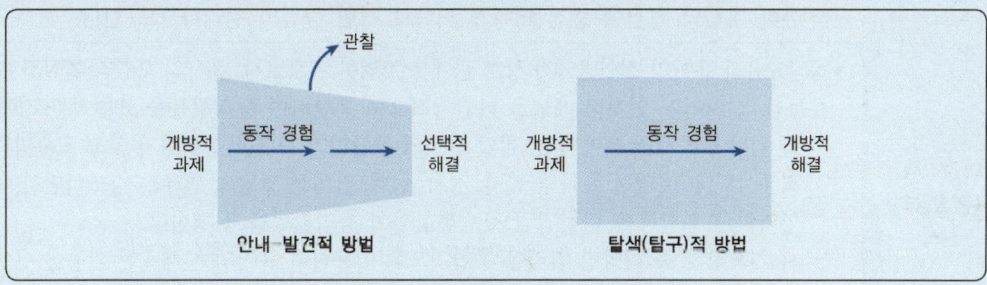

🔖 안내-발견적 방법과 탐색적 방법의 차이(김은심, 1995)

🅰 창의적 신체표현 활동의 교수방법 - 나무(나뭇잎) 표현하기의 교수방법 예시

직접적 교수방법	간접적 교수방법	
	안내적-발견적 교수법	탐색적 교수법
동요 〈나무의 노래〉를 들으며 교사의 동작에 맞춰 율동하기	• 나뭇잎의 움직임을 스카프로 표현해 보자. • 바람이 왼쪽에서 오른쪽으로 분다면 나뭇잎은 어떻게 움직일까? • 회오리바람이 분다면 나뭇잎들이 어떻게 움직일까? • 바람이 약하게(강하게) 분다면 나뭇잎이 어떻게 떨어질까? • ○○의 나뭇가지의 나뭇잎은 빙글빙글 회오리바람과 하나가 된 것 같다.	• 움직이는 나무(나뭇잎)를 우리가 몸으로 표현한다면 어떻게 표현할 수 있을까? • 나 혼자(또는 친구와 함께) 나무(나뭇잎)를 어떻게 표현할 수 있을까? • 너희들은 얼마나 큰 나무(나뭇잎)를 표현하고 싶니? • 음악의 분위기와 리듬에 맞게 나무(나뭇잎)의 움직임을 표현해 보자.

UNIT 14 유아동작교육의 교수학습원리

놀이학습의 원리 (융통성의 원리)	• 유아의 흥미를 고려해 놀이 중심으로 접근하여 즐거움을 느끼고 그 감정이 확대되며 지속될 수 있도록 하는 것이다. — 동작활동에 대해 유아들이 재미와 즐거움을 느끼면 신체활동에 적극적으로 참여하게 되고, 활동에 참여하면서 긍정적인 정서는 확대되어 동작활동이 지속·확장된다. — 이를 위해서 교사는 융통적으로 동작활동을 운영해야 하므로 융통성의 원리라고도 한다.
개별화의 원리 (다양성의 원리)	• 개별 유아는 동작경험이나 신체발달 수준, 운동능력에 차이가 있고, 발달속도가 각자 다를 수 있다. 따라서 동작활동 시 다른 연령의 유아뿐만 아니라 동일 연령 유아도 개별 유아의 차이를 반영하여 활동을 진행해야 한다. ⑩ 투호놀이를 할 때 개인에 따라 목표물까지의 거리를 가깝거나 멀게 해 주는 등 개별적 수준을 반영해 줄 수 있다. — 개별 유아의 다양성을 인정하며 동작활동을 운영하므로 다양성의 원리라고도 한다.
탐구학습의 원리 (경험 중심의 원리)	• 유아가 성인의 지시 없이 스스로 신체, 공간, 방향, 무게, 힘과 같은 동작요소를 탐색하고 시도하는 과정에서 자신의 운동기술과 운동능력을 탐구하고 발견해 나가는 것이다. — 이를 통해 개별 유아들은 각자가 할 수 있는 잠재된 운동능력의 가능성과 한계를 스스로 발견하면서 학습하게 된다. — 유아 자신의 경험에 중점을 두게 되므로 경험 중심의 원리라고도 한다.
다감각적 표현활동의 원리	• 동작교육과 유아의 전인발달적 상호 관계를 고려한 것으로서, 유아의 오감각 발달과 지각 운동감각, 언어와 인지적 개념을 다감각적으로 통합하여 동작활동을 표현하는 것이다. — 이 원리에 따르면 유아의 각 발달 특성의 통합적인 측면을 분리하지 않고 교수방법에 적용시킨다. 따라서 유아의 인지, 정서, 신체, 창의성 발달의 연계를 강조하면서 예술 영역의 표현활동을 다감각적으로 통합하여 동작활동을 진행한다. — 시각과 청각 등 다양한 감각을 통합적으로 이용하여 유아의 신체표현 활동을 유도할 수 있다. 유아들은 자신의 감각기관을 통해 형성된 이미지나 느낌, 감정을 신체로 표현하거나 언어, 그림 등 다양한 방식으로 나타낼 수 있다.
통합의 원리	• 유아교육과정 및 보육과정에서는 유아교육의 의미를 통합교육에서 찾고 있으며, 발달 수준별 학습과 생활경험, 활동영역 간의 연계성, 주제와 교육 내용 간의 통합을 통해 교육하도록 권하고 있다. — 주제를 중심으로 동작활동을 구성하거나, 동작교과와 타 교과를 통합하여 동작활동이 이루어질 수 있다.

IV 유아동작교육의 접근방법

UNIT 15 주제 중심 접근법 - 신체적 접근방법

- 신체적 접근방법은 동작의 기본요소를 중심으로 기본동작을 탐색하고 실험해 보는 방법이다. 공간, 시간, 힘, 흐름 등 동작의 기본요소를 활용하여 신체능력과 신체기술을 익히거나 발견하도록 하는 것이다.
  - 신체적 접근에서 사용하게 되는 주제를 세분하면 개념 주제(concept theme)와 기술 주제(skill theme)로 나눌 수 있다.
    ① 개념 주제는 Laban의 동작의 기본요소(공간, 시간, 무게, 흐름)를 중심으로 이루어지는 것을 의미한다.
    ② 기술 주제는 기본 동작(이동 동작, 안정(비이동) 동작, 조작적 동작)의 내용을 의미한다.
- 신체적 접근방법으로는 대표적 학자인 Gallahue와 Gilliom의 교수모델을 참고할 수 있다.
  - Gallahue는 Laban의 영향을 받아 동작의 기본요소를 중심으로 하여 상상력 없이 기본동작, 신체능력을 탐색하고 실험해 보도록 하였다. 기본동작인 이동 동작, 안정(비이동) 동작, 조작적 동작을 학습하기 위해 게임, 스포츠, 체조, 리듬활동 등을 활용하였다. 이때 동작의 구성요소를 반영하여 다양한 기본동작을 표현해 내면서 운동기술을 발달시킬 수 있다.
  - Gilliom은 활동목표를 정한 후, 목표 달성을 위한 동작 주제를 선정해 활동을 실행하도록 하였다. Gilliom이 제시한 동작 주제는 공간(공간 종류, 공간 방향, 공간 높이, 공간 범위, 바닥 모양), 신체인식(신체부분, 신체모양, 신체관계, 신체-사물관계), 힘·무게(힘의 세기, 힘의 질, 힘의 무게), 시간·흐름(빠르기, 리듬, 흐름)이다.
    - 예 힘·무게라는 주제를 반영한 목표를 설정하고 신체에 힘과 무게를 활용하는 수준, 무거운 짐을 들거나 끌기 등의 동작경험을 통해 다양한 힘의 개념을 이해할 수 있게 된다.

신체적 접근방법에서의 고려점	- 활동을 계획할 때 동작의 구성요소를 기초로 하여 문제상황이나 동작활동의 주제를 선정한다. - 유아의 새로운 아이디어를 받아들이며 적절한 시기에 질문을 하고, 동작개념을 언어화하여 초점을 맞춘다. - 즉, 움직임을 말로 표현해 주고, 몸의 각 부분에 관해 분명한 동작 어휘를 사용하여 언어화한다. 교사가 시범을 보이기보다는 유아가 스스로 탐색하고 실험하며 발견할 수 있도록 한다.

1 개념적 동작교수법(체육교육에 대한 개념적 모델) - Gallahue

배경	• 현대교육에서 책무성이 강조되기 시작하던 1960년대와 1970년대에 Gallahue(1975)는 동작과 학습을 위한 개념적 모델을 개발하여 균형 있는 운동발달과 동작교육이 왜 중요한지, 그리고 체육교육에서는 어떻게 동작하는 것을 가르칠 것인지에 대해 분명한 대안을 제공하였다. Gallahue의 개념적 모델에는 크게 동작을 위한 학습과 동작을 통한 학습이 모두 포함되어 있다. - 먼저 동작을 위한 학습에서는 유아의 동작능력을 발달시키기 위한 방법으로 종래의 기능 중심 체육교육에서 벗어나, 유치원 및 초등학교 저학년에게 세 가지 기본동작과 일반동작 기능을 중심으로 교육하는 개별적 체육교육과정의 개념적 모델을 제시하였다. - Gallahue의 개념적 접근은 체육교육의 주요 교육 내용을 통하여 세 가지 기본유형을 더욱 세련된 동작수준으로 발달시키기 위한 교육방법이다. 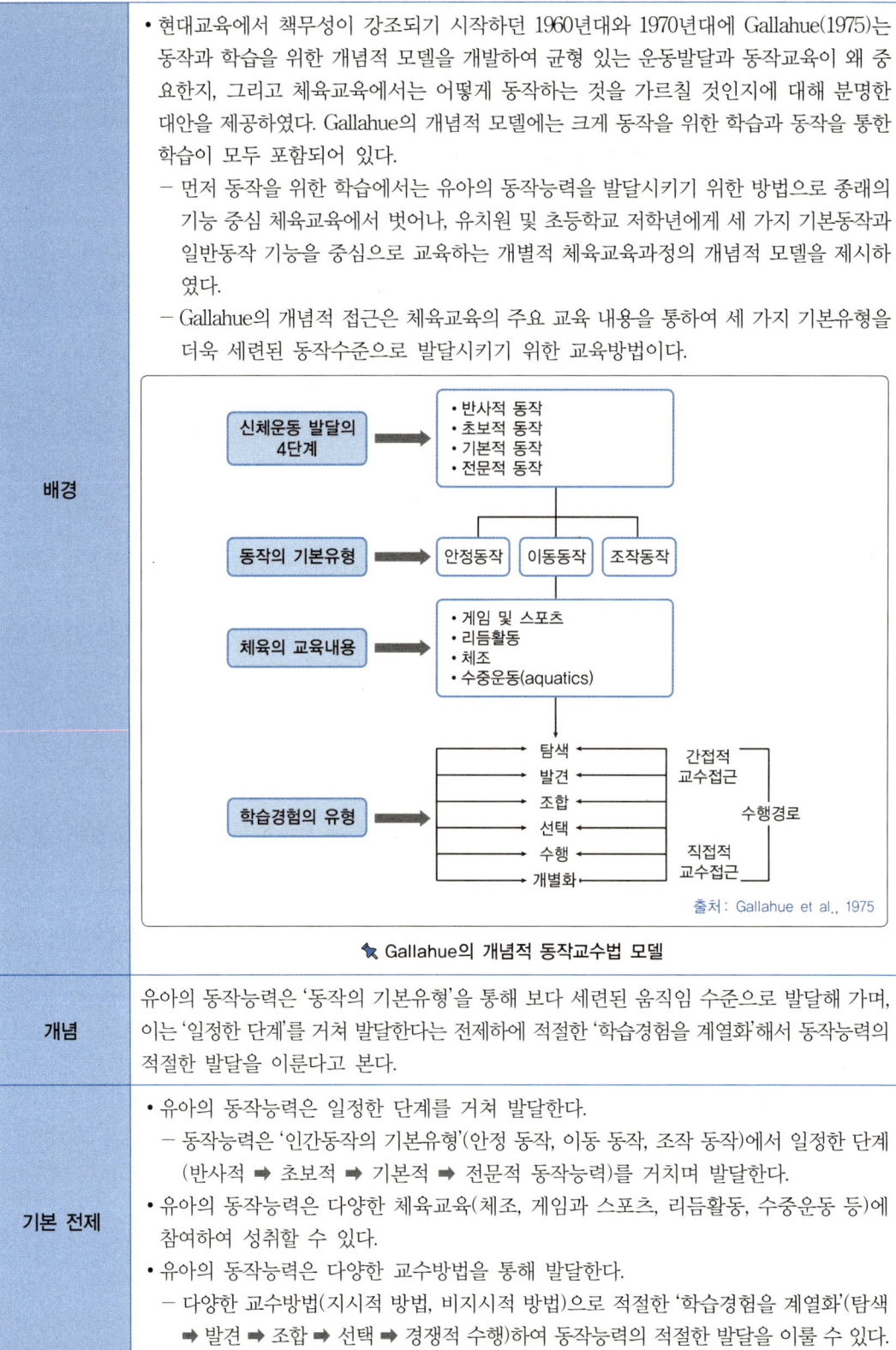 ★ Gallahue의 개념적 동작교수법 모델
개념	유아의 동작능력은 '동작의 기본유형'을 통해 보다 세련된 움직임 수준으로 발달해 가며, 이는 '일정한 단계'를 거쳐 발달한다는 전제하에 적절한 '학습경험을 계열화'해서 동작능력의 적절한 발달을 이룬다고 본다.
기본 전제	• 유아의 동작능력은 일정한 단계를 거쳐 발달한다. - 동작능력은 '인간동작의 기본유형'(안정 동작, 이동 동작, 조작 동작)에서 일정한 단계 (반사적 ➡ 초보적 ➡ 기본적 ➡ 전문적 동작능력)를 거치며 발달한다. • 유아의 동작능력은 다양한 체육교육(체조, 게임과 스포츠, 리듬활동, 수중운동 등)에 참여하여 성취할 수 있다. • 유아의 동작능력은 다양한 교수방법을 통해 발달한다. - 다양한 교수방법(지시적 방법, 비지시적 방법)으로 적절한 '학습경험을 계열화'(탐색 ➡ 발견 ➡ 조합 ➡ 선택 ➡ 경쟁적 수행)하여 동작능력의 적절한 발달을 이룰 수 있다.

교육 내용	- Gallahue의 모델에서는 체육의 주요 교육 내용을 네 가지로 보고, 이러한 네 가지 활동(게임과 스포츠, 리듬활동, 체조 또는 수중운동 등)을 각 유아의 발달수준에 적합한 안정성, 운동성, 조작적 능력 발달의 매개체로 본다. - 유아의 발달수준에 적절한 동작능력을 증진시키기 위한 수단으로서 체육내용을 좀 더 구체적으로 살펴보면 다음과 같다. 각 내용은 단순한 것에서 복잡한 것으로 옮겨 가도록 되어 있다. **🏛 구체적인 체육내용** • 게임 ① 덜 조직화된 게임이나 릴레이 ② 스포츠 형태의 게임 ③ 공식적 스포츠 • 리듬운동 ① 기본적 리듬활동 ② 창의적 리듬활동 ③ 포크댄스 ④ 사교댄스 • 체조활동 ① 기본동작 유형과 기능중심 활동 ② 맨손체조 활동 ③ 스턴트 ④ 텀블링 ⑤ 작은 기구를 이용한 체조 ⑥ 큰 기구를 이용한 체조 • 수중활동 : 물을 매개체로 인간의 신체를 조절하는 능력을 기르는 활동 – 이상과 같은 체육교육의 내용은 다양한 방법으로 실시할 수 있으나, 유아는 자신의 발달수준에 맞추어 순서적으로 계열화하여 경험한다는 것을 교사는 명심해야 한다. 즉, 능력의 습득은 단순한 것에서 복잡한 것으로, 그리고 발달의 원칙은 일반적인 것에서 특수한 것으로 진행된다는 원리에 기초하여 Gallahue는 동작의 학습을 여섯 단계로 계열화할 수 있다고 보았다.
학습경험의 계열화 (6단계 경험의 순서화)	• 새로운 안정, 이동적·조작적 기능을 학습하는 데 게임, 리듬활동, 체조 또는 수중활동 등과 같은 학습경험을 이용한다면 다음과 같은 순서로 학습이 이루어진다고 보았다. – 6단계 경험의 순서화는 유아와 청소년, 성인 모두에게 적용되지만, 유아나 저학년 유아의 동작 발달수준에 맞춰 탐색, 발견, 조합의 경험을 주로 이용하고, 가능한 한 선택과 경쟁적 수행을 지양한다. – 특히 이 모델을 유아기나 초등학교 저학년 유아기에 적용해 보면, 발달단계는 기본 동작유형에서의 세 가지 유형(안정, 이동, 조작)에 속하는 여러 가지 기본적인 동작 기능을 발달시키고 정교화시키기 위한 것이다. 이를 통해 지시적·비지시적 교수방법에 따라 게임, 리듬활동, 체조활동 등을 이용하여 탐색하고 발견하며 조합하는 수준의 학습활동을 제시할 수 있다.

① 탐색	각 활동에 포함된 동작을 각각 분리시켜서 탐색한다. ⓔ 앉았다 일어서기, 깡충깡충 위로 뛰기, 손 흔들며 돌기 동작을 탐색한다.
② 발견	다른 사람의 수행이나 그림, 영화, 책 등을 간접적으로 보면서 이 동작들을 더 잘 수행할 수 있는 방법과 수단을 발견한다. ⓔ ①의 동작을 잘 수행할 수 있도록 서로의 동작을 해 보거나 그림, 영화, 책 등을 보면서 방법을 발견한다.
③ 조합	분리된 동작들을 조합시키고 이들을 다양한 방법으로 실험한다. ⓔ ①의 동작들을 다양한 방법으로 조합하여 표현해 본다.
④ 선택	이 조합된 방법들 가운데 게임이나 비형식적인 경쟁을 통하여 가장 좋은 방법을 선택한다. ⓔ ③의 조합된 방법 중 게임이나 비형식적 경쟁을 통해 가장 좋은 방법을 선택한다.
⑤ 경쟁적 수행	선택된 동작들을 더욱 고도의 세련된 기술로 다듬어 형식적인 경쟁, 발표 또는 오락시간을 통해서 수행한다.
⑥ 개별화	동작이 완전히 숙달되도록 집중적인 반복연습을 통해 개별화가 이루어지게 한다.

❷ 문제해결식 동작교수법(문제해결식 접근법) - Gilliom

개념	• Gilliom(1970)은 학습에서 가장 기본적인 과정을 발견으로 보고 가장 효과적인 방법으로서 다양한 문제해결 기술을 제시하였다. 문제해결식 접근방법에서는 해결해야 할 문제나 문제상황을 제시하고, 그것을 해결하는 기술을 유도할 때 그 문제가 곧 학습활동이 된다고 보았다. • 유아가 스스로 문제를 접하고 여러 대안적 해결방법을 찾아 도전해 보도록 하는 접근방법이다. - 문제 중에서 가장 자극적인 것은 표준해결책이 없는 문제나 한 가지의 옳은 해결책만을 요구하지 않는 문제라고 할 수 있다. - 비지시적인 언어화를 통한 지도가 필수요건이다. - 유아에게 특정한 방법으로 움직이게 하기보다는 문제에 스스로 반응하도록 해야 한다.
교육 내용	• 활동의 주제를 정할 때에는 Laban의 동작분석모델에 기초를 둔 주제를 선정한다. - Laban은 사람의 움직임이란 미리 형성된 상상을 토대로 이루어지는 것이 아니라고 하였다. 상상 없이도 움직일 수 있으며, 자기 몸이 할 수 있는 모든 기본적인 동작을 습득한 뒤에 상상이 필요하다고 보았다. 스스로 자기 몸의 능력과 한계를 발견하게 하고, 다양한 해결책을 탐색해 볼 수 있게 한다. ⓔ '공간'이라는 요소를 이해시키려 한다고 가정해 보자. 이 경우에 신체적 접근방법을 이용한다면 상상력보다는 대조법을 이용하여 공간의 개념을 탐색할 수 있는 기회를 줄 것이다. 즉, "그 자리에 선 채로(자기공간), 손을 이용하여(신체의 한 부분), 주어지는 박자에 맞추어(시간), 위치를 변화시켜 보자(공간). 높게, 낮게, 더 높게, 더 낮게, …."와 같이 상상력보다는 탐색에 더욱 중점을 두어 교육하는 방법이다.

Gilliom이 기본동작교육 주제로 선정한 단원

- Gilliom이 제시한 문제해결을 통한 자기발견적 동작교육 프로그램에서는 네 가지 동작의 기본요소를 주제로 선정하여 4단원을 구성하였다. 이 단원은 Laban의 연구들(1947, 1948)에 기초를 두었으며, 이 요소를 구체적인 교육 내용으로 적용하는 데는 무용분야의 Russell(1965)과 체조분야의 Pallet(1965) 및 Scott(1963), Broer(1966) 등의 연구를 참고하였다.
  - 제1단원 : (공간) 어디로 움직일 수 있는가?
  - 제2단원 : (신체 인식) 무엇을 움직일 수 있는가?
  - 제3단원 : (힘·무게) 어떻게 움직일 수 있는가?
  - 제4단원 : (시간·흐름) 어떻게 하면 더 잘 움직일 수 있는가?

수업과정 모형과 동작문제 (학습활동) 제시 시 고려점	과정 중심에 입각한 지도 방법을 강조하였으며, 5가지 기준에 입각한 수업과정모형을 제시하였다.	
	① 주제	문제를 해결하기 위한 유일한 방법 또는 해답을 학습자에게 제시하지 않고 스스로 해결해야 할 중요한 문제를 제시한다. **고려점** 주제(기본문제)는 표준해답이 없는 것이어야 한다.
	② 부제	주제에 이어지는 것으로 문제 해결을 위한 방법이나 해답을 제공하지는 않지만 결정적인 구실이나 문제들을 제시한다. **고려점** 부제(보조문제)는 유아가 스스로 발견하지 못할 때만 제시해야 한다.
	③ 풍부한 사고	문제 해결을 위해 추리력과 상상력 등 풍부한 사고에 이르도록 지도하는 과정이다. **고려점** 생산적 사고를 요구하는 문제여야 하며, 문제해결과정으로서 추리와 상상을 고무시키는 것이어야 한다.
	④ 창의력	창의력 개발을 위한 노력의 일환으로 움직임에서 크게 중시되고 있는 학습의 한 과정이다. 움직임 교육 내용의 궁극적인 중요 목표는 창의적인 사고력과 문제해결력 배양에 있다. **고려점** 상상력을 풍부하게 하기 위하여 점차적으로 다양하고 복합적인 해결이 나올 수 있도록 문제를 진술해야 한다. 그렇게 함으로써 모든 유아가 성공감을 느끼며 더욱 차원 높은 상상력을 기르고자 하는 내적 동기를 갖게 된다.

⑤ 포괄목표			동작의 기본 요소를 주제로 '지식, 기술, 태도'에서의 학습목표를 성취할 수 있도록 학습활동을 선정하고 이를 적절히 적용해야 한다. **고려점** 모든 문제는 교육목표에 부합하는 것으로 선택하여야 한다.
	지식		동작의 속도에서 가장 빠르고 느린 것, 동작의 무게, 신체와 공간과의 관계 등을 이해하는 목표 영역이다.
	기술		유아가 실제 움직여 보는 것으로서, 자신의 동작을 통제할 수 있는 것과 관계된 목표 영역이다.
	태도		문제가 무엇인지 관심을 기울이거나, 문제에 대해 기꺼이 생각하려고 하거나, 보다 기술적인 방법을 증가시키기 위해 탐색하고 사고하는 등 동작을 통해 태도와 관계되는 목표 영역이다.
교사 역할			• 문제해결식 교수법에서 교사의 역할에 대해 Gilliom(1977)은 다음과 같이 제시하였다. - 목적을 분명히 하되 상황에 따라 조정할 수 있도록 융통성이 있어야 하며, 질문과 관찰, 그리고 토의의 형식으로 지도한다. - 문제를 해결하거나 발견할 때는 그 개념을 용어로 기억할 수 있도록 설명하고 언어화시킨다. - 쉬운 단계부터 어렵고 복잡한 단계로 점차적으로 탐색하도록 한다. - 공간을 최대한 이용한다. - 교사도 유아와 함께 움직여야 한다. - 유아의 활동을 고루 관찰할 수 있도록 가능하면 원형을 취한다. - 가끔 정지시킴으로써 서로를 관찰할 수 있게 한다.

> 🏛 **Gallahue와 Gilliom 동작교수법의 강조점**
>
> • 신체를 이용하여 스스로 자기 신체와 동작을 탐색하게 하는 방법으로서, Laban의 이론에 기초를 둔 동작교육의 신체적 접근방법이라고 할 수 있다.
>   - 신체적 접근방법을 이용한 교수방법의 공통점은 활동을 계획할 때 동작의 기본요소를 기초로 하여 문제상황이나 활동의 주제로 삼는다는 것이다.
> • 이 두 가지 교육방법에서 공통적으로 강조하는 것은, 동작교육에서 교사가 유아에게 스스로 탐색하고 실험할 수 있는 기회를 제공한다는 것이다.
>   - 교사는 융통성과 인내심을 가지고 유아에게 충분한 기회와 시간적 여유를 부여하여 스스로 생각하고 느끼도록 해 주어야 한다.
>   - 제시하고 질문하는 형식을 통해서 문제를 해결할 수 있는 상황을 만들어줌으로써 발견 및 탐색할 수 있는 기회를 주자는 것이다.
> • 물론 목적 없이 제시된 문제와 상관없는 행동을 해도 그대로 내버려 두어 하고 싶은 대로 하라는 것은 아니다. 분명한 목표를 가지고 관찰·제시하며 지적해 주는 한편, 유아의 새로운 아이디어를 받아들이면서 적절한 때에 질문을 하고 개념을 언어화해 봄으로써 초점을 맞추어 가야 한다.
>   - 어느 한 가지 동작을 끝냈을 때 그 움직임을 말로 표현해 주고 몸의 각 부분에 관해서 분명한 어휘로 언어화시켜 주어야 한다. 이렇게 함으로써 유아가 실제 행동을 추상화하는 데 도움을 줄 수 있기 때문이다.

UNIT 16 주제 중심 접근법 - 극적 접근방법

- 상상력을 중심으로 다양한 동작을 유도하고 창의적 동작표현을 자극하는 것을 강조하는 접근법이다.
- 기본동작보다는 창의적인 동작표현을 중심으로 동작을 경험해 보는 방법으로, 상상이나 이미지를 떠올리며 적절한 동작으로 표현해 보면서 동작 가능성을 탐색해 보는 것이다.
  - 창의적으로 표현하는 과정에서 신체 동작기술을 습득하고 발달이 이루어진다. 즉, 유아의 탐색과 발견을 통해 창의적인 사고와 표현을 촉진할 수 있다는 측면에서 극적 접근방법이 강조되고 있다.
  - 교사들이 유아들에게 시범을 보이거나 지시를 하고 유아들이 획일적으로 따르게 하기보다는 유아 스스로 가상의 상황이나 행동을 상상하며 '~하는 척하기(pretending)'나 '어떤 것이 되어보기' 등의 방법을 통해 새로운 시도를 적극적으로 하게 되는 것이다.
  - 극적 접근방법은 상상이 가능한 주제를 중심으로 극화하여 표현하는 창의적 신체표현이나 음악적 요소인 박자나 템포 등의 리듬동작으로 표현될 수 있다.
    - 예 "우리 몸이 촛불이 되어서 타 내려가 보자."와 같이 구체적인 제시를 하기도 하지만, "너희가 바람 부는 날에 풍선을 들고 서 있다고 생각해 보자." 또는 "바닥이 뜨겁다고 생각해 보자." 등으로 덜 구체적이며 유아의 상상력과 창의성을 자극하는 제시를 하기도 한다.
- Laban(1943)에 의하면 유아는 완전히 자기신체를 통제할 수 있을 때까지는 상상을 사용하도록 해서는 안 된다고 하였다. 특히 동극은 많은 기본동작능력을 미리 갖추고 있어야 하므로 기본동작활동보다 늦게 시작되어야 한다. 또한 유아가 다양한 동작의 배경을 갖추고 있다면 덜 모방적일 수도 있다고 보았다.
- 극적 접근방법을 이용하여 체계적인 동작교육방법을 구성하고자 노력한 학자들 중에는 크게 극적인 접근만을 이용하여 상상과 환상을 위주로 교육하고자 하는 경우와, Laban식 신체적 동작교수법 혹은 동작의 기본요소를 이용하여 그것을 주제로 삼는 등 신체적 동작교수법과 극적 동작교수법을 통합하여 체계를 세우려는 경우가 있다.
  - 극적 접근방법에는 Ritson의 창작무용교수법과, 창의적 신체표현을 유도하는 Emerson과 Leigh의 상상·환상 중심 교수법이 포함된다.
  - Ritson은 무용을 창의적으로 하기 위한 체계적인 접근법을 제안하고 동작주제와 문화적 주제를 내용의 기본틀로 설정하였다. Emerson과 Leigh는 상상력을 증진시키기 위한 무용교육 프로그램을 제안하였다.

1 창작무용 체계적 교수법 - Ritson

개념 및 정의	• Ritson(1986)은 무용을 창의적으로 하기 위한 체계적인 교수법을 제안하였다. 이 체계적 교수법은 교수과정에서의 학습위계와 인지기능수준을 토대로 하여 창의적 동작교육을 위한 구체적 형식을 설계하는 방법이다.
	  - Ritson은 동작주제와 문화적 주제, 이 두 측면을 모두 포함해야 한다고 보았다. 다양한 경험과 표현의 측면을 모두 포함하기 위하여 동작주제(movement themes)와 문화적 주제(cultural themes)라는 두 가지 주제를 내용의 기본틀로 삼을 것을 제안하였다.
	  - 동작의 주제는 Barrett(1977)의 교육무용의 개념화에서 선정하였고, 문화적 주제는 주로 유아에게서 유발된 흥미를 중심으로 사회적 환경을 통해 이미지와 사건들을 수집하여 선정하였다. Barrett이 개념화한 교육무용의 동작내용은 일곱 가지 동작주제로 되어 있다. 이 일곱 가지 동작주제는 융통성 있게 체계화되어 있으며, 주제의 순서에 있어서 유아의 운동능력에 자극제가 될 수 있도록 점점 더 복잡해지고 있다.
	
	🏛 **바렛(Barrett)의 7가지 주제**
	• 제1주제(신체부분에 대한 인식) • 제5주제(짝과 소집단에 대한 인식)
	• 제2주제(무게와 시간에 대한 인식) • 제6주제(신체에 대한 인식)
	• 제3주제(공간에 대한 인식) • 제7주제(노력 행위들에 대한 인식)
	• 제4주제(동작의 흐름에 대한 인식)

창작무용의 주제	• 창의적 무용을 지도하는 내용으로 동작주제만을 다룰 경우 지나치게 동작의 요소나 기본형태 등에 국한된다는 비판이 있기 때문에, 체계적인 접근법에서는 동작주제 이외에 표현적인 측면을 포함하기 위하여 사회환경에서 일어나는 상상과 사건을 하나의 자극제로 포함시켰다.
	  - 동작주제는 세계적으로 거의 공통된 내용으로 정해져 있지만, 문화적 주제는 각 세대와 사회, 그리고 환경적 조건에 따라 매우 독특하다.
	  - 따라서 특정 유아가 속한 각 지역사회, 시대, 환경적 조건에 부합하는 주제여야 하며, 그러기 위해서는 교육하고자 하는 대상에게 맞는 적절한 주제를 선정하는 일이 무엇보다도 중요하다.
	• 동작주제와 문화적 주제 중 어느 것을 주 활동으로 하느냐에 따라 신체적 접근 방법과 극적인 접근 방법으로 나누어 볼 수 있다.
	  - 즉, 동작주제가 내용이 될 때는 유아가 동작의 질이나 동작능력을 증진하려는 노력을 하게 된다.
	  - 문화적 주제가 내용이 될 때는 주로 유아의 반응을 모방하고 사물이나 사건을 극화하며 감정을 표현하는 동작이 포함된다.
	  - 따라서 체육교육 프로그램에서 창의적 무용을 실시할 경우에는 동작주제가 핵심내용이 되어야 하지만, 문화적 주제는 무용의 다양성과 풍부한 자원을 제공할 수 있다.
	
	| 동작주제 | 문화주제 ||
	|---|---|---|
	| • 신체부분과 신체모양
	• 무게와 시간
	• 공간
	• 동작의 흐름
	• 노력행위 | • 동물
	• 서커스 만화 주인공
	• 교통기관
	• 장난감
	• 악기 | • 기계도구
	• 스포츠
	• 자연환경
	• 역사적 사건 |

- 유아에게 창조적인 무용을 구성할 것을 요구하려면, 유아는 사전에 아이디어, 이미지, 자기훈련의 배경을 갖추어야 하고, 그런 배경을 갖추기 위해 다섯 가지 수준을 거쳐야 한다.
  - 이러한 과정을 거쳤을 때 유아는 지식을 반응으로 유도해 내고 그 유도된 동작기술에 만족하게 된다.
- 가능하면 제시된 각 수준을 차례대로 진행하는 것이 효과적이지만, 경우에 따라서는 반복과 연습이 필요하므로 엄격히 순서를 지키는 것보다 적어도 한 수준에서 하나 이상의 활동을 실시하고 그 다음 수준으로 이동하는 것이 좋다.
- 또한 Ritson의 입장에서는 극적 접근법 또는 신체적 접근법만을 이용하기보다는 두 가지 접근법을 병행하는 것이 가장 바람직한 동작교육이 될 것이라고 보았다.

Ritson의 동작주제를 내용으로 한 교수·학습 방법	① 지시 따르기 (taking directions)	• 강조점: 동작 • 유아가 지시를 듣고 따르는 능력은 성공적인 참여의 전제조건이다. • 교사는 북이나 종과 같은 도구를 활용한 신호 및 그와 연결된 지시어를 정한 후 간결하고 명료하게 신호(지시)를 제공하고, 유아는 그 지시들을 재빨리, 그리고 조용하게 따르는 데 숙달되어야 한다.

	② 모방하기 (imitating)	• 시범설명을 통해 제시된 동작을 그대로 모방하는 수준이다.
		  - 교사가 유아와 함께 참여한다는 것, 특히 동작활동에서 교사가 유아들과 함께 움직인다는 것은 긍정적인 학습 분위기를 형성하는 방법 중의 하나이다.
		  - 정의를 소개하거나 이전에 배운 기술을 재검토해 볼 때 효과적인 방법이 될 수 있으며, 서로에게 시각적인 모델이 될 수 있는 기회를 제공한다. 따라서 유아는 다른 사람의 행동을 모방함으로써 학습해 가며, 자신의 동작에 대한 인식을 기초로 나름대로 동작의 연속들을 점차 발견해 나가기 시작한다.
		  예 내가 낮은 수준에서 모퉁이 길을 따라 움직일 때 그 움직임을 따라해 보세요.

	③ 상황 구성하기 (situating)	• 교사가 언어적 모델이나 설명을 해 주면 그에 따라서 움직여보는 활동을 통하여 유아의 사고와 움직이는 방식을 서로 연결해 주는 것이 목적인 수준이다.
		  - 교사는 유아가 따라할 어떤 동작을 제시하는 것이 아니라, 유아의 머릿속에 상상을 불러일으켜 유아가 그것을 나름대로 해석하여 움직이도록 조장해 준다. 이러한 과정들을 계속 거치면서 아이디어와 움직임 간의 연계성이 점차 증진된다.
		  - 상상을 불러일으키는 방법으로 흔히 '상황'을 제시하는데, 교사는 유아를 그 상황이 전개되는 대로 움직이게 한다.
		  예 "여러분이 똑바른 길을 따라서 어떻게 느리게 움직일 수 있는지 보여주세요.", "이제는 곡선으로 된 길을 따라서 빠르게 움직여 보세요." 등이다.
		  - 이 수준에서 선택된 동작주제를 통해 탐색해야 할 아이디어들은 대단히 많고 복잡하므로 충분한 시간의 연습과정이 요구된다.
		  - 상황 구성하기는 움직임에 관한 단어들, 개념들, 그리고 아이디어들을 포함한 유아의 지식을 더욱 친숙하게 해 주고 이를 확장시켜 주는 계기가 된다.

	④ 연합시키기 (associating)	• 교사는 주제와 일치되는 상황이나 문제를 제시하고, 유아는 상황에서 제시하는 요구를 충족시키거나 문제를 해결하기 위하여 스스로 생각해 낸 동작들을 연속적으로 수행해 나가는 수준이다. 　📖 "방향을 바꾸어 움직이면서 걷기와 달리기를 하려면 어떻게 움직여야 하겠니?" 　- (상황 구성하기 수준과 달리) 교사가 유아에게 어떻게 움직여야 할지 혹은 구체적 이야기를 제시하지 않고 대체적인 질문만 한다. 따라서 유아는 스스로 자신의 이미지를 형상화해서 어떻게 움직여야 할지를 결정해야 한다. 　- 그러나 전 단계의 수준들, 특히 상황 구성하기의 수준을 다루는 데 유아가 충분히 숙달되어 있지 않다면, 유아에게 흥미롭고 다양한 해석을 유도하기가 어렵다. • 여기서 교사는 유아나 집단에게 제시된 각 문제에 대해 다양한 해결책을 산출하도록 격려하는 것이 중요하며, 그렇게 함으로써 유아의 반응 유창성을 증진시킬 수 있다. 　- 격려 방법으로는 유아가 특히 흥미로운 해결책을 산출해 냈을 때 교사가 다른 유아들에게 그 해결책을 관찰하게 하면서 "이 동작에서 어떤 점이 흥미롭니?", "너라면 이 동작을 어디에 이용할 수 있겠니?"와 같이 질문하는 것이 있다.
	⑤ 창조하기 (creating)	• 유아가 동작들을 시작부분, 중간부분, 종결부분으로 구성된 하나의 연속적인 동작으로 조직했을 때 무용을 창조했다고 할 수 있다. 　- 이때 교사는 유아에게 항상 광범위한 매개체만을 제시하는 촉매자로서의 역할을 한다. 　- 그 매개체란 "두 명이 참여하는 무용을 만들어 보자.", "네가 속도와 신체 모양에서 얼마나 많은 변화를 이용하고 있는지 보자.", "후프와 막대기를 이용하여 혼자서 무용을 만들어 보자." 등의 촉진적인 진술을 말한다. 　📖 짝과 함께 무용을 하면서 가능한 한 모든 관계를 탐색해 보자. 시작, 중간, 끝 부분을 구분하여 보여줄 수 있겠니?
Ritson의 문화주제를 내용으로 한 교수·학습 방법	① 지시 따르기 (taking directions)	• 강조점: 가상적 요소, 상상과 표현에 초점을 둔 지시 따르기 • 지시에 따르는 것은 교실을 제대로 운영하고 자기통제를 하는 데 필요하다.
	② 흉내내기 (mimicry)	• 특정 대상물의 모양이나 움직임을 관찰하고 표현하는 모방적 동작활동이다. 　- 시범·설명을 통해 제시된 동작을 있는 그대로 모방하는 활동이 아니라, 유아가 스스로 탐색하는 과정을 통해 유아 나름대로의 독특한 동작을 표현하는 것이다. 　📖 "내가 뱀처럼 움직일 테니 따라해 보세요."
	③ 극화하기 (dramatizing)	• 창의적 동작 표현활동으로 교사는 하나의 아이디어나 이야기를 통해 활동을 시작할 수 있다. 　- 배경음악이나 언어적 효과음 또는 지시를 제공할 수 있다.

	④ 즉흥적 극화하기 (improvisation)	• 특별한 분위기를 나타내는 핵심단어를 주고, 유아들로 하여금 동작을 통해서 이러한 단어들을 공개적으로 표현해 보도록 한다. – 오감을 활용한 즉흥적 자극(시각적, 청각적, 촉각적, 상상력에 의한 자극)을 주고 임의적, 주관적 반응을 몸으로 표현하도록 한다. 예 부드러운 이불 ➡ 엄마 품 ➡ 행복감
	⑤ 구성하기 (composing)	유아들에게 일어난 친숙한 사건이나 선행경험, 좀 더 긴 내용의 이야기 (들은 이야기)들을 동작으로 나타내는 것이다.

❷ 상상·환상 중심 동작교수법 – Emerson & Leigh

개념		• Emerson과 Leigh(1979)는 환상과 상상이 매우 중요하다고 하는 Langer와 Bettelheim의 주장과 함께, 무용과 신체동작이 환상과 상상의 원초적인 표현이므로 이를 확장시키는 중요한 매개체가 될 수 있다는 견해를 근거로 하여 상상력을 증진시키기 위한 무용교육 프로그램을 제안하였다. – 그들은 인간의 내적 욕구 충족과 정서 순화를 강조하기 위해 동작교육 프로그램이 '춤'을 매개체로 하여 환상과 상상력 개발을 주목적으로 해야 한다고 주장하였다. • Emerson과 Leigh는 무용교육에서 다루어야 할 중요한 요소를 표현(expression), 확장(expansion), 상상(imagination), 그리고 창작(creation)의 네 가지로 보고, 무용교육의 단계를 다음과 같이 제안하였다.
무용교육의 단계	① 동작을 표현의 도구로 경험하는 단계 (표현 단계)	• 동작을 표현의 도구로서 경험하는 단계로, 다양한 공간 탐색이 주로 이루어진다. – 유아는 동작을 이용하여 자신을 표현하지만, 유아 초기에는 아직 통제가 잘 되지 않으므로 자기의 주변환경 속에 있는 공간들을 탐색하며, 그 과정에서의 동작은 주로 개별적인 활동이다. – 이때 교사는 유아에게 가능한 한 다양한 공간을 제공하여 안전하게 탐색하도록 해 주고, 그들이 신체적·지적 능력에 도전할 수 있게 한다. – 넘어갈 수 있는 공간, 기어다닐 수 있는 공간, 부드럽고 딱딱한 공간, 넓고 좁은 공간 등 유아가 도전할 수 있는 다양한 형태의 공간을 유아에게 제시한다.
	② 동작을 확장의 도구로 사용하는 단계 (확장 단계)	• 동작을 확장의 도구로 사용하는 단계로, 다양한 동작을 통해 자아개념 및 자신의 능력을 확장해 가는 단계이다. – 교사는 유아 자신의 신체가 다른 사람과 어떻게 다르고 무엇을 어떻게 움직이는지에 초점을 두며, 새로운 가능성과 함께 개념발달에 도움이 되는 다양한 어휘들을 소개함으로써 여러 가지 개념과 자신의 능력에 대한 개념 확장을 도와주어야 한다. 예 "창수가 선반에 손이 닿게 하려고 팔을 뻗치고 있어.", "아무도 움직이지 않고 있으니까 우리는 모두 정지한거야."

	③ 동작을 상상의 도구로 사용하는 단계 (상상 단계)	• 동작을 상상의 도구로 사용하는 단계로, 여러 가지 감정이나 상상을 자극하여 움직이는 단계이다. − 유아가 단순한 문제해결을 수행할 수 있을 때가 되면 '나는 무엇이 될 수 있을까?'에 대한 상상을 하게 된다. − 공포감과 같은 여러 가지 감정을 자신이 적응할 수 있는 형태로 변화시키면서 감정들을 추상해 나간다. − 교사는 탐색해야 할 가능성들을 끊임없이 창조해 줌으로써 교사 역시 상상력을 발휘해야 한다. 예 "내가 닿을 수 있는 만큼 더 높이 움직여 보아라.", "의자 밑으로 지나갈 수 있는 또 다른 방법이 없을까?", "헝겊인형이 어떻게 움직이는지 보여 주렴."
	④ 동작을 이용한 창작의 단계 (창작 단계)	• 동작을 이용한 창작의 단계로, 유아는 성숙해 가면서 외부세계에 대해 끊임없이 탐색하지만, 더욱 성숙해지면 자기 주위의 공간에는 자신만 존재하는 것이 아니므로 자기가 뜻하는 대로 항상 공간을 탐색할 수만은 없다는 사실을 깨닫게 된다. 따라서 이 단계에서는 자신의 신체와 공간, 그 밖에 여러 가지 환경요소들을 이용하여 동작을 창조해낸다. − 교사는 새로운 상상적 상황을 제공하고 확장하기 위한 여러 가지 다양한 가능성들을 소개한다. − 특히 음악을 이용하여 창의적 표현을 자극할 수도 있고, 시각적 효과를 내는 다양한 자료를 이용할 수도 있다. 그리고 동화의 이야기들도 동작으로 꾸며내는 좋은 이야기 자료가 되며, 이야기에서 들었던 개념을 실제 동작으로 표현해 봄으로써 그 개념을 더욱 확실하게 이해할 수도 있다.

UNIT 17 통합적 접근법

통합적 접근법의 기초이론

- 통합적 접근이란 유아의 전인적 발달을 위해 여러 학문 간 혹은 발달 영역 간, 그리고 활동 간의 내용을 통합하여 교육적 경험을 갖게 하는 것으로, 이는 교과 과제의 경계에 얽매이지 않고 학습한 내용들을 내부에서 의미 있게 관련시키며 통합하는 방법이다.
  - 성인들은 분절되어 소개되는 개념이나 원리들을 이해할 수 있지만, 유아들은 의미 있는 상황 속에서 개념들을 제시하지 않고 분절된 내용으로 가르칠 경우 그 개념을 이해하기가 어렵다. 즉, 유아들은 발달특성상 분절된 경험보다는 통합된 전체 경험을 통하여 주변 세계에 대해 더욱 효율적으로 학습할 수 있다.
  - 따라서 동작활동도 그 자체에만 목적을 두는 것이 아니라 전체 유아교육과정과 통합적으로 이루어질 때 그 효과를 거둘 수 있다.
- 통합이란 발달영역별 교육 내용, 교육활동영역, 그리고 학교와 지역사회가 각각 서로 분리되지 않고 연결되어 다루어지는 것을 말한다.
  ① 발달영역 간 통합은 유아의 전인적 발달을 위하여 신체, 언어, 인지, 정서, 사회성 발달영역의 교육 내용들이 하나의 활동에 서로 통합되는 것이다.
  ② 교육활동영역 간의 통합은 이야기 나누기, 미술활동, 음악활동 등 여러 영역들이 서로 연결되어 통합되는 것을 의미한다.
  ③ 학교와 지역사회의 통합은 견학을 실시하거나 자원 인사를 초청하여 유아교육기관 안팎의 경험이 통합되는 것을 의미한다.
- 페인(Payne)과 링크(Rink)는 주제 또는 교과영역을 중심으로 유아동작활동이 통합적으로 운영되어야 함을 강조하였다.
  ① 주제 중심의 통합은 기술주제 간의 통합과 단원 중심의 통합으로 나누어 볼 수 있다.
    - 기술주제 간 통합 : 동작기술을 다양하게 수행하도록 하기 위한 것으로, 같은 이동기술(예 걷기)을 다양하게 변화를 주며(예 몸을 높게 하고 빠르게 걷기, 몸을 크게 만들며 느리게 걷기) 움직이도록 하는 것이다. 이를 위해 동작의 기본요소와 기본동작 중 선정된 내용을 유아가 변형하여 실행할 수 있도록 다양한 통합방법을 제시해 주거나 스스로 발견하도록 한다.
    - 단원 중심 통합 : 유아교육기관에서 진행 중인 단원 혹은 주제 중 표현이 용이한 내용을 선정하여 동작활동과 통합하는 것이다
      예 우리 동네라는 단원에서 소방관이라는 주제를 선정한 후 이를 동작활동과 통합하는 경우, 불이 어떻게 움직이는지, 불이 움직이는 것처럼 하려면 어떻게 움직이면 되는지, 소방관이 불에 물을 끼얹으면 어떻게 되는지 등에 대해 이야기를 나눈 후 이를 표현하기 위하여 속도, 바닥의 형태 및 방향에 변화를 주며 표현해 보는 것이다.
  ② 교과영역의 통합은 동작을 통한 교육의 개념으로 이해할 수 있다.
    - 즉, 다른 영역에서 어려운 기본적인 개념을 가르칠 때 신체를 활용하도록 하는 것이다.
    - 이런 기회를 통해 유아는 자신의 생각을 창의적으로 표현할 수 있을 뿐만 아니라 교과에서 가르치고자 하는 교육 내용을 쉽게 이해할 수 있다.
      예 숫자를 알려주기 위해 신체를 이용해서 숫자의 모양을 표현해 보도록 한다.

❶ 예술영역 내 통합적 동작교육

개념 및 정의	•유아동작교육의 개념은 동작의 기본원리와 구성요소를 배우도록 하는 지각운동, 기본동작의 이해와 학습을 위해 몸을 움직이는 리듬동작, 표현동작을 통한 모든 동작경험의 합을 의미한다. •유아를 위한 동작교육에서는 유아교육의 특성을 고려하여 두 가지 이상의 접근방법을 절충한 예술영역 내 통합적 접근방법이 강조되고 있다. •예술영역 내에서 유아동작교육의 통합적 접근방법은 기초영역과 응용영역을 통합하는 것과, 예술영역의 감상과 표현을 통합하는 방법으로 제시할 수 있다. 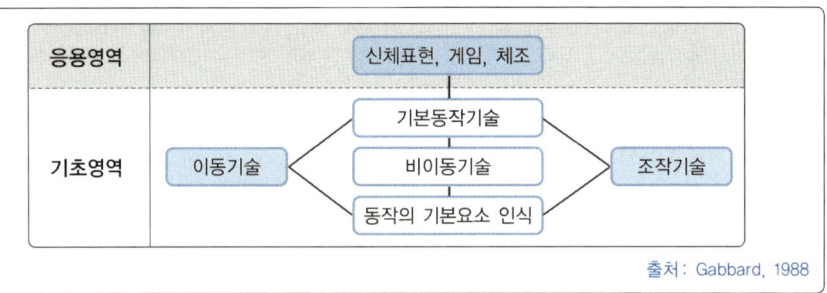 🔺 동작교육의 내용
기초영역과 응용영역의 통합 (Slater의 통합적 교수법)	•예술영역 내에서 기초영역과 응용영역을 통합하는 대표적 교수법인 Slater의 통합적 교수법은 동작의 기초영역(기본동작, 구성요소)과 응용영역(신체표현활동·운동게임활동·체조활동)을 통합하여 내용을 구성한다. - 따라서 이 교수법에서는 교사와 유아가 상호 주도적으로 활동을 전개해 나감으로써 유아들이 기본동작 및 동작의 구성요소를 경험하게 되며, 이를 토대로 하여 창의적 표현동작을 탐색할 수 있다.

	① 도입 단계	기본동작을 중심으로 활동에 대한 흥미와 준비운동을 겸할 수 있는 활동을 하되, 유아들의 상태를 고려하여 활동을 전개한다. 주제와 관계없이 활동을 하며, 동작활동을 위한 분위기를 조성한다. **교수 방법** 유아로 하여금 적극적이고 능동적으로 활동에 참여하게 하고, 유아의 반응을 가능한 한 적극적으로 수용해 주고 격려한다.
	② 움직임 익히기 단계	•다양한 동작의 가능성을 탐색하고 실행하기 위해 동작의 기본동작과 구성요소를 중심으로 전개하되, 소요시간은 10~15분 내외로 한다. 주제에 따른 다양한 동작의 가능성을 탐색하고 실행하며, 경우에 따라서는 교사의 시범도 가능하다. 📖 각 나라의 문화에 적합한 리듬동작, 표현동작을 알려 주고 몸으로 움직여 보게 한다. 그리고 유아가 다양한 동작을 이해하고 적극적·능동적으로 활동에 참여하도록 격려한다. - 제시된 동작을 잘 습득하도록 유아와 적극적으로 상호작용한다. **교수 방법** 유아의 발견적 태도를 강조하여 유아 스스로 동작 문제를 탐색하고 해결해 볼 수 있는 기회를 단계적으로 갖도록 교사는 안내자와 촉진자 역할을 한다.

	③ 창의적 표현 단계	적절한 교재·교구(동시·동화, 다양한 소품)를 활용하여 탐색하고 경험한 다양한 동작을 표현에 적극 활용하는 단계로서, 동작 속에 감정이나 전달 내용을 포함시키되 소요 시간은 8~10분 내외로 한다. **교수 방법** • 경험한 활동을 적극적으로 표현하도록 하고, 주제와 관련된 풍부한 언어적 발문을 통해 다양한 창작 반응을 유도한다. • 교사는 유아 스스로 탐색과 창의적 표현을 하도록 기다려 주는 안내자, 촉진자의 역할을 한다. • 유아가 동작표현 활동을 적극적으로 일반화하고 표현된 동작을 언어화 하도록 적절한 자극을 제공한다.
	④ 평가 단계	창의적 표현을 중심으로 동작 주제의 표현과 적용에 대하여 3~5분 동안 평가를 내리는 단계로서, 교사는 유아들이 자신의 창의적 신체표현에 대해 회상할 수 있도록 언어적으로 상호작용한다. **교수 방법** 교사와 유아가 동작의 구성요소를 균형 있게 동작활동에 적용했는지, 동작 활동에 능동적으로 참여했는지를 언어적 상호작용을 통하여 평가한다.

Slater(1993)의 통합적 신체 활동 프로그램 절차 및 내용

실행절차	소요시간	활동내용
제1단계 도입	3~5분	• 주제와의 관련 여부에 상관없이 활동을 한다. • 신체 활동을 위한 분위기를 조성한다.
제2단계 움직임 익히기	10~15분	• 주제에 따른 동작의 구성요소를 중심으로 활동한다. • 다양한 동작의 가능성을 탐색하고 실행해 본다. • 경우에 따라서 교사의 시범도 가능하다.
제3단계 창의적 신체표현	8~10분	• 움직임 익히기 단계에서 경험한 활동을 통해 적극적으로 표현한다. • 시, 이야기, 음악, 그림, 사물, 환경의 형태 등을 이용한다
제4단계 평가	3~5분	창의적 표현을 중심으로 기본동작, 구성요소, 창의적 신체표현 활동의 내용을 평가한다.

동작감상과
동작표현의
통합
	• 동작활동에서 동작감상과 동작표현은 대개 분리되어 이루어지는 경향이 있다. 그러나 감상과 표현은 모두 동작교육에서 균형 있게 경험해야 할 중요한 요소이다.
	  - 누리과정의 예술경험 영역에서도 아름다움의 탐색, 표현, 감상 활동을 각각 개별적 활동으로 분리하여 제시하지 않고 통합적으로 심화해 이루어지도록 권장하고 있다.
	• Kostelnik, Soderman, Whiren(2006)은 심미적 발달을 위해서는 감상과 표현, 평가(판단과 선호도)가 모두 포함된 활동이 이루어져야 한다고 제안하였다.
	  - 유아가 자연과 예술에 반응하는 방식으로 자연의 아름다움을 인식하고, 감상을 통해 예술에 대한 이해를 증진하며, 예술과 자연을 평가하면서 유아 자신이 어떤 것을 좋아하는지 생각해 볼 수 있다.
	  - 즉, 감상을 통해 자연 속의 아름다움을 발견하거나, 예술 감상 체험과 평가를 하면서 창의적 표현이 함께 이루어짐에 따라 심미감이 발달할 수 있다.

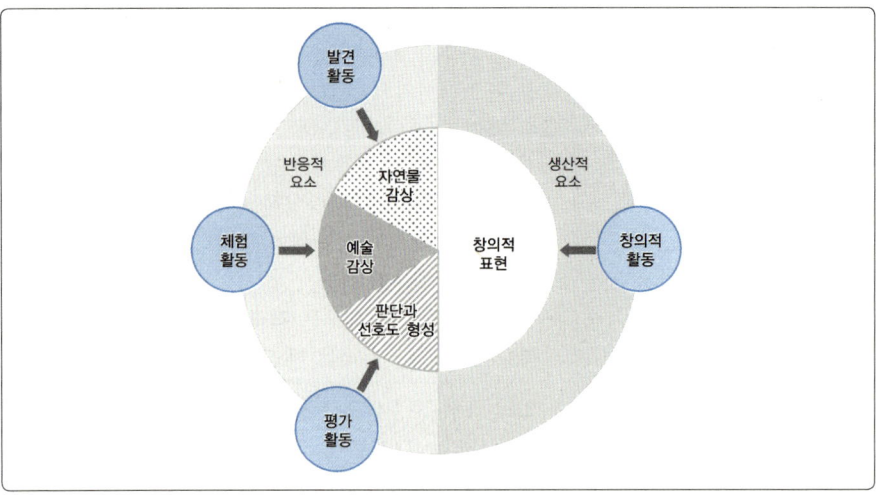

🔖 심미적 발달단계 모델

심미적 발달단계의 구성 요소	목표 및 개념
발견활동	**목표** 자연미의 인식 **개념** • 자연의 아름다움에 반응하도록 격려하기 • 오감각을 사용해서 자연물을 세밀하게 탐색하기 • 실외환경을 통해 보고, 듣고, 냄새 맡고, 만져보도록 격려하며 자연물을 존중하고 감상할 수 있는 기회 제공하기
체험활동	**목표** 예술작품 감상 **개념** • 학습자의 경험을 예술(작품)로 확장시키기 • 춤을 추며 청중으로서 감상하고 무대 경험하기
평가활동	**목표** 판단과 선호도를 결정 **개념** • 다양한 춤에 대해 토의하고 평가하도록 격려하기 • 평가기준을 선정하고, 선정된 기준에 준거하여 선호도를 표현하기
창의적 활동	**목표** 창의적 표현 **개념** • 활동자료, 소도구, 악기, 기타 도구를 사용하여 춤 활동에 참여하기 • 창의적 사고를 자극하고 예술을 통해 자기표현의 기회 제공하기

❷ 예술영역 간 통합적 동작교육

개념 및 정의	• 상징적 체계를 이용하여 유아가 자기표현을 하는 예술영역에는 동작뿐만 아니라 음악, 미술, 극 등이 포함된다. 유아들은 자신의 생각과 느낌을 언어가 아닌 비언어적인 방법으로 더욱 잘 표현할 수 있으므로 음악, 미술, 동작, 문학 등의 예술영역은 유아들의 창의적 사고와 표현을 자극하고, 정서적인 안정감을 제공해 줄 수 있는 것으로 평가되고 있다. — 특히 유아기의 음악·미술·동작발달은 각각 분리되어 진행되기보다는 서로 연관되어 다른 영역의 발달에 영향을 끼치거나, 다른 영역의 발달로 인해 영향을 받으며 점진적으로 세련된 표현이 이루어질 수 있다. — 음악·미술·동작·문학활동은 통합적으로 이루어질 수 있으며, 두 가지 혹은 세 가지 활동이 함께 이루어질 때 더 효과적인 경우가 있다.

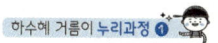

예시	**신체표현** [사자 동작 조각상 만들기 및 감상] • 이동 동작-걷기, 앞구르기 • 비이동 동작-균형 잡기, 털기, 물구나무 • 공간-자기공간, 모두 함께 • 관계-친구의 옆에서 **음악 감상 및 표현** • 생상스의 〈동물의 사육제〉 감상 • 리듬에 따라 움직여 보기 • 음악의 느낌에 맞는 사자 스토리를 구성하여 노랫말 창작하기 **극놀이 감상 및 표현** • 사자 스토리 공연 기획 및 표현 • 친구들의 공연 감상 **미술 표현 및 감상** • 사자 갈기와 의상 꾸미기 • 〈라이언 킹〉의 한 장면 재구성하기

❸ 교과영역 간 통합적 동작교육

개념 및 정의	• 유아교육과정은 유아의 일상에서 나타나는 관심사와 흥미에 따라 놀이의 주제가 유아교육과정의 전 영역(신체운동·건강, 의사소통, 사회관계, 예술경험, 자연탐구)과 통합·연계되어 이루어질 수 있다. 따라서 유아교육과정과 동작활동을 통합시킴으로써 유아의 발달에 적합한 교수활동이 실행될 수 있다. — '사자'를 주제로 하여 타 영역과 통합된 활동의 예를 제시하면 다음과 같다.
예시	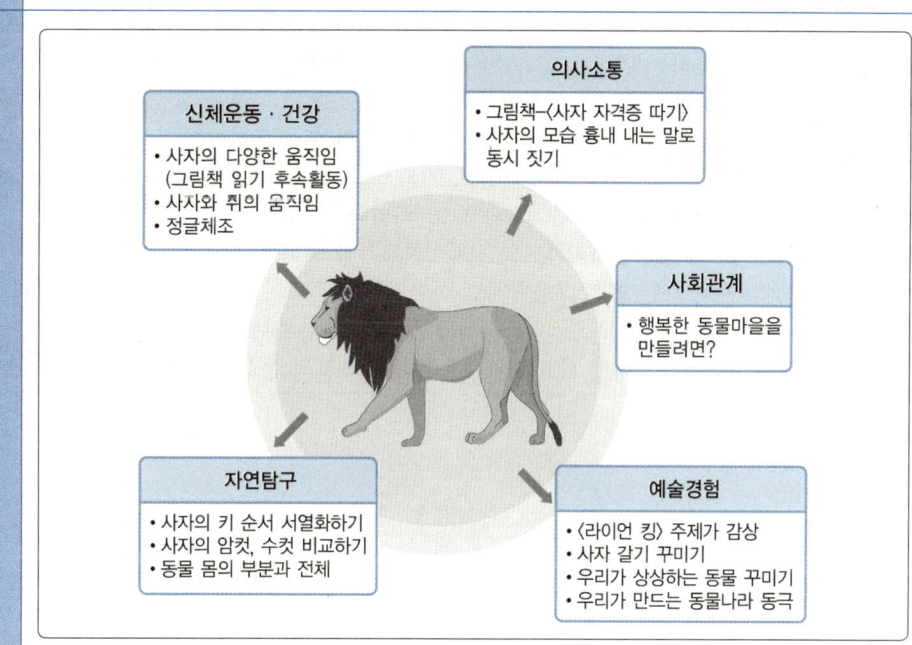

Ⅴ 리듬적 접근법

UNIT 18 리듬적 동작교수법 - 와이카트(Weikart)

- 리듬적 접근법이란 연계적이거나 패턴화된 신체동작인 리듬동작을 강조하는 교수·학습 방법으로 리듬이라는 시간적 요소와 동작이라는 공간적 요소를 결합시킨 교수법을 의미한다.
  - 리듬동작은 공간적인 기술도 필요하지만 리듬능력이 기본적으로 갖추어져야 한다.
  - 리듬능력은 유아들이 기본적인 시간흐름 능력을 갖고 박을 느끼고 표현하는 것과, 박 조정기술인 공동박에 맞추어 동작을 할 수 있는 기술로 이루어진다.

1 개념

개념	• 와이카트는 달크로즈와 오르프의 이론을 바탕으로 리듬동작이론을 연구하였다. • 많은 유아가 규칙적인 박에 맞추어 기본동작조차 잘 하지 못한다는 것을 알게 되어 동작과 춤을 통한 '박 표현능력'의 발달을 강조하고, 언어(찬트)와 동작을 관련시켜 지도하는 연계적 민속무용학습을 고안하였다. • 리듬적 움직임의 요소인 '박 인식(박을 느끼고 나타낼 수 있는 능력)'과 그 박에 맞추어 움직일 수 있는 '박 표현능력'이 기본적인 '박 시간감각(리듬의 흐름을 인식하는 능력)'의 발달을 돕는다고 주장하였고, 기본적인 '박 시간감각'으로 박을 실행하는 조정기술이 결합되어 리듬능력을 나타낸다고 하였다. 　- 그리하여 와이카트는 신체기본동작을 통하여 기본적인 리듬 능력을 발달시키고, 구조화된 민속 무용단계로 나아가 민속음악의 흐름을 인식하게 하였다. 　- 또 와이카트는 유아들에게 구조화된 전통무용과 민속음악과의 결합으로 다양한 문화에 대한 친밀감을 심어주는 동시에, 그 문화권의 음악에 대한 이해도 증진시켰다.

② 교육 내용 - 아홉 가지 신체동작

와이카트는 신체동작을 아홉 가지로 분류하고 기본동작 네 가지를 포함하여 아래 그림과 같이 도표화하였다.

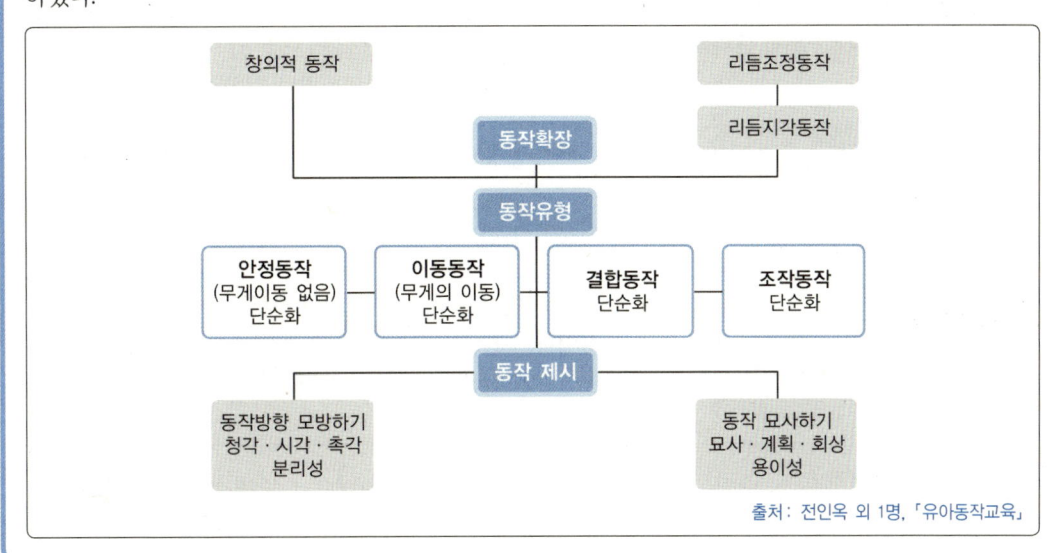

출처: 전인옥 외 1명, 「유아동작교육」

(1) 동작 제시

여러 가지 결합된 동작을 할 때 신체동작에 대한 지도는 막연히 어렵게 생각되지만, 이때 신체동작을 분리하고 단순화하며 용이하게 각색하여 지도하면 훨씬 효과적이다.

① 동작방향 모방하기 (모방동작)	• 지도 방법: 분리성(시각, 청각, 촉각)
	• 동작과 설명을 따로 분리하여 3단계의 과정을 거쳐 한 번에 한 가지 방법만을 제시하는 것이다.
	  - 예시(시각적 설명): 특정 동작을 잘 보도록 주의를 주며, 신체동작만 하되 설명은 하지 않는다.
	  - 설명(청각적 설명): 언어로 설명하는 동안에는 예시하지 않으며, 일련의 방향을 설명하고 나서 활동을 하기 전에 유아들에게 첫 번째, 두 번째 활동을 물어본다.
	  - 손으로 안내(촉각적 설명): 유아들에게 팔을 펴고 구부리겠다고 양해를 구한 후, 직접 교사의 손으로 유아의 팔을 움직이되 설명 없이 한다.

② 동작 묘사하기 (묘사동작)	• 지도 방법: 용이성(묘사, 계획, 회상의 촉진화)
	• 동작을 하기 전에 유아들에게 그들이 할 동작을 회상하게 하는 질문을 함으로써 동작을 쉽게 이해하도록 돕는 것이다.
	  - '예/아니오'나 정확한 답을 갖는 질문: "우리의 손이 어디에 있었어요?", "그것들은 동시에 그곳으로 움직였나요?"
	  - 다양한 신체 동작의 개념 중에서 유아들이 선택하도록 하여 생각이 나오게 하는 질문: "여러분은 곧바로, 구부려져, 또는 지그재그의 길로 갔나요?"
	  - 주어진 해결책 중에서의 선택을 필요로 한다든지 정확한 답이 없는 질문: "여러분은 어떻게 몸을 움직였나요?"

(2) 동작 유형

개념		• 지도 방법 : 단순성(단순화) − 동작을 많은 부분으로 단순하게 나누어 유아들이 각각의 동작을 익숙하게 할 수 있도록 연습할 시간을 주며, 악기나 물건과 함께 하는 동작에서는 먼저 악기나 물건 없이 신체동작에 익숙해지도록 한다. − 음악이 있는 신체동작의 경우, 신체동작이 익숙해진 후에 음악과 함께 움직인다.
동작 유형	③ 안정 동작	신체의 무게이동이 없는 어느 한 장소에서 하는 동작이다.
	④ 이동 동작	신체의 무게중심이 한 장소에서 다른 장소로 이동하는 동작이다.
	⑤ 결합 동작	• 신체의 상부는 '안정 동작'으로, 신체의 하부는 '이동 동작'으로 결합하는 동작이다. − 이러한 동작을 사용하는 활동으로는 리듬체조, 에어로빅, 춤 등이 있다.
	⑥ 조작 동작	위에서 익힌 세 가지 동작과 동작매체가 함께 하는 동작이다.

(3) 동작 확장

리듬 동작	⑦ 리듬지각 동작 (기본리듬 동작)		• 기본적인 시간감각으로 박을 인식(박 인식 능력)하고 표현(박 표현 능력)하는 것이 목적이다. − 먼저 박에 대한 인식이 성립된 후 연습을 통해 박 표현능력이 얻어진다. − 청취 ➡ 반응 ➡ 찬트와 손으로 두드리기 ➡ 찬트와 스텝 ➡ 스텝과 내면화 단계를 거친다.
		청취	• 무용의 음악적 양식을 소개할 때, 교사는 제일 먼저 유아가 주의 깊게 음악을 듣도록 지도한다. • 반복적이고 집중적인 청취는 좀 더 편안하게 무용의 경험을 창조하고, 음악은 점점 이해되어 감상으로 넘어가게 된다.
		반응	• 교사는 유아가 음악을 들으면서 그 음악의 저음부 흐름이나 화성적 반주, 리듬악기의 바탕이 되는 리듬에 반응하도록 지도한다. − 유아는 강박마다 무릎을 손바닥으로 두드리면서 무용음악에 반응할 수 있다. − 녹음된 음악뿐만 아니라 노래에 맞추어 무용을 배울 때도 교사는 손뼉으로 오스티나토 리듬을 한 다음 발동작을 지도할 수 있다.

	찬트와 손으로 두드리기	• 유아에게 무용동작을 나타내는 묘사적인 단어를 찬트하도록 지도한다. - '걷기', '뛰기', '쉬기', '왼쪽', '오른쪽' 등과 같은 말을 읊조리면서 유아는 쉽게 리듬적인 손동작을 할 수 있다.
	찬트와 스텝	• 손에서 발로 넘어가는 동작이다. 반복되는 리듬찬트는 유아가 묘사적인 단어에 스텝을 맞출 수 있도록 계속한다. - 이러한 언어찬트는 음악의 음색과 선율에 혼동을 일으키는 유아를 지도할 때 아주 효과적이다.
	스텝과 내면화	• 마지막 단계에서 음악은 동작과 함께 지도되며, 이때 유아는 스텝을 생각하고 행하면서 리듬찬트가 내면화되기 시작한다. - 이러한 연계적인 단계를 거치면서 유아는 리듬에 대한 내청(inner hearing)과 동작을 할 수 있는 근육운동신경이 발달한다.
⑧ 리듬조정 동작 (공동리듬 동작)		• '공동 박에 맞추어 모두 함께 움직이기'가 목적이다. - 공동 박에 맞추어 함께 동작을 할 때 박 조정기술(박과 신체동작이 일치되도록 하는 능력), 즉 박에 따른 근육운동감각의 정확한 실행이 필요하다. - 이때 네 가지 언어과정을 통하여 복합적인 연계동작을 익힐 수 있다.

🏛 4단계 언어과정의 출현 배경

일반적으로 동작을 지도할 때 교사들이 실수하기 쉬운 것은 동작에 치중한 나머지 동작의 순서나 단계에서 음악의 내재화 과정을 무시한다는 것으로, 이러한 점을 개선하기 위해 와이카트는 신체동작과 찬트를 이용하여 박의 내재화를 단계적으로 지도함으로써 리듬능력의 향상을 꾀하였다.

🔺 4가지 언어과정

1단계 말하기 (say, 청각적 경험)	교사가 신체부분, 동작지시, 이동 동작 등으로 구별되는 간단하면서 묘사적인 단어를 사용하여 공동 박에 맞추어 찬트하면, 유아들은 이 찬트의 단어를 주의 깊게 듣는다.
2단계 말하고 행하기 (say and do, 외재화된 박과 동작의 조절)	교사가 찬트를 하면 유아들은 그 찬트에 맞추어 동작을 하는 것으로, 박과 템포를 만드는 찬트 동작을 덧붙인다.
3단계 속삭이고 행하기 (whisper and do, 내재화된 박과 동작의 조절)	교사는 2단계의 찬트를 다시 하는데, 이때 유아들은 음악을 들으면서 교사의 속삭이는 찬트와 유아들이 지금까지 경험했던 찬트의 박을 머릿속으로 조절하면서 움직인다.

		4단계 생각하고 행하기 (think and do, 내재화된 박)	교사는 유아들에게 동작을 계속적으로 생각하게 하면서 그들 자신의 내재화된 박으로 음악에 맞추어 움직이게 한다.
⑨ 창의적 동작		• 창의적인 동작은 근육운동감각을 지닌 정서적이고 발명적인 유아에게서 나온다. • 교사의 제안에 따른 언어적·시각적·음악적 상상을 통한 개념화와 함께, 창의적인 동작에 자극이 되는 준비동작경험이 유아들을 창의적으로 만든다. - 창의적인 동작은 노래의 리듬패턴이나 선율패턴, 이야기·시·그림·단어로 고무될 수 있으며, 유아의 생각이 공간·시간·역동성에서 자유롭도록 놀이 식으로 표현하고 탐색하게 해 준다. • 한 가지 특정동작 경험, 두 가지 이상의 해결을 위한 안내된 탐색, 상상 등의 단계적 지도를 통하여 유아의 창의성 발달을 도울 수 있다.	
	1단계 한 가지 특정동작 경험	• 유아 자신의 창의적인 사고를 발달시킬 수 있는 가장 쉬운 방법으로, 특정동작 경험을 할 때 교사는 예를 들거나 언어로 설명을 하여 시작 방향만 설정해 준다. 예 "몸 앞으로 팔을 흔들어 보자. 이제는 다른 방향으로 흔들어 볼까요?", "빠르게 혹은 느리게 흔들어 봅시다." 등의 질문으로 특정 동작을 해결하도록 한다. - 특정 동작은 한 가지 경험만 하는 것으로 신체 부위, 동작, 방향은 주어지고, 시간이나 크기 강도 등과 같은 동작의 방법은 유아가 선택하게 한다.	
	2단계 두 가지 이상의 해결을 위한 안내된 탐색	• 안내된 탐색에서 교사는 약간의 특정 지도만 하고 나머지는 유아들 스스로 해결하는 동작이다. 예 "신체의 어느 부분을 어떻게 구부릴 수 있는지 새로운 방법을 찾아보세요." - 유아들은 신체의 부분과 변화, 즉 신체의 어느 부위를 사용하고, 어디서 또는 어떤 방법으로 할 것인지와 같은 두 가지 이상의 결정을 내린다.	
	3단계 상상	• 특정한 지시가 필요 없으며, 유아 자신의 상상을 이용하여 나름대로 자신의 것을 표현할 때 질문으로 상상력을 고무시킬 수 있다. 예 "자동차가 굴러가는 모습을 신체로 표현할 때 어느 쪽 발을 사용할까요?", "자동차가 달리다가 급정거를 하게 될 때, 여러분은 어떻게 표현해 보겠어요?" - 창의성은 유아들이 스스로 선택하도록 격려받음으로써 발현되며, 동작경험을 할 때마다 유아 자신만의 고유한 것이 된다.	

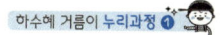

3 민속무용단계 – 전통무용을 통한 학습

기본 관점		• 유아에게 전통무용은 음악, 문화와 동작을 한 번에 경험할 수 있는 좋은 매개체가 되며, 이러한 무용을 익히면서 동작과 함께 음악을 해석하게 된다. – 즉, 유아들은 무용을 통해서 음악의 요소를 익히는데, 이 중에서 음악의 기본적인 박의 흐름과 무용에서의 동작의 흐름이 일치되어 이해된다.
전통무용 지도 시 음악적 이해를 발달시키기 위한 학습과정	청취	• 무용의 음악적 양식을 소개할 때, 교사는 제일 먼저 유아가 주의 깊게 음악을 듣도록 지도한다. 예 "무슨 악기로 연주하고 있나요?", "반복적인 리듬(패턴)을 알 수 있나요?", "중요한 선율을 허밍으로 노래할 수 있나요?" – 반복적이고 집중적인 청취는 좀 더 편안하게 무용의 경험을 창조하고, 음악은 점점 이해되어 감상으로 넘어가게 된다.
	반응	• 교사는 유아에게 음악을 들으면서 그 음악의 저음부 흐름이나 화성적 반주, 리듬악기의 바탕이 되는 리듬에 반응하도록 지도한다. – 유아는 강박마다 무릎을 손바닥으로 두드리면서 무용음악에 반응할 수 있다. – 녹음된 음악뿐만 아니라 노래에 맞추어 무용을 배울 때도 교사는 손뼉으로 오스티나토 리듬을 한 다음 발동작을 할 수 있다.
	찬트와 손으로 두드리기	• 유아에게 무용동작을 나타내는 묘사적인 단어를 찬트하도록 지도한다. – '걷기', '뛰기', '쉬기', '왼쪽', '오른쪽' 등과 같은 말을 읊조리면서 유아는 쉽게 리듬적인 동작을 할 수 있게 된다.
	찬트와 스텝	• 손에서 발로 넘어가는 동작이며, 반복되는 리듬찬트는 유아가 묘사적인 단어에 스텝을 맞출 수 있도록 계속한다. – 이러한 언어찬트는 음악의 음색과 선율에 혼동을 일으키는 유아를 지도할 때 아주 효과적이다.
	스텝과 내면화	• 음악은 동작과 함께 지도되며, 이때 유아는 스텝을 생각하고 행하면서 리듬찬트가 내면화되기 시작한다. – 이러한 연계적인 단계를 거치면서 유아는 리듬에 대한 동작을 할 수 있는 근육운동신경이 발달한다.

UNIT 19 리듬 중심 동작교수법 – 브라운(Brown)

개념	• 브라운은 많은 체육교육 또는 동작교육 프로그램들이 라반의 기본원리를 중심으로 신체적 접근법에 의한 동작교육에 치중되어 있음을 지적하고, 체육교육 프로그램을 위하여 동작에서 중요한 요소인 리듬과 무용의 경험을 포함할 것을 강조하였다. – 리듬 중에서도 특히 창의적 리듬을 중심으로 프로그램을 연구하여, 소리와 인간의 동작에 영향을 주는 리듬의 요소를 일곱 가지로 규명하고 그 요소들을 동작교육의 내용에 포함할 것을 제안하였다. **교육 목적** 리듬 중심 동작교육은 무용가를 훈련하는 데 목적을 두고 있지 않으며, 유아로 하여금 다양한 운율적 동작을 경험하고 창조해 낼 수 있는 기회를 제공하는 것이 그 목적이다. • 유아는 자기 나름대로의 속도로 발달하지만 대체적인 주제를 체계적으로 정리할 것을 제안하였다. – 유아가 자신의 상상력을 이용하여 동작을 창조해 낼 수 있으려면 자신의 신체를 이용하여 기본적 이동 동작 유형을 포함한 신체중심 활동과 공간적 요소, 에포트 요소, 그리고 무게 요소를 소개할 수 있어야 하고, 이때 다양한 소리·색·그림·시·이야기·소도구 등을 이용하여 상상력을 자극할 수 있다고 본다. – 그리고 여기에 다양한 형태의 리듬요소를 포함하되, 연령에 따라 처음에는 창작율동 및 무용의 형태에서 시작해 점차 포크댄스나 무용극으로 경험을 넓혀 갈 수 있다.

	리듬요소	설명
일곱 가지 기본적 리듬요소	박(beat) / 맥박(pulse)	항상 규칙적이고 일정한 느낌의 음향
	악센트(accent)	음향 속에서 전형적으로 규칙적이고 뚜렷하게 나타나는 강함 또는 약함의 요인
	마디(measure)	규칙적인 기저 위에서 박자가 강세에 의해 분할된 결과
	속도(tempo)	음향에서 진동, 박자, 강세에 의해 분할된 결과
	지속기(duration)	음향 또는 정적이 일어난 시간의 길이
	리듬유형(pattern)	강세에 의해 분할되는 지속시간의 연속
	악구(phrase)	조화를 이루는 음향들의 자연스러운 집단화

UNIT 20 음률 중심 동작교수법 - 몬슈어, 코헨, 린델(Monsour, Cohen, Lindel)

기본 관점	• 브라운의 리듬 중심 동작교수법과 유사한 방법으로 몬슈어, 코헨과 린델은 동작교육 중에서 음률적 동작을 강조하면서 창의적인 음률교육 방법을 4단계로 제시하였다. 　- 몬슈어, 코헨, 린델은 4단계를 거치면서 창의적인 동작을 훈련할 수 있다고 보았다. 　- 창의적인 동작을 자극하기 위하여 적절한 음악을 이용하는 것이 매우 중요하며, 수줍어하는 유아를 격려하는 방안으로 가면을 이용하면 효과적이라고 하였다. 　- 그 밖에 여러 가지 도구를 이용하여 독창적인 표현의 동기가 되도록 돕거나 그 표현의 효과를 확장시켜 주는 것도 효과적이라고 보았다.
창이적 음률동작 교수법 4단계	**제1단계** 즉흥적인 반응을 유도한다. • 동요를 읽어 주고 그 동요에 맞춰 움직이게 하거나, 노래를 들려주고 리듬이나 노랫말에 따라 몸을 움직이게 한다. • 모양이나 크기가 반대되는 것을 보여주고 유아에게 그 사물의 형태를 몸의 움직임으로 묘사하게 한다. 디자인이나 그림을 보면서도 해 보게 한다. • 느낌이나 질이 다른 음악을 들려주고 유아에게 즉흥적으로 움직여 보게 한다. • 일정한 박자로 북을 치고 연주할 때 그 박자에 맞추어 손뼉으로 리듬형태를 바꾸어 보게 한다. • 문장이나 이야기를 들려주고 그것에 맞추어 보거나 악기로 장면을 묘사하게 해 본다. **제2단계** 이미 알려진 지식을 스스로 발견할 수 있도록 장려한다. • 스타카토 음악을 들려주고 즉흥적으로 몸으로 표현해 보며 반대의 동작을 해 보도록 함으로써 스타카토의 성격을 분명히 알게 한다. • 걷게 하고 규칙적인 박자와 불규칙적인 박자를 들려준다. • "해변가 벤치에 앉아 있는데 얼굴에 파리가 날아든다. 이를 쫓았더니 이번에는 벤치로 날아든다."와 같은 이야기를 들려주고 묘사하게 한 후, 이것으로 ABA 형태의 동작에 대해 토론한다. ABA 형태의 동작이란 한 가지 주제의 동작(A) 후에 다른 주제의 동작(B), 그리고 다시 처음의 동작(A)을 반복하는 것이다. • 행진곡을 들려주고 박자를 알아내도록 하며, 박자가 달라지면 어떤 효과가 나는지를 알게 한다. **제3단계** 주어진 기본요소를 수행하거나 변화시켜 보게 한다. • 먼저 안정(비이동) 동작을 가르쳐 주고 몇 번 반복시킨 다음, 그것을 매번 다른 방식으로 바꾸게 한다. • 친숙한 노래를 부르고 박자를 바꾸어 보거나 박절(meter, beats), 속도, 악센트 등을 바꾸게 한다. **제4단계** 창의적인 해결 방안을 요구할 수 있는 문제를 제시한다. • 동작의 질에 대해 서로 토론하고 보여주며, 여러 가지 소리나 리듬에 맞추어 서로 다른 동작을 하게 한다. • 간단한 주제음을 들려주고 유아에게 이 주제음의 박자에 맞는 음악을 작곡하게 한다. • 몇 가지 설명적 단어를 주고 그 단어에 맞는 동작을 참조하게 한 다음 소리를 붙여보게 한다. • 어떤 간단한 주제동작(A)과 전혀 다른 두 개의 주제동작(B, C)을 만들어 A-B-C-A 순의 연속적인 형태를 만들어 본다.

Ⅵ 유아동작교육을 위한 교사 역할

UNIT 21 유아동작교육에서 교사의 역할

- 유아동작교육에서 유아의 신체운동발달과 창의적인 신체표현을 위해서 교사의 역할은 무엇보다 중요하다. 유아는 기본적으로 온몸을 자유롭게 움직이면서 놀이하는 것을 좋아하므로 이를 통해 환경과 상호작용하며 자신의 움직임을 조절하고 발달시킬 수 있다. 따뜻하고 편안한 수용적인 분위기에서 즐거움이 있는 교육적 환경이 형성되며, 이러한 분위기에서 유아들은 자신의 생각과 느낌을 적극적으로 표현하면서 움직임이 활발해질 수 있다. 따라서 교사의 역할과 상호작용은 동작활동에서 교육의 내용과 방향, 질을 결정하는 아주 중요한 요인이다.
- 유아동작교육에서 교사의 역할은 다음과 같다.
  - 첫째, 유아의 흥미와 관심사를 잘 관찰하고 이해하여 활동목표를 계획하고, 적절한 매체, 내용, 교육방식을 선택하여 동작교육을 준비하는 역할을 수행해야 한다.
  - 둘째, 유아들에게 계획한 동작활동을 실행하고, 그 과정을 평가하여 추후 활동에 현재 동작활동의 평가 결과가 반영될 수 있도록 한다.
  - 셋째, 교사는 유아의 신체 움직임 발달의 잠재 가능성을 파악하고 적절한 시기에 개입하여 상호작용함으로써 움직임과 아이디어가 더 확장될 수 있도록 한다.
  - 넷째, 유아들이 자유롭게 움직일 수 있는 물리적인 공간 외에도 동작활동을 심화·확장할 수 있는 도구와 교수매체, 유아의 생각과 느낌을 자유롭게 표현할 수 있는 개방적이고 수용적인 환경을 제공해야 한다.
  - 다섯째, 교사는 동작교육 전문가로서 동작의 구성요소와 이를 수행할 수 있는 유아의 능력 범위에 대한 지식이 있어야 하고, 창의적 표현을 이끌기 위해 수업에 대한 아이디어와 전문성이 요구된다. 교사는 항상 자신의 교수능력을 반성적으로 되돌아보며 유아의 동작교육에 지속적으로 호기심과 관심을 가지고 이를 적극적으로 개발할 수 있도록 노력해야 한다.

❶ 동작교육 계획자로서의 역할

동작교육 계획자	• 교사는 동작교육 활동을 계획하는 역할을 수행해야 한다. – 어떤 교수방법의 동작교육이더라도 유아들의 관심과 흥미를 토대로 교육목표와 활동에 적합한 방식을 제공하는 것이 중요하다. – 그러므로 교사는 유아의 세상을 새롭게 바라보려는 노력과 주의 깊은 관찰을 토대로 바람직한 동작활동의 맥락을 잘 파악하여 계획할 필요가 있다.
구체적인 고려점	① 동작교육 활동목표를 신중하게 고려해야 한다. – 교육계획은 국가수준의 교육과정, 기본동작 및 구성요소를 토대로 한 목표에서 출발하도록 한다. – 동일한 내용과 도구, 매체를 활용한 활동이더라도 교사가 어떤 부분에 초점을 두고 지원할 것인지에 따라 활동방법이 달라지므로 교사는 교육목표를 구체적이고 세부적으로 서술해야 한다. ② 동작교육 활동목표는 연령과 발달에 따른 개별 차이를 고려하여 선정해야 한다. – 유아의 신체운동발달 특징과 체력 정도, 이와 관련된 기본적인 지식을 바탕으로 발달에 적합한 실제를 제공해야 한다. – 활동시간도 유아의 체력 정도, 흥미와 몰입 정도에 따라 달라질 수 있으므로 융통성 있고 적절하게 계획한다. 대체로 영아는 10분 이내가 바람직하며, 3세는 20분 내외, 4~5세는 25~30분 내외가 바람직하다. – 유아의 신체발달과 움직임 정도, 건강상태에 대한 정보를 미리 수집하고 관찰을 통해 유아의 컨디션을 잘 파악하여 신체활동에 즐겁게 참여할 수 있도록 도와야 한다. ③ 동작교육 활동에 적절한 집단 구성의 방법을 결정한다. – 집단 구성은 활동유형, 교사 수와 공간의 크기에 따라 달라진다. – 소집단으로 구성하면 개별 유아의 반응을 적극적으로 수용하고 지원하기가 용이하나, 유아교육기관의 상황을 고려하여 다양한 집단을 구성해야 한다. – 활동내용을 고려하여 교실, 실내유희실, 실외 공간 등에서 진행할 수 있다. 이때 교사에게는 구조적인 물리적 공간의 한계 속에서 활동을 통해 유아의 잠재력이 최대한 발휘될 공간을 지원할 수 있는 안목이 중요하며, 공간 크기에 맞도록 신체 활동의 접근방법을 변화시킬 수 있다. 　예 대집단활동의 경우, 유아의 수를 나누어 첫 번째 팀 유아가 동작활동을 할 때 다른 팀 유아는 기다리면서 동작활동을 하는 팀의 유아들을 관찰할 수 있다.

❷ 동작교육 실행자로서의 역할

동작교육 실행자	교사는 유아의 동작과 춤에 대한 태도, 흥미와 사전 경험 등을 이해하여 동작활동을 계획한 후, 이를 토대로 실행하고 평가하는 역할을 수행하게 된다.

동작활동의 실행·평가 시 고려점	① 동작교육 활동의 도입과정에서 교사는 흥미와 동기 유발을 위해 유아의 이름을 부르거나 손유희 또는 노래를 활용할 수 있으며, 활동의 도입과정은 3~5분 정도가 적당하다.
	② 동작교육 활동의 전개과정은 계획에 기초하여 실제 활동에 참여하는 과정으로, 유아가 즐겁고 자유로운 분위기에서 동작활동을 충분히 경험할 수 있도록 안내한다.
	  - 교사는 유아에게 다양하고 적절한 수준의 질문과 언어적 지원을 해 주어야 하며, 활동에 적합한 교수자료를 활용한다.
	  - 또한 유아의 자유로운 질문과 표현을 격려하고, 실행과정에서 비형식적·형식적 방법으로 유아를 관찰 및 기록하는 역할을 수행해야 한다.
	  - 유아가 무엇을 하고 무엇을 배우는지에 대한 의미 있는 기록은 유아의 동작능력을 평가하는 데 아주 중요한 측면이기 때문에, 유아의 성취와 진보에 대해 끊임없이 관찰하고 기록하여 평가하고 그 결과를 적용해야 한다.
	③ 동작활동의 평가 및 마무리는 동작교육 활동에 참여하고 느낀 것을 회상하며, 활동의 수행과정에 대해 평가해 보고, 전이활동을 하는 것으로 이루어진다.
	  - 교사는 유아도 활동에 대해 평가해 볼 수 있도록 적절한 질문과 정보를 제공하고, 다음 활동으로 자연스럽게 전이하면서 활동을 마무리한다. 그리고 평가한 내용은 다음 활동 계획 시 참고 자료로 활용할 수 있다.

❸ 동작교육 상호작용자로서의 역할

동작교육 상호작용자	• 유아들은 동작활동을 할 때 교사의 상호작용이나 지원을 통해 더욱 풍부한 동작이 나타날 수 있다.
	  - 동작활동에서 유아들의 신체 움직임이 변화되거나 발전되지 않고 동일 움직임만 반복되는 경우, 교사는 유아들의 움직임이 확장될 수 있도록 도와야 한다.
	  - 따라서 교사는 유아들의 활동 모습을 잘 관찰하여 어떤 자극이나 개입의 상호작용을 통해 신체 움직임과 발달을 도울 수 있을지 생각해야 한다.

교사 역할	① 유아들이 이전에 경험하지 못한 교수매체나 자극, 새로운 환경 등은 유아의 신체놀이에 대한 호기심과 즐거움을 가져와 동작활동에 변화를 일으킬 수 있다.
	  예 동작활동을 증진하기 위한 차원에서 평균대 위에서 균형을 잡으며 걸어가는 것을 어려워하는 유아에게 평균대의 높이를 낮춰 주고, 폭이 넓은 평균대를 제공하거나 바닥에서 먼저 걸어 보도록 할 수 있다.
	② 교사의 적절한 개입을 통하여 유아의 사고를 안내해야 한다.
	  - 이때 관찰이 선행되지 않은 부적절한 시기의 개입은 유아들의 신체 움직임에 대한 욕구를 좌절시키는 역효과를 초래할 수 있으므로 신중하게 이루어져야 한다.
	  - 적절한 비계설정을 통해 상호작용을 하면 유아의 움직임이 보다 자연스럽게 발달될 것이다.

③ 유아가 동작표현 과정에서 즐겁고 자유롭게 동작활동을 충분히 경험할 수 있도록 한다. 이를 위해 교사는 유아에게 적절하고 다양한 질문과 언어적 지원을 해 주는 것이 필요하다.
- 동작활동의 진행과정에서 자료 탐색, 동작의 구성요소 탐색이 요구되며, 창의적 움직임 표현단계에서 교사의 적절한 상호작용이 이루어지는 것이 필요하다.
- 음악의 선율이나 리듬에 맞춘 창의적인 동작표현과 아름다움에 대해 교사의 상호작용이 이루어질 수 있으며 이를 통해 유아의 감수성이 증진된다.

❹ 동작교육 환경구성자로서의 역할

동작교육 환경구성자	• 교사는 바람직한 동작교육 환경을 구성하는 역할을 해야 한다. 유아의 신체발달 및 동작 능력의 발달을 고려하여 물리적 환경을 구성해 주는 역할을 수행해야 하는데, 환경구성 시 유아의 발달수준과 흥미, 관심 주제 등을 고려할 필요가 있다. - 교사가 어떠한 환경을 구성하여 지원하는가는 유아 동작의 질 변화에 영향을 주는 주요 요인이 될 수 있다.
교사 역할	① 교사는 기본동작, 창의적 동작, 동작 감상하기 등과 같은 내용 영역을 균형 있게 고려하여 환경을 구성해 주고, 유아가 지속적으로 활동에 참여하도록 격려한다. - 특히 유아가 개별적으로도 음률놀이 영역에서 동작 활동이나 동작 경험을 할 수 있도록 가능한 한 넓고 개방된 공간을 확보한다. 예) 유아가 음악을 틀어 놓고 자유롭게 춤을 출 수 있는 개인공간과 여러 유아가 서로 충돌하지 않고 자유롭게 움직일 수 있는 일반공간이 필요하다. ② 동작교육 활동에 필요한 자료를 준비하여 활동에 지속적으로 관심을 가지고 소도구와 자료를 효율적으로 사용하도록 돕는다. - 동작교육 활동을 계획하는 과정에서 자료가 유아교육기관에 있는지, 망가지거나 부족하지는 않은지 수량과 상태를 점검하고, 필요한 자료가 없을 경우에는 교사가 미리 구입하거나 유아들과 토의를 통해 계획을 세워 제작·준비할 수도 있다. ③ 동작교육을 위한 환경은 물리적 환경 외에 심리적 환경도 중요하다. 유아들의 적극적이고 창의적인 움직임 표현이 충분히 발현되도록 하기 위해서 교사는 심리적으로 편안한 분위기를 지원하는 것이 필요하다. - 동작교육은 개인의 자유로운 감성과 표현이 존중되는 영역인 만큼 집단활동으로 이루어지는 경우에도 각 유아가 느낌과 생각을 편안한 마음으로 자유롭게 표현할 수 있도록 허용적인 분위기 조성이 중요하다. - 신체활동 과정 중 참여하기를 두려워하는 유아가 있을 경우 강요하지 말고 인내심을 가지고 기다려 준다. 이때 교사는 유아에게 자신을 심리적으로 믿고 의지할 수 있도록 애정적인 태도를 보임으로써 유아의 참여 동기를 이끌 수 있다. - 유아의 생각을 존중하고 격려하는 교사의 태도는 동작교육에서 매우 중요한 심리적인 환경이 될 수 있고, 유아의 실험과 탐색, 창의적 표현으로 연계될 수 있다.

5 동작교육 전문가로서의 역할

동작교육 전문가	• 교사에 따라 동작교육에 대한 교수효능감의 차이가 있으므로 교사는 전문가로서 자신의 동작 교수 능력에 대해 반성적으로 되돌아볼 필요가 있다. - 유아교사들이 진정한 전문가로 인식되지 못하는 이유는 교수행동에 대한 반성적 사고를 하거나 자신의 행동을 내면화할 기회가 없기 때문이다. - 특히 신체운동적 지능이 약하거나, 몸을 움직이는 것을 싫어하거나, 춤에 대한 두려움이 있는 교사라면 자신의 능력과 자질을 위해 더 끊임없이 노력할 필요가 있다.
교사 역할	① 유아들은 지시적이고 동작 움직임을 언어로만 설명하는 교사보다 함께 뒹굴고 뛰면서 즐기는 교사와의 신체활동에 더 적극적이다. - 교사는 적극적인 움직임을 통해 모델링이 되어 주거나 즐겁게 움직이고 놀이하는 동반자가 될 수 있다. 교사가 유아의 신체놀이를 몸과 마음으로 이해하고 느낀다면 유아뿐만 아니라 교사에게도 즐거움이 된다. ② 유아들의 창의적인 신체표현을 유아의 시선으로 충분히 관찰하고, 다양한 동작과 춤에 대한 정보나 자료를 찾아 동료교사들과 함께 나누며 서로 조언을 주고받는 등 전문가로서 유아들의 동작이 지니는 의미를 찾아 적절하게 지원해야 한다. - 유아동작교육의 연구자적 관점에서 유아들의 동작 실행과 평가를 하고, 동료교사와 정보를 공유하며 협의를 통해 전문지식을 확장한다. ③ 반성적 사고와 교사의 교수행동은 밀접한 관련이 있으므로, 교사에게는 동작교육 실행에 대한 반성적 사고가 필요하다. - 반성적 사고가 실제 교사의 발문 형식이나 피드백, 행동 변화 등 교수행동에 변화를 주고 있으며, 교사들은 수업반성과정을 거치면서 수업 계획 및 운영, 관련 지식의 검토와 확충, 유아와의 상호작용에 긍정적 영향을 받게 된다. - 따라서 수업 실행에서 끝나는 것이 아닌 반성적 사고를 통한 전문성 향상이 필요하며, 이를 위해서는 반성적 저널 쓰기 등의 방법을 활용할 수 있다. ④ 교사가 지속적인 동작교육에 대한 호기심과 관심을 가지고 동작교육 방법이나 유아의 신체놀이를 창의적인 시각으로 이해하려는 역량은, 스스로를 보다 전문적인 교사로 발전시키는 데 있어 매우 중요하다. - 자신의 삶 속에서 항상 창의적인 사고를 개발하고 적용하기 위해 노력하고, 동작교육과 관련된 현직 교사 연수, 세미나, 워크숍에 꾸준히 참여해야 한다. - 이러한 과정을 통해 교사는 새로운 정보를 얻을 수 있을 뿐만 아니라 성장하려고 노력하는 다른 교사들과 소통하면서 새로운 동작활동 아이디어와 자기성찰의 기회를 가질 수 있다.

UNIT 22 유아동작교육과 교사의 상호작용

기본 관점	• 유아들은 성인을 포함한 다른 사람들과의 관계를 통해 학습하므로 유아를 위한 동작교육의 교수·학습에서 상호작용 기술은 중요하다. 유아를 위한 교수방법은 오랫동안 유아 중심과 교사 중심으로 양분되어 왔다. 그러나 이는 상황과 맥락을 고려하여 적절한 상호작용을 통해 교사가 개입하는 것으로 접근하는 것이 바람직하다. • 교수방법은 교사의 개입 정도에 따라 3개 범주에서 8개 유형으로 나누어 볼 수 있다 (Bredekamp & Rosegrant, 1995).

▲ 교사의 교수행동 연속체

비지시적		중재적				지시적	
인정 하기	모범 보이기	촉진 하기	지원 하기	비계 설정하기	함께 구성하기	시범 보이기	지도 하기

교사의 교수행동 연속체	인정하기	• 유아의 동작활동 참여가 지속되도록 유아에게 세심한 관심을 기울여 유아의 시도와 동작표현을 긍정적으로 반응하며 격려하는 것이다. – 교사의 인정하기는 유아들이 자신감을 가지고 동작활동에 능동적이고 적극적으로 참여할 수 있게 해 준다. **칭찬의 방법** '멋지다', '잘했구나' 등의 추상적인 칭찬이 아니라, '~ 표현하는 모습이 정말 (무엇) 같구나!'라고 유아의 표현을 인정해 주는 것과 같이 유아가 노력하는 과정을 구체적으로 격려해 주는 것이 좋다.

	모범 보이기	• 교사가 유아들의 적극적인 동작활동 참여를 위해 수동적으로 앉아서 언어적으로만 제시하는 것이 아니라, 유아들과 적극적으로 함께 움직이며 동작활동에 모범이 되는 것이다.
		  – 교사가 적극적으로 표현하면서 즐기는 움직임이 필요하고, 동작표현을 위한 부가적인 소품이나 의상을 준비하며 직접 참여하는 모습을 보여 주면서 유아의 표현을 지원할 수 있다.
		  – 교사의 모범 보이기는 ① 지시적 성격을 띠지 않는 '암시적 측면'과 ② 지시적 성격을 띠는 '명시적인 측면'으로 나누어 볼 수 있다.
		장점
		교사가 유아들에게 모범을 보이는 것은 잠재적 교육 효과를 준다.

	촉진하기	• 유아가 동작활동을 실행하는 과정에서 다음 수준의 과제를 해결해 나갈 수 있도록 교사가 일시적으로 개입하여 도움을 제공하는 것이다.
		  – 교사의 촉진하기는 유아의 동작활동을 격려하며 능동적인 동작활동으로 연계하는 역할을 한다.
		  – 표현의 주도적인 역할은 유아이고, 교사는 유아의 표현에 잠깐 개입하여 촉진하는 것이다. 이때 직접적으로 답을 제시하면 돕는 것이 아니므로 유아 스스로 해결할 수 있도록 적절한 질문을 하거나, 약간의 힌트 또는 도움을 주는 것이 필요하다.
		  예 자전거를 타는 유아를 교사가 잠깐 뒤에서 잡아 줄 수 있고, 두 팔을 벌려 몸의 균형을 잡고 평균대를 건너는 유아가 균형을 잃어 넘어지지 않게 손이나 몸을 잡아 주며 약간의 도움을 제공할 수 있다.

		예 또한 유아의 주도적인 움직임에 관심을 가질 수 있도록 "몸을 숙여 천천히 살금살금 움직이니 공룡에게 들키지 않겠다."와 같은 표현으로 유아의 동작을 언어적으로 기술해 줄 수 있다. 예 그리고 살금살금이라는 표현이 어려운 유아들을 위해 함께 살금살금 걸어 주면서 "살금살금 걸으려면 어떻게 해야 할까?" 등으로 이야기해 주어 다양한 표현을 할 수 있도록 도울 수 있다.
	지원하기	• 교사가 능동적으로 관여하여 유아에게 필요한 약간의 피드백을 제공하는 방법이다. — 촉진하기와 비슷하지만 교사의 적극적이고 능동적인 개입 정도가 더 높다. 예 유아가 자전거를 능숙하게 타도록 하기 위해 보조 바퀴를 달았다가 능숙해지면 보조 바퀴를 떼어 줄 수 있다. 예 장애물 건너기 활동 시 어떤 특정 높이에서 계속 걸려 넘어진다면, 높이를 조절하여 유아에게 맞추었다가 익숙해지면 다시 높이는 방법으로 지원할 수 있다.
	비계설정하기 (지지하기)	• 유아가 계획한 활동을 달성하도록 돕기 위해 교사가 적절한 도움을 주어 능동적으로 해 볼 수 있는 기회를 마련해 주는 방법이다. — 유아는 현재 할 수 있는 수준보다 조금 더 높은 활동을 할 때 가장 학습을 잘한다. — 새로운 수준의 과제일 경우에는 교사가 많은 도움을 주고 유아의 발달 수준이 높아짐에 따라 도움을 줄여나가는 것이다. — 교사는 유아가 동작활동을 하는 과정에서 어려워하는 점들을 알아내어 이를 해낼 수 있도록 도움을 주어야 하는데, 유아가 스스로 해보도록 동기유발을 시켜 현재 수준에서 조금 더 높은 수준으로 올라갈 수 있게 도움의 양을 조절하는 것이다. **장점** 자신의 현재 수준보다 더 높은 전문적인 동작을 참고하면서 다양한 동작 기술을 익히고 신체와 사고력을 발달시킬 수 있다.
	함께 구성하기	• 교사와 유아가 함께 배우고 해결하는 방식으로, 비계설정하기보다는 조금 더 지시적인 교수방법이다. — 교사가 유아와 함께 직접 활동에 참여하면서 계획했던 교육 목표에 부합하는 방식으로 이끌어갈 수 있다.
	시범 보이기	• 교사가 유아에게 시연하면 유아들이 그 모습을 관찰하는 방법이다. — 교사의 의도적인 시범 보이기는 교사가 주도적으로 능동적인 역할을 담당하여 유아가 동작활동을 쉽게 학습할 수 있도록 도와준다. — 유아들은 교사의 움직임을 관찰하여 이해하지 못한 부분에 대해 도움을 받을 수 있다. — 교사의 시범은 유아가 실행한 동작이 잘못되었을 때 유아가 수정할 수 있는 방안이 된다.

지도하기	• 교사가 유아들이 어떠한 활동을 일정한 방법으로 할 수 있도록 직접적으로 도와주는 방법이다. – 빠르고 정확한 학습이 이루어지도록 지시하므로 활동방법에서 획일성이 요구될 수 있다. – 교사가 정확한 동작활동과 순서를 미리 정해 놓고 유아들에게 직접 설명하며 따라해 보게 할 수 있다. – 율동, 발레, 부채춤, 탈춤 등과 관련한 동작 시 음악이나 소리에 따른 교사의 지시에 맞추어 같은 동작을 익히게 된다.	

인정하기
- 거미처럼 팔과 다리를 쭉 뻗어 기어가는 모습이 정말 거미 같구나!
- 거미줄에 걸린 파리에게 살금살금 다가가는 거미의 모습을 몸으로 표현해 보자.

모범 보이기
- 거미줄을 본 경험에 대한 이야기 나누기
- 교사 의상: 검정 망토와 거미 머리띠, 거미 가면, 스파이더걸 복장

촉진하기
- 거미줄의 세로줄 위에서 거미가 오르락내리락 하고 있구나!
- 가로줄과 세로줄의 색을 다르게 구성한다.
- 찍찍이를 이용해 가로줄과 세로줄의 특성을 표현하도록 촉진한다.

비계설정하기
- 거미가 거미줄을 어떻게 만들고 있니?(탐색할 수 있는 동영상, 그림책 등 제공)
- 거미와 거미줄에 걸린 곤충들의 움직임을 어떻게 표현할수 있을지 질문하여 거미줄에서의 거미와 곤충들의 움직임을 더 구체적으로 발견할 수 있도록 한다.

거미와 곤충 친구들

함께 구성하기
- 거미줄에 걸린 곤충친구(파리)들을 표현해 보자.
- 교사와 몇 명의 유아는 거미를 표현하고, 나머지 유아들은 거미줄에 걸린 곤충들을 표현해 본다.

지원하기
- 거미줄 통과 시 걸려 넘어지는 유아에게 거미줄 높이를 조절해 주었다가 익숙해지면 다시 높여 지원해 준다.
- 거미나 파리의 모습 표현에 소극적인 유아들과 엄마 거미(파리), 아기 거미(파리)가 되어 손잡고 움직인다.

지도하기
- 교사가 앞에 서고 유아들이 거미기차를 만들어 색깔 털실을 길게 늘어뜨려 노래에 맞추어 거미줄을 만든다.
- 가로줄의 끈적끈적한 줄 위를 지날 때 움직임, 세로줄을 지날 때 슬라이딩하는 움직임 등을 지도한다.

시범 보이기
- 거미가 줄을 타고 올라갑니다 → 손유희

🔖 '거미와 곤충 친구들'의 창의적 신체표현에서 교사 개입 사례

스캐폴딩 책략

- 카즈덴(Cazden)은 교사 중심의 방법에서 점차 유아 중심의 방법들이 활용되도록 수업을 진행하는 과정 그 자체를 스캐폴딩이라고 정의하고 있다.
- 김혜선(2001)은 로흘러와 칸틀론(Roehler & Cantlon, 1997), 스톤(Stone, 1998), 그리고 우드(Wood, 1978) 등이 제시한 스캐폴딩 이론들을 종합하여 교사가 사용하는 스캐폴딩 책략을 제시하였다.

교사의 스캐폴딩 책략 유형과 내용

스캐폴딩의 책략	내용
유아의 흥미 유발하기	유아들에게 과제에 대한 흥미를 갖도록 하기 위하여 단서를 제공하거나 교사의 의도적인 행동(몸짓, 목소리, 표정 등)이 포함된다.
참여시키기	유아를 과제수행에 참여시키기 위해 권유하기, 경험 나누는 시간을 제공하기, 서로 묻고 대답하기, 단서 제공한 유아를 참여시키기 등이 포함된다.
모델 제시하기	주어진 상황에서 생각하거나 일을 수행하는 모습, 질문이나 코멘트 하는 모습, 행동이나 몸짓으로 모델 보이기 등이 포함된다.
정서적으로 지원하기	유아들의 좌절감 조절, 일의 수행에서 얻은 결과나 노력, 심사숙고하는 모습 등을 격려하고 경청하는 것이 포함된다.
목표 인식시키기	과제 수행의 목표를 인식시키는 것으로, 수행 중인 일의 목표를 재확인시키거나 공동의 새로운 목표나 문제를 제언하는 것이 포함된다.
이해를 확인시키고 설명하기	개념의 이해를 확인시키기 위해 표상활동을 권유하거나, 주장에 대한 이유, 다시 생각해 볼 수 있도록 질문하기, 그에 따른 설명하기 등이 포함된다.

UNIT 23 효율적인 동작교육 활동을 위한 교사 역할

규칙 세우기

- 긍정적인 학습을 창조하고 유지하기 위해서 규칙을 세우는 것이 중요하다.
- 유아들은 규칙과 안내(지침)가 필요하며, 일단 규칙이 정해지면 유아들에게 지속적으로 규칙을 따르도록 해야 한다.
  - 유아를 위한 대부분의 규칙은 안전과 관련이 있으므로, 교사는 처음부터 어떠한 지침이 유아들의 안전을 유지하는 데 필요할 것인가를 결정해야 한다.
  - 또한 유아들과 함께 동작활동 시간에 필요한 규칙을 정할 수도 있다.

| 동작교육 활동 시 필요한 규칙 |
- 규칙 1: 다른 사람의 개인 공간 존중하기
  - 유아들은 서로 부딪치며 놀이하는 것을 즐기는 경향이 있다. 따라서 유아들이 서로 충돌하거나 훼방을 놓는 행동이 일어나지 않도록 하는 것이 중요하다.
  - 개인 공간을 이해시키기 위한 활동을 실시함으로써 충돌하거나 훼방을 놓는 행동을 하는 것을 사전에 방지할 수 있다.
- 규칙 2: 규칙 준수하기
  - 동작활동 시간에 유아들이 소란한 소리를 내면서 활동에 참여하지 않도록 규칙을 만들 필요가 있다. 이것은 동작활동이 침묵 속에 이루어져야 한다는 것을 의미하는 것은 아니다.

	– 그러나 교사는 가급적 언성을 높이지 말아야 하며, 과제, 지시나 추후 질문을 듣게 하기 위해 목소리를 크게 내지 말아야 한다. 유아들이 소란할수록 교사는 목소리를 더욱 작게 하거나 낮춤으로써 유아들이 주의를 집중하도록 한다. – 동작활동 첫 시간에 유아가 멈추고, 보고, 듣도록 하기 위한 신호를 정할 수 있으며, 신호를 사용할 때에는 가능하면 한 번만 쓰도록 한다.
공간의 한계 설정하기	• 유아들이 다른 유아를 방해하거나 혹은 다치지 않게 하려면, 동작활동 공간은 개방적이고 정돈되어 있어야 한다. • 만약 교실에서 동작활동을 한다면 그 공간은 미리 준비가 되어야 하며, 움직일 수 있는 공간의 한계를 확실하게 제시해 주어야 한다. – 움직일 수 있는 최대한의 공간에 대한 표시를 할 때 유아들이 직접 할 수 있도록 한다. • 너무 공간이 클 경우에는 마스킹테이프, 로프, 플라스틱 원뿔, 훌라후프, 카펫 등을 사용해 경계선을 제시하여 유아들이 교사로부터 멀리 떨어져 활동하는 것을 예방하도록 한다.
문제해결인 과제 사용하기	교사가 어떤 동작을 표현하고 그대로 따라해 보도록 하기보다는 유아들 스스로 동작을 표현해 보도록 한다. 예 "토끼처럼 점프하는 방법을 4가지 찾아보자."
유아의 표현을 인정하며 수정해 주기	• 부정확하게 반응하는 유아들(예 과제는 스키핑을 하는 것이었으나 홉핑을 했을 때)을 지적하는 것은 당혹감을 불러일으킬 수 있으나, 교사가 유아들의 부정확한 반응을 무시해 버린다면 유아들의 발달을 도울 수 없다. – 따라서 ① 정확하게 반응한 유아의 시범을 보여주거나, ② 스키핑과 홉핑의 차이를 설명해 주거나, ③ 다른 기회에 과제를 다시 제시해 주어야 한다. • 유아의 잘못된 반응을 수정해 주고자 할 때 교사는 유아의 창의성과 자기표현력을 방해하지 않도록 주의한다. – 유아들이 표현한 동작을 수정하고 조절하는 것은 유아들의 제안을 무효로 만드는 것이 될 수 있으며, 성인의 중재하에서만 성공할 수 있다는 생각을 심어주게 될 수도 있다. 예 유아에게 토끼처럼 움직여 보도록 할 때 두 손으로 토끼의 귀를 표현하거나, 두 팔로 토끼의 귀를 표현하거나, 혹은 토끼의 귀는 표현하지 않고 토끼의 꼬리를 표현하기도 하는 유아들의 움직임을 모두 격려하고 받아들여야 한다. 또한 토끼의 귀를 표현하는 것이 중요하다면, 다음에는 "두 팔로 토끼의 기다란 귀를 만들어 보자."라고 제안하는 것이 좋다.
솔직한 칭찬과 긍정적인 강화 사용하기	• 유아들을 자유롭게 칭찬하되 그럴 만할 때만 칭찬한다. – 밀러(Miller)는 거짓칭찬이나 평가 대신 '인정과 격려'를 사용할 것을 제안하고 있다. 유아들이 보이는 반응을 존중하고 진심으로 묘사해 줌으로써 유아들을 인정하고 독창적인 해결법을 격려할 수 있다. – 유아들이 교사의 지시에 대해 좋은 의견을 냈을 때, 교사는 다른 유아들이 보는 앞에서 유아의 행동을 구체적으로 말하면서 칭찬을 해줄 수 있다. **| 칭찬의 방법 |** • 칭찬 방법은 언어적 칭찬, 비언어적 칭찬, 포상 등의 세 가지 방법으로 이루어질 수 있다. – 언어적 칭찬은 유아의 좋은 특성이나 잘한 행동이 무엇인지 가능한 한 구체적인 말과 글로 표현하되, 짧고 간결하게 표현하는 것을 말한다. – 칭찬의 말에는 애정이 담겨 있어야 하며, 공개된 자리에서 칭찬하는 것이 효과가 크다. – 비언어적 칭찬은 신체적 접촉과 몸짓 같은 것을 말한다. – 포상 칭찬이란 칭찬의 의미로 상을 주는 것을 말한다.

목소리를 도구로 사용하기	• 유아들이 천천히 움직이기를 원한다면 천천히 말하고, 조용히 움직이기를 원한다면 조용히 말한다. 반대로 빨리 움직이기를 원한다면 빠르게 말하는 것이 효과적이다. 　- 높은 목소리보다 낮은 목소리가, 커다란 소리보다 속삭임이 유아들을 집중시키는 데 더 효과적이다. 유아들의 주의가 분산될 때 교사는 오히려 더 차분한 목소리로 나지막하게 과제를 제시하는 것이 효과적이다. • 또한 활동 과정에서 교사는 유아들의 이름을 자주 불러주는 것이 좋다. 　- 긍정적인 상황에서 교사가 유아들의 이름을 자주 불러준다면 유아는 인정받고 있음을 느끼며 자신감을 가지게 된다. 반대로 유아들을 지적하거나 꾸짖어야 할 때는 이름을 부르기보다 눈을 마주치면서 이야기하는 것이 좋다.
친숙한 이미지 사용하기	유아들과 개인적으로 친숙하지 않은 이미지를 사용하여 동작활동을 하려면 먼저 제시하고자 하는 대상에 친숙해지도록 해야 한다. 📖 유아들에게 분노한 것처럼 혹은 환멸을 느낀 것처럼 걸어보라고 한다면 유아는 반응하기 어려워할 것이다. 그러나 몹시 화난 것처럼 혹은 슬픈 것처럼 걸어보라고 한다면 쉽게 반응할 것이다.
유아들의 에너지 수준 모니터하기	• 동적인 활동과 정적인 활동을 번갈아 함으로써 유아들이 너무 들뜨거나 지치는 것을 막아야 한다. 　- 설리반(Sullivan)은 어려운 동작과 쉬운 동작, 근육을 긴장시키는 동작과 긴장을 이완시키는 동작, 큰 동작과 작은 동작 등 모든 유아들을 참여시킬 수 있는 여러 가지 대비되는 동작들을 제안하고 있다. 　- 이처럼 서로 대조되는 활동하기, 과도한 에너지를 대근육 운동으로 바꾸기, 기본동작 기술을 사용하기, 유아들이 피곤해 보이면 즉시 멈추기 등을 미리 계획하여 유아들이 지쳤을 때 활동을 효율적으로 마무리하도록 한다.
유연성 발휘하기	• 교사는 수업이 사전에 계획한 그대로 진행되는 것만은 아니라는 것을 인식하고 있어야 한다. 　- 유아들은 교사가 도저히 생각해 낼 수 없는 자신만의 멋진 인생을 가진 경우도 있다. 때때로 유아들이 제안하는 그러한 가능성들을 탐색하는 융통성을 발휘한다면, 그 수업은 유아에게 개인적으로 의미가 있는 것이 됨은 물론 자신의 창의적인 능력에 대해 더 큰 자신감을 갖게 될 것이다.
개방적인 분위기 만들기	동작활동을 진행할 때 교사는 가능한 한 유아들에게 자신의 생각이나 느낌을 표현하기에 편안하고 개방적인 분위기를 제공한다. 폐쇄적이며 긴장되어 있는 상태에서는 상상적 표현이 어렵기 때문에 유아들은 자신의 잠재적인 능력을 발휘할 수 없다. 🏛 **교사의 태도** • 유아들이 만드는 소음과 어지러운 교실에 대해 수용적인 태도를 가져야 한다. • 인내심과 융통성을 갖고 유아 스스로 생각하고 느끼고 탐색할 수 있는 충분한 기회와 시간적 여유를 주어야 한다. • 유아들이 창의적인 표현을 할 수 있도록 적극 장려해야 하며, 조금이라도 다른 표현을 했을 경우 격려해 준다. 유아와 상호작용 시, 풍부하고 적절한 어휘를 사용하도록 한다. • 신체의 어떤 한 부분으로 혹은 신체의 모든 부분이 사용되어 적절히 표현할 수 있도록 한다. • 유아의 활동을 주의 깊게 관찰하고 적절한 자극을 주어 재반응하게 한다. • 다른 영역과의 논리적인 연결을 갖고 통합적으로 운영한다. • 모든 유아가 각기 다른 특성과 능력을 가진 존재라는 것을 항상 인식한다. • 소극적이거나 참여하지 않는 유아에게는 세심한 배려를 해 주어야 하며, 유아들이 모두 골고루 참여하여 성취감을 느낄 수 있는 활동을 다양하게 준비한다. 활동에 참여할 준비가 되어 있지 않은 유아를 억지로 참여시키기보다는 그룹에 참여할 준비가 될 때까지 잠시 구경하도록 한다. • 유아들로 하여금 다른 유아들의 표현을 잘 관찰하도록 한다. 자신과 다르게 표현하는 유아들의 모습을 관찰하도록 함으로써 다양한 표현기법을 알 수 있고 감상의 태도도 기를 수 있다.

❶ 신체와 동작에 대한 이해

유아를 교육하려면 교사가 먼저 자신의 신체동작에 대해 이해하고 인식해야 한다. 교사가 인간의 신체에 대해 얼마나 이해하고 있느냐는 유아의 신체동작의 중요성을 인식하고 유아에게 의미 있는 동작경험을 할 수 있게 해 주는 것과 직접적인 관계가 있으므로 신체동작에 대한 깊은 이해가 무엇보다도 중요하다.

교사가 신체와 동작에 대해 필수적으로 이해해야 하는 내용 (Seefeldt, 1976)	• 우리의 신체가 무엇을 할 수 있는지를 알아야 한다. • 우리의 신체가 어떻게 움직이는지, 특히 무게와 시간·공간·흐름 등 동작의 질을 결정하는 요인들과 관련되어 신체가 어떻게 움직이는지를 이해해야 한다. • 신체가 어디로, 그리고 어떤 모양으로 움직이는지를 알아야 한다. • 신체의 각 부분들의 관계 또는 한 개인의 신체가 다른 개인이나 집단과는 어떤 관계를 맺는지를 알아야 한다. • 공 다루기나 균형 잡기와 같은 실제적인 목적을 가진 기능적 동작을 알아야 한다. • 신체 동작을 관찰하고 해석할 수 있는 기술을 갖추기 위해 교사는 유아의 운동능력 발달 단계와 환경의 관계에 익숙해져야 한다. • 공간과 교구 및 시설을 동작학습에 어떻게 이용할 수 있는지를 연구해야 한다.

❷ 교사의 태도와 언어

- 교사의 역할에는 가르치는 내용에 대한 이해도 중요하지만 교사의 태도도 중요하다. 즉, 가르칠 내용을 깊이 이해하고 있다 할지라도 교사가 실제 동작교육을 실행할 때 나타내는 태도에 따라 유아동작지도의 방법과 교육의 질이 결정되기 때문이다.
- 유아의 동작이나 행동을 추상적인 사고로 상상하게 하거나 창의성을 발휘하게 하려면 언어화가 필요하다.

교사의 융통성 있는 태도	• 교사는 융통성 있는 태도로 유아에게 탐색과 실험을 할 수 있는 기회를 허용해야 한다. • 융통성 있는 태도란 유아를 제멋대로 하도록 내버려 두는 것이 아니라, 관찰하고 제시하여 지적해 주면서, 유아가 다양한 아이디어를 수용하고 적절히 질문함으로써 분명한 목표를 향할 수 있도록 인도하고 자극하는 태도를 의미한다. - 즉, 실제 교육과정에서는 조금 덜 구체적인 내용과 질문형태를 갖춘 문제해결상황을 제시하기도 함으로써 유아에게 기회를 주고, 유아 스스로 해결 방안을 관찰하고 모색해보게 하는 등 융통성 있고 수용적인 태도를 가져야 한다는 것을 의미한다.
유아수준에 맞춘 언어화	신체부분의 명칭이나 동작의 이름뿐만 아니라 그 행동을 구체적으로 표현하게 하려면 의성어와 의태어를 유아의 수준에 맞게 언어화하여 유아의 동작이나 행동을 의식적 수준으로 인도해야 한다.

❸ 유아의 동작능력 탐색

점진적인 탐색	• 동작을 탐색할 때는 점진적으로 시작할 필요가 있다.
	  - 유아가 동작을 하기 전에 각 신체부분의 명칭을 알아야 하고, 어떻게 움직일 수 있으며, 어떻게 움직여야 하는지를 먼저 이해하고 있어야 한다.
	  - 즉, 신체명칭과 신체동작의 가능성 및 한계를 이해하는 신체탐색활동을 먼저 한 다음, 표현하고자 하는 동작활동을 사전에 해 보게 하여 그 사물의 특성을 잘 이해하도록 동작경험을 다양화하고, 그 후에 동작표현 활동을 통해 활용해 보도록 동작활동을 점진적으로 구성하는 것이 좋다.

대조법	• 만약 라반(Laban)이 제시한 동작의 기본요소를 동작주제로 선정한다면, 각 주제의 변형을 통해 동작활동을 구성할 때 높고-낮은 행동, 빠르고-느린 행동 등의 대조법을 이용하여 각각의 동작요소를 강조하는 것이 매우 유용하다. • 길리옴(Gilliom)은 대조법을 편리하게 이용하기 위하여 각 동작주제에 대해 탐색해야 할 개념을 정리하여 제시하였다.

> **참고**
>
> **길리옴(Gilliom)이 제시한 기본 동작주제와 내용**
>
> | | | |
> |---|---|---|
> | 공간 | 공간 | 자기 공간, 일반 공간 |
> | | 방향 | 앞으로, 뒤로, 한쪽 옆으로, 위로, 아래로 |
> | | 높이 | 높게, 보통으로, 낮게 |
> | | 범위 | 크게, 보통으로, 작게 |
> | | 바닥 모양 | 똑바로, 곡선으로, 지그재그로 |
> | 신체 | 신체부분 | 머리, 목, 어깨, 가슴, 허리, 배, 엉덩이, 다리, 팔, 등, 척추, 팔꿈치, 손목, 손가락, 엄지, 손, 발, 발가락, 발꿈치, 발목, 무릎, 넓적다리 |
> | | 신체표면 | 앞, 뒤, 옆 |
> | | 신체형태 | 둥근 곳, 좁고 곧은 곳, 꼬인 곳 |
> | | 몸과 몸의 관계 | 가까이, 멀리, 꼬이게 |
> | | 몸과 사물의 관계 | 벽-바닥-상자, 위-아래-너머, 멀리-가까이 |
> | | 사람과 사람의 관계 | 가까이, 멀리, 만나기, 헤어지기, 얼굴 마주 대기, 옆에 서기, 그림자가 되기, 거울 되기, 따라하기, 지도하기 |
> | 힘 | 세기 | 세게, 보통으로, 약하게 |
> | | 힘의 질 | 갑자기 딱딱하게, 천천히 부드럽게, 계속적으로 |
> | | 무게 | 점차적으로 사라지게, 무겁게, 가볍게 |
> | 시간 | 빠르기 | 느리게, 보통으로, 빠르게, 점점 빠르게, 점점 느리게 |
> | | 리듬 | 박자에 맞추기, 리듬패턴 알기 |
> | 흐름 | 흐름 | 유연하게, 끊기게 |

UNIT 24 창의성 신장을 위한 교사 역할

① 동작활동의 다양한 경험 제공		• 교사는 유아가 실제적 경험과 활동의 폭을 넓힐 수 있도록 도와주어야 한다. • 다양한 동작을 경험할 수 있도록 제시하면서 유아에게 자신의 능력을 탐색해 보고 성공적인 느낌이나 성취감을 맛보게 해주는 것도 매우 중요하다.
② 유아의 창의적 표현 장려		유아에게 자기표현의 기회를 많이 주어 창의적으로 표현할 수 있게 장려해야 한다.
③ 동작의 창의성 구성요소	유창성	• 유창성은 특정 문제 상황에서 가능한 한 많은 아이디어의 반응을 산출하는 능력이다. 다른 조건이 동일한 상황에서 정해진 시간 내에 더 많은 아이디어를 생성하는 사람이 더 좋은 아이디어를 산출할 기회를 많이 갖게 된다. - 유창성은 아이디어의 질보다 양을 더 중요시한다.

		• 동작의 유창성은 매 시간당 산출되는 분절된 동작 반응의 전체 수를 의미한다. 즉, 정해진 시간 내 이루어지는 동작 활동에 포함된 동작의 수가 곧 유창성이 된다.
	융통성	• 융통성은 정해진 시간 동안에 다양한 범주 안에서 여러 가지 종류의 아이디어를 생성할 수 있는 능력을 말한다. 주어진 어떤 문제를 해결하기 위해서는 한 가지 방법에 집착하지 않고 여러 가지 접근을 통해 해결할 수 있도록 해야 한다. • 동작의 융통성은 매 시간 단위당 산출되는 동작 종류의 수로, 동작 반응의 다양성을 의미한다. 예 체조 선수가 일정한 시간 내 다양한 표현을 할 때 융통성이 잘 나타난다고 볼 수 있다.
	독창성	• 독창성은 기존의 사고에서 탈피하여 참신하고 새로운 아이디어나 해결책을 산출하는 능력을 말한다. – 즉, 독창성은 일반적으로 기존의 사고를 부정하거나 새로운 방식으로 산출할 때 나타나게 된다. • 동작의 독창성은 새롭고 독창적인 어떤 특정 종류의 동작 반응으로 개인 또는 집단에서 발견할 수 있다. 예 김연아 선수가 피겨 경기에서 해밀 카멜 스핀을 변형시켜 시그니처 스핀을 만들어낸 시도가 개인에게서 발견된 독창성의 예이다.
	상상력	• 상상력은 과거의 경험을 기초로 앞으로의 행동을 계획할 수 있는 새로운 표상을 만드는 능력으로 창의적인 사고의 원동력이다. – 상상력은 현실을 토대로 생각을 창조적으로 반영한 것이며, 어떤 대상을 머리로 그리기 위해서는 이전의 경험이 축적되어야 한다. – 또한 여러 다른 심상을 새로운 상황 속에서 통합할 수 있는 능력이 있어야 하고, 현실에서 일어날 수 있는 가능한 변화를 깨닫는 능력의 발달도 필요하다. • 동작의 상상력은 어떤 대상을 직접 보고 느낀 그대로를 모방하여 새롭게 산출해 내는 것으로, 자극에 대한 반응을 자신의 순간적인 생각이나 느낌으로 즉각적이고 자유롭게 표현하는 것이다. 예 무용가 카롤린 칼송(Carolyn Calson)이 화가 마크 로스코(Mark Rothko)의 그림을 보고 느낌을 춤으로 표현한다.
	정교성	• 정교성은 기존의 아이디어에 흥미롭고 유용한 것을 세부적으로 검토하여 보다 가치로운 것으로 발전시키는 능력이다. – 즉, 유창하고 다양하게 내놓은 아이디어를 수렴적 사고를 활용하여 최종적인 산출물의 형태로 평가하는 역할을 한다. • 동작의 정교성은 한 가지 동작 반응에 있어 다양성을 나타내는 것으로, 산출된 결과(product)와 과정(process)의 측면으로 나누어 볼 수 있다. 예 앞으로 구른 후에 계속해서 뒤로 구르거나 다른 유형의 구르기를 하는 것은 동작의 결과 측면에서의 정교화이며, 구르기를 할 때 힘, 높이, 속도 등 다양한 면에서 변화를 주는 것은 동작의 과정에서의 정교화라고 할 수 있다.

길포드(Guilford, 1967)

창의적 사고의 4가지 주요 요인을 제안하였다.

동작의 유창성	분절된 총 동작반응의 수
동작의 융통성	동작반응 종류의 다양성의 수
동작의 독창성	새롭고 독창적인 특정 종류의 동작반응의 수
동작의 정교성	한 가지 동작반응에서 다양성의 수

도즈(Dodds, 1978)

길포드의 창의성 분석모델과 동작요소를 행동적으로 서술한 동작모델 사이의 관계를 연결하여 동작의 창의성을 심리·운동적 측면에서 분석하였으며 각 동작의 창의성에 적용시켰다.

동작의 유창성	매 시간단위당 산출되는 동작의 전체 수
동작의 융통성	매 시간단위당 산출되는 동작 종류의 수
동작의 독창성	• 전적으로 새로운 반응을 산출한 경우 – 한 개인이나 전체집단에서 발견할 수 있다.
동작의 정교성	• 주로 한 가지 동작반응의 주제에 변화를 주어 산출한 경우 – 산출된 결과와 과정 측면으로 나누어 볼 수 있다.

VII 유아동작교육을 위한 환경

UNIT 25 공간 구성

동작활동을 위한 공간 계획 시 고려점 (Pica, 1995)	• 가능한 한 넓고 개방된 공간을 확보해야 한다.
	  - 자유롭게 동작할 수 있는 개인적인 공간은 물론, 여러 유아가 서로 충돌하지 않고 자유롭게 움직일 수 있는 일반적 공간, 즉 공유할 수 있는 공간이 필요하기 때문이다.
	• 좁은 공간에서는 이 공간에 맞도록 동작활동 접근법을 다양한 방법으로 변화시켜야 한다.
	  - 대집단 활동의 경우 반 정도의 유아가 활동을 하고 나머지 유아들은 동작하는 유아들을 기다리며 보게 할 수 있다.
	  - 실내에서는 안정 동작(비이동 동작)을 위한 활동을 계획하여 실시하고, 이동 동작이나 조작 동작과 같이 넓은 공간이 필요한 활동은 실외에서 하도록 계획할 수 있다.
	• 실내의 바닥은 부드럽고 탄성력 있는 재질을 사용하여 안전사고를 예방할 수 있는 공간이 되도록 해야 한다.
	• 유아들의 주의집중을 위해 주위가 산만한 공간은 가능한 한 피해야 한다.
	  - 유의할 장소: 사람들의 출입이 잦거나 소음이 지나치게 많은 곳, 교육활동을 위한 공간 주위에 호기심을 자극하는 시설물들이 놓인 경우, 새로운 놀이 시설이 설치되어 있거나 놀이자료들이 비치된 경우
	  - 진행하는 동작활동을 위해 필요한 설비 외에 다른 시설물들은 다른 곳에 옮겨 놓도록 한다.

동작활동영역의 효과적인 공간 구성을 위한 고려점	• 동작활동영역의 위치를 선정하는 것이 중요하며, 소집단 유아들이 충분히 움직일 수 있는 공간이어야 한다.
	  - 동작활동영역은 소리가 많이 나는 활동적인 영역이므로 정적인 활동을 방해하지 않는 위치를 선정해야 한다.
	  - 위치선정과 아울러 이 영역에 참여한 유아들이 자유롭게 동작할 수 있는 공간의 확보를 고려해야 한다.
	• 매력적인 동작활동영역이 되도록 구성하여 유아들이 이 영역에 들어오고 싶은 욕구를 느끼도록 한다.
	  예 아름다운 색깔의 작은 카펫, 폭신한 의자나 작은 방석, 벽면에는 음악이나 동작활동과 관련된 사진 및 그림 부착 등
	• 유아들이 쉽게 접근할 수 있는 교구와 소도구를 제공한다.
	  - 동작활동의 종류를 다양하게 배치하고, 눈에 잘 띄는 곳에 유아들이 손쉽게 꺼내 사용할 수 있도록 선반 위에 놓아둔다.
	• 활동자료와 소도구들은 자주 바꾸어준다.
	  - 장시간 변화 없이 제공하는 경우 유아들의 흥미 유지가 어려우므로 몇 종류만이라도 부분적으로 바꾸어 제공함으로써 변화 있는 영역이 되도록 한다.
	• 공간을 구성하고 교재교구를 배치할 때 유아의 창의적 사고와 활동을 자극할 수 있도록 한다.
	  - 공간의 일정 부분은 질서와 조화를 무시한 환경과 비구조적인 교구를 제공함으로써 유아 스스로 질서와 조화를 찾도록 하는 것이 필요하다.

바람직한 동작활동을 위한 공간 (교육부, 1996)	• 동작활동은 자유선택활동 시간을 제외한 나머지 일과에서 교사가 계획하여 수행하는 활동으로, 대체로 큰 집단의 유아들을 대상으로 하여 유아의 활발한 움직임이 일어나고 또 그런 움직임을 요구하므로 넓고 안전한 공간이 필요하다. − 유아들이 부딪힐 염려 없이 자유롭게 움직일 수 있는 크기의 장소가 필요하다. − 바닥이 부드럽고 탄력성이 있는 나무로 되어 있으며 방음시설을 갖춘 넓은 유희실이나 체육실이 적합하다. − 교실 내에서 교구장이나 책상과 의자들을 벽쪽으로 밀어놓아 동작을 할 수 있는 넓은 공간을 만들어서 대체공간으로 활용한다. − 실외 잔디밭이나 넓은 마당은 안전을 위협하는 요소가 많고, 교사의 지시가 전달되기 어려우며 유아들의 주의가 산만해질 수 있으므로 가능한 한 사용하지 않도록 한다.
실내 동작 환경구성을 위한 운영원리 [유아동작교육 (2023), 방송통신대, 김정숙 외]	• 유아의 자유로운 탐색과 다양한 활동 전개를 위한 충분한 공간을 갖추어야 한다. − 유아들이 몸을 움직여 표현할 때 서로 부딪치지 않도록 안전하고 개방된 공간이 필요하다. • 신체 움직임이 불안정한 유아들을 위해 바닥 재료의 선별과 교구장 및 가구의 모서리 처리를 안전하게 지원한다. − 신체놀이 및 음률영역의 바닥은 탄성이 있는 부드러운 재질로 구성하거나, 미끄럼 방지와 소음을 줄일 수 있도록 카펫을 깔아준다. • 유아동작교육을 위한 공간은 밝고 환기가 잘 되는 곳에 배치되도록 하며, 음률놀이 영역은 밝고 쾌적한 환경이어야 한다. − 자유로운 움직임을 위하여 사람의 출입이 적고 창문이 있는 공간에 자리를 잡아 환기를 해 주고 적당한 실내온도를 유지할 수 있도록 한다. − 만약 창문 옆에 배치하는 것이 어렵다면 교실 내에 공기청정기를 두는 것을 고려해 볼 수 있다. • 동작활동을 위한 공간은 다른 흥미(놀이)영역과 연관성을 살려 구성하도록 한다. − 즉, 음률놀이 영역의 경우 쌓기놀이나 역할놀이 공간과 인접하여 구성한다. − 이러한 영역은 창의적인 음악과 동작활동에 많은 자극을 줄 수 있고, 두 영역의 교구가 음악과 동작활동의 소품으로도 활용될 수 있다. − 또한 유아가 악기를 조작하며 신체를 자유롭게 움직일 수 있는 공간이 되어야 하므로 충분히 넓은 공간에 배치한다. • 자유로운 동작활동을 유발하고 흥미를 북돋을 수 있도록 즐거운 분위기를 연출한다. − 동작과 관련하여 벽면에 움직임이 나타나는 그림 작품, 다양한 세계의 민속춤이나 우리나라의 전통춤, 무용수의 모습이 담긴 포스터, 작품을 감상할 수 있는 공간을 만들어 준다. − 이는 유아가 동작표현 활동에 관심을 가지게 하여 참여하고 싶은 동기를 제공하며, 흥미를 유지시키고 활동을 확장하는 데 효과적이다. • 음률놀이 영역에는 기본적으로 다양한 악기 외에도 동작활동을 전개할 수 있는 교수자료와 기자재를 배치하여 동작활동에 참여하고 싶은 욕구가 생기도록 한다. − 그리고 가능하다면 매체 및 도구를 활용하는 자신의 움직이는 모습을 볼 수 있도록 벽면에 큰 안전거울을 준비해 주어 성취감과 만족감을 느낄 수 있도록 지원한다. − 교수자료는 유아들의 흥미나 관심 주제에 맞춰 변화를 주도록 한다. • 동작활동을 하고 난 후 휴식을 할 수 있는 공간을 마련하고, 휴식하면서 조용히 감상할 수 있는 음악감상 자료를 준비한다.

	CHECK 1	CHECK 2	CHECK 3

Ⅰ. 유아건강교육

UNIT26	유아건강교육의 이해			
UNIT27	유아건강교육의 운영 및 교수·학습 방법			
UNIT28	유아의 건강에 영향을 미치는 요인			
UNIT29	유아의 건강관리			
UNIT30	정신건강교육			

Ⅱ. 유아영양교육

UNIT31	영양교육의 이해			
UNIT32	영양의 관리			
UNIT33	유아교육기관의 영양관리			
UNIT34	식습관 지도			

Ⅲ. 유아보건교육

UNIT35	기관에서의 위생관리			
UNIT36	유아의 질병관리-식중독			
UNIT37	유아의 질병관리-휴식			
UNIT38	유아의 질병관리-치아관리			
UNIT39	유아의 질병관리-예방접종			
UNIT40	유아의 질병관리-약물관리			

SESSION 02

유아건강교육

Ⅰ 유아건강교육

UNIT 26 유아건강교육의 이해

#KEYWORD 상황에 근거한 건강교육

건강의 개념

- 세계보건기구(World Health Organization : WHO)에 따르면, 건강이란 신체적·정신적·사회적 측면에서 완전히 안녕한(well-being) 상태를 말한다.
  - 즉, 건강하다는 것은 신체적 건강, 정신적 건강, 사회적 건강이 서로 조화를 이룬 상태로, 유아교육에서 추구하고 있는 전인발달과 같은 맥락이라고 이해할 수 있다.

▲ 건강의 개념에 대한 5가지 차원의 내용(Miller, Telljohann & Symons)

차원	내용
신체적 차원	신체적 질병이 없으며 정상적인 신체기능, 양호한 영양상태, 체력을 지닌 상태로, 안색, 외양, 체격, 건강과 관련된 행동을 보고 사람의 건강상태를 파악하는 것
정신적 차원	가치관, 도덕, 종교 등과 관련된 것으로, 누구에게나 인정되는 긍정적인 도덕과 가치관을 가지고 있는 것
사회적 차원	사회적 기술과 관련된 것으로, 다른 사람과 함께 있는 것에 편안함을 느끼고 타인의 입장을 배려하며 자신을 사회에 공헌하는 구성원으로 여겨 적절한 대인관계 기술을 지니고 있는 것
정서적 차원	자신을 어떻게 생각하고 자신의 감정을 어떻게 표현하는지와 관련된 것으로, 자아존중감이 높으며 스스로의 정서를 긍정적이고 사회적으로 받아들일 수 있는 방식으로 표현하는 것
직업적 차원	직업, 지역사회, 사회관계 등에서 어떻게 타인과 협력하는지와 관련된 것으로, 자신의 역할에 최선을 다하며 자신이 맡은 일을 책임감 있게 수행하는 것

유아 건강교육의 개념

- 유아건강교육이란 영유아에게 건강을 유지하고 관리할 수 있는 지식, 기술, 태도를 가르침으로써 건강에 대한 올바른 인식을 할 수 있도록 지속적으로 교육하는 것이다.
  - 이는 유아가 건강한 몸과 마음을 가지고 생활하도록 습관화하고, 이를 기초로 하여 미래의 건강한 사회를 위한 초석이 되도록 교육 내용을 구성하고 환경을 정비하는 의미를 내포한다.

유아건강교육 계획 시 고려점
- 유아건강교육을 계획할 때는 영유아의 발달 수준에 적합한 내용으로 구성해야 하며, 발달 단계에 따라 체계적으로 접근하고 연속성을 고려하여 계획해야 한다.
- 구체적이고 감각적인 다양한 자료를 마련하여 유아가 직접 경험하고 활동할 수 있도록 계획해야 한다.
- 유아교육기관에서는 유아건강교육을 위해 포괄적 건강교육 내용 제시와 함께 동화 듣기, 간식 및 점심시간, 극놀이, 화장실 가기, 요리하기, 현장학습 등 다양한 영역별 단위 활동을 통합하는 것이 효과적이다.
- 유아가 흥미를 가지고 있는 주제 및 놀이와 연계·확장할 수 있도록 하는 것이 좋다.

필요성 (김영심, 2012)	• 기초성: 일생의 기초가 형성되는 시기이다. • 적기성: 신체적, 정서적, 사회적 건강발달의 결정적 시기이다. • 누적성: 유아기의 결핍된 환경 경험은 성장과정 동안 누적적으로 영향을 미치게 된다. • 불가역성: 유아건강발달의 최적기를 놓치면 보완이나 교정이 힘든 불가역성을 가진다.
유아 건강교육의 중요성	• 건강은 유아가 활기차게 생활하고 전인적 성장과 발달을 하기 위한 필수 조건이라고 할 수 있다. 특히 최근 들어 유아의 신체적·정신적·사회적 건강 문제가 각종 대중매체를 통해 보도됨에 따라 이에 대한 관심이 증가하고 있다. • 유아건강교육의 중요성은 두 가지 차원에서 생각해볼 수 있는데, 첫째는 유전적 측면과 환경적 측면이고, 둘째는 예방적 측면과 치료적 측면이다. 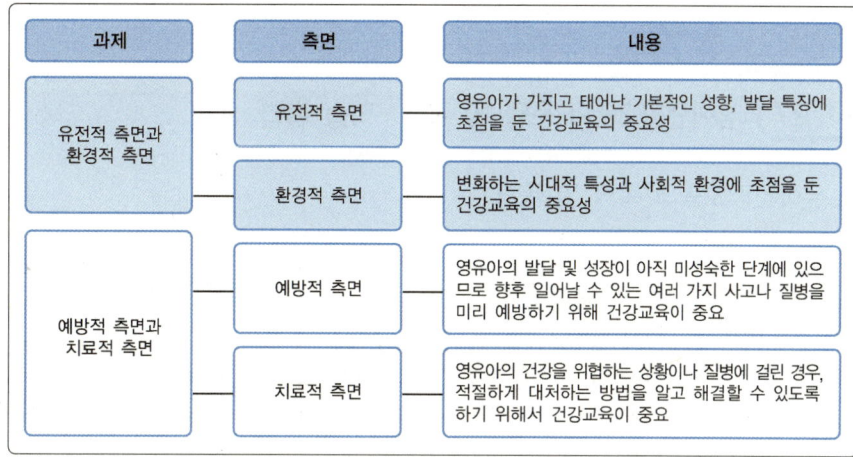 🔍 영유아건강교육의 중요성에 대한 두 가지 차원

유전적 측면과
환경적 측면
	① 유전적 측면에서 본 영유아건강교육의 중요성은 유아가 가지고 태어난 기본적인 발달 특징에 초점을 둔 건강교육의 중요성을 의미한다.
	   – 유아는 유전적으로 타고난 개인차가 있을 수 있으므로, 교사는 유아 개개인의 발달 특성을 고려하여 개별적으로 적합한 건강교육을 실천함으로써, 유아의 건강한 생활을 보장하며 유아 스스로 건강을 유지할 수 있도록 해야 한다.
	② 환경적 측면에서는 변화하는 시대적 특성과 사회적 환경에 초점을 둔 건강교육의 중요성을 의미한다.
	   – 과거에는 아토피나 신종플루, 수족구와 같은 병이 큰 문제가 되지 않았으나, 최근에는 환경 파괴와 기후변화 등으로 인하여 점점 새로운 병[예 코로나바이러스감염증-19(COVID-19)]이 나타나고 있는 실정이다.
	   – 그러므로 변화하는 시대적 특성과 사회적 환경에 맞추어 유아가 건강한 삶을 살아갈 수 있도록 교육하는 것은 매우 중요하다.

예방적 측면과 치료적 측면	① 예방적 측면 - 예방적 측면에서 본 유아건강교육의 중요성은 유아의 발달과 성장이 아직 미성숙한 단계에 있으므로 향후 일어날 수 있는 여러 가지 사고나 질병을 미리 예방하기 위해 건강교육이 중요하다는 입장이다. ② 치료적 측면 - 치료적 측면에서는 유아가 건강을 위협하는 상황이나 질병에 걸린 경우, 적절하게 대처하는 방법을 알고 해결할 수 있도록 하기 위해서 건강교육이 중요하다는 입장이다.

UNIT 27 유아건강교육의 운영 및 교수·학습 방법

① 유아건강교육의 목적 및 목표

유아 건강교육의 목적 및 목표		
	• 유아건강교육의 목표는 유아가 자신의 건강을 유지·보호·증진시키기 위해 필요한 사항을 이해하고, 바람직한 생활습관, 규칙적인 운동, 건전한 몸가짐 등과 같이 한 인간의 일생에 영향을 미치는 생활습관의 기초를 형성하는 데 있다. • 그뿐만 아니라 유아가 스스로 청결, 영양, 질병 예방, 휴식 등을 통해 신체건강 유지, 정신건강 도모, 발생할 수 있는 위험의 예방 및 대처에 필요한 지식, 기술, 태도 등을 기르는 데 중점을 둔다. • 결국 유아를 위한 건강교육은 유아의 일상생활에서 자신의 신체적, 심리·사회적 건강에 필요한 지식, 기능, 태도 등을 이해시키고 길러 주어 자신과 타인이 건강한 생활을 영위할 수 있는 생활습관을 높이는 방향으로 실시되어야 한다. - 구체적으로 건강한 생활에 필요한 습관이나 태도를 몸에 익히고, 여러 가지 운동에 흥미를 가지고 이를 경험하도록 하며, 안전에 필요한 습관이나 태도를 익히도록 하는 것이 유아건강교육의 목적이라고 할 수 있다.	
	신체적 측면	• 자신의 몸과 주변환경을 깨끗이 하는 태도를 기른다. • 몸에 좋은 음식에 관심을 가지고 바른 태도로 즐겁게 먹는 습관을 기른다. • 하루 일과에서 적당한 휴식과 운동을 취한다. • (영아) 건강한 배변습관을 형성한다. (유아) 질병을 예방하는 방법을 알고 실천한다.
	심리·사회적 측면	• 유아가 자신에 대해 인식하고 긍정적인 자아개념을 형성한다. • 자신과 타인의 정서를 인식하고 표현하며, 조절하는 능력을 기른다. • 유아가 타인과의 관계 맺기를 통해 더불어 살아가는 능력과 태도를 기른다.

❷ 유아건강교육의 내용

우리나라 유아건강교육에 포함되어야 할 내용은 다음과 같다.

개인의 건강	유아가 자신의 신체를 인식하고, 긍정적인 생활습관을 형성하도록 한다.
정신건강 (정신건강교육)	• 긍정적 자아개념을 가지고 자신의 감정을 자유롭게 표현하고 조절하는 방법을 가르치는 것이 중요하다. 　- 정신건강은 신체 건강과 달리 유아 개인의 건강관리로 성취될 수 있는 것이 아니며 유아의 가족, 또래 집단, 사회구조 등 모두가 유아의 정신건강에 영향을 미친다. 　- 현대사회에서 유아의 정신건강을 위협하는 요소인 스트레스를 감소시켜 주고, 자신의 스트레스를 바람직한 방법으로 해소할 수 있게 도와주어야 한다. 　- 보육자나 교사는 지속적으로 유아에게 관심을 갖고 관찰하여 문제행동을 조기에 발견할 수 있어야 한다.
영양 (영양교육)	• 성장에 필요한 충분한 영양의 섭취, 올바른 식습관 형성과 관련된 내용으로, 점심이나 간식 시간 등 일상생활 경험을 통한 영양교육은 중요한 건강교육에 해당한다. 　- 유아기에 형성된 식습관은 일생동안 지속될 수 있으므로, 건강과 영양섭취를 위해 적절한 식품을 선택하는 데 필요한 기초적 영양 지식이나 태도를 배워야 한다.
질병 예방 (질병 예방교육)	건강한 생활습관이 질병을 예방함을 알고 이를 실천할 수 있도록 한다. 손 씻기를 철저히 하고 청결하고 건강한 물리적 환경을 구성해야 한다.
안전교육	• 유아에게 일어나는 사고의 대부분은 우발적으로 일어나는 경우가 많으므로 사전에 사고가 나지 않도록 대책을 마련하여 예방하는 것이 중요하다. 이를 위해서는 안전한 환경구성과 사고를 유발할 수 있는 유아의 행동변화를 위해 교육해야 한다. 　- 안전한 생활을 실천하는 데 필요한 지식과 위험요소를 미리 예측하고 이를 예방하거나 신중하게 행동하는 태도, 안전하게 행동할 수 있는 기술 교육을 포함한다.
학대 (학대 예방 및 대처교육)	• 유아의 신체적·정서적·성적 학대와 방임을 예방하고 조기에 발견·대처하기 위한 것으로, 학대와 관련된 교육 내용으로는 '나와 다른 사람의 몸의 소중함을 알고 보호하며, 다른 사람이 함부로 나의 몸을 만지지 않도록 한다' 등의 내용이 포함된다. 　- 학대 당하는 시기가 어릴수록 그 피해 정도는 매우 심각하므로, 이에 대한 관심을 가져야 한다. 　- 교사는 유아가 학대를 당하는 원인에 대해 인식하고, 학대하는 부모와 학대 당하는 유아의 특성을 미리 파악한다. 　- 효율적인 양육방법, 유아의 행동특성, 영유아 발달에 관한 부모교육을 실시함으로써 학대의 발생을 사전에 예방한다.
지역사회와 관련된 건강	건강교육의 장기적 목표 중 하나로 지역사회의 건강정보센터나 건강증진을 위한 기구가 어떤 것이 있는지 인식하고 건강증진 활동이나 식품을 알게 하는 것에 초점을 맞춘다.
환경과 관련된 건강	• 개인의 행동이 우리가 살고 있는 환경에 직접적인 영향을 미친다는 것을 인식하고, 환경의 중요성을 이해하는 것을 의미한다. 　- 이를 위해 환경보호 활동, 재활용품 모으기, 동물 보호하기, 식물 기르기 등의 내용이 유아건강교육에 포함된다.

③ 유아건강교육의 방법

유아 건강교육의 원리		• 다양한 직접 경험이나 활동을 통해 건강관련 내용을 통합적으로 실시한다.
		   - 일상생활에서 건강을 유지하고 건강한 생활습관을 형성하는 데 필요한 지식, 기술, 태도를 통합적으로 학습하고 자연스럽게 인식을 형성해야 한다.
		• 대상 유아의 연령이나 개인적 특성을 고려하여 각 상황에 따라 적절하고 융통성 있게 전개한다.
		• 건강과 관련되는 특별한 상황이나 사건을 이용하여 건강교육을 실시한다.
		   📖 정기 건강검진, 식중독 사고, 사회의 유해식품 관련 사건, 유괴 사건 등에 대해 이야기 나누기와 관련 자료를 제시하며 건강교육을 실시한다.
		• 매일의 일과와 놀이 속에서 지속적으로 실시하여 반복된 경험을 통해 자연스럽게 건강생활 습관을 형성할 수 있도록 돕는다.

유아 건강교육의 방법 (접근법)	**주제 통합적 건강교육** (주제에 따른 통합적 접근법, 주제 선정에 따른 통합적 접근법에 의한 건강교육)	• 건강교육에 관한 주제로 일정한 기간 동안 일상생활의 구체적인 상황 및 놀이, 활동 등을 통해 필요한 지식, 기술, 태도를 통합적으로 학습하는 것을 의미한다.
		• 유아들에게 건강에 관련된 지식, 기술, 태도를 가르칠 때 분리된 교과로 가르치는 것이 아니라 일상생활의 다양한 상황을 학습 경험으로 활용하는 것이다.
		   - 이때 모든 영역을 필수적으로 경험해야 하는 것은 아니고, 유아의 관심과 흥미에 따라 활동을 연계하여 실제 상황에서 건강한 생활을 유지하는 데 필요한 지식이나 기술을 익히고 적용하며 태도를 기를 수 있게 돕는다.
		   📖 '우리 몸'을 주제로 할 때, 이에 관해 이야기 나누기와 흥미영역에서의 실내 자유선택활동, 조형 활동, 화장실 가기, 동화 듣기, 게임, 실험하기, 견학 등의 활동을 통해 건강교육의 내용을 통합적으로 학습하는 것이다.

	역할놀이를 통한 건강교육	• 역할놀이는 유아가 관심이나 흥미 있는 주제를 중심으로 가상적 상황에서 역할을 맡아 놀이하는 것이다.
		   - 역할놀이를 통해 가르치고자 하는 정보나 기술, 태도를 반복적으로 학습시킬 수 있으며, 적절한 매체를 활용한다면 가상적 상황에서 보다 극적이고 현실감 있는 경험을 할 수 있다.
		• 실생활에서 직접적으로 경험하기 어려운 일들을 역할놀이를 통해 간접적으로 체험해 볼 수 있다.
		   📖 케이크를 만드는 빵가게 놀이는 케이크에 들어가는 재료, 방법을 상상하고 체험함으로써 유아들이 다양한 재료에 대해 관심을 가질 수 있다.
		   📖 병원놀이, 소방서놀이, 구급대놀이, 교통놀이 등을 통해 유아들은 건강의 중요성과 건강을 유지하기 위해 필요한 일을 이해하고 실천할 수 있다.

	상황에 근거한 건강교육 (상황 중심 건강교육)	• 유아교육기관에서 일어나는 여러 가지 실제 상황을 건강교육에 활용하는 방법이다. - 실생활에서 직접적으로 경험하거나 간접적으로 들을 수 있는 상황이므로 동기유발이 용이하고 실제와 직접 연결된다는 장점이 있다.

		– 그러나 영유아에게 필요한 건강교육의 내용을 모두 포함시킬 수 없다는 단점이 있다. ㉮ 건강검진하는 날을 통해 검진을 하는 이유와 방법에 대해 토의하거나 이야기 나누기를 할 수 있다. ㉮ 간식, 점심시간을 통해서도 자연스럽게 건강교육이 이루어질 수 있다. ㉮ 주변 사회에서 유해식품 관련 보도나 식중독 사고, 유치원에서 사고가 발생했을 때의 상황을 이용하여 건강교육을 할 수 있다.
	현장학습을 통한 건강교육 (현장학습에 근거한 접근법)	• 유아교육기관 밖의 장소를 방문하여 실제 경험을 할 수 있게 함으로써 이루어지는 건강교육으로, 현장학습은 사전준비와 사후연계에 따라 효과의 차이가 발생한다. – 사전에 현장학습을 나갈 장소와 일정, 내용에 대해 유아들이 충분히 인지할 수 있도록 설명하고 동기유발을 시킬 수 있어야 한다. 또한 견학에 대해 치밀한 계획이 선행되어야 순조롭게 진행될 수 있다. – 현장학습 후에는 현장경험과 연계하여 다양한 활동을 전개함으로써 경험이 내면화될 수 있도록 돕는다. ㉮ 질병과 관련하여 가까운 동네에 있는 병원의 종류를 알아보고, 병원에서 일하는 사람들과 하는 일 등에 대해 조사한 후 가능하면 견학을 할 수도 있다.
	부모를 통한 건강교육	• 유아는 부모를 통해 건강, 안전에 대한 습관이나 신념을 형성하므로, 학부모 워크숍, 가정통신문 등의 기회를 통해 부모에게 건강에 관한 정보를 제공한다. – 부모가 건강생활에 무관심하거나 정보가 없어서 인식하지 못하는 경우가 있으므로 유아교육기관에서 가정통신문이나 부모교육, 관찰 등의 기회를 통해 부모에게 건강에 대한 정보를 제공하고, 부모가 직접 유아의 활동에 참여할 수도 있으며, 현장체험학습이나 정기 신체 검사 등을 실시할 때 부모가 보조 역할을 수행할 수 있다. • 가정연계의 필요성 – 건강생활습관은 건강한 행동이 지속적으로 반복되어야 형성될 수 있으므로 가정과의 연계가 중요하고, 특히 부모의 생활습관이 영유아에게 모델링이 되어 영유아의 건강교육에 영향을 미치는 경우가 많다. ㉮ 건강에 관한 프로젝트에 부모들이 직접 참여
	모델링을 활용한 건강교육	• 부모나 교사가 유아에게 설명하기보다 지속적이고 일관성 있게 생활 속에서 건강한 생활습관을 보여주고 이를 유아가 모델링할 수 있게 함으로써 유아의 건강한 생활습관이 자연스럽게 형성하도록 하는 방법이다. – 유아기는 건강생활의 습관이 형성되는 중요한 시기이므로 바람직한 건강과 안전에 관한 행동을 반복적으로 수행하는 것이 중요하다. ㉮ 식사 전에 손 씻기, 식사 후 이 닦기, 규칙적으로 잠자고 일어나기 등을 생활 속에서 보여준다.
	매체를 활용한 건강교육 (매체를 활용한 설명 및 시연)	유아가 처음으로 경험하게 되는 건강 관련 행동으로, 교사가 매체를 활용하여 설명과 시범을 보이는 것이다. ㉮ 올바른 손 씻기, 올바른 이 닦기 방법(이 모형, 칫솔), 계절에 맞는 옷차림에 대해 교사의 설명과 시범(시연)

	지역사회 연계를 통한 건강교육	• 전문가를 유아교육기관으로 초빙하여 건강과 관련된 직업에 대하여 설명을 듣거나 건강관리 방법에 대한 시범을 보면서 배우는 기회를 제공하도록 한다.
		  — 소방대원, 동물원 사육사, 치과의사, 간호사, 영양사 등을 초대하여 건강교육을 하거나 해당 기관에 방문하여 현장체험학습을 할 수도 있다.
		    ◎ 지역사회 보건소나 유관기관에서 유아를 대상으로 하는 건강 및 안전교육 프로그램을 신청하여, 찾아오거나 찾아가는 건강교실을 실시할 수 있다.

	생태학적 접근을 통한 건강교육	• 보다 비구조적인 환경에서 스스로 건강에 대해 자각할 수 있는 활동을 전개하는 교육이다.
		  — 주변을 산책함으로써 몸이 자연스럽게 건강해짐을 느끼게 하고, 텃밭 활동을 바른 먹을거리 교육과 연계하여 몸에 좋은 음식과 몸에 해로운 음식의 선별능력을 자연스럽게 기르기도 한다.
		• 영유아의 주변 환경과 상호작용을 통해 건강교육을 실시하는 것이다.
		  — 산책, 바깥놀이, 동물 기르기, 텃밭 가꾸기 등은 유아가 주체가 되어 실제 경험을 통해 바깥에서 신체활동을 함으로써 자신과 주변의 건강을 인식함과 함께 건강한 생활을 영위할 수 있게 된다.

유아 건강교육 교수·학습 방법	설명하기 및 시연하기	• 직접 설명하고 시범을 보여주는 방법은 유아가 지식을 획득하는 데 효과적인 방법이다.
		  — 특히 설명하기는 말이나 자료 제시를 통해 이루어지는 것보다 실제 상황에서 이루어지는 경우 영유아의 행동방식을 교정하는 데 더욱 효과적일 수 있다.
		  — 시연하기의 경우 구체적인 행동의 방법을 영유아에게 제시해주므로 유아가 일상생활에서 쉽게 접하지 못했거나 잘 알지 못했던 방법을 알려주는 데 효과적이다.

	토의	• 토의는 자신의 생각을 다른 사람 앞에서 표현하고 의견을 나누는 과정을 통해 다른 사람과 의견이 다를 수 있음을 알려주는 방법이다. — 이러한 과정을 바탕으로 유아가 자신의 생각을 잘 정리하게 되고 다른 사람의 생각이 자신과 다를 수 있음을 알게 된다.
	역할놀이	역할놀이를 통해 일상생활에서 일어날 수 있는 다양한 상황을 미리 경험해 봄으로써 실제 상황에 처했을 때 대처할 수 있는 기술 및 능력 등을 기를 수 있다. ◎ 인형 목욕시키기 놀이를 통해 자신이 몸을 씻는 방법을 익히고, 더 나아가 청결하고 건강한 습관을 가질 수 있다.
	모델링	• 유아는 관찰을 통해 일상생활에서 자연스럽게 학습이 가능하다. 일과 시간 중에서 활동 후 전이 시간에 손을 씻고 점심 후에 이를 닦는 것은 매일 영유아교육기관에서 반복되는 시간이므로 자연스럽게 청결과 위생 습관을 가르치는 기회가 된다. 이시간 동안 교사가 실제로 손을 씻고 이를 닦는 모습을 보여주어야 한다. — 실제 손 씻기와 이 닦기 활동이 필요한 시기에 교사가 어떻게 하는지를 눈앞에서 보여주고 바로 스스로 해보도록 하는 것이 효과적이다.

건강교육 계획 시 고려사항
- 유아의 흥미를 유발하여 학습 참여동기를 높이기 위해 쉽고 재미있는 방법으로 계획해야 한다.
- 실제 경험을 통한 체험교육으로 계획해야 한다.
- 유아교육기관과 가정에서의 교육이 일관되도록 계획해야 한다.

건강교육 실행 시 유의점
- 교사는 건강교육을 연중 지속적으로 실시하여 반복된 경험을 통해 건강한 생활습관을 형성하도록 한다.
- 교사의 일과 운영에 있어서도 일관성이 있어야 한다.
- 교사는 일상생활에서 구체적인 모델링을 보이도록 한다.
- 교사는 일상생활 중에서 건강과 관련된 특별한 상황이나 사건을 이용하여 교육한다.

UNIT 28 | 유아의 건강에 영향을 미치는 요인

유아의 건강에 영향을 미치는 요인은 매우 다양하지만 주로 언급되는 요인으로는 유전적 요인과 환경적 요인이 있다. 두 요인은 서로 역동적이고 복합적인 관계로 상호 간에 영향을 주기 때문에 건강에 영향을 미치는 요인을 어느 한 가지 측면에서만 설명하기에는 어려움이 있다.

① 유전적 요인

유전적 요인	• 부모로부터 받게 되는 여러 가지 유전인자들이 영유아의 신체적·정신적 발달과 건강의 기초를 형성하는 데 매우 중요한 역할을 한다. – 한 인간의 염색체는 남자의 정자로부터 받은 23개의 염색체와 여자의 난자로부터 받은 23개의 염색체가 결합하여 46개로 이루어진다. 이러한 염색체 결합과정에서 46개가 넘거나 부족하게 되면 태아는 건강한 신체를 가지지 못하게 되며 터너증후군, 다운증후군과 같은 병이 발생한다. – 또한 심장질환, 암, 당뇨병, 알레르기 또는 특정 정신질환 등도 유전적 요인과 깊은 관련이 있다. 그렇기 때문에 가족력 조사를 통해 유전적 조건을 찾아냄으로써 건강에 영향을 미칠 수 있는 요인들을 예견하여 사전에 예방하거나 조기 치료를 하는 것이 필요하다.

② 환경적 요인

영양		• 영양은 인간의 생활과 건강을 유지하는 데 절대적으로 필요한 요인으로, 유아기에 필요한 영양소 및 에너지는 성인에 비해 월등히 높다.
		  – 특히 신체의 성장과 발육이 왕성하게 일어나고 활동량이 가장 많은 영유아기에 필요한 영양이 충분히 공급되지 않으면 영양장애 또는 영양결핍으로 뇌발달이 저해되어 인지적 결함을 가져올 수 있고, 면역력도 저하되어 여러 가지 질병에 노출되기 쉽다.
		  – 또한, 영유아에게 과체중이나 비만 혹은 영양실조와 같은 불균형 현상이 나타나지 않도록 평상시 음식 섭취에 대해 지도해야 하며, 어린 시절의 체격 발달은 성인이 된 후에도 많은 영향을 미치므로 적당한 체격을 유지하도록 지도해야 한다.
		  – 더불어 영유아가 충분한 영양을 섭취하여 건강을 유지하고 정상적 성장과 발달을 이루도록 지원하여야 한다.
		• 부모와 교사는 영유아의 인체에 필요한 영양소가 충분히 들어 있는 음식을 골고루 공급하여 일생 동안 건강을 유지하고 정상적으로 성장·발달하도록 도와주어야 한다.

생활습관	위생관리
	휴식과 활동
		• 깨끗하고 위생적인 실내·외 환경은 영유아의 건강에 중요한 영향을 미친다. 쾌적한 환경을 위해서는 온도와 습도, 통풍과 환기, 적절한 공간 확보, 청결한 시설과 설비 등 여러 가지 조건이 필요하다.
		  – 영유아교육기관에서는 영유아의 건강한 하루 일과를 위하여 매일 아침 창문을 열어 환기를 시켜야 하며, 날씨가 건조할 경우 청결하게 관리된 가습기를 틀어 습도를 알맞게 조절해야 한다.
		  – 또한 실내의 청결 유지를 위해 책상, 교구장, 교구, 놀잇감 등을 살균·소독하여 관리해주어야 한다.
		• 위생적인 환경과 더불어 자신의 몸을 깨끗이 하는 습관을 기르는 것은 건강을 유지하기 위해 중요한 요인이다. 건강한 생활습관을 형성하기 위해서는 영유아기 때부터 스스로 손을 깨끗이 씻고 몸을 청결하게 유지하며 날씨에 맞는 옷을 입도록 지도해야 한다.
		  – 손 씻기는 질병 감염을 예방할 수 있는 효과적인 방법이므로 식사시간 전, 화장실에 다녀온 후, 바깥놀이 후 등 수시로 손을 씻을 수 있도록 바른 손 씻기 방법을 알려주며 지도해야 한다.
		  – 또한 점심 식사 및 간식 시간 후에는 반드시 이를 닦을 수 있도록 지도해야 한다. 이 닦기의 중요성 및 올바른 이 닦기 방법에 대해 인식할 수 있도록 지도한다면 영유아가 이 닦기 습관을 형성하는 데 도움을 줄 수 있다.

질병 관리	• 건강을 유지하기 위해서는 질병이 생기지 않게 예방하는 것이 가장 중요하지만, 건강한 몸을 유지하기 위하여 정기적으로 건강검진을 받는 것도 중요하다. 　- 정기적인 건강검진은 개별 영유아의 성장과 발육이 정상적으로 이루어지고 있는지 파악하는 데 도움이 되며, 외적으로 드러나지 않는 선천적 기형이나 질병 등을 조기에 발견하여 치료할 기회를 제공한다. 　- 정기적인 건강검진에는 일반적으로 몸무게, 키, 머리둘레 등을 측정하는 체력검사와 시력검사, 청력검사, 피검사, 전문의(소아과, 이비인후과, 안과, 치과 등)에 의한 진단 등을 실시하는 체질검사도 포함되어야 한다. • 정기적인 건강검진 외에도 질병의 감염 여부를 조기에 발견하여 치료해야 하므로, 영유아가 발열, 발진, 활동성 저하 등의 이상징후를 보이면 질병 유무를 신속히 파악해야 할 것이다. • 또한 치아는 음식물을 통하여 영양을 섭취할 수 있도록 음식물을 잘게 부수어주는 중요한 역할을 하는 기관으로서, 건강을 유지하기 위해서는 건강한 치아를 가지고 있어야 한다. 　- 건강한 치아 유지를 위해서는 이를 깨끗이 닦는 습관을 기르도록 해야 하며, 충치가 생기지 않도록 미리 예방하는 것이 중요하다. 　- 치아에 특별한 이상이 없는 경우에도 정기적인 검진을 받아 건강한 치아를 유지할 수 있도록 관리해주는 것이 필요하다.
정신건강	• 정신건강은 신체적 건강과 밀접한 관련이 있다. 영유아가 정서적으로 편안한 환경에서 지내게 될 때 신체적 건강도 증진될 수 있기 때문이다. 　- 정서적으로 불안정한 환경에서는 영유아가 불안감과 스트레스를 받게 되어 심할 경우 신체적 질병과 정신적 문제로 이어질 수 있다. 　- 영유아가 정서적으로 안정되어야 긍정적인 사고를 하고, 타인과의 관계를 원만히 형성할 수 있다. 그러므로 영유아가 정서적인 욕구에 적절한 보살핌을 받고 자신의 가치를 인정받으며, 긍정적인 자아개념을 형성할 수 있도록 해야 한다. 　- 또한, 영유아의 정서적 안정을 위해 세심한 부분까지 고려해야 하며, 일상생활 가운데 정서적 안정을 위협할 수 있는 여러 가지 요소들을 제거해야 한다.
보건안전 (응급처치, 약물오남용)	• 유치원 및 어린이집의 하루 일과 중에 예기치 못한 응급상황이 발생할 수 있다. 　- 응급상황 발생 시 교사는 영유아가 전문적인 치료를 받을 때까지 손상이나 통증이 악화되지 않도록 응급처치법을 알아두어야 한다. 하지만 경우에 따라서는 119에 즉시 신고하거나 병원으로 가는 것이 최선의 응급처치 방안이 되기도 한다. 응급상황이 발생하면 교사는 영유아가 불안을 느끼지 않도록 해야 하며, 차분하게 응급상황에서의 기본 지침에 따라 대처해 나가야 한다. 　- 또한 교사는 영유아가 약물안전 습관을 형성할 수 있도록 약물의 올바른 쓰임과 복용법에 대해 알고 이를 습관화하도록 지도해야 한다. 약물안전 습관 형성을 통해 약물의 오남용을 방지할 수 있으므로, 교사는 약물안전 습관의 중요성을 인식하여 이에 적합한 교육을 실시해야 할 것이다.

UNIT 29 유아의 건강관리

❶ 유아건강의 기초자료

개인 구비서류 체크리스트	• 예방접종기록 • 부모, 직원, 건강관리자 간의 건강에 관한 의사소통기록 • 부상기록 • 보호와 교육시간 동안 일어난 모든 질병의 기록 • 평가와 선발 결과 • 성장그래프 • 투약기록과 허가서류 • 건강력
건강력 체크리스트 (Robertson, 1998)	• 이름, 주소, 전화번호 • 투약이 필요한 알레르기와 그 밖의 상태 • 소아과 의사이름, 주소, 전화번호 • 특별한 보호가 필요한 상태 • 응급 시 전화번호 • 특별한 문제나 두려움 • 유아의 건강상태 • 매년 투베르쿨린 검진 실시 • 면역에 대한 기록 • 이전에 앓았던 큰 병이나 부상 • 음식의 제한 • 응급 시 부모의 권한 양도 각서

❷ 유아건강 평가

관찰과 기록	• 정확하고 기술적인 용어로 기록할 것 　예 콧물을 흘렸다 ➡ 누렇고 푸르스름한 콧물을 계속 흘렸다 • 기록 방법: 시간표집, 사건표집, 일화기록, 연속기록, 체크리스트 등 • 기록의 보관: 건강기록 파일카드 등
평상시 평가	• **표정**: 밝은 얼굴인지 어두운 얼굴인지 관찰 • **머리**: 반복되는 두통, 머리를 한 쪽으로 기울이는 것 • **눈**: 다래끼나 딱딱한 껍질이 벗겨지는 눈꺼풀, 충혈된 눈, 눈물 어린 눈, 눈을 문지르는 것, 심하게 눈을 깜빡거리는 것, 눈꺼풀의 경련 • **귀**: 못 듣는 것, 귀의 통증, 귀 분비물, 들으려고 머리 돌리는 것 • **코, 목**: 코 분비물, 코피, 편도선염, 인후염, 입으로 계속 숨 쉬는 것 • **안색**: 광택, 평상시와 달리 생기가 없고 표정이 부족할 때, 부기가 평상시와 다를 때 • **피부, 두피**: 발진, 뾰루지, 습관적으로 긁는 것, 지나치게 붉은 살갗 • **이와 입**: 청결 상태, 충치, 얼룩진 이, 호흡시의 악취, 잇몸 궤양 • **심장**: 지나친 숨 가쁨, 쉽게 피로감 느낌, 지나치게 창백한 얼굴과 입술

	• 자세와 근육조직 : 걸음걸이의 이상, 어떠한 형태의 기형 • 전체 상태 : 쉽게 피로감 느낌, 안색 나쁜 것, 피곤, 열, 구토, 어지러움증 • 식사 상태 : 섭취량, 식사 시 분위기 • 활동 수준 : 위축, 반항적, 지배적인 것, 통제력 상실, 지속적인 울음 • 심한 재채기 또는 기침
신체 계측	• 주기적인 계측 : 키, 체중, 머리둘레, 가슴둘레 등 연속적 자료 수집 • 취학 전 유아 : 1년에 2회 이상 기록
선별 검사	• 목적 : 성장과 발달의 정상 패턴 여부, 잠재된 문제나 손상의 발견 • 시력검사, 청력검사, 언어능력평가, 영양섭취와 부족평가, 구강검사, 투베르쿨린 검사 등 – 투베르쿨린 검사 : 결핵균의 감염 여부를 알기 위해 2~3년에 한 번씩 실시한다.
건강력과 진찰	• 건강력을 통해 유아의 과거 건강상태, 유전성 질환 등의 가능성을 예측하고 대책을 강구한다. • 자세하고 지속적인 진찰 기록을 보관하여 변화를 점검하고 선천 기형이나 이상 유무를 진단한다.

UNIT 30 | 정신건강교육

#KEYWORD 정신건강 증진 방안, 분리불안, 주의력 결핍장애(ADHD)

> 유아기 정신건강은 유아의 성장과 발달에 영향을 미치며, 유아기에 경험한 스트레스는 다양한 정신건강의 문제를 유발할 수 있다.
> 유아는 청소년이나 성인에 비해 스트레스 상황을 인식하고 대처하는 능력이 미숙하기 때문에 이로 인한 정신건강의 문제가 더욱 심각할 수 있다.

① 정신건강의 개념

정신 (mind)	마음이나 의식, 혼(魂) 등과 같은 것으로, 인식하고 가치를 느끼고 판단하며 어떤 일을 하고자 하는 의욕 등과 같은 심적 능력과 정서적·감정적 측면을 포함한다.
정신건강	• 정신건강이란 정신적 능력에 문제가 없는 튼튼한 상태이다. 즉, 정신적으로 질병이 없고 정서적인 장애가 없으며 이로 인해 정신기능을 발휘하는 데 문제가 없는 모습이다. • 정신건강은 정신적으로 건강하지 못한 상태의 예방과 치료라는 측면과 정신적으로 건강한 상태의 유지 및 향상이라는 측면을 포함하고 있다. – 구체적으로 정신건강이란 건강한 신체, 조절된 정서, 사회적 목표의 추구와 달성, 이를 통한 행복과 만족을 얻을 수 있는 상태로서, 행복과 만족을 추구할 수 있는 안녕의 상태(well-being), 내적 상태 및 외적 상태의 균형, 그리고 조화되고 통일된 모습을 가진 정신적 상태를 말한다.

- 이러한 정신건강은 소극적인 개념과 적극적인 개념으로 구분되며, 오늘날의 정신건강은 소극적인 개념보다 적극적인 개념을 강조하고 있다.
  - **소극적 개념**: 정신적 질병의 예방과 치료를 의미한다.
  - **적극적 개념**: 정신적으로나 사회적으로 개인의 기능이 최상의 상태로 발휘되는 것을 의미한다.

❷ 정신건강의 조건

자신에 대한 올바른 이해와 지각	• 자신에 대한 올바른 이해와 지각은 자신을 있는 그대로 판단하고 수용하며, 자신의 한계를 인정하고 받아들이는 것을 말한다. - 자신에 대한 올바른 이해 없이 자신을 과대 또는 과소평가할 때, 열등감이나 좌절감 또는 지나친 우월감을 갖게 된다. 또한 자신의 기대와 능력이 일치하지 않을 때 실망감을 갖게 될 것이며, 그 결과 자신의 잠재가능성을 충분히 발휘할 수 없게 된다. - 그러므로 자신이 할 수 있는 것과 할 수 없는 것, 자신의 감정과 행동 등에 대한 올바르고 객관적인 인식은 정신건강의 필수적인 요소이다.
자아조절	• 자아조절은 행동과 감정을 적절히 통제하고 조절하는 것이다. - 상황에 따라 적절한 것이 무엇인지 인지하고 그 상황에 맞게 행동하면서 감정을 표현하는 자아조절을 통하여 주위 환경에 적응하게 되며, 나아가 자신에 대한 존중감과 타인에 대한 이해가 이루어지게 된다. - 결국 자아조절을 통해 자아존중감, 사회집단에의 소속감, 집단 구성원들과의 유대관계를 형성할 수 있게 된다.
타인에 대한 이해와 존중	사회를 살아가는 사회인으로서 중요한 부분에 해당하며, 타인의 생각이나 관점, 입장을 존중하고 이해하는 것은 사회적 관계를 효과적으로 유지시켜 주는 요인이자 훌륭한 정신건강을 유지하는 요인이 된다.
사회적 승인과 유지	• Maslow에 의하면 집단에 속하여 이로부터 승인을 받고 싶어하는 것은 인간의 기본적인 욕구이다. - 이러한 욕구는 이차적이지만 인간이 사회를 살아가는 데 필요한 것이다. - 유아의 경우 사회적 승인은 부모나 교사로부터 출발하므로, 부모나 교사의 격려와 인정 및 칭찬은 중요한 추동력이 된다.
현실에 대한 올바른 지각	• 정신건강을 효과적으로 유지하기 위해서는 현실에 대한 지각능력이 필요하다. 자신이 할 수 있는 일과 타인과의 관계를 제대로 파악하고 상황에 따라 자신이 할 수 있는 것을 분별할 수 있다면 현실을 무조건적으로 비판하거나 불평하지 않게 된다. - 그러므로 주변의 현실이나 사람을 있는 그대로 인정하고 수용하는 것이 중요하고, 주어진 상황에서 자신의 능력으로 할 수 있는 것을 알아내어 대처하는 능력이 필요하다. • 또한 모든 행동에는 원인과 결과가 있음을 지각하고 그에 맞게 행동하는 것이 필요하다. - 현실을 올바로 지각하는 사람은 사회적 현실을 인정하면서 그 속에서 자신의 요구를 실현시키기 위해 노력할 수 있다.

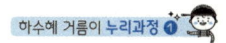

통일성과 일관성	• 행동에 일관성이 있는 사람은 자신의 일을 추진력 있게 해 나갈 수 있고, 타인과의 관계도 원만하게 이루어지며, 스스로의 감정이나 행동을 잘 조절할 수 있다. – 일관성을 지닌 사람은 정신적으로 통일되고 균형 잡힌 성격을 소유하고 있다. 환경의 여건이나 변화를 인식하고 잘 적응하며, 일시적인 갈등이나 불안, 공포 등을 원만하게 극복하여 정서적인 안정을 취할 수 있다. – 통일성 있는 사람은 내적인 상태와 외부의 조건을 잘 조화시켜 평안한 상태를 유지할 수 있으며, 자신의 문제나 갈등을 적절히 해결하는 긍정적인 성격의 소유자이다.

❸ 유아의 정신건강을 위한 교사의 역할과 교수전략

교사의 특성	유아에게 미치는 효과
일관성	• 유아들에게 행동의 일관성을 보여주어야 한다. – 교사의 일관성으로 인해 유아는 자신이 무엇을 해야 할지를 사전에 예측할 수 있다. – 유아를 지도할 때 교사가 보이는 일관성은 유아로 하여금 규칙이나 원칙을 이해하게 하고 공정의 개념을 알게 한다. – 유아에게 정서적으로 안정을 주기 때문에 유아의 정신건강을 높여 주는 효과적인 교수전략이다.
합리성	• 합리적인 교사는 유아에게 과도한 활동이나 규칙을 강요하지 않는다. – 유아의 발달수준에 적합한 활동을 요구하며, 그에 알맞은 기대를 한다. – 합리적인 교사는 유아의 능력을 관찰하고 함께 상호작용하므로, 유아의 정신건강을 향상시킨다.
신뢰감	• 유아는 잠재능력이 많은 존재이므로, 교사는 유아가 스스로 성장하고 발달하고자 하는 욕구를 가지고 있고 실제 그렇게 할 수 있다는 신념을 갖는 것이 중요하다. • 신뢰감을 가진 교사와 상호작용을 하는 유아는 자신의 일에 대한 만족감과 자신감을 가지므로 긍정적인 자아개념을 가질 수 있을 뿐만 아니라 좋은 정신건강을 형성할 수 있다.
감정이입	• 교사가 유아의 감정을 수용하고 유아의 감정처럼 느낀다면, 유아는 자신이 수용되고 있다고 느끼게 된다. 이러한 감정을 경험하는 유아는 자신에 대해 긍정적으로 생각하게 되며, 또래에게도 이러한 감정을 표현할 수 있게 된다. – 그러므로 유아교사는 감정이입을 통해 유아의 입장에서 이해하려고 노력함과 동시에 유아가 어떻게 느끼는지 인식할 수 있도록 도와주는 것이 중요하다.
따뜻함	• 수용적이고 따뜻한 교사는 유아에게 정서적 안정을 제공한다. 그렇게 할 때 유아는 자신이 수용되고 있다는 것을 느끼고 긍정적인 자아개념을 형성하게 된다. – 유아교사가 온정적일 때 유아들의 정신건강교육은 효율적이게 된다.

④ 유아 스트레스

스트레스	• 스트레스라는 말은 원래 19세기 물리학 영역에서 '팽팽히 조인다'는 뜻의 라틴어 'stringer'에서 기원하였다. • 의학 영역에서는 20세기에 이르러 Selye(1975)가 '정신적·육체적 균형과 안정을 깨뜨리려고 하는 자극에 대하여 자신이 있던 안정 상태를 유지하기 위해 변화에 저항하는 반응'으로 발전시켜 정의하였다(질병관리청 국가건강정보포털). • 스트레스는 긍정적 스트레스(eustress)와 부정적 스트레스(distress)로 나눌 수 있다. 　- 당장에는 부담스럽더라도 적절히 대응하여 자신의 향후 삶이 더 나아질 수 있는 스트레스는 긍정적 스트레스이고, 자신의 대처나 적응에도 불구하고 지속되는 스트레스로 불안이나 우울 등의 증상을 일으킬 수 있는 경우는 부정적 스트레스라고 할 수 있다. 　- 적절한 스트레스는 우리의 생활에 활력을 주고 생산성과 창의력을 높일 수 있다. 즉, 스트레스에는 긍정적 혹은 부정적 생활 사건 모두가 포함될 수 있으나, 주로 부정적 생활 사건과 관련된 스트레스만을 가리킬 때를 일반적인 스트레스 상황으로 인식하고 있는 것이다.

유아 스트레스	\multicolumn{2}{l	}{• 유아의 스트레스는 크게 자극의 강도에 따라서 '중요한 생애 사건에 의한 스트레스'와 '일상적 스트레스'로 나눌 수 있다(Band & Weize, 1988). • 유아가 느끼는 일상적 스트레스는 중요한 생애 사건 스트레스보다 자극의 강도는 약할 수 있지만 더 빈번하게 발생하기 때문에 영유아가 겪는 다양한 스트레스 요인들 중 가장 복합적인 결과를 발생시킨다고 할 수 있다. 　- 이처럼 영유아기의 반복되는 일상적 스트레스의 경험은 영유아의 신체적·심리적·정서적 발달에 누적되어 해로운 영향을 미치는 동시에 영유아의 잠재력을 위협한다는 점에서 심각한 문제라고 할 수 있다.}
	중요한 생애 사건 스트레스	유아 개인에게 지대한 생활의 변화를 가져오는 상황으로 인한 스트레스이다. ◉ 부모의 이혼 혹은 죽음, 가족 구성원의 죽음, 유아의 장기간 입원, 부모의 실직, 이사, 전학, 부모의 학대 등
	일상적 스트레스	• 유아가 일상생활 속에서 흔하게 경험하는 기분 나쁜 일, 속상한 일, 슬펐던 일, 놀랐던 일 등 사소하지만 부담스러운 일들로, 유아에게 흔히 있을 수 있는 일을 말한다. 　- Parfenoff와 Jose(1989)는 어린이의 일상적 스트레스를 가족관계, 또래관계, 책임감, 심리적 안정감, 건강, 학교, 자아통제, 자아감의 8개 범주로 나누었다.

유아의 감염병 스트레스	• 코로나바이러스감염증-19는 2019년 12월 중국에서 처음 발생한 뒤 전 세계로 확산된 '사람과 사람 사이에 전파되는 감염병'으로, 이로 인해 환경과 일상이 달라진 것만으로도 스트레스를 받을 수 있다. 특히 코로나-19와 같은 신종 감염병은 위험 정도에 관계없이 불안과 혼란을 초래할 수 있다. • 유아의 감염병 스트레스의 사회·정서적 반응은 마스크를 쓰는 등 달라진 환경에 대한 불안과 두려움, 규칙적 생활의 변화로 인한 짜증과 무기력, 집에서 지내는 시간의 증가로 인한 짜증과 답답함, 부모의 부정적 양육과 갈등 증가로 인한 슬픔과 죄책감, 감염된 부모나 가족과의 격리로 인한 불안, 슬픔, 죄책감, 오랜 격리 후 등원 시 불안하고 낯설음 등을 경험할 수 있다는 것이다(육아정책연구소, 2020).

❺ 유아 스트레스 대처방안

유아의 스트레스 증상 파악	• 스트레스를 받은 영유아는 다양한 신체적·정서적 반응을 보이는데, 칭얼거림이 심해지거나 두통·복통 등 신체적 증상이 나타날 수 있고 심한 경우 자폐를 앓기도 한다. • 영유아기 스트레스 증상은 정신건강에 부정적인 영향을 미치고, 이후 부적응 행동으로 이어질 수 있으므로 영유아의 행동과 심리 상태를 주의 깊게 관찰하여 스트레스 정도를 파악해야 한다.

유아의 스트레스 대처를 위한 성인의 역할	• 유아가 자신의 기분을 이해할 수 있도록 도와준다.
	  - 스트레스에 강해지려면 자신의 생각을 잘 파악하고 표현할 줄 알아야 하므로, 유아에게 여러 가지 느낌과 그에 맞는 단어를 말로 표현할 수 있게 알려준다.
	  - 긍정적인 감정은 쉽게 익힐 수 있으므로 유아에게 오히려 부정적인 단어를 많이 알려주는 것이 좋다. 유아가 느끼는 감정이 어떤 것인지 자세한 설명을 통해 이해할 수 있도록 도와준다.
	  - 기분과 감정에 대해 충분히 이해하게 되었을 때 "지금 마음이 어떠니?"하고 물으면 쉽게 영유아의 상황에 접근하고 해결할 수 있다.
	• 유아의 감정을 읽어주고, 좌절에 대하여 이야기할 수 있는 기회를 주어야 한다.
	  - 유아가 어떤 것으로 마음에 상처를 입었는지 빨리 알아채려면 무엇보다 대화를 많이 하는 것이 중요하다.
	  - 유아와 대화를 할 때는 표정으로 그 이야기에 흥미를 보이고 있다는 것을 알려주어야 한다. 대화 중간에 옳고 그름을 따지지 말고, 유아를 쓰다듬어줄 정도로 가까이 앉아서 이야기를 들어준다. 이야기를 다 듣고 나면 유아에게 질책과 충고를 하는 대신, "그때 어떤 기분이었니?", "이제 어떻게 하면 좋을까?"하고 이야기를 더 잘할 수 있도록 유도한다.
	  - 인내심을 갖고 영유아의 이야기를 듣다 보면, 자연스럽게 무엇 때문에 힘들어하는지 알 수 있게 된다.
	• 유아에게 사랑을 표현하여 자기존중감을 높여 준다.
	  - 자신에 대해 건강한 자존감을 가진 영유아는 자기 신뢰가 높고 도전심이 강하기 때문에 자존감이 낮은 영유아보다 스트레스를 잘 이겨낸다. 따라서 교사는 평소에 영유아에 대한 사랑과 칭찬에 인색하지 않아야 한다.
	• 전문가의 지원을 받을 수 있도록 돕는다.
	  - 영유아가 지속적으로 정신건강에 문제를 보이면 놀이치료, 모래상자 놀이치료, 미술치료 등 심리치료와 상담 전문가에게 도움을 받도록 돕는다.

6 유아기의 정신건강 문제

유아기의 정신건강 문제는 성인기와 달리 유아발달에 대한 이해를 토대로 접근해야 하며, 유아가 일부 특정 증상을 보인다고 해서 정신장애가 있다고 단정하기는 어렵다. 또한 유아가 성장해감에 따라 정신건강과 관련된 문제들은 상호 관련성을 지니고 누적되어 일어난다.

분리불안	• 분리불안은 영유아가 집 또는 애착대상과 이별할 때 경험하는 것으로, 발달적으로 볼 때 부적절할 정도로 지나친 불안을 보이는 것이 특징이다.
	  − 영유아는 애착관계가 형성된 대상 인물이나 환경으로부터 격리될 때 복통, 두통, 구토 등의 신체적 이상이나 불편을 호소한다.
	  − 이러한 분리불안은 자기와 대상의 분리를 감지할 수 있는 생후 6~12개월 사이에 나타나 18개월 이후에 절정기에 이르고, 36개월 이후부터는 주 양육자에 대한 심리적·정신적 표상이 생기기 때문에 서서히 사라진다.
	불안감 해소 방안
	• 유아가 느끼는 감정을 충분히 이야기하도록 허용하고 그들의 감정을 수용해준다.
	• 유아가 불안감으로 일상생활에 지장을 초래하는 영역을 탐색하고, 과도한 걱정이 비합리적이라는 것을 인식시켜 준다.
	• 유아가 비합리적 사고를 떠올리면 중지시키고, 걱정에 대한 대안적 사고를 학습시켜 긍정적인 자기표현을 통하여 자신감을 갖도록 도와준다.

반응성
애착장애
	• 반응성 애착장애는 애착이 형성되지 않거나 무분별한 애착을 나타내는 것을 말한다. 고통스러운 상황에 노출되어도 이 장애를 가진 유아는 주양육자에게서 위안이나 지지, 양육, 보호를 얻으려고 하지 않는다.
	  − 반응성 애착장애는 가족 등 주변의 다른 사람과 관계를 맺는 것에 대해 지속적인 두려움을 보이며, 사회적인 상황 전반에 걸쳐 발생한다.
	원인
	반응성 애착장애는 안락함, 자극, 애정 등 영유아의 기본적인 감정적 욕구를 지속적으로 방치하거나 유아의 기본적인 신체적 욕구를 지속적으로 방치하는 경우, 양육자가 반복적으로 바뀜으로써 안정된 애착을 형성하지 못하는 경우에 나타난다.
	진단 및 치료
	• 출생 시 정상이었으나 모성결핍으로 인해 후천적으로 자폐증과 유사한 상태를 나타낸다. 애착이 형성되기 시작하는 9개월 이상부터 5세 이하 유아에게 발생하며, 9개월 이상 된 아이가 1년 이상 증상이 나타날 때 진단을 내린다. 5세가 넘은 유아에게는 주의 깊게 진단해야 한다.
	  − 조기에 발견하여 안정된 환경이 주어지고 어머니와 유아가 함께 치료받으면 정상적인 회복이 가능하지만, 그렇지 못할 경우 지속적인 경과를 보인다.
	  − 반응성 애착장애아는 치료자와 상호작용을 할 수 있어 자폐아에 비해 사회적 상호작용이 좋으나, 언어장애 유아보다는 공격성, 충동성, 반항성 등의 문제행동이 두드러진다.

주의력 결핍 과잉행동장애	• 부주의하고 과잉행동과 충동성 성향을 주요한 특징으로 하는 행동을 말한다. − 주의력 결핍 과잉행동장애 유아는 자신과 비슷한 발달 수준에 있는 다른 유아들보다 당면한 과제에 더 심하게 주의를 기울이거나 주의를 지속함에 있어서 제한된 능력을 보이며(부주의, inattention), 어떤 일을 심사숙고하여 처리하지 못하거나 목적 없이 행동하며(충동성, impulsivity), 활동의 양이 같은 연령의 또래나 주어진 과제에 비해 과도함(과잉행동, hyperactivity)을 나타낸다.

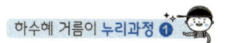

	발병 시기
	발병 시기는 보통 3~6세로 7세 이전에 발병한다.
	증상
	• 주의력 결핍 과잉행동을 보이는 유아는 유아기부터 자극에 지나치게 민감하며 소음, 빛, 온도 등의 환경 변화에 과민반응을 보이고, 잠들기가 어려우며 자주 운다.
	• 걸음마기 이후에는 활동이 부산하고 위험한 행동을 서슴없이 한다.
	• 유치원이나 학교에 가서는 가만히 앉아 있지 못하고, 자리에 앉아도 지나치게 많이 움직이며 손발을 꼼지락거린다. 수업 중에 교사의 지시를 따르지 않으며, 주의가 산만하여 자주 지적을 받는다. 사소한 자극에도 폭발하며, 정서가 불안정하고, 충동성 때문에 참을성이 없거나 실수가 잦아서 자주 사고를 낸다. 학습 장애나 언어장애가 동반되는 경우가 많으며, 이차적으로 정서장애와 행동장애가 흔하게 동반된다.
	• 주의력 결핍 과잉행동을 보이는 유아는 문제행동을 일으키는 경우가 많으며, 주변으로부터 지속적인 부정적 평가를 받음으로써 자존감의 저하, 심리적 위축, 대인관계의 장애 등을 경험하기도 한다. 특히 이들의 산만하고 부주의한 행동은 학업 수행에 부정적인 영향을 끼쳐 학업상의 문제가 두드러지게 나타난다(Stephen, Joseph, Kate & Ming, 1991).
	• 주의력 결핍 과잉행동 유아는 성장한 후에도 대인관계 이상이나 사회 부적응 행동을 수반하므로 조기에 발견하여 치료하는 것이 중요하다.
	치료
	• 주의력 결핍 과잉행동장애의 치료 방법은 약물치료가 가장 효과적인 것으로 알려져 있으나 약물치료만으로는 만족스러운 결과를 기대할 수 없다.
	• 심리치료와 부모교육에 의해 호전될 수 있으므로 유아의 증상 개선과 함께 그 가족의 삶을 변화시키며 심리적 문제도 함께 해결하는 것이 효과적이다.
선택적 함구증	• 선택적 함구증은 발화 능력에 문제가 없음에도 불구하고 특정한 사회적 상황에서 말을 하지 못하는 장애로, 불안장애의 일종이다.
	– 정서적 어려움과 언어 및 사회성 미발달과 연관되어 있으며 빠른 시간 내에 해결되도록 도와야 한다.
	발병 시기
	대개 5세 이전에 발병하며 몇 달 정도 지속되지만 더 오래 지속되기도 하고 몇 년 동안 지속될 수도 있다.
	증상
	• 선택적 함구증의 핵심적인 증상은 언어 기술 능력에 문제가 없음에도 말을 하는 것이 기대되는 특정한 사회적 상황(발표 상황 또는 가족을 제외한 친척 및 교류 관계 등)에서 말을 하지 못하거나 반응이 없는 상태이다.
	– 말을 하지 않는 행동이 1개월 이상 지속되고 학습이나 의사소통을 방해한다면 선택적 함구증이라 볼 수 있다.
	• 선택적 함구증과 동반되는 특징으로는 심한 부끄러움과 사회적으로 어려운 상황에 대한 두려움, 위축, 매달림, 강박적 특성, 거절, 분노 발작, 반항 등이 있으며 사회성과 학업 기능에 심한 장애가 초래되기도 한다.
	• 또래에게 놀림을 당하거나 따돌림을 당하는 경우도 있으며 불안장애, 정신지체, 입원, 극심한 스트레스와 관련되기도 한다.

우울장애		우울장애는 의욕 저하와 우울감을 주요 증상으로 하여 다양한 인지 및 정신·신체적 증상을 일으켜 일상 기능의 저하를 가져오는 질환을 말한다. **발병 시기** 우울장애는 발달 시기에 따라 그 발생 빈도가 달라진다. 평균 20대 중반에 발병하는 경향이 크지만, 12세 미만 아동에게서도 2% 이하로 나타난다. 또한, 유아기에는 남아가 여아보다 높은 유병률을 나타내지만, 청소년기에는 여자가 남자보다 2배 정도의 높은 유병률을 나타낸다. **발병 원인** 영유아기 우울장애에 대한 근본 원인은 아직 밝혀지지 않고 있지만, 유전적·생물신경학적·심리사회적 요인에 대한 연구가 이루어지고 있다. 유전적 요인으로는 가족 내 우울증 환자가 많다는 것, 생물신경학적 요인으로는 신경내분비계의 이상, 신경전달물질의 이상 등을 들며, 심리사회적 요인으로는 부모갈등, 이혼, 아동학대, 성폭행 등에서 우울장애가 높게 발생한다고 본다. **증상** • 우울장애를 가진 영유아는 자주 슬퍼하고 울거나 어떤 일에 대해 희망이 없다고 자주 말하며, 놀이 및 활동에 대한 흥미가 감소하는 증상을 보인다. • 유아는 자신의 상태를 언어로 표현하기 어렵기 때문에 두통, 복통, 야뇨, 식욕부진과 같은 신체증상을 주로 호소하고 문제행동이나 등교 거부 등 행동장애 증상을 나타낸다. **치료** • 일반적으로 우울장애를 '마음이 약해서 생긴 것이다. 마음을 강하게 먹으면 이겨낼 수 있다'며 잘못된 고정관념으로 보는 사람이 의외로 많다. 우울장애는 여러 요인에 의해 뇌 기능의 장애가 나타나는 질환이기 때문에 뇌 기능을 정상적으로 회복시켜주는 치료가 반드시 필요하다. 신속하고 적절한 치료가 이루어질 때 회복율도 현저하게 높아지고 우울증에 따른 장애도 낮출 수 있다. • 유아기 우울증의 치료는 유아의 생물학적 기질, 유전적 취약성, 인지-정서발달수준, 가정환경 등의 다양한 요소를 고려한 다각적 접근이 필요하다. 우울장애는 약물치료, 정신치료, 인지치료, 놀이치료 등을 통해서 문제해결에 도움을 줄 수 있다.
파괴적 행동장애		파괴적 행동장애는 품행장애와 반항성 장애로 나뉜다.

	품행장애	• 비행, 폭력, 공격성 및 일탈 행동과 같이 유아가 다른 사람의 기본권리를 침해하거나, 나이에 적합한 사회적 규범이나 규칙을 위반하는 행동을 지속적이고 반복적으로 보여주는 장애를 말한다.
		• 품행장애는 비사회화된 공격성과 사회화된 공격성으로 구분된다.
		  - 비사회화된 공격성은 불순종, 비협조성, 무분별함, 무례함, 파괴적 행동, 분노폭발 등의 행동을 보인다.
		  - 사회화된 공격성은 나쁜 친구 사귀기, 비행을 일삼는 친구들에 대한 충성, 무단결석, 도벽, 방화 등의 행동을 보인다.
		• 다른 사람들의 감정에 전혀 관심과 공감대가 없으며 자신의 행동에 대한 죄책감이나 자책감이 결여되어 있고 냉담하다. 그리고 평균 이하의 지능을 가지고 있어 좌절에 대한 인내력이 낮고, 자극받기 쉬운 과민한 상태이며, 폭발적인 기질을 동반하는 경우가 많다.

	반항성 장애	• 부모나 선생님 등에게 반항을 일삼는 장애로 거부, 도전, 불복종, 적대행동 등을 나타낸다. • 품행장애와 달리 타인의 권리를 침해하거나 사회적 규범을 어기지 않으며 주의력결핍 과잉행동장애, 학습장애가 동반되는 경우가 많다. 자존심이 낮고 기분의 변동이 심하며 서로 알고 있는 어른이나 친구관계에서 잘 나타난다.

고립		• 또래들과의 관계형성을 원하지 않거나 관계를 형성하지 못하는 경우를 말한다.
		• 지도 방안 : 고립아를 주의깊게 관찰하여 놀이상황, 상호작용 특성 분석 후 지도한다.
		  예 또래와 즐겁게 할 수 있는 놀이를 제공하여 또래와의 관계에서 재미를 느끼게 한다.
		  예 친구들과 놀 때 필요한 사회적 기술을 가르친다.
		  예 배척당하는 영유아가 자신감을 가질 수 있도록 도와주고, 다른 영유아에게 장점을 부각시킨다.
		  예 또래와 잘 어울려 노는 경우, 칭찬과 격려를 제공한다.

틱 장애		• 틱(tic)이란 갑작스럽고 빠르며 반복적·비율동적·상동적인 움직임이나 소리를 말한다. 틱은 나타나는 근육군과 양상에 따라서 단순 틱, 복합 틱과 음성 틱으로 구분된다. <table><tr><td>단순 틱</td><td>순간적인 눈 깜빡임, 목 경련, 얼굴 찡그림이나 어깨 으쓱임 등으로 나타난다.</td></tr><tr><td>복합 틱</td><td>단순 운동 틱과 달리 한 군데 이상의 안면근육 수축, 만지기, 냄새를 맡거나 뛰기, 발 구르기 혹은 욕설행동증과 같은 좀 더 통합적이고 마치 목적을 가지고 하는 행동과 같은 양상을 나타낸다.</td></tr><tr><td>음성 틱</td><td>코와 목구멍을 통하여 흐르는 공기에 의해 생기며 헛기침, 꿀꿀하는 소리, 코로 킁킁거리기, 코웃음 치기와 동물이 짖는 소리 같은 단순 음성 틱이나, 단어, 구 혹은 문맥을 벗어나는 문장, 외설증(사회적으로 용납되지 않는 단어들, 주로 외설스런 욕을 사용), 동어 반복증, 반향 언어증 등 복합성 음성 틱으로 나타날 수 있다.</td></tr></table> – 틱 장애는 뚜렛장애, 만성 운동 또는 만성 음성 틱 장애, 일과성 틱 장애, 달리 분류되지 않는 틱 장애 등 네 가지로 분류된다. **성인에게 요구되는 태도** • 유아의 틱 증상을 일부러 만들어 내는 것으로 오해하는 경우가 많으나, 뇌의 이상 또는 사회·심리적 요인에 원인이 있으므로 부모와 주변에서 이를 이해하고 지지적인 태도로 격려해야 한다. • 유아의 틱 증상에 대한 자세한 관찰이 필요하긴 하지만, 틱 자체에 대해서는 무시하는 태도를 보이는 것이 좋다. – 부모가 유아의 틱 행동에 대해서 극심한 불안감을 표현한다면 유아에게 문제가 될 수 있으니 스스로 조절해야 한다. – 틱 자체에 신경을 쓰기보다는 유아가 틱 증상으로 생활에 영향을 받지 않고 자신감 있게 생활을 할 수 있는 것에 훨씬 더 신경을 써야 한다. • 틱으로 인한 스트레스를 줄여 주기 위해서 유아가 마땅히 해야 할 일들을 줄여 주는 것은 바람직하지 않으며, 아이가 스스로의 스트레스 조절법을 익히도록 도와주어야 한다.

배설 장애	유뇨증	• 밤이나 낮에 침구 또는 옷에 반복적으로 소변을 보는 것이다. • 3개월 동안 주 2회의 빈도로 연속적으로 일어나며, 생활 연령이 5세 이상으로 약 복용이나 의학적 질환에 의한 것이 아닌 것을 말한다. • 야간형, 주간형, 주야간이 있으며, 유발 원인은 지연되었거나 느슨한 대소변 훈련, 심리사회적 스트레스, 낮은 방광용적 및 요농축 능력의 장애가 있다.
	유분증	• 적절치 않은 곳(옷, 방)에 반복적으로 대변을 보는 것을 말한다. • 만 4세가 지났음에도 대변을 가리지 못한다면 발달지연이나 발달지체를 의심해야 한다.
인터넷 중독	\multicolumn{2}{l	}{인터넷 중독이란 컴퓨터 및 인터넷 사용에 있어서 자율적 통제가 불가능할 뿐만 아니라, 과도한 집착이나 충동적인 행동을 보이고 이로 인해 사회적 기능에 장애를 일으키며, 경우에 따라서 우울증, 등원 거부, 충동조절 장애 등의 문제를 일으키는 상태를 말한다. **예방** • 유아가 컴퓨터를 처음 시작할 때부터 사용 시간 등 규칙을 정한다. • 방문한 사이트의 경로를 파악하거나 유해 사이트를 차단할 수 있는 프로그램 등의 도움을 받는 것이 좋다. • 방임적이거나 반대로 권위적·독재적인 부모의 영유아가 인터넷 중독에 더 노출되기 쉬우므로 부모는 자녀와 대화를 자주 하고 일관된 양육 태도를 보이는 것이 중요하다. **인터넷 중독의 예방을 위한 생활 속 지침** • 특별한 목적 없이 컴퓨터를 켜지 않는다. • 컴퓨터 사용 시간을 가족들과 협의하여 결정한다. • 컴퓨터 사용 시간과 내용을 사용일지에 기록하는 습관을 들인다. • 컴퓨터 옆에 알람시계를 두어 사용 시간을 수시로 확인한다. • 인터넷 사용 이외에 운동이나 취미활동 시간을 늘린다. • 인터넷 때문에 식사나 취침 시간을 어기지 않는다. • 스스로 인터넷 사용 조절이 힘들 경우, 시간 관리 소프트웨어를 설치한다.}

스마트폰 과의존
• 스마트폰 과의존이란 과도한 스마트폰 이용으로 스마트폰에 대한 현저성이 증가하고, 이용 조절력이 감소하여 문제적 결과를 경험하는 상태를 말한다.
 - 현저성(salience): 개인의 삶에서 스마트폰을 이용하는 생활패턴이 다른 형태보다 두드러지고 가장 중요한 활동이 되는 것이다.
 - 조절 실패(self-control failure): 이용자의 주관적 목표 대비 스마트폰 이용에 대한 자율적 조절능력이 떨어지는 것이다.
 - 문제적 결과(serious consequences): 스마트폰 이용으로 인해 신체적, 심리적, 사회적으로 부정적인 결과를 경험함에도 불구하고 스마트폰을 지속적으로 이용하는 것이다.

스마트폰 과의존 유아 관찰자 척도

유아 대상 관찰자용(부모 혹은 교사 등) 검사로 실시 결과는 고위험/잠재적 위험/일반 사용자군으로 분류된다.

결과	해석
고위험 사용자군	스마트폰 사용에 대한 부모의 통제에 저항하며 일상생활의 상당 시간을 스마트폰 사용에 소비하고자 하며, 그로 인해 부모-자녀 갈등이나 일상의 놀이·학습 문제, 신체 건강 문제 등이 심각하게 발생한 상태로, 발달을 지체시킬 위험성이 높은 상태이다. ➡ 스마트폰 과의존 경향이 매우 높으므로 관련 기관의 전문적인 지원과 도움이 요청된다.
잠재적 위험 사용자군	스마트폰 사용에 대한 부모의 통제를 따르지 않는 양상이 종종 관찰되며, 그로 인해 부모-자녀 갈등이나 일상의 놀이·학습 문제가 발생하기 시작한 단계로, 발달에 부정적 영향을 미칠 위험성이 존재하는 상태이다. ➡ 스마트폰 과의존 위험을 깨닫고 스스로 조절하고 계획적으로 사용하도록 노력하며, 이를 위한 보호자의 지원이 요구된다. 스마트폰 과의존에 대한 주의가 요망되며, 학교 및 유치원 등 관련 기관에서 제공하는 건전한 스마트폰 활용 지침을 따른다.
일반 사용자군	부모의 통제에 따라 스마트폰 사용 시간이 조절되고 있어서 갈등이 발생하지 않고, 일상생활의 주요 활동이 스마트폰으로 인해 훼손되는 문제가 발생하지 않는 상태로, 발달을 위한 기본 조건을 충족시키고 있는 상태이다. ➡ 스마트폰을 건전하게 활용하기 위한 보호자의 지속적인 점검이 요구된다.

스마트폰 과의존 예방 가이드라인

단계	내용
1단계	**스마트폰 과의존 문제 인식** ① 아이가 스마트폰 작동에 능숙하다고 해서 Smart(똑똑)한 것은 아닙니다. ② 보호자의 스마트폰 과의존도 아이에게 대물림될 수 있습니다. ③ 규칙 없는 스마트폰 이용은 방임일 수 있습니다.
2단계	**사용상태 점검** ④ 보호자가 스마트폰 과의존일 경우, 아이의 과의존 위험이 큽니다. - 성인과 아이 모두 스마트폰 과의존으로 인해 신체·심리·관계·행동 문제를 경험할 수 있습니다. - '스마트폰 과의존 척도'를 활용하여 사용 습관을 확인해 보세요.
3단계	**바른 사용 실천방안 및 대안 제시** ⑤ 아이의 발달단계와 기질을 고려하여 스마트폰 사용규칙을 구체적으로 정하세요. 가정(기관) 내에서도 스마트폰 활용 규칙을 일관되게 지킵니다. ⑥ 학습용 앱보다 책을 읽어주세요. 보호자가 일할 때나 식당, 차 안에서도 스마트폰 대신 놀잇감(장난감, 종이, 그림책, 퍼즐, 블록 등)을 주세요.
4단계	**주변 사람과의 관계형성 강화** ⑦ 아이가 규칙을 지키면 충분히 칭찬하고 격려해 주세요. 아이와 상호작용을 위해 다양한 놀이를 함께해 주세요. - 유아기(만 3~5세)까지의 발달 특성과 보호자와의 유대관계는 아이의 평생 발달에 영향을 미칩니다. 보호자와의 긍정적인 상호작용과 놀이는 아이의 건강한 발달을 위한 가장 효과적인 방법입니다.

Ⅱ 유아영양교육

UNIT 31 영양교육의 이해

#KEYWORD 영양소의 종류(지방, 탄수화물, 단백질, 무기질, 비타민, 물 등), 3대 영양소

1 개념

정의	• 유아에게 영양과 식품에 대한 기초적인 지식을 습득하게 하는 것이다. • 지식을 기초로 식생활에 올바르게 적용할 수 있도록 유도하고, 올바른 식사습관을 형성하도록 교육하는 것이다. • 유아를 위한 영양교육의 내용으로는 식품에 여러 영양소가 포함되어 있고 각 영양소는 우리 몸에서 다양한 역할을 하므로 우리 몸에 필요한 영양소를 균형 있게 섭취해야 한다는 것을 알고 실천하도록 할 필요가 있다는 것이다. • 또한 교사가 유아의 급식과 간식을 계획·관리하고 영양지도를 하기 위해서는 영양소에 대한 지식이 필요하다.

목적	• 영유아기의 충분한 영양 공급은 일생 동안의 성장과 발달에 직접적인 영향을 미치므로, 이 시기에는 음식에 대한 감각과 식습관을 형성해야 한다.
	  - 건강과 영양의 관계를 이해하고, 이에 필요한 지식을 습득할 수 있도록 한다.
	  - 식사에 대한 긍정적인 태도를 가질 수 있도록 한다.
	  - 올바른 식사예절과 식습관을 형성할 수 있도록 한다.

기본 원칙	• 일찍부터 영양교육을 시작한다. • 일관성 있고 통합적인 영양교육을 실시한다. • 영유아의 발달에 적합하도록 교육 내용을 구성한다. • 실천적이며 구체적으로 지도한다. • 유아교육기관, 가정, 지역사회 연계가 지속적으로 이루어지도록 한다.

② 영양소의 분류

- 올바른 영양이란 6대 영양소를 골고루 섭취하는 것을 의미한다. 우리 몸에 필요한 6대 영양소는 탄수화물, 단백질, 지방, 비타민, 무기질, 수분으로, 이 영양소들은 열량을 공급하는 에너지 영양소, 인체를 구성하는 구성 영양소, 신체를 조절하는 조절 영양소로 구분된다.
  - 에너지 영양소는 탄수화물, 단백질, 지방으로 3대 영양소라고 불린다. 에너지 영양소는 우리 몸에 흡수되어 에너지원으로 사용되므로 부족할 경우 무기력하고 피로를 많이 느끼게 된다.
  - 구성 영양소는 단백질, 무기질로, 우리 몸에 흡수되어 근육, 골격, 면역체, 치아, 혈액을 구성한다. 구성 영양소가 부족할 경우 성장 발육 및 면역력에 문제가 생길 수 있다.
  - 조절 영양소는 무기질, 비타민, 물로, 우리 몸에 흡수되어 세포들의 활동을 돕고 혈액순환 및 신진대사활동을 도와 노폐물을 배출하고, 세포 내에 신선한 산소를 공급하는 등 신체기능을 조절하는 역할을 한다. 조절 영양소가 부족할 경우 면역력이 떨어지고 노화가 발생하는 등 성장 및 건강에 문제가 생길 수 있다.

탄수화물	• 탄수화물은 당질이라고 하며, 우리 몸의 주에너지원으로서 몸에 필요한 에너지의 65% 이상을 공급한다. • 탄수화물은 1g당 약 4kcal의 열량이 발생하여 체온을 유지하고, 뇌를 포함한 장기들의 에너지가 되는 등 생명현상의 유지와 활동을 위한 에너지를 내는 필수 영양소이다. - 탄수화물을 대신해 지방이나 단백질이 에너지원으로 사용될 경우 성장이 저해될 수 있으므로 하루 세 끼 식사와 1회 간식을 통해 탄수화물을 섭취할 수 있도록 하는 것이 중요하다. **섭취 부족** 신체활동이 저하되고, 뇌 활동도 원활히 이루어지지 못해 사고력이 떨어지고, 정신건강에도 부정적 영향을 미치며, 피로감을 느끼기 쉽다. **섭취 과잉** 과잉 섭취된 탄수화물은 지방으로 바뀌어 저장되므로 비만을 가져올 수 있다. 이외에도 충치, 당뇨병, 소아비만, 고지혈증 등이 생기는 경우도 있다. **주요 공급원** 고구마, 감자, 밀가루, 쌀, 옥수수, 사탕, 잼, 설탕 등
단백질	• 인체를 구성하는 성분으로, 1g당 약 4kcal의 열량이 발생하여 근육과 골격 등 신체를 구성하고, 체액을 약알칼리 상태로 유지하며 효소, 호르몬, 면역체를 생성한다. 또한 뇌 구성요소의 주성분으로 뇌의 형성과 발달에 중요한 역할을 한다. - 그러므로 영유아는 매일 일정량의 단백질을 섭취해야 하며, 체단백질 합성에 필요한 무기질과 비타민 역시 적절히 공급되어야 단백질의 이용률이 높아진다. **적정 섭취량** 1~2세의 경우 15g, 3~5세의 경우 20g 정도(전체 식사에서 얻는 열량의 13~15% 정도)를 섭취하도록 한다.

| | **구분**
① 동물성 단백질
- 소화흡수율과 체내이용률이 좋지만 포화지방산을 포함하고 있어 우리 몸을 일시적으로 산성화시킨다.
- 따라서 몸의 항상성 유지를 위해 뼈에 있는 칼슘(알칼리성)을 사용하므로 골다공증의 위험이 있고, 각종 암이나 치매질환을 유발하기도 한다.
② 식물성 단백질
- 포화지방산이 없고, 칼로리와 소화흡수율이 낮다.
  - 일반적으로 하루에 적정량의 세 끼 식사 시 동물성 단백질과 식물성 단백질을 균형적으로 구성한다면 단백질 권장량을 쉽게 섭취할 수 있다.

섭취 부족
발육이 저하되고, 근육 강도가 낮아져 쉽게 피로해진다. 또한 질병에 대한 면역력이 낮아지고 뇌 발달에도 부정적인 영향을 미친다.

섭취 과잉
비만을 불러일으킬 수 있으므로 적정량을 섭취하도록 한다.

주요 공급원
육류, 어패류(생선, 조개, 굴 등), 콩류(두부, 콩, 두유), 견과류(호두, 땅콩, 잣), 달걀, 유제품(우유, 치즈) 등

| **지방** | - 지방은 1g당 9kcal의 열량을 내는 우수한 저장 에너지로 다른 영양소에 비해 느리게 연소되고 탄수화물이 소비된 후에 사용된다. 또한 지방은 뇌 조직의 주요 성분으로 뇌 발달에 중요한 역할을 한다. 체온을 유지해주고, 장기 주변에 축적되어 외부의 충격으로부터 장기를 보호하는 등 생명 유지와 성장, 정상적 신체기능에 필수적이다.
- 식사를 구성할 때 가장 적은 비율로 제공한다.

적정 섭취량
2세 이하의 영아는 신체조직과 뇌의 성장 및 발달을 위해 많은 양의 지방이 필요하므로 이 시기에는 지방을 제한하지 않는 것이 좋으나, 2세 이후에는 고지방 식품의 섭취를 점차적으로 줄여 1일 25~40g 정도(하루 총열량의 약 20%)를 섭취할 것을 권장한다.

구분
① 포화지방산(동물성 지방에 많음)
- 상온에서 고체 형태를 띠는 것으로, 섭취하면 몸에 나쁜 콜레스테롤을 혈관에 쌓이게 하여 심혈관계 질환 및 각종 암의 원인이 된다.
② 불포화지방산(식물성 지방에 많음)
- 상온에서 주로 액체 형태를 띠며, 섭취하면 이로운 지방으로 좋은 콜레스테롤 수치를 높이고, 몸에 해로운 콜레스테롤의 수치를 낮추어 심혈관계 질환 및 각종 암의 발병률을 줄이는 효과가 있다.
  - 따라서 유아는 포화지방산과 불포화지방산 식품을 구분하고, 불포화지방산이 포함된 식품을 섭취하는 것이 좋다.

섭취 부족
쉽게 피로해지며, 발육이 저하되고, 피부질환이 일어난다. 또한 인지기능, 학습능력, 시각기능 등에 장애가 발생하여 뇌 활동에도 부정적 영향을 미치게 된다.

섭취 과잉
동물성 지방에는 포화지방산과 콜레스테롤이 다량 함유되어 있으므로 과다 섭취하는 경우 비만, 고지혈증, 심혈관계 질환, 대장암이나 유방암을 일으킬 수 있다.

	주요 공급원 • 동물성 지방(포화지방산이 많음) : 육류, 유제품(우유, 치즈) 등 • 동물성 지방(불포화지방산이 많음) : 등푸른생선(고등어, 꽁치, 참치, 삼치) • 식물성 지방(불포화지방산이 많음) : 기름류(참기름, 들기름, 올리브유), 견과류 등	

비타민	• 비타민은 인체기능 조절 영양소이다. 다른 영양소에 비해 극소량이 필요하지만, 우리 몸에 흡수되어 세포의 활동을 돕고, 신진대사 활동을 통해 노폐물을 배출하며, 세포 내 신선한 산소를 공급하는 등 생명현상을 유지하기 위한 대사 작용에 필요한 영양소이다.
	  − 비타민 B2는 열량 영양소 대사에 활용되므로 성장기에 결핍되기 쉽다.
	  − 비타민 B6는 단백질 합성에 쓰여 단백질 섭취량이 증가할수록 요구량이 많아진다.
	  − 성장기에 조직의 적절한 성장과 발달을 위해서는 충분한 양(40mg)의 비타민 C 섭취가 요구된다.
	• 비타민의 비율을 높이기 위해 매 끼니 2가지 이상의 채소를 섭취하도록 구성하며, 과일, 샐러드나 천연 과일주스 등 비타민을 포함한 간식을 제공할 수 있다.
	구분
	• 비타민은 용해성에 따라 수용성과 지용성으로 나뉜다.
	  ① 수용성 비타민 : 비타민 C와 B군(비타민 B1, B2, B6, B12, 엽산, 나이아신)
	    − 수용성 비타민은 과잉 섭취해도 소변으로 배출되므로 매일 일정량의 수용성 비타민을 섭취해야 한다.
	  ② 지용성 비타민 : 비타민 A, D, E, K
	    − 지용성 비타민은 식품 내 단백질 및 지방을 통해 섭취·흡수된다. 따라서 충분한 지방질을 섭취하면 지용성 비타민도 함께 섭취되고 흡수율도 높아진다.
	섭취 부족
	발열이나 세균성 감염이 일어나기 쉽고, 발병 시에는 다량의 비타민이 소모되므로 더욱 많이 섭취해야 빨리 회복되며 성장에 문제가 생기지 않는다.
	섭취 과잉
	체내에 축적되어 골다공증, 각종 암이나 치매 질환을 유발하기도 한다.	

무기질	무기질은 골격, 치아, 체액, 효소, 호르몬 등을 구성하는 인체 구성 영양소이며, 세포의 활동을 돕고, 혈액순환 및 신경자극 전달을 원활히 하여 인체기능을 조절한다.
	적정 섭취량
	하루에 적정량의 세 끼 식사 시 무기질을 포함하여 균형적으로 구성한다면 무기질은 권장량을 쉽게 섭취할 수 있다.
	섭취 부족
	빈혈이나 근육경련 등 인체기능의 장애, 치아와 뼈 건강 이상, 심장 질환을 일으킬 수 있다.
	종류
	① 칼슘 : 뼈와 치아를 구성하는 기능을 담당한다.
	  • 유아의 골격과 치아 발달을 위해서는 칼슘이 충분히 공급되어야 한다. 유당, 비타민 D 등은 칼슘의 흡수를 돕는다.
	    − 따라서 칼슘의 주공급원인 우유와 유제품 섭취를 적극 권장해야 한다.
	② 인 : 뼈와 치아를 구성하는 기능을 담당한다.
	  • 인은 거의 모든 식품에 골고루 들어 있으므로 유아가 정상적인 식사를 한다면 결핍되지 않지만, 가공식품과 탄산음료에도 인이 들어 있어 과잉 섭취되지 않도록 주의가 요구된다.	

③ 철: 혈액구성의 기능을 담당한다.
- 영아는 생후 4~6개월부터 급성장함에 따라 철분이 결핍되기 쉬우므로 보충이 권장된다. 철분의 필요량은 체격과 성장 속도에 비례하므로 성장기에 철분이 결핍되지 않도록 주의해야 한다.
  - 소고기 등 동물성 식품에 함유된 철분은 식물성 식품에 함유된 것보다 흡수율이 높다. 비타민 C가 함유된 식품을 함께 섭취하면 철분의 흡수율이 증가한다. 따라서 과일, 채소, 주스와 함께 섭취하는 것이 좋다.

④ 아연: 단백질 대사와 관련이 있다.
⑤ 나트륨: 혈액순환의 기능을 담당한다.
⑥ 요오드: 갑상선 호르몬 형성의 기능을 담당한다.
⑦ 마그네슘: 신경자극 전달의 기능을 담당한다.

주요 공급원
칼슘(뼈째 먹는 생선(멸치), 우유, 해조류, 채소류), 인(우유, 견과류, 곡류), 철(어육류, 달걀), 아연(해조류, 우유, 달걀), 나트륨(소금(하루에 10g)), 요오드(해조류), 마그네슘(채소류, 견과류, 곡류)

물

- 인체 내 수분 함유량은 1세 이전에는 체중의 75%, 유아기에는 체중의 70%로 연령이 낮을수록 체중 대비 수분 함유량이 높기 때문에 영아에게 수분 섭취는 매우 중요하다.
  - 이유기를 지난 성장기 유아는 많은 양의 물을 마셔야 한다. 물은 대부분의 식품에 포함되어 있으므로 직접 물을 마시거나 과일, 채소를 섭취함으로써 수분을 얻을 수 있다.
  - 그러나 식사 중에 함께 물을 마시게 하는 경우는 소화와 영양분 흡수를 방해하므로 식사 중에는 물을 마시지 않도록 하는 것이 좋다.
- 물은 영양소의 운반, 노폐물 배설, 세포 형태 유지, 삼투압의 평형, 체온 유지, 뇌 활동 등 중요한 역할을 한다.

섭취 부족
탈수, 발열, 체중 감소, 뇌 활동 저하 등의 문제가 나타날 수 있으며, 체중에서 10% 이상의 수분이 손실되면 생명을 잃을 수도 있다.

섭취 과잉
신장 기능에 문제가 있을 경우 수분을 과잉 섭취하면 부종, 구토가 발생할 수 있다.

적정 섭취량
유아는 대략 하루 8컵 정도(1.5리터 이상)의 수분이 필요하다.

UNIT 32 영양의 관리

1 과잉섭취 저감화

당 저감화	• 당은 충치, 유아 비만, 주의력 결핍과 과잉행동 장애의 원인이 될 수 있다.
	  – 기관에서는 당의 섭취를 감소시키도록 급식 음식의 조리와 간식 제공 시 주의해야 한다.
	당 섭취량 저감 방법
	• 단 음식을 소량 제공하고, 가공식품 대신 자연식품을 제공한다.
	  예) 탄산이나 과일 주스 대신 물과 과일을 제공한다.
	• 조리 시 과다한 물엿이나 설탕의 사용은 자제하고, 물엿 대신 올리고당이나 갈은 과일 등을 사용한다.

나트륨 저감화	• 나트륨 충분섭취량 : 영아(1~2세) 0.7g, 유아(3~5세) 0.9g • 국민 건강 영양조사 : WHO 권고량의 2배 이상 섭취(1998~2008) **과잉 섭취 문제점** • 혈압상승, 뇌졸중, 심근경색, 심부전 등의 심장질환 및 신장질환 발병이 증가한다. • 신장결석 및 골다공증의 위험이 증가한다. **나트륨 섭취량 저감 방법** • 자연식품 섭취 습관을 기른다. • 과일과 채소 섭취를 통해 나트륨 배설을 촉진한다. • 가공식품을 구입하거나 사용하기 전에 나트륨 함량을 확인한다. • 국이나 찌개 등의 국물 섭취를 강요하지 않는다. • 작은 국그릇으로 섭취량을 조절한다. • 외식이나 인스턴트식품 섭취를 자제한다. • 식탁 위에 소금이나 간장을 놓지 않는다. • 간식은 빵이나 과자보다는 과일과 우유로 제공한다. • 라면, 어묵, 햄, 소시지, 감자칩 등의 가공식품을 적게 먹는다. • 소금, 간장 등을 적게 넣는 조리 습관을 기른다. • 짠맛 대신 신맛이나 과일을 이용한다. • 음식에 포함된 소금의 양을 확인하기 위해 염도계를 사용한다.
지방 저감화	지방은 비만, 암, 동맥경화 등과 같은 만성 퇴행성 질환의 발생 원인이 될 수 있다. **과잉 섭취 문제점** • 동맥 혈관 안의 콜레스테롤 축적으로 내경이 좁아져 혈액 운반이 어렵다. • 혈관이 탄력을 잃어 굳게 되며 심장병, 심근경색, 심부전증, 뇌혈 등의 순환기계 질환이 유발된다. • 총 지방의 섭취도 문제지만 최근 동물성 식품 내의 포화지방과 가공식품 내 첨가되는 트랜스지방이 심각한 원인 물질이 된다. **지방 섭취량 저감 방법** • 튀김, 볶음보다는 찜 또는 삶는 방법으로 조리한다. • 닭고기, 오리고기 등의 껍질을 벗겨 사용한다. • 기름 흡수 종이를 사용하여 기름기를 제거한다. • 생선은 기름에 굽는 대신 석쇠나 오븐을 사용하여 굽는다. • 가공식품 구입 시 지방 함량을 확인한다.

❷ 어린이 기호식품 신호등 표시제(식약처)

개념	• 어린이 기호식품의 영양성분 함량을 신호등 색으로 표시하는 것으로, 기호식품의 지방 등 영양성분 함량에 대한 표시를 어린이의 이해 기준에 맞춘 방법이다. - 제품의 앞면에 과잉섭취에 대한 우려가 높은 당류, 지방, 포화지방, 나트륨의 함량에 따라 녹(녹색 신호등: 영양성분 낮음), 황(노란 신호등: 보통), 적색(빨간 신호등: 영양성분 높음)의 신호등 표시를 실시토록 하여 어린이를 포함한 소비자들이 보다 쉽게 식품을 선택할 수 있도록 하였다. - 비만 등이 우려되는 어린이의 영양불균형을 해소하기 위한 제도로서, 저체중 어린이가 무조건 적색을 피하는 것은 바람직하지 않으며 성장기 어린이들의 고른 영양 섭취를 위해 하루 전체 식사를 균형 있게 하는 것이 중요하다.
표시 도안	

❸ 식품구성자전거

식품구성 자전거	 출처: 보건복지부·한국영양학회, 2020 한국인 영양소 섭취기준 활용, 2021

• 식품구성자전거는 한국인 영양소 섭취기준에서 권장식사 패턴을 반영한 균형잡힌 식단과 규칙적인 운동이 건강을 유지하는 데에 중요함을 전달하기 위해, 많은 사람이 이해하기 쉽게 제시하고 있는 식품모형이다.
  - 식품구성자전거는 권장식사 패턴, 식품별 1인 1회 분량과 함께 활용하면 좋다.

생애주기에 따른 식품군별 하루 권장식사 패턴

구분	곡류	고기·생선· 달걀·콩류	채소류	과일류	우유· 유제품류	유지·당류
1인 1회 분량 예시	밥 210g (약 1공기)	달걀 60g (약 1개)	당근 70g (약 $\frac{1}{3}$~$\frac{1}{4}$개)	사과 100g (약 $\frac{1}{2}$개)	우유 200ml (약 1잔)	콩기름 5g (약 1작은술)
영아(만 1~2세)	1	1.5	4	1	2	2
유아(만 3~5세)	2	2	6	1	2	4
아동(만 6~11세)	3/2.5	3.5/3	7/6	1	2	5

※ 아동(만 6~11세)의 수치는 남녀로 구분되어 있음

식품구성자전거의 구성

식품구성자전거의 구성
- 자전거 뒷바퀴의 식품군별 식품: 매일 다양한 식품군별 식품을 필요한 만큼 섭취하는 균형 있는 식사의 중요성을 강조한다.
- 자전거 앞바퀴에 그려져 있는 물: 충분한 물 섭취의 중요성을 의미한다.
- 자전거에 앉아 있는 사람: 규칙적인 운동을 통한 건강 체중 유지의 중요성을 의미한다.

각 식품군
- 각 식품군에 포함된 식품들은 우리나라 국민들이 자주 섭취하는 대표 식품이다.
  - [곡류] 현미밥, 쌀밥, 가래떡/백설기, 국수, 식빵, 시리얼, 옥수수, 감자, 고구마 등
  - [채소류] 당근, 오이, 고추, 브로콜리, 애호박, 배추김치, 김, 표고버섯 등
  - [고기·생선·달걀·콩류] 쇠고기, 돼지고기, 닭고기, 고등어, 오징어, 새우, 달걀, 완두콩, 두부, 호두 등
  - [과일류] 수박, 딸기, 귤, 바나나, 포도, 사과, 블루베리, 자두 등
  - [우유·유제품류] 우유, 치즈, 호상요구르트, 액상요구르트 등
  - [유지·당류] 설탕, 콩기름, 올리브유, 버터 등

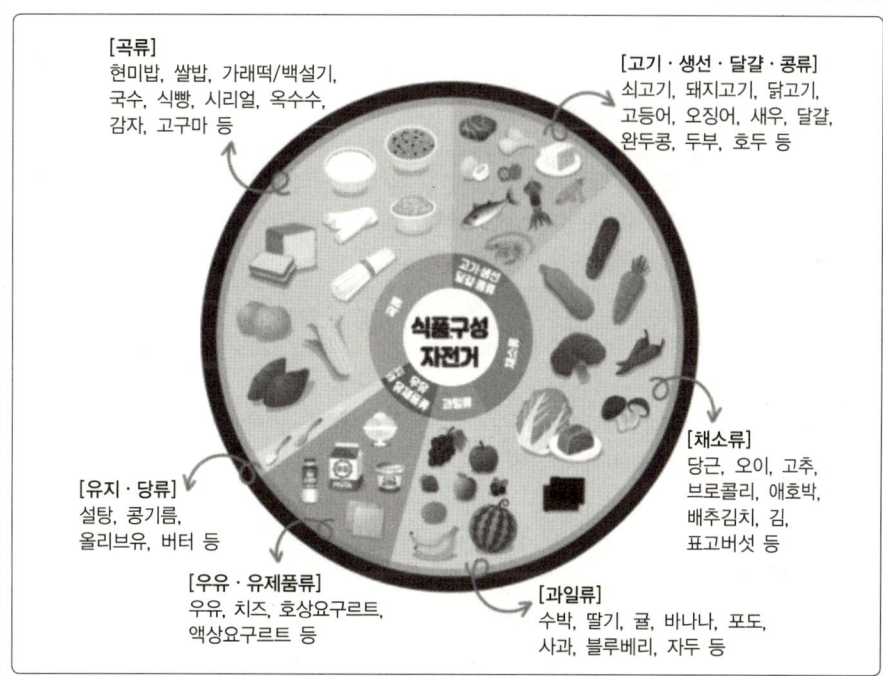

④ 유아 급식을 위한 영양 섭취기준과 개념

유아 급식을 위한 영양 섭취 기준	영양 섭취기준	구분	3~5세
	평균필요량	에너지	1,400kcal
	권장섭취량	단백질	20mg
		칼슘	600mg
		나트륨	900mg
		비타민 C	40mg
		칼륨	2,300mg

영양 섭취 기준의 개념	평균필요량	대상 집단을 구성하는 건강한 사람의 절반에 해당하는 사람들의 일일 필요량을 충족시키는 값
	권장섭취량	평균필요량에 표준편차의 2배를 더한 값(단백질)
	충분섭취량	권장섭취량을 산출할 수 없는 경우에 역학조사에서 관찰된 건강한 사람들의 영양소 섭취수준
	상한섭취량	건강에 유해 영향이 나타나지 않는 최대 섭취수준 영양소의 과잉섭취로 인한 위험을 예방하기 위해 설정

> **참고**
>
> **한국인 영양소 섭취기준**
> 건강한 개인 및 집단을 대상으로 하여 국민의 건강을 유지·증진하고 식사와 관련된 만성질환의 위험을 감소시켜 궁극적으로 국민의 건강수명을 증진하기 위한 목적으로 설정된 에너지 및 영양소 섭취량 기준을 말한다.

⑤ 열량 영양소의 에너지 적정 비율

적정 비율	• 유치원의 급식과 간식 식단은 유아의 영양기준량을 충족시킬 수 있도록 계획해야 한다. − 3~5세 어린이의 1일 섭취 에너지: 1,400kcal − 균형 잡힌 식사의 에너지 구성		
	탄수화물	단백질	지방
	55~65%	7~20%	15~30%

유치원 제공 급·간식의 총 섭취 열량	점심 1회와 간식 2회 공급 기준으로 약 500kcal(약 10% 수준인 50kcal는 변동 가능) 정도로 구성하는 것이 바람직하다.
유아의 수분 섭취량	하루 최소 물 섭취량은 1.2~1.6L이며, 잔으로는 6~8잔이 적절하다.

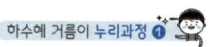

UNIT 33 유아교육기관의 영양관리

#KEYWORD 급·간식지도(유의점, 횟수, 영양소 및 열량의 균형)

❶ 유치원 급·간식

목표	영양이 풍부한 음식을 균형 있게 제공하여 건강한 식습관을 형성한다.
특징	• 유아는 점심과 오전, 오후 간식으로 성장에 필요한 영양의 반 이상을 유치원에서 섭취한다. • 유아의 성장발달을 고려한 균형 잡힌 급·간식을 제공해 줄 필요가 있다. • 유아의 소화능력과 기호를 고려하여 식단을 작성하고 조리해야 한다. • 유아는 식중독 발생과 식품안전사고의 발생에 취약하므로 주의해야 한다.
간식의 필요성	• 성장과 활동에 따른 영양소 필요량이 많으나, 한정된 소화 능력으로 인해 간식이 필요하다. 　- 유아의 단위 체중당 필요로 하는 영양소량은 어른의 2배 이상으로, 많은 영양소가 충족되어야 하나 소화기능이 충분히 발달하지 않았다. 　- 유아의 음식물을 씹는 능력, 소화액의 분비 및 소화기관의 크기로는 세 끼 식사로 충분한 영양소를 공급받을 수 없으므로 간식 섭취가 필요하다. 　- 간식 자체로 즐거움을 유발하기도 하며, 기분 전환의 계기가 될 수 있다.

❷ 식단별 고려사항

오전 간식	• 점심 식사에 영향을 주지 않는 가벼운 간식을 일일 총 열량이 약 5~10% 수준으로 제공한다. • 점심 식사의 2시간 30분 전쯤 제공한다. • 점심 메뉴를 고려하여 간식 식단을 작성하고, 단백질과 열량이 편중되지 않도록 제공한다. 　예 영양소 편중의 사례: 오전 '빵'(탄수화물), 오후 '국수'(탄수화물) **유의사항** • 아침을 먹지 않은 유아들을 고려하여 오전 간식 제공량을 늘리게 되면 점심 식사 섭취량이 줄어들 수 있으므로 유의한다. • 오전 간식은 식사를 대신하는 것이 아니므로, 학부모에게 유아가 아침을 거르고 등원하지 않도록 충분히 안내한다.
점심 식사	• 1일 총 필요 열량에서 2회 간식으로 제공되는 에너지양을 제외한 필요 에너지양의 1/3 수준으로 제공한다. • 열량 계산 시 주재료 외 부재료 및 양념의 열량도 함께 계산한다.

오후 간식	• 일일 총 열량의 약 10% 수준으로 제공한다. • 점심 식사와 2시간 30분의 시간 간격을 두고 제공한다. • 다양한 영양소와 수분의 공급이 가능하도록 구성한다. • 오후 간식은 저녁 식사와 시간 차이가 비교적 긴 편으로 오전 간식보다 비중을 높여 구성한다. • 저녁 식사에 지장을 주지 않도록 적정량을 제공한다.
간식 제공 시 고려사항	• 비타민과 무기질이 간식을 통해 보충될 수 있도록 2가지 이상의 식품을 조합하여 제공한다. • 수분 공급이 가능하고, 소화하기 좋은 식품을 선택하여 제공한다. • 단순 당이 적은 식품을 제공한다. 　- 탄산음료나 당도가 높은 식품의 제공을 제한한다. 　- 바람직한 간식: 제철 과일, 채소 샐러드, 채소스틱, 우유 및 유제품, 감자, 고구마 샌드위치 등 　- 바람직하지 않은 간식: 즉석·가공·냉동 식품 등 　　 예 탄산음료, 라면, 과자, 초콜릿, 젤리, 패스트푸드 등 고열량·저영양 식품 등

참고 주의가 필요한 간식

파인애플	• 생 파인애플 속의 브로멜린이라는 단백질 분해효소는 혀나 구강의 단백질을 분해하여 구강염을 일으킬 수 있으므로 과량을 섭취하지 않도록 하며, 특히 유아가 빨아먹지 않게 주의해야 한다. • 통조림의 경우 당 시럽에 재워져 있으므로 시럽은 되도록 주지 않도록 배려한다.
인절미, 경단 등	찹쌀로 만든 떡처럼 끈적이는 음식은 삼켰을 때 기도가 막힐 수 있으므로 항상 주의하고, 가급적 피하도록 한다.
고구마, 백설기, 강력분으로 만든 빵, 삶은 계란 노른자	수분이 적은 간식으로 퍽퍽해서 삼키기가 어렵고, 목이 메는 경우가 많으므로 반드시 음료와 함께 제공하고, 급하게 먹지 않도록 교사의 세심한 주의가 필요하다.
젤리, 찹쌀떡, 새알심	형태가 유동적이어서 기도를 막을 경우 조금의 틈도 생기지 않게 되므로 항상 주의한다.

❸ 식단 계획

식단작성 순서	1) 1회 공급 영양소량, 식품군별 1일 제공 횟수, 음식의 종류를 고려하여 식단을 작성한다. 　① 1회 공급 영양소량을 결정한다. 　　- 유치원에서 제공하는 급식과 간식의 총 섭취 열량: 약 500kcal(약 10% 수준인 50kcal는 조정 가능) 　　- 학교급식법 시행규칙에 제시된 기준에 따라 점심 1끼 400kcal ± 10%를 기준으로 한다. 　　- 한 번에 많은 양의 음식과 필요한 영양소를 공급할 수 없으므로 급식과 간식을 나누어서 제공한다.

- 유아의 영양필요량을 충족시킬 수 있도록 다양한 식품배합을 통하여 영양적으로 적합한 식단을 구성한다.
- 신체발육에 필요한 칼슘과 단백질이 충분히 함유된 식단을 구성한다.
- 간식은 세 끼의 식사에서 부족할 수 있는 영양소를 보충할 수 있도록 구성한다.

② 산정된 열량의 식사 구성안의 식품군별 1일 제공 횟수를 확인한다.
- 유아의 각 식품군 1일 점심과 간식 제공 횟수를 참고하여 점심은 곡류 1, 고기·생선·달걀·콩류 2, 채소류 3.5를 제공한다.

③ 음식의 종류를 결정한다.
- 음식 품목은 주식, 국 또는 찌개, 주반찬, 부반찬, 김치류 다섯 가지로 구성하고, 주반찬은 육류, 가금류 등 동물성 식품을 재료로 하여 구이, 조림, 볶음, 튀김 등의 조리 방법으로 하며, 부반찬은 채소를 재료로 하여 나물, 무침, 샐러드 등의 형태로 제공한다.
- 다양한 식품을 경험할 수 있게 계획하며, 식재료와 조리법이 반복되면 싫증내기 쉬우므로 어린이들이 선호하는 식품을 고려하여 색감, 질감, 형태, 맛, 조리방법을 다양하게 구성한다.

유의점

① 유아는 저작능력이 약하고 소화 흡수기능이 미숙하여 소화 장애를 일으키기 쉬우므로 기름을 많이 사용한 튀김류, 볶음류, 섬유질이 지나치게 많은 채소, 그리고 큰 덩어리로 조리된 음식을 제공하기보다는 싱겁고 담백한 음식으로 구성하는 것이 바람직하다.
② 새로운 음식을 접하면 거부감을 가지는 경향이 일반적이기 때문에 학기 초에는 적응 기간임을 고려하여 집에서 자주 접하는 익숙한 음식을 제공하고, 소화가 잘 되는 음식으로 구성한다.
③ 냉동·가공식품보다는 천연식품과 제철식품을 이용하여 우수한 영양소를 제공한다.
④ 여름철에는 식중독이 발생하기 쉬우므로 상하기 쉽거나 보관이 어려운 식재료는 사용하지 않는다.
⑤ 향신료는 되도록 적게 사용하여 맛이 자극적이지 않도록 하며, 염분·유지류·단순당류 또는 식품첨가물 등을 과다하게 사용하지 않도록 한다.

2) 식단을 평가하고 수정·보완한다
- 식단 평가 시 영양가 분석을 통해 영양 제공 기준량을 충족하는지 비교하여, 기준을 초과하거나 부족한 열량, 단백질, 기타 영양소는 음식 품목이나 조리법을 조정·수정한다.

3) 필요한 식품 재료의 종류와 양을 파악하고 급식 인원과 재고량 폐기율을 고려한 후 식품 구매량을 결정한다.

4) 기타사항
- (배식) 급식량과 제공 시간을 정하여 규칙적으로 적정량을 배식하도록 계획한다.
- (행정) 유치원별로 책정된 급식비용, 급식 인력, 시설 설비 등을 고려한다.
- (식품 알레르기) 식품 알레르기로 인한 피해를 예방하기 위하여 가정통신문, 보호자 확인 등을 통해 특정식품 알레르기 유병 유아를 파악하여 관리하고, 해당 유아가 식단에 포함된 알레르기 유발 식품을 섭취하는 일이 없도록 예방한다.

식단작성 원칙	• 유아의 영양필요량을 충족시킬 수 있도록 다양한 식품배합을 통하여 영양적으로 적합한 식단을 구성한다. • 신체발육에 필요한 칼슘과 단백질이 충분히 함유된 식단을 구성한다. • 음식을 적절히 변화시킬 수 있는 주기식단(Cycle Menu)으로 구성한다. • 조리는 유아가 소화하기 쉬운 방법으로 하되, 자극성이 강한 조미료의 사용은 자제한다. • 유아의 기호를 고려한 식단으로 구성한다. • 급식량과 제공 시간을 정하여 규칙적으로 적정량을 배식하도록 계획한다. • 간식은 세 끼의 식사에서 부족할 수 있는 영양소를 보충할 수 있도록 구성한다.
주기식단	• 음식을 적절히 변화시킬 수 있는 장점이 있다. • 유아는 어른에 비해 단순한 맛을 좋아하지만 같은 음식이 반복되면 쉽게 싫증을 내므로 이를 고려하여 매일 다른 식단을 구성하는 것이 바람직하다.

이벤트 식단	• 유아들의 흥미를 유도할 수 있도록 하고 음식을 통해 문화와 사회의 중요성을 알 수 있도록 기념일, 계절별 특식, 외국음식의 날 등 이벤트 식단을 제공한다.
	• 유아들이 기념일 및 명절을 알 수 있도록 특별식을 제공한다.
	  - 새해, 정월대보름, 어린이날, 어버이날
	  - 추석(한가위), 크리스마스, 동지
	• 계절별 이벤트와 함께 특별식을 제공한다.
	  - 봄: 봄나물의 날, 딸기 축제, 개학 이벤트 등
	  - 여름: 아이스크림 데이, 수박 축제, 복날, 바캉스 이벤트 등
	  - 가을: 체육대회 날, 할로윈 데이, 가을맞이 이벤트 등
	  - 겨울: 첫눈 이벤트, 어묵/붕어빵의 날, 방학 이벤트 등
	• 유치원에서 다양한 이벤트 날을 정하여 특별식을 제공한다.
	  - 외국 음식 체험의 날
	  - 수다날(수요일은 다 먹는 날)
	  - 사랑한다면 데이(면 요리 먹는 날)
	• 기념일과 이벤트 날에 특별식을 제공할 경우, 해당 유아 가족의 문화 및 종교 등을 반영하여 준비한다.

❹ 식생활 지도의 필요성과 내용

기본적인 식생활 지도	• 식생활 지도는 일상생활, 특히 음식을 먹는 시간을 전후하여 매일 이루어질 수 있으며, 상황에 따라 개별적으로 지도한다. • 교사나 부모가 모범을 보이는 것이 필요하며, 대부분의 식습관은 가정에서 형성되므로 가정에서의 올바른 식생활 지도가 중요하다. - 부모교육이나 가정통신문 등을 통하여 가정에서도 효율적인 식생활 지도가 이루어질 수 있도록 한다.

필요성		• 유아기 발달 특징과 식생활 지도의 필요성 　- 유아기는 자아와 사회성의 발달로 사물을 받아들이거나 거부하는 능력이 형성되면서, 음식에 대한 수용과 거부 의사가 분명해진다. 　- 좋아하는 음식과 싫어하는 음식을 구분하기 시작하므로 이 시기에 식생활 지도가 필요하다. • 올바른 식습관 형성은 신체적, 정서적, 사회적 건강을 형성한다. • 유아기의 좋은 식생활 행동 및 태도는 기본생활습관 형성과 전반적 발달에 긍정적 영향을 준다. • 유아기에 형성된 식습관은 일생에 걸쳐 장기적인 영향을 준다. • 가정의 형태 변화로 인해 장시간 유치원에서 머무르게 되면서 과거 가정에서 지도하던 식습관과 식사예절 지도가 교사의 중요한 생활지도로 바뀌었다. • 최근 가공식품이 증가함에 따라 소아비만 문제가 커지고 있기 때문에 유아기부터 올바른 식품 선택에 대한 교육이 필요하다. • 유아의 식생활 지도 및 관리는 주변 보호자에 의해 이루어지므로 유아 대상 식생활 지도 뿐만 아니라, 유치원 교사와 부모를 대상으로 한 어린이 식생활 지도 교육이 필요한 시기이다.
지도 시기	식사 전 지도	• 식사 전에 손 씻기 • 식사할 자리 깨끗이 하기 　- 식탁과 의자를 바르게 놓고 주변 정리하기 • 배식질서 지키기 • 음식은 먹을 수 있는 양만 가져가기 • 식탁에 앉을 때에는 바른 자세로 앉기 • 친구들이 준비될 때까지 기다리기 • 음식이 식탁에 오르게 되기까지의 과정을 이해하고 애써 주신 분들께 감사하는 마음 갖기 • 식사를 준비해 준 사람에게 감사하는 마음 갖기
	식사 중 지도	• 웃어른이 먼저 식사를 시작한 후 식사하기 • 바른 자세로 먹기 • 식사 도구를 사용하여 먹기 • 흘리지 않고, 천천히 꼭꼭 씹어 먹기 • 밥과 반찬을 교대로 먹기 • 밥과 반찬을 골고루 먹고 편식하지 않기 • 돌아다니지 않고, 제자리에 앉아서 식사하기 • 음식물을 입 안에 넣고 소리를 내거나 말하지 않기 • 적당한 시간 안에 조용히 대화하며 즐거운 분위기로 식사하기
	식사 후 지도	• 입가에 묻은 음식물은 휴지나 수건 등으로 닦기 • 식사 후에도 감사하는 마음 갖기 • 식사 후 주변을 깨끗이 정리하기 　- 식탁과 주변의 자리를 깨끗이 치우기 • 잔반으로 인한 환경문제를 이해하고 남기지 않도록 노력하기 • 자신이 사용한 식기는 정해진 장소에 갖다 놓기 • 식사 후에는 반드시 이 닦기 • 휴식 취하기

UNIT 34 식습관 지도

#KEYWORD 편식 지도 방법

1 편식하는 유아

개념	• 음식에 대한 기호가 강하여 특정 식품만을 선호하고 다른 식품은 거부하는 등 식사의 내용이 한쪽으로 치우치는 식생활을 편식이라고 한다. 　- 편식하는 유아는 골고루 먹지 않고 특정한 식품만을 섭취하게 됨으로써 다양한 식품을 통한 고른 영양의 섭취가 불가능해지고, 특정 영양소만 과다하게 섭취하는 영양장애를 초래할 수 있다. 　- 특정 식품에 대한 거부 감정이 강하고 영양적으로 균형이 깨진 식품 섭취가 계속되며, 그에 따라 발육과 성장이 저해되는 경우 문제가 된다. • 유아기는 식품에 대한 기호가 형성되는 시기이므로 다양한 음식을 편견 없이 경험할 기회가 필요하다. 　- 유아기는 식욕과 식품의 기호가 불안정하여 식품의 성분, 조직, 맛에 대한 개인적인 차이가 크고 쉽게 변할 수 있는 시기이므로 지속적인 관심과 지도가 이루어진다면 편식 교정이 충분히 가능하다.
편식 교정이 필요한 경우	• 일상의 식생활에서 설탕이 많이 든 음료, 과자류에 대한 기호도가 강해 식사에 영향을 미치고, 영양의 섭취가 양적으로 균형을 잃게 될 때 • 개별 식품을 싫어하기보다 생선류, 채소류는 모두 싫어하는 것처럼 해당 식품군별 전체의 음식을 먹지 않는 등 섭취식품 구성에 결함이 있다고 판단될 때 • 식품 선호가 특정 종류에만 편중된 결과로 발육과 영양 상태가 기준에 미치지 못한다고 판단될 때
원인	• 이유식의 지연, 이유기 때 다양한 음식을 먹지 못한 경우 또는 이유기 이후에 편중된 식사를 한 경우 • 먹는 일을 강요당하거나 구토, 복통 등 식품에 관한 불쾌한 경험에 기인하는 경우 • 다양한 식품을 접하지 못한 경우 • 부모와 형제들의 편식 등 가족의 식습관에 영향을 받은 경우
교정 방법	• 낯설어하는 음식은 처음에 조금씩 먹어보면서 경험을 하게 한다. • 싫어하는 반찬은 양을 점차 조금씩 늘려준다. • 조리방법을 다양하게 하는 등 좋아하는 조리방법으로 변경한다. • 식재료 모양을 다르게 하거나 크기를 잘게 하여 섞어준다. • 냄새, 맛, 외관 등으로 인하여 기피하는 경우 좋아하는 식품에 섞어 조리한다. • 식사 시간에는 적당한 공복 상태가 되게 한다. • 편식을 하면 건강이 나빠진다는 것을 설득시키는 교육도 중요하다. • 편식의 문제를 다룬 그림책이나 비디오 등을 이용하여 교육한다. • 친구들과 같이 어울려서 식사하게 하고, 즐거운 식사환경을 만들어 준다. • 식기나 식사 환경을 바꾸어 준다.

	• 요리과정에 유아를 참여시켜 씻기 등 재료 손질을 하면서 식품과 친해지도록 시도할 수 있다. - 요리 활동은 영양교육을 효과적으로 구현하고 전개할 수 있는 대표적인 활동으로, 즐겁고 흥미로울 뿐만 아니라 유아가 식품을 직접 다루면서 영양지식과 식습관 향상에 효과적이다.

2 비만 유아

개념	• 섭취하는 에너지가 사용하는 에너지보다 많아서 체내에 지방 조직이 필요 이상으로 과다한 상태를 말한다.
	  - 영유아기는 체내 지방 축적이 활발히 이루어지는 시기로, 이 시기의 지나친 칼로리 섭취는 비만으로 연결되기 쉽다.
	  - 특히 지방세포의 크기가 늘어날 뿐만 아니라 지방세포의 수가 함께 증가하기 때문에 체중 감량이 쉽지 않고 다시 살이 찔 가능성이 높다.

지도의 필요성	• 소아비만은 대사증후군 및 성인비만으로 연결될 수 있고, 비만은 당뇨병, 고혈압, 고콜레스테롤증, 심혈관 질환 등 성인병을 유발하여 이차적으로 심각한 건강 장애를 초래한다. • 성장기에는 관절에 무리를 줄 수 있으며, 체형과 운동능력 저하로 인한 열등감이 사회·정서적 문제를 유발하기도 한다. • 원인을 파악하고 음식의 종류와 섭취량 조절, 신체적 활동 등을 통해 관리해야 한다.

식사 관리	• 영유아는 성장을 위해 적절한 열량과 영양이 요구되기 때문에 비만 정도를 감소시키기 위해 무조건 음식량을 줄이는 것은 위험하므로 이 시기에는 체중 감소가 아닌 체중 증가의 제한에 초점을 둔다.
	• 현재 체중을 유지하되, 자연적인 키 성장에 따라 현재의 체중이 바람직한 체중이 되도록 관리한다.
	  - 발육기이므로 당질만 제한하고, 단백질이나 지방은 필요량 정도로 줄이되, 무기질, 비타민 등의 영양소는 부족하지 않도록 한다.
	  - 유아기는 다른 시기보다 활동량이 많고 부모가 식사와 활동을 조정해주기에 용이하므로 매일 아침 식사를 하고, 양을 줄인 음식을 조금씩 나누어 제공한다.
	  - 당분과 지방이 함유된 음식 섭취는 줄이는 대신 성장에 필요한 영양분인 단백질, 무기질, 비타민 등의 영양소는 부족하지 않게 공급한다.
	  - 가능하면 아이와 함께 식단을 구성하는 것이 바람직하다.
	  - 또한 염분이 많은 음식을 먹으면 밥이나 빵 등을 많이 먹게 되므로 싱겁게 조리하고, 재료 자체의 단맛을 살려 추가적인 당분을 빼는 것도 좋은 방법이다.
	  - 지방과 당 함량이 많은 과자류 등을 눈에 띄는 곳에 두지 않는다.
	  - 행위에 대한 보상으로 과자나 사탕 등을 먹도록 하는 것은 제한한다.
	  - 탄산음료 등은 피하고, 섬유질이 풍부한 야채와 과일을 충분히 먹는 것이 좋다.
	  - 가능하면 가족들이 모여서 집에서 1주일에 6회 이상 같이 식사하고, 외식의 횟수를 줄이며, TV 시청, 컴퓨터 또는 비디오 게임하는 시간을 축소해 가능하면 하루에 합쳐서 1시간 이상 신체활동을 늘려 줌으로써 몸을 즐겁게 많이 움직이도록 유도하는 것이 바람직하다.

	- 식사와 간식은 정해진 시간과 장소에서만 천천히 먹게 한다. - 혼자 식사하도록 하지 말고, 가족 간 대화를 통해 과식을 방지한다. - 식사는 1일 3회 실시하고, 식사시간을 거르지 않는다. - 식사시간은 20~30분 이상으로 하며 음식은 충분히 씹도록 한다. 음식물이 중추신경계를 자극하여 포만감을 느끼는 데 최소한 20~30분이 걸리므로 가급적이면 식사는 천천히 한다. - 매일의 식사를 기록한다. 매일 먹은 양을 기록하고 평가하는 것은 스스로를 돌이켜 보고 더 바람직한 방향으로 실천할 수 있도록 해준다. • 가족의 역할이 중요하므로, 부모와 유아에게 식품 선택 등의 교육이 필요하다. - 열량, 포화지방, 당분 및 염분 함량이 높은 고열량·저영양 식품을 배제한다. - 성장에 필요한 영양소를 골고루 함유하고 있는 식품이나 음식을 선택하는 방법을 교육한다.
비만 예방과 관리원칙	유아기의 체형은 신장의 성장률이 체중의 성장률보다 빠르므로 약간 마른 체형이 정상 체형이다. | 구분	관리원칙
경도비만	비만도를 20% 이하로 낮추는 데 목표를 두지만 신장이 자라므로 체중 감량보다는 체중 유지를 목표로 한다.
중등도비만	• 식사와 운동 상담이 필요하다. • 합병증 동반 유무를 확인하고, 증상이 동반된 고도 비만이 있으면 체중 감량을 목표로 관리한다.
고도비만		

❸ 식품 알레르기

정의	• 일반인에게는 무해한 식품을 특정인이 섭취하였을 때 그 식품에 대해 과도한 면역반응이 일어나는 것을 말한다. • 알레르기는 외부 물질이나 자극에 대해 신체가 이상 과민반응을 보이는 것으로, 특정한 음식을 먹었을 때 그에 대하여 몸에서 나타나는 과민 상태를 말한다.
증상	• 특정 음식을 섭취하거나 접촉할 때 피부, 호흡기, 순환기 등의 기관을 통해 증상이 발현된다. - 천식, 두드러기, 홍반, 가려움, 복통, 설사, 발열, 구토, 오한 등의 증상이 나타나며, 심한 경우에는 호흡곤란이나 쇼크 상태를 동반하는 아나필락시스(anaphylaxis)를 일으킨다. **식품알레르기 증상** | 피부 (Cutaneous)	위장관 (Gastrointestinal)	호흡기 (Respiratory)	전신적 및 기타 (Other symptoms)
---	---	---	---
두드러기 아토피 피부염 혈관부종 소양성 피부염	구토 설사 복통	천식 비염	심혈관계 신경계 아나필락시스 구강알레르기증후군	 출처:「소아알레르기 호흡기학: 식품 알레르기」, 대한소아알레르기호흡기학회, 2013

	아나필락시스	• 원인 물질(예 식물, 약물, 곤충 독)에 노출된 후 짧은 시간 동안에 여러 기관에서(전신에서) 알레르기 증상들이 동시에 나타나는 현상으로, 심하면 생명을 잃을 수도 있는 상태를 말한다. – 갑자기 발생하는 심각한 전신적 알레르기 반응으로, 호흡곤란, 기절, 저혈압, 쇼크 등이 발생할 수 있다. **증상** • 갑작스럽고 격렬하게 기도가 완전히 닫히면서(기도 막힘), 호흡 곤란, 청색증, 혈압저하, 실신 등이 나타나는 아주 심한 경우도 있다. • 피부발진, 기침, 흉부통증, 호흡곤란, 소양증, 약해진 맥박 등 **예방 대책** ① 원인제거, 중단: 원인을 제거하거나 중단한다. ② 안정, 호흡 확인: 팽팽한 곳에 눕힌 후, 의식과 맥박, 호흡을 확인한다. ③ 119 신고: 빨리 119에 연락하고 도움을 요청한다. ④ 에피네프린 주사: 에피네프린 주사기가 있으면 주사하고 시간을 기록한다. ⑤ 다리 올리기: 다리를 올려서 혈액순환을 유지한다. ⑥ 응급실로 이송: 2차 반응을 예방하기 위해 응급실로 신속하게 이동한다. • 주의(의료기관 진료, 원인물질 파악, 응급대처법 숙지) ➡ 회피(원인물질 회피, 만지거나 섭취 금지) ➡ 조치(119 연락, 도움 요청, 에피네프린 응급주사)
	「알레르기 유발식품 표시제」	• 알레르기 유발식품으로부터 원아의 건강을 보호하기 위하여 유치원급식 식단표에 알레르기 유발식품 정보공지를 의무화하였다(「학교급식법」 개정, 2013. 11. 23.). • 알레르기 유발 식재료의 종류와 공지 및 표시방법(「학교급식법」 시행규칙 제7조) – 공지 방법: 알레르기 유발 식재료가 표시된 월간 식단표를 가정통신문 및 유치원 홈페이지에 안내하고, 주간 식단표를 식사 장소(식당 또는 교실)에 게시 🏛 **식품의약품안전처 알레르기 식품 번호** ① 난류　　⑥ 밀　　　⑪ 복숭아　　⑯ 소고기 ② 우유　　⑦ 고등어　⑫ 토마토　　⑰ 오징어 ③ 메밀　　⑧ 게　　　⑬ 아황산류　⑱ 조개류(굴, 전복, 홍합 포함) ④ 땅콩　　⑨ 새우　　⑭ 호두 ⑤ 대두　　⑩ 돼지고기　⑮ 닭고기　　⑲ 잣

	예방과 생활습관	• 가장 최선의 예방법은 알레르기 반응을 일으키는 음식을 알고 피하는 것이다.
		  – 올바른 진단을 통해 원인 물질(알레르겐)을 정확히 파악하여 섭취를 피하고, 적극적인 약물 치료를 통해 염증을 조절하며, 질환에 따라 면역요법을 시도한다.
		  – 특정식품에 알레르기 반응이 있는 어린이를 위해 피해야 할 식품과 대체식품을 제시한다.
		• 위험이 예상되는 음식은 절대로 먹지 말고, 에피네프린(Epinephrine) 휴대를 통해 응급 시 사용한다.
		  – 에피네프린: 심한 알레르기가 있는 경우 응급처치를 위해 '자가 주사용 에피네프린'을 휴대한다.
		• 팔찌나 목걸이 등의 부착물에 자신이 약물 알레르기가 있음을 표시하는 것이 좋다.

관리 절차	

1) 식품 알레르기 실태 조사 및 파악(「알레르기 조사서」/「식품 알레르기 조사서」)
   - 조사 시기: 학기 초 또는 새로운 유아가 입학할 때 '식품 알레르기 조사서'를 활용하여 알레르기 유병 유아를 1차 선발하고, 학부모와의 면담을 통해 유병 유아의 식품 알레르기 관리 수준을 결정한다.
   - 원인 식품, 식품별 알레르기 증상과 전문가의 진단 여부를 반드시 확인해야 한다.

2) 학부모(보호자) 개별 면담 및 선정(「식품 알레르기 유아의 학부모 동의서」)
   - 학부모(보호자)와 개별 면담을 하여 식품 알레르기 판단 근거가 명확한 병원 진단에 따른 것인지와 진단 병원, 진단 의사, 진단 시기, 검사방법 등을 확인한다.
   - 왜냐하면 식품 알레르기 치료는 원인 식품의 섭취를 차단하는 것이 유일하나, 정확한 지식이 없는 상태에서의 과도한 식품 제한은 오히려 영양 부족과 성장 지연의 위험성을 증가시킬 수 있기 때문이다.
   - 과거 발생한 알레르기 사고에서 반응에 필요했던 음식의 양과 경로(섭취에 의한 것인지, 접촉에 의한 것인지, 흡입에 의한 것인지), 증상, 대응 방법 그리고 응급의약품 처방을 받았는지 여부를 파악한다.
   - 알레르기 유아를 위한 대체식과 제거식에 대해 설명하고, 필요하다면 조리도구의 개별 사용에 대해 논의한다.
   - 알레르기 유아들은 자신이 남들과 다르다는 생각으로 고립감과 우울, 불안 또는 죄책감을 느낄 수 있으므로 식품 알레르기로 인한 심리적인 문제가 나타나는지 확인한다.
   - 식품 알레르기 사고 발생 시 대응 방법에 대한 동의서와 식품 알레르기 관리 수준(대체식, 제거식)에 대한 동의서(「식품 알레르기 유아의 학부모 동의서」)를 받는 것을 권장한다.
   - 동의서 작성은 식품 알레르기 유아의 관리를 위한 가정과 유치원의 역할을 분명히 하여 사고에 따른 분쟁을 예방하는 것을 목적으로 한다. 따라서 동의서에 유아의 식품 알레르기 관리 원칙에 관한 결정 사항을 모두 기재하고 보호자의 서명을 받는 것을 권장한다.

제거식	식단에서 원인 식품을 제거하고 조리한 식단이다. 예 견과류 멸치볶음 ➡ 견과류를 넣기 전에 멸치볶음을 따로 덜어 견과류 알레르기 유아에게 제공한다.
대체식	영양상으로 비슷한 식품을 선택할 수 있도록 알레르기 유발 식품과 같은 식품군 내에서 선택하여 대체식을 제공한다. 예 우유 알레르기가 있는 유아에게는 두유를 제공한다. 그러나 대체식품 선택 시 단백질의 유사성으로 인해 교차반응이 있을 수 있으므로 이를 확인해야 한다.
교차반응	식품 간에 알레르기 유발 단백질의 구조적 유사성 때문에 발생하는 현상이다.

3) 관리대상 기록카드 작성(권장사항)(「식품 알레르기 관리대상 유아 기록카드」)
   - 식품 알레르기 조사서와 심층 상담을 통해 유아의 원인 식품, 진단, 증상 반응 위급도, 영양 위험, 심리적 문제, 식사 관리 방법, 수업 중 관리 방법 등을 기록한 관리대상 기록카드 작성을 권장한다.

4) 식품 알레르기 관리 준비
   - 즉각적이고 위급한 상황이 발생할 수 있으므로 원장, 교사, 영양교사, 조리사 등 해당 관계자들은 관련 원아의 알레르기 정보를 공유하며 식단, 행사, 수업에 따른 조치 방법에 대해 논의한다.
   - 소량으로도 반응이 보이는 유아가 있는 경우 관련 유아의 가정과 논의하여 유치원 내에 별도 조리기구 준비를 권장하며, 해당 유아를 위한 조리·배식을 명확하게 표시하여 사용한다.

5) 식품 알레르기 관리 실행
   ① 메뉴 및 조리 과정 관리
      - 관리대상 기록 카드를 기반으로 식품 알레르기 현황표를 관리하고, 알레르기 현황표에는 유아의 이름, 반, 알레르기 식품, 그리고 대체 식품을 기록한다.
      - 유아의 영양 불균형을 막기 위해 대체식품은 같은 식품군 내에서 제공하되, 식품 간 교차반응이 우려되는 유아의 경우 제거식 혹은 다른 식품군의 식품으로 대체하는 것을 권장한다.
      - 대체식의 보존식도 별도로 보관하며 알레르기 유아의 급식 제공 내용을 기록하여 관리한다.
   ② 식사 시간 관리
      - 교실에서 배식 시 유병 유아 본인을 확인하고 담임교사가 메뉴표와 급식내용을 다시 확인하여 배식한다.
      - 담임교사는 유병 유아를 눈으로 확인하기 쉬운 자리(담임의 앞이나 옆 등)에 위치시키되 유아가 압박감을 받지 않도록 지도한다.
      - 교사는 식사 중에 해당 유아를 관찰하여 친구에게 음식을 받아먹거나 증상이 나타나지 않는지 관찰한다.
      - 다른 친구가 먹고 있는 알레르기 유발식품에 닿지 않도록 배려하고 특히 뒷정리나 급식 후 청소할 때 다른 아이의 알레르기 유발식품에 닿지 않도록 유의한다.
      - 대체식은 친구들과 유사한 식판에 제공하여 남들과 다른 음식을 제공받는다는 느낌이 들지 않도록 한다.
   ③ 수업 관리
      - 식품사용 수업 중 알레르기 유발 식품을 이용하여 수업하게 될 때에는 가능하면 수업에서 배제(소외)되지 않도록 해당 유아의 가정과 함께 대체 방법(예 비닐장갑 사용, 마스크 사용)을 모색한다.
6) 그 외
   유치원에서 처음 먹어보는 식품들이 있을 때 처음으로 알레르기를 나타낼 수 있으므로 증세 발현 시 정보를 기록(식사일기)하고 부모에게도 알려야 한다.
   - 급식 재료를 상세히 기입한 식단표를 가정에 사전 배포하고, 배식할 때 대상자에 대한 식사 지도가 필요하다.

Plus

알레르기
- 면역 체계가 정상적이고 무해한 물질에 부적절하게 반응하는 것으로 일반적으로 재채기, 눈물, 눈 가려움, 콧물, 피부 가려움, 발진을 유발한다.
- 약물 복용에 의해 유발되는 약물 알레르기, 특정 음식 섭취에 의해 유발되는 음식 알레르기, 먼지 또는 동물의 비듬이나 곰팡이 흡입에 의해 유발되는 알레르기, 특정 물질과의 접촉에 의해 유발되는 알레르기, 곤충에 물리거나 쏘임으로 인해 유발되는 알레르기 등이 있다.

아나필락시스

- 음식, 약물, 곤충독 등 알레르기 원인 물질에 노출된 후 짧은 시간 동안 갑작스럽게 전신적으로(여러 기관에서 동시에) 중증 알레르기 증상이 나타나는 것을 의미하며, 단시간 내에 여러 장기를 침범하여 초기에 적절히 치료하지 않으면 생명을 잃을 수 있는 질환이다.
- 처치: 에피네프린을 사용한다.
    - 급증상이 있는 원아의 경우, 의사 처방을 받은 에피네프린을 학부모로부터 전달받아 비치한다.
    - 위급할 때 사용해야 하므로 원내의 교사와 해당 관계자들이 아는 곳에 잠금장치를 하지 않고 비치하며 상태를 주기적으로 확인한다.
    - 주사 후 호전되었다 하더라도 2차 반응이 올 수 있으므로 반드시 의료기관으로 이송하여 충분한 기간 동안 관찰해야 한다.

❹ 당뇨

특징	• 인슐린 주사를 통해서 혈당의 정상 범위를 유지한다(소아과: 하루 2~3회 주사 권장). • 음식을 많이 먹으면 혈당치가 증가하고, 적게 먹으면 혈당치가 감소한다.
유의점	• 당뇨병이 있는 유아의 혈당량이 감소될 때 나타나는 특별한 징후를 관찰해야 한다. • 혈당이 떨어지면 허약함, 졸음증, 무기력 등이 나타나며, 이때 아이에게 당질의 흡수가 용이한 음식을 제공한다. • 당뇨의 식이요법은 음식의 양과 종류의 조절이 필요하므로 보호자와 유아의 식사에 대한 논의가 필요하다.

❺ 설사

원인	면역력이 약한 유아에게 흔하게 나타나는 질병으로, 유해물질에 의한 장의 자극, 환경의 변화 등에 의한 스트레스, 감염, 식중독 등에 의해 나타난다.
해결 방안	• 약제를 사용하거나 절식과 수분 공급을 충분히 하는 식사요법을 사용한다. • 초기에는 약간의 당이 포함된 수분을 공급하다가 점차 섭취량을 늘려간다. • 증상이 발생하면 당질 또는 지방 함량이 높은 음식, 소화 및 흡수가 어려운 섬유소를 제한하는 식사를 권장한다. • 사과의 펙틴은 수분을 흡수하여 점도 있는 변을 만드는 작용을 하므로 좋은 식품으로 권장된다. • 익은 바나나는 손실된 칼륨의 급원으로 제공할 수 있다.

유의점	• 너무 차갑거나 뜨거운 음료는 장을 자극해 장운동을 증가시켜 설사를 악화시킬 수 있다. • 설사와 함께 열과 구토가 동반될 경우와 묽은 설사가 자주 반복될 경우 즉각적인 조치가 필요하다. • 전염성 질환에 의한 설사 시 위생을 깨끗이 하지 않으면 다른 어린이에게 음식 외에도 장난감 등으로 인한 감염이 일어날 수 있으므로, 심한 설사를 하는 어린이는 격리하고 상태를 지켜보도록 한다. • 심한 설사의 경우 24~48시간 동안 아무것도 먹이지 말고 병원으로 옮겨 정맥주사로 전해질과 수분을 공급한다. • 미약한 설사 시에는 24~48시간 동안 음식을 제한하고 설사로 인한 탈수증을 예방하는 차원에서 손실된 수분과 전해질 보충을 위한 액체를 공급한다.

6 빈혈

빈혈	신체가 필요로 하는 단위체적 내 적혈구의 수와 크기, 산소를 운반하는 헤모글로빈의 양이 감소된 상태로서, 호흡곤란, 안면창백, 현기증, 귀울림, 두통이나 식욕부진 등의 증상을 보인다.
유아 빈혈	철분결핍성 빈혈로서, 신체의 빠른 성장에 따라 혈액량이 급격히 증가하는 데 비해 필요한 철분의 공급은 충분히 이루어지지 못하기 때문에 생기는 증상이다.
예방 방법	• 식사로 충분한 철분을 공급하고, 철분이 첨가된 식품을 섭취한다. • 철분 흡수가 잘 되는 동물성 식품을 충분히 섭취한다. • 체내흡수와 이용을 돕는 동물성 단백질과 비타민 C, 기타 비타민류도 충분히 섭취한다.

7 식욕부진

원인	• 유아기는 식욕과 음식에 대한 기호가 불안정한 시기이다. • 성장이 완만해지면서 일어나는 일시적 현상일 수 있다. • 욕구불만, 운동부족, 지나친 간식 등 다양한 이유로 발생한다.
해소 방안	• 식품의 재료와 조리법을 다양하게 사용한다. • 음식의 색채와 외양, 그릇 등에 변화를 주어 흥미를 유발한다. • 식사와 간식 시간 및 내용을 조절한다. • 적당한 운동으로 공복감을 유발한다.
유의점	강제적 섭식을 강요하는 것은 정서적 불안을 일으켜 식욕감퇴를 더 심화시킬 수 있다.

III 유아보건교육

UNIT 35 기관에서의 위생관리

❶ 개인위생

(1) 작업자 건강확인

		건강 이상(감염증, 상처 등)이 있는 종사자가 급식(배식 포함)에 참여하는 경우 이러한 종사자를 통해 세균 및 바이러스 등에 오염되어 식중독이 발생할 수 있으므로, 적절한 치료 후 작업에 참여하도록 하거나, 작업에서 배제시키는 등의 조치를 취해야 한다.
건강진단	채용 시 건강진단	• 영양교사·영양사, 조리사, 조리원, 배식 및 운반 인력, 조리 보조 인력 채용 시, 일반 채용 신체검사서와 「식품위생법 시행규칙」 제49조 및 「학교급식법 시행규칙」 제6조제1항에 의한 건강진단을 통하여 건강 상태를 확인한다. • 급식 관계 종사자(식재료 공급업체 포함)는 「학교급식법 시행규칙」 제6조제1항 규정에 의거 검진일 기준 6개월에 1회 건강진단을 실시하고, 그 기록은 2년간 보관하도록 한다(다만, 폐결핵검사는 연 1회 실시할 수 있음). ※ 건강진단 항목 : 장티푸스, 파라티푸스, 폐결핵
	정기 건강진단	식품취급 및 조리작업자는 「학교급식법 시행규칙」 제6조제1항 규정에 의거 검진일 기준 6개월에 1회 건강진단을 시행하고, 그 기록은 2년간 보관하도록 한다. 다만, 폐결핵검사는 연 1회 실시할 수 있다. ※ 조리종사자 외 교직원 등은 가급적 6개월에 1회 건강진단 실시 권장
	비정기 건강진단	감염병 유행 시 또는 필요시에는 비정기 건강진단을 받도록 하여 조리 종사자의 건강이상 여부를 확인한다.
작업 중 아프거나 다친 종사자 관리		• 아프거나 다친 종사자는 즉시 관리책임자에게 보고하고, 식품이나 기구를 오염시킬 우려가 있다면 바로 작업을 중지시키도록 한다. • 발열, 복통, 구토, 황달, 인후염 등의 증상이 있는 자는 식중독이 우려되므로 조리 작업에 참여시키지 않으며, 의사의 진단을 받도록 한다. 특히, 설사자의 경우 조리 작업에 참여하지 않도록 주의를 기울여 관리한다. • 본인 및 가족 중에서 법정감염병(콜레라, 이질, 장티푸스 등) 보균자, 노로바이러스 질환자가 있거나, 발병한 경우에는 완쾌 시까지 조리장 출입을 금지한다.

(2) 개인위생 및 위생복장

- 머리카락, 손 등의 이물질에 의해 식중독이 발생할 수 있으므로 급식종사자의 개인위생 관리 및 위생복장 착용은 식중독 예방에 매우 중요하다.
  - 작업 시 위생복, 위생모, 위생화, 마스크 등 위생복장을 착용하여야 하고, 위생복장은 되도록 밝은 색상으로 구비하여 청결하게 관리해야 한다.
- 배식 시 배식담당자는 위생모, 장갑, 마스크를 착용한다. 특히 교실 배식인 경우, 배식 교사는 배식용 앞치마로 교체하고 배식한다.

위생복장 용도별 구분	고무장갑/ 앞치마	• 모든 식재료는 맨손으로 취급하지 않는다. • 용도별(전처리용/조리용/배식용/청소용 등)로 구분하여 사용해야 하며, 작업 변경 시마다 교체하거나 세척·소독한다. • 사용 후 장갑과 앞치마는 세척·소독 후 건조시켜야 하며, 용도별로 섞이지 않도록 주의한다.
	행주	• 작업별(조리용/배식용/청소용)로 구분하여 사용할 수 있도록 준비하며, 사용 전·후 행주 보관 용기를 지정하여 구분 보관하도록 한다. • 사용 후 100℃에서 5분 이상 삶아 건조하여 사용한다.
	칼/도마	칼이나 도마의 균이 다른 식재료에 쉽게 옮겨 교차오염이 생길 수 있기 때문에 용도별(육류용/어류용/채소용/가공식품용/완제품용)로 구분하여 사용한다.

(3) 손 위생

손 위생	• 우리 손에는 육안으로 확인되지 않는 미생물들이 존재하며, 조리작업 과정 동안 식재료, 식기구, 음식 등을 오염시켜 식중독을 일으킬 수 있다. - 따라서 이러한 미생물로 인한 오염을 예방하기 위해서는 올바른 손 위생이 매우 중요하다.

손 위생 시설 및 교육	• 식품 취급 전 반드시 손 씻기를 실시해야 한다.
	• 모든 식재료는 맨손으로 취급하지 않으며, 작업장에서는 맨손이나 팔의 노출을 최소화하도록 한다.
	• 세면대에는 손세정제(비누), 손톱솔, 손소독제, 1회용 페이퍼타월, 휴지통을 구비하고, 알코올 손소독제의 경우 유효기간을 확인한다.
	• 손 건조는 1회용 타월 이용을 권장하며, 휴지통은 페달식이 바람직하다.
	• 수도꼭지는 페달식 또는 전자 감응식 등 직접 손을 사용하지 않고 조작할 수 있는 것이 좋다.
	• 급식소 관리자는 직원의 손 위생을 관리감독 해야 하며, 적절한 손 씻기에 대한 주기적인 교육을 실시해야 한다.
	• 손 위생시설 근처에 손 세척 방법에 대한 안내문이나 포스터를 부착하여 올바른 손 씻기를 할 수 있도록 교육한다.
	• 올바른 손 씻기
	  ① 손 표면의 지방질 용해와 미생물 제거가 용이하도록 40℃ 정도의 온수를 사용해 손을 씻는다.
	  ② 물로만 씻지 말고, 반드시 세정제(비누)를 사용해 씻는다.

③ 손톱솔로 손톱 밑, 손톱 주변, 손바닥, 손가락 사이 등을 꼼꼼히 문질러 눈에 보이지 않는 세균과 오물까지도 제거한다.
④ 비누로 거품을 충분히 내어 팔 윗부분과 손목을 거쳐 손가락까지 깨끗이 씻고 반팔을 입은 경우에는 팔꿈치까지 씻는다.
- 손바닥을 마주대고 문지른다.
- 손등과 손바닥을 마주대고 문지른다.
- 손깍지를 끼고 문지른다.
- 손가락을 마주잡고 문지른다.
- 엄지손가락을 다른편 손가락으로 돌려주면서 문지른다.
- 손가락을 반대편 손바닥에 놓고 문지르며 손톱 밑을 깨끗하게 한다.

※ 흐르는 물에 비누로 30초 이상 씻는다.

⑤ 10초간 물로 충분히 헹군다.
⑥ 1회용 종이타월이나 건조기를 이용해 손을 건조시킨다.
- 수도꼭지 등 재오염될 수 있는 기구, 설비에 닿지 않도록 주의해야 한다.
- 식품작업에 사용하는 고무장갑도 손에 준하여 관리한다.
⑦ 손소독용 알코올을 분무한다.
⑧ 자연건조시킨다.

유의점
- 수건은 교차오염 등의 우려로 사용을 지양한다.
- 로션은 세균에 필요한 수분과 양분을 공급하여 세균이 번식하기 쉬우므로, 손에 로션을 바르지 않는다.
- 작업으로 돌아가기 전에 손을 오염시키지 않도록 하기 위해서, 화장실 문을 열 때는 손을 말린 종이타월을 이용하여 열도록 한다.

2 식재료 관리

개념	식재료 검수란, 구매한 식재료의 품질 및 신선도(원산지, 포장상태, 식품온도, 유통기한, 규격, 수량 등) 여부를 점검하는 과정을 말한다.

식품 사용 및 보관	• 부패·변질된 식품 사용 금지
	• 검사받은 축산물 사용
	• 허가받지 않은 원료 및 식품 사용 금지
	• 무표시 원료 및 식품 사용 금지
	  - 직접 제조 식품 표시사항 라벨지 부착, 소분 식품 표시사항 라벨지 부착
	• 식품보관기준 확인 후 보관방법에 맞춰 보관
	• 식품, 비식품을 구분하여 보관
	• 식품은 바닥이나 벽면으로부터 15cm 이상 떨어진 곳에 보관
	• 식품 소분 보관방법 및 주의사항
	  - 식품표시사항 확인하고 라벨지 작성하기, 식품표시사항 보관하기, 소분용기 주기적으로 세척하기, 소분용기 안에 숟가락 넣지 않기, 소분 전용용기 사용하기

3 공정관리

- 공정: 검수된 식재료가 음식으로 제공되기 위해 이루어지는 전처리, 조리 등의 과정을 의미한다.
  - 식중독을 예방하기 위해서는 전처리 및 조리과정에서 미생물 증식을 예방하거나 허용 수준 이하로 감소시킬 수 있도록 공정을 관리하는 것이 중요하다.

(1) 전처리

개념	• 전처리: 식재료 원물을 조리에 필요한 상태나 규격으로 만들기 위해 다듬기, 세척, 절단하기를 수행하는 단계로, 식재료에 따라서 해동이나 생채소·과일의 소독이 포함될 수 있다.
	  - 전처리 과정에서 식재료의 교차오염이 일어나지 않도록 주의하고, 전처리된 식재료는 장시간 실온에 방치되지 않도록 한다.
	• 전처리용 작업대와 싱크대는 식재료별(채소류, 육류, 어패류)로 구분하여 작업하는 것이 원칙이다.
	  - 구분 사용이 어렵다면 ① 채소류 ➡ ② 육류 ➡ ③ 어패류 ➡ ④ 가금류 순으로 작업하되, 취급하는 식재료 종류가 끝난 다음 반드시 작업대와 싱크대를 세척·소독한 후 다른 식재료를 취급해야 한다.
	  - 육류, 어패류, 가금류의 경우, 조리에서 가열을 통해 식중독균을 제거할 수 있으나, 채소류는 생으로 섭취하는 경우가 많아 교차오염을 피하기 위해 가장 먼저 전처리하며, 캠필로박터나 살모넬라 등 식중독균 오염 가능성이 높은 생닭은 가장 나중에 전처리한다.

식재료 소독	• 가열조리하지 않은 채소 및 과일은 100ppm의 염소소독제를 제조하여 소독한다. • 테스트페이퍼를 사용하여 소독액 농도를 확인한다. • 5분간 침지하여 소독하고 충분히 세척한다. • 채소나 과일을 물이나 베이킹소다, 식초 등으로만 세척할 경우 미생물이나 기생충에 의한 식중독 위험이 있다. 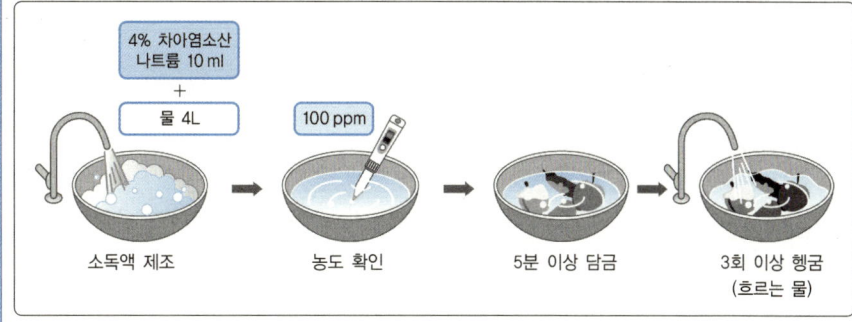 ↖ 염소소독제 제조방법

올바른 해동		해동 : 냉동 식재료를 녹이는 과정으로, 올바른 해동 방법(냉장 해동, 유수 해동, 전자레인지 해동)을 사용해야 위생적 해동이 가능하다.
	냉장 해동	• 급식소에서 해동할 경우, 5℃ 이하 냉장실에서 해동하는 것을 원칙으로 한다. − 이때 해동하는 식품의 원료명과 해동 시작 시간이 기재된 '해동 중' 표식을 부착하며, 해동 중 다른 식품을 교차오염시키지 않도록 분리한 상태로 냉장고 하단에서 실시한다.
	유수 해동	급속 해동이 필요할 때는 흐르는 물(21℃ 이하)에서 해동하며, 이때 물이 식품을 오염시키지 않도록 내포장 그대로 혹은 위생팩에 넣어 밀봉상태가 유지되는지 확인하며 해동한다.
	전자레인지 해동	• 식재료 양이 적은 유치원급식에서는 전자레인지 해동도 가능하다. − 해동프로그램이 설정된 버튼을 작동한다. − 해동한 식품은 내부 온도가 균일하지 않고, 온도가 상승한 부위에서 식중독균이 증식할 우려가 높기 때문에 즉시 사용하며, 재동결하지 말아야 한다.
교차오염	개념	교차오염이란, 미생물에 오염되지 않은 식재료나 음식물이 미생물에 오염된 식재료, 칼이나 도마 등의 기구, 종사자와의 접촉 혹은 작업과정 중에 오염되는 것으로 식중독 발생의 주요 원인에 해당한다.
	예방 − 용도별 구분 사용	• 칼·도마 − 칼이나 도마의 균이 다른 식재료에 쉽게 옮겨 교차오염이 생길 수 있으므로, 용도별(채소용, 육류용, 생선용(어류용), 가공식품용, 완제품용 등)로 구분하여 사용한다. • 행주 − 용도별(조리용, 청소용, 배식용 등)로 구분하여 사용함으로써 교차오염을 방지해야 한다.

(2) **공정관리 분류와 공정별 중요관리**

비가열조리 공정	정의	가열이 전혀 없는 조리 공정을 말하며, 생으로 제공되는 채소 및 과일의 세척·소독이 중요하다.
	대표음식	무침, 겉절이, 냉채, 샐러드, 과일
	공정흐름	전처리(세척·소독) ➡ 조리(소독 후 절단) ➡ 조리(혼합) ➡ 배식
	중요관리 : '생채소, 과일의 세척·소독'	• 물, 베이킹소다, 식초 등으로만 세척할 경우 미생물이나 기생충에 의한 식중독 위험이 증가한다. • 생채소·과일의 세척·소독은 용기세척, 세척, 헹굼, 소독, 헹굼의 5단계로 진행한다. • 살균효과를 높이기 위해서 소독 전 반드시 충분히 세척해야 한다.

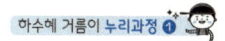

			• 세척방법 ① **용기세척**: 세척제로 충분히 세척한 후 70% 알코올을 분무하여 살균한다. ② **세척**: 깨끗한 물이나, 제1종의 야채용 세제를 이용하여 과일 및 채소를 세척한다. ③ **헹굼**: 1차 세척된 과일 및 채소를 깨끗한 물로 충분히 헹군다. ④ **소독**: 식품첨가물로 인정된 살균제로 침지하여 살균한다. ⑤ **헹굼**: 깨끗한 물로 살균된 과일 및 채소를 헹군다.
가열조리 공정	정의		가열 후 바로 제공되는 조리 공정을 말하며, 가열하는 온도-시간관리가 중요하다.
	대표음식		국, 찌개, 탕, 찜, 볶음, 조림, 튀김, 전
	공정흐름		전처리(세척·소독) ➡ 전처리(절단) ➡ 조리(가열) ➡ 배식
	중요관리: '가열'		• 식품을 올바르게 전처리해도 미생물이 남아 있으며, 조리과정에서도 오염이 일어날 수 있다. 따라서 식중독 미생물을 완전히 사멸시키거나 안전한 수준으로 관리하기 위해 충분한 온도로 식품을 가열조리한다. • 중심온도(밥·국 제외) 　- 75℃ 이상 / 1분 이상: 육류, 가금류, 달걀류, 생선류 　- 85℃ 이상 / 1분 이상: 패류 • 중심온도 측정방법 　- 조리 식품 중 가장 두꺼운 부위 온도를 측정한다. 　- 1회 조리 분량마다 3회 이상 측정한다. • 중심온도 측정 순서 ① 탐침온도계와 소독제 준비 ② 가열조리 ③ 온도계 소독 ④ 식품의 중심온도 측정 ⑤ 온도측정 후 온도계를 세척소독 및 건조보관 • 탐침 온도계 관리 　- 뜨거운 식재료와 접촉하는 기구는 스테인리스 등 내열성 조리기구를 이용한다. 　① 흐르는 물에 이물질 제거 　② 세제로 닦아내기 　③ 먹는 물로 헹구기 　④ 소독 건조 후 보관

가열조리 후 처리 공정	정의	가열 후 수작업이나 냉각 등의 처리를 거쳐 제공하는 조리 공정을 말하며, 가열하는 온도-시간관리와 가열 후의 2차오염 방지가 중요하다.
	대표음식	볶음밥, 비빔밥, 잡채, 나물
	공정흐름	전처리(세척·소독) ➡ 조리(절단) ➡ 조리(가열) ➡ 조리(혼합) ➡ 배식

	중요관리: '가열 및 후 처리'	• 가열조리 후 처리 공정에서의 가열 시 온도-시간관리는 가열조리 공정과 동일하다.
		• 2차 오염을 방지하기 위해 준수해야 하는 내용
		  – 가열조리에 이어지는 무침과 같은 후 처리에 사용하는 작업대를 살균소독한 후 작업한다.
		  – 후 처리 작업용 칼, 도마, 식품취급 용기 등 기물은 조리용으로 구분한 것으로만 사용하되, 철저히 소독한 다음 사용한다.
		  – 맨손으로 후 처리 작업하는 것을 금하며, 조리용으로 구분된 고무장갑을 철저히 소독해 사용한다. 일회용 고무장갑(라텍스)은 사용할 수 있으나, 일회용 비닐 위생장갑은 찢어질 수 있으므로 사용하지 않는다.
		• 가열조리한 식재료와 가열조리하지 않은 식재료를 혼합하는 경우, 배식 직전에 혼합하여 제공한다.
		• 가열조리 음식을 냉각하기 위해 상온에 방치하면 위험온도범위에 노출될 수 있으므로 얼음물, 아이스패들, 급속냉각기를 활용하거나 낮은 팬에 소분하여 신속히 냉각한다.
		
		얼음물 아이스패들 급속냉각기 낮은 팬에 소분
		
		출처: 교육부·한국교육환경보호원, 2020

(3) 조리 완료된 음식의 취급

조리 완료된 음식의 취급	• 조리 완료된 음식의 교차오염 예방을 위해 조리 전 음식과 조리 완료된 음식은 구분하여 취급한다. • 조리 완료된 음식은 맨손으로 만지지 않고, 청결한 도구(집게, 국자 등)를 사용하여 배식하고, 부득이하게 도구 사용이 어려운 경우 일회용 위생장갑만 착용하고 배식할 때에는 찢어지지 않도록 관리한다. • 조리 중 맛보기를 할 경우 '맛보기 숟가락'을 별도로 사용한다. • 조리 완료된 음식은 적온(찬 음식 5℃ 이하, 더운 음식 57℃ 이상)이 유지되도록 하고, 세척·소독된 용기에 담고 덮개를 덮어 보관한다. • 조리 완료 후 보온·보냉해야 되는 음식을 보온·보냉 이외의 장소에 보관 시에는 2시간 이내에 배식이 완료되도록 한다.

	• 밥, 국을 포함한 더운 음식은 배식 직전까지 57℃ 이상으로 유지해야 하므로 열장을 권장한다. • 냉장한 음식을 따뜻하게 제공할 경우, 반드시 가열조리 온도 기준에 맞추어 재가열한 다음 제공한다. 　- 단, 열장용 기기를 음식의 재가열 용도로 사용하지 않는다.

(4) 검식 및 보존식

검식		• 검식: 조리가 완료된 식품에 대하여 배식하기 직전에 영양교사가 음식의 맛, 온도, 조화(영양적인 균형, 재료의 균형), 이물, 불쾌한 냄새, 조리 상태 등을 확인하기 위한 작업이다. 　- 음식을 소독된 용기에 덜어 검식 전용 수저를 사용하여 검식한다. 　- 한 번 사용한 검식 용기와 기구는 재사용하지 않는다. 　- 검식 결과 맛이나 간에 문제가 있는 등 배식이 불가능한 것으로 평가된 음식은 즉시 폐기한다.
보존식	개념	• 보존식: 급식소에서 식중독 사고가 발생했을 때 원인규명을 위해 유치원에서 제공하는 모든 음식(오전, 오후 간식 포함)을 냉동고에 보관하는 것을 말한다. 　- 보존식은 급식을 제공하는 모든 유치원에서 보관해야 한다.
	보존식 보관방법	• 배식 직전에 소독된 보존식 전용 용기 또는 1회용 멸균봉투(일반 지퍼백 허용)에 음식 종류별로 각각 1인 분량(권장량 150g 이상)을 독립적으로 담아 −18℃ 이하에서 144시간 이상, 기록표와 보관한다. ※ 집단급식소에 해당되는 어린이집, 유치원은 필수 실시한다. 　- 납품받은 가공완제품 중 그대로 제공하는 식품은 개봉할 경우 식중독 원인균의 출처를 확인하기가 어려우므로 개봉하지 않은 원래 상태로 보관한다. 　- 완제품 형태로 제공한 가공식품은 유통기한 내에서 해당 식품의 제조업자가 정한 보관 방법에 따라 보관할 수 있다. • 위생장갑 착용 후 깨끗하게 소독된 용기와 기구를 사용하여 검취한다. | 전용용기	스테인리스 재질의 뚜껑이 있는 전용 용기 또는 1회용 멸균백 | |---|---| | 보존량 | 당일 제공한 급·간식에 대해 매회 1인 분량(권장량 150g 이상)을 독립 보관하고, 완제품으로 제공하는 식재료는 원상태(포장상태)로 보관 | | 보관장소 | −18℃ 이하의 보존식 전용냉동고 | | 보관기간 | 144시간 이상 | | 보존식 기록표 | 채취 일시(날짜, 시간), 폐기 일시, 채취자 성명, 메뉴명, 보존식 투입 시 냉동고(실) 온도 등을 기록한 후 용기와 함께 보관 |

④ 배식 및 퇴식관리

개념		• 배식이란 유치원 급식에서 조리 완료된 음식과 식사도구를 유아들에게 제공하는 과정을 말하며, 퇴식이란 사용한 식사도구와 잔반을 치우는 과정을 말한다. — 장소에 따라 교실 배식과 식당 배식으로 나뉘며, 두 가지를 함께 사용하는 유치원도 있다.
유의사항	보관 및 이동	• 완성된 음식은 세척·소독된 용기에 담고 뚜껑을 덮어서 보관 및 이동한다. • 조리 완료 시점부터 배식 완료 시까지의 시간을 2시간 이내(2시간 초과 금지)로 관리하고, 교실 배식하는 경우 교사에게 배식을 마쳐야 하는 시각을 안내하여 준수하도록 한다. — 조리된 음식을 실온에 오래 방치하면 세균 번식이 일어나기 쉬우므로 섭씨 57℃ 이상(따뜻한 음식)을 유지하고, 5℃ 이하(차가운 음식)에서 보관한다. — 보온이 필요한 음식과 반찬을 미리 식판에 담아 배식하는 일이 없도록 한다. — 볶음, 튀김 등 가열 조리: 2시간 이내 배식 — 무침 등 공정 관리가 들어가는 식단: 1시간 이내 배식
	배식관리	• 배식 전·후 식탁(책상)을 소독한다. • 음식을 분배할 때에는 반드시 손을 씻고, 올바른 배식복장을 갖추며, 절대로 맨손으로 배식하지 않는다(위생장갑을 착용). • 청결한 도구(집게, 국자 등)를 사용하며 음식별로 개별 배식도구(집게 등)를 이용하여 배식한다. — 부득이하게 도구사용이 어려운 경우 일회용 위생장갑만을 착용하고 배식할 때에는 찢어지지 않도록 관리한다. • 배식통에 남은 음식을 새로운 음식이 담긴 배식통에 부어 배식하지 않도록 한다(배식하던 용기에 새로운 음식 혼합 금지). • 배식 시 영유아 개인별 식기를 사용한다. • 배식한 음식은 손을 대지 않은 경우라도 식사가 끝나면 폐기해야 한다. • 배식 후 남은 음식은 '전량 폐기'하는 것을 원칙으로 한다. • 배식용 운반 기구는 사용 후 바로 세척·소독한다. **식당 배식 시 유의사항** • 식당 입구에 손소독기를 구비하여 유아들이 사용하도록 한다. • 배식이 시작되는 곳에 식판과 수저통을 배치하며, 식판은 뒤집어 진열해 오염을 방지한다. • 배식통과 잔반통이 접촉되지 않도록 배치한다.

5 시설 등 환경

식재료 보관원칙		• 냉장고, 냉동고, 건조 창고별로 특성에 맞는 온도, 습도를 유지해야 하며, 위생적으로 관리되어야 한다. **▲ 보관 적정온도 범위** 	냉동	냉장	실온	상온보관	찬곳(냉소)	 |---|---|---|---|---| 	보관 적정온도	-18℃ 이하	5℃ 이하	1~35℃	15~25℃	0~15℃	 출처: 식품의약품안전처, 2017 • 반드시 그 식재료에 표시된 보관방법(상온, 냉장, 냉동)을 확인한 후 그에 맞게 보관해야 한다. • 조리실 냉장·냉동고(실) 내에 급식외품(개인음식 등)을 보관하지 않도록 하며, 급식외품 보관이 필요할 경우 급식관리실이나 휴게실에 소형 냉장고를 구비하여 사용해야 한다. • 저장된 식재료는 유통기한을 확인하여 관리하고, 선입선출 방식으로 사용하도록 하며, 재고 관리 과정을 통해 유통기한에 부적합한 식재료는 폐기한다. • 식재료를 별도의 용기에 담아서 보관하는 경우 제품명과 유통기한 등을 반드시 표시하여 보관한다.
냉장·냉동 보관	냉장·냉동고 보관	• 원활한 냉기 순환을 위해 보관용량의 70% 이하로만 식품을 보관한다. • 보관 중인 재료는 식재료 간에 오염이 일어나지 않도록 덮개를 덮거나 포장하여 보관한다.

	냉장·냉동고 온도관리	• 온도계를 설치하여 냉장·냉동실에 맞는 적정 온도를 유지한다.
		    - 냉장실: 0~10℃(유치원, 0~5℃)
		    - 냉동실: -18℃
		 • 온도계의 정상적인 작동여부를 확인하고, 문제가 발생할 경우 교체하도록 한다.
		 • 이상이 있는 냉장·냉동고는 고장 표시 후 바로 수리하도록 한다.
		 • 청결한 상태를 유지한다(주 1회 이상 성에 제거 및 내·외부 청소).

	냉장·냉동고 위생관리	• 오염되거나 유통기한이 경과한 식품 또는 별도의 표시 없이 하루 이상 보관된 전처리 식재료는 모두 폐기한다. • 냉장·냉동고는 일주일에 한 번씩 식품 점검을 겸한 청소 및 소독을 실시한다. • 청결한 상태를 유지한다(주 1회 이상 성에 제거 및 내·외부 청소).
기구 세척 및 소독		• 세척제만으로는 세균이 완벽히 제거되지 않으므로 소독을 통해 남은 균을 제거해야 한다. • 식기구를 소독하는 설비를 갖추고 세척·소독해야 한다(자외선, 열탕, 화학, 열풍 소독 등).
	기구 세척 및 소독 방법	• 1일 1회 청소 • 찌꺼기 제거 • 세척제를 수세미로 문지른 후 헹굼 • '기구 등의 살균소독제'를 용법·용량에 맞게 사용

	세척제 종류	• 1종 세척제: 채소용 또는 과일용 세척제
		   − 사람이 그대로 먹을 수 있는 채소 또는 과일 등에 사용한다.
		   − 채소, 과일을 5분 이상 담가서는 안 되며, 씻은 후에는 반드시 먹는 물로 세척한다.
		   − 흐르는 물: 과일·채소 − 30초 이상, 식기류 − 5초 이상
		   − 흐르지 않는 물: 물을 교환하여 2회 이상 세척
		• 2종 세척제: 식기류용 세척제(자동식기세척제 등)
		   − NaOH(수산화나트륨) 함유량 5% 미만의 제품 사용
		• 3종 세척제: 식품의 가공기구용, 조리기구용 세척제
		   − 2·3종 세척제 사용 후에는 잔류하지 않도록 음용에 적합한 물로 세척
		   − 2·3종 세척제를 사용하는 경우 용도 이외로 사용하거나 규정량 이상 사용하여서는 안 됨

급식소 소독	정기적인 소독 실시	• 소독 주기에 맞게 정기적으로 소독을 실시한 후 소독 증명서를 보관한다.
		• 소독 주기
		   − 4월~9월: 2개월에 1회 이상
		   − 10월~3월: 3개월에 1회 이상

UNIT 36 유아의 질병관리 − 식중독

1 식중독 관련 개념

식중독	개념	식품 섭취로 인하여 인체에 유해한 미생물 또는 유독물질에 의하여 발생하였거나 발생한 것으로 판단되는 감염성 질환 또는 독소형 질환을 말한다(식품위생법 제2조제14호).
	증상	• 오심(메스꺼움), 구토, 설사, 복통이 12~48시간 동안 지속되며, 간혹 두드러기가 나타날 수 있다. • 빠르게는 음식을 먹은 후 1~2시간 만에 나타나지만, 느리게는 48시간 이후에 나타난다. • 심한 경우에는 사망에 이를 수도 있으므로 식중독 증상이 발현했을 경우에는 반드시 의사의 지시에 따라 조치하도록 한다.

	계절별 주의해야 할 식중독	**봄(3~5월)·가을(9~11월)**
		• 퍼프린젠스: 제대로 익히지 않았거나 상온에 방치하면 포자가 균으로 자라게 된다.
		   − 위생수칙: 조리 후 보관온도에 주의한다.
		   − 일교차가 큰 봄·가을에는 조리된 식품의 적정 보관 온도를 지키지 않아 식중독이 많이 발생한다.

		여름(6~8월)
		• 병원성 대장균: 폭염 시 생채소에 있는 세균이 급격히 증식한다.
		  - 위생수칙: 생채소는 소독·세척하고, 익히고 볶고 삶아서 제공한다.
		• 캠필로박터 제주니: 생닭 세척·손질 시 식재료 및 조리도구 혼합사용으로 세균이 증식한다.
		  - 위생수칙: 생닭 세척 시 교차오염에 주의한다.
		겨울(12~2월)
		노로바이러스: 10개만으로도 감염되며 오염된 손으로 만진 문고리에서도 발견되어 사람 간 2차 감염이 발생할 수 있다. ➡ 손 씻기 등 개인위생관리를 철저히 하며, 염소소독을 한다.

	유형	• 장출혈성대장균 식중독
		  - 덜 익힌 분쇄 가공육제품 및 덜 익은 고기 섭취로 인한 감염, 살균되지 않은 유제품, 오염된 퇴비로 기른 채소나 과일, 보균자에 의해 조리된 식품 등을 통해 전염된다.
		• 살모넬라균 식중독
		  - 계란, 메추리알과 같은 난류나 쇠고기, 가금류, 유제품을 통해 감염된다.

집단 식중독		2명 이상의 사람이 동일한 식품을 섭취한 것과 관련되어 유사한 식중독 양상을 나타내는 것이다(WHO, 2008).
식중독 지수		• 음식물 부패 관련 미생물의 증식에 영향을 미치는 온도조건을 기준으로 하며, 습도를 고려하여 식품의 부패 가능성을 백분율로 표시한 것이다. - 식중독 예방을 위한 참고용으로 식약처와 기상청이 공동으로 제공하고 있다.

❷ 식중독 예방

(1) 기본 수칙

관리 단계		음식물의 구입 ➡ 보존 ➡ 조리준비 ➡ 조리 ➡ 식사 ➡ 남은 음식의 처리과정
3대 표어		• 손 씻기 • 익혀 먹기 • 끓여 먹기
3대 요령	청결과 소독의 원칙	청결한 재료, 청결한 조리장소, 청결한 기구, 식품 취급자의 청결 등 광범위한 청결과 소독을 의미한다.
	신속의 원칙	식품 취급 시 세균이 존재하지 않는 무균상태의 유지는 어려우므로, 세균이 증식하지 못하도록 신속하게 처리하는 것이 중요하다.
	냉각 또는 가열의 원칙	식중독균과 부패균은 5℃~60℃ 범위에서 증식하므로, 식품 보관 시 5℃~60℃를 벗어난 온도에서 보관해야 한다[사람의 체온(36℃~37℃)에서 활발하게 증식].

예방 방법	• 음식물을 조리하거나 보관·저장해야 할 때는 반드시 손을 씻은 후 작업을 한다. • 가열조리식품의 중심부 온도는 75℃(어패류는 85℃) 이상으로 1분 이상 가열하여 속까지 익혀 먹어야 한다. • 5℃~60℃는 식중독을 잘 일으키는 균의 성장 가능성이 높은 온도 구간이므로 뜨거운 음식은 60℃ 이상으로 보관하고, 찬 음식은 5℃ 이하로 냉장 보관하여 관리한다. • 식품을 녹일 때는 올바른 해동 방법을 사용하며, 해동 후 장시간 실온에 방치하지 않도록 한다.

(2) 식중독 의심환자 발생 시 보고 체계

유치원 집단 환자 감시체계	식중독은 유치원 급식을 제공받는 다수의 유아들에게 집단으로 나타날 수 있으므로 평소「집단 환자 감시체계」의 구축·운영을 통해 신속한 환자 파악 및 치료 조치가 필요하다. 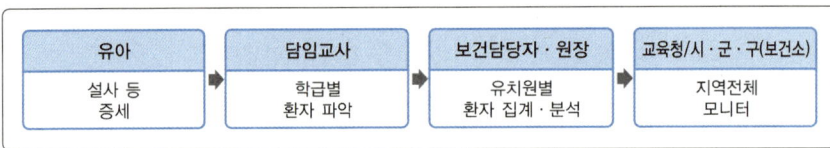 「유치원 집단 환자 감시체계」
	• 담임교사는 매일 결석, 조퇴, 지각한 유아의 수와 그 이유를 파악하여 평소와 다른 양상이 나타나는지의 여부를 모니터링한다. • 원장은 동일한 원인으로 추정되는 설사 등 식중독 유사증세 환자가 2인 이상 동시에 발생한 경우, 인지 즉시 관할 교육(지원)청과 시·군·구(보건소)에 신속히 보고(신고)한다.
식중독 발생 시 보고체계 절차	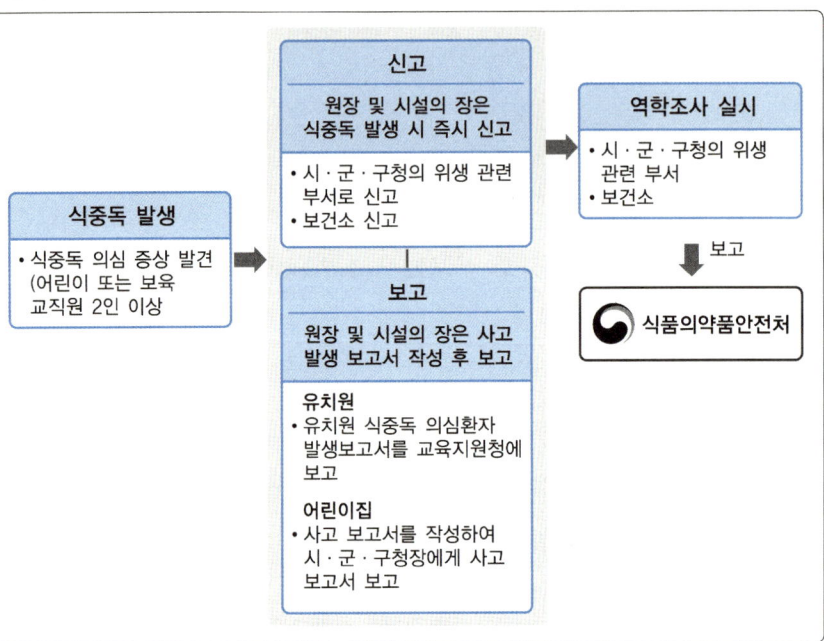

	준비사항 • 식중독 사고가 발생했을 때 원인 규명을 위해 국·공·사립 모든 유치원에서 조리·제공한 보존식 보관을 철저히 한다[-18℃ 이하, 144시간 이상, 1인 분량(150g 이상), 훼손 및 폐기 금지]. 　- 가볍거나 소량 제공하는 음식의 1인분 분량은 미생물 분석 시 요구되는 시료의 양을 충족시키지 못할 수 있으므로 가급적 용기에 채워서 보관한다(150g 이상 보존이 바람직). **식중독 의심환자 발생 시** • 신속 신고 및 처리사항 ① 동일한 원인으로 추정되는 설사 등 식중독 유사증세 환자가 2인 이상 동시에 발생한 경우, 인지 즉시 관할 교육(지원)청과 시·군·구(보건소)에 신고 ② 원인(역학) 조사 이전에 조리실 등 급식소 소독·방역 금지 ③ 식중독 의심 구토자 발생 시 토사물 채취·밀봉(원인·역학조사반에 인계) 후 오염된 현장은 염소계 소독제로 소독(1회용 비닐장갑을 끼고 종이타월 등을 활용하여 비닐봉지에 담아 밀봉) 　※ 응급처치 　　• 구토물에 의해 기도가 막히지 않게 원아를 옆으로 눕히고, 탈수 예방을 위해 충분한 물을 섭취한다. 　　　- 함부로 지사제를 복용하게 하지 말고, 의사의 지시에 따른다. 　　　　 구토나 설사 등 식중독 증세를 보이는 유아에게 임의로 지사제 등의 약을 먹여 증상을 강제로 멎게 하는 것은 장 속에 있는 독소나 세균의 배출이 늦어져 더 나빠질 수 있다. 　※ 토사물 처리 　　① 노로바이러스는 전염성이 강하므로, 토사물을 청소할 때도 마스크, 비닐장갑, 앞치마를 꼭 착용한다. 　　② 토사물은 일회용 천 또는 종이타월 등을 이용해 바깥에서 안쪽 방향(바깥에서 가운데 방향)으로 닦으며 닦은 면은 접어가며 닦는다. 　　③ 사용한 천과 종이는 비닐봉투에 넣고 5000ppm 염소 소독액으로 소독한다. 　　④ 토사물이 있던 자리는 5000ppm 염소 소독액을 적신 천 등으로 덮어 소독액이 바닥에 스며들게 한다. 　　⑤ 다 쓴 장갑, 천 등은 토에 담은 후 마찬가지로 염소 소독액을 이용해 처리한다. 　　⑥ 청소를 마친 후에는 반드시 세정제로 손을 깨끗이 씻고, 구토물이 묻은 옷은 단독으로 고온세탁한다. • 발생현황 확인(파악) 사항 및 관련자료 수집(유치원 내 역할분담 및 협조) • 원인(역학)조사 이전에 사전 확인한 사항과 관련 자료를 방역당국에 인계 ***즉각 조치** 급식을 중단하고 급식현장을 그대로 보존하며, 원인(역학) 조사 이전에 조리실 등 급식소 소독·방역을 금지한다.

* 식품위생법 제88조 (집단급식소) 제2항
10. 식중독 발생 시 보관 또는 사용 중인 식품은 역학조사가 완료될 때까지 폐기하거나 소독 등으로 현장을 훼손하여서는 아니 되고 원상태로 보존하여야 하며, 식중독 원인규명을 위한 행위를 방해하지 말아야 한다.

구분		역할 및 임무
역학조사 시 역할분담		유치원에서 식중독 등 집단 환자 발생 시, 신속하고 원활한 사태수습과 보건당국의 정확한 역학조사를 위하여 유치원과 관할 교육(지원)청의 적극적인 협조가 요구된다.
	유치원 담임교사	• 설사환자 파악 및 역학조사 협조 • 보건교육 실시 등
	유치원 보건 담당자	• 설사환자 모니터링 자료 취합, 정리, 분석 • 보건교육 실시 등
	유치원 영양교사	• 보존식 확보 • 안전한 급식 및 식수 제공 등
	교육청	역학조사의 원활한 진행 협조
	시·군·구청의 감염부서(보건소)	• 역학조사 및 가검물 채취 • 환자 치료 및 필요시 입원격리 등
	시·군·구청의 식품위생부서	• 보존식 및 가검물 채취 등 • 식품유통, 반입상황, 조리, 이동경로에 대한 계통조사

사후 조치

- 보건소의 역학 조사에 적극 협조 : 원인 규명을 위한 행위를 방해하여서는 안 된다.
- 조사 후 시설과 기구를 살균, 소독 및 환기한다.
  - 시설 내 교실, 복도, 화장실 등이 오염되어 있을 경우 오염 확대 방지를 위해 출입문 손잡이, 책걸상, 변기, 수도꼭지 등을 세정·소독한다.

시설 내 소독

시설 내 교실, 복도, 화장실 등 오염되어 있을 경우 오염 확대 방지를 위해 출입문 손잡이, 책걸상, 변기, 수도꼭지 등을 세정·소독한다.

효과적인 환기 방법

- 출입구를 2곳 이상 열어 공기가 환기될 수 있도록 한다.
- 환풍기 등을 사용할 경우에도 반대쪽의 창을 열어 공기가 흐를 수 있도록 한다.

(3) 식중독 의심환자 발생 시 대응요령

구분	수행 사항	비고

〈평상시〉	• 식중독 관련 교직원 사전 교육(연수) 실시
	  - 식중독 예방요령, 증상, 의심환자 파악 및 대처요령, 후속 조치 등에 대해 교육
	• 식중독 의심환자 모니터링 실시
	  - 담임교사의 병결 유아 수 파악 및 모니터링 등 감시체계 운영
	• 식중독 모의훈련 실시(권장)
	  - 식중독 대책반의 신속 대응체계 확립
		• 영양교사, 보건담당자, 담임교사
		• 담임 및 보건담당자
		
		• 유치원

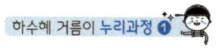

단계	내용	주체
〈1단계〉 발생 인지	• 증상 유아 관찰 및 교내 보고 　- 평상시 유사 증상 유아의 수 및 증상과 비교 필요 　- 원장 등에 먼저 (상황)보고 • 담임교사를 통한 유증상자 파악(1차 예비조사) 　- 병결유아와 원인 및 유증상자를 파악 ※ 2차 확인조사는 협의체 회의 후에 상담 조사하고, 추가 환자 발생 시 관계기관회의 개최 • 원장 주재 대책협의 개최 　- 식중독으로 판단될 경우 관계기관에 신고·보고	• 유아 ➡ 담임 또는 보건 담임 ➡ 원장 • 유치원
〈2단계〉 발생 보고 (발생 신고)	• 유치원 식중독 의심환자 발생 보고 　- 시·군·구(위생·감염부서)와 교육청에 신속하게 보고 　　(유선) 　- 시·군·구 위생부서는 식약처와 시·도에 지체 없이 발생 보고 • 「식중독 조기경보시스템」 현행화 　- 당월 식재료 납품업체 입력여부 확인 및 필요 서류(식단표, 식재료 납품업체 등)를 원인·역학 조사반에 제공	• 유치원 ➡ 관계기관 • 시·군·구 위생 부서 ➡ 식약처, 시·도
〈3단계〉 식중독 대책반 가동	• 유치원 식중독 대책반 운영 　- 환자파악, 환자이송, 역학조사 협조, 학사운영 등 대책반 업무 수행 　참고 　• 총괄대책반 : 각 대책반의 지휘·감독, 운영위원회 소집 및 대책 논의, 언론보도에 대응, 치료 및 보상대책, 급식 재개 여부 결성 등 　• 환자파악반 : 기 발생환자 및 유증상자 등 추가 발생현황 파악 　• 환자이송반 : 환자의 후송, 입원학생 관리 등 　• 역학조사 협력반 : 보건당국의 역학조사, 검체 채취, 소독 등 업무협조 　• 학사대책반 : 가정통신문 발송 등 학부모 협조 유도 및 수업 • 급식 잠정 중단 조치 　- 급식 중단여부(원인 파악 및 확산 방지)는 방역당국과 협의하여 유치원장이 결정 　- 대체급식 방안 강구(도시락 지참 등), 저소득층 유아 급식 지원 대책 마련 등 ※ 학부모에게 식중독 경과내용, 학사일정, 대체급식(도시락 지참 여부 등) 실시 관련 자세한 내용을 가정통신문 등으로 안내	• 유치원 • 유치원

〈4단계〉 원인·역학 조사	• 식중독 원인·역학조사 협조 　- 보존식 및 환경검체(조리도구, 음용·조리용수 등) 수거를 위한 준비 　　※ 급식소 현장 보존, 유치원 급식 이외에 의심되는 식중독 발생원인 식품(외부 반입 음식)이 있는 경우는 정보 제공 　- 협의체 운영에 따라 필요사항 협력(환자 규모, 증상 파악) 　　※ 협의체에 교육청(유치원)은 발생 시부터 종결될 때까지 참여 　- 설문조사(환자·대조군 조사) 실시 　- 관계기관에서 이견이 발생하지 않도록 협의체는 3회 이상 소집·운영	• 유치원 ➡ 관계기관
〈5단계〉 조사 후 조치	• 급식실 대청소 및 소독 　- 급식시설·기구 등 대청소 및 살균·소독 실시로 청결하게 유지·관리	• 유치원
〈6단계〉 모니터링	• 유증상 유아 지속적 모니터링 • 식중독 예방 교육 실시 　- 교직원 및 유아 손 씻기 실천 등 식중독 예방 교육 • 급식 재개 　- 시·군·구 감염부서(보건소)와 교육청 등 협의하여 결정	• 유치원 • 유치원 • 유치원 ➡ 관계기관

> **참고**
>
> **식중독 발생 보고서**
>
> 　　　　　　　　유치원 식중독 의심환자 발생 보고서(예)
> 　　　　　　　　　　　　　　　　　　　　　　　20__. 00. 00 ○○유치원
> 　　　　　　　　　　　　　　　　　　　　　　　　　　보고자: 직 성명
>
> 1. 발생 현황
>   • 유치원 명: ○○유치원(사립, 직영, 연락처)·발생 현황: 급식원아 200명 중 10명(5%)
>   　- 주요 증세: 복통 및 설사
>   　- 인지 일시: 00.00(화) 09:00경
>   　- 신고 일시: 00.00(화) 10:00경, △△보건소
>   　- 치료조치: 입원 ○명, 통원치료 ○명, 투약·자가치료 ○명
>
> 2. 조치 상황
>   • ○○유치원
>   　- 원장 주재 긴급대책 회의(00.00(화) 11:00)
>   　- 원아 보건교육 실시, 급식중단(00.00(수)~), 도시락 지참지도
>   • △△보건소/△△교육지원청
>   　- 역학조사 수행: 환자가검물 ○명, 환경가검물 ○건 채취
>
> ※ 참고사항
> 　- 추정 원인:
> 　- 식수 종류:
> 　- 제공 식단:
> 　- 급식품 납품업체 현황:
> 　- 언론 취재:
> 　- 향후 대책:
>
> ※ 보고시기: 식중독 의심환자 발생 인지 즉시(교육청 보고 및 보건소 신고)

UNIT 37 유아의 질병관리 – 휴식

유아는 피곤해하면서도 스스로 쉬는 것을 인식하지 못하거나 잊어버릴 수 있으므로, 유아의 상태를 관찰하여 휴식이 필요하다고 판단되면 개별적으로 또는 반 전체 유아가 쉬거나 낮잠을 잘 수 있도록 배려한다.

휴식	필요성	• 휴식이나 낮잠은 유아의 피로와 긴장을 풀어 주어 건강에 도움이 되며 다음에 이어지는 활동에 새로운 힘과 여유를 가지도록 도와준다. • 더운 여름 바깥놀이나 현장학습을 다녀온 후에는 더욱 휴식이 필요하다.
	운영	• 매일 일정하게 휴식하는 시간을 제공하되, 하루 일과의 특성, 날씨 등을 고려해야 한다. • 휴식 시간은 15~20분 정도가 적절하며, 동적인 활동과 정적인 활동을 적절하게 안배하여 휴식 시간을 대신할 수도 있다.
낮잠	필요성	오전에 소진된 에너지를 재충전하여 심신이 건강한 상태에서 오후 일과와 저녁 시간을 지낼 수 있게 돕는다.
	운영	• 연령별 낮잠시간에 차이를 둔다. – 만 3세 유아는 점심식사 후 1~2시간 정도로, 만 4·5세 유아는 30분~1시간 정도로 한다. • 낮잠 시간이 끝난 뒤에도 일어나기 힘들어하는 유아는 ① 유아의 건강 상태를 고려하여 일어나는 시간을 늘려줄 수 있으나, ② 특별한 경우가 아니면 밤잠에 방해되지 않도록 두 시간을 넘기지 않는다.

UNIT 38 유아의 질병관리 - 치아관리

양치질		• 하루에 적어도 세 번, 식사 후 3분 안에, 3분 이상 닦아주는 것이 바람직하다. • 횟수보다 세밀한 양치질이 더 중요하다.
충치 유발지수		• 충치 유발지수에 영향을 끼치는 요소들은 당의 종류와 식품 형태, 점성에 따라 다르다. • 달고 씹히는 감이 쫄깃하고 끈적한 식품일수록 충치 유발지수가 높아진다.

구강위생		• 0~3세경: 치아우식증(충치)이 유발된다.
		  - 원인: 우유병의 오랜 사용, 물고 자는 습관 등
		  - 예방: 가급적 빠른 시일 내 컵을 사용할 수 있도록 하고, 2세경부터는 칫솔질을 지도한다.

예방 및 교육	불소에 의한 예방	• 불소를 치아의 겉면에 도포해 주는 방법이다. - 정기적인 치과 검진으로 충치를 예방한다.

	식품의 조절	• 치아의 건강에 도움이 되는 적절한 음식을 섭취한다.
		  - 당분이 많이 함유된 사탕, 초콜릿, 과자, 아이스크림, 탄산 등의 섭취를 제한한다.
		  - 섭취 후 칫솔질을 지도한다.

	기관에서의 치아 건강교육	• 하루 일과와 통합적 교육활동을 통해 치아건강을 유지하고 증진시킬 수 있도록 교육한다.
		  - 식사 후 이 닦기를 통해 관리하고 생활습관을 형성한다.
		  - 치과 방문 경험 이야기 나누기, 그림책을 통해 치과 치료의 필요성 및 두려움 없애기 활동을 한다.

UNIT 39 유아의 질병관리 - 예방접종

❶ 예방접종

선천면역	태어날 때부터 지니고 있는 면역원
획득면역	• 생활 등에 적응되어 얻어지는 면역원(접종 포함) • 대부분의 감염은 선천면역에 의해 방어되지만 특정 질병은 접종에 의해 면역 형성

❷ 접종 종류 및 유의점

접종 종류 및 유의점	
	감염병의 예방 및 관리에 관한 법률 제24조(필수예방접종) ① 특별자치시장·특별자치도지사 또는 시장·군수·구청장은 다음 각 호의 질병에 대하여 관할 보건소를 통하여 필수예방접종(이하 "필수예방접종"이라 한다)을 실시하여야 한다. 1. 디프테리아 9. 풍진 17. 그룹 A형 로타바이러스 감염증 2. 폴리오 10. 수두 3. 백일해 11. 일본뇌염 18. 그 밖에 질병관리청장이 감염병의 예방을 위하여 필요하다고 인정하여 지정하는 감염병 4. 홍역 12. b형헤모필루스인플루엔자 5. 파상풍 13. 폐렴구균 6. 결핵 14. 인플루엔자 7. B형간염 15. A형간염 8. 유행성이하선염 16. 사람유두종바이러스 감염증 제31조(예방접종 완료 여부의 확인) ① 특별자치시장·특별자치도지사 또는 시장·군수·구청장은 초등학교와 중학교의 장에게 「학교보건법」 제10조에 따른 예방접종 완료 여부에 대한 검사 기록을 제출하도록 요청할 수 있다. ② 특별자치시장·특별자치도지사 또는 시장·군수·구청장은 「유아교육법」에 따른 유치원의 장과 「영유아보육법」에 따른 어린이집의 원장에게 보건복지부령으로 정하는 바에 따라 영유아의 예방접종 여부를 확인하도록 요청할 수 있다. **감염병의 예방 및 관리에 관한 법률 시행규칙** 제25조(예방접종 여부의 확인 요청) 법 제31조제2항에 따라 특별자치시장·특별자치도지사 또는 시장·군수·구청장은 「유아교육법」에 따른 유치원의 장과 「영유아보육법」에 따른 어린이집의 원장으로 하여금 영유아의 예방접종 여부를 확인하기 위하여 필수예방접종을 받은 영유아의 예방접종증명서를 확인하도록 요청할 수 있다.
주의할 점	• 감기, 설사 등에 걸렸을 때나 열이 있을 때는 피한다. • 홍역, 수두, 볼거리 등의 바이러스 질환에 걸린 지 1개월 이내, 생백신을 맞은 지 1개월 이내는 피한다. • 접종 시 특정 약물 알레르기 반응이 나타나는지 미리 확인한다. • 접종 전날에 목욕을 하고, 접종한 당일에는 피한다. • 접종 후 고열, 경련이 나타났을 때는 의사의 진찰을 받는다.

UNIT 40 유아의 질병관리 - 약물관리

#KEYWORD 투약의뢰서(포함되어야 할 내용)

유의점	• 의사의 지시에 의해서만 약물을 제시해야 한다.
	• 부모의 서면 동의 없이는 유아에게 어떤 약물도 결코 제공되어서는 안 된다.
	• 올바른 용량 및 용법대로 먹을 수 있도록 약과 함께 *「투약의뢰서」를 함께 받아야 한다.
	• *약품 보관
	  - 보관 방법을 확인하고 약 종류에 따라 적절하게 보관한다.
	  - 냉장 보관이 필요한 약을 제외한 나머지 약은 햇볕이 들지 않는 서늘하고 건조한 곳에 보관한다.
	  유의점 유아의 손에 닿지 않는 일정 장소에 보관한다.
	• 투약과 관련된 날짜와 시간, 투약횟수, 투약자(투약한 담당 교사)의 이름과 유아 이름, 비고란을 *「투약보고서」로 남겨야 한다.
	• 남은 약은 가까운 보건소, 폐의약품 수거함에서 안전하게 폐기한다.

투약의뢰서와 투약보고서	(투약의뢰서 및 투약보고서 양식)

투약의뢰서

유아명	
증상	
약의 종류	
보관방법	상온/냉장(기타 :)
투약시간	식전 분/ 식후 분/ 매 시간마다
비고	

위와 같이 투약을 해 주시기 바라며
투약으로 인한 책임은 의뢰자가 집니다.
      년   월   일

의뢰자   (인)

○○ 유치원 귀하

투약보고서(유치원/학부모 보관용)

	투약시간	용량	투약자
1			
2			
3			
비고			

년   월   일 유아명:

---

*투약의뢰서에 포함되어야 하는 내용
① 유아명
② 증상
③ 약의 종류와 복용량, 횟수
④ 투약시간
⑤ 보관방법(상온/냉장/기타)
⑥ 주의사항(비고)
⑦ 의뢰자인 부모명
⑧ 투약으로 인한 책임 소재에 대한 내용

*약품 보관
• 처방전 없는 약 : 본 용기에 첨부 문서와 함께 보관(투약 오류의 예방, 약품 이름과 유통기한의 표기를 통해 보관 및 관리 용이)
• 처방약 : 유아의 이름, 안전지침, 유효기간, 구성 성분, 제조사와 주소 등 표기 확인

*투약보고서(유치원/학부모 보관용)에 포함되어야 하는 내용
① 투약시간
② 용량
③ 투약자 이름
④ 주의사항(비고)

	CHECK 1	CHECK 2	CHECK 3

I. 안전교육의 기초
UNIT41	유아 안전사고의 발생 원인			
UNIT42	안전교육 관련 법령			
UNIT43	7대 안전교육 표준안			
UNIT44	기관에서의 안전 및 사고관리			

II. 생활안전교육
UNIT45	시설 안전-실내 안전			
UNIT46	시설 안전-위생관리			
UNIT47	시설 안전-다중이용시설의 안전 수칙			
UNIT48	시설 안전-전기 안전			
UNIT49	제품 안전-생활용품 안전			
UNIT50	제품 안전-식품 안전			
UNIT51	실험·실습 안전			
UNIT52	신체활동 안전-놀이활동 안전			
UNIT53	신체활동 안전-계절놀이 안전			
UNIT54	신체활동 안전-물놀이 안전			
UNIT55	신체활동 안전-등산 안전			
UNIT56	신체활동 안전-탈 것 안전			
UNIT57	신체활동 안전-현장체험학습 안전			

III. 교통안전교육
UNIT58	보행자 안전			
UNIT59	자전거 안전			
UNIT60	오토바이 안전-오토바이 안전			
UNIT61	자동차 안전-자동차 안전			
UNIT62	자동차 안전-대중교통 안전			

IV. 폭력예방 및 신변보호교육
UNIT63	학교폭력-학교폭력, 언어·사이버 폭력, 신체폭력, 집단 따돌림			
UNIT64	성폭력-성폭력			
UNIT65	성폭력-성매매			
UNIT66	아동학대			
UNIT67	자살			
UNIT68	유괴·미아사고 예방-실종·유괴 예방			
UNIT69	동물 물림			

V. 약물 및 사이버중독 예방교육
UNIT70	약물 중독-마약 등 약물류 폐해 및 예방			
UNIT71	약물 중독-흡연 폐해 및 예방			
UNIT72	약물 중독-고카페인 식품 폐해 및 예방			
UNIT73	사이버 중독-인터넷 게임 중독 예방, 스마트폰 중독 예방			

VI. 재난안전교육 및 응급처치교육
UNIT74	화재			
UNIT75	자연재난-태풍·집중호우·낙뢰			
UNIT76	자연재난-지진			
UNIT77	자연재난-대설·한파			
UNIT78	자연재난-폭염			
UNIT79	자연재난-황사			
UNIT80	자연재난-미세먼지			
UNIT81	응급처치의 이해			
UNIT82	응급처치의 실제			
UNIT83	사회재난-감염병 등			
UNIT84	학교 감염병 예방·위기대응 매뉴얼			
UNIT85	재난으로 인한 휴업			
UNIT86	장애 학생 및 조력자 재난 대응 요령			

VII. 2019 개정 누리과정-신체운동·건강

SESSION 03

유아안전 교육

Ⅰ 안전교육의 기초

MEMO

> 건강교육 및 안전교육 내용의 경우, 개정 시점에서 가장 최근의 법령 및 연수 자료 등을 채택하여 수록하나 자료의 특성상 수시로 개정이 가능하므로, 시험 응시 시점에서 재확인이 필요함을 알려드립니다.

UNIT 41 유아 안전사고의 발생 원인

영유아의 발달적 특성		영유아는 주변 사물이나 환경에 대한 호기심이 강하고 충동적으로 행동하는 경향이 있어 종종 사고의 위험에 노출된다. 또한 신체적으로 운동능력이 미숙한 상태이므로 주변의 위험 상황에 많이 노출되어 있다. **▲ 영유아의 발달적 특성과 안전사고**
	만 0~1세	• 머리가 다른 신체부위보다 빠르게 발달하고 팔과 다리에 비해 몸체가 먼저 발달하므로 균형을 잡기 어렵고 자주 넘어진다. • 이동하는 능력이 점차 발달하여 추락사고에 노출될 위험이 높아진다. • 무엇이든 입으로 가져가 탐색하므로 작은 물체를 삼키거나 입에 넣는 경우가 발생한다.
	만 2~3세	• 다양한 이동능력과 협응능력이 발달하는 것에 비해 안전감각은 부족하다. • 외부의 위험한 상황에 대처하거나 반응하는 지각·운동능력이 미성숙한 상태이다. • 모방과 탐색하고자 하는 의욕이 어느 시기보다 왕성하며 끊임없이 움직이므로 칼, 가위 등 위험한 도구에 상해를 입는 경우가 자주 발생한다. • 화상, 교통사고, 추락, 충돌사고, 놀이에 의한 안전사고 등이 많이 발생한다.
	만 4~7세	• 모험적이고 대근육을 사용하는 활동을 즐기면서 충돌사고, 놀이사고 및 교통사고 등이 증가한다. • 자기중심성이 강하여 자신의 관점에서 상황을 파악하고 한 번에 한 가지 요소에만 집중하기 때문에 성인과 같은 적절한 대처가 어렵다.
안전에 대한 지식 및 대처능력 부족		유아는 성인에 비해 위험에 대한 대처능력이 부족하며 이로 인해 성인에게는 대수롭지 않은 일들이 큰 사고로 이어지기도 한다.
안전 불감증		• 사회 전반적으로 만연한 안전 불감증 또한 안전사고의 원인이다. 안전 불감증은 위험 지각(risk reception)이 낮은 상태로, 사고의 직접적 원인인 불안전 행동을 유발한다. - 연구에 의하면 수많은 불안전 행동을 하더라도 사고는 잘 발생하지 않기 때문에 위험 지각이 낮아지고, 이로 인해 계속해서 사람들은 불안전 행동을 하게 된다. 그러다 보면 점차 사고가 일어날 가능성은 커지고 실제 사고로 이어지게 된다.
불안전한 생활 환경		• 급격한 산업화와 도시화로 인해 영유아가 마음껏 뛰어놀 수 있는 안전한 놀이 공간이 점차 축소되고 있다. • 또한 새로운 놀이용품과 놀이문화의 등장 역시 영유아 안전사고 위험을 높이고 있다.

UNIT 42 안전교육 관련 법령

#KEYWORD 법령 — 교통안전교육(실시주기, 내용), 재난대비 안전교육(실시주기, 내용)

A 교육기준 – 아동복지법 시행령 제28조제1항 [별표 6]

구분	성폭력 예방 교육	아동학대 예방 교육	실종·유괴의 예방·방지 교육	감염병 및 약물의 오용·남용 예방 등 보건위생관리 교육	재난대비 안전 교육	교통안전 교육
실시주기 (총 시간)	6개월에 1회 이상 (연간 4시간 이상)	6개월에 1회 이상 (연간 4시간 이상)	3개월에 1회 이상 (연간 10시간 이상)	3개월에 1회 이상 (연간 10시간 이상)	6개월에 1회 이상 (연간 6시간 이상)	2개월에 1회 이상 (연간 10시간 이상)
초등학교 취학 전 교육 내용	1. 내 몸의 소중함 2. 내 몸의 정확한 명칭 3. 좋은 느낌과 싫은 느낌 4. 성폭력 예방법과 대처법 5. 성폭력의 개념 및 성폭력의 주체에 대한 교육	1. 나의 권리 찾기 (소중한 나) 2. 아동학대 및 아동학대행위자 개념 3. 자기감정 표현하기 및 도움 요청하기 4. 신고 이후 도움 받는 방법	1. 길을 잃을 수 있는 상황 이해하기 2. 미아 및 유괴 발생 시 대처방법 3. 유괴범에 대한 개념 4. 유인·유괴 행동에 대한 이해 및 유괴 예방법	1. 감염병 예방을 위한 개인위생 실천 습관 2. 예방접종의 이해 3. 몸에 해로운 약물 위험성 알기 4. 생활 주변의 해로운 약물·화학제품 그림으로 구별하기 5. 모르면 먼저 어른에게 물어보기 6. 가정용 화학제품 만지거나 먹지 않기 7. 어린이 약도 함부로 많이 먹지 않기	1. 화재의 원인과 예방법 2. 뜨거운 물건 이해하기 3. 옷에 불이 붙었을 때 대처법 4. 화재 시 대처법 5. 자연재난의 개념과 안전한 행동 알기	1. 차도, 보도 및 신호등의 의미 알기 2. 안전한 도로 횡단법 3. 안전한 통학버스 이용법 4. 바퀴 달린 탈것의 안전한 이용법 5. 날씨와 보행안전 6. 어른과 손잡고 걷기
교육 방법	1. 전문가 또는 담당자 강의 2. 장소·상황별 역할극 실시 3. 시청각 교육 4. 사례 분석	1. 전문가 또는 담당자 강의 2. 장소·상황별 역할극 실시 3. 시청각 교육 4. 사례 분석	1. 전문가 또는 담당자 강의 2. 장소·상황별 역할극 실시 3. 시청각 교육 4. 사례 분석	1. 전문가 또는 담당자 강의 2. 시청각 교육 3. 사례 분석	1. 전문가 또는 담당자 강의 2. 시청각 교육 3. 실습교육 또는 현장학습 4. 사례 분석	1. 전문가 또는 담당자 강의 2. 시청각 교육 3. 실습교육 또는 현장학습 4. 일상생활을 통한 반복 지도 및 부모 교육

출처: 「아동복지법 시행령」 [별표6] 교육기준(제28조제1항 관련)

UNIT 43 7대 안전교육 표준안

#KEYWORD 구대 안전교육 표준안 교육 내용

🅰 학교안전교육 실시 기준 등에 관한 고시 [별표 1, 별표 2]

구분	생활안전교육	교통안전교육	폭력예방 및 신변보호교육	약물 및 사이버 중독 예방 교육		재난안전교육	직업안전교육	응급처치교육
				약물 중독 예방	사이버 중독 예방			
학생안전교육 시간 및 횟수	13	10	8	5	5	6	2	2
	학기당 2회 이상	학기당 3회 이상	학기당 2회 이상	학기당 2회 이상	학기당 2회 이상	학기당 2회 이상	학기당 1회 이상	학기당 1회 이상
학생안전교육 내용 및 방법	1. 교실, 가정 등 하굣길에서 안전하게 생활하기	1. 표지판 및 신호등의 의미 등 교통안전 규칙 알고 지키기	1. 내 몸의 소중함과 정확한 명칭 알기	1. 올바른 약물 사용법 알기		1. 화재의 원인과 예방법 알기	1. 일터 안전의 중요성 및 안전을 위해 지켜야 할 일 알기	1. 응급상황 알기 및 도움 요청하기
	2. 안전한 장소를 알고 안전하게 놀이하기	2. 안전한 도로 횡단법 알기	2. 좋은 느낌과 싫은 느낌 알기	2. 생활주변의 해로운 약물·화학제품 만지거나 먹지 않기		2. 화재 발생 시 유의사항 및 대처법 알기	2. 일터 안전시설 현장 체험하기	2. 119신고와 주변에 알리기
	3. 놀이기구나 놀잇감, 도구의 바른 사용법을 알고 안전하게 사용하기	3. 어른과 손잡고 걷기	3. 성폭력 예방 및 대처방법 알기	3. TV, 인터넷, 통신기기(스마트폰 등)의 중독 위해성을 알고 바르게 사용하기		3. 각종 자연 재난 및 사고 적절하게 대처하는 방법 알기		3. 손씻기와 소독하기 등 청결 유지하기
	4. 실종, 유괴, 미아 상황 알고 도움 요청하기	4. 교통수단(자전거, 통학버스 등) 안전하게 이용하기	4. 나와 내 주변 사람(가족, 친구 등)의 소중함을 알고 사이좋게 지내기			4. 각종 재난 유형별 대비 훈련 실시		4. 상황별 응급처치 방법 알기
	5. 몸에 좋은 음식, 나쁜 음식 알기		5. 아동학대 신고 및 대처방법 알기					
교육 방법	1. 학생 발달 수준을 고려한 전문가 또는 교원 설명 2. 학생 참여 수업방법 연계 적용(예시: 역할극, 프로젝트 학습, 플립러닝 등) 3. 교내외 체험교육 또는 현장학습 4. 일상생활을 통한 반복 지도 및 부모 교육 연계							

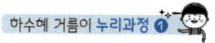

| 참고 | 1. 학력이 인정되는 평생교육시설 및 「재외국민의 교육지원 등에 관한 법률」 제2조제3호에 따른 재외 한국학교와 「초·중등교육법」 제2조제4호에 따른 특수학교의 경우는 인정되는 학력에 해당하는 학교급에 맞추어 실시한다.
2. 학교안전교육 실시 시간의 단위는 유치원은 교육과정 고시에 따른 단위활동이며, 초·중등학교는 교육과정 고시에 따른 차시이다.
3. 학교급별 제시하는 안전교육 시간은 학년별(유치원은 연령별) 실시해야 할 시간을 말하며, 횟수는 영역별 안전교육 시간을 학기당 제시된 횟수 이상으로 분산·실시해야 함을 말한다.
4. 학교(유치원 포함) 운영 성격 및 지역적 특성에 따라 총 이수시간의 범위 내에서 안전영역별 이수 시간을 자율적으로 조정·운영(20% 범위 내, 소수점은 올림처리)할 수 있다.
5. 재난안전교육은 재난 대비 훈련을 포함하여 실시하여야 하며, 각종 재난 유형별 대비 훈련을 달리하여 매 학년도 2종류 이상을 포함하여 운영하여야 한다.
6. 1단위활동 및 1시간(차시)의 수업 시간은 교육과정을 따르되, 기후 및 계절, 학생의 발달정도, 학습 내용의 성격, 학교 실정 등을 고려하여 탄력적으로 편성·운영할 수 있다.
7. 「재난 및 안전관리 기본법」 제38조에 따른 위기경보 단계 '심각' 단계의 재난상황으로 인해 안전교육 및 재난대비훈련의 정상적인 실시가 어려울 것으로 예상되는 경우 교육부 장관이 정하는 바에 따라 안전교육 및 재난대비훈련의 시수, 방법 등을 변경하여 실시할 수 있다. |

출처: 「학교안전교육 실시 기준 등에 관한 고시」, 교육부

UNIT 44 기관에서의 안전 및 사고관리

#KEYWORD 안전사고 대처방법

① 안전교육의 방법(접근법)

주제선정에 따른 통합적 접근방법	• 안전에 관련된 지식, 기술, 태도를 가르칠 때 분리된 교과로 가르치는 것이 아니라 일상생활의 다양한 상황을 학습 경험으로 활용하는 방법이다. • 생활주제 및 주제와 관련한 영역별 다양한 활동을 통해 안전교육의 내용을 통합적으로 가르치는 방법이다.
상황 중심 안전교육	• 유아교육기관에서 일어나는 여러 가지 실제 상황을 안전교육에 활용하는 방법이다. **장점** 실생활에서 직접 경험과 간접적으로 들을 수 있는 상황에 근거하여 교육하기 때문에 동기유발이 용이하고 실제와 직접 연결된다.
역할놀이를 통한 안전교육	• 유아가 관심을 갖거나 흥미로워하는 안전과 관련된 주제를 중심으로 가상적 상황에서 역할을 맡아 놀이하는 방법이다. **장점** 생활주변에서 겪는 여러 가지 위험 상황을 역할놀이를 통해 간접적으로 경험해 봄으로써 대처방법이나 문제해결력을 기를 수 있다.
행동중심적 방법	• 교사의 직접 설명과 시범보이기 이후 유아는 반복학습을 통해 안전한 행동을 형성할 수 있는 방법이다. • 안전 관련 교육 내용에 대해 단계적으로 체계화·세분화하여 각각 단계의 교수목표를 설정하고 목표에 부합하도록 교육해 나간다.
부모에 의한 안전교육	• 부모교육을 통해 안전교육을 실시한 다음, 부모가 가정에서 유아들을 대상으로 안전교육을 하게 하는 방법이다. **장점** • 유아교육기관과 가정과의 연계·협력은 아동의 안전한 생활 형성에 효과적이다. - 부모를 통해 유아에게 일관성을 지니고 반복적으로 안전교육이 이루어질 수 있도록 돕고, 이로 인해 모델링이 이루어질 수 있도록 한다.
전문단체에 의뢰하여 안전교육	전문단체에 의한 안전교육이 필요하며, 소방서나 보건소, 한국안전생활교육회 등 전문단체에 의뢰하여 안전교육을 실시한다.

❷ 안전사고 발생 시 대처방법

① 초기 단계	• 신속하게 응급여부를 판단하여 현장에서 가능한 응급처치를 실행하고, 응급의료기관 후송 등 구호 조치한다. • 현장학습 등 외부에서 차량 사고 등이 발생한 경우, 유아들을 안전지대로 신속하게 이동시킨다. • 유치원장 및 원감, 학부모와 관련자에게 즉시 보고하며, 유치원장은 지체 없이 관할 교육감 또는 교육장에게 보고한다.
② 경과 단계	• 사고원인을 파악한다. • 사고 직후 초기 대응 및 경과를 상세히 작성하여 유치원장 및 원감에게 즉시 보고한다. • 유치원장은 사고 원인, 처리과정 및 향후 수습방안을 관할 교육감 또는 교육장에게 보고한다.
③ 사후 조치 단계	• 유치원장은 사고수습 방안에 맞게 대응이 완료되었는지를 확인하고, 사안의 중요성에 따라 교육지원청에 보고한다(재발방지책 포함). • 유치원은 안전사고 사안에 따라 관련자에게 학교안전공제회 보상 신청을 안내한다.

학교안전공제회
유치원은 유아교육법 제2조제2호에 의한 학교로 학교안전공제회에 의무적으로 가입해야 한다.

❸ 안전사고일지 기록

점검 내용	설명
사고에 대비하여 유아에 대한 응급처치 동의서를 받아 비치	• 유아 입소 시 응급처치에 대한 동의서를 받아 비치해 두도록 한다. • 응급처치 동의서에는 비상연락처, 의료보험카드 번호를 기록해 두도록 한다.
안전사고 발생 시 사고보고서 기록	• 안전사고가 발생했을 시에는 크건 작건 간에 사고발생 24시간 이내에 사고보고서를 작성하도록 한다. • 사고보고서에는 사고발생 장소, 사고 이유, 사고처리에 대한 것을 기록하도록 한다.
안전사고 발생 시 일어난 사고에 대해 부모에게 알림	• 안전사고가 발생한 후에는 일어난 사고에 대해 반드시 부모에게 전달해야 한다. • 사고보고서 1부를 부모에게 전달하도록 한다.
안전사고 처리절차 및 재발방지대책 수립	안전사고 처리과정에 대한 절차를 기록하고, 재발방지를 위한 대책을 사전에 문서로 계획해 두도록 한다.
사고보고서를 토대로 향후 연도의 안전관리 대책 수립 시 반영	1년 사고보고서를 토대로 유치원에서 자주 발생하는 사고유형 및 원인을 분석하여 향후 연도 안전관리 및 안전교육 계획 시 반영하도록 한다.

II 생활안전교육

UNIT 45 시설 안전 - 실내 안전

❶ 학습목표

교실, 유치원, 가정 등 유아가 일상에서 자주 접하는 장소에서 안전을 위협하는 상황을 찾아보고, 안전하게 생활하는 방법을 알아볼 수 있다.

❷ 누리과정 관련 요소

신체운동·건강
[안전하게 생활하기]
일상에서 안전하게 놀이하고 생활한다.

의사소통
[읽기와 쓰기에 관심 가지기]
주변의 상징, 글자 등의 읽기에 관심을 가진다.

사회관계
[사회에 관심 가지기]
내가 살고 있는 곳에 대해 궁금한 것을 알아본다.

❸ 학습주제와 학습의 중점

학습주제	학습의 중점
1. 교실에서의 시설안전 알아보기	교실에서 위험할 수 있는 장소나 물건을 찾아보고, 안전하게 사용하는 방법을 알아본다.
2. 유치원에서의 시설안전 알아보기	화장실, 강당, 실내놀이터, 복도 계단 등에서 위험요소를 찾아 안전하게 이용한다.
3. 가정에서의 시설안전 알아보기	• 거실, 주방, 세탁실, 화장실 등에서 위험요소를 찾아본다. • 가정에서 시설을 안전하게 이용하는 방법을 알아본다.
4. 방화셔터 안전 수칙 알아보기	• 방화셔터의 기능과 종류를 알아본다. • 화재 시 방화셔터가 내려올 수 있음을 알고 대피하는 방법을 알아본다.

4 유치원에서 장소별 안전 수칙

(1) 교실 및 화장실에서의 안전 수칙

교실에서의
안전 수칙
	• 책상 모서리나 의자 등 물건과 부딪치지 않게 천천히 걸어다닌다.
	• 놀이 후 장난감을 정리한다.
	• 책상 등 높은 곳에 올라가지 않는다.
	• 장난감을 던지지 않는다.
	• 작은 물건을 입이나 코에 넣지 않는다(질식사고 예방).
	• 교실 내에서 뛰거나 신체적 장난을 하지 않는다.
	  - 급하게 달리거나 밀려 넘어져 책상 또는 사물함 모서리에 부딪힘
	  - 장난치다 팔꿈치 등에 코, 눈, 안경을 맞음
	  - 말타기 놀이를 하다 눌려 바닥에 부딪침
	  - 교실에서 공, 실내화를 던져 얼굴에 맞음
	  - 칼, 가위, 연필 등 날카로운 물건에 찔림
	  - 끈이나 줄로 목을 잡아당겨 질식 위험
	  - 교실 문에 매달려 추락으로 인한 본인 및 주변 학생 다침
	  - 친구의 손이 있는지 모르고 문이나 창문을 쾅 닫아 손이 다침
	• 교실 내 유리창 또는 각종 시설물에 타격을 가하거나 파손하지 않는다.
	• 창문 밖으로 우유팩 등 물건을 던지지 않는다.
	• 칼이나 가위로 종이 등을 자를 때는 베이지 않도록 주의하는 등 안전한 학습 도구 사용 방법을 준수한다.
	• 유리창에 기대거나 창틀 위에 올라가는 행동 및 창문 난간에 기대어 앉거나 밖으로 몸을 내밀지 않는다.
	• 교실 내 전열, 전기 기구를 젖은 손으로 만지지 않는다.
	• 사용하지 않는 콘센트는 마개나 덮개로 가리고, 깨진 콘센트를 맨손으로 잡지 않는다(감전 위험).
	• 쉬는 시간에 교실을 놀이공간으로 생각하지 않고 친구들을 배려하는 태도를 기른다.
	• 교실 내 청소도구로 장난하지 않으며, 청소 후에는 각종 도구를 제자리에 정리하여 보관한다.
	• 교실 내에서 게시물을 고정하기 위하여 날카로운 도구를 사용할 수 있으므로 함부로 게시물을 제거하거나 당기지 않아야 한다.

화장실 사용의 안전 수칙	• 1인 1칸씩 사용하고 차례를 지켜 대기한다. • 화장실 출입문을 갑자기 열거나 발로 차서 열지 않는다. • 출입문 틈에 손이나 발이 끼지 않도록 조심한다. • 화장실에 출입할 때에는 물기가 있는지 확인하고 절대 뛰거나 장난치지 않는다. - 화장실 바닥은 미끄러울 수 있으므로 미끄러지지 않게 조심히, 천천히 걷는다. • 사용 중인 화장실의 위나 아래를 들여다보지 않으며, 변기나 세면대, 칸막이 위에 올라가지 않는다(엿보기 절대 금지 - 성범죄 사안임을 지도). • 화장실 내 기물을 파손하지 않으며 휴지에 물을 적셔 던지는 등의 장난을 하지 않는다. • 세면대 앞에서 양치를 하며, 양치를 하고 있는 학생을 떠밀어 칫솔이 목을 찌르지 않도록 한다.

	• 화장실 청소도구로 장난을 치지 않는다. 특히 화장실 청소 세제는 별도로 보관하여야 하며, 위험하므로 학생이 함부로 사용하지 않는다. • 화장실을 사용할 때는 미리 노크를 한다. • 장난으로 노크를 하지 않고, 함부로 문을 여는 행동을 하지 않는다. • 차례를 지키고 남을 떠밀지 않는다. • 화장실 문 앞에 다른 사람이 기다리고 있다는 생각을 하고, 안에서 나올 때 갑자기 문을 열지 않는다. • 위험한 시설이나 고장 난 시설은 만지지 말고 선생님께 말씀드린다. • 화장실 문이 잠겨 갇혔을 경우, 밖에 있는 사람에게 상황을 알려 어른의 도움을 요청하거나, 없는 경우 큰 소리로 외쳐 도움을 청한다.

(2) 체육관, 운동장 등 강당에서 안전 수칙

안전한
체육활동을
위한 점검사항
및 지도사항
	• 공통 점검사항: 사전점검, 준비운동, 기구점검, 기술 숙달, 규칙 숙지, 정리운동
	
	| 준비운동의
	필요성 | • 몸에 온도를 올려 주어 부상을 예방할 수 있다.
	• 본격적인 활동을 하기 전에 자기 몸 상태를 점검할 수 있어 더 큰 부상을 예방할 수 있다. |
	| 지도상의
	유의점 | 준비운동을 할 때는 사전에 유아의 복장과 바닥의 상태를 점검하여 안전한 체육활동이 될 수 있도록 지도한다. |
	
	• 운동기구나 시설 및 활동공간의 안전성을 점검한다.
	  - 시설물 정기점검 및 자연재해에 따른 예방과 점검을 실시한다.
	• 체육활동 전후로 준비운동 및 정리운동을 실시하여 운동 상해를 예방한다.
	• 학생들의 건강 상태를 파악하여 참여시킨다.
	  - 선천적으로 허약하거나 질병이 있는 경우에는 미리 선생님께 말할 수 있도록 지도한다.
	• 활동을 할 때 체육복, 운동화, 보호 장비를 착용하도록 지도한다.
	• 각종 장비를 점검하고 이동할 때에는 반드시 *임장해서 지도한다.
	• 자신의 능력을 파악하여 수준에 맞는 활동을 하도록 지도한다.
	• 운동 종목과 장소에 따른 규칙 안전 수칙을 지도한다.

체육활동 중 삼가야 할 행동	• 급하게 도망가거나 쫓아가는 행동을 하지 않는다. • 운동하는 친구의 몸을 잡거나 방해하는 행동을 하지 않는다. • 친구에게 라켓이나 돌멩이 등을 던지는 행동을 하지 않는다. • 농구, 핸드볼, 축구 골대 등에 매달리지 않는다. • 뜀틀, 물구나무서기, 구르기 등 숙련되지 않은 동작을 무리하게 취하지 않는다. • 경기 중에는 지나친 승부욕으로 승패에 집착하지 않는다. • 걸려 넘어지거나 충돌하지 않도록 주변에 있는 사람과 시설물을 살피면서 움직인다. • 다른 곳으로 넘어간 공, 셔틀콕 등을 가지러 갈 때에는 충돌 예방을 위해서 그곳에서 운동 중인 친구에게 먼저 양해를 구하거나 도움을 요청한다. • 운동장에서 맨발로 활동하지 않는다. • 공이 담장을 넘어가거나 높은 곳에 올라간 경우, 담을 넘거나 차도로 뛰어들지 않으며 높은 곳에는 올라가지 않는다.

*임장지도
학교 내외에서 학생들이 어떤 활동을 할 때 교사가 같은 장소에 함께 하여 지도하는 것을 의미한다.

		• 허용된 체육기구 이외에 잘 모르는 체육기구를 함부로 만지거나 체육기구에서 위험한 행동을 하지 않는다. • 개인 운동기구는 반드시 한 사람씩 사용한다. • 모든 운동은 난이도에 따라 쉬운 것을 충분히 익힌 다음에 어려운 것으로 한다. • 고학년이 하는 어려운 운동을 무리하게 따라 하지 않는다. • 충분히 공간을 두고 활동한다.
운동 종목별 안전 수칙	축구	• 페어플레이 : 과도한 반칙을 주의한다. • 무리한 태클을 하지 않는다. • 헤딩이나 킥을 할 때 주변에 사람이나 사물이 있는지 확인한다. • 공을 밟거나 헛발질하지 않도록 집중한다. • 날아오는 공에 맞지 않도록 경기에 집중한다.
	피구	• 얼굴을 향해 공을 던지지 않도록 주의한다(안경 쓴 학생들은 고글 착용). • 무릎 보호대 및 팔꿈치 보호대를 착용한다. • 피하면서 친구와 부딪치지 않도록 주의한다.
	핸드볼	• 급하고 무리한 방향 전환 및 점프 후 착지를 주의한다. • 상대방과의 심한 접촉 및 무리한 슛 동작을 주의한다.
	농구	• 무리하게 공을 뺏거나, 지나친 몸싸움을 하지 않는다. • 동료의 움직임과 공에 집중하고 시야를 확보한다. • 점프 시 접촉 금지 : 동료가 점프한 상태에서 무리한 접촉을 하지 않는다.
	티볼, 야구, 소프트볼	• 배트를 휘두를 때는 반드시 주변에 사람이나 사물이 있는지 확인한다. • 공을 함부로 던지지 않도록 주의한다.
	테니스, 배드민턴	• 공이나 셔틀콕에 눈을 맞지 않도록 주의한다. • 라켓을 놓치거나 파트너와 부딪치지 않도록 주의한다.
	줄넘기	• 줄넘기 줄이 내 키와 맞는지 확인한다. • 활동하기 전 주변에 사람, 사물, 자동차 등이 있는지 확인한다. • 앞, 뒤, 양옆에 충분히 거리를 두고 줄넘기 활동을 한다. • 줄넘기를 휘두르거나 던지는 등 줄넘기 줄을 이용해서 장난하지 않는다.
	훌라후프	• 내 키에 맞는 크기의 훌라후프를 선택한다. • 앞과 뒤에 부딪칠 만한 물건이 없는지 확인한다.
	그 외	• 매트 운동을 할 때에는 앞사람이 완전히 매트에서 떠날 때까지 기다린다. • 낮은 철봉에서 디딤판(뜀틀)을 이용하여 충분히 연습한 다음, 단계적으로 디딤판 없이 운동한다. • 뜀틀 운동 시에는 한 사람이 착지를 끝내고 뜀틀을 떠날 때까지 다음 사람이 도움닫기를 하지 않는다.

(3) **복도 및 계단에서의 안전 수칙**

복도에서의 안전 수칙	• 뛰지 않고 오른쪽으로 조용히 걷는다. • 교실에서 나오는 친구와 부딪히지 않도록 주의한다. • 복도에서 통행을 막거나 장난하지 않는다. – 장난을 하면 다른 사람에게 피해를 주고 다치기 쉬우므로 장난을 하지 않는다. • 바닥에 물기가 있거나 미끄러운 경우 천천히 조심해서 걷는다. • 미끄럼 사고의 원인이 될 수 있는 과자 부스러기나 휴지 등을 복도에 버리지 않는다. • 주변에 이동하는 사람들의 움직임을 살피면서 걷는다. • 뒷걸음질하거나 뒤돌아보면서 걷지 않는다. • 다른 사람의 발을 걸거나 밀치지 않는다. • 코너가 있는 복도에서는 반대편에서 오는 사람을 살피면서 이동하고 빠르게 뛰지 않는다. • 출입구나 통로, 모퉁이를 지나갈 때는 주의한다. • 복도나 계단을 이동할 때 어깨동무를 하지 않고 한 줄로 바르게 걷는다. • 앞사람을 밀지 않는다. • 발을 끌지 않는다. • 물건을 던지거나 굴리지 않는다. • 단체로 이동할 때는 질서 정연하게 이동하고 밀거나 뛰지 않는다.
계단에서의 안전 수칙	• 계단을 이용할 때 뛰거나 장난치지 않는다. • 계단 주변에서 놀지 않는다. • 계단을 이용할 때 손잡이(난간)를 잡고 다닌다. • 계단을 이용할 때 우측통행을 한다. • 계단을 이용할 때 두 칸 이상 오르내리거나 뛰어내리지 않는다(한 칸씩 천천히 이동한다). • 주머니에 손을 넣은 채 계단을 이용하지 않는다. • 계단을 이용할 때 책이나 휴대전화를 보거나 음악을 듣지 않는다. • 비나 눈이 온 뒤의 계단은 물기로 미끄러지기 쉬우므로 더 조심한다. • 겨울철 영하의 날씨에는 계단 물청소를 하지 않는다. • 슬리퍼를 신고 계단을 이용할 때 부상 가능성이 높으므로 더욱 조심한다. • 계단에 휴지나 간식 부스러기를 흘리지 않는다. • 계단 난간을 넘거나 난간을 이용하여 미끄럼을 타지 않는다. • 가방이나 물건을 들고 계단을 오르내릴 때 최대한 조심하고 특히 시야를 가릴 정도로 많은 물건을 나르지 않는다. • 여러 사람이 함께 계단을 이용할 때 앞뒤 사람과 충분한 거리를 둔다. • 추락 및 낙상사고의 위험이 있으므로 자전거, 인라인 스케이트 등 바퀴 달린 제품은 계단 주위에서 사용하지 않는다. • 보행이 불편한 학생들이 사용하는 휠체어, 워커 등 바퀴 달린 이동기기를 계단 주위에서 사용하지 않는다. • 보행이 불편한 학생들의 경우 핸드레일을 잡고 한 칸씩 천천히 이동한다.

우측통행

- 우측통행이란 길을 걸어가는 보행자가 지켜야 하는 안전 수칙이다.
  - '우측통행'이라는 용어가 유아에게는 어려울 수 있으므로, '오른쪽으로 다니기'라는 표현을 활용한다.
  - 인도, 횡단보도와 같은 야외에서뿐만 아니라 건물 안, 유치원 복도나 계단, 에스컬레이터 등 실내에서 보행할 때도 우측통행을 해야 함을 설명한다.
- 우측통행을 해야 하는 이유
  - 오른손을 사용하는 사람이 많기 때문에, 편리함과 안전함을 위해 오른쪽으로 걸어 다닌다.
- 우측통행을 하지 않으면 발생할 수 있는 다양한 상황
  - 복도에서 같은 방향으로 걸어오다가 서로 부딪치는 경우
  - 계단에서 반대쪽 친구를 보지 못해서 부딪치는 경우

5 가정에서의 시설안전

(1) 거실에서 발생하는 안전사고 예방하기

의자 추락사고	• 영유아는 안전벨트가 있는 영유아용 보조의자를 사용한다. • 아동이 의자에 앉아 있을 때는 보호자가 시선을 떼지 않는다. • 의자 위에서 장난치지 않도록 교육한다. • 특히 아동의 키에 비해 높은 의자, 회전의자, 바퀴가 달린 의자, 등받이가 없는 의자(스툴), 의자 다리 폭이 좁아 쉽게 흔들릴 수 있는 의자는 소아가 사용하거나 올라가지 않도록 한다.
선풍기 손끼임사고	• 선풍기는 안전망을 씌워 사용한다. • 아동의 손이 닿지 않는 곳에 선풍기를 위치시킨다. • 아동이 선풍기로 장난치지 않도록 교육한다.
난로 화상사고	• 난로 주변에 안전펜스를 설치한다. • 난로 주변에 아동이 가까이 가지 않도록 보호자가 시선을 떼지 않는다. • 난로에 뜨거운 물이나 음식을 조리하지 않는다.
가구 부딪힘사고	• 소파, 테이블, TV스탠드와 같은 가구 모서리에는 쿠션이나 모서리 보호대 등 보호장치를 부착한다. • 테이블이나 TV스탠드 위에 유리를 설치하지 않는다. • 소파 아래쪽에는 푹신한 매트를 설치한다. • 영유아를 소파에 두고 보호자가 자리를 비우지 않는다. • 소파나 테이블 위에 올라가거나 뛰어내리지 않도록 교육한다.
바닥 넘어짐사고	• 길고 딱딱한 물체(연필, 숟가락, 칫솔 등)를 아동이 입에 물고 돌아다니지 않도록 교육한다. • 실내 바닥이 미끄럽지 않도록 한다.

(2) 주방에서 발생하는 안전사고 예방하기

가스레인지, 전열기, 전기포트 화상사고	• 아동의 손이 닿지 않는 높은 곳에 두고 사용한다. • 조리가 끝날 때까지 반드시 지키고 있으며, 아동이 가까이 오지 못하게 한다. • 전기주전자 사용 시 전기선이 늘어지지 않도록 잘 정리한다. • 12세 이하의 아동이 사용하지 못하게 한다. • 사용이 끝난 후에는 반드시 가스밸브를 잠그거나 전기 플러그를 뽑는다.
식탁보를 잡아당겨 쏟아지는 음식물에 의한 화상, 열상 사고	• 아동이 잡아당길 수 있는 너무 늘어지거나 긴 식탁보는 사용하지 않는다. • 식탁보를 사용할 경우 식탁보가 움직이지 않도록 식탁에 단단히 고정시킨다. • 식탁보가 깔린 식탁 위에는 깨질 수 있는 물건(장식품, 꽃병, 조미료통 등)을 놓아두지 않는다.
냉장고 자석 삼킴사고	• 쉽게 삼킬 수 있는 크기의 자석은 아동의 손에 닿지 않는 높은 곳에 두고 사용한다. • 자석을 가지고 놀 때는 보호자가 항상 지켜본다.
뜨거운 액체 화상사고	• 아동에게 국물, 수프, 죽을 먹일 때는 너무 뜨겁지 않은지 확인한다. • 아동을 안고 뜨거운 음료를 마시지 않는다. • 아동의 곁에 또는 아동의 시야에 뜨거운 액체가 담긴 컵이나 그릇을 두고 보호자가 자리를 비우지 않는다. • 뜨거운 액체가 든 컵이나 그릇을 들고 아동 근처로 움직이지 않는다. • 뜨거운 액체를 옮겨 담거나 버리는 일은 높은 곳에 위치한 넓은 공간(싱크대, 개수대 등)에서 한다.
음식물이 목에 걸리는 사고	• 작고 둥근 음식물은 아동의 손이 닿지 않는 곳에 보관한다. • 아동이 음식물을 입에 물고 다른 활동을 하지 않도록 한다. • 치아가 완전히 생기지 않은 영유아에게 땅콩이나 아몬드 등 잘게 씹어서 삼켜야 하는 딱딱한 음식물을 주지 않는다. • 점착성이 높거나 말랑말랑한 음식, 둥근 형태의 음식, 고기나 소시지 등은 작게 잘라서 먹인다.
정수기 온수 화상사고	• 온수 탭은 이중장치를 설치하여 아동이 우연히 눌러도 온수가 나오지 않도록 한다. • 정수기의 온수 스위치를 꺼둔다. • 정수기 주변은 마른걸레로 닦아 물기를 제거한다.

(3) 침실에서 발생하는 안전사고 예방하기

서랍장 손끼임 사고	• 영유아가 있는 가정은 잠금장치를 사용하여 서랍을 잠가둔다. • 닫히는 속도가 늦춰지는 안전레일이 달린 서랍을 이용한다. • 아동이 서랍을 넣었다 뺐다하는 장난을 하지 않도록 교육한다.
침대/침구 질식사고	• 반드시 어린이용 침대와 침구를 사용한다. 만약 침대사용이 불가능하다면 바닥에 이불을 깔고 재운다. • 솜이나 깃털을 사용한 푹신하고 두꺼운 베개나 이불, 푹 꺼지는 어른용 침대는 아동의 질식사고를 일으킬 수 있으므로 주의한다. • 영아를 재울 때는 엎드려서 재우지 않는다. • 영아가 잠이 든 후에도 수시로 영아의 상태를 살핀다.
문 손끼임 사고 / 문지방 넘어짐 사고	• 문의 경첩에 손이나 팔을 넣는 장난을 치지 않도록 교육한다. • 방문에는 도어스토퍼를 사용한다. • 현관문과 같이 자동으로 닫히는 문은 닫히는 속도를 늦추는 장치를 설치한다. • 문을 닫을 때 주변에 아동이 없는지 확인한다. • 가능하다면 문지방을 없애는 것이 좋다.
블라인드 끈 질식사고	• 블라인드 끈은 아동의 손이 닿지 않도록 아주 높이 감아 올려 놓는다. • 침대나 실내 미끄럼틀 등 딛고 올라갈 수 있는 물건이나 가구 주위에 있는 블라인드 끈을 없앤다.

(4) 욕실에서 발생하는 안전사고 예방하기

욕실 감전사고	• 욕실의 전기 콘센트는 안전덮개를 씌우고 덮개를 늘 닫아둔다. • 욕실에서 전자제품 사용을 자제하는 것이 가장 좋다. • 사용한 전자제품은 반드시 코드를 뽑아 둔다. • 아동이 욕실 조명이나 콘센트에 물을 뿌리는 장난을 하지 않도록 교육한다.
욕실 넘어짐 사고	• 욕실 바닥에는 요철이 있는 미끄럼방지 타일을 사용한다. • 미끄럼방지 타일의 설치가 어려울 경우 미끄럼방지 스티커를 붙이거나 미끄럼방지 쿠션패드를 설치한다. • 욕실 문 앞 러그 사용을 자제한다.
세제나 화학물질 중독 사고	• 아동의 손이 닿지 않는 곳에 보관한다. • 아동이 쉽게 열지 못하도록 안전캡을 사용한 제품을 구매한다. • 위험물질은 절대로 다른 용기에 옮겨 놓지 않는다. • 부득이하게 다른 용기에 옮겨 담을 경우 병 표면에 물질의 이름을 적은 라벨을 붙인다. • 락스, 표백제, 욕실세정제, 유리세정제, 식기건조용 세제는 특히 보관에 주의한다.
아동용 발판 넘어짐 사고	• 아동용 세면대 발판은 바닥 면에 고무나 실리콘 처리가 되어 미끄럼방지 기능이 있는 제품을 사용한다. • 발이 닿는 면에는 미끄럼방지 스티커를 붙여 사용한다. • 아동에게 세면대 발판에 올라간 상태에서 세면대를 짚고 매달리거나 장난치지 않도록 교육한다.

『학교보건법 시행규칙』 [별표 2] [별표 4] 〈환기·채광·조명 등의 조절기준〉

환기	• 환기의 조절기준 　- 환기용 창 등을 수시로 개방하거나 기계식 환기설비를 수시로 가동하여 1인당 환기량이 시간당 21.6세제곱미터 이상이 되도록 할 것 • 환기설비의 구조 및 설치기준(환기설비의 구조 및 설치기준을 두는 경우에 한한다) 　- 환기설비의 교사 안에서의 공기의 질이 유지기준을 충족할 수 있도록 충분한 외부공기를 유입하고 내부공기를 배출할 수 있는 용량으로 설치할 것 　- 교사의 환기설비에 대한 용량의 기준은 환기의 조절기준에 적합한 용량으로 할 것 　- 교사 안으로 들어오는 공기의 분포를 균등하게 하여 실내공기의 순환이 골고루 이루어지도록 할 것 　- 중앙관리방식의 환기설비를 계획할 경우 환기닥트는 공기를 오염시키지 아니하는 재료로 만들 것
채광 (자연조명)	• 직사광선을 포함하지 아니하는 천공광에 의한 옥외 수평조도와 실내조도와의 비가 평균 5퍼센트 이상으로 하되, 최소 2퍼센트 미만이 되지 아니하도록 할 것 • 최대조도와 최소조도의 비율이 10대 1을 넘지 아니하도록 할 것 • 교실 바깥의 반사물로부터 눈부심이 발생되지 아니하도록 할 것
조도 (인공조명)	• 교실의 조명도는 책상면을 기준으로 300럭스 이상이 되도록 할 것 • 최대조도와 최소조도의 비율이 3대 1을 넘지 아니하도록 할 것 • 인공조명에 의한 눈부심이 발생되지 아니하도록 할 것
실내온도 및 습도	• 실내온도는 섭씨 18도 이상 28도 이하로 하되, 난방온도는 섭씨 18도 이상 20도 이하, 냉방온도는 섭씨 26도 이상 28도 이하로 할 것 • 비교습도는 30퍼센트 이상 80퍼센트 이하로 할 것
소음	• 교사 내의 소음은 55dB(A) 이하로 할 것

※ 위의 법령은 수시 개정 가능하므로, 시험 응시 시점에서 재확인 요망

UNIT 46 시설 안전 - 위생관리

화장실의 유지·관리 기준	• 항상 청결이 유지되도록 청소하고 위생적으로 관리해야 한다. • 악취의 발산과 쥐, 파리·모기 등 해로운 벌레의 발생과 번식을 방지하도록 화장실의 내부 및 외부를 4월부터 9월까지는 주 3회 이상, 10월부터 다음해 3월까지는 주 1회 이상 소독을 실시해야 한다.		
유치원 건물에 대한 소독	50명 이상을 수용하는 유치원은 감염병 예방에 필요한 소독을 실시해야 한다.		
	학교소독지침상 소독의 종류	정기소독	4월~9월은 2개월에 1회 이상, 10월~3월은 3개월에 1회 이상 실시한다.
		임시소독 (감염병 발생시)	감염병 (의심)환자 발생 또는 유행 시 소독 방법은 정기적 소독 지침에 준하여 시행한다.

		일시적 관찰실 소독	전파 우려가 높은 감염병 (의심)학생이 의료기관에 진료를 받으러 가기 전까지 격리되어 관찰하는 학교 내 공간으로서, 해당 학생에 대한 낙인효과를 우려하여 '격리' 대신 '관찰'이라는 용어를 사용할 것을 권장한다.
	놀잇감		유치원에서 사용하는 놀잇감은 자주 세척·살균하고 햇빛에 자주 말려 건조시켜 준다.
	이불 및 잠자리		• 낮잠용 이불은 자주 세탁하고, 개인의 이름을 표시하여 사용하는 것이 바람직하다. • 잠자리의 간격은 너무 붙지 않게 깔아야 호흡기 감염을 줄일 수 있다. • 주 1회 이불 세탁을 실시한다.
	공기의 질		• 환기는 하루에 최소 3번, 30분 이상 하는 것이 좋으며, 오전 10시부터 오후 9시 사이가 좋다. - 겨울에는 하루 3회 이상 10분 정도 환기 시스템을 가동한다.
	청결		• 유아들에게는 올바른 손 씻기와 이 닦기가 생활화될 수 있도록 지도한다. - 식사 전후, 배변 후, 오염된 활동 후, 특히 전염성 질환이 유행할 때에는 손을 자주 씻는다.
	세면용품		• 칫솔은 교사가 다시 세척하여 칫솔 소독기에 넣어 건조한다. • 수건은 하루에 두 번 이상 교체해 주며, 가능하면 핸드드라이어를 사용한다.

유치원 환경위생 및 식품위생 관리

유치원의 원장은 다음의 기준에 따라 환경위생 및 식품위생을 적절히 유지·관리해야 한다.

▲ 학교시설에서의 환경위생 및 식품위생에 대한 점검의 종류 및 시기
- 『학교보건법 시행규칙』[별표 6] 〈개정 2022. 6. 29.〉

점검 종류	점검 시기
일상점검	매 수업일
정기점검	매 학년. 2회 이상. 다만, 제3조제1항 각 호의 기준에서 점검횟수를 3회 이상으로 정한 경우에는 그 기준을 따른다.
특별점검	• 전염병 등에 의하여 집단적으로 환자가 발생할 우려가 있거나 발생한 때 • 풍수해 등으로 환경이 불결하게 되거나 오염된 때 • 학교를 신축·개축·개수 등을 하거나, 책상·의자·컴퓨터 등 새로운 비품을 학교 시설로 반입하여 폼알데하이드 및 휘발성유기화합물이 발생할 우려가 있을 때 • 그 밖에 학교의 장이 필요하다고 인정하는 때

유치원 감염병 예방을 위한 소독

50명 이상을 수용하는 유치원은 다음의 기준에 따라 감염병 예방에 필요한 소독을 실시해야 한다.

▲ 감염병 예방을 위한 소독 기간 및 실시 횟수

기간	소독 실시 횟수
4~9월까지	2개월에 1회 이상 실시
10~3월까지	3개월에 1회 이상 실시

UNIT 47 │ 시설 안전 – 다중이용시설의 안전 수칙

❶ 학습목표

일상생활에서 접하는 다중이용시설에서 위험요소를 찾아보고, 안전한 이용 방법을 이해할 수 있다.

❷ 누리과정 관련 요소

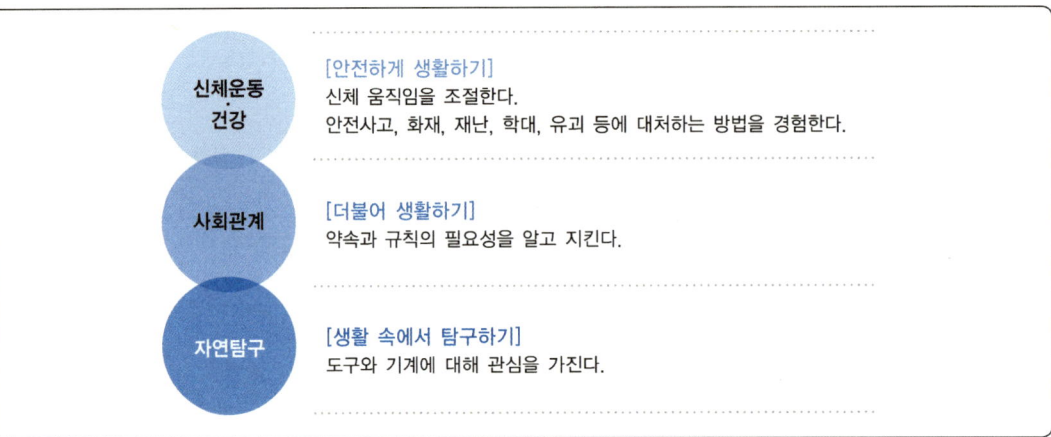

- 신체운동 건강 — [안전하게 생활하기] 신체 움직임을 조절한다. 안전사고, 화재, 재난, 학대, 유괴 등에 대처하는 방법을 경험한다.
- 사회관계 — [더불어 생활하기] 약속과 규칙의 필요성을 알고 지킨다.
- 자연탐구 — [생활 속에서 탐구하기] 도구와 기계에 대해 관심을 가진다.

❸ 학습주제와 학습의 중점

학습주제	학습의 중점
1. 급식실 안전하게 이용하기	• 급식실을 안전하게 이용하는 방법을 알아본다. • 급식실에서 안전하게 행동한다.
2. 승강기 안전하게 이용하기	• 승강기의 종류와 기능을 알아본다. • 승강기 이용 시 안전하게 이용하는 방법을 알고 실천한다.
3. 출입문 안전사고 예방하기	• 출입문에서 자주 발생하는 안전사고 원인을 찾아본다. • 출입문 안전스티커를 만들어 사고가 일어날 수 있는 장소에 게시한다.
4. 사람이 많이 모이는 곳에서의 안전사고 예방하기	• 사람이 많이 모이는 장소와 상황을 알아본다. • 사람이 많이 모인 곳의 위험성을 인식한다. • 사람이 많이 모이는 곳에서의 안전사고를 예방하는 방법을 알아본다.

④ 급식실에서의 안전 수칙

급식 기구로 발생할 수 있는 안전사고	• 젓가락·포크: 젓가락 및 포크에 찔릴 수 있다. • 급식대: 급식대에 손을 끼이거나, 급식대 모서리에 긁히거나 부딪힌다. • 급식판: 급식판 모서리에 박거나 급식판을 제대로 들지 못하여 뜨거운 국을 엎어 데인다. • 급식운반 엘리베이터: 장난을 치다가 손이 끼이거나, 급식운반 엘리베이터에 갇힌다. • 식당: 음식물로 미끄러운 바닥에서 장난치다가 미끄러져 넘어진다.
급식시간 안전 수칙	• 급식대나 급식운반차를 놀이기구처럼 이용하지 않는다. • 식판의 양쪽을 균형 있게 잘 잡아 뜨거운 음식에 화상을 입지 않도록 한다. • 식판, 젓가락, 포크 등으로 장난치지 않는다. • 배식을 받을 때는 질서를 지키고, 많은 학생들이 한꺼번에 몰려가서 배식을 받지 않도록 한다. • 배식 중 끼어들기(새치기)를 하거나 큰 소리로 말하지 않는다. • 식판을 들고 자기 자리로 갈 때는 한눈팔지 않고 걸으며, 미끄러지거나 걸려 넘어지지 않도록 천천히 살피면서 이동한다. • 점심시간에는 이리저리 돌아다니지 않고, 큰 소리로 떠들면서 먹지 않는다. • 식사 도중에 식판이나 그릇, 젓가락, 포크를 서로 빼앗거나 찌르는 장난을 하지 않는다. • 점심을 먹기 전에는 반드시 손을 씻는다. • 급식을 받고 자리에 앉기까지 급식판에 주의를 집중하여 급식판을 엎지 않도록 한다. • 음식물을 바닥에 흘리지 않도록 주의한다.
학교급식 에티켓	• 흐르는 물에 30초 동안 비누로 손을 깨끗이 씻는다. • 앞 학생과 거리를 두고 줄을 선다. • 가능한 한 마주 보고 식사하지 않는다. • 식사 시 기침이나 재채기가 나올 경우 옷소매로 입과 코를 가린다. • 식사 중 대화는 삼간다.
지도상의 유의점	건강교육이나 식사예절보다는 함께 이용하는 장소, 뜨거운 음식, 음식물로 바닥이 미끄러워지는 상황 등에 초점을 두면서 위험요소를 찾아본다.

⑤ 엘리베이터에서의 안전 수칙

발생 가능한 안전사고	• 엘리베이터를 타고 내릴 때 문에 부딪히는 사고 • 사람이 많은 엘리베이터에 억지로 타려다 문에 끼이는 사고 • 운행 중 또는 공사 중인 엘리베이터 문을 억지로 열어 떨어지는 사고
엘리베이터를 이용할 때 안전 수칙	• 화물용 엘리베이터가 아닌 승객용 엘리베이터에 탑승한다. • 엘리베이터의 출입문을 흔들거나 밀지 말아야 하며, 출입문에 기대지 않는다. • 정원 및 적재 하중이 초과되면 고장이나 사고의 원인이 되므로 적정 탑승 인원과 무게를 지킨다. • 문에 기대거나 충격을 주면 추락위험이 있으므로 유의한다. • 탈 때는 문 사이에 손이 끼지 않도록 유의한다. • 신발끈이나 가방끈이 걸리지 않도록 유의한다.

	• 애완동물과 함께 탄다면 목줄이 문에 끼이지 않도록 유의한다. • 엘리베이터의 호출 버튼 및 행선층 버튼 등을 장난으로 누르지 않는다. • 엘리베이터 안에서는 뛰거나 장난을 치지 않아야 하고, 손잡이 위에 올라타는 것도 위험하므로 유의한다. • 내릴 때에는 자신이 내릴 층이 맞는지 확인하고 차례대로 내린다. • 화재나 지진 시 엘리베이터는 갑자기 멈출 수 있어 위험하므로, 계단을 이용한다. • 화재나 지진 시 엘리베이터 안에 있을 경우, 모든 층의 버튼을 눌러 먼저 열리는 층에서 내려 계단을 이용한다.
엘리베이터에 갇힘 사고 발생 시 행동요령	• 엘리베이터 문을 강제로 여는 행위 등 임의로 판단해서 탈출을 시도하지 않는다. • 엘리베이터가 운행 중 갑자기 정지하면 비상벨을 누르고 구조요청을 한다. • 비상버튼으로 구조요청을 하고, 연결이 안 될 경우 직접 휴대전화로 119에 신고한다. - 전화로 구조요청할 때 엘리베이터 안에 있는 승강기 번호(ID)를 불러주면 구조자가 위치를 파악하기 쉽다. • 엘리베이터에 갇혀도 질식의 위험은 없으니, 자세를 낮춘 뒤 안전손잡이를 잡고 침착하게 구조를 기다린다.

 참고

덤웨이터(소형화물용 엘리베이터, Dumbwaiter)

• 덤웨이터란 음식물이나 서적 등 소형 화물의 운반에 적합하게 제조·설치된 엘리베이터로서 사람의 탑승을 금지하고 있다.
• 주의사항
  - 덤웨이터의 잘 보이는 곳에 사용 주의사항(탑승 금지, 적재하중) 표지를 부착한다.
  - 음식물 운반용 승강기에 사람이 탑승하는 것을 금한다.
  - 출입문을 열 때에는 반드시 덤웨이터가 도착하였는지를 확인하고 문을 개방한다.
  - 출입문을 닫을 때에는 반드시 승강장 바닥과 완전히 밀착되도록 하여 도어잠금장치가 확실히 잠기도록 한다.
  - 사용한 후에는 반드시 출입문을 닫는다.

6 에스컬레이터의 안전 수칙

발생 가능한 안전사고	• 에스컬레이터 틈에 손이 끼이는 사고 • 에스컬레이터 틈에 신발이 끼이는 사고 • 에스컬레이터 이용 시 구조물에 부딪히는 사고 • 손잡이에 발을 올리다 넘어지는 사고 • 에스컬레이터에서 뛰다가 넘어지는 사고 • 핸드폰을 사용하다가 넘어지는 사고
에스컬레이터를 이용할 때 안전 수칙	• 어린이나 노약자는 보호자와 함께 탑승한다. • 디딤판 가장자리에 표시된 노란색 안전선 안쪽으로 서고, 노란색 안전선 밖으로 발이 벗어나지 않도록 유의한다. • 디딤판 위에 앉거나 맨발로 탑승하지 않는다. • 꼭 손잡이를 잡고 이용한다.

	• 옷이나 물건 등이 틈새에 끼지 않도록 주의한다. • 손잡이 밖으로 몸을 내밀면 떨어질 수 있으므로 주의한다. • 에스컬레이터에서 걷거나 뛰지 말아야 한다.
에스컬레이터 사고 발생 시 행동요령	• 평소에 비상 정지 버튼이 어디에 있는지 위치를 확인한다. • 에스컬레이터 이용 중 위험한 상황이 발생할 경우, 비상 정지 버튼을 눌러 운행을 멈춘다. 버튼이 보이지 않는다면 큰 소리로 주변의 도움을 요청한다. • 에스컬레이터 관리자에게 연락을 취한다.

7 출입문 통행 안전 수칙

출입문 통행 안전 수칙	• 외부 출입할 때 선생님의 동의를 얻는다. • 출입문을 열거나 닫을 때, 뒤에 따라 들어오는 사람은 없는지 확인한다. • 출입문에 손이나 발이 끼이지 않도록 조심한다. • 출입문을 서로 당기거나 미는 등의 장난으로 여닫는 행동은 하지 않는다. • 출입문의 유리를 세게 짚거나 밀지 않는다(유리 파손 주의). • 출입문 바닥에 매트가 있는 경우 걸려 넘어지지 않도록 조심해서 통행한다. • 출입문에 기대어 서 있지 않는다. • 자동출입문을 이용할 때 열려 있는 자동문을 향해 뛰어 들어가지 않는다. • 자동출입문 주변에서 놀지 않는다.

8 군중밀집 지역에서의 안전 수칙

군중밀집 지역에서 발생 가능한 안전사고 상황	• 군중 몰림: 사람이 급하게 한 쪽으로 몰리는 것 • 군중 압착: 사방이 꽉 막힌 공간에서 여러 사람이 압력을 가하는 것
유치원에서 발생 가능한 군중밀집 안전사고	• 운동장에서 열린 운동회에 참석한 사람들이 갑자기 쏟아지는 비를 피하려고 유치원 출입문으로 한꺼번에 몰리며 안전사고가 일어날 수 있다. • 유치원 계단 위에 있던 친구가 넘어지면서 그 밑에 있던 친구들이 한꺼번에 넘어져 안전사고가 일어날 수 있다. • 인형극을 관람하기 위해 질서를 지키지 않고 많은 친구들이 한꺼번에 강당 문 한 곳으로 입장하다가 안전사고가 일어날 수 있다. • 급식 시간 전에 순서를 정하지 않고 한꺼번에 많은 친구들이 손을 씻으러 화장실에 들어가려다가 안전사고가 일어날 수 있다.
사람들이 많이 모이는 곳에서 발생할 수 있는 문제	• 숨쉬기 답답함을 느낀다. • 가고자 하는 방향으로 가지 못하고 다른 방향으로 몸이 떠밀린다. • 넘어져서 다칠 수 있다.

군중밀집 지역 안전사고 예방 및 대처방법	**발생 전** • 사람이 많이 밀집되어 있는 곳에 방문을 자제한다. • 압사 사고에 대한 위험을 사전에 생각하고 안전거리를 확보한다. **발생 시** • 인파가 몰리는 느낌이 들면 그 장소를 빠져나온다. • 가슴 압박 사고를 대비하여 팔짱을 끼어 가슴 앞 공간을 확보한다. • 가슴 앞쪽으로 푹신한 가방 등을 안아 가슴을 보호한다. • 밀거나 서두르면 사고 우려가 있으므로 앞사람을 따라 천천히 이동한다. **발생 후** • 같이 빠져나오지 못한 가족, 동료가 있으면 구조대에게 신속하게 위치, 인원을 알려준다. • 주변 사람들과 협력하여 심폐소생술 등 구조활동을 돕는다.
군중밀집 지역에서의 안전자세	① 두 손을 가슴에 모아 공간을 확보하고 다리를 고정한다(갈비뼈 보호, 호흡공간 확보). ② 움직임이 잠잠해지면 대각선으로 군중을 가로질러 이동을 시도한다. ③ 넘어졌을 경우 몸을 웅크려 머리와 가슴 등 중요 신체부위를 보호한 후 침착함을 유지했다가, 최대한 빠르게 일어나 안전한 자세를 취한다.
안전 행동 수칙	• 다중이용시설 이용 전 안전 수칙을 확인한다. • 안전사고 발생을 대비해서 가족, 친구 등과 같이 만남의 장소를 정한다. • 다중이용시설에 비치된 비상구, 소화기 등 안전장비를 확인한다. • 좌석에 앉기 전에 자신의 대피 동선을 확인한다. • 압사 사고가 발생할 수 있으므로 입·퇴장 시에는 뛰지 말고, 줄을 서서 이동한다. • 환풍구, 난간 등 위험한 곳에 올라서지 않는다. • 폭죽, 폭음탄은 화재의 위험이 있기 때문에 실내에서는 절대 사용하지 않는다. • 안전사고 발견 시 관리책임자나 119에 신고한다. • 화재 발생 시 '불이야'하고 큰 소리를 외치거나 비상벨을 눌러 다른 사람에게 화재 발생 사실을 알려준다. • 정전 시 당황하지 말고 조명이 들어올 때까지 혹은 정전 원인을 확인할 때까지 기다린다. • 위기 상황이 발생하면 비상방송 청취 및 전광판 안내사항을 확인한다. • 대피해야 할 경우 비상구에서 가까운 관람객부터 대피한다. - 주변에 안전취약계층(노약자, 장애인 등)이 있다면 함께 도와서 대피한다.
군중밀집 안전사고 예방법	**유치원 생활 중 사람들이 많이 모이는 곳에서의 안전사고 예방법 알아보기** • 선생님과 함께 넓은 공간으로 이동해서 사람이 많은 곳을 피하기 • 다른 사람을 밀지 않고 침착하게 움직이기 • 혹시 두고 온 물건이 있더라도 절대 사람들 속으로 다시 들어가지 않기 • 선생님의 안내를 따르며 질서 지키기 / **유치원 외 사람이 많이 모이는 곳에서의 안전사고 예방법** • 사람이 많이 있는 곳은 무리하게 들어가지 않기(피하기) • 자신의 이름, 부모님(보호자) 연락처 등을 기억하기(유아는 비상 상황 발생 시 자신의 이름과 보호자 연락처를 기억하지 못하는 경우가 많으므로 사람들이 많은 곳을 가기 전에 반드시 자신의 이름과 부모님(보호자) 연락처를 기억하는 활동이 우선되어야 한다). • 출입로, 비상구, 대피장소 미리 확인하기 • 부모님(보호자) 손을 잡고 함께 이동하기

교사와 학부모의 지도방향	**교사의 지도방향** • 사람들이 많이 모이는 곳에서 발생할 수 있는 문제들을 예측해보고, 유아가 직접 규칙을 정해 지키도록 한다. 　- 줄을 서서 이동한다. 　- 앞에 있는 친구를 밀지 않는다. 　- 차례(순서)를 지킨다. 　- 장난치거나 휴대폰을 보면서 걷지 않는다. 　- 선생님이 알려 준 출입구, 비상통로를 기억하고 친구들에게 알려준다. • 안전사고 사례를 알아보면서 사람이 많이 모이는 장소에서의 안전사고를 예방하기 위해서는 질서와 규칙을 지키는 것이 중요함을 이야기 나눈다. • 사람이 많은 곳에서는 가벼운 장난도 안전사고로 이어지며, 많은 사람이 넘어지는 경우 큰 안전사고가 발생할 수 있음을 이야기한다. **학부모의 지도방향** 사람이 많이 모이는 곳에 방문하기 전 보호자의 이름, 연락처 등을 기억할 수 있도록 이야기 나누고 출입로, 비상구, 대피장소를 유아와 함께 확인한다. 예) 사람이 많이 모이는 곳에 방문 시 자녀와 함께 이름표 만들기

전시 · 공연 · 관람 활동 안전 수칙

- 재난 발생(화재 등)에 대비한 대피로와 출입구를 확인한다.
- 공연 · 행사장 입 · 퇴장을 할 때 뛰거나 앞사람을 밀면 안전사고의 원인이 되므로 질서 있게 걸어서 입 · 퇴장한다.
- 공연 · 행사 시작 전 안내요원이 알려주는 위급 상황 대처방법을 숙지한다.
- 관람석이 아닌 곳에 앉지 않으며 옥상, 가로수, 담벼락, 환풍구 등에 올라가 관람하지 않는다.

전시 · 공연 · 관람 활동 중 사고 발생 시 행동요령

- 행사장 내에서 화재가 발생할 때, '불이야'하고 큰 소리로 외치거나 화재경보 비상벨을 눌러 다른 사람에게 알린다.
- 앞사람을 따라 낮은 자세로 천천히 질서 있게 이동한다.
- 한꺼번에 출입구에 몰려들지 않도록 앞사람 먼저 차례대로 대피한다.
- 실내 행사장의 경우 갑자기 정전되면 당황하지 말고 안내요원의 안내가 있기까지 자리에서 기다린다.
- 대피할 때 119구급대원 등 안전 · 구조요원의 활동에 방해가 되지 않도록 현장 질서를 유지한다.

UNIT 48 시설 안전 - 전기 안전

1 학습목표

주위에서 전기를 사용하는 시설이나 물건을 찾아보고, 감전사고 예방법을 알고 실천할 수 있다.

2 누리과정 관련 요소

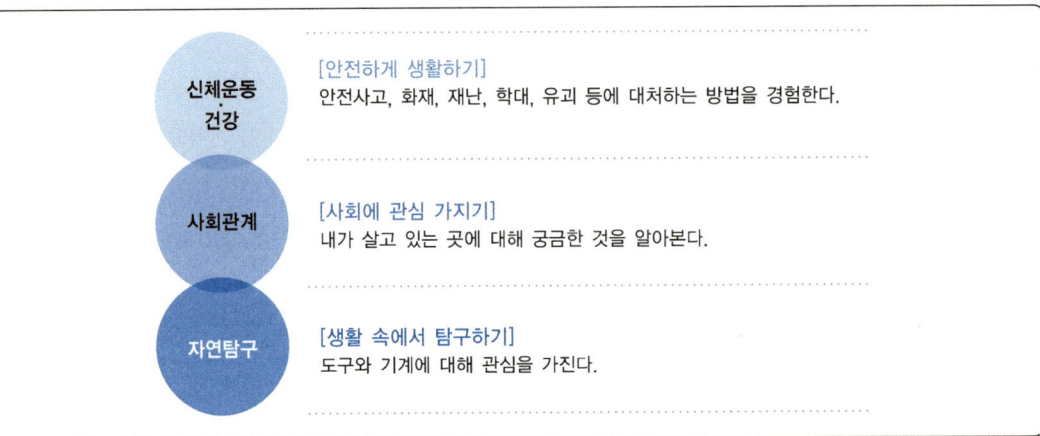

3 학습주제와 학습의 중점

학습주제	학습의 중점
1. 전기 사용 알아보기	• 전기가 우리 생활에 편리함을 준다는 것을 이해한다. • 전기를 함부로 사용하면 위험할 수 있다는 것을 안다.
2. 실내 감전사고 예방하기	• 실내에서 전기를 사용하는 물건들을 찾아본다. • 실내에서 감전사고를 예방하여 안전하게 사용하는 방법을 안다.
3. 실외 감전사고 예방하기	• 실외에서 전기를 사용하는 물건들을 찾아본다. • 실외에서 감전사고를 예방하여 전기를 안전하게 사용하는 방법을 안다.

④ 전기(감전) 사고

전기 사고의 종류	• **누전**: 전선피복이 손상되어 전기가 흐르거나 손상된 피복을 통해 다른 전기기구 등으로 전기가 흘러가는 현상을 말한다. 　- (안전 사용법) 누전 차단기를 설치하고 전기기구에 접지를 설치한다. • **합선**: 전기기기를 과다하게 사용하여 전선 피복이 녹아 두 전선이 맞닿은 상태로 스파크와 불꽃이 동시에 일어나고 고열이 발생한다. 　- (안전 사용법) 용량이 큰 전기기기를 동시에 사용하지 않아야 하고 한 개의 콘센트에 너무 많은 전기를 사용하지 않는다. • **감전**: 전기가 누전될 때, 인체에 전기가 통하여 전류를 느끼는 현상이다. 　- (안전 사용법) 전기기기의 스위치는 함부로 만지지 말아야 하며, 특히 젖은 손으로 전기기기를 만지면 안 된다.
일반적 전기사고 예방	• 젖은 손으로 전기기구를 만지지 않는다. 　- 전기는 물기가 있을 때 더욱 잘 통하게 되므로 젖은 손으로 전기기구를 만지면 감전의 위험이 있다. • 물기가 있는 곳에서 전기기구를 사용하지 않는다. 　- 습기가 많은 장소에서 전기기구를 사용할 때는 접지(땅속에 연결)를 잘 확인하고, 절연장갑 등을 착용 후 사용한다. 　- *접지가 곤란할 경우 꽂음 접속식 누전 차단기를 구입하여 사용해야 한다. • 테이블은 항상 건조한 상태를 유지한다. • 전기기기의 스위치 조작은 아무나 함부로 하지 않는다. • 문어발식 전기기구를 사용하지 않는다. 　- 전선마다 전기가 흐를 수 있는 양이 정해져 있어 한 개의 콘센트에 많은 전기기구를 연결하여 쓰면 한꺼번에 많은 전류가 흐르게 되어 화재 또는 감전의 원인이 된다. • 콘센트에 완전히 접속하고, 뽑을 때에는 전선이 아닌 플러그 몸체를 잡고 뽑아야 한다. 　- 코드를 뽑을 때에는 전선을 잡아당기면 피복 안의 구리선이 끊어져 화재와 감전 사고의 위험이 있으므로 반드시 플러그 손잡이 부분을 잡고 뽑아야 한다. • 불량 전기기구를 사용하지 않는다. 　- 불량 전기제품을 사용하면 누전이나 합선 등으로 인해 감전, 화재의 위험성이 높다. 　- 고장난 전기기구는 전문가에게 수리를 받는다. • 전기기구는 정격전압이 110V, 220V인지 확인 후 사용한다. • 전선의 피복 및 정리 상태를 점검한다. • 전기기기와 배선에 절연(전류가 통하지 못하도록 하는 것) 처리가 되어 있지 않은 부분은 노출하지 않는다. • 누전차단기를 설치하여 감전, 화재 등의 사고를 방지한다. • 사용하지 않는 콘센트는 안전 덮개를 설치한다. • 콘센트에 젓가락이나 장난감을 넣지 않는다. • 전원탭이나 건전지를 입에 넣지 않는다. • 못이나 스테이플러로 전선을 고정하지 않는다. • 정전이 되면 플러그를 뽑거나 스위치를 꺼둔다.

* 접지
감전 등의 전기사고 예방 목적으로 전기기기와 땅을 도선으로 연결하여 기기의 전위를 '0'으로 유지하는 것이다.

침수지역 감전사고 예방	• 늘어진 전선에 접근하거나 만지지 않는다. • 누전차단기가 동작하였을 때에는 원인을 제거한 후 사용한다. • 가옥이 침수되었을 때에는 개폐기를 내려두고 전문 전기공사 업체에 의뢰하여 점검을 받은 후 사용하도록 한다. • 침수된 가옥 수리 시 손상된 전선은 교체하도록 하고 가옥과 배선부분이 완전히 건조된 후 사용한다. • 넘어진 전주·가로등 등 파손된 전기시설물에는 절대 접근하지 말고 한국전력(국번 없이 123)에 신고한다.
대피 명령 시 전기설비 조치사항	• 폭우로 인한 가옥침수가 예상될 경우에는 제일 먼저 누전차단기를 차단하거나 인입 개폐기 또는 안전기(두꺼비집)를 열어 전기의 공급을 끊어야 한다. - 이때 발이 물에 잠겨있거나 손이 물에 젖었을 경우 발과 손을 말리고 안전기 손잡이를 마른 천으로 감싸서 조심스럽게 열거나 고무장갑을 껴야 한다. • 시간적 여유가 있을 경우에는 가전기기 등이 물에 젖지 않도록 안전한 장소로 옮기는 것이 좋다.
정전 발생 시 조치사항	• 정전이 되면 창밖으로 주변을 확인하여 지역 일부만 정전인지, 전체적으로 정전인지 확인 후 잠시 기다린다. • 전열기, 전기스토브, TV, 전지레인지, 컴퓨터 등의 플러그를 뽑아 놓는다. • 침착하게 양초나 랜턴을 켜고 건전지용 라디오를 작동시킨 후 뉴스나 재해 상황 중계방송을 경청한다. • 한 집만 정전이 되었을 경우에는 누전차단기가 동작되었는지, 안전기(두꺼비집)가 열렸는지 확인 후 스위치와 플러그를 모두 끄거나 빼고 누전차단기나 안전기를 다시 작동한다. - 이때 누전일 경우에는 다시 정전이 되며, 스위치와 플러그를 한 개씩 순차적으로 작동하면서 불량개소를 확인한다. • 일부 스위치나 플러그(또는 콘센트)가 불량일 경우에는 즉시 사용을 멈추고, 나머지 양호한 스위치나 플러그(또는 콘센트)는 사용한다.
야외에서 주의사항	• 벼락이 칠 때는 나무나 전주 바로 밑에 머물지 말고 최소 1~2m 이상 떨어져 있어야 하며, 주위에 건물이 있으면 내부로 들어가 벼락이 멈출 때까지 기다려야 한다. • 제방이나 언덕, 바위와 같은 높은 곳에는 벼락이 떨어지기 쉬우므로 동굴이나 낮은 지대로 피해야 한다. 피할 곳이 없는 평지에서는 몸을 굽히고 다리를 오므리고 엎드려야 한다.

UNIT 49 | 제품 안전 – 생활용품 안전

❶ 학습목표

학용품을 사용할 때 발생할 수 있는 위험요소를 찾아보고 안전하게 사용할 수 있다.

❷ 누리과정 관련 요소

신체운동 건강 — [안전하게 생활하기] 일상에서 안전하게 놀이하고 생활한다.

의사소통 — [듣기와 말하기] 자신의 경험, 느낌, 생각을 말한다.

자연탐구 — [생활 속에서 탐구하기] 도구와 기계에 대해 관심을 가진다.

❸ 학습주제와 학습의 중점

학습주제	학습의 중점
1. 학용품 안전하게 사용하는 방법 알아보기	• 학용품을 사용할 때 발생할 수 있는 위험요소를 찾아본다. • 안전한 학용품 사용 방법을 직접 실천한다.
2. 학용품 안전하게 보관하는 방법 알아보기	• 학용품의 안전한 보관 방법을 알아본다. • 교실에 있는 학용품을 직접 안전하게 보관한다.
3. KC 안전마크 알아보기	• KC 안전마크의 의미를 알아보고 교실에서 직접 찾아본다. • KC 안전마크를 다른 사람에게 알린다.

④ 학용품 사용의 안전 수칙

학용품 사용 시 위험한 행동이나 장난	• 가위나 연필을 입에 넣는 장난 • 가위 손잡이에 손가락을 걸고 돌리거나 휘두르는 장난 • 가위나 연필을 장난감으로 가지고 노는 행동
학용품을 안전하게 사용하는 방법	• 자신에게 적당한 크기의 가위를 사용한다. • 가위나 연필 등을 친구에게 건네줄 때에는 뾰족한 날이 자신을 향하도록 한다. • 손가락을 주의하며 사용한다. • 가위 날의 방향이 몸의 바깥쪽을 향하도록 사용한다. • 두꺼운 것을 자를 때는 어른에게 도움을 요청한다. • 사용 후 정해진 곳에 정리한다.
학용품을 안전하게 보관하는 방법	• 가위와 연필은 사용 후 뾰족한 부분의 방향이 아래로 가도록 하여 정해진 곳에 정리한다. • 구슬은 쏟아지지 않도록 뚜껑이 있는 보관함에 정리한다.

⑤ KC 안전마크

어린이제품	「어린이제품 안전 특별법」에 따르면 "어린이제품"이란 만 13세 이하의 어린이가 사용하거나 만 13세 이하의 어린이를 위하여 사용되는 물품 또는 그 부분품이나 부속품을 말한다.
국가통합 인증마크 (KC)	K와 C를 하나로 연결하여 국제적 통합성을 강조하고, 워드타입을 심볼형태로 형상화하여 인증마크로서의 속성 표현 추진 경과 2009년 7월 1일부터 지식경제부에서 도입 2011년 1월 1일부터는 환경부, 방통위 등 8개 부처로 확대 실시 ※ 기본마크와 통합마크는 2년간 병행 사용
국가통합 인증마크 (KC)의 필요성	• 현재 우리나라에는 총 70여 개의 법정의무인증제도가 있으며, 그간 '제품 안전'이라는 똑같은 목적이더라도, 부처마다 인증마크가 달라 중복해서 인증받아야 하는 불편함이 있었다. − 이는 시간과 비용이 낭비되는 것은 물론이고, 국가 간 거래에 있어 상호 인증이 되지 않아 재인증을 받아야 하는 등 국제 신뢰도 저하와 국부 유출의 문제를 야기했다. − 이에 13개 법정의무인증마크를 국가통합인증마크 하나로 통합하였다.

UNIT 50 | 제품 안전 – 식품 안전

❶ 학습목표

건강한 식품과 많이 먹었을 때 좋지 않은 식품을 구별하고, 식중독 예방법을 지키며 건강한 식생활을 위해 노력할 수 있다.

❷ 누리과정 관련 요소

신체운동 건강 — [건강하게 생활하기] 몸에 좋은 음식에 관심을 가지고 바른 태도로 즐겁게 먹는다.

신체운동·건강 — [건강하게 생활하기] 질병을 예방하는 방법을 알고 실천한다.

의사소통 — [듣기와 말하기] 자신의 경험, 느낌, 생각을 말한다.

❸ 학습주제와 학습의 중점

학습주제	학습의 중점
1. 건강한 식품 구별하기	• 몸에 좋은 식품과 많이 먹으면 좋지 않은 식품을 구별한다. • 건강한 식품의 이로움을 알고 바른 식습관을 지닌다.
2. 당류 줄이는 방법 알아보기	• 당류 과잉 섭취 시의 문제점을 안다. • 당류가 많은 식품과 적은 식품을 구분한다. • 당류를 줄이기 위해 일상생활에서 행동으로 실천한다.
3. 식중독 예방하기	• 식중독의 원인과 위험성을 알아본다. • 식중독 예방법을 실천한다.

❹ 당류

개념 및 정의	• 당류란 탄수화물 중에서 단맛을 내는 성분을 말한다. − 당류에는 포도당, 과당, 유당, 설탕, 엿당 등이 있고, 곡류, 과일, 채소와 같은 자연 식품과 빵, 과자, 음료수, 아이스크림과 같은 가공식품 속에도 함유되어 있다. − 자연식품 속에 들어 있는 당류는 그 함량이 지나치게 높지 않고 여러 가지 다른 영양소와 함께 먹을 수 있어 건강한 당류로 구분하지만, 가공식품을 만드는 과정에서 단맛을 증가시키기 위해 첨가되는 당류는 함량이 높아 과잉 섭취를 초래하므로 가공식품을 통한 당류의 섭취를 줄이도록 해야 한다.
당류의 기능	당류는 탄수화물의 일종으로 음식에 단맛을 제공하고 우리 몸에서 에너지(힘)를 내는 역할을 한다. 단맛은 사람들이 일반적으로 선호하는 맛이다.
당류 과잉 섭취의 문제점	• 당류는 단맛을 내고 에너지를 주는 순기능에도 불구하고, 지나치게 많이 섭취할 경우 여러 가지 건강상의 문제를 일으킬 수 있음이 보고되고 있다. − 치아를 부식시켜 충치를 일으킨다. − 지나친 열량의 제공으로 영양불균형과 비만의 원인이 된다. − 아이들의 경우 집중력의 저하가 나타남이 보고되었다. − 단맛에 길들여져 음식의 다양한 맛을 잘 느끼지 못하게 된다. − 당뇨병, 심장질환, 뇌졸중의 위험을 높인다.
당류를 줄이기 위한 실천 행동	• 갈증이 날 때는 음료가 아닌 물을 마신다. • 단 음식을 적게 먹는다. • 간식으로 채소나 과일을 먹는다. − 채소나 과일로 먹는 당류는 건강한 당류이다. • 부모님께 영양표시를 확인하도록 말한다. − 당류 함량을 확인하고, 당류가 적은 음식을 선택한다.
지도상의 유의점	당류에 지나치게 부정적인 개념이 형성되지 않도록 당류의 기능과 적정한 섭취의 중요성을 균형 있게 설명한다.

❺ 식품구성자전거 및 식중독

해당 내용은 본 교재 SESSION 03. 유아건강교육에 자세하게 수록되어 있으니, 참조하시기 바랍니다.

UNIT 51 실험·실습 안전

#KEYWORD 안전 인증 마크

❶ 학습목표

여러 가지 도구의 위험성을 인지하고, 바르게 사용하며 안전하게 놀이할 수 있다.

❷ 누리과정 관련 요소

신체운동 건강
[안전하게 생활하기]
일상에서 안전하게 놀이하고 생활한다.

의사소통
[듣기와 말하기]
자신의 경험, 느낌, 생각을 말한다.

자연탐구
[생활 속에서 탐구하기]
도구와 기계에 대해 관심을 가진다.

❸ 학습주제와 학습의 중점

학습주제	학습의 중점
1. 안전한 놀잇감 사용 방법 알아보기	• 놀잇감을 사용할 때의 위험요소를 찾아본다. • 놀잇감을 안전하게 사용하는 습관을 기른다.
2. 안전한 요리활동 방법 알아보기	안전한 요리활동 방법을 알아본다.
3. 조형(목공)놀이 보호장구 알아보기	• 조형(목공)놀이 보호장구의 종류를 안다. • 조형(목공)놀이 보호장구의 중요성을 알아본다.

④ 교재·교구

교재·교구	
	• 유치원장은 유아들이 사용하는 교재·교구가 유아 연령대에 적절하고 KC마크를 획득한 제품인지 확인하고, 제품안전정보센터를 통해 유해물질이 포함된 불량제품 여부를 반드시 점검해야 한다. 　- 안전인증 대상 공산품 및 자율안전 확인대상 공산품 중에서 14세 미만의 어린이가 주로 사용하는 어린이용 공산품에는 유해 화학물질이 포함되어 있지 않거나 허용치 이하만큼만 포함되어야 한다. 　- 안전인증이나 자율안전 확인 등을 받은 어린이 용품에는 제품을 사용할 수 있는 어린이의 연령이 표시되어 있으므로 이를 확인해 아이의 연령대에 맞는 용품을 선택해야 한다. 　- 교재·교구의 올바른 사용법을 안내한다. 　- 의자와 교구장은 영유아의 발달에 맞는 크기여야 한다. 　- 가구의 모서리는 둥글고, 표면은 매끄럽게 처리되어야 한다(모서리 보호 덮개 사용 가능). 　- 가구의 너트와 볼트는 튼튼하게 고정되어야 하고, 수리가 필요한 것은 즉시 수리한다. 　- 날카로운 물건(칼, 가위, 송곳 등)은 잠금장치가 있는 통에 보관한다. 　- 건전지나 자석, 기타 작은 부속물이 빠지지 않았는지 확인한다. 　- 단추형 수은(리튬) 건전지를 삼키거나 코에 집어넣을 경우 장기(식도, 성대, 코뼈 포함)에 심각한 화상과 괴사를 일으킬 수 있으므로 주의해야 한다. 　- 자석은 삼킬 경우 자석끼리 붙어 장기에 천공이 생기고 출혈과 감염, 패혈증 등이 발생할 수 있으므로 주의해야 한다.

⑤ 놀잇감

놀잇감	
	• 놀잇감을 구입할 때 안전성이 검증된 것인지 확인한 후 구입하여야 한다. 　- 유아들이 사용하는 완구는 KC마크가 있는 것을 구입하여 제공해야 한다. • 모든 놀잇감에는 날카로운 부분이나 모서리, 가시, 갈라진 곳, 삼킬 우려가 있는 작은 부속품이 없어야 한다. 　- 안전한 놀잇감을 유아들에게 제공하기 위해 놀잇감의 날카로운 부분이나 모서리, 가시, 갈라진 곳, 삼킬 우려가 있는 작은 부속품이 없는지 확인해야 한다. 삼킬 수 없는 안전한 크기(직경 3.5cm를 초과하는 크기)의 놀잇감을 제공한다. • 장난감 상자는 유아가 상자에 들어갔을 때 안에 갇힐 수 있는 빗장 등의 잠금장치가 없는 것을 제공해야 한다. • 놀잇감의 위치는 유아가 쉽게 꺼내고 정리할 수 있어야 하며, 크고 무거운 나무블럭같은 놀잇감은 떨어지면 위험하기 때문에 교구장의 아래쪽에 위치해 있어야 한다.

안전한 놀잇감 이용 규칙 정하기	• 총 장난감에 총알을 넣지 않으며, 친구를 향해 쏘지 않는다. • 유리나 플라스틱으로 만든 구슬은 깨지기 쉽고, 바닥에 함부로 놓으면 밟고 미끄러질 수 있으므로 안전하게 통에 보관한다. • 폭죽은 허공을 향해 터트리고, 어른과 함께 사용한다. • 칼 같은 뾰족한 장난감은 친구를 향해 휘두르지 않는다. • 단추, 구슬 등 작은 놀잇감을 신체에 넣지 않는다. • 놀잇감을 던지지 않는다. • 훼손된 놀잇감은 수리 및 폐기 처리한다. • 놀잇감을 입에 넣거나 빨지 않는다. • 놀이 후 제자리에 정리하며, 무거운 놀잇감은 교구장의 아래쪽에 정리한다.

6 요리활동

요리 전 준비사항		• 요리 전 책상을 깨끗이 닦는다. • 머릿수건, 앞치마 등 요리에 알맞은 복장을 착용한다. • 요리활동 전 비누로 손을 깨끗이 닦는다. 　- 깨끗이 씻은 손을 입에 넣거나 발을 만지면 다시 세균이 묻을 수 있다는 점도 함께 지도한다.
요리활동 시 주의사항	날카로운 도구를 사용할 때	• 빵칼이나 날카로운 도구로 장난하지 않으며, 어른과 함께 사용한다. 　- 플라스틱 빵칼도 긁히거나 찔릴 수 있으니 조심해서 사용해야 한다는 것을 알려준다. • 날카로운 도구를 가지고 이동할 때는 조심한다. • 손가락을 오므리고 칼질한다. • 사용한 칼은 제자리에 정리하여 사고를 예방한다. • 지나치게 힘을 주거나 빨리 사용하지 않는다.
	불이나 뜨거운 것을 사용할 때	• 조리 전 소화기가 어디에 있는지 미리 확인한다. • 불이나 뜨거운 물건은 어른과 함께 사용한다. • 요리할 때 가스 불이나 뜨거운 물건과 안전거리를 유지한다. • 키친타올, 비닐 등 불에 잘 타는 물건을 가스레인지 근처에 두지 않는다. • 프라이팬은 물기를 잘 닦은 후 사용한다. • 뜨거운 물건을 들고 성인이 이동할 때는 큰 소리로 "뜨거워요."라고 주변에 알려서 서로 조심할 수 있도록 한다. • 실제 요리활동에서 칼이나 불을 사용할 때는 교사가 적절히 개입하여, 유아가 직접 조리하고 활동해 볼 수 있도록 기회를 배려하면서도 적절히 제한하도록 한다.
	넘어짐 사고의 예방	바닥이 미끄럽지 않도록 물기가 있으면 바로 닦는다.

7 조형(목공)놀이

조형(목공)놀이 안전·보호 장구	• 자기 신체에 맞는 보호장구를 착용한다. • 놀이에 알맞은 보호장구를 착용한다. 　- 바느질-골무, 망치 또는 목공용 톱-장갑, 보호안경 등
안전한 조형(목공)놀이 방법	• 종이 도화지는 부드러워 보이나, 가장자리에 베이거나 뾰족한 모서리에 눈을 다칠 수 있으므로 주의해서 만진다. • 물감이나 접착제를 함부로 맛보거나 냄새를 맡지 않는다. • 물감과 크레파스, 접착제(풀, 본드)가 묻으면 씻어내고, 묻은 손으로 입을 만지거나 손을 입에 넣지 않는다. 　- 피부에 닿는 것만으로도 해로울 수 있으므로, 묻은 손으로 친구의 얼굴을 만지거나 물감을 친구에게 뿌리지 않는다. • 머리보다 높게 공구를 들지 않는다.

UNIT 52 | 신체활동 안전 - 놀이활동 안전

#KEYWORD 놀이시설 - 안전사고 예방

1 학습목표

안전하게 놀이할 수 있는 장소를 알아보고, 놀이 공간에 있을 수 있는 위험요소를 예방하여 안전하게 놀이할 수 있다.

2 누리과정 관련 요소

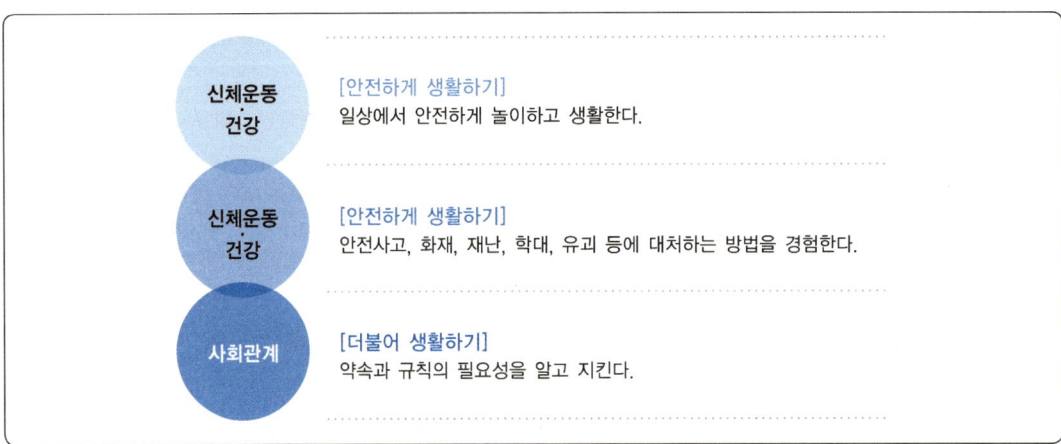

신체운동 건강 — [안전하게 생활하기] 일상에서 안전하게 놀이하고 생활한다.

신체운동 건강 — [안전하게 생활하기] 안전사고, 화재, 재난, 학대, 유괴 등에 대처하는 방법을 경험한다.

사회관계 — [더불어 생활하기] 약속과 규칙의 필요성을 알고 지킨다.

❸ 학습주제와 학습의 중점

학습주제	학습의 중점
1. 실외놀이터 안전하게 이용하기	• 실외놀이터의 위험요소가 무엇인지 예측해 본다. • 실외놀이터의 위험요소를 대비할 수 있는 방법을 찾아본다.
2. 실내놀이터(키즈카페 등) 안전하게 이용하기	• 실내놀이터의 위험요소가 무엇인지 예측해 본다. • 실내놀이터의 위험요소를 대비할 수 있는 방법을 찾아본다.
3. 환풍구와 맨홀, 분수대 등 안전사고 예방하기	• 환풍구와 맨홀, 분수대에서 안전사고를 예방하기 위해 노력한다. • 환풍구와 맨홀, 분수대에서 안전하게 행동할 수 있는 방법을 알아본다.

❹ 실외놀이터

사용 전 유의사항	• 만 6세 이하 어린이는 어른과 동행한다. • 파손된 놀이기구에서는 놀지 않는다. • 바닥에 돌, 유리조각 등 위험한 물건이 있는지 확인한다.
사용하지 않아야 하는 경우	• 눈이나 비가 오는 날, 천둥 치는 날(미끄럼 사고 위험) • 한여름 낮 시간 기온이 높을 때(금속 소재 놀이기구는 화상 위험) • 미세먼지, 폭염, 한파 등 야외활동을 자제해야 하는 날(기상특보 확인)
바람직한 복장	• 보석, 장신구가 없는 등 활동이 편한 옷 • 밟고 넘어질 우려가 없는 적당한 크기의 옷 • 헐렁하지 않은 옷 • 모자, 목도리, 끈이 달리지 않은 옷 • 바닥이 미끄럽지 않은 재질의 신발 • 끈 없는 신발(끈 달린 신발은 끈이 풀리지 않았는지 확인)
가져가지 않아야 하는 것	• 자전거, 롤러스케이트를 타고 놀이터에 들어가지 않는다. • 가방, 물통 등은 벗어놓고, 장난감, 휴대폰, 줄넘기 등을 놀이기구 위로 가지고 올라가지 않는다. • 연필, 장난감 칼 같은 날카로운 물건은 가지고 가지 않는다. • 애완동물은 다른 사람의 안전을 위하여 가급적 데리고 가지 않는다.

환경	• 실외놀이터는 위험지역으로부터 보호할 수 있는 울타리나 담이 설치되어 있어야 한다.
	• 실외놀이터에는 차량이 접근할 수 없다.
	  - 경계를 짓는 울타리나 담이 설치되어야 하고, 실외놀이터에 차량이 인접해서 주차하지 못하도록 확인하는 것이 필요하다.
	• 움직임이 많은 영역에 밧줄이나 전선이 늘어져 있으면 유아들이 상해를 입을 수 있으므로 확인해야 한다.
	• 놀이터 안에는 전기, 고압선, 유독물질, 유리조각, 돌부리 등의 위험물질이 없어야 한다.
	• 놀이터에 설치된 울타리, 의자는 고장나거나 파손된 곳이 없어야 한다.
	• 놀이터 표지판은 파손되거나 내용물이 지워진 곳이 없어야 한다.
	  - 안전수칙과 관리주체의 연락처 등도 명시되어 있어야 한다.

	• 놀이기구의 최고 높이는 2.5m 이하로 설치한다. • 옥상 놀이터는 보호 난간을 1.5m 이상의 높이로 하고 그늘막을 설치한다.

바닥	• 유아가 추락할 가능성이 있는 놀이시설물 아래와 주변의 공간(안전지대)은 충격을 흡수할 수 있는 충격흡수재를 설치해야 한다(30cm 이상의 모래, 우레탄, 고무매트, 나무조각 등).
	• 놀이터는 장마가 오고 난 후 물이 고이지 않도록 배수가 잘 되고 바닥에 쓰레기가 없는지 확인해야 한다.
	• 모래가 유실되거나 딱딱하게 굳어있지 않아야 한다.
	  - 모래는 쉽게 유실될 수 있으므로 부족해진 모래는 주기적으로 채워 넣어주고, 최소 3년에 한 번은 모래를 교체해 주도록 한다.
	  - 모래관리 시 정기적으로 아래쪽에 있는 모래가 위쪽으로 올 수 있도록 뒤집어 주거나 세척하도록 한다.

놀이시설	• 모든 놀이기구 및 시설은 낙후되거나 휘어진 곳이 없어야 한다.
	• 실외 놀이시설물은 안전검사를 필한 제품을 사용해야 한다.
	  - 해당되는 놀이시설물에 대해서는 안전검사필증을 확인한다.
	• 실외 놀이시설물은 설치검사를 받아 안전하게 고정 및 설치해야 한다(어린이 놀이시설 안전관리법).
	• 기둥의 고정 및 조임 장치의 조여진 상태가 양호해야 한다.
	• 기구의 베어링(그네 회동구, 회전놀이기구의 회전축)의 윤활유 주입이 잘 되고 있어야 한다.
	• 유아의 몸이 빠지거나 낄 만한 틈새가 없어야 한다.
	• 녹슬거나 금이 가거나 페인트칠이 벗겨진 곳이 없어야 한다.
	• 부서진 부분이나 부패, 돌출부, 거친 면이 없어야 한다.
	• 연결된 부분에 볼트나 나사가 풀려 있지 않아야 한다.
	• 실외 놀이시설이 옥상에 설치되어 있는 경우에는 추락방지를 위한 견고한 안전망이 설치되어 있어야 한다.
	• 실외 환경과 놀이시설에 대한 일일안전점검을 실시하고 이를 기록·관리한다.
	• 놀이시설물은 설치검사 후 2년에 1회 이상 정기시설검사를 받아야 하며, 월 1회 이상 자체적인 안전점검을 시행한다.
	• 정기적으로 안전교육을 받아야 한다.
	  - 어린이놀이시설 안전관리교육은 2년에 1회 이상 어린이놀이시설 안전관리 지원기관에서 받아야 한다.

미끄럼틀	• 미끄럼틀 상단에는 기다리는 영유아들을 위해 충분한 공간이 있어야 하며, 추락을 방지하기 위한 보호벽이 있어야 한다. • 미끄럼틀의 활주판이 스테인리스인 경우 여름철에는 복사열로 인해 뜨거워질 수 있으므로 반드시 온도를 확인하고 물을 뿌리는 등 온도를 조절한다. • 나무로 제작된 경우 나무가 일어난 곳, 갈라진 부분 등을 정기적으로 점검한다. • 미끄럼틀 착지판은 지면과 일정한 간격을 유지하여 영유아들이 넘어지지 않도록 하고, 충격을 흡수할 수 있는 재질을 사용하여 안전사고에 유의한다.

		안전 수칙 • 미끄럼틀을 거꾸로 기어 올라가지 않고(미끄럼판으로 올라가지 않고) 계단을 이용하여 한 계단씩 차례로 올라간다. • 앞사람이 올라간 다음 올라간다. • 손잡이를 꼭 잡고 한 계단씩 올라간다. • 다른 사람을 밀거나 당기지 않는다. • 앞사람이 없는지 확인하고 한 사람씩 앉아서 내려온다. • 엎드려 타거나 서서 타지 않으며, 다른 도구를 타고 내려오지 않는다. • 내려온 뒤에는 다음 사람이 내려오다 부딪치지 않도록 빨리 비켜준다. • 미끄럼틀 위에서 바닥으로 뛰어 내리지 않는다.
	그네	• 5세 이하의 영유아는 앉아서 타는 그네가 안전하다. • 그네의 앉는 부분은 가죽이나 고무 타이어 등 부드러운 재료를 사용한다. • 그네를 타다가 생긴 파인 바닥은 즉시 부드러운 재질로 메워주고, 그네 밑에는 발이 끼일 만한 공간이 없도록 해 준다. **안전 수칙** • 그네가 완전히 정지된 상태에서 타고 내린다. • 그네 좌석 한가운데 앉아 양손으로 줄을 잡고 탄다. • 서서 타거나 무릎으로 혹은 엎드려 타지 않는다. • 그네 줄을 꼬면서 타지 않는다. • 1명이 타도록 되어 있는 그네를 2명이 동시에 타지 않도록 한다. • 그네 타는 친구를 뒤에서 세게 밀지 않는다. • 움직이는 그네 곁에 서 있거나 다른 놀이를 하지 않으며 다른 사람이 타고 있을 때 앞뒤로 지나가지 않는다. • 그네 옆에 설치된 안전대에 걸터앉지 않는다. • 그네 옆 받침대에 기어오르지 않는다. • 그네의 안전선 밖에서 놀이한다.
	시소	• 시소는 무게와 균형이 잘 맞고 흔들거림이 없도록 한다. • 시소가 땅에 닿는 부분에는 충격 완화를 위해 충격 흡수용 바닥재를 사용한다. • 시소가 땅에 닿는 부분은 폐타이어를 묻어 시소를 탈 때 영유아의 뇌나 척추에 충격이 가지 않도록 한다. • 금속 재질의 시소는 녹슬지 않도록 주의하고, 목재 시소는 갈라진 부분이나 썩은 부분이 없는지 수시로 점검한다. **안전 수칙** • 시소는 함께 타는 친구와 마주 보고 탄다. • 반동으로 튕겨나갈 수 있으므로 손잡이를 꼭 잡고 탄다. • 시소 위에 서 있거나 움직이는 중에 뛰어내리지 않는다. • 내릴 때는 같이 타는 친구에게 미리 말하고 조심하여 내린다. • 시소 밑에 발을 두지 않는다. • 같이 타고 있는 친구에게 충격을 주므로 시소 끝을 땅에 세게 내리지 않는다.

	오르기 시설	• 오르기 기구의 높이는 2.5m를 넘지 않아야 하며 높이가 80cm 이상이 되는 시설은 60cm의 난간을 세운다. • 난간 사이의 간격은 영유아가 수직대 사이로 빠져 떨어지거나 머리가 끼는 사고를 예방할 수 있도록 10cm 미만으로 한다. • 가로대의 굵기는 영유아가 손에 쥘 수 있도록 4cm를 넘지 않도록 한다. • 기구가 젖어 있을 때는 이용하지 않는다. **정글짐 안전 수칙** • 오를 때는 두 손으로 손잡이를 꽉 잡는다. • 가로대를 양손으로 잡고, 다른 사람이 내려오는 방향을 피해 올라간다. • 위에 있는 사람의 발을 잡거나 흔드는 위험한 장난은 하지 않는다. • 꼭대기에서는 앉거나 눕지 않는다. • 꼭대기에서 거꾸로 매달리거나 위험하게 걸어 다니지 않는다.
	모래놀이장	• 모래놀이 시설은 곰팡이 등 세균 번식을 막기 위해 햇볕이 잘 드는 곳에 설치하고, 더운 여름 강한 햇빛을 막아주는 그늘 시설을 만들어 준다. • 모래는 주기적으로 살균 소독하며 수시로 점검하여 유리조각이나 돌멩이 등의 위험 물질을 골라낸다. • 모래놀이 도구는 모서리가 둥근 플라스틱 제품이 좋으며 정리함을 마련해 준다. • 비가 온 후에도 배수가 잘 되도록 모래놀이의 맨 밑바닥에는 자갈을 깔고 그 위에 모래를 넣어준다. **안전 수칙** • 모래를 먹거나 던지지 않는다. • 모래놀이 도구를 휘두르지 않는다. • 사람이 없는 곳을 향해 모래를 턴다. • 손을 깨끗하게 씻고, 눈, 입 등 얼굴을 만진다. • 모래가 눈에 들어갔을 경우 눈을 비비지 말고(각막 손상 위험), 눈물을 흘리거나 흐르는 물로 눈을 씻어낸다. • 모래놀이장의 모래를 다른 곳으로 옮기지 않는다.
놀이터에서 사고 발생 시 행동요령	즉시 할 일	• 어린이를 안전한 곳으로 옮겨 응급처치를 한다. • 부딪친 부위는 물로 차갑게 해준다. • 많은 피가 난다면 상처의 윗부분을 압박하여 피를 멎게 한다.
	놀이터에서 다친 친구를 도울 때	• 주변 어른들에게 도움을 요청하고 부상자를 돌보며 가능한 한 움직이지 않도록 한다. • 놀이터에 긴급 연락처가 표시되어 있으면 바로 전화한다. • 상처가 심할 때는 119에 신고한다.

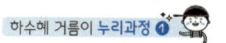

5 실내 놀이터(키즈카페 등) 안전 수칙

트램펄린	• 트램펄린 안에 사람이 너무 많은 경우는 타지 않는다. • 트램펄린에서 넘어졌을 때 바로 일어날 수 없다면 가장자리로 이동해서 다른 사람과 부딪치지 않도록 한다. • 텀블링 등 위험한 동작은 하지 않고 부모님과 함께 탄다.
볼풀장	• 볼풀장 안으로 숨으면 다른 친구들이 보지 못하고 밟을 수 있으므로 숨지 않는다. • 볼풀공을 던지지 않는다.

6 환풍구와 맨홀, 분수대 등 안전사고 예방하기

개념	• **환풍구**: 건물 안에 공기를 맑게 해 주기 위해 뚫어놓은 시설이다. • **맨홀**: 땅 밑에 있는 수도관이나 전기 등을 점검하거나 청소하기 위해 사람이 드나들 수 있도록 만든 구멍이다.
환풍구와 맨홀 안전 수칙	• 환풍구(환기구)와 맨홀을 덮고 있는 매우 약하고 미끄러운 철제를 피해서 다닌다. - 환풍구와 맨홀 주위로는 다니지 않는다. - 환풍구에 몸을 기대거나 그 위로 올라가지 않는다. • 눈이나 비가 올 때 물이 넘치거나 맨홀을 열어놓는 경우 몸이 빠질 수 있으므로 피해서 다닌다.
분수대 안전 수칙	• 분수대 안에 함부로 들어가지 않는다. • 분수대의 미끄러운 바닥을 조심한다. • 분수대 물은 질병을 일으킬 수 있으므로 몸을 깨끗하게 씻는다.

UNIT 53 신체활동 안전 - 계절놀이 안전

❶ 학습목표

계절에 따른 날씨의 특성을 알아보고, 안전한 놀이를 위해 노력할 수 있다.

❷ 누리과정 요소

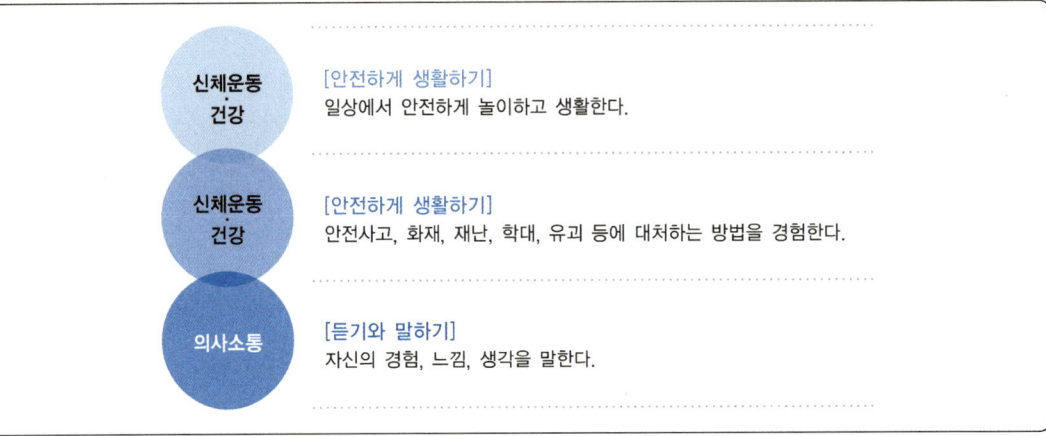

신체운동·건강	[안전하게 생활하기] 일상에서 안전하게 놀이하고 생활한다.
신체운동·건강	[안전하게 생활하기] 안전사고, 화재, 재난, 학대, 유괴 등에 대처하는 방법을 경험한다.
의사소통	[듣기와 말하기] 자신의 경험, 느낌, 생각을 말한다.

❸ 학습주제와 학습의 중점

학습주제	학습의 중점
1. 봄·가을철 바깥놀이 안전 알아보기	• 봄·가을철 바깥놀이를 안전하게 하기 위한 행동을 알아본다. • 봄·가을철 바깥놀이를 안전하게 하기 위한 약속을 지킬 수 있다.
2. 여름철 바깥놀이 안전 알아보기	• 여름철 바깥놀이를 안전하게 하기 위한 행동을 알아본다. • 여름철 바깥놀이를 안전하게 하기 위한 약속을 지킬 수 있다.
3. 겨울철 바깥놀이 안전 알아보기	• 겨울철 바깥놀이를 안전하게 하기 위한 행동을 알아본다. • 겨울철 바깥놀이를 안전하게 하기 위한 약속을 지킬 수 있다.

④ 봄·가을철 바깥놀이 시 안전 수칙

미세먼지	• 미세먼지가 있는지 미리 날씨를 알아본다. • 미세먼지가 있는 날은 되도록 실내에서 놀이한다. • 봄철 미세먼지가 있는 날 놀이하게 될 때는, 반드시 마스크를 끼고 긴 옷을 입어 미세먼지로부터 내 몸을 보호한다. • 놀이가 끝난 후에는 집에 와서 몸을 씻는다.
꽃가루 알레르기	• 가정에서 받은 유아 건강상태지를 참고하여 유아마다 꽃가루 알레르기가 있는지 확인하고, 유아에게도 알려준다. • 꽃가루가 심한 날은 되도록 실내에서 놀이한다.
야생 진드기 및 뱀	• 실외나 산에서 놀이할 때는 아무 곳에나 앉지 않고, 반드시 돗자리를 깔고 앉는다. • 긴 옷을 입어 진드기로부터 몸을 보호한다.

⑤ 여름철 바깥놀이 시 안전 수칙

여름철 발생 가능한 온열질환	열사병	고온의 환경 때문에 신체 균형이 급격하게 무너지며 발생하는 질환이다.
	일사병	무더위에 장시간 노출되어 체온이 급격히 오르는 질환이다.
여름철 바깥놀이 시 안전 수칙		• 여름철 온열질환에 유의한다. • 가장 더운 낮 시간을 피해서 야외놀이를 한다. • 가볍고 땀 흡수가 잘 되는 옷과 강한 햇볕을 피할 수 있는 모자를 착용하여 온열질환을 예방한다. - 가급적 햇볕을 직접 쬐지 않도록 한다. • 자주 쉬는 시간을 갖고(50분 놀이 후 10분 쉬는 시간을 갖고), 수분을 섭취하여 건강을 지킨다.

⑥ 겨울철 바깥놀이 시 안전 수칙

겨울철 바깥놀이 시 안전 수칙	• 눈썰매를 타기 전에는 반드시 준비운동을 한다. • 안전모, 무릎보호대, 장갑 등 안전사고 예방을 위해 보호장구를 착용한다. • 눈썰매 끈은 반드시 두 손으로 잡고, 발은 눈썰매 밖을 향하게 해서 썰매가 뒤집히지 않도록 조심한다(발이 땅에 닿으면 눈썰매가 뒤집힐 수 있다). • 부모님과 함께 타서 안전사고를 예방한다. - 눈썰매는 속도감이 있고 충돌 위험이 큰 스포츠이므로, 5세 이하의 어린이는 보호자와 함께 눈썰매를 타는 것이 안전하다. • 젖은 옷은 바로 갈아입어 저체온증을 예방한다. - 방수 기능이 있는 옷을 입는 것이 좋고, 갈아입을 수 있는 여분의 옷과 양말을 챙겨 가는 것이 좋다.

UNIT 54 신체활동 안전 - 물놀이 안전

① 학습목표

안전한 물놀이를 위해 안전사고를 예방하고, 스스로 안전수칙을 지키기 위한 노력을 할 수 있다.

② 누리과정 관련 요소

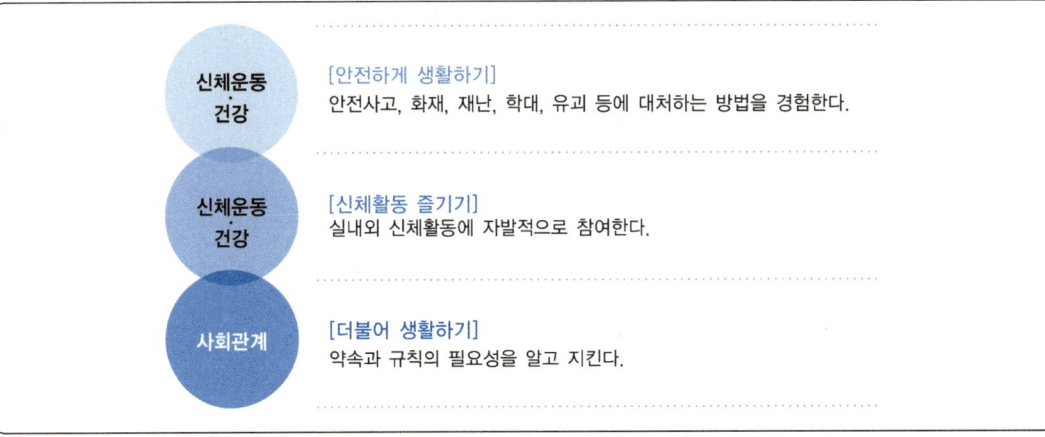

③ 학습주제와 학습의 중점

학습주제	학습의 중점
1. 실내 물놀이 안전수칙 알아보기	• 실내 물놀이 시 위험요소에 대해 알아본다. • 실내 물놀이를 안전하게 즐기는 방법을 알아본다.
2. 실외 물놀이 안전수칙 알아보기	• 실외 물놀이 시 위험요소를 알아본다. • 실외 물놀이를 안전하게 즐기는 방법을 알아본다.
3. 올바른 물놀이 안전용품 착용법 알아보기	• 물놀이 시 안전용품의 중요성을 알아본다. • 물놀이 안전용품을 바르게 착용할 수 있다.
4. 마른 익사 알아보기	• 마른 익사의 개념을 알아본다. • 마른 익사의 위험성과 안전하게 대처하는 방법을 알아본다.

❹ 물놀이 안전 수칙

실내 물놀이 안전 수칙	• 안전장구(구명조끼, 튜브, 물안경, 아쿠아슈즈 등)를 착용한다. 　- 성인은 아이의 몸무게에 맞는 안전인증을 받은 구명조끼를 입혀야 한다. • 수영을 하기 전에는 손, 발 등의 경련을 방지하기 위해 반드시 준비운동을 한다. • 심장에서 먼 신체 부위부터 물을 적신 후 들어가야 한다. • 물놀이를 하면서 사탕이나 껌 등을 씹지 않는다. 　- 껌을 씹거나 음식물을 입에 문 채로 수영을 할 경우, 기도를 막아 질식의 위험이 있다. • 항상 어른과 함께 물놀이하여 위험한 상황에 대비한다. • 어린이·유아 전용 수영장(수심이 깊지 않은 곳)에서 놀이한다. • 정해진 곳에서만 물놀이를 한다. • 수영장 바닥은 미끄러우므로 꼭 걸어서만 다닌다. • 식사 전, 후에는 물놀이를 하지 않아야 한다. 　- 건강 상태가 좋지 않을 때, 몹시 배가 고플 때와 식사 후에는 수영을 하지 않는다. • 장시간 계속해서 수영하지 않고, 30분 후에는 반드시 휴식을 취한다. • 수영 도중 몸에 소름이 돋고 피부가 당겨질 때에는 몸을 따뜻하게 감싸고 휴식을 취해야 한다. 　- 이 경우는 다리에 쥐가 나거나 근육에 경련이 일어나 상당히 위험한 경우가 많으므로 특히 주의해야 한다. • 물에 빠뜨리는 장난을 하지 않아야 한다. • 친구를 밀거나 물속에서 발을 잡는 장난을 치면 안 된다. • 수영 중에 "살려 달라"고 장난하거나 허우적거리는 흉내를 내지 않아야 한다. 　- 실제 사고 발생 시 주위 사람들이 장난으로 오인하여 더 큰 사고로 이어질 수 있다.	
실외 물놀이 안전 수칙	• 실외 물놀이(강, 계곡, 바다 등)의 경우 잠금장치가 있는 아쿠아슈즈를 착용한다. 　- 물 안에 있는 이물질로 인해 발이 다치는 것을 방지하기 위함이다. 　- 아이들이 물에 떠내려가는 신발을 잡으려고 뛰어드는 것을 방지하기 위함이다. 　- 물건이나 신발이 떠내려가면 반드시 어른에게 도움을 요청하도록 지도한다. • 파도가 높거나, 물이 세게 흐르거나, 깊은 곳에서는 수영하지 않으며, 혼자 수영하지 않는다. 　- 물의 깊이는 배꼽(또는 허리) 정도가 적당하다. • 물의 깊이가 일정하지 않기 때문에 갑자기 깊어지는 곳은 특히 주의해야 한다. • 물살이나 파도를 확인한 후에 입수하고, 물살이 세거나 파도가 높으면 입수를 자제해야 한다. • 수영금지 지역에서는 물놀이를 하지 않아야 한다.	
	너울성 파도	• 너울성 파도는 맑은 날에도 갑자기 높게 올라올 수 있다는 점을 알고 있어야 한다. • 바닷가에서 수영할 때는 반드시 일기예보를 미리 확인한다. • 이미 너울성 파도 사고가 발생한 해안가는 가지 않는다. • 꼭 어른과 함께 구명조끼, 튜브 등 안전장구를 착용하고 물놀이를 한다. • 너울성 파도 사고가 났을 때 대처 방법 　- 몸에 힘을 빼고 물 위에 뜬 상태로(생존수영) 구조대원을 기다린다. 　- 사고난 것을 보았을 때, 즉시 119에 신고하거나 어른에게 도움을 요청한다.

주의할 점	• 어린이와 관련된 수난사고는 어른들의 부주의와 감독 소홀에 의해 발생할 수 있다.
	  - 보호자와 물 안에서 함께 하는 활동에서만 안전이 보장될 수 있으며, 어린이는 순간적으로 짧은 시간 안에 익사할 수 있다는 점을 명심해야 한다.
	  - 얕은 물이라고 방심하면 안 된다.
	• 보행기처럼 다리를 끼우는 방식의 튜브는 뒤집힐 때 아이 스스로 빠져나오지 못하고 머리가 물속에 잠길 수 있다.
	• 인지능력과 신체 적응력이 떨어지는 유아와 어린이들은 보호자가 손을 뻗어 즉각 구조가 가능한 위치에서 감독해야 한다.
	  - 보호자는 어린이를 항상 확인 가능한 시야 내에서 놀도록 해야 한다.
	  - 활동반경이 넓어지는 만 6~9세 이하 어린이들은 보호자의 통제권을 벗어나려는 경향을 보이므로 사전 안전교육을 하고 주의를 주어 통제한다.
	• 물에 빠진 사람을 발견하면 주위에 소리쳐 알리고(즉시 119에 신고) 구조에 자신이 없으면 함부로 물속에 뛰어들면 안 된다.
	• 구조 경험이 없는 사람은 안전구조 이전에 무모한 구조를 삼가야 한다.
	• 수영에 자신이 있더라도 가급적 주위의 물건들(튜브, 스티로폼, 장대 등)을 이용하여 안전하게 구조한다.

아쿠아슈즈 착용의 필요성	• 물속에 뾰족한 돌이나 이물질로부터 발을 보호한다. • 돌에 이끼가 있거나 미끄러운 바닥으로 인한 넘어짐을 예방한다.
올바른 구명조끼 착용법	① 구명조끼 앞에 있는 단추를 채운다. ② 조임줄을 당겨서 최대한 몸에 밀착시켜 입는다. ③ 생명줄을 다리 사이로 넣어 구명조끼를 단단히 고정한다.

5 마른 익사 알아보기

마른 익사	**개념** 마른 익사란 물속에서 삼킨 물이 폐로 들어가 물 밖에서 질식하는 현상이다. **원인** 갑작스러운 입수, 무의식적으로 들이켠 물에 의한 기도폐쇄로, 5세 미만의 어린아이에게서 후두경련으로 인한 저산소 반응 형태로 흔히 발생한다. **증상** 물놀이 직후에는 증상이 없으나 최대 물놀이 48시간 이내에 잦은 기침, 가슴 통증, 숨이 가빠지는 호흡곤란, 무기력증의 증상 등이 발발한다.
마른 익사 예방법	• 유아: 물놀이 중 물 마시지 않기, 구명조끼 착용하기 • 성인: 물놀이 이후 아이의 상태 반드시 살펴보기
지도상의 유의점	마른 익사는 후두가 발달하지 않은 어린 아이들에게서 많이 발생한다. 어린이들은 자신의 증상을 말로 명확하게 표현하기 어렵기 때문에, 부모님이나 교사의 세심한 관찰과 주의가 필요하다.

UNIT 55 신체활동 안전 – 등산 안전

1 학습목표

등산활동을 위한 준비사항을 알아보고, 산에서 안전하게 활동할 수 있는 행동수칙을 지키고자 노력할 수 있다.

2 누리과정 관련 요소

- **신체운동 건강**
  [안전하게 생활하기]
  실내·외 신체활동에 자발적으로 참여한다.

- **의사소통**
  [듣기와 말하기]
  자신의 경험, 느낌, 생각을 말한다.

- **자연탐구**
  [자연과 더불어 살기]
  생명과 자연환경을 소중히 여긴다.

3 학습주제와 학습의 중점

학습주제	학습의 중점
1. 안전하게 등산하기	• 안전한 등산에 위해를 주는 요인을 알아본다. • 안전하게 등산하는 방법을 알아본다.
2. 자연에서의 동·식물 안전 알아보기	• 자연에서의 동·식물 안전을 알아본다. • 자연에서의 동·식물 안전에 대한 위험요소를 알고, 적극적으로 대처할 수 있다.

④ 안전하게 등산하기

등산을 위한 복장	• 땀 흡수가 잘 되는 옷 • 통풍과 보온이 잘 되는 옷(여름에는 방수복, 겨울에는 방한복 챙기기) • 바람막이 옷
등산 계획 시 준비사항	• 등산할 장소의 날씨가 갑자기 변하는 경우 ➡ 미리 등산에 알맞은 복장을 준비한다. • 등산 시 가벼운 부상에 대처하기 위해 비상약품을 준비한다. • 갑작스러운 조난사고 예방을 위해 유아에게 '119' 신고번호를 알려준다.
등산 전 지켜야 할 약속	• 산에 올라가기 전 준비운동으로 안전사고를 예방한다. • 유아 발달연령에 적합한 산행코스를 결정한다(부모님 도움 필요).
등산 중 지켜야 할 약속	• 항상 부모님과 함께 안전한 등산로로 다닌다. • 돌이 떨어질 수 있는 '낙석주의' 표지판이 있는 곳은 빨리 벗어난다.

⑤ 자연에서의 동·식물 안전 알아보기

복장		긴팔과 긴바지를 입어서 상처와 곤충으로부터 몸을 보호한다.
동·식물 안전 수칙		• 뱀을 만나면 천천히 자리를 피한다. • 숲에 있는 식물을 함부로 만지지 않는다. • 진드기 안전사고에 대비하여 아무 데나 앉지 않고, 등산 후에는 옷이나 몸을 반드시 털어준 후 집에 가서 몸을 씻는다.
벌	벌을 만났을 때	• 벌집을 건드리지 않고 피해야 한다. • 실수로 벌집을 건드렸다면 벌집에서 20미터 이상 멀리 도망친다. • 만약 벌에 쏘였다면 먼저 119에 신고하고, 신용카드 등으로 피부를 긁어내듯 벌침을 제거하며, 깨끗한 물로 씻고 얼음주머니로 차갑게 한다.
	벌 쏘임 예방	달콤한 향을 풍기는 음식이나 향수 사용을 자제하고, 밝은색 긴 옷과 모자를 착용한다.

UNIT 56 신체활동 안전 - 탈 것 안전(PM)

① 학습목표

자전거, 킥보드, 인라인스케이트 등 바퀴 달린 이동수단을 이용할 때 위험 요소를 예측해 보고, 안전하게 이용하려고 노력을 할 수 있다.

② 누리과정 관련 요소

신체운동 건강
[신체활동 즐기기]
실내외 신체활동에 자발적으로 참여한다.

신체운동 건강
[안전하게 생활하기]
교통안전 규칙을 지킨다.

자연탐구
[생활 속에서 탐구하기]
도구와 기계에 관심을 가진다.

③ 학습주제와 학습의 중점

학습주제	학습의 중점
1. 자전거, 킥보드, 인라인스케이트 등의 안전 수칙 알아보기	• 바퀴 달린 이동수단의 특징과 위험요소에 관심을 가지고 알아본다. • 자전거, 킥보드, 인라인스케이트의 안전수칙을 알아보고 스스로 지킨다.
2. 보호장구의 중요성 알아보기	• 바퀴 달린 이동수단을 이용할 때 보호장구의 중요성을 알아본다. • 바퀴 달린 이동수단을 이용할 때 올바른 보호장구 착용 습관을 지닌다.
3. 개인형 이동장치의 위험요소 알아보기	• 개인형 이동장치를 알아본다. • 개인형 이동장치의 위험요소를 인식한다.

④ 자전거, 킥보드, 인라인스케이트 등의 안전 수칙

바퀴 달린 이동수단 이용 시 발생 가능한 안전사고		• 보호장구를 바르게 착용하지 않아 크게 다칠 경우 • 바퀴 달린 이동수단인 만큼, 속도를 내다가 이동수단을 멈춰야 할 상황인데도 속도를 줄이지 못하고 넘어질 경우 • 유아의 발달 특성상 한 번에 두 가지 이상의 요인을 동시에 고려하지 못하므로, 돌발상황 발생 시 조작 부주의로 인해 다칠 경우
바퀴 달린 이동수단의 안전 수칙	자전거 및 킥보드	• 핸들을 꼭 잡고 평지에서 탄다. • 자전거 관련 교통표지판의 의미를 알고, 자전거를 탈 수 있는 곳에서만 탄다. • 킥보드를 멈추고 싶을 때는 발을 이용해 풋브레이크를 잡거나, 손을 이용해 핸드브레이크를 잡는다.
	인라인 스케이트	• 평지에서 탄다. • 물웅덩이나 모래가 있는 곳에서 타지 않는다. • 차도나 주차된 자동차 주변에서는 타지 않는다.
끼임 사고 예방법		• 바퀴나 체인에 끼일 우려가 있는 통이 넓은 하의는 입지 않는다. • 가급적 끈 없는 신발을 신고, 신발끈이 있는 경우 풀리지 않도록 짧게 맨다. • 유아를 뒤에 태울 경우 발판이 있는 유아 전용 안장을 설치한다.

⑤ 보호장구의 중요성

보호장구의 의미와 종류	• 보호장구는 사고를 예방하기 위해 몸에 지니는 기구를 의미한다.
	  - 헬멧(안전모)은 얼굴과 머리를 보호한다.
	  - 장갑은 넘어질 때 손을 보호한다.
	  - 팔꿈치 및 무릎 보호대는 뼈가 부러지는 것(골절사고)을 예방한다.

지도상 유의점	보호장구 착용 지도에서 가장 중요한 것은 교사나 학부모의 모델링이다. 연령이 낮은 유아의 경우 교사나 학부모의 도움을 받아 착용하는 경우가 대부분이므로, 지속적이고 반복적으로 보호장구 착용법을 지도할 수 있어야 한다.

6 개인형 이동장치의 위험 요소 알아보기

개인형 이동장치	전기로 갈 수 있는 1인형 이동수단을 의미한다.
유아의 발달 수준을 고려한 개인형 이동장치의 위험 요소	• 유아는 키가 작고 움직임이 민첩하지 못하기 때문에, 개인형 이동장치의 빠른 속도로 인해 부딪힘 사고가 발생할 수 있다. • 유아에게는 개인형 이동장치에 대한 사용수칙보다 개인형 이동장치에 따른 안전사고를 예방하고, 위험 가능성을 예측할 수 있도록 지도하는 것이 더 중요하다.

개인형 이동장치 안전 수칙	• 만 13세 미만 어린이 탑승 금지
	  - 만 13세 미만인 어린이는 개인형 이동장치를 이용하면 안 된다.
	• 원동기 이상 면허 보유
	  - 개인형 이동장치는 원동기 이상 면허를 보유해야만 이용할 수 있다.
	• 안전모(헬멧) 착용
	  - 부상 예방을 위해 반드시 안전모(헬멧)를 착용해야 한다.
	• 두 명 이상 탑승 금지
	  - 안전을 위해 하나의 기기에는 한 명만 탑승해야 한다.
	• 보도 주행 금지
	  - 보행자 안전을 위해 사람이 다니는 보도에서는 이용할 수 없다.
	• 기구가 몸에 맞아야 하며 너무 큰 것을 구입하지 않는다.
	• 바퀴에 이상이 있는지 점검한다.
	• 안전 장구 및 안전한 복장을 착용한다.
	  - 안전모, 무릎보호대, 헬멧, 팔꿈치보호대, 손목보호대 등의 안전보호장치를 항상 착용한다(자전거 안전 장구 참고).
	  - 밝은색의 옷을 입는다.
	• 안전한 장소에서 탄다.
	  - 차가 다니지 않는 안전한 공터나 공원에서 탄다.
	  - 울퉁불퉁하거나 고르지 않은 길보다 평평하거나 포장이 잘 된 평지에서 탄다.
	  - 내리막길에서는 가속이 되어 위험하므로 킥보드에서 내려서 걷는다.
	  - 길을 건너거나 계단을 오르내릴 때는 스케이트류를 벗는다.
	• 여럿이 손을 잡거나 앞사람을 잡고 타지 않는다.
	• 사람들이 많은 곳에서는 속력을 줄여 천천히 탄다.
	• 손에 물건을 들지 않는다.
	• 새벽이나 저녁에 타지 않는다.

UNIT 57 신체활동 안전 - 현장체험학습 안전

1 학습목표

야외에서 안전하게 활동하기 위한 안전수칙을 이해하고 노력할 수 있다.

2 누리과정 관련 요소

3 학습주제와 학습의 중점

학습주제	학습의 중점
1. 캠핑활동 안전하게 하기	• 캠핑활동에서 생길 수 있는 위험요소에 관심을 가지고 알아본다. • 안전한 캠핑을 위해 무엇을 할 수 있는지 알아본다.

4 캠핑활동 안전하게 하기

캠핑 떠나기 전 준비사항	• 캠핑을 가기 전에 자신이 가는 캠핑장의 위치를 가족에게 알린다. • 활동지 주변 위험 요소 및 시설물 등을 미리 파악한다. • 날씨를 미리 확인하고, 기상 악화에 대비하여 대피로를 미리 확인한다. • 캠핑장으로 떠나기 전 비상약을 미리 준비하고, 인근 약국이나 병원의 위치 혹은 전화번호를 미리 알아둔다. • 캠핑 장소에 대해 부모님과 충분히 이야기 나누고 안전약속을 미리 정하고 떠난다.

캠핑장에서 지켜야 할 안전 수칙		• 어른들이 텐트를 설치할 때는 조금 떨어져 안전거리를 유지하면서 기다린다.
		• 주변에 유리 조각이나 날카로운 물건 등이 없는지 확인한다.
		• 손, 발을 깨끗이 씻고 개인위생 관리를 철저히 한다.
		• 밀폐된 텐트 안이나 좁은 방에서는 화로와 부탄가스 난로를 사용하면 일산화탄소에 의한 중독, 화재의 위험이 있으므로 되도록 사용하지 않는다.
		  - 만약 사용해야 한다면 텐트 지퍼를 개방하여 공기가 충분히 들어올 수 있도록 한다.
		  - 휴대용 부탄가스는 사용 후 반드시 뚜껑을 닫아 보관한다.
		• 텐트 내에서 가스레인지는 사용하지 않는다.
		• 캠핑장에서 전기제품을 사용하기 전에 캠핑장의 전기용량을 미리 확인한다.
		• 전기 릴선을 사용하는 경우 릴선을 다 풀고 사용할 때 전기용량이 더 커지고 화재의 위험도 예방할 수 있다.
		• 불과 전열기구, 핫팩에 의한 화상을 예방한다.
		  - 특히 야간에는 전열기구를 인지하지 못해 화상이 발생하는데 이를 방지하기 위해 야광 밴드를 부착해 둔다. 핫팩을 사용할 때는 피부에 직접 닿지 않도록 한다.
		• 야외 식탁을 이용하는 경우 테이블이 흔들려 뜨거운 물이나 음식이 쏟아져 화상을 입을 수 있으므로 조심한다.
		• 캠핑장에 설치된 트램펄린과 같은 놀이기구를 안전하게 탄다.
		• 해충·야생동물의 침입을 막기 위해 음식물을 밀폐하여 보관한다.
		• 취침 시 랜턴은 꺼놓는다.

	텐트 설치 시 주의사항	• 텐트를 설치할 때 고정팩은 바닥 끝까지 박아주고 스트링(줄)에는 걸려 넘어지지 않도록 안전 표지(야광 테이프, 손수건 등)를 부착한다. • 비가 내릴 경우를 대비해서 텐트 주변에 배수로를 판다. • 여름철 홍수로 물이 불어나 위험할 수 있으니, 물가 가까이 또는 침수 위험이 있는 낮은 지대에는 텐트를 치지 않는다. • 절벽 아래에는 텐트를 설치하지 않는다. • 진입로에 방해물을 두지 않고 대피로를 파악한다.
	모닥불 안전 수칙	• 바람이 많이 부는 경우에는 모닥불을 만들지 않는다. • 모닥불은 텐트에서 멀리 떨어져 피운다. • 화로 주변에 물을 뿌려 화재 사고를 예방한다. • 모닥불 주변에 인화 물질을 두지 않는다. • 위급 상황에 대비하여 휴대용 소화기를 구비한다. • 숯불이나 모닥불 사용 후 물을 부어 불씨를 모두 제거한다.
캠핑활동 중 사고 발생 시 행동요령		• 벌레에 물렸을 경우 깨끗한 물로 씻어낸 후 약을 바르고 찬물이나 냉찜질로 가려움증을 완화한다. • 폭우가 내릴 때 누전으로 인한 감전에 주의해야 하며, 위급 상황에는 119에 신고한다. • 갑작스러운 폭우로 텐트가 침수되었을 때 배수구나 하수구에 빠지지 않도록 주의한다. • 갑작스러운 폭우로 고립되었을 경우 급격히 불어나는 계곡을 건너지 말고 안전한 곳에서 구조를 기다린다.

III 교통안전교육

UNIT 58 보행자 안전

#KEYWORD 교통안전교육(내용), 횡단보도, 교통 표지판

❶ 학습목표

교통안전 규칙을 알고 실천하여 보행 시 안전한 생활습관을 기를 수 있다.

❷ 누리과정 관련 요소

신체운동 건강	[안전하게 생활하기] 교통안전 규칙을 지킨다.
의사소통	[읽기와 쓰기에 관심 가지기] 주변의 상징, 글자 등의 읽기에 관심을 가진다.
사회관계	[더불어 생활하기] 약속과 규칙의 필요성을 알고 지킨다.

❸ 학습주제와 학습의 중점

학습주제	학습의 중점
1. 교통표지판 알아보기	• 교통안전 표지판의 종류와 의미를 안다. • 주변에서 볼 수 있는 교통안전 표지판의 의미를 알고 지킬 수 있다.
2. 횡단보도 안전하게 이용하기	• 신호등의 의미를 알고, 안전하게 건널 수 있다. • 횡단보도 보행 5원칙을 알고, 안전하게 건너는 방법을 실천할 수 있다. • 신호등 유무에 따라 올바른 보행 방법을 알 수 있다.
3. 안전한 보행 방법 알아보기	• 날씨에 따라 교통사고 예방을 위해 안전하게 길을 걷는 여러 가지 방법을 생각해 본다. • 안전하게 길 걷기를 실천한다.

❹ 안전 표지

개념	「도로교통법」 제2조제16호 "안전 표지"란 교통안전에 필요한 주의·규제·지시 등을 표시하는 표지판이나 도로의 바닥에 표시하는 기호·문자 또는 선 등을 말한다.
지도 방안	지시, 규제, 주의 표시의 정확한 의미전달보다는 색깔로 구분하여 '조심하세요(주의)', '하지마세요(규제)', '하세요(지시)' 정도로 이해할 수 있도록 안내한다.
주의표지 (노란색): "조심하세요."	도로상태가 위험하거나 도로 또는 그 부근에 위험물이 있는 경우에 필요한 안전조치를 할 수 있도록 이를 도로사용자에게 알리는 표지이다. 횡단보도 / 어린이보호 / 자전거 / 도로공사중 / 위험 철길건널목 / 낙석도로 / 야생동물보호 / 미끄러운도로 / 노면고르지못함
규제표지 (빨간색): "하지마세요."	도로교통의 안전을 위하여 각종 제한·금지 등의 규제를 하는 경우에 이를 도로사용자에게 알리는 표지이다. 통행금지 / 자전거통행금지 / 진입금지 / 정차·주차금지 / 주차금지 최고속도제한 / 최저속도제한 / 서행 / 일시정지 / 보행자보행금지
지시표지 (파란색): "하세요."	도로의 통행방법·통행구분 등 도로교통 안전을 위하여 필요한 지시를 하는 경우에 도로사용자가 이에 따르도록 알리는 표지이다. 자전거전용도로 / 자전거 및 보행자 겸용도로 / 자전거 및 보행자 통행구분 / 자전거전용차로 자전거횡단도 / 보행자전용도로 / 보행자우선도로 / 횡단보도 어린이보호 (어린이보호구역안) / 자전거주차장 / 어린이통학버스 승하차 / 어린이승하차

··· '보조표지' 생략 ···

노면표시	도로교통의 안전을 위하여 각종 주의·규제·지시 등의 내용을 노면에 기호나 문자 또는 선으로 도로 사용자에게 알리는 표지이다. 

5 기본적인 지도 내용

기본적인 지도 내용		• 보호자는 교통사고의 위험성을 어린이에게 알려준다. • 보호자는 운전자가 보행자를 보지 못한다는 점을 설명해 준다. • 갑자기 뛰어나오는 행동을 하지 않는다. • 보호자의 손을 잡고 걷는다. • 맨홀, 간판 등 주변을 살피며 걷는다. • 횡단보도를 건널 때 자동차가 멈춘 후 손 들고 건넌다. • 자동차 근처에서 놀지 않는다. • 야간에는 밝은색 옷을 입고 보행한다. • 자가용 앞자리에 타지 않는다. • 연령대에 맞는 카시트에 탄다. • 어린이 보호구역(스쿨존)에서 주위를 살피며 걷는다. • 오후 2시 이후에는 보호자, 보육교사가 등하교 동행지도한다.
어린이와 운전자의 관점 비교	어린이	• 무단횡단이 잘못된 행동이라는 것을 모른다. • 눈에 보이는 자동차만이 유일한 위험이라 생각한다. • 자동차 안에 사람이 앉아 있기 때문에 자동차 형체가 사람이라고 착각한다. • 자동차의 커다란 전조등이 사람의 커다란 두 눈이라 느끼기 때문에 눈을 통해 자신을 잘 보고 안전을 지켜줄 것이라 믿는다. • 도로 반대편 보도에 반가운 친구나 가족이 있을 때 그쪽을 가고자 순간적으로 도로를 무단횡단한다.

	운전자	• 운전자는 정차 중인 버스 앞으로 앞지르기를 시도할 때 버스 앞에 존재하는 위험을 예측하지 못한다. • 운전자는 교통상황을 주관적으로 해석하려 하기 때문에 마주오는 차량이 도로에 존재하는 위험의 전부라 생각한다. • 운전자는 바쁜 업무 중이나 심리적으로 불안정한 상태이면 위험을 고려하지 않고 운전한다. • 대부분의 운전자는 2초 이상 기다리는 것을 참지 못해 일시정지하지 않고 바로 앞지르기를 감행한다.

❻ 횡단보도 보행

횡단보도 보행 5원칙	① 우선 멈춘다.	• 길을 건널 때는 우선 멈추고 교통상황을 확인한다. 　- 어린이들은 움직이는 상태에서 교통상황을 확인하기 어렵다.
	② 좌우를 본다.	도로 좌측과 우측을 보고 차가 완전히 멈춘 것을 확인한다.
	③ 손을 든다.	• 손을 들어 내가 길을 건널 것임을 운전자에게 알리고 준비할 시간을 준다. 　- 차는 왼쪽에서 다가오므로 횡단보도의 오른쪽에서 왼손을 들고 왼쪽 방향의 차량을 확인하며 출발해야 한다.
	④ 확인한다.	• 운전자와 눈을 마주치며 차가 멈춰 있는 것을 다시 확인한다. 　- 차량을 확인할 때는 꼭 운전자와 눈을 맞춰야 한다.
	⑤ 건넌다.	• 손을 들고 운전자나 차를 보면서 횡단보도 우측으로 안전하게 건넌다. 　- 도로를 건널 때는 손을 들고 차를 계속 보면서 대각선 방향으로 건너야 한다.
신호등이 있는 횡단보도	**일반적인 유아들의 행동** • 어린이들은 보행신호가 녹색으로 켜지면 바로 횡단보도로 뛰어드는 행동 특성이 있으며, 반면에 차량 운전자는 신호가 바뀌는 순간 보행자가 횡단보도 중간부분까지 나오기 전에 무리하게 통과하는 경우가 있어 사고로 이어진다. • 보행자가 횡단보도를 건너기 위해 대기 중인 상태에서 휴대전화를 사용하거나 게임을 하며 건너는 경우, 보행신호에 녹색이 들어오면 그냥 횡단보도로 들어가 위험 변화에 적절히 대응하지 못하게 된다. • 보행신호가 켜지려는 순간에 운전자는 서두르게 되고, 통과하고자 하는 심리가 강할수록 가속하게 되어 갑자기 뛰어나오는 보행자를 보고 브레이크를 밟더라도 차의 정지거리가 길어지며 보행자를 충격하기도 한다. • 보행신호가 켜졌더라도 보행자가 없다고 판단하여 신호를 위반하는 운전자들의 경우가 만일 멀리서 보행신호를 보고 횡단하는 보행자가 있다면 사고로 이어질 수 있다.	

	올바른 보행방법 • 반드시 녹색신호에 건너가도록 한다. • 녹색신호가 켜지자마자 뛰어 들어가지 않도록 하고 차가 멈추었는지 확인한다. • 횡단보도를 벗어나 건너지 않도록 하고, 제동을 늦게 한 차에 대비하여 반드시 횡단보도 우측으로 건너도록 한다. • 횡단보도를 건너는 자전거나 오토바이를 주의한다. • 녹색신호가 깜빡일 때 무리하게 뛰어 건너지 않고, 다음 신호에 길을 건넌다. • 횡단보도를 건너다 되돌아올 때는 차가 멈추어 있는지 확인한다. • 횡단보도에서는 친구들과 장난치거나, 휴대폰을 사용 혹은 게임기로 게임을 하며 건너지 않도록 한다.
신호등이 없는 횡단보도	**일반적인 유아들의 행동** • 일반적으로 어린이들은 항상 운전자가 자신을 보면 모두 정지해 줄 것이라고 기대한다. • 눈에 보이는 위험만이 도로에 존재하는 모든 위험의 전부라고 인식하는 경향이 있다. • 횡단보도를 자신을 안전하게 보호해 줄 안전한 공간으로 여기며, 횡단보도에 먼저 진입하면 자동차보다 자신에게 통행우선권이 있다고 믿는다. • 자신을 향해 달려오는 자동차보다 자신이 더 빠르다고 판단하여 자동차 앞으로 뛰어드는 행동을 보이기도 한다. **올바른 보행방법** • 어린이는 횡단보도가 무조건 안전한 장소라고 생각하여 뛰거나 성급한 행동을 보이기도 하기 때문에, 어린이에게 횡단보도가 무조건 안전하지 않음을 인지시키고, 횡단보도를 건너면서 절대로 뛰거나 성급한 행동을 하지 않도록 주위에서 학습이 이루어져야 한다. • 가급적이면 어른과 함께 건너도록 하며, 건널 때는 신호등이 있는 횡단보도와 같이 '횡단 5원칙'에 의하여 횡단하도록 한다. • 유아는 달려오는 차의 속도나 정지거리에 대한 판단력이 부족하기 때문에 차의 멈춤을 확인하거나 차를 먼저 보내고 길을 건너도록 한다. • 제동을 늦게 한 차에 대비하여 횡단보도는 반드시 오른쪽으로 건너도록 한다. • 손을 들어 길을 건너겠다는 의사를 밝히고 운전자와 눈을 마주친 후 차의 움직임을 살펴보며 횡단보도 선을 벗어나지 않게 조심히 건너도록 한다.
횡단시설이 없는 횡단보도 보행	**일반적인 유아들의 행동** • 어린이 교통사고의 대부분은 무단횡단 사고로, 사고의 결정적인 원인은 어른들의 잘못된 행동으로부터 비롯된다. 　- 어린이는 어른에 비해 위험대처능력이 부족하지만 어른들을 그대로 따라 하는 모방능력만큼은 월등히 뛰어나 어른들이 무심코 하는 무단횡단이 어린이의 교통사고를 부추긴다는 사실을 기본적으로 인식하고 교통안전지도를 해야 한다. **올바른 보행방법** • 횡단시설이 없는 곳을 건널 때에는 자동차의 움직임을 잘 살필 수 있는 장소에 일단 멈춰서 주변을 살펴보고 차가 오지 않을 때 확실하게 위험을 확인하고 최단 거리로 건넌다. 만일 다가오는 차가 보이면 그 차를 보낸 후에 건너야 하며 자동차의 앞이나 뒤로 건너지 않도록 한다. • 어린이의 경우 자동차가 멀리서 보일 때 빨리 뛰면 건널 수 있다고 판단하여 차도로 급히 뛰어드는 행동특성을 보이는 경우가 있어 차가 멀리 보인다고 해서 바로 뛰어 건너지 않도록 지도해야 한다.

7 상황에 따른 보행안전

일반적 상황에서의 안전한 보행방법	• 무단횡단은 절대 하지 않는다. • 녹색 신호에 차가 멈춘 후 횡단보도로 건너간다. • 녹색 신호가 깜박일 때 건너가지 않는다. • 횡단보도를 건널 때 휴대전화를 보지 않는다. • 보호자의 손을 잡고 걷는다. • 도로에서는 뛰거나 장난하지 않는다. • 도로에서 킥보드, 인라인스케이트를 타거나, 공놀이를 하지 않는다. • 맨홀, 간판 등 주변을 살피며 걷는다. • 어린이 보호구역(스쿨존)에서 주위를 살피며 걷는다. • 자동차 근처에서 놀지 않는다. • 갑자기 뛰어나오는 행동을 하지 않는다. • 좁은 도로에서는 자동차에 더욱 주의하고 차도에는 갑자기 뛰어들지 않는다. • 길 모퉁이에서는 자동차나 오토바이, 자전거가 달려올 수 있기 때문에 반드시 일단 멈춰 서고, 좌우를 살핀 뒤 걸어가도록 한다. • 야간에 보행 시, 가능하면 성인과 동행하고 흰색이나 밝은색 옷을 입는다.
보도와 차도가 구분된 도로 통행방법	• <u>보도와 차도가 구분되는 도로에서는 우측통행을 한다.</u> - 차도에서 멀어져서 보행하면 만일의 사고에 대비할 수 있다. • 보도가 설치되어 있는 경우에는 반드시 보도로 통행하도록 하고, 가급적 보도 안쪽으로 통행하도록 한다. • 보도가 끊어지는 곳에서는 일단 멈춘 후 진행하는 차가 있는지 확인하고 건너가도록 한다. • 교차로 곡각지점에서는 내륜차 현상으로 우회전 차량이 보도에 서 있는 보행자를 갑자기 충격할 수 있으므로 어린이들이 곡각지점에 서 있지 않도록 한다. • 여럿이 함께 걸을 때는 한 줄로 걷는 것이 좋다.
보도와 차도가 구분되지 않은 도로 및 인도 통행방법	• <u>보도와 차도가 구분되지 않는 도로에서는 좌측통행을 한다.</u> - 좌측보행을 하면 마주 오는 차량을 볼 수 있어 미리 사고를 대비할 수 있다. • 보도가 없는 이면도로는 오토바이나 자전거, 자동차 등이 함께 공유하는 공간이므로 다른 차량들의 움직임을 잘 살피며 보행한다. • 이면도로에서는 주변 건물이나 노점상으로 인해 시야확보가 안 될 수 있으므로 반드시 좌우를 확인하며 길을 건너야 한다. • 주·정차된 차량이 있는 경우 정차 중인 차량이 갑자기 차를 전진하거나 후진할 수 있으므로 횡단하기 전 멈추어 운전자가 탑승하고 있는지, 시동이 켜져 있는지를 확인하는 습관이 필요하다.

육교와 지하도		**장점** • 신호를 기다릴 필요가 없다. • 안전하게 도로를 건널 수 있다. **안전 수칙** • 계단에서는 주머니에 손을 넣고 걷지 않는다. • 계단에서는 뛰거나 장난치지 않는다. • 계단 주변에서 놀지 않는다. • 어린이는 난간(손잡이)을 잡고 한 칸씩 천천히 이동한다. • 추락 또는 낙상 사고의 가능성이 높기 때문에 자전거, 롤러 스케이트 등 바퀴 달린 제품을 계단 주위에서 사용하지 않는다.
비 또는 눈이 올 때		• 비가 오거나 눈이 오는 날에는 어린이들이 평소보다 교통 상황에 대한 주의력이 떨어지므로 돌발적 행동을 많이 하게 된다. • 비나 눈을 피하기 위해 갑자기 도로로 뛰어든다거나 보행신호를 무시하고 횡단하기도 하고, 우산을 쓰고 보행할 때는 다가오는 차를 인지하지 못하게 된다. • 빗소리 때문에 차가 접근해 오는 것을 알지 못할 뿐 아니라 차의 경음기 소리를 듣지 못할 수도 있고, 내리는 눈을 보며 기분이 좋아 장난칠 때는 교통상황 변화를 인식하지 못하게 된다. • 빗길이나 눈길에서는 운전자의 가시거리가 짧으며 마른 노면상태에서 운전할 때보다 차의 정지거리 또한 훨씬 길어지게 되어, 갑자기 도로에 뛰어나오는 어린이 발견이 늦어지고 브레이크를 밟더라도 차가 미끄러지면서 사고로 이어지는 경우가 많다.
	비오는 날의 안전한 보행방법	• 날씨가 어두워지므로 밝은색의 옷과 신발을 착용하여 운전자가 잘 확인할 수 있도록 한다. • 시야를 확보할 수 있는 투명한 비닐우산을 준비하고, 우산을 들 경우 가방은 등에 멘다. 　- 우산은 눈보다 높이 들어 주변을 잘 볼 수 있도록 한다. 　- 야광가방을 메는 것이 좋다. • 비가 오는 날은 횡단보도에 가까이 서 있을 경우 자동차가 우산을 충격할 수 있으므로 뒤로 1~2보 떨어져서 기다린다. • 보행신호가 켜졌더라도 차가 멈춘 것을 확인하고 건너도록 한다. • 비가 오는 날은 차의 제동거리가 길어지므로 더욱 무단횡단을 하지 않아야 한다.
	눈오는 날의 안전한 보행방법	• 길이 미끄러워 넘어질 수 있으므로 항상 차에서 멀리 떨어져 걸어야 한다. • 눈이 올 때는 날이 어두워지므로 노란색이나 하늘색 같은 밝은색의 옷을 입어 운전자의 눈에 잘 띄도록 한다(단, 하얀색 옷은 입지 않는다). • 손을 주머니에 넣지 말고 장갑을 끼도록 하고, 옷을 충분히 따뜻하게 입어 움츠린 채 걷지 않도록 한다. • 털모자, 털목도리는 몸을 따뜻하게 해 줄 뿐만 아니라 혹시 미끄러워 넘어질 경우 완충역할을 할 수 있어 안전하다. 　- 두꺼운 귀마개는 차량경적 소리가 들리지 않을 수 있어 위험할 수 있다. • 신발은 구두보다는 홈이 파인 운동화를 신는 게 안전하며, 뛰지 말고 차를 보면서 천천히 걸어야 한다.

8 교통사고

(1) 개념 및 기본적인 내용

개념 및 정의	교통사고란 운행 중이던 자동차나 기차가 사람을 치거나 다른 교통수단과 충돌하는 사고이다.	
등하굣길 안전사고의 대표적 유형과 예방법	주정차된 차량 사이 횡단사고	손을 들어 운전자와 눈을 맞추고 차량 멈춤을 확인 후 건너간다.
	갑자기 뛰어나오다 발생한 사고	길을 건널 때나 차도로 나갈 때는 항상 먼저 걸음을 멈춘 후 차가 오는지 살핀 다음 횡단보도로 건넌다.
	차 뒤나 밑에서 놀다 발생한 사고	멈춰 있는 차들 대부분 뒤로 움직이므로 차의 뒤나 밑에서 놀지 않는다.
	보호장구 미착용으로 발생한 사고	어린이가 조수석에 앉아 있다 사고가 일어날 수 있으므로, 어린이는 앞자리에 앉지 말아야 하며, 만 6세 미만의 유아는 어린이 보호장구(카시트)를 착용한다.
	자전거와 인라인 스케이트, 킥보드 사고	충분한 연습 후 전용도로에서만 타며, 반드시 보호장구를 착용하고 횡단보도는 반드시 자전거에서 내려서 이용한다.
교통사고 발생 시 대처방안	• 119로 연락하여 도움을 받도록 한다. • 유아의 의식이 있으면 유아를 안심시킬 필요가 있다. • 가벼운 부상이라도 반드시 의사의 진단을 받는다. • 사고를 일으킨 운전자의 주소나 이름을 확인한다. • 교통사고는 꼭 경찰서에 신고한다.	
버스 및 차량 안전 대피요령	**버스 내 안전 대피요령** 소화기와 창문을 깨는 손도끼가 어디에 있는지 확인한다. **화재 발생 시** • 화재가 발생하면 큰 소리로 외치거나 비상벨을 눌러 화재 발생 사실을 알린다. • 주변 어른들의 도움을 받아 소화기를 이용하여 불을 끄고 창문 등을 깨서 환기를 시킨다. **물에 빠졌을 시** • 안전벨트를 푼 다음 신발과 옷을 벗어 물속에서 수영이 가능한 상태를 유지한다. • 주위에 물에 뜨는 물건이 있으면 움켜잡고 출입문을 통해 빠져 나오거나 손도끼를 이용해 창문을 깨고 탈출한다. • 여의치 않을 때는 내부에 물이 어느 정도 들어와 수압 차이가 없어져 출입문이 열어질 때까지 침착하게 기다린 후 출입문을 열고 탈출한다.	

(2) 학교 조치사항

1단계 예방·대비	**[사전점검 및 안전교육]** • 학교 주변 안전대책 검토 　- 학교 밖 교통사고 다발지역 방문 및 사고발생 원인 등 현장교육을 정기적으로 실시(불량 시 지자체, 경찰서에 복구 요청) 　- 학교 주변 횡단보도, 신호등, 중앙분리대, 보호 난간 및 방지턱 등 안전장치 적정 유무의 정기적 확인 • 비상 연락 체계 구축 　- 사고 발생 시 신속 대응을 위한 담당자 비상 연락망 구축 • 현장 지도 및 실습 등 교통사고 예방 교육 　- 교사, 학부모, 배움터 지킴이, 교통 도우미 등과 연계하여 학생 등·하교 안전 지도 추진 　- 현장체험 활동 장소로 학생안전체험교육시설 등 이용 　- 잠재적인 위험상황을 인지하고 예측할 수 있는 올바른 대처 기술 습득 　- 통학버스에 탑승한 모든 학생의 안전띠 착용 여부 확인
2단계 대응 교통사고 발생 시	• 119 신고 여부 및 학생 후송 여부 확인 • 학생 치료 담당 병원 위치, 전화번호 파악 • 학부모 및 학교장에게 신속 연락 • 경찰서 신고 및 신고 여부, 담당 경찰관 등 파악 • 차량 운전자의 신원 파악 및 사고 발생 시간, 장소, 목격자 여부와 사고 경위 등을 파악 • 학교장, 학부모와 학생 치료 및 대책 방안 공동 강구
3단계 복구 추후 보고 등	• 사고 발생 경위와 사고 후 현재 상황 내용 작성(당시 상황, 사고 처리 및 학생 상태 등을 포함) 및 교육청 보고 • 가해자 보험(책임, 종합) 가입 여부 확인 등 학생 지원 대책 모색 • 교통사고 피해 학생 수업결손 보완 계획 수립 • 교통사고 발생 원인을 철저히 분석하여 학생 교육 및 재발 방지 • 필요시 지자체 협의 등을 통해 학교 통학로 안전대책 마련

(3) 학생 행동요령

등·하교 시	대중교통 (버스 등) 이용 시	• 승차 시, 버스를 기다릴 경우 반드시 버스 정류장(안전한 장소)에서 기다리고 완전히 정차한 후 탑승한다. • 운행 중, 안전띠를 착용하고 손잡이를 꼭 잡는다. 장난치거나 돌아다니지 않으며 스마트폰의 사용을 자제한다. • 하차 시, 미리 하차벨을 누르고 기다리고 있다가 차가 정류소에 완전히 정차한 후 안전하게 하차하며, 보도와 버스 사이에 오토바이나 자전거가 달릴 수 있기 때문에 반드시 내리기 전 좌우를 살핀다.
	자전거 등 이용 시	• 자전거 전용도로, 공원, 놀이터 등 안전한 장소에서 탄다. • 안전모와 보호 장구(무릎, 팔꿈치)를 반드시 착용한다. • 좁은 길에서 큰 길로 이동 시 반드시 정지하여 좌우를 확인한다. • 출발하기 전 장비를 점검한다. • 야간 운행 시에는 반사체나 라이트를 켠다. • 주차된 차량 옆을 지날 때는 속도를 줄이고 주차된 차량과 거리를 두고 천천히 통과한다. • 멈출 때는 양쪽 브레이크를 모두 잡는다. • 횡단보도를 건널 때는 내려서 끌고 간다.
	보행 시	• 우선 멈추고 좌우를 둘러본 후 다시 좌측을 보고 차가 오는지 확인한다. • 횡단보도의 우측에서 운전자를 보고 왼손을 든다. • 차량의 멈춤을 꼭 확인한 후 건너는 동안 운전자와 눈을 맞추고 차를 계속 보면서 걸어서 보행한다. • 주차된 차 앞이나 골목길에서 갑자기 뛰어나가지 않는다. • 휴대폰을 사용하며 걸어가지 않는다.
사고 시	버스 이용 중	• 즉시 부모님이나 선생님, 주변 어른들에게 도움을 요청한다. • 선생님이나 보호자의 안내를 받고 사고 차량 밖으로 나와 차량과 20m 이상 떨어진 안전한 곳으로 대피한다. • 급히 탈출해야 할 경우, 버스 안쪽 벽에 준비된 비상탈출용 망치로 창문을 깨고 질서있게 탈출한다.
	보행 및 자전거 등의 이용 중	• 사고가 났을 때는 112, 응급 상황 시 119로 신고한다. • 주변 사람의 도움을 받아 차량번호를 기억하고, 목격자를 확보하며 가해자의 연락처를 받는다. • 몸이 크게 다쳤을 경우에는 우선 긴급치료를 받으며, 당장 아프지 않더라도 병원에 가서 진찰을 받는다.

UNIT 59 자전거 안전

#KEYWORD 자전거 안전 보호장구, 안전 규칙

① 학습목표

자전거를 안전하게 이용하는 데 필요한 지식과 방법을 알아보고, 습관화할 수 있도록 실천한다.

② 누리과정 관련

③ 학습주제 및 학습의 중점

학습주제	학습의 중점
1. 자전거 특징 알아보기	• 자전거의 생김새와 역할을 알아본다. • 자전거를 안전하게 타기 위한 보호장비와 복장이 있음을 안다.
2. 자전거 안전하게 타는 방법 알아보기	• 자전거를 안전하게 타는 방법을 알 수 있다. • 자전거를 안전하게 타는 방법을 몸으로 익힐 수 있도록 '어린이 자전거 면허증' 놀이를 한다.
3. 안전한 장소에서 자전거 타기	• 자전거를 타기에 안전한 장소를 찾아본다. • '안전하게 자전거 타기' 캠페인을 한다.

❹ 자전거 타기가 유아들에게 좋은 이유

자전거 타기가 유아들에게 좋은 이유	• 핸들을 잡고 균형을 유지하며 주변을 항상 생각해야 하기 때문에 집중력이 좋아지고 스트레스도 줄일 수 있다. • 생활 속에서 운동이 되므로 건강을 지킬 수 있다. • 화석연료를 사용하지 않는 교통수단이기 때문에 공기를 맑게 하여 깨끗하고 쾌적한 환경을 만드는 데 도움을 줄 수 있다.

❺ 안전 장구

안전하게 자전거를 타기 위한 복장		• 밝은색의 옷을 입고 짧은 바지보다는 긴 바지를 입는다. • 몸에 맞는 복장을 착용한다. 　- 너무 큰 바지나 통이 넓은 바지, 긴 치마, 긴 목도리 등은 체인에 끼일 수 있어 위험하므로 피해야 한다. • 벗겨지기 쉬운 슬리퍼나 끈이 늘어져 있는 신발보다는 끈이 없는 운동화를 신는다. • 다른 사람의 눈에 잘 보일 수 있는 밝은색 옷을 입는다. • 안전모, 팔꿈치 보호대, 무릎 보호대, 손목 보호대, 보호 장갑 등을 착용한다.
안전모 (헬멧)	안전모를 착용하는 이유	• 안전모(헬멧)를 착용하는 것은 법률로 정해져 있으며, 얼굴과 머리를 보호하기 위해 착용한다. • 안전모는 넘어져 머리가 부딪칠 경우 충격을 줄여준다. • 안전모를 쓰지 않고 자전거를 타다가 사고가 나면 크게 다칠 수 있다.
	안전모의 올바른 착용 방법	• 안전모(헬멧)는 앞부분이 눈썹 부분과 일치되도록 하고, 끈은 헬멧이 머리에 고정되도록 조여준다. • 안전모와 눈썹 사이는 손가락 두 개가 들어갈 정도로 남긴다. • 끈은 헬멧이 머리에 고정되도록 조여준다. 　- 귀 쪽의 끈은 손가락으로 V자를 만들어 귀에 댔을 때 손가락과 끈이 포개지도록 한다. 　- 턱과 안전모 끈의 간격은 손가락 한 개가 들어가도록 한다. • 원내에서 사용하는 경우, 머리가 닿는 안쪽 부분은 땀 등으로 위생상 문제가 있으므로 개별 준비하도록 한다.
보호대		• 팔꿈치 및 무릎 보호대는 뼈가 부러지는 등 골절사고를 예방하기 위해 착용한다. • 팔꿈치 보호대, 손목 보호대, 무릎 보호대를 착용한다. 　- 자전거가 넘어질 때 무릎과 팔 등이 신체의 다른 부위보다 먼저 땅에 닿게 되므로 반드시 착용해야 한다. • 보호대는 팔꿈치와 무릎 관절이 보호될 수 있는 견고한 재질이어야 하며, 페달밟기 활동으로 움직여도 벗겨지지 않도록 단단히 조여야 한다.
장갑		• 장갑은 넘어질 때를 대비하여 손을 보호하기 위해 착용한다. • 핸들 잡기와 브레이크 조작이 쉽도록 장갑을 착용한다. • 바닥부분이 고무코팅되어 있는 장갑을 고른다.

6 자전거 안전 수칙

자전거를 타기 전 준비사항	• 자신에게 맞는 자전거를 고른다. 　- 안장에 앉아 양쪽 발바닥이 바닥에 닿는 자전거를 고른다. • 자전거를 타기 전에 안전점검을 한다. 　① A : Air(공기/바람상태) - 타이어를 눌러 바람이 잘 들어갔는지 확인한다. 　② B : Brake(브레이크) - 브레이크를 잡으면 자전거 바퀴가 멈추는지 확인한다. 　③ C : Chain(체인) - 페달을 반대로 돌려서 체인이 제대로 걸려 있는지 확인한다. • 안전한 복장 및 안전장구를 착용한다.	
자전거를 타기 위한 장소	• 안전장구를 착용하고 지정된 안전한 장소에서 자전거를 타야 하며, 그 장소에 도착하기 전까지는 자전거에서 내려 끌고 간다. 　- 가능한 한 자전거 전용도로를 이용하는 것이 안전하며, 그렇지 않을 때에는 보행자와 다른 교통기관을 조심한다. 　- 골목길보다는 공원이나 놀이터, 운동장과 같이 자동차가 다니지 않는 곳에서 탄다. 　- 울퉁불퉁한 길보다는 평평한 길에서 타는 것이 안전하다. • 비탈길 등 위험한 곳에서는 내려서 끌고 간다. 　- 내려오면서 속도가 점점 빨라지기 때문에 멈추기가 어려워 사고가 일어날 수 있다. • 자전거를 타고 큰길로 달려 나오거나 먼 곳까지 타고 가지 않는다.	
	골목길	골목길에서는 혼자서도 자전거를 탈 수 있으므로, 자동차나 걸어가는 사람들을 살피며 조심해서 탄다.
	한적한 차도	자동차가 별로 없는 한적한 차도라고 하더라도 혼자서 자전거를 타기에는 위험하므로, 성인이 함께 있을 때에만 자전거를 탄다.
	차도가 넓고 자동차들이 많은 차도	위험하므로 자전거를 타지 않아야 하며, 보행길(보도)이 따로 있는 경우에는 보행길을 이용한다.
	자동차도 다니는 골목길에서의 주의사항	• 다른 운전자의 행동을 살핀다. 　- 자동차 운전자와 눈을 맞추어서 자신이 자전거를 타고 있다는 것을 알려준다. 　- 멈추어 있는 자동차라도 갑자기 움직일 수 있으므로 항상 조심한다. • 주차된 자동차가 있는 경우에는 자동차의 움직임을 잘 살핀다. 　- 길에 주차된 자동차가 있는 경우에는 안전한 거리를 두고 자전거를 탄다. 　- 자전거를 지그재그로 타지 않고, 직선으로 타야 안전하다. • 병렬주행(차량 진행 방해)을 하지 않는다. 　- 자전거 도로가 없는 도로에서는 우측 가장자리로 다녀야 하며, 나란히 다녀서는 안 된다. • 차량 사이를 지그재그로 타지 않는다.

자전거를 타기 위한 장소	보행자와 함께하는 골목길	• 자전거는 '차'이기 때문에 언제나 걸어가는 사람들과 부딪치지 않게 조심해야 한다. 　- 걸어가는 사람들에게 방해가 되지 않도록 조심한다. 　- 언제든지 멈출 수 있는 속도로 천천히 타야 한다. 　- 사람들이 너무 많으면 자전거에서 내려서 자전거를 끌고 간다. • 위험한 경우가 있을 수 있으니 늘 조심해야 한다. 　- 골목길에서 갑자기 사람이 뛰어나올 수도 있으니 부딪치지 않도록 조심한다. 　- 자전거가 오는 줄 모르고 걸어가는 사람이 있을 때는 경음기를 울려야 한다.
	도로로 나가서 길 건너기	• 골목에서 나가기 ① 골목길에서 차도로 나갈 때는 멈추어서 차가 오는지 잘 살핀다. ② 차가 오지 않는 것을 확인한 후 도로로 나간다. ③ 도로의 오른쪽에서 주행한다. • 도로를 건너기(횡단보도에서) ① 우선 멈춘 후 자전거에서 내려 양쪽을 잘 살핀다. ② 횡단보도의 오른쪽으로 자전거를 끌고 건넌다. • 도로를 건너기(자전거 횡단도에서) ① 자전거에서 내려서 신호를 기다린다. ② 신호가 초록색으로 바뀌면 자전거 횡단도로 자전거를 타고 건넌다.
자전거를 안전하게 타는 방법	바른 자세	• 출발할 때는 안장에 앉아 한쪽 다리로 땅을 딛고 허리는 똑바로 펴야 한다. • 핸들은 항상 두 손으로 잡고 조정하며, 페달은 발의 앞부분으로 밟고, 발 앞부분과 무릎이 일직선상에 있어야 하며, 일정한 간격으로 힘을 주어 돌린다.
	브레이크 잡는 방법	• 엄지 손가락은 핸들 손잡이를 감싸고 네 손가락은 브레이크에 올려 놓는다. 또는 엄지, 넷째, 다섯째 손가락은 핸들 손잡이를 감싸고 둘째와 셋째 손가락으로 브레이크를 힘껏 당긴다. • 한쪽 브레이크만 잡으면 위험하다. 　- 앞브레이크만 잡으면 뒷바퀴가 들린다. 　- 뒷브레이크만 잡으면 미끄러지기 쉽다. • 브레이크를 잡는 순서: 뒷브레이크를 먼저 잡은 후 앞브레이크를 함께 잡는다.

자전거를 안전하게 타는 방법	안전하게 자전거 타기	• 한 손으로 자전거를 타는 것은 위험하므로, 손에 물건을 들고 타지 않는다. • 너무 빠른 속도로 자전거를 타지 않고, 다른 사람이나 차·동물을 보았을 때 멈출 수 있어야 한다. • 친구들과 이야기를 하면서 타거나 친구들과 한 자전거에 같이 타지 않는다. • 자전거를 탈 때 교통기관이 다니는 방향과 같은 방향으로 진행한다. • 자전거를 타고 뽐내거나 이리저리 돌아다니는 등 무모하게 타지 않는다. • 자전거가 고장 나지 않았는지 항상 점검한다. - 어두울 땐 자전거 앞쪽의 라이트가 작동하는지, 자전거 뒷부분의 빨간 반사등이 깨끗한지를 반드시 확인한다. • 하루 중 사람이나 다른 교통량이 많지 않은 시간대를 이용한다.
	밤이나 궂은 날씨	• 밤이나 궂은 날씨에는 자전거를 타지 않는 것이 좋다. - 밤에는 어두워서 다른 사람이 어린이를 잘 보지 못한다. - 비가 오거나 눈이 오면 길이 미끄러워서 자전거를 타다가 넘어지기 쉽다. • 밤에 자전거를 타야 할 때 - 앞을 비춰주는 전조등, 내 자전거의 위치를 알려주는 반사경을 단다. - 자전거 페달, 바퀴살에도 야광 반사재를 붙인다. - 팔이나 다리에 반짝거리는 야광밴드를 한다.
자전거 교통규칙	출발할 때	• 자전거를 타고 출발하기 전에는 앞, 뒤, 왼쪽, 오른쪽을 살핀다. • 출발할 때는 왼쪽 손을 들어 출발한다는 사실을 알린다.
	수신호	• 다른 사람에게 내가 가고자 하는 방향과 하고자 하는 것을 알리며, 특히 왼쪽이나 오른쪽으로 회전할 때는 손으로 신호한다. - 좌회전(/우회전): 왼팔(/오른팔)을 수평으로 펴서 차체의 왼쪽(/오른쪽) 밖으로 내밀거나 오른팔(/왼팔)을 차체의 오른쪽(/왼쪽) 밖으로 내어 팔꿈치를 굽혀 수직으로 올리거나, 왼쪽(/오른쪽)의 방향지시기 또는 등화를 조작할 것 - 정지: 팔을 차체의 밖으로 내어 45도 밑으로 펴거나 자동차안전기준에 따라 장치된 제동등을 켤 것 - 후진: 팔을 차체 밖으로 내어 45도 밑으로 펴서 손바닥을 뒤로 향하게 하여 그 팔을 앞뒤로 흔들거나 자동차안전기준에 따라 장치된 후진등을 켤 것 - 뒤차에게 앞지르기를 시키려는 때: 오른팔 또는 왼팔을 차체의 왼쪽 또는 오른쪽 밖으로 수평으로 펴서 손을 앞뒤로 흔들 것 - 서행: 팔을 차체의 밖으로 내어 45도 밑으로 펴서 위아래로 흔들거나 자동차안전기준에 따라 장치된 제동등을 깜박일 것

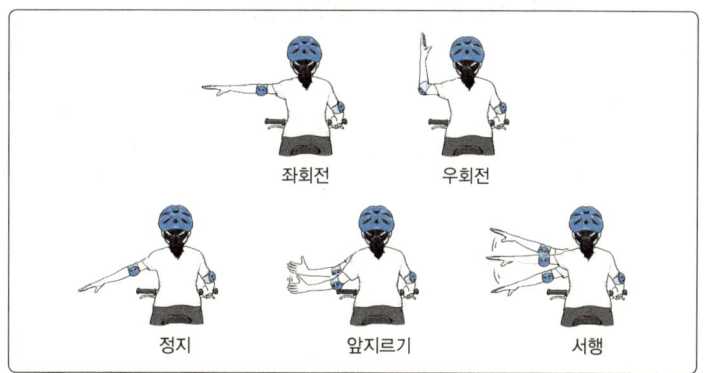

 자전거 관련 교통표지판의 의미

자전거 전용도로	자전거 전용도로는 자전거만 통행이 가능한 도로 및 구간으로, 자전거 통행에 방해가 되는 물건을 방치하거나 보행자가 들어갈 수 없다.
자전거 및 보행자 겸용도로	자전거와 보행자가 함께 이용할 수 있는 도로로, 자전거 운전자는 특히 보행자의 안전에 주의해야 한다.
자전거 및 보행자 통행구분	자전거 보행자 겸용도로에서 자전거와 보행자의 통행 공간이 구분되어 있음을 알리는 표지이다.
자전거 전용차로	차도에 자전거만 통행할 수 있도록 지정된 차로를 말한다.
자전거 횡단도	자전거가 도로를 횡단할 수 있는 곳임을 알리는 표지로 보행자는 통행할 수 없으며, 자전거를 타고서 건너야 한다.
자전거 주차장	자전거를 주차할 수 있는 장소를 알리는 표지로, 자전거를 도로, 공공장소에 무단 방치하여 통행에 방해를 주는 경우에는 이동·보관·매각 등의 처분대상이 된다.
자전거 나란히 통행 허용	자전거도로에서 두 대 이상 자전거의 나란히 통행을 허용하는 표지를 말한다.

UNIT 60 오토바이 안전 - 오토바이 안전

① 학습목표

오토바이 특성과 사고의 위험성을 인식하고, 오토바이 사고로부터 자신을 보호할 수 있다.

② 누리과정 관련 요소

신체운동 건강	[안전하게 생활하기] 일상에서 안전하게 놀이하고 생활한다.
신체운동 건강	[안전하게 생활하기] 교통안전 규칙을 지킨다.
사회관계	[더불어 생활하기] 약속과 규칙의 필요성을 알고 지킨다.

③ 학습주제와 학습의 중점

학습주제	학습의 중점
1. 오토바이 특징 알아보기	• 오토바이의 구조를 이해한다. • 오토바이를 자동차, 자전거와 비교하며 특성을 인식한다.
2. 오토바이 사고 예방법 알아보기	• 오토바이 사고가 발생하기 쉬운 상황과 위험성을 인식한다. • 오토바이와 마주할 때 대처하는 방법을 구체적으로 알아본다.

❹ 오토바이의 특징

자동차와 비교	• 비슷한 점: 움직이는 힘, 바퀴 모양 • 다른 점: 바퀴 수, 핸들 모양, 구조(문, 창문 등), 크기 등
자전거와 비교	• 비슷한 점: 바퀴 수, 핸들 모양, 구조(문 없음) • 다른 점: 움직이는 힘, 속도
오토바이의 장점	• 자동차보다 바퀴 수가 적고 크기가 작아서 자동차가 다니기 어려운 좁은 골목길도 다닐 수 있다. • 오토바이는 기름으로 움직여서 사람의 힘으로 움직이는 자전거보다 빠르게 다닐 수 있다. **유의점** 오토바이의 장점을 통해 특징을 파악하고, 이를 오토바이의 위험요소와 연계하여 지도한다.

❺ 오토바이 사고 예방법

오토바이의 사고 원인	**오토바이 운전자 측면** • 오토바이가 차와 사람 사이를 가로지르며 빠르게 주행하는 경우 • 오토바이가 골목길을 빠르게 주행하는 경우 • 오토바이가 인도에서 주행하는 경우 **보행자 측면** 길을 건너거나 버스에서 내릴 때 주위를 잘 살피지 않는 경우
오토바이 사고 예방법	• 길에서 오토바이와 마주했을 때 안전하게 피하는 방법 - 길에서 오토바이와 마주했을 때는 움직이지 말고 가만히 서서 오토바이가 지나가기를 기다리거나, 벽 쪽에 몸을 붙여 피하는 것이 안전하다. • 골목길이나 인도를 보행할 때 주위를 잘 살피며 걷는다. • 버스를 이용할 때는 어른이 먼저 내린 후 내린다. • 내가 먼저 버스에서 내릴 때는 좌·우를 잘 살핀 후에 내린다.

UNIT 61 자동차 안전 - 자동차 안전

1. 학습목표

자동차 보호장구의 중요성과 사각지대의 위험성을 인식하고, 자동차를 안전하게 이용할 수 있다.

2. 누리과정 관련 요소

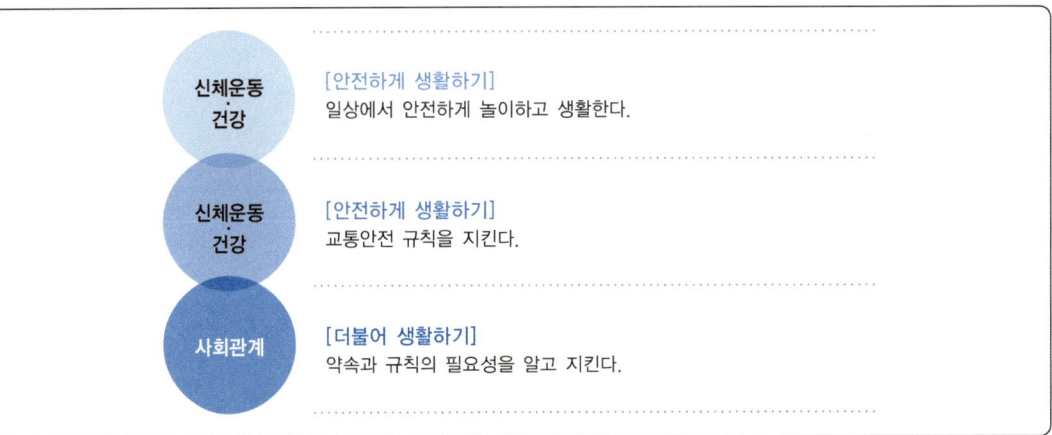

- **신체운동 건강** — [안전하게 생활하기] 일상에서 안전하게 놀이하고 생활한다.
- **신체운동 건강** — [안전하게 생활하기] 교통안전 규칙을 지킨다.
- **사회관계** — [더불어 생활하기] 약속과 규칙의 필요성을 알고 지킨다.

3. 학습주제와 학습의 중점

학습주제	학습의 중점
1. 자동차 보호장구의 중요성 알아보기	• 자동차 보호장구의 중요성을 인식한다. • 자동차 어린이 보호장구를 바르게 착용하는 방법을 알고 실천한다.
2. 자동차 사각지대 알아보기	• 자동차 사각지대의 위험성을 알아본다. • 자동차 놀이를 통해 사각지대를 직접 체험해 본다.
3. 어린이통학버스 안전하게 이용하기	• 어린이통학버스 보호장구의 바른 착용법을 안다. • 어린이통학버스 사고(갇힘 사고) 대처 요령을 실천한다.

④ 자동차 보호장구

안전벨트의 역할	• 자동차 충돌 시 탑승자가 핸들이나 차체에 부딪혀 머리에 큰 충격을 받는 것을 막아주고, 충격을 어깨, 가슴, 허리와 골반뼈 등 비교적 덜 치명적인 부위로 분산한다. • 교통사고 시 몸을 고정시켜 차체 밖으로 튕겨 나가는 것을 방지(사망이나 치명적인 부상 방지)해 준다.
올바른 안전벨트 착용방법	① 밀착: 차량 탑승 시 좌석에 등과 엉덩이가 닿도록 깊숙이 앉는다. 　- 올바르지 않은 탑승자세는 사고 발생 시 우리 몸에 심각한 손상을 초래할 수 있다. ② 잠금: 안전벨트의 안전장치는 '찰칵' 소리가 나도록 잠근다. 　- 안전벨트가 단단히 잠겼는지를 반드시 확인한다. ③ 조절: 본인의 몸에 맞도록 안전벨트의 높이조절장치를 조절한다. 　- 안전벨트의 높이조절장치를 이용하여 어깨띠가 목에 닿지 않고, 어깨와 가슴중앙을 지나도록 조절하는 습관을 갖는다. ④ 착용: 안전벨트를 올바르게 착용한다. 　- 안전벨트는 사고가 일어날 때 신체를 보호할 수 있도록 올바르게 착용해야 한다. 　- 안전벨트의 어깨띠는 한쪽 어깨의 중앙과 가슴 중앙을, 골반띠는 배가 아닌 골반을 지나도록 위치시킨다. 　　※ 사고 발생 시 안전벨트가 신체에 가하는 압력은 몸무게의 20~50배에 달하므로 골반뼈만이 이러한 하중을 견딜 수 있다. 　- 안전벨트가 꼬이지 않게 착용한다. 안전띠가 꼬여 있으면 피부를 상하게 하고, 심한 경우 차가 급정거하거나 충돌할 때 내장 파열까지 일으킬 수 있다. ⑤ 점검: 안전벨트를 올바르게 착용하였는지 다시 한번 점검한다. 　- 안전벨트가 꼬여 있는 경우 압력이 분산되지 않아 가슴에 더 큰 부상을 초래할 수 있다. **유의점** • 뒷좌석에서도 반드시 안전벨트를 착용한다. 　- 어린이는 뒷좌석 탑승(반드시 6세 미만의 영유아는 카시트 등 유아 보호용 장구 사용)하고 뒷좌석에도 안전벨트를 착용해야 교통사고 발생 시 충격을 최소화할 수 있다. 　- 성인용 안전띠는 어린이에게 헐거워 몸이 튕겨 나가는 것을 막지 못하므로, 반드시 어린이의 몸에 맞는 어린이용 보호장구(안전띠, 카시트)를 착용한다. • 똑바로 앉고, 느슨한 안전벨트 착용은 금지한다. 　- 누워있는 듯한 자세를 취한 채 안전벨트를 매거나 느슨하게 안전벨트를 매게 되면 충돌 시 신체가 안전벨트의 밑으로 들어가 허리띠가 복부 손상을 초래하고, 어깨띠는 머리나 목의 손상을 초래할 수 있다.

5 자동차 사각지대

개념 및 특징	• 사각지대는 운전석에서 자동차의 몸체에 가려져 안 보이는 부분으로, 사각지대 때문에 운전자가 사람을 미처 발견하지 못할 수 있다. − 사각지대는 차량의 크기와 비례하며, 상대적으로 몸집이 작은 유아는 사각지대에 들어가기 쉽다. − 사각지대 위험을 예방하기 위해 운전자는 후사경은 물론 보조 거울을 사용하고, 몸이나 고개를 돌려 물체를 직접 확인해야 한다. 또한 유아들에게는 자동차가 클수록 사각지대가 더 넓어짐을 알려주어야 한다.

6 어린이통학버스

(1) 버스 갇힘 사고(열사병)

버스에 갇힘 사고가 발생하는 이유	• 버스에서 잠들거나 숨는 장난 • 잃어버린 물건을 찾는 행동
차량 갇힘 사고가 위험한 이유	햇빛에 노출된 차량 내부의 온도가 빠르게 오르기 때문으로, 아이들은 어른보다 체온 조절하는 능력이 떨어져 열사병 상태에 빠르게 도달할 수 있다.
버스 갇힘 사고 발생 시 대처방법	• 안전띠를 풀고 운전석으로 가서, 밖에 있는 사람이 들을 수 있도록 경적을 울려 도움을 요청한다. • 어른이 올 때까지 경적을 울린다. • 버스의 안전벨을 누른다. • 안전띠의 해체: 버클의 버튼을 눌러 안전띠를 푼다. • 어린이통학버스 경적 울리는 방법 − 손으로 세게 누른다. − 버스 운전석에 앉아서 손으로 의자 양쪽 손잡이를 잡고 양발로 경적을 힘껏 민다. − 손으로 눌렀을 때 힘이 부족하여 소리가 나지 않으면 경적을 엉덩이로 눌러 소리가 크게 나도록 한다.
지도상 유의점	경적과 비상벨 외에 버스 안에 있는 다른 버튼이나 장치는 함부로 누르지 않으며, 실수로 건드리지 않도록 주의할 것을 지도한다.

(2) 어린이통학버스 개념 및 운영 요건

개념	"어린이통학버스"란 다음 각 목의 시설 가운데 어린이(13세 미만인 사람을 말한다. 이하 같다)를 교육 대상으로 하는 시설에서 어린이의 통학 등(현장체험학습 등 비상시적으로 이루어지는 교육활동을 위한 이동을 제외한다)에 이용되는 자동차와 「여객자동차운수사업법」 제4조제3항에 따른 여객자동차 운송사업의 한정면허를 받아 어린이를 여객대상으로 하여 운행되는 운송사업용 자동차를 말한다[「도로교통법」 제2조(정의) 제23호].

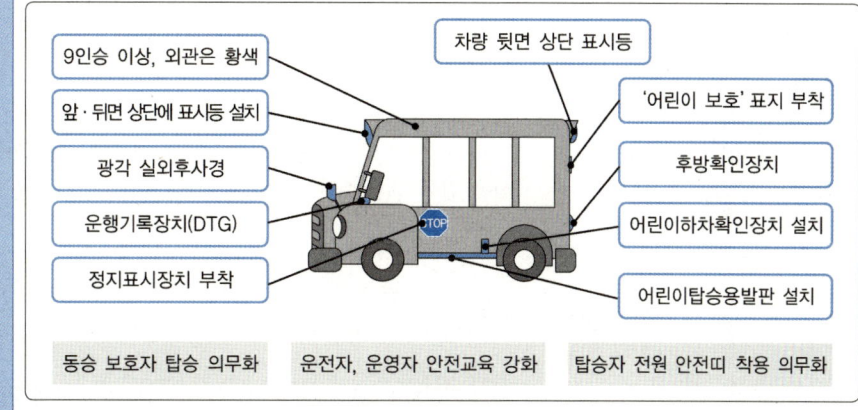

🔖 어린이통학버스

운영 요건	• 위기상황에 대처하기 위해 어린이 하차확인장치 설치를 의무화한다. • 안전장치로서 좌석 확인벨(체크벨), 안전벨, 동작감지센서 설치가 필요하다.
하차확인장치	**어린이통학차량 하차확인장치의 유형** ① 좌석 확인벨(체크벨) - 하차확인장치[필수] 　- 시동(키) OFF상태에서 경광등이 깜빡이고 운전석에 경고음이 울리도록 하고, 차량 맨 뒷좌석에 있는 벨을 누르면 경광등과 운전석 경고음이 꺼지는 장치이다. ② 안전벨 　- 시동(키) OFF상태에서 자신의 위급상황을 알리기 위하여 음향장치가 울리고 경광등(또는 차량 비상등)을 깜빡이게 하는 장치이다. 　- 어린이통학버스에 설치하는 안전벨은 3세 이상 모든 유아가 누를 수 있어야 하며 유아가 스스로 작동을 정지시키지 못하도록 운영되어야 한다. 　- 유아 등이 자주 지나가는 통로나 출입구 등 유아(학생) 등의 눈에 쉽게 인식할 수 있는 장소에 설치한다. ③ 동작감지센서 　- 시동(키) OFF상태에서 사람의 움직임을 감지하여 음향장치가 울리고, 경광등(또는 차량 비상등)을 깜빡이게 하여 자신의 위급상황을 알리는 장치이다.

동승보호자 탑승 의무	• 유치원의 어린이통학버스를 운영하는 사람은 어린이통학버스에 유아를 태울 때 어린이통학버스 운영자가 지명한 성인 보호자를 함께 태우고 운행하도록 해야 한다. – 이때 보호자 동승을 표시하는 표지를 부착할 수 있으며, 보호자를 함께 태우지 아니하고 운행하는 경우에는 보호자 동승표지를 부착하여서는 안 된다. • 동승한 보호자는 유아가 승차 또는 하차할 때 자동차에서 내려 안전하게 승하차하는 것을 확인하고, 운행 중 유아가 좌석에 앉아 안전띠를 매고 있도록 하는 등 유아 보호에 필요한 조치를 해야 한다.
안전운행 기록 의무	어린이통학버스 운영자는 좌석안전띠 착용 및 보호자 동승 확인 기록("안전운행기록")을 작성·보관하고 매 분기 어린이통학버스 운영 시설을 감독하는 주무기관의 장에게 안전운행기록을 제출하여야 한다. **참고** **운행기록장치**(Digital Tacho Graph : DTG) • 어린이통학버스의 위험운전 행동개선 등 안전관리를 위해 DTG 장착을 의무화한다. • 자동차의 속도, 엔진회전수(RPG), 위치(GPS) 등을 통해 위치, 가속도, 주행거리, 시간 등을 자동적·주기적으로 기억장치에 기록한다. • 자동차의 운행관리, 차량운전자에 대한 교육·훈련, 운행계통 및 운행경로 개선, 운영자의 교통사고 예방을 위한 교통안전정책 수립의 목적으로 활용 가능하다.
안전교육 이수 의무	어린이통학버스를 운영하는 사람과 운전하는 사람 및 동승보호자는 어린이통학버스의 안전 운행 등에 관한 교육을 받아야 한다.
신고증명서 차량 내부 비치	어린이통학버스 운영자는 관할 경찰서장에게 어린이통학버스를 신고하고 발급받는 신고증명서를 차량 안에 항상 갖추어 두어야 한다.

(3) 어린이통학버스 안전 수칙

① 운전자

기본 수칙	• 어린이는 뛰어다니기 좋아하고 몸이 작아 잘 보이지 않으므로 운전자는 항상 주위를 살핀 후 운전에 임한다. • 어린이는 작은 충격으로도 큰 피해를 입을 수 있으므로 운행 시 저속으로 운행한다. • 정기적으로 차량을 점검하여 고장이나 정비 불량으로 사고가 나지 않도록 관리한다.
승차 시 주의사항	• 차량 주위에 어린이가 있는지 확인한다. • 인도나 길가장자리구역 옆에 안전하게 정차한다. • 어린이가 무단횡단하지 않도록 주의를 준다. • 통학버스 승차 시에는 한 줄로 서서 안전하게 타도록 유도한다. • 동승보호자가 어린이를 차례대로 승차시키는지 확인한다.

	• 동승보호자가 어린이를 좌석에 앉힌 후 안전띠를 매는지 확인한다. • 모두 승차하고 동승보호자가 문을 닫으면 출발을 알린다. • 광각실외후사경 등을 통해 차량 주위에 어린이가 있는지 확인한다. • 탑승대상이 아닌 어린이가 있는 경우 동승보호자를 통해 안전한 곳으로 이동시킨다. • 안전하게 서서히 출발한다.
운행 중 주의사항	• 안전띠를 맸는지 확인하고 안전거리를 유지한다. • 어린이통학버스 안에서는 정숙한 분위기를 유지시킨다. • 어린이 안전띠가 풀어진 경우 서행하면서 동승보호자에게 즉시 안전띠를 매도록 한다. • 어린이가 차창 밖으로 손, 물건 등을 내밀거나 장난치지 않도록 수시로 확인한다. • 어린이통학버스 안에 어린이를 혼자 두지 않도록 한다. • 진입로에서 후진 시 또는 차고지에서 나올 때, 걷는 아이나 자전거를 타는 아이가 없는지 주의한다. • 스쿨존이 있는 구역에서는 특히 통학하는 아이들을 주의 깊게 살핀다. • 스쿨존에서 지켜야 할 안전 수칙을 준수한다. • 버스 정류장 근처에서 모여 있거나 놀고 있는 아이들을 주의 깊게 살핀다.
하차 시 주의사항	• 차를 인도나 길가장자리구역 옆에 안전하게 정차한다. • 어린이통학버스에서 하차 시에는 안전을 확인한 후 차 문을 연다. • 하차 시 안전에 유의하게 하고 성인의 도움을 받아 내릴 수 있도록 한다. • 동승보호자가 문을 열고 먼저 내린다. • 동승보호자는 오토바이나 자전거가 오는지 뒤쪽을 살핀다. • 기어를 중립에 놓고, 사이드브레이크를 올린 후 동승보호자에게 알린다. • 한 명씩 안전하게 하차시켜 보호자에게 인계하는 것을 확인한다. • 하차한 어린이가 안전한 장소에 도착한 것을 확인한다(어린이가 빈대편으로 길을 건널 경우 동승보호자가 함께 건너도록 한다). • 하차 후 출발 전에는 버스 주위를 확인 후 출발한다. • 운행 종료 후에는 차 안에 어린이가 있는지 제일 뒷자리 바닥까지 반드시 확인하고 하차확인장치 작동을 종료한다.
교통사고 발생 시 대처요령	• 어린이 응급환자가 발생한 경우 즉시 응급의료기관 등에 신고하고 이송 조치 및 그 밖에 필요한 조치를 한다. • 즉시 정차하거나 상황에 따라 다른 차에 방해되지 않도록 길 가장자리, 갓길 등 안전한 장소에 차를 정차시킨다. • 부상자를 확인하여 피해 정도에 따라 적절한 조치를 취하고 '119'나 '1339'의 응급구조요원이 사고현장에 도착하면 이러한 사실들을 알려서 전문 구급요원이나 의사 등의 도움을 받는다. • 후속사고 방지를 위하여 비상등을 켜고 주간에는 100m 후방, 야간에는 200m 후방에 안전삼각대를 설치하며 사방 500m 지점에서 식별할 수 있는 적색의 섬광신호, 불꽃신호를 추가한다. • 안전삼각대가 없을 때에는 차 뒤 트렁크를 열어 놓는다. • 경찰공무원에게 신속히 신고한다.

② **동승보호자**

기본 수칙		• 어린이는 뛰어다니는 경향이 있으므로 항상 주위를 살핀다. • 어린이의 몸이 작아 잘 보이지 않고, 작은 충격으로도 큰 피해를 입을 수 있으니 항상 세심한 주의를 기울여야 한다. • 멀미약은 부모의 사전 승인을 받은 유아에게만 제공해야 한다. • 차량에 탑승한 모든 유아들이 차량 내 비상구가 어디에 위치하고 있는지 알 수 있도록 지도한다.
승차 시 주의사항		• 차량이 인도나 길가장자리구역 옆에 안전하게 정지한 것을 확인한다. • 차량이 안전하게 정차하면 차량에서 하차하여 어린이를 차례로 탑승시킨다. • 승차 전에 유아들의 옷을 단정하게 해주고 탑승시킨다. • 좌석에 앉힌 후 유아가 안전띠를 스스로 맬 수 있도록 지도하며, 필요한 경우 유아를 도와 안전띠를 반드시 착용하도록 한다. • 모든 유아가 좌석 안전띠를 착용했는지 확인한다. • 모두 승차하면 문을 닫는다. • 운전자에게 알려 서서히 출발하도록 한다.
운행 중 주의사항		• 유아가 맨 안전띠가 풀리지 않았는지 수시로 확인한다. • 유아 안전띠가 풀린 경우 동승보호자가 즉시 다시 착용시킨다. • 유아가 차창 밖으로 손, 물건 등을 내밀거나 장난치지 않도록 한다.
하차 시 주의사항		• 차량이 인도나 길 가장자리구역 옆에 안전하게 정지한 것을 확인한다. • 안전띠를 풀 수 있도록 안내하며 도움이 필요한 유아는 도와준다. • 오토바이, 자전거 등 위험상황이 있는지 살핀 후 하차한다. • 동승보호자가 먼저 하차한 후 유아가 차례대로 하차하도록 한다. • 유아를 한 명씩 안전하게 하차시켜 보호자에게 인계한다. - 하차한 유아가 길을 반대편으로 건널 경우 동승보호자가 함께 건넌다. • 하차한 유아가 인도 등 안전한 장소에 도착한 것을 확인한다. • 출발하기 전 어린이통학버스의 앞·뒤·옆에 넘어지거나 횡단하는 유아가 있는지 확인한다. • 차 문을 닫고 운전자에게 알려 서서히 출발하도록 한다. • 어린이통학버스의 운행을 종료할 때에는 차 안에 남겨진 유아가 있는지 확인한다. • 잠깐이라도 자리를 비울 때는 유아 혼자 어린이통학버스에 있지 않도록 한다.
사고 발생 시 대처 요령	교통사고 발생 시 대처요령	• 부상당한 유아가 있는지 신속히 파악하고 응급조치를 실시한다. • 유아를 안전하게 하차시키고 인도나 도로 밖 등 안전한 장소로 대피시킨다. • 경찰공무원이나 구급차가 도착할 때까지 심리적 안정을 취하게 하고 인원파악을 철저히 한다. • 유치원, 학교, 학원 등에 즉시 알린다. • 사고 상황을 면밀히 파악하여 적절한 조치를 취한다. • 반드시 사고 유아에 대한 조치를 먼저 취하여야 한다. • 사고현장이나 후송차량에 유아만 남는 일이 없도록 하여야 한다.

통학버스 사고 시 대처 요령	**통학버스 사고의 정의**
	통학버스를 이용하여 등하교를 할 때, 교통사고가 발생하여 심각한 인명피해가 발생하였거나 발생할 우려가 있는 경우를 말한다.
	대처 요령
	• 화재 발생 시 신속하게 차량용 망치를 이용하여 출입구를 확보하고, 젖은 손수건이나 옷가지로 입과 코를 막고 이동하도록 지시한다.
	• 사고 발생 시 버스 안이 안전할 경우 버스 안에서 대기하고, 버스 밖이 안전할 경우 안전한 대피장소를 확보한다.
	① 버스 탈출하기
	   – 차량 안이 위험할 때 문을 열고 신속히 대피하거나 비상 탈출용 망치를 이용하여 창문을 깨고 탈출한다.
	② 안전한 곳으로 이동하기
	   – 교사 혹은 교직원(운전자, 지원인력)의 지시에 따라 버스에서 떨어진 안전한 곳으로 이동한다.
	③ 버스에 함부로 접근하지 않기
	   – 버스에 화재가 발생했을 경우, 2차 사고가 있을 수 있으므로 버스에 가까이 가지 않는다.
	④ 교사 혹은 교직원의 지시에 따라 행동하기
	   – 교사 혹은 교직원(운전자, 지원인력)의 지시에 따라 행동한다.

동승보호자의 유아 안전띠 매주기 Tip
- 좌석의 높낮이를 조절하고 자세를 바르게 한 상태로 의자 깊숙이 앉는다.
- 안전띠가 꼬이지 않았는지 확인한다.
- 안전띠 착용 버튼이 찰칵 소리가 나도록 단단히 잠근다.
- 한 사람당 한 개의 벨트를 맨다.
- 허리띠는 골반에 어깨띠는 어깨 중앙에 걸치도록 맨다.

동승보호자가 실시하는 유아 안전교육 Tip
- 동승보호자(교사)는 유아가 차량이 빈번하게 이동하는 도로나 건널목 등의 장소에서 놀지 않도록 지도한다.
- 어린이 관련 교통사고는 집에서부터 1km의 지역 안에서 발생하는 경향이 크기 때문에 등하원길, 놀이터 가는 길 등의 장소를 사전에 안내하고 안전하게 다닐 수 있도록 지도한다.
- 동승보호자(교사)는 유아에게 좌우를 살핀 후 길을 건너도록 교육하며, 익숙해질 때까지 다양한 체험 교육을 활용하여 반복 지도한다.

③ 탑승자(유아)

탑승 시 주의사항	• 버스가 도착하기 5분 전에 버스 정류장에 나가 있어야 하고, 버스 주변에서 절대 뛰는 일이 없도록 한다. • 버스 정차 지점에서는 차도에서 떨어져 안전한 곳에서 기다린다. • 버스를 기다리는 곳은 뛰거나 노는 곳이 아니므로 안전하게 기다린다. • 버스에 탑승할 때는 버스가 완전히 정차할 때까지 기다리며, 버스의 정지 표지가 표시되고 적색불이 깜빡이는지 확인해야 한다. • 버스에 탈 때는 핸드레일을 잡고 타며 앞 사람을 밀지 않도록 해야 한다. • 신속하게 제대로 자리에 앉아 앞을 바라보며, 정해진 자리에 앉는다. • 자리에 앉으면 바로 안전띠를 매고 도움이 필요한 경우 동승보호자에게 도움을 요청한다. • 차량 운행 중 안전띠를 풀지 않는다.
운행 중 주의사항	• 물건이나 신체의 일부분을 창문 밖에 내놓지 않는다. - 갑자기 몸을 창문 밖으로 내밀면 돌발상황이 일어날 수 있기 때문에 위험하므로, 몸을 창문 밖으로 내밀지 않아야 하며, 창문을 열 때는 주변을 살펴보고 열어야 한다. • 버스 내에서 또는 버스 밖으로 물건을 던지는 것은 금지되어 있다. • 항시 동승보호자 또는 운전자의 지시를 따라야 한다.
하차 시 주의사항	• 버스가 완전히 정차할 때까지 자리에 앉아 있는다. • 버스가 완전히 정차한 후 안전띠를 푼다. • 버스에서 내릴 때 버스손잡이를 잡고 버스에서 크게 두 걸음 떨어져 있는다. • 버스에서 하차할 때는 앞에 앉은 사람부터 내리며 하차 시 앞사람을 밀지 않는다. • 하차 후 버스 근처에서 물건을 떨어뜨렸을 경우, 줍지 않고 어른에게 도움을 요청한다. • 차에서 내릴 때는 주위를 한 번 둘러보고 나간다. - 차에서 내릴 때에는 갑자기 차가 지나갈 수도 있기 때문에 반드시 한 번 더 살펴보고 내려야 한다.

④ 스쿨존(School Zone)

의미	• 어린이 보호구역으로 초등학교 및 유치원, 어린이집, 학원 등 만 13세 미만 어린이 시설 주위에서 어린이들의 안전한 통학공간을 확보하여 교통사고를 예방하기 위한 제도이다. - 휴일과 공휴일 관계없이 오전 8시~오후 8시까지 매일 적용한다.
안전 수칙	• 시속 30km 이내로 서행 운전 • 스쿨존 내 주·정차 금지 • 횡단보도 앞에서는 무조건 일시 정지 • 급제동 및 급출발하지 않기

UNIT 62 자동차 안전 - 대중교통 안전

❶ 학습목표

대중교통을 알아보고, 이용 시 지켜야 할 안전수칙을 알고 지킨다.

❷ 누리과정 관련 요소

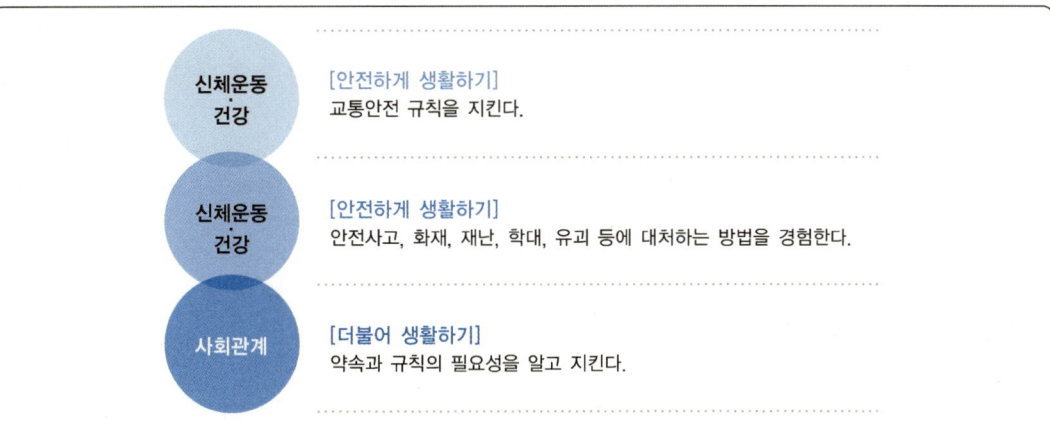

신체운동·건강 — [안전하게 생활하기] 교통안전 규칙을 지킨다.

신체운동·건강 — [안전하게 생활하기] 안전사고, 화재, 재난, 학대, 유괴 등에 대처하는 방법을 경험한다.

사회관계 — [더불어 생활하기] 약속과 규칙의 필요성을 알고 지킨다.

❸ 학습주제와 학습의 중점

학습주제	학습의 중점
1. 대중교통 이용수칙 알아보기	• 대중교통의 의미를 이해하고 다양한 종류를 알아본다. • 대중교통 이용 시 안전하게 이용하는 방법을 알아본다.
2. 버스·택시의 탑승 안전 알아보기	• 버스와 택시의 탑승 방법을 알아본다. • 버스와 택시를 안전하게 이용하는 방법을 안다.
3. 지하철·기차의 탑승 안전 알아보기	• 지하철, 기차의 탑승 방법을 알아본다. • 지하철, 기차를 안전하게 이용하는 방법을 안다.
4. 비행기·배의 탑승 안전 알아보기	• 비행기, 선박의 탑승 방법을 알아본다. • 비행기, 선박을 안전하게 이용하는 방법을 안다.

4 대중교통 이용수칙

택시	• 택시 안에서는 안전띠를 꼭 맨다. • 창문 밖으로 손이나 얼굴을 내밀지 않는다. • 택시에서 내릴 때는 양쪽 옆을 보고 안전하게 내린다.
버스	• 버스 탈 때는 완전히 멈춘 후에 탄다. • 차례차례 줄 서서 타고 내린다. • 창문 밖으로 손이나 얼굴을 내밀지 않는다. • 버스 안에서는 손잡이를 꼭 잡고 타야 넘어지지 않는다. • 버스에서 내릴 때는 양쪽 옆을 보고 안전하게 내린다.

지하철, 기차	• 에스컬레이터에서 걷거나 뛰지 않는다.
	• 열차와 승강장(타는 곳) 사이의 공간에 발이 빠지지 않도록 잘 보면서 타고 내린다.
	• 계단 및 승강장에서는 뛰거나 장난치지 않는다.
	• 승강장에서 밀치거나 뛰지 않는다.
	• 노란색 안전선 안쪽에서 기다린다(노란색 안전선 뒤쪽으로 물러나 기다린다).
	• 내리는 승객이 하차한 후 승차한다.
	• 문이 닫힐 때 무리하게 타지 않는다.
	• 승강장 안전문과 출입문 사이에 끼지 않도록 조심한다.
	• 지하철에 타면 항상 손잡이를 꼭 잡거나 빈자리에 앉는다.
	• 출입문에 손을 대거나 기대지 않는다.
	• 칸과 칸 사이 연결통로를 피해서 선다.
	• 비상호출장치, 안전 안내문, 소화기, 비상출입문 개폐기 등의 위치를 파악한다.
	• 선로에는 내려가지 않는다.
	  – 선로에 떨어졌을 때는 큰소리로 도움을 요청하며, 승강장 및 벽면 여유 공간에 엎드린다.
	  – 선로에 물건을 떨어뜨렸을 때는 직원에게 도움을 요청하며, 절대 직접 주우려고 내려가지 않는다.

비행기	• 승무원의 안내에 따라 차례대로 탑승한다. • 자리에 앉은 후 안전벨트를 바르게 착용한다. • 이·착륙 시 반드시 안전띠를 매고 지정된 좌석에 앉아 있는다. – 안전벨트 등이 꺼지더라도 화장실 갈 때를 제외하고는 되도록 이동하지 않고 자리에 착석하는 것이 좋다. • 가장 가까운 비상구 위치를 확인한다. • 산소마스크 사용법을 숙지한다. • 구명조끼의 위치 확인 및 착용법을 숙지한다. • 승무원이 앉는 위치를 확인하고 비상시 도움을 요청한다. • 휴대전화를 비행기 모드로 전환한다. • 비상상황이 발생하면 승무원의 지시에 따라 행동한다.
배(선박)	• 배 위에서는 천천히 걸어 다닌다. • 난간에 기대지 말고, 부모님과 함께 다닌다. • 파도로 인해 배가 흔들리기 때문에 배를 타고 내릴 때는 난간 손잡이를 잡는다. • 승무원의 안내사항을 잘 따르고, 비상구와 구명장비 위치를 기억해 둔다.

IV 폭력예방 및 신변보호교육

UNIT 63 학교폭력 – 학교폭력, 언어·사이버 폭력, 신체폭력, 집단 따돌림

1 학습목표

학교폭력	일상생활 속에서 폭력의 의미를 이해하고, 친구와 사이좋게 지내는 방법을 알아본다.
언어·사이버 폭력	일상 및 사이버 공간에서도 언어와 개인정보로 상대방에게 피해를 줄 수 있음을 이해하고, 피해를 당했을 때 대처하는 방법을 알아본다.
물리적 폭력	신체폭력이 무엇인지 알아보고, 이런 상황을 대처하는 방법을 익히고 실천하며, 친구를 소중하게 대하는 태도를 지닌다.
집단 따돌림	집단 따돌림의 뜻을 이해하고, 집단 따돌림을 당했을 때 대처 방법과 집단 따돌림을 받는 친구를 돕는 방법을 알아본다.

2 누리과정 관련 요소

학교폭력	사회관계	[나를 알고 존중하기] 나의 감정을 알고 상황에 맞게 표현한다.
	사회관계	[더불어 생활하기] 친구와의 갈등을 긍정적인 방법으로 해결한다.
	자연탐구	[자연과 더불어 살기] 생명과 자연환경을 소중히 여긴다.
언어·사이버 폭력	신체운동 건강	[안전하게 생활하기] TV, 컴퓨터, 스마트폰 등을 바르게 사용한다.
	의사소통	[듣기와 말하기] 고운 말을 사용한다.
	사회관계	[더불어 생활하기] 서로 다른 감정, 생각, 행동을 존중한다.

물리적 폭력		신체운동 건강	[안전하게 생활하기] TV, 컴퓨터, 스마트폰 등을 바르게 사용한다.
		의사소통	[듣기와 말하기] 고운 말을 사용한다.
		사회관계	[더불어 생활하기] 서로 다른 감정, 생각, 행동을 존중한다.
집단 따돌림		신체운동 건강	[안전하게 생활하기] TV, 컴퓨터, 스마트폰 등을 바르게 사용한다.
		의사소통	[듣기와 말하기] 고운 말을 사용한다.
		사회관계	[더불어 생활하기] 서로 다른 감정, 생각, 행동을 존중한다.

❸ 학습주제와 학습의 중점

소분류	학습주제	학습의 중점
학교폭력	1. 친구와 사이좋게 지내기	• 친구와 사이좋게 지내는 방법을 알아본다. • 혼자보다 친구와 함께하는 놀이가 즐겁다는 것을 경험해 본다.
	2. 학교폭력 알아보기	• 나의 행동이 친구의 몸과 마음을 아프게 할 수 있다는 것을 이해한다. • 친구의 행동이 나를 불편하게 할 때 적절하게 대처하는 방법을 알 수 있다.
언어·사이버 폭력	1. 언어폭력 이해하기	• 나쁜 말이나 단어가 아니어도 언어폭력이 될 수 있다는 것을 이해한다. • 상처가 되는 말을 들었을 때 대처하는 방법을 안다.
	2. 사이버폭력 이해하기	• 사이버폭력은 스마트폰이나 컴퓨터를 사용하면서 상대방을 속상하게 하거나 괴롭히는 것임을 안다. • 사이버폭력에 대처하는 요령을 알아본다. • '스마트폰 미니북'을 만들어 올바른 스마트폰 사용 방법을 실천한다.
	3. 개인정보의 소중함 알아보기	• 개인정보의 개념을 이해한다. • 개인정보를 지킬 때와 말해야 할 때를 구분한다.

신체폭력	1. 신체폭력 이해하기	• 장난과 신체폭력을 구별할 수 있다. • 친구가 잘못했어도 때리는 것은 나쁜 행동임을 안다.
	2. 신체폭력 대응 방법 알아보기	신체폭력 등 다양한 폭력 상황에 적절하게 대응하는 방법을 알 수 있다.
	3. 친구와의 갈등 해결 방법 알아보기	• 친구와 갈등이 생겼을 때 올바른 해결 방법을 알아본다. • 친구를 소중히 여기는 태도를 지니고, 이를 실천할 수 있다.
집단 따돌림	1. 집단 따돌림 알아보기	사례를 통해 집단 따돌림이 무엇인지 이해할 수 있다.
	2. 집단 따돌림 대응 방법 알아보기	• 집단 따돌림을 당했을 때 대처하는 방법을 알 수 있다. • 집단 따돌림을 당하는 친구를 도와주는 방법을 알아본다.

❹ 학교폭력

(1) 친구가 좋을 때와 싫을 때를 구분해 보기

친구가 좋을 때	친구와 화해하기, 몸이 불편한 친구의 짐을 들어주기, 좋은 일 있을 때 축하해 주기, 슬픈 일 있을 때 위로해 주기, 무거운 짐 들고 있는 친구 도와주기, 넘어진 친구 도와주기
친구가 싫을 때	큰소리를 칠 때, 때릴 때, 장난감을 혼자 가지고 놀 때, 장난으로 친구가 놀릴 때

유의점 친구에게 하지 말아야 하는 행동보다는 친구와 함께할 때 더 즐겁고 재미있게 지낼 수 있다는 것에 초점을 두어 이야기 나눈다.

(2) 학교폭력의 유형

신체폭력	신체를 손, 발로 때리는 등 아프게 하는 행동 예 장난이라고 하며 내 뺨을 때리거나, 귀를 잡아당기거나, 머리를 때리는 등 몸을 아프게 한다.
언어폭력	여러 사람 앞에서 기분 나쁜 말을 하는 행동 예 키가 작다, 뚱뚱하다 등 상처가 되는 말을 하고 놀린다.
금품갈취	돌려줄 생각이 없으면서 상대방 물건을 뺏는 행동 예 돈이나 물건을 억지로 빌리거나 망가뜨린다.
강요	하기 싫은 행동을 강요하는 것 예 쉬는 시간마다 매점에 가서 빵이나 과자를 사달라고 한다.
따돌림	다른 친구들과 놀지 못하게 하는 말과 행동 예 나 혹은 다른 친구에게 "쟤랑 놀지 말자."라고 말하며 따돌리는 분위기를 만든다.
성폭력	싫다고 해도 친구가 나의 몸을 만지는 행동 예 내가 싫다고 하는데도 친구가 자꾸만 몸을 만지려고 한다.
사이버폭력	핸드폰으로 기분 나쁜 말이나 사진을 보내는 행동 예 메신저 단체채팅 또는 쪽지 등으로 욕을 한다.

> **유의점**
> - 학교폭력의 개념을 명확하게 설명하기보다는 '폭력'은 친구의 몸과 마음을 아프게 하는 행동이라는 등 유아가 이해할 수 있는 수준에서 설명하고, 구체적인 사례를 통해 폭력이 지양해야 하는 행동임을 알려준다.
> - 사소한 괴롭힘, 학생들이 장난이라 여기는 행위도 학교폭력이 될 수 있음을 인식하도록 분명하게 가르쳐야 한다.
> - 「학교폭력예방법」의 학교폭력은 "학교 내·외에서 학생을 대상으로 하는 폭력"이므로 가해자가 학생이 아닌 경우에도 필요시 피해학생에 대해 보호 조치를 할 수 있다.

5 언어폭력·사이버 폭력

(1) 언어폭력의 유형

성격공격	성격에 대해 비난하거나 조롱하는 행위 예 적극적이고 활발한 친구에게 잘난 체한다고 비난함
능력공격	공부를 못하는 등 학습능력이 부족한 경우 놀리는 행위 예 체육시간 게임 활동에 미숙한 친구에게 너 때문에 우리 팀이 졌다고 비난함
배경공격	가족이나 사회·경제적 여건 등을 이유로 조롱하는 행위 예 편부 가정의 친구에게 엄마도 없는 아이라고 놀리거나 엄마가 없어서 그렇다고 공격함
생김새공격	외모의 특징을 가지고 놀리거나 비난하는 행위 예 얼굴에 약간 큰 점이 있는 친구에게 점박이라고 놀림
저주, 희롱, 조롱	친구에게 저주하는 말을 하거나 놀리는 행위 예 이름이 다혜인 친구에게 '뭐든지 네가 다 해'라고 놀림
협박, 욕설	무엇인가를 강요하거나 욕을 하는 행위 예 여러 가지 욕설
나쁜 소문 퍼뜨리기	친구에 대한 나쁜 이야기를 다른 친구들에게 이야기하는 행위 예 "은정이가 현지하고 절교하고 다시는 말도 안 한대."
친구를 욕하도록 다른 친구 설득하기	친구들이 특정 친구를 욕하도록 분위기를 선동하는 행위 예 "얘들아, 영희는 선생님이 보시는 데서만 범생이처럼 행동하지 않니?"

(2) 사이버 폭력

개념	메일, 메신저, SNS, 휴대전화, 인터넷 게시판 등에서 개인이나 집단이 특정인을 의도적이고 지속적으로 괴롭히는 행위로, 모두 '폭력'에 해당한다.
대표 유형	• 사이버 언어폭력: 욕설, 비하, 거짓 및 비방글 유포 • 사이버 명예훼손: 사실 또는 거짓말로 인격 훼손 • 사이버 성폭력: 성적 묘사, 성적 비하, 성차별적인 내용의 글/그림을 업로드해 유포 • 사이버 스토킹: 원치 않는 문자, 사진, 영상 반복 전송 • 신상정보 유출: 동의 없이 타인의 개인정보 유출 • 사이버 따돌림: SNS, 채팅방에서 타인을 욕하고 놀리고 참여 못하도록 훼방

대처 방법	① 처음에는 무시한다. ② 반복 시 확실하게 거부한다. ③ 반복 시 증거를 확보한다(캡처, 사진, 녹음 등). ④ 대응하지 말고 자리에서 벗어난다. ⑤ 부모, 교사에게 말한다. ⑥ 필요시 학교, 경찰서 및 사이버 수사대에 신고한다. ⑦ 신체적, 정서적 안정 확보에 힘쓴다. **Plus 학부모가 해야 할 일** • 사이버 폭력에 대해 규칙적으로 대화 나누기 • 사이버 폭력 신고 방법과 도움 요청기관 알아두기 • 자녀의 온라인 활동을 관심 갖고 지켜보기 • 음란물, 폭력물 필터링 소프트웨어 설치하기 • 자녀들에게 어른, 관계기관과 상의할 것을 강조하기
사이버 공간에서 지켜야 할 일	• 개인정보 최소 공개 원칙을 지켜야 한다. • 확신할 수 없는 정보는 함부로 공유하지 말아야 한다. • 인터넷에서는 항상 신중하게 글을 작성한다.
지도상의 유의점	사이버 폭력의 구체적인 이해보다는, 앞으로 스마트폰이나 인터넷을 사용할 때 필요한 기본적인 에티켓을 알려주는 것에 중점을 둔다.

(3) 개인정보

개념		개인정보란 나를 알아볼 수 있는 정보를 말하는 것으로, 종류에는 이름, 유치원·반 이름, 집 주소, 집 비밀번호, 부모님 이름, 내 생일, 전화번호, 나이, 성별 등이 있다.
개인정보를 지켜야 하는 이유		• 나의 개인정보를 이용해서 나를 아는 척하며 다가와 나쁜 행동을 하려는 사람들이 있다. • 나의 개인정보를 이용해서 나와 부모님을 속이고 나쁜 행동을 할 수도 있다.
개인정보 보호 실천 수칙		• SNS 친구라도 잘 모르는 사람에게는 개인정보를 절대 알려주지 않는다. • SNS에 올리는 게시물이나 동영상 등에 개인정보가 포함되지 않도록 조심한다. • SNS에 최소한의 정보만 공유될 수 있도록 개인정보 공개범위 등을 설정한다.
상황별 개인정보를 보호하는 방법	유치원 가방	유치원 가방에 있는 내 이름, 유치원 이름, 반 이름은 나에 대한 정보이기 때문에 조심해야 하고, 아무에게나 보여주면 안 된다.
	스마트폰	• 스마트폰을 사용할 때 이상한 광고나 모르는 사람의 문자, 전화를 함부로 받지 않아야 한다. • 스마트폰은 보호자와 함께 사용하고, 이상한 문자가 오면 보호자에게 물어보고 사용한다.
	모르는 사람	나를 아는 척 이름을 묻거나 유치원·보호자에 대해 물을 수 있다. 모르는 사람이 나에 대해 물어보거나 말을 걸 때에는 답하지 말고 그 자리를 피한다.

	병원에서	의사 선생님이 물어보는 내 정보에 답하고 치료를 받아야 한다.
	길을 잃었을 때	길을 잃었을 때는 내가 누구인지 말해야 보호자를 찾을 수 있다. 인근 상점 직원이나 아이가 있는 어른에게 도움을 요청한다.

개인정보 지키기 실천방법		• 자녀의 소지품을 확인한다.
		   - 유치원 가방에 자녀의 이름, 유치원명, 부모의 전화번호가 노출되어 있는지 확인한다.
		 • 부모의 SNS 활동을 확인한다.
		   - SNS 활동에서 노출되는 자녀의 개인정보는 없는지 확인한다. 나도 모르게 노출시키는 자녀의 얼굴, 이름, 생일, 집 주소 등을 확인한다.
		 • 개인정보를 지키는 방법을 알려 준다.
		   - 모든 사람은 자신의 개인정보에 대한 권리가 있으므로 자녀에게 개인정보를 지킬 수 있는 방법을 알려 준다.
		 • 개인정보에 대해 설명해 준다.
		   - 자녀의 이름, 학교, 생일, 사진, 주소, 부모 이름, 집 비밀번호 등이 모두 개인정보가 될 수 있으므로, 자녀에게 자신의 정보를 함부로 알려주면 안 된다는 것에 대해 알려준다.
		 • 개인정보는 나의 것이라고 알려준다.
		   - 내 몸이 소중한 것처럼 나의 개인정보도 소중하다는 것을 알려준다. 그리고 친구의 몸이 소중하듯 다른 사람의 개인정보도 소중하다는 것에 대해 함께 이야기한다.
		 • 공공장소에서의 CCTV에 대해 함께 대화한다.
		   - 아파트, 유치원 등에 설치된 CCTV에 촬영된 정보도 나의 개인정보가 될 수 있다고 이야기해 준다.
		 • 온라인 활동에 대해 대화한다.
		   - 스마트폰 사용 시 그날 하루 일과를 이야기하며 개인정보가 노출되지 않도록 미리 보호하는 방법에 대해 알려 준다.

★ 거름이
TIP

- '개인정보 보호'에 대한 가정과의 연계를 위해 가정통신문 등을 이용하여 학부모에게 개인정보의 중요성을 안내하도록 한다.
- 연계 및 확장 활동으로서 개인정보가 함부로 공개된 것은 없는지 유아 개인 소지품을 점검하는 활동을 해본다.

6 신체폭력

폭력 상황에서 대응 방법	• 친구가 내가 싫어하는 별명을 부르거나 싫어하는(때리는) 행동을 하는 경우 ➡ "싫어!", "하지 마!"라고 당당히 말한다. • 친구가 나를 괴롭히거나 놀리는 경우 ➡ "그만해!"라고 강하게 말한다. • 나를 괴롭히거나 친구를 괴롭히는 사람이 있는 경우 ➡ '어른들', '선생님'에게 도와달라고 한다. • 친구가 괴롭힘을 당하고 있는 경우 ➡ "그만해!", "하지 마!"라고 친구와 함께 말한다.
친구에게 사과하는 방법	① 인정하기: 예) 내가 놀다가 실수로 네 눈에 흙이 들어갔구나. ② (피해 준 것) 사과하기: 예) 수지야. 너의 눈을 아프게 해서 미안해. ③ 약속하기: 예) 앞으로는 흙 놀이 할 때 친구가 있는지 확인하고, 조심히 놀이할게.

갈등해결 2단계	① 나는 이렇게 하고 싶어
	 - 각자 원하는 것에 이유나 기분을 넣어 말하기
	  예) 나는 ~를 하고 싶어. 왜냐하면 ~
	② 나도 좋고, 너도 좋고
	 - 각자 원하는 것을 말한 후, 서로가 좋은 방법 생각하기
	  예) ~하면 어떨까?, ~해 줄래?, ~해도 괜찮겠어?, 이건 어때? 등

7 집단 따돌림

개념	집단 따돌림의 사전적 의미는 한 집단 내에서 특정한 사람을 따로 떼어 멀리하는 것을 말한다.
집단 따돌림 대응 방법	• "하지 마!", "싫어!"라고 분명히 말한다. • 부모님이나 학교에 도움을 요청한다. • 일부러 친구를 따돌리거나 괴롭히지 않는다. • 친구들과 함께 친구를 흉보거나 SNS에 나쁜 말을 남기는 것도 폭력임을 알고, 이러한 행동을 하지 않는다. • 친구가 괴롭힘을 당하고 있다면 도와준다. - 따돌림 당하는 친구를 지켜만 보는 것(무관심)도 그 친구에게 상처가 된다는 것을 알려주어야 한다.

UNIT 64 성폭력 - 성폭력

#KEYWORD 성폭력 대처방안, 성교육의 내용

① 학습목표

성폭력 상황과 예방법을 알아보고, 성폭력 상황 발생 시 안전하게 대처할 수 있다.

② 누리과정 관련 요소

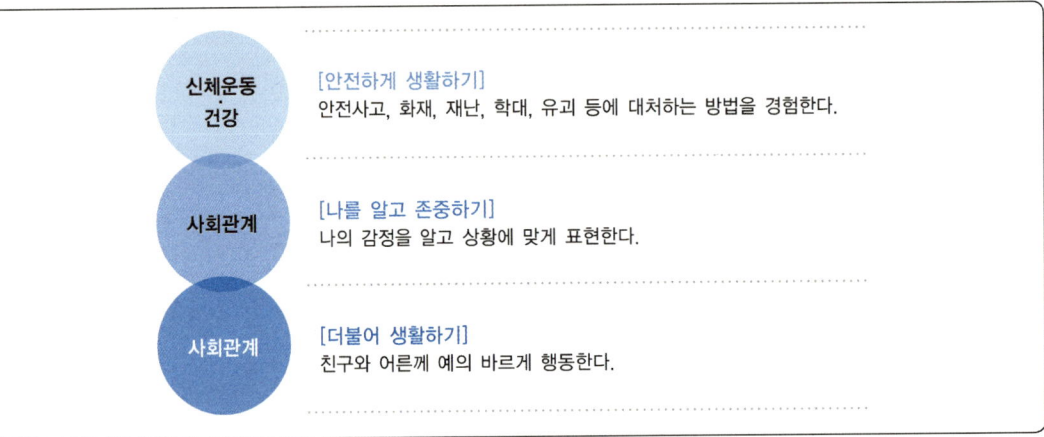

신체운동·건강
[안전하게 생활하기]
안전사고, 화재, 재난, 학대, 유괴 등에 대처하는 방법을 경험한다.

사회관계
[나를 알고 존중하기]
나의 감정을 알고 상황에 맞게 표현한다.

사회관계
[더불어 생활하기]
친구와 어른께 예의 바르게 행동한다.

③ 학습주제와 학습의 중점

학습주제	학습의 중점
1. 좋은 느낌과 나쁜 느낌 구분하기	• 좋은 느낌과 나쁜 느낌을 구분해 본다. • 소중한 나의 몸에 대해 안다.
2. 동의와 거절 표현하기	• 동의와 거절의 의미를 알아본다. • 자신의 의사에 따라 동의와 거절하는 표현을 구체적으로 말해 본다. • 신체 접촉에는 '동의' 과정이 필요함을 인식한다.
3. 성폭력 상황 및 예방법 알아보기	• 내 몸을 지켜야 하는 상황을 알아본다. • 싫은 느낌, 불쾌한 상황에서 자신을 보호할 수 있는 행동을 실천한다. • 성폭력 상황 발생 시 대처하는 방법을 안다.

④ 성폭력 예방 및 대처방법

(1) 성교육 지도지침

부모	• 부모의 교육적인 영향력을 반영하여 부모회, 워크숍, 가정통신문 등을 활용한 부모교육을 실시한다. • 유아들에게 바람직한 성교육이 이루어지도록 다양한 방법을 구안한다.
교사	• 교사 자신이 성역할에 대한 고정관념을 가졌는지 살펴보고, 비판, 분석, 환류하는 과정을 갖는다. • 유아를 위한 성교육 교수·학습활동을 체계화하고, 발전적인 모델을 세우기 위해 최선의 노력을 기울인다.
또래	유아들에게 또래와의 접촉, 놀이 등 다양한 프로그램을 제공하여 유아가 타인의 감정을 자연스럽게 수용하고 긍정적인 자아개념을 형성하도록 한다.
교육자료	• 유아들의 발달단계와 성교육에 적합한 도서나 문학작품 등을 선정하여 제공한다. • 유아들의 성역할 발달을 돕는 총체적인 교육환경과 자료 개발이 필요하다.

(2) 유아의 성적 질문 및 행동에 대한 성인의 반응

난감한 질문과 성적 행동의 이유		• 자연스러운 성장과정이다. • 성적 호기심이 증가하기 때문이다. • 성인의 관심을 끌고자 하는 행동에서 비롯된다. • 심할 경우 성폭력 피해 후유증으로도 생각해 볼 수 있다.
성에 대한 난감한 질문에 대답하는 방안	잘 들어주기	• 질문할 때 당황하거나 야단을 치게 되면 유아들은 성이란 이상하고 부끄러운 것이라고 생각하게 된다. • 잘 모를 경우 솔직하게 대답한 뒤 함께 알아보자고 한다.
	되물어 보기	• 유아에게 "너는 어떻게 생각하니?"하고 되물어봄으로써 유아가 질문을 하게 된 계기와 배경, 알고 싶은 정도 등을 파악한다. • 자연스럽고 긍정적인 태도로 유아의 질문을 대하면 유아도 성에 대해 밝고 건전한 태도를 갖게 된다.
	사실대로 간단하게 대답해 주기	• 유아가 알고 싶어 하는 만큼만 간단히 사실대로 알려준다. • 유아의 성지식 수준을 넘어서게 되면 오히려 잘못된 호기심을 불러일으킬 수 있으므로 유의해야 한다.
	궁금해하면 더 알려주기	• 유아가 더 알고 싶어 하면 유아의 성지식 수준을 벗어나지 않는 범위에서 좀 더 자세히 알려준다. • 관련된 그림책이나 비디오 등을 활용할 수 있다.

(3) 성교육 유형

성기 중심 교육	• 남자와 여자의 신체 차이 알기 • 올바른 대소변 배설 및 청결 유지하기 • 성기를 소중히 하기 • 성기로 장난치지 않기
성역할 교육	• 자녀로 하여금 아버지 역할과 어머니 역할 모두가 중요함을 지도하기 • 가정은 남자와 여자가 사랑으로 함께 이루는 곳이라고 지도하기
성도덕 교육	• 남의 몸 함부로 만지지 않기 • 자신의 몸 보호하기 • 성폭력 예방하기

(4) 성폭력 예방교육

① 3E 교육

교육 (Education)	성폭력 예방교육으로 어린이 성폭력 사고를 예방하는 전략을 말한다.
안전장치 (Engineering)	성폭력 범죄자들에 대해 전자 발찌를 착용하게 하는 것과 같이 물리적 장치를 통한 방지 전략을 말한다.
단속 (Enforcement)	성폭력 범죄자 처벌법에 따른 신상공개와 같은 가해자 단속 및 처벌 전략을 말한다.

② 연령별 발달단계에 따른 성폭력 예방교육 지침

연령	성폭력 예방교육 지침
18개월~3세	신체 각 부분의 정확한 명칭을 가르친다.
3~5세	• 자기 몸의 소중함을 가르치고 타인이 몸을 만지려고 하거나 만질 때는 "싫어요"라고 말하도록 가르친다. • 성에 관련된 질문이 있으면 적절히 대답해 준다.
5~8세	집 밖에서의 안전에 대해 가르치고 은밀한 부위를 만지는 것과 일반적 접촉을 구별시킨다.

③ 유아 성폭력 예방교육 내용 체계

나 (피해 예방)	성교육 차원	신체	• 신체 부위의 명칭 알기 • 신체 부위의 기능 알기 • 신체 부위의 중요성 알기
		감정	• 일반적인 내 기분 인식하기 • 일반적인 내 기분 표현하기
	성폭력 예방 차원	신체	• 내 몸의 소중함 인식하기 • 내 몸 보호하기
		감정	• 신체 접촉 시 내 기분 인식하기 • 신체 접촉 시 내 기분 표현하기

		상황	• 성폭력 상황 인식하기 • 성폭력 상황 대처하기: 즉각 및 사후대처 • 성폭력 유발 요인 이해하기
타인 (가해 예방)	성교육 차원	신체	• 남자와 여자의 신체 특징 이해하기 • 어른과 유아의 신체 특징 이해하기
		감정	• 일반적인 타인의 기분 인정하기 • 일반적인 타인의 기분 존중하기
	성폭력 예방 차원	신체	• 타인의 몸 소중함 인식하기 • 타인의 몸 보호하기
		감정	• 신체 접촉 시 타인의 기분 인정하기 • 신체 접촉 시 타인의 기분 존중하기
		상황	• 타인에 대한 좋지 않은 성적 행동 인식하기 • 자신의 행동 조절하기: 즉각적 멈춤과 사과하기

④ 신체 접촉의 개념(좋은 느낌과 나쁜 느낌)

- 신체 소유 개념
  - 신체인식 발달 과정 속에서 유아는 어떤 형태의 신체 접촉이 불쾌한 것인지 혹은 즐거운 것인지를 느끼며 신체 소유 개념을 형성하기 시작한다.
  - 자신의 신체에 대한 소유 개념은 유아들이 원하지 않는 신체 접촉을 거절하고 긍정적인 신체 접촉을 허용할 권리에 근거한다.

좋은 느낌과 나쁜 느낌 구분하기	기분 좋은 접촉	• 엄마, 아빠가 나를 꼭 껴안고 뽀뽀해 줄 때 • 엄마, 아빠 무릎에 앉아 책 읽을 때 • 가족 어깨를 안마해 줄 때 • 아빠가 자기 전에 뽀뽀해 줄 때
	기분 나쁜 접촉	• 친하지 않은 사람이 나를 억지로 껴안고 뽀뽀할 때 • 싫은데 나의 머리나 몸을 만질 때 • 내 몸에 장난을 칠 때 유의점 기분 나쁘거나 싫은 느낌이 드는 접촉은 나쁜 접촉임을 지도하며, 나쁜 느낌이 들게 하는 행동은 나에게 위험을 끼칠 수 있다는 것을 강조한다.
다른 사람이 함부로 보거나 만지면 안 되는 곳 알아보기		• 다른 사람이 함부로 보거나(보여줄 수 없는 곳) 만지면 안 되는 곳 알아보기 - 속옷이나 수영복을 입을 때 가리는 곳(가슴, 엉덩이, 배꼽, 성기 등)
내 몸의 소중함 알기		• 내 소중한 몸을 다른 사람에게 함부로 보여 주거나 다른 사람이 만지지 않게 한다. • 친한 사이라도 다른 사람이 나를 만지는 것이 싫다면 솔직하게 말한다.
다른 사람의 몸도 소중하다는 것을 알기		다른 사람의 몸을 만질 때는 항상 먼저 만져도 되는지 물어본다. 유의점 친구 간에도 서로의 신체를 함부로 만지거나 때리지 않도록 지도한다.

⑤ '나쁜 접촉'에 대처하는 3단계 기술

나쁜 접촉으로 인해 싫은 느낌이 들었을 때 대처하는 방법이다.

1단계 "안돼요, 하지 마세요."라고 큰 소리로 말하기	• 싫은 느낌이 들었을 때는 즉각적으로 "안 돼요, 하지 마세요."라고 거절할 수 있다는 것을 알려준다. - 사람은 위험한 상황에 직면하면 말을 할 수 없는 상태가 될 수 있으므로 평상시에 충분한 연습을 하도록 한다.
2단계 그 자리를 피하기	소리를 지른 후에 즉시 그 자리를 피해 안전한 장소로 가야 한다는 것을 알려준다. 【유의점】 • 유아의 경우 대부분 안전한 장소를 집이라고 생각하기 때문에 집으로 가야한다고 생각한다. - 그러나 집으로 가는 동안 위험한 상황에 빠질 수 있다는 것을 충분히 설명하고 약국, 편의점 등 가게, 큰 도로, 대문이 열려있는 집 등 다른 성인의 도움을 받을 수 있는 곳으로 피해야 한다는 것을 알려준다.
3단계 일어난 일에 대해 부모님 등 믿을 수 있는 사람에게 말하기	• 유아를 대상으로 한 성폭력은 주로 아는 사람에 의해 일어나고 신체적 징후가 잘 드러나지 않기 때문에 모르고 지나치는 경우가 많다. • 유아들에게 일어난 일에 대해 반드시 부모님이나 믿을 수 있는 사람에게 이야기 해야 한다는 것을 강조한다. - 부모님이나 선생님과 이야기할 때 말로 하기 싫다면 인형을 움직여서 표현하거나, 그림으로도 표현할 수 있다.

⑥ 신체 접촉 시 교사 역할

신체 접촉 시 교사가 유의할 점	• 유아를 신체적으로 접촉하기 전에 유아에게 직접 허락을 구해야 한다. • 어깨, 등, 팔, 손과 같이 취약하지 않은 신체부분을 접촉한다. • 유아와 신체적으로 접촉할 때 문화적 차이를 고려해야 한다. • 유아의 활동 수준을 인식하고 신체 접촉을 통해 유아의 놀이를 방해하지 말아야 한다. • 신체 접촉에 대한 유아의 요구는 개인에 따라 다름을 이해하여 각 유아에게 어떤 종류의 신체 접촉이 적절한지를 결정한다. • 만약 유아의 민감한 부분을 접촉해야 한다면(예 기저귀 갈 때) 유아에게 신체를 만지는 이유를 설명해 주되, 설명할 때에는 신체 부위의 정확한 명칭을 사용한다. • 유아들의 배변훈련 때 자신의 성기를 깨끗이 하도록 지도한다.

⑦ 동의와 거절 표현하기

동의	• '동의'한다는 것은 어떤 일이 좋다고 찬성한다는 의미이다. – '동의'를 구하는 방법은 다른 사람의 생각을 물어보고 다른 사람의 답을 기다리는 것이다. • '동의'의 말: 좋아, 그래, 그러자, 좋은 생각이다 등 • '동의'가 아닌 표현: 침묵, 생각하는 표정, 어깨 으쓱하기
거절	• '거절'한다는 것은 어떤 일이 싫다고 반대한다는 의미이다. • '거절'의 말: 싫어, 미안해, 이건 내가 싫어하는 거야, 침묵 등
지도상의 유의점	• 사람에 따라 동의 반응 정도가 다르며, 침묵이나 머뭇거림은 동의가 아니라는 것과 적극적으로 호응할 때만 '동의'임을 설명한다. • 모든 사람은 몸과 마음이 달라서 서로 생각도 다를 수 있으므로, '거절'을 당하는 것은 마음 아프거나 속상해할 일이 아님을 설명한다. • 직접 내 목소리로 동의를 구하고 거절하는 말을 표현할 수 있도록 하고, 신체접촉에는 '동의' 과정이 필요함을 반복적으로 지도한다.

⑧ 성폭력 발생 시 대처방법

성폭력 예방법	• 안전한 놀이 장소에서 놀아야 한다. • 낯선 사람을 함부로 따라가지 않아야 한다. • 의사표현을 분명하게 한다. • 주위 사람들에게 도움을 요청한다.
성폭력 상황	• 내 몸의 소중한 부분을 만지려고 할 때 • 내 옷을 벗기거나 사진을 찍으려고 할 때 • 자기의 벗은 몸을 보여주거나 만지라고 할 때 • 성기에 관한 창피한 말이나 농담으로 나를 기분 나쁘게 할 때 • 부끄러운 그림이나 사진을 보여줄 때 • 인터넷으로 부끄러운 영상을 보여줄 때 • 소중한 부분에 장난을 칠 때 **유의점** • 유아의 신체를 만지는 상황은 유아를 대상으로 직접 연출하기 어려우므로, 손가락 인형이나 손 인형 등을 이용한다. • 겉모습만으로는 나쁜 사람인지 좋은 사람인지 알 수 없으므로, 생김새와 관계없이 낯선 사람은 모두 조심해야 함을 지도한다.

성폭력 상황 대처방법	• 크고 분명한 소리로 "안 돼요. 싫어요. 하지 마세요."라고 말한다. • 빨리 자리를 피한다. • 부모님이나 선생님께 일어난 일을 말한다. 　**유의점** 성폭력 관련 비밀은 지킬 필요가 없으며, 겁을 줘도 부모님이나 선생님께 말해야 한다는 것을 알려준다. 　– 내 몸의 소중한 부위를 다른 사람이 함부로 다뤘을 때, 그림으로 그리거나 글로 적어 놓는다. 　– 부모님이나 선생님께 솔직하게 이야기하며, 이때 말로 하기 싫거나 어렵다면 인형을 움직여서 표현한다. 　– 112에 신고한다. 　**유의점** 전화박스에서 빨간 버튼(긴급전화)을 눌러 112에 신고한다. 이때 동전이나 전화카드가 없어도 괜찮다는 것을 알려준다. 장난전화를 하면 안 된다는 것도 함께 지도한다.
성폭력 발생 시 대처방안	• 피해 유아를 담담하게 대하도록 한다. • 사건에 대해 아이에게 올바르게 정리시켜 주어야 한다. • 앞으로 어떻게 처신해야 하는지 가르쳐 준다. • 사건이 중대하여 후유증이 심각하거나 법적인 처리를 요할 경우는 전문단체나 의사, 변호사와 상담한다. **Plus** • 입은 옷차림 그대로, 몸을 씻기지 않고, 가능한 한 빨리 경찰이나 아동 성폭력 관련 전문기관(예 해바라기센터) 혹은 시·군·구청장이 지정한 성폭력 전담의료기관을 찾는다. • 학부모에게 연락을 취하고, 대응 지침을 알려준다. • 수사기관에 신고하며, 유치원장은 신고의무를 이행한 교사를 격려하고 보호하며 필요한 지원을 제공한다. • 여성가족부 한국양성평등교육진흥원 '성희롱·성폭력 고충 상담원 전문교육'을 이수한 교사 등 유아 성폭력 관련 사항들을 충분히 이해하는 교사에게 사건 관련 업무처치 창구를 일원화한다. • 병원 진찰과정은 피해유아에게 공포와 불안감을 줄 수 있으므로 동행한 보호자(예 교사 등)는 유아가 심리적 안정을 찾을 수 있도록 최선을 다한다. 　– 왜 병원에 왔는지, 진찰을 받고 나면 어떤 부분을 예방할 수 있는지 설명해 준다. • 증거물품(가해자 체모, 정액, 흉기 등)은 종이봉투에 넣어 보관하고 수사를 위해 현장을 훼손하지 않는다(차후 가해자에 대한 고소 대비). • 몸에 상처나 멍이 있는 경우 사진을 찍어둔다.
유아와 대화하는 방안	• 자연스럽게 일상적인 대화로 시작한다. • 편안한 얼굴로 긴장을 풀어준다. • 가능성을 탐색하며 진지하게 물어본다. ① 유아가 '네'라고 답하는 경우 　– "그랬구나. 괜찮아 선생님이 잘 듣고 있을게. 말해줄 수 있겠니? 선생님은 그 자리에 없었기 때문에 ○○이만큼 잘 알 수가 없어. 그러니까 선생님이 잘 알 수 있게 자세히 말해 주겠니?" ② 유아가 '아니요'라고 답하는 경우 　– "그렇구나. 지금은 잘 기억나지 않지만 그런 일이 있었던 게 생각나면 언제든지 이야기해 주렴. 선생님은 언제나 ○○이 편이니까 혹시라도 그런 일이 있으면 꼭 이야기해 줄래?"

⑤ 성 행동문제[육아종합지원센터(중앙/대전, 2024)]

(1) 유아 성 행동 관련 용어(중립적인 용어 사용)

영유아의 성 행동	영유아가 성장 발달하면서 나타내는 성과 관련된 행동
영유아의 성 행동문제	영유아가 해당 연령의 자연스러운 발달 특성에서 벗어나 우려하거나 위험한 수준 혹은 문제가 될 수 있는 성 행동이나 행동에 따른 문제
피해 영유아	또래의 성 행동문제로 심리적 혹은 신체적 피해를 입은 영유아
행위 영유아	• 성 행동문제로 또래에게 피해를 입힌 영유아 – 낙인이 되지 않도록 '가해 영유아'라는 용어를 사용하지 않음

(2) 유아 성 행동(문제) 수준

- 수준별 판단기준: 연령별 발달 과정에서 나타나는 일반적인 행동을 기준으로 '주의 전환 가능 여부', '지속성 및 반복성', '은밀한 행동', '강요 및 폭력성', '심신의 피해 발생' 등을 통해 판단한다.
- 영유아 성 행동 수준: 판단 기준에 따라 '일상적인 수준(초록색)', '우려할 수준(노란색)', '위험한 수준(빨간색)'으로 구분한다.

구분	수준	판단기준	행동의 특성
성 행동	일상적인 수준 (일반적인 성 관련 행동)		• 사물에 대한 변별력이 생기면서 남녀의 생물학적 생김새에 대한 호기심에서 비롯된 행동이 나타난다. • 또래 엿보기 등 일시적인 성 행동을 보이며, 자신의 신체를 만지거나 신체 탐색 중 우연히 하게 되는 성기 자극 등의 성 관련 행동들을 일상적인 수준의 성 행동으로 볼 수 있다.
		다른 관심사로 주의 전환 가능 여부	• 놀이를 제안하면 관심을 보인다. ⑩ 밀가루 반죽 놀이할까? 친구들은 지금 빵을 만들고 있대. • 교사에 의해 중지하거나 주의를 다른 곳으로 돌릴 수 있다. ⑩ 소변 볼 때 들여다보면 친구가 불편해지지? 블록놀이 하러 갈까?
	+ 지속성, 반복성, 은밀		
성 행동 문제	우려할 수준		• 일상적인 성 관련 행동이 지속적이고 은밀하게 반복되는 동시에 놀이에 대한 관심이나 주변 사물에 대한 호기심이 줄어든다면 '일상적인 수준'을 벗어나 '우려할 수준의 성 행동문제'로 볼 수 있다. • 우려할 수준에서는 교사의 지도에도 불구하고 지속적으로 성 행동에 몰두하거나, 또래를 불편하게 하는 성 행동을 하며 성인의 눈을 벗어나는 장소에서 시도하려는 경향을 보인다.
		• 지속성 • 반복성 • 은밀한 행동 여부	• 교사가 다른 놀이로 흥미를 끌어도 성 행동의 중단이 어렵다. • 잠시 멈추었다가도 교사가 다른 곳으로 가면 성 행동을 반복하고 지속한다. • 교사의 눈을 벗어나는 은밀한 장소에서 이루어지는 경향이 반복하여 나타난다.

	+ 강요 및 폭력성, 심신의 피해 발생	
위험한 수준 (또래 간 성적 괴롭힘 포함)	• 영유아의 성 관련 행동이 강압적이나 폭력성을 띠게 되면 '우려한 수준'을 넘어서는 것으로 볼 수 있으며, 피해 영유아에게 정신적·신체적 피해가 뚜렷이 나타나거나 피해 영유아를 고의적이고 반복적으로 괴롭히는 행동이 나타나는 경우, '위험한 수준의 성 행동문제'로 분류할 수 있다. • '위험한 수준의 성 행동문제'의 경우 놀이에 대한 관심이나 주변 사물에 대한 호기심이 현저하게 줄어들며, 간혹 성 행동이 지속되거나 반복하여 나타나는 우려할 수준을 거치지 않고 강요나 폭력성이 바로 나타나기도 하므로, 성 행동문제의 발견 횟수보다는 피해를 유발할 위험 정도를 중심으로 파악하는 것이 중요하다.	
	• 지속성 • 반복성 • 은밀한 행동 여부 • 강요 및 폭력성 • 타인의 심신 피해 발생 여부	• 우려할 수준의 성 행동이 지속적으로 반복되고, 다른 놀이에 대한 관심이 현저히 낮거나 거의 참여하지 않는다. • 영유아의 주의를 다른 곳으로 돌리려고 할 때 저항하거나 분노 행동을 보인다. • 또래에 대한 강요나 폭력적 성향이 나타나며 교사의 눈을 피해 은밀한 장소로 또래를 데리고 가기도 한다. • 또래 영유아의 성기에 상처가 나거나 불안해하는 등 신체 정서상 피해가 발생한다.

(3) 성 행동 수준별 관리 대응체계

판단기준	행동수준	유치원 대응	교육청 대응
다른 관심사로 주의 전환 가능	일상적인 수준	• 유아 성교육담당자 지정 • 발달단계에 맞게 교육, 지도, 관찰 • 일상적 행동에 대한 부모 소통·교육 • (필요시) 교육청 자문 요청	• (요청 시) 유치원 방문 컨설팅 • (필요시) 유치원 자문·대응 지원 • 우려 또는 위험한 수준으로 판단 시 상위 수준에 맞게 대응
일상적인 수준 + 반복, 지속, 은밀	우려할 수준	• 행동중지, 상황 파악 • 부모 면담 • (필요시) 학부모, 유아 대상 관련 교육 • (필요시) 교육청 자문·지원 요청	• 유치원 자문 • 사례별 대응 지원 • 자문·지원 과정에서 위험한 수준으로 판단 시 사례위원회 회의 요청(위험한 수준에 준하여 대응)
우려할 수준 + 강요, 폭력, 심신 피해	위험한 수준	• 즉시 중지, 분리 조치, 모든 유아 보호 • 상황 파악 • 보호자 연락, 피해 유아 치료 연계 • 교육청 즉시 보고 및 사례관리 지원 요청	• 관할청 보고(교육지원청 ➡ 교육청 ➡ 교육부) • 초기조사 지원 • 사례위원회 총괄 지원 • 중재안 및 치료·상담 등 사후 관리 연계 방안 마련 지원 • 관련 내용 모니터링 지속

(4) 성 행동 수준별 유치원 대응 방법
   ① '일상적인 수준의 성 행동' 대응(지도) 방법

흔히 일어날 수 있는 상황 및 행동	성 행동 지도 방법
자신의 신체 탐색 중 우연히 하는 성기 자극 등의 성 행동	다양한 흥미 중 하나로 나타난 행동이므로, 흥미를 보일 만한 놀이로 관심을 전환한다.
쉽게 잠들지 못하거나 놀이를 찾지 못하는 지루한 상황에서 하는 성 행동	편안한 분위기에서 잠들 수 있도록 재워주고, 흥미 있는 놀이를 찾아 놀이상대가 되어준다.
갑작스런 양육 환경의 변화로 인한 불안감에 의해 나타난 성 행동	• 불안감 해소를 위해 부모면담으로 안정적인 양육 환경을 마련한다. • 흥미 있는 놀이에 참여할 수 있도록 지속적인 관심을 가진다.
다른 사람의 관심과 주목을 끌기 위해 시도하는 보여주기, 엿보기 등 성 행동	• 성 행동에 주목할수록 자꾸 하려고 하므로, 남에게 피해를 주지 않으면 무시하는 것이 필요하다. • 영유아의 이야기를 잘 들어주고 관심과 애정을 표현한다.
놀이 중 성 역할에 대한 모방행동으로서 표현하는 성 행동	역할에 대한 표현행동 중 하나로 인정하면서 다양한 역할 표현이 함께 이루어지도록 지원해준다.
남녀의 성적 특징에 대한 호기심에서 비롯된 또래 엿보기 등 일시적인 성 행동	• 자연스러운 호기심의 표현이므로 일시적 행동으로 반응한다. • 연령에 적합한 성교육을 통해 남녀 신체의 차이를 알려주는 등 관심을 해소시켜준다.
성적 자극이 많은 환경으로 인해 성에 대한 강한 흥미와 관심을 표현하는 성 행동	• 성과 성기에 대한 관심이 높아진 상태이므로, 남녀 성기의 차이점에 대해 성교육뿐 아니라 개별적으로도 알려주며 관심을 수용한다. • 흥미를 가질 만한 놀이를 제공하여 관심을 다른 곳으로 확산시켜 준다.

② '우려할 수준의 성 행동문제' 대응 방법

상황 개입 ➡ 원장 보고 ➡ 상황 파악 ➡ 부모 면담 ➡ 외부 지원 요청(필요시) ➡ 환경점검 및 예방교육

우려할 수준의 행동 문제	교사의 대응	원장의 대응

특성
• 교사의 지도에도 불구하고 지속하거나 행동에 몰두함
• 또래에게 성 행동을 하여 불편하게 함
• 피해 유아가 피하려 해도 계속하기도 함
• 성인의 눈을 벗어나는 장소에서 시도하려는 경향이 보임
	상황 개입
	• 문제되는 행동을 중지하도록 함
	• 관련 유아를 떼어 놓고 상황 파악
		상황 파악
		• 교직원의 보고 및 사실 확인
		  − 해당 반 상황 및 관련 유아의 행동 관찰
		  − 필요시 교사의 부모면담을 지원하고, 원장이 직접 부모 면담 실시

	원장 보고 문제된 행동과 상황을 기록하여 원장에게 보고	
	부모 면담 • 부모에게 상황을 설명하여 가정에서 관심을 가지고 함께 지도하도록 함 • 전문가 도움을 받도록 권유 (필요시)	**외부 지원 요청(필요시)** 필요시, 교육청(지원청 포함) 전문가 자문 및 사례위원회 지원 요청
사례 • 피해 유아가 싫다고 해도 엿보는 행동을 반복함 • 성적인 행동과 연관된 동작을 흉내 내는 행동(뽀뽀할 때 혀를 내밀어 입에 넣으려 하기 등) • 또래를 한적한 곳으로 데려가 만져보려 하는 행동	**환경 점검 등** • 교육환경 및 일과 점검(낮잠 시간 등 하루 일과가 지루하거나 교사관리가 미비한 시간대 확인 등), 개선사항 살핌 • 개별 상황에 따른 행동지도 계획·실행	**예방을 위한 교육** • (교직원 및 유아 대상) 성 행동문제 개선을 위한 교사 역할 지도 및 유아 성교육 실시 • (부모 대상) 가정연계를 통한 예방을 위해 부모 대상 교육 실시(필요시)

③ '위험한 수준의 성 행동문제' 대응 방법

상황 개입 ➡ 원장 보고 ➡ 상황 파악 및 안전조치(분리) ➡ 외부 지원 요청 ➡ 상황 파악 및 기록
➡ 부모 면담 및 조치 논의 ➡ 외부 기관 협조 ➡ 환경점검 및 예방교육

위험한 수준의 행동문제	교사의 대응	원장의 대응
특성	상황 개입	상황 파악 및 안전조치
• 교사가 저지하거나 주의를 돌리려 할 때 저항·분노함 • 행위 유아와 피해 유아 간 연령 및 힘의 차이가 뚜렷함 • 피해 유아가 거부해도 고의적, 반복적으로 괴롭히는 행동 • 행위 유아는 장난이라도 피해 유아는 고통스러워 함 • 피해 및 행위 유아에게 신체적, 정신적 피해가 나타남	즉각 개입하여 행동을 중지시키고, 유아들이 불안하지 않도록 안정된 태도 유지	• 교사 보고받은 즉시 신속히 상황 파악, 부모 연락 • 행위 유아와 피해 유아를 분리·보호조치, 모든 유아의 안전 확인
	원장 보고	외부 지원 요청
	인지 즉시 원장에게 보고	• 교육지원청에 사안 보고 • 교육지원청에 초기조사 및 자문 요청
	분리 조치	부모 면담 및 조치 논의
	행위 유아, 피해 유아를 서로 다른 공간으로 분리하여 보호조치	• 부모 면담을 통해 상황 설명, 등원 여부 협의(행위 유아와 피해 유아의 분리를 위해 행위 유아 일시적 가정양육 권고 등) • 피해 유아 치료 방안 논의
	상황 파악 및 기록	
사례	• 상황을 파악하고 사건 경위 기록(원장 협조) - 가능한 한 유아 스스로 말하도록 개방적 질문을 함 - 초기 진술의 오염 방지를 위해 추궁, 반복, 추가질문을 하지 않음	외부 기관 협조
• 또래에게 성적 놀이에 참여하라고 강요하기 • 상대의 의사에 반하여 강제로 보여주거나 만지기 • 지속적으로 타인의 성기를 만지려고 시도하기 • 성인의 성 행위를 명백하게 흉내 내기 • 피해 유아의 신체에 물체나 성기를 집어넣기		• 교육지원청 초기조사 협조 • 초기 자료가 훼손되지 않도록 사안 관련 사진(발생 장소, 상처 등), 해당 CCTV 자료 보관 및 사건경위 기록, 부모면담 기록 등의 자료 확보
	환경 점검 및 행정사항	예방을 위한 교육
	• 교육환경, 일과 점검, 개선사항 살핌 • 원장 지도하에 개별 행동지도 계획·실행 • 원장, 유아 성교육 담당자 지도하에 유아 성 안전교육 실행	• 자문에 따라 교사역할 지도 및 유아 성교육 실시 • 자문에 따라 부모설명회 및 부모 대상 예방교육 실시

(5) 관계기관 역할

원장	• 유아 성교육 담당교사 지정 • 유치원 교사 유아 성교육 및 성 행동문제 대응 관련 교육 이수 지원 • 유아 성 행동문제 발생 시 담당교사와 함께 관할청(교육지원청·교육청) 지원 요청 및 교육청 보고 등 외부 대응 총괄 • CCTV, 정황 자료 등을 보존하여 관할청(교육지원청·교육청) 초기조사 협조
유아 성교육 담당교사	• 유아 성행동 판단 기준에 따른 주기적인 점검, 단위 유치원별 성교육 계획 수립·정비 • 원장으로부터 지정된 유아 성교육 담당교사는 매년 관련 교육(아동학대예방교육 內 성 행동 지도 및 대응방법 교육 내용 포함)을 이수하고 유치원 내 각 반 교사에게 전달 교육 실시 • 유치원 유아 성 행동(문제) 지도·교육 상시 관리 • 유아 대상 발달단계에 맞는 교육 및 유아의 일상적인 행동에 대한 부모 소통·교육 기획 • 유아 성 행동문제 발생 시 육아종합지원센터 자문 및 지원 요청 등 대응
담임교사	• 유아 성교육 담당교사로부터 전달 교육 이수(온라인 교육 영상 활용) • 해당 유아의 발달단계에 맞는 교육, 지도 및 관찰 • 유아 성 행동문제 발생 시 행동중지, 상황 파악 후 유아 성교육 담당교사에게 즉시 보고(대응 매뉴얼, 대응 요령 숙지) • 유아의 발달단계 및 누리과정 내용과 연계하여 유아 대상 성교육 내실 운영(8시간 이상) ※ (내부) 병설-유·초 연계, 단설-보건 인력 활용 / (외부) 성교육 민간 전문강사 활용 ※ 「학교안전교육 실시 기준 등에 관한 고시」 등에 따른 학교안전교육과 연계 운영

학교안전교육 실시 등에 관한 기준 고시	유치원 성교육 표준안	아동복지법 시행령 제28조제1항 관련[별표 6]
폭력예방 및 신변보호교육 학기당 2회 이상 (연간 8시간 이상)	4개 영역 / 9개 주제 누리과정 수업과 연계 편성·운영	성폭력 및 아동학대 예방 교육 6개월에 1회 이상 (연간 8시간 이상)

기타 유관기관

해바라기센터	사건 초기 개입	• (초기조사 지원) 사건 상황에 따라 지자체 요청에 의한 초기조사 시 동행 • (사례위원회 참여) 지자체가 구성하는 사례위원회의 구성원으로 참여, 사례 평가 및 분석, 상담·치료 연계 등 사후관리 방안 마련 지원 ※ 피해 유아는 피해상황에 따라 초기조사 전이라도 해바라기센터에서 치료 가능
	사후관리	• (상담 지원) 성 행동문제로 인한 피해 유아 및 가족의 심리사회적 욕구 파악, 심리적 어려움 완화와 회복 지원, 상담지원계획 수립 • (의료 지원) 정신건강의학과 치료 연계, 피해 유아의 연령별·발달적 특성을 고려하여 외상 치료(부모 사전 동의 필수) 진행 • (심리 지원) 성 행동문제 관련 피해 후유증을 최소화하기 위한 심리평가 및 심리치료

아동보호전문기관	사건 초기 개입	• (초기조사 지원) 사건 상황에 따라 지자체 요청에 의한 초기조사 시 동행 • (사례위원회 참여) 지자체가 구성하는 사례위원회의 구성원으로 참여, 사례 평가 및 분석, 상담·치료 연계 등 사후관리 방안 마련 지원
	사후관리	(상담 및 교육 지원) 행위 유아 대상 성인지교육, 종합심리검사, 심리치료 등 아동의 성관련 행동문제 교정 및 심리적 회복과 건강한 발달 지원 ※ 아동학대 사례로 판단되지 않아도 일단 조기지원사례로서 개입 가능

유치원 성교육 표준안 – '활동내용' [교육부(2015)]

영역	주제	목표	내용요소
인간 발달	(1) 나의 몸과 마음	내 몸의 소중함, 나의 출생과 성장과정에 대해 바르게 알고 몸의 구조와 기능을 이해하며 자신의 감정을 알고 통제하며 조절한다.	• 소중한 나의 몸 • 나의 출생과 성장과정 알기 • 내 몸의 구조와 기능 알기 • 나의 감정 알고 조절하기
	(2) 남녀의 성과 생활	나와 다른 성에 대한 고찰을 통해 남녀의 신체적 특징이 다름을 이해하고 남녀의 생활 방식에 대한 차이점을 안다.	남녀의 생활
인간 관계	(1) 소중한 가족	가족 구성의 역할에 대해 알고 가족 구성원의 성 차로 인해 지켜야 할 예절을 이해하며 가족과 화목하게 지내기 위해 협력하는 마음을 지닌다.	• 가족의 역할 알기 • 가족에 대한 예절 지키기 • 가족과 화목하게 지내기
	(2) 유치원에서 만난 친구	친구의 의미, 친구와 함께 있는 즐거움 등을 이해하고, 내 생각과 친구의 생각에 차이가 있다는 것에 대한 인식을 통해 친구 간에 지켜야 할 예절이 있음을 알고 이를 실천한다.	• 친구의 의미 알기 • 친구 간의 예절 지키기
	(3) 결혼의 의미와 나	결혼의 의미, 결혼으로 인해 만들어지는 가정과 부모 등을 이해하고, 가정에서의 부모와 나와의 관계에 대해 이해한다.	결혼, 부모와 나의 관계
성 건강	(1) 내 몸의 관리	자신의 몸에 대한 청결한 관리와 상황에 따른 적절한 옷차림의 필요성을 이해하여 건강한 생활을 할 수 있는 방법을 익혀 실천한다.	내 몸의 청결한 관리와 옷차림
사회와 문화	(1) 성폭력의 예방	타인에 대한 성적 강요 행동이 무엇인지 바르게 이해하고, 성폭력이 일어날 수 있는 위험한 상황이나 성적 강요 행동과 언어에 대해 적절한 대처 행동을 알고 실천한다.	• 타인의 성적 강요 행동과 언어 • 성폭력이 일어날 수 있는 위험한 상황
	(2) 성역할	남성과 여성에 대해 동등한 가치인식을 가지고 대하며, 이들의 수행에 있어서도 동등한 가치를 바탕으로 동등하게 대하는 양성평등을 실천한다.	성역할과 양성평등
	(3) 인터넷 등 미디어 사용	인터넷 등 미디어의 특성과 바른 사용	• 인터넷 등 미디어의 활용과 편리성 • 인터넷 등 미디어의 바른 사용

유치원 성교육 표준안 - '지도상의 유의점' [교육부(2015)]

- 성교육을 위한 계획을 수립함에 있어서 국가 표준안으로 제시된 내용체계는 보편적, 일반적, 포괄적 기준을 준거로 작성된 내용이므로 유치원에서는 이를 3~5세 연령별 누리과정과 연계하여 유아의 관심과 발달 수준, 유치원의 실태와 지역사회의 여건 등을 고려하여 국가 표준안을 바탕으로 교육내용을 재구성하여 활용하도록 한다.
- 유치원의 성교육 내용 구성은 신체운동·건강, 의사소통, 사회관계, 예술경험, 자연탐구 등 누리과정의 5개 영역과 연계지어 운영하도록 편성한다.
- 성교육은 유아의 개인차를 존중하여야 한다. 따라서 교사는 유아의 개개인에 대한 관찰과 면담 등을 통해 유아들이 궁금해하는 문제를 해결해 줄 수 있도록 다양한 자료와 방법을 활용하여 개별화 지도에 힘쓴다.
- 성교육을 진행함에 있어서 교사는 유아들의 호기심의 대상이 되거나 비웃음의 대상이 되어서는 안 된다. 교사는 성교육과 관련하여 어색해하거나 굳은 표정으로 유아들을 대해서는 안 되며 자연스러운 태도와 분위기로 유아들이 일상에서 가졌던 문제나 궁금증을 해결할 수 있도록 해준다.
- 교사는 남녀의 차에 대한 인식에 있어서 남녀 간에 조그마한 편견이라도 가져서는 안 된다. 성교육을 지도하는 교사는 양성평등을 전제로 하여 지도하여야 한다.
- 교사는 성교육 시간에 유아들이 느끼는 다양한 성적인 호기심이나 궁금한 내용에 대해 유아들과 동등한 입장에서 생각하고 고민하면서 해결해 나가려는 태도를 갖는다.
- 교사는 수업 전에 유아들의 성 관련 이해 정도를 파악하여 이에 적합한 수업 진행이 되도록 한다.
- 성에 대한 학습자의 호기심이나 궁금증을 중시하여 수업과정 중에도 성과 관련된 궁금증이나 질문을 할 수 있도록 하고, 경우에 따라서는 이를 수업전개의 도입부나 전개과정에서 동기유발로 활용한다.
- 성교육에 대한 실천 평가는 학습자의 인지적, 정의적, 행동적 측면을 고려하여 종합적으로 평가한다.

(6) 성 행동문제 발생 시 성인의 태도

- 영유아의 성 행동의 문제는 발달상 나타나는 행동특성과 유사하게 개방적인 공간에서, 호기심에 의해, 일상적으로 자연스럽게 나타난다.
- 영유아의 성 관련 행동은 성인과 다른 관점으로 보아야 하며, 해당 영유아를 낙인 찍지 않도록 보다 신중한 보호자적 관점의 접근이 요구된다.

해야할 것	• 침착해야 한다. - 대개 유아는 자기가 하는 행동이 잘못된 것인 줄 모르는 경우가 많다. 교사나 부모가 차분히 대하면, 유아는 자신의 행동에 대한 혼란, 불안, 부끄러움, 분노감 등을 다룰 힘이 생긴다. • 문제가 될 만한 행동을 하고 있는 것을 보면 침착하고 차분하게 중지시킨다. • 다른 활동으로 관심과 흥미를 돌릴 수 있도록 도와준다. • 하고 있는 행동을 간단하되 정확하게 묘사하고, 하지 않기로 약속한 행동이라고 상기시켜 준다. ⑩ 수영복 입는 선 이내로는 친구를 만지지 않기 - 이때 유아가 당황하거나 수치심을 느끼지 않도록 배려한다. • 우려할 수준 이상의 행동이었다면, '그 행동의 내용, 맥락, 시간, 장소, 빈도 등'을 기록해 놓는다.
하지 말아야 할 것	• 충격을 받은 표정을 보이지 않아야 한다. • 유아가 당황하거나 수치심을 느끼도록 하는 언행을 나타내지 않아야 한다. • 우려할 수준이거나 혹은 위험한 수준의 행동이라면 못 본 척 무시하고 지나치지 않아야 한다. • 유아가 이전에 성 학대를 당했을 거라고 지레짐작하지 않는다.

	• 유아를 지칭할 때 '가해 유아', '성폭력 유아'라는 식으로 부르지 않는다. • 주변인들과의 지나친 정보공유로 사건을 이슈화하지 않는다. • 해당 유아 앞에서 다른 사람과 이야기나 전화통화를 나누며 걱정하거나 화내는 행동 등은 자제한다.
성 행동문제 발생 시 유아를 대하는 바람직한 태도	• 침착하게 대처한다. 평소와 다르게 충격을 받은 표정, 굳은 표정, 긴장된 어투가 드러나지 않도록 한다. • 유아 또는 아동의 자발적인 진술(호소)이나 표현이 가장 중요하다는 것을 인지하고 주의깊게 듣고 관찰한다. 　• 신체적 증상의 호소 　　- "따가워요.", "아파요.", "가려워요.", "(바지나 치마를 가리키며)느낌이 이상해요." 　• 또래와의 관계에 대한 호소 　　- "○○가 불편하게 해요.", "○○가 자꾸 만져요.", "○○가 자꾸 봐요." 　• 정서적 표현으로서의 호소 　　- 우울, 위축, 민감, 불안 등이 비언어적 표현(울음, 짜증, 손톱 물어뜯기 등)으로 나타난다. • 유아 또는 아동의 초기 진술이 오염되는 것을 방지하기 위해서 아래와 같은 방법을 활용한다. 　• 유아 또는 아동의 이야기를 잘 듣고 있다는 비언어적 메시지 전달 　　- 자세를 낮추고 눈맞춤하기, 끄덕임, 집중하여 듣기 　• 경청 및 아동의 마지막 언급을 반복하기 　　- "그랬구나.", "~했다는 거구나." 　• 공감적 이해 및 안심 유도 　　- "괜찮아, 서두르지 마. 듣고 있을게." 　• 개방형 질문 　　- "무슨 일이 있었는지 선생님께 말해줄 수 있겠니?", "어떻게 느꼈는지 말해줄 수 있겠니?" • 피해 유아, 행위 유아, 주변의 유아 등 어떤 아이에게도 상황에 대해 추궁하거나 답을 암시, 유도하는 폐쇄형 질문을 하지 않는다. 예단하거나 편파적인 질문 역시 피한다. 질문자가 추측, 자의적 해석을 통해 예단하는 질문을 하면 유아의 진술이 오염될 수 있다. | 폐쇄형 질문 (예, 아니오 답 가능) | 예) ○○가 너의 소중한 곳을 아프게 했니? | |---|---| | 편파적인 질문 | 예) 선생님이 보니까 아까 화장실에 가던데 거기서 그런 거야? 예) ○○가 매일 따라다녔지? 엄마는 ○○가 그런 것 같은데. | | 추가적, 반복적 질문 | 예) ○○가 그랬지? **(부위)를 만졌다고 했잖아, 맞지? | • 아이가 먼저 말할 때는 언제나 주의 깊게 듣고 공감을 표시한다. 아이가 이야기하면서 불안, 혼란, 수치심, 죄책감 등의 감정을 나타내면 이를 해결할 수 있도록 어른이 함께 도와줄 거라고 안심시켜 준다. • 아이가 보거나 들을 수 있는 데서 다른 성인과 이야기를 나누거나, 통화하거나 걱정하거나 화내는 언행을 나타내지 않는다. • 아이에게서 들은 것, 본 것, 답하고 실행한 것을 자세히 기록해 놓는다.

(7) '유아의 성 행동'에 대한 보호자의 역할

흔히 보이는 '성 행동'에 대한 보호자의 일상적 역할	• 자녀에게 관심을 가지고, 자녀의 행동을 면밀히 관찰한다. • 자녀의 성 관련 질문에 정확한 단어를 사용하고 올바른 성교육 자료(영상, 동화책)를 활용한다. • 자녀의 성 행동이 우려가 된다면 성교육 자료와 지도방법 등에 대해 유치원에 도움을 요청한다. • 유치원과 협력하여 일관된 방법으로 자녀를 지도한다.
'우려할 수준의 성 행동문제'에 대한 보호자의 역할	• 가정에서 자녀에게 관심을 가지고, 자녀의 행동을 관찰하며 성교육 지도를 한다. • 유치원과의 지속적인 교류·협력으로 자녀의 성 행동문제를 지도한다. • 성에 대한 부모의 관점을 점검한다. • 스마트폰, 미디어 사용 등 가정 및 지역사회(학원 등)에서의 위험요소를 점검한다. • 필요시, 자녀가 전문가의 심리치료를 받도록 한다.
'위험한 수준의 성 행동문제'에 대한 보호자의 역할	• 우선 자녀를 안심시킨다. • 자녀의 안전을 확보하고, 필요시 병원 진료를 받도록 한다. • 교사 및 원장과의 면담으로 정황과 사실 관계를 파악한다. • 교육청(또는 교육지원청)에 지원을 요청한다. • 가정에서 자녀에게 지속적으로 관심을 가지고, 자녀의 행동을 관찰한다. • 전문기관을 통한 전문가 상담과 상담치료에 참여한다. • 행위 유아 부모의 경우, 피해 유아와 부모에 감수성 있는 태도를 가지도록 하며, 적극적 사과 및 필요시 피해 보상 등을 논의한다.

위험한 수준의 성 행동문제 대응 절차
① 자녀 안전 확인 및 필요시 병원진료
② 유치원에 알리고 교사(원장) 면담 실시
③ 교육(지원)청(전문기관)에 조사 및 사후관리 지원 요청
④ 초기조사 협조 및 전문기관 면담 참여
⑤ 전문기관 추후조치 참여(전문가 상담·치료 등)

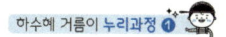

6 성폭력[육아종합지원센터(중앙/대전), 7대안전, 학생안전매뉴얼(교육부)]

(1) 아동 성폭력

WHO (세계보건기구)	아동이 충분히 이해되지 않는 상태에서, 성행위에 대하여 동의를 표현할 수도 없는 상황 또는 동의를 할 만큼 충분히 발달하지 않았거나 불법적이고 사회적으로 금기시 되는 상황에서 이루어지는 성적활동에 아동이 노출된 것을 의미한다.
사례 및 유형	• 바지 벗기기, 치마 들추기, 허락 없이 몰래 사진 찍는 것 • 불필요하게 몸을 만지기(가슴, 엉덩이, 팔, 허리, 다리, 어깨 등) • 몸의 중요한 부위들, 성기나 가슴 그리고 엉덩이나 배 등 수영복으로 가려지는 부위 등을 원하지 않는데 만지거나 부비거나 빠는 것 • 강제로 안거나 입 맞추는 것 • SNS상에 허락 없이 사진을 공개하는 것 • 음란한 그림, 문자, 사진, 동영상을 보여주는 것 • 원하지 않는데 자기의 신체 부위를 보여주거나 만져달라고 하는 것 • 강제로 보여주는 것이 아니더라도 어린이나 지적능력이 낮은 사람의 호기심을 자극해서 보여주는 것 • 아동이 스스로 동의했다고 하더라도 어른이나 나이 많은 청소년이 성적인 행동을 유도하거나 행동을 함께 하는 것 • 화장실에서 훔쳐보는 것 • 외모, 신체 변화에 대해 놀리는 것 • 게임이나 벌칙으로 스킨십을 강요하는 것 • 행동으로 하지 않더라도 신체 부위나 성행위에 대한 말로 기분 나쁜 농담을 하거나 놀리는 것

(2) 성폭력 지표

의료적 지표		생식기, 항문, 구강 등 신체에 나타나는 상처 및 손상
심리사회적 지표	성적 지표	• 유아 수준에 맞지 않는 성숙한 성지식을 나타내는 말을 하는 것 • 명백한 성행위를 묘사한 그림을 그리는 것 • 또래나 동생 또는 동물에게 성적인 행위를 하는 것 • 과도한 자위행위를 하는 것
	비성적 지표	• 지나치게 짜증을 내고 두려워하며 분노하는 등 정서적 불안 증상을 보이는 것 • 손가락을 빨거나 오줌을 싸며 부모에게 지나친 의존을 보이는 등 퇴행행동을 보이는 것 • 갑자기 목욕을 자주 하거나 속옷을 자꾸 갈아입는 등 갑작스럽게 눈에 띄는 행동의 변화를 보이는 것

(3) 아동 성폭력 예방교육

성폭력
방지 수칙
	• 서로의 경계 존중하기
	  - 동의 없는 신체 접촉 금지
	  - 자신의 신체 일부분을 상대방에게 밀착시키는 행위 포함
	• 성희롱 및 비하·인격모독 언어 사용 금지
	  - 외모에 대해 성적인 비유나 평가를 하는 언어 사용 금지
	  - 성적 수치심·불쾌감 등을 유발할 수 있는 언어 사용 금지
	• 수치심 및 불쾌감 유발 행동 금지
	  - 특정 신체 부위를 노골적으로 계속 쳐다보는 행위
	  - 컴퓨터, SNS 등을 통해 음란한 문자, 사진, 영상물 등을 보내거나 보여주는 행위

아동 성폭력
예방교육
내용 및 방법
	• 아동에게 자신뿐 아니라 다른 사람의 몸도 소중하다는 것을 알게 하는 것이 중요하다.
	• 접촉에도 기분 좋은 접촉과 기분 나쁜 접촉이 있다는 것을 알려주고, 좋지 않은 말을 하거나 나쁜 사진·그림, 동영상 등을 보여주는 사람이 있으면 이를 부모나 교사에게 알리게 한다.
	  - 부모나 교사는 언제나 아동 편이며, 누군가로부터의 비밀, 협박 등의 상황에서도 아동에게 믿음을 갖게 해주는 것이 중요하다.
	• 만약 누군가 자신의 몸을 만져서 혼란을 느낀다면 교사나 부모에게 언제라도 이야기 하라고 알려주고, 반대로 아동 스스로도 다른 친구의 신체부위를 함부로 만지지 않도록 알려준다.
	• 그림이나 사진자료, 인형 등을 통해 신체구조와 차이, 역할에 대하여 설명하는 것도 방법이 될 수 있다.
	  - 신체구조와 차이부분에서 신체의 정확한 명칭과 역할을 알려주는 것이 필요하다.
	• 어른이 어떤 요구를 하더라도 때로는 자기주장을 하거나 거절할 수 있음을 알려준다.
	• 가족이나 친지 또는 아는 사람이라도 이상한 행동을 요구할 때에는 단호하게 거절 하도록 한다.

아동 간
성폭력 예방
	• 발달과정에서 일어날 수 있는 자연스런 행동이 아닌 보통의 아이들보다 과도하게 성적행동을 한다면 적절한 교육과 조치가 필요하다.
	• 아동이 문제행동, 과잉행동 등을 하였을 시, 그 행동의 원인을 살펴봐야 한다.
	  - 성행위에 노출됐을 가능성, 애착의 결핍 가능성과 함께 인터넷문화 중 특히 만화, 영상(스마트폰) 등은 비정상적인 성행위에 쉽게 노출될 수도 있다(모방범죄).
	• 아동은 자신의 행동이 '성적 괴롭힘'이라는 인식은 없을 수도 있으나, 나쁜 행동이라는 인식들은 대부분 갖고 있다. 예 "비밀이야. 아무에게도 말하지 마."
	• 타인의 성적 영역을 침해해서는 안 된다는 것을 알려준다.
	  - 동의 개념 / 경계 정의(사람과 사람 사이에도 지켜야 될 예의가 있음을 동의와 함께 설명)
	  - 상대방이 싫으면 포옹도 해서는 안 되고, 동의를 구했다고 하더라도 중요 부위를 만져서는 안 된다는 것을 알려주어야 한다.

그루밍
(Grooming)
성범죄
	• 그루밍 성범죄란 가해자가 피해자와 친밀한 관계를 형성해 신뢰를 쌓은 후 행하는 성적인 가해행위를 통칭한다.
	  – 피해자를 성적으로 착취·가해한 후 이를 은폐하기 위해 회유하거나 협박하는 것도 포함된다.
	• 그루밍 성범죄의 일반적인 6단계
	  – 피해자 고르기 ➡ 피해자와 신뢰 쌓기 ➡ 피해자의 욕구 충족시키기 ➡ 피해자 고립시키기 ➡ 피해자와 자연스러운 신체 접촉을 유도하며 성적인 관계 형성하기 ➡ 협박과 회유를 통한 통제

주의사항	• 아동이 다른 사람에 대해 지나치게 공포감을 갖지 않도록 유의한다.
	• 과도하게 '성폭력'이라는 주제에 대해서 강조하여 주의시키거나 관심을 끌기보다는 일상생활 속에서 경험하고 느끼는 감정이나 생각하는 것들에 대하여 서로 이야기하는 시간을 갖는 것이 중요하다.
	• 아동의 말을 잘 들어 주고, 아동이 혼란스럽지 않게 설명해 주며, 문제발생 시 "네 잘못이 아니야."라는 말과 따뜻한 포옹 등도 중요하다.
	• 어른들의 눈으로부터 아동에 대한 사각지대가 발생하지 않도록 한다.
	• 교육공간에서 문제발생 시 사실관계를 명확하게 밝히고 재발 방지를 위해 노력한다.
	• 아동의 특징을 이해하고 적절하게 지원한다.
	
	| 아동의 특징 |
	• 아동은 힘이 없다.
	• 아동은 기본적인 욕구를 충족하기 위해 성인에게 의존할 수밖에 없다.
	• 아동은 모든 성인을 믿는다.
	  – 특별한 교육을 받지 않은 8세 이하의 어린이는 친절하게 행동하는 모든 성인을 잘 믿는다. 심지어 근친강간이나 가정폭력으로 교도소에 있다 할지라도 아동은 자신을 폭행한 사람을 유일한 보호자라고 생각하기도 한다.
	• 아동은 성인의 동기나 의도를 평가할 수 있는 능력이 부족하다.
	  – Piaget의 도덕성 발달이론에 의하면 특히 7세 이하의 어린이는 다른 사람의 동기를 판단할 수 있는 능력이 없고, 어떤 행동을 평가할 때는 그 사람의 동기나 의도가 아니라 외모나 태도 또는 나타난 행동의 결과로 선악을 판단한다고 한다.
	• 아동은 성폭력을 애정표현이나 애정의 증거로 오해하기도 한다.
	  – 교육을 받지 않은 아동은 성폭력적인 행동을 사람들이 서로 사랑할 때 보통으로 할 수 있는 행동으로 받아들일 수 있다. 가해자들은 이러한 특성을 악용하여 성폭력을 행한 뒤 "너를 예뻐해 준거야.", "사랑해서~"라고 아이들을 속이기도 한다.

(4) 아동 성폭력 발생 시 대처방법

너무 놀라거나 당황스러움을 표현하지 않기	부모가 너무 과도하게 놀라움과 당황스러움, 한숨 쉬는 행동 등을 표현할 경우 아동은 자신이 피해사실을 이야기한 것이 잘못한 일이라는 느낌을 받을 수 있다.
야단치지 않기	"왜 조심하지 않았니?", "왜 도망하지 않았어?"라는 말은 아동에 대한 질책이 될 수 있으며, 아동 자신 때문에 일어났다는 잘못된 생각을 가질 수 있으므로 "네 잘못이 아니야."라고 다독여 준다.
감정적으로 동요하지 않기	어른이 감정적으로 동요하거나 '나 때문에 부모님이 힘들어졌다'고 느끼지 않도록 덤덤하게 대하는 것도 매우 중요하다. 또 아이의 행동을 비난하지 말아야 한다.
이야기를 들어주고 공감하기	피해를 당한 아이가 어떠한 감정이었는지, 어떤 느낌이었는지 파악하는 게 중요하다. 아이가 힘들었던 것에 대해 얘기할 때 잘 들어주고, 공감해 준다.
피해자의 입장에서 문제에 접근하기	피해자의 입장에서 문제를 접근해야 하며, 부모나 교사의 성인지나 가치관이 왜곡되지 않았는지 돌아보아야 한다.
너무 자세하게 캐묻지 않기	아동은 기억나지 않는 부분이나 말하기 힘든 부분에 대해 그냥 얼버무리거나 거짓으로 대답할 수도 있다. 아동의 혼란스러운 기분을 충분히 안정시킨 후 편안하게 이야기할 수 있도록 기다려 준다.
가능한 한 증거를 보존하기	너무 당황한 나머지 정액이나 혈흔 등이 묻은 중요한 증거물을 없애는 경우가 있으므로, 법적인 조치를 취할 경우 필요한 증거물을 보존할 수 있도록 한다.
그 외	• 피해사실을 알게 된 후 차분하고 침착하게 대처한다. • 아동에게 피해사실을 충분히 표현할 수 있도록 편안한 분위기를 조성해준다. • 피해사실에 대해 아동에게 반복해서 묻거나 확인하지 않는다. • 아동이 자발적으로 피해사실에 대해 이야기하면 못하게 막지 말고 잘 듣고 공감해준다. • 가해자, 피해공간 등 피해상황을 떠올리게 하는 자극을 피한다. • 사건 처리과정에 아동을 관련시키지 않도록 한다. • 아동에게 피해사실의 심각성을 부각시키지 말고 가능한 한 빨리 일상생활로 돌아갈 수 있도록 격려해 준다.

Plus

성폭력 피해아동을 도와줄 수 있는 기관

해바라기센터	폭력 피해아동의 신체적·정신적 피해에 대한 종합 진료체계를 구축하여 피해아동 중심의 종합 서비스와 전문가 그룹에 의한 후유증치료를 실시함으로써 성폭력 피해아동의 건강한 성장과 부모 및 보호자의 정신건강 증진을 돕는다.
아동보호전문기관	아동학대 신고접수, 현장조사 및 응급보호, 상담과 교육, 사후관리 등 각종 서비스 제공업무를 수행한다.

(5) 디지털 성범죄

개념		디지털 성범죄는 개인 간의 사소한 문제가 아닌 사회구조적으로 발생하는 성폭력에 해당하며, 현행법으로도 처벌되고 있는 명백한 범죄행위이다.
유형	불법 촬영	치마 속, 뒷모습, 전신, 얼굴, 나체, 용변 보는 행위, 성행위 등
	비동의 유포, 재유포	웹하드, 포르노 사이트, SNS 등에 업로드, 단톡방에 유포
	유통, 공유	웹하드, 포르노 사이트, SNS 등의 사업자 및 이용자
	유포 협박	• 가족이나 지인에게 유포하겠다는 협박 • 이별 후 재회를 요구하며 협박, 유포 • 협박으로 금전 요구 등
	사진 합성	피해자의 일상적 사진을 성적인 사진과 합성 후 유포(소위 지인 능욕)
	성적 괴롭힘	사이버 공간 내에서 성적 내용을 포함한 명예훼손이나 모욕 등의 행위
디지털 성범죄 예방 7가지 안전 수칙		• 나와 타인에 대한 개인정보를 올리거나 전송하지 않는다. • 잘 모르는 사람이 보낸 인터넷 링크나 파일을 클릭하지 않는다. • 타인의 동의 없이 사진, 영상을 찍지도, 보내지도, 보지도 않는다. • 타인의 사진, 영상에 성적 이미지를 합성하지 않는다. • 타인의 사진, 영상을 퍼뜨리겠다고 위협하지 않는다. • 잘 모르는 사람이 개인정보를 묻거나 만남을 요구하면 어른에게 알린다. • 촬영, 유포, 협박 등으로 두려움을 느낄 때 전문기관에 도움을 요청한다.
디지털 성범죄 피해 발생 시 대처방법		① 피해 촬영물, URL 등의 증거 확보 ➡ ② *상담 신청 ➡ ③ 디지털 성범죄 피해자 지원센터에 삭제 요청

*상담 신청
한국여성인권진흥원
「디지털성범죄피해자 지원센터」

UNIT 65 성폭력 - 성매매

1 학습목표

감정과 출생 과정에 대한 이해를 통해 나의 감정을 조절하며, 소중한 내 몸을 지키기 위해 노력할 수 있다.

2 누리과정 관련 요소

의사소통
[듣기와 말하기]
자신의 경험, 느낌, 생각을 말한다.

사회관계
[나를 알고 존중하기]
나를 알고 소중히 여긴다.

사회관계
[나를 알고 존중하기]
나의 감정을 알고 상황에 맞게 표현한다.

3 학습주제와 학습의 중점

학습주제	학습의 중점
1. 나의 몸 소중히 여기기	• 내 몸의 삼각지대를 알아본다. • 내 몸의 소중한 곳을 보여주지 않아야 함을 인식한다.
2. 나의 감정 알고 조절하기	• 다양한 나의 감정을 알아본다. • 나의 감정을 긍정적으로 표현할 수 있다.
3. 나의 출생 과정 알아보기	• 나의 출생 과정을 안다. • 나를 소중히 여기는 마음을 갖는다.

④ 나의 몸 소중히 여기기

내 몸의 각 부분과 올바른 명칭 알기	• 머리, 얼굴, 어깨, 가슴, 배, 배꼽, 눈, 코, 입, 귀, 팔, 손, 발, 무릎, 엉덩이, 항문, 음순(여자), 음경(남자) 등 – 신체의 올바른 명칭이 부끄럽거나 이상한 말이 아니라는 것을 지도한다.
안전 삼각지대	• 몸으로 안전 삼각지대를 만들어본다. ① 바른 자세로 서기 ② 팔을 앞으로 나란히 뻗기 ③ 앞으로 나란히 자세에서 손바닥을 마주 붙이기 ④ 그대로 손을 아래로 내리기 – 그대로 손을 내렸을 때 생기는 역삼각형을 '안전 삼각지대'라고 한다. **유의점** 나에게 안전 삼각지대가 있듯이 다른 사람에게도 안전 삼각지대가 있다는 것을 알려준다. • 우리 몸에서 다른 사람에게 보여줄 수 없는 부분이 '안전 삼각지대'라는 것을 알려준다. • 안전 삼각지대를 보호하는 방법을 알아본다. – 다른 사람이 함부로 보거나 만지지 못하게 한다. – 더러운 손으로 만지지 않고 자주 씻는다. – 다치지 않도록 조심한다.

⑤ 나의 감정 알고 조절하기

감정을 나타내는 말	즐거워, 기뻐, 좋아, 행복해, 슬퍼, 화가 나, 부끄러워, 짜증나 등
감정을 표현하는 다양한 방법	표정, 언어(목소리, 말, 말투), 행동(손짓, 몸짓)으로 표현할 수 있다.
감정을 표현하는 적절한 방법	• 나의 감정을 솔직하게 말로 표현한다. • 너무 화나거나 슬플 때는 감정이 가라앉을 때까지 잠시 기다린 후 표현한다. • 직접 말로 표현하기 어려울 때는 글을 쓰거나 그림으로 그려서 전달한다. **유의점** 긍정적인 표현뿐만 아니라, 부정적인 표현도 필요할 때가 있음을 알도록 지도한다.
공감표현을 잘하는 아이로 키우기 위한 방법	• 아이의 행동을 관찰한다. • 아이에게 직접 기분을 묻는다. • 아이가 느끼는 감정을 확실히 알 수 있게 해야 한다. • 아이의 말을 잘 들어준다. • 자신의 감정에 자신감을 갖도록 도와야 한다. • 아이와 함께 충분한 이야기를 나눈다. • 타인에 대한 이해 능력을 길러준다.

❻ 나의 출생 과정 알아보기

나의 출생 과정 알아보기	• 내가 아기일 때 사진을 보며 지금의 모습과 다른 점을 찾아본다.
	• 출생 과정을 표현해 본다.
	   - 정자와 난자가 만난 모습
	   - 아기집 속에서의 태아 모습
	   - 출산 과정의 아기 모습 등
	   유의점 훌라후프를 이용해 산도를 만들어 출산 과정의 아기를 표현해 본다.
	• 어른으로 성장한 나의 모습을 상상해 본다.

UNIT 66 아동학대

#KEYWORD 정서적 학대, 방임, 아동학대범죄의 처벌 등에 관한 특례법

❶ 학습목표

나의 권리를 알고, 아동학대 상황 발생 시 대처하는 방법을 실천할 수 있다.

❷ 누리과정 관련 요소

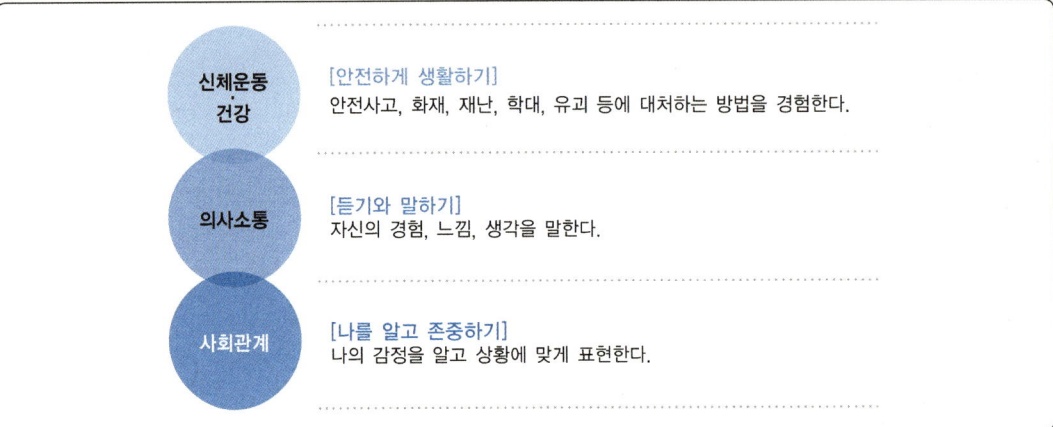

❸ 학습주제와 학습의 중점

학습주제	학습의 중점
1. 아동학대 의미와 사례 알아보기	• 아동학대 상황을 인식할 수 있다. • 아동학대 사례를 구체적으로 알아본다.
2. 아동학대 대처 방법 알아보기	• 아동학대 상황 발생 시 도움 요청하는 방법을 알고 실천한다. • 유치원 주변에서 '아동안전지킴이집'을 찾아본다.

❹ 아동학대 예방 – 어린이집 보육교직원 아동학대 예방교육

아동학대 예방을 위한 기본 전제

- 교직원이 자신의 부주의한 지도 행위가 영유아에게 어떻게 인식될 것인지에 대해 감수성이 부족하거나 자기경계가 흐려져 이를 개선하지 못한 채 은밀성, 반복성, 고의성을 띠면 아동학대 행위로 심화될 위험이 있다.

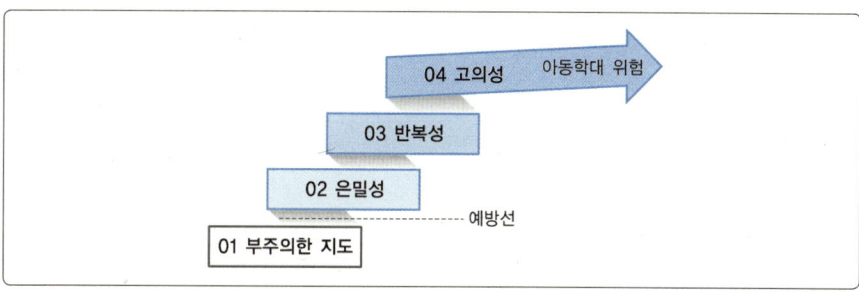

- 기관에서는 부주의한 지도의 요소가 나타날 때 이를 아동학대 사고의 니어미스(Near Miss)라 인식하고, 즉시 교직원의 행동이나 업무환경을 변화시킴으로써 권리존중 교육이 일상화되도록 노력하여야 한다.
  - 니어미스(Near Miss)란 하마터면 안전사고가 일어날 뻔했으나 다행히 사고로 이어지지 않은 것을 의미한다.
  - 안전관리 분야에서는 종사자가 니어미스를 경험했을 경우 이를 보고하도록 한다. 그리고 그 원인을 파악하여 종사자의 행동이나 업무 환경을 변화시킴으로써 안전사고를 미연에 예방, 관리하는 것을 원칙으로 한다.

기관
평소 일과를 모니터링하여 교직원의 부주의한 지도가 행위자 스스로 혹은 주변의 관찰에 의해 탐지되고 중재되도록 노력하여야 한다. 또한 교직원의 부주의한 지도가 이루어지는 원인을 분석하여 교사 연수, 보호자와의 협력 등 개선 방안을 모색함으로써 부주의한 지도가 아동학대 사고로 이어지는 것을 적극 예방하여야 한다.

교직원
아동학대의 기준에 대해 명확하게 인식하고 아동학대 행위 발생 시 그것이 훈육을 위한 행동이었다거나 혹은 부주의한 지도였다고 호도하지 않도록 유의하여야 한다.

권리존중 행동지도	영유아에 대한 부주의한 지도 행위를 중재하는 가장 직접적인 원리는 교직원으로 하여금 행동의 부정적 요소를 들어내고 대신 그곳에 권리존중의 바람직한 행동 요소를 갖추도록 지원하는 것이다.	
	영유아의 권리를 존중하는 요소	**교직원의 행동에 권리존중 요소가 빠질 때 대신 나타나기 쉬운 요소**
	• 기다려주기 • 영유아의 언어적·비언어적 요구를 경청하기 • 영유아가 나타내는 정서에 공감해주기 • 할 수 없거나 해서는 안 되는 것에 대해 한계 설정해주기 • 영유아가 자신의 요구를 충족시킬 수 있도록 대안을 제시하기	• 무시 　예 영아가 계속 칭얼거리며 옷을 잡아당기는데 못본 척함 • 비난 　예 실수로 식판을 쏟았는데, "아휴!"하며 혀를 차서 유아가 눈치를 봄 • 조롱 　예 "잘한다. 너 계속 그러다가 넘어질 줄 알았다." • 거짓협박 　예 "교실로 들어가자! 꼴찌지? 너는 혼자 놀아! 우리는 간다!" • 차별 　예 "너는 오늘 계속 딴 짓을 했으니, 선생님이 ○○이만 해 줄 거예요." • 거친 접촉 　예 팔을 부주의하게 잡아당김
교사 역할	• 하루일과를 통해 권리존중의 기초선(Base-line)이 유지될 수 있도록 한다. 　- 이를 위해 영유아와의 상호작용에서 나타날 수 있는 부주의한 지도의 요소를 인식하고, 이를 권리존중의 요소로 바꾸어 상호작용해야 한다. 　- 즉, 교사는 부주의한 지도 대신 경청, 공감, 대안 및 한계 제시하기 등 긍정적인 영유아 권리존중 지도를 할 수 있도록 노력해야 하며, 반복되는 문제행동에 대해서는 긍정적인 행동 지도를 할 수 있어야 한다. **영유아 권리존중 상호작용의 5가지** • 경청하기: 영유아의 언어적·비언어적 요구 경청하기 　예 "친구 자동차가 재미있어 보여서 그랬구나~" • 공감하기: 영유아가 나타내는 정서에 공감해주기 　예 "친구들이 함께 놀아주지 않아서 속상했구나~" • 한계설정: 할 수 없거나 해서는 안 되는 것에 대해 한계설정하기 　예 "지금은 낮잠 시간이라 조용하지? 조용해야 친구들이 잠을 잘 수 있단다." • 대안제시: 영유아가 자신의 요구를 충족시킬 수 있도록 대안제시하기 　예 "바닥에 있는 놀잇감 중에서 나무로 만들어진 것만 정리해 볼까?" • 기다리기: 영유아의 정서 조절, 한계 수용, 제안 선택을 기다려주기 　예 "친구랑 순서대로 소리를 내니까 멋진 음악이 되었네!" **긍정적 행동 지도** • 행동의 패턴과 원인을 살펴보기 • 행동이 반복되지 않도록 환경을 조정하기 • 대안 행동을 안내하고 격려해주기	

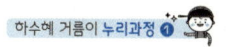

멈추기	• 교사의 권리존중 지도 노력에도 불구하고, 영유아가 지속적으로 거부하는 등 지도가 잘 이루어지지 않을 때, 분노나 좌절로 인한 아동학대의 함정에 빠져들지 않기 위해서 교사는 '멈추기'를 해야 할 때가 있다.
	– 멈추기는 영유아의 곁에서 머물면서 영유아가 스스로 진정할 수 있도록 기다리는 것이다.
	① 감정 조절하기: 복식호흡을 10회 하기, 잠시 창문 밖을 보며 물을 마시기, 스트레칭을 하며 근육의 긴장을 풀기
	② 생각하기: 원인과 책임에 대한 즉각적인 판단을 유보하고 현재 가능한 해결을 지향하기
	③ 도움 구하기
	  ▸ 급박한 상황 시 원장과 동료에게 지원을 요청하기
	  ▸ 전문가의 도움 필요시 교육(지원)청에 지원을 요청하기

5 아동학대의 개념 및 아동학대의 유사 개념

법률적 정의	• "아동학대"란 보호자를 포함한 성인이 아동의 건강 또는 복지를 해치거나 정상적 발달을 저해할 수 있는 신체적·정신적·성적 폭력이나 가혹행위를 하는 것과 아동의 보호자가 아동을 유기하거나 방임하는 것을 말한다(『아동복지법』 제3조제7항). – 이는 "아동의 복지나 아동의 잠정적 발달을 위협하는 보다 넓은 범위의 행동"으로 확대하여, 신체적 학대뿐만 아니라 정서적 학대나 방임, 아동의 발달을 저해하는 행위나 환경, 더 나아가 아동의 권리보호에 이르는 매우 포괄적인 경우를 규정하고 있다(아동권리보장원).
금지행위 (아동복지법 제17조)	• 아동에게 음란한 행위를 시키거나 이를 매개하는 행위 또는 아동을 대상으로 하는 성희롱 등의 성적 학대행위(제2항) • 아동의 신체에 손상을 주거나 신체의 건강 및 발달을 해치는 신체적 학대행위(제3항) • 아동의 정신건강 및 발달에 해를 끼치는 정서적 학대행위(『가정폭력범죄의 처벌 등에 관한 특례법』 제2조제1호에 따른 가정폭력에 아동을 노출시키는 행위로 인한 경우를 포함한다)(제5항) • 자신의 보호·감독을 받는 아동을 유기하거나 의식주를 포함한 기본적 보호·양육·치료 및 교육을 소홀히 하는 방임행위(제6항)

구분		아동학대	아동학대범죄	가정폭력	성폭력
유사 개념	관련 주요 법령	「아동복지법」	「아동학대처벌법」 「형법」	「가정폭력범죄의 처벌 등에 관한 특례법」	「성폭력범죄의 처벌 등에 관한 특례법」 「아동·청소년의 성보호에 관한 법률」
	가해자	보호자를 포함한 성인	보호자	가정구성원 (동거친족 포함)	제한 없음
	피해자	아동 (18세 미만)	아동 (18세 미만)	가정구성원 (동거친족 포함)	제한 없음
	(참고)	* 지자체는 「아동복지법」에 따라 아동보호·지원, 재학대 예방 등 사례 관리를 위한 복지적 관점에서 수사·사법기관보다 포괄적으로 아동학대 여부 판단 * 이와 달리, 경찰 등 수사·사법기관은 「아동학대처벌법」에 따라 범죄자 처벌 목적의 형사적 관점에서 아동학대범죄 여부 판단 ➔ 따라서, 지자체의 판단과 경찰 등 수사·사법기관의 판단이 다를 수도 있다.			
개념 차이	아동학대와 아동학대범죄	* 아동학대는 아동의 건강 또는 복지를 해치거나 정상적 발달을 저해할 수 있는 행위로서 광의적 개념 * 아동학대범죄는 「아동학대범죄의 처벌 등에 관한 특례법」에서 규정하고 있으며, 이는 아동학대로 인하여 「형법」 등에서 규정한 소정의 죄에 해당하는 결과를 초래하여 형사처벌 또는 보호처분 대상이 되는 행위			
개념 차이	아동학대범죄와 가정폭력범죄	* 가정폭력범죄는 「가정폭력범죄의 처벌 등에 관한 특례법」에서 규정하고 있으며, 이는 가정구성원(배우자 또는 배우자였던 사람, 자기 또는 배우자와 직계존비속 관계에 있거나 있었던 사람, 계부모와 자녀의 관계 또는 적모(嫡母)와 서자(庶子)의 관계에 있거나 있었던 사람, 동거하는 친족) 사이의 신체적, 정신적 또는 재산상 피해를 수반하는 행위인 '가정폭력'으로 인하여 「형법」 등에서 규정한 소정의 죄에 해당하는 결과를 초래하여 형사처벌 또는 보호처분 대상이 되는 행위 * 아동학대범죄(피해자가 18세 미만)에 대하여는 「아동학대처벌법」을 우선 적용한다(「가정폭력처벌법」 제3조).			
	아동학대와 성폭력	* 성폭력은 상대방의 의사에 반하여 성을 매개로 가해지는 모든 폭력(신체적·심리적·언어적·사회적) 행위로 개인의 '성적 자기결정권'을 침해하는 행위를 모두 포괄하는 개념이다. * 누구든지 아동을 대상으로 성적 폭력을 행사하거나 아동에게 성적 행위를 할 경우 「성폭력 처벌법」 또는 「청소년성보호법」에 의거 처벌될 수 있고, 동시에 「아동복지법」(행위자가 보호자일 경우에는 「아동학대처벌법」 적용)으로도 처벌될 수 있다.			

6 아동학대의 유형

신체 학대 (Physical Abuse)	**개념** • 보호자를 포함한 성인이 아동에게 우발적인 사고가 아닌 상황에서 신체적 손상을 입히거나 또는 신체 손상을 입도록 허용한 모든 행위 • 아동의 신체에 손상을 주거나 신체의 건강 및 발달을 해치는 신체적 학대행위(「아동복지법」 제17조제3호) **구체적인 신체학대 행위의 예** • 직접적으로 신체에 가해지는 행위(손・발 등으로 때림, 꼬집고 물어뜯는 행위, 조르고 비트는 행위, 할퀴는 행위 등) • 도구를 사용하여 신체를 가해하는 행위(도구로 때림, 흉기 및 뾰족한 도구로 찌름 등) • 완력을 사용하여 신체를 위협하는 행위(강하게 흔듦, 신체부위를 묶음, 벽에 밀어붙임, 떠밀고 잡음, 아동을 던짐, 거꾸로 매닮, 물에 빠트림 등) • 신체에 유해한 물질로 신체에 가해지는 행위(화학물질 혹은 약물 등으로 신체에 상해를 입히는 행위, 화상을 입힘 등) **징후**	
	신체적 징후	• 설명하기 어려운 신체적 상흔 • 발생 및 회복에 시간차가 있는 상처 • 비슷한 크기의 반복적으로 긁힌 상처 • 사용된 도구의 모양이 그대로 나타나는 상처 • 담배 불 자국, 뜨거운 물에 잠겨 생긴 화상자국, 회음부에 있는 화상자국, 알고 있는 물체모양(다리미 등)의 화상자국, 회복속도가 다양한 화상자국 • 입, 입술, 치은(잇몸), 눈, 외음부 상처 • 긁히거나 물린 자국에 의한 상처 • 손목이나 발목에 긁힌 상처, 영유아에게 발견된 붉게 긁힌 상처 • 성인에 의해 물린 상처 • 겨드랑이, 팔뚝 안쪽, 허벅지 안쪽 등 다치기 어려운 부위의 상처 • 대뇌 출혈, 망막출혈, 양쪽 안구 손상, 머리카락이 뜯겨나간 두피 혈종 등을 동반한 복잡한 두부 손상 • 고막 천공이나 귓불이 찢겨진 상처와 같은 귀 손상 • 골격계 손상, 시간차가 있는 골절, 치유 단계가 다른 여러 부위의 골절, 복합 및 나선형 골절, 척추 손상(특히, 여러 군데의 골절), 영・유아의 긴 뼈에서 나타나는 간단 골절, 회전상 골절, 걷지 못하는 아이에게서 나타나는 대퇴골절, 골막하 출혈의 방사선 사진, 골단 분리, 골막 변형, 골막 석회화 • 간혈종, 간열상, 십이지장 천공, 궤양 등과 같은 복부손상 • 폐 좌상, 기흉, 흉막삼출과 같은 흉부손상
	행동적 징후	• 어른과의 접촉회피 • 다른 아동이 울 때 공포를 나타냄 • 공격적이거나 위축된 극단적 행동 • 부모에 대한 두려움 • 집에 가는 것을 두려워함 • 위험에 대한 지속적인 경계

정서 학대 (Emotional Abuse)	**개념** • 보호자를 포함한 성인이 아동에게 행하는 언어적 모욕, 정서적 위협, 감금이나 억제, 기타 가학적인 행위를 말하며, 언어적, 정신적, 심리적 학대라고도 한다. • 아동의 정신건강 및 발달에 해를 끼치는 정서적 학대행위(「아동복지법」 제17조제5호) **구체적인 정서학대 행위의 예** • 원망적, 거부적, 적대적 또는 경멸적인 언어폭력 등 • 잠을 재우지 않는 것 • 벌거벗겨 내쫓는 행위 • 형제나 친구 등과 비교, 차별, 편애하는 행위 • 가족 내에서 왕따시키는 행위 • 아동이 가정폭력을 목격하도록 하는 행위 • 아동을 시설 등에 버리겠다고 위협하거나 짐을 싸서 쫓아내는 행위 • 미성년자 출입금지 업소에 아동을 데리고 다니는 행위 • 아동의 정서 발달 및 연령상 감당하기 어려운 것을 강요하는 행위(감금, 약취 및 유인, 아동 노동 착취) • 다른 아동을 학대하도록 강요하는 행위 **징후** <table><tr><td>신체적 징후</td><td>• 발달지연 및 성장장애 • 언어 및 신체 발달 저하 • 탈모 • 수면장애 • 식이장애로 인한 위궤양, 복통</td></tr><tr><td>행동적 징후</td><td>• 특정 물건을 계속 빨고 있거나 물어뜯음 • 행동장애(반사회적, 파괴적 행동장애) • 신경성 기질 장애(놀이장애) • 정신신경성 반응(히스테리, 강박, 공포) • 언어장애 • 극단행동, 과잉행동, 자살시도 • 실수에 대한 과잉 반응 • 부모와의 접촉에 대한 두려움</td></tr></table>
성 학대 (Sexual Abuse)	**개념** • 보호자를 포함한 성인이 자신의 성적 충족을 목적으로 아동에게 행하는 모든 성적 행위를 말한다. • 아동에게 음란한 행위를 시키거나 이를 매개하는 행위 또는 아동에게 성적 수치심을 주는 성희롱 등의 성적 학대행위(「아동복지법」 제17조제2호) **구체적인 성적 학대행위의 예** • 자신의 성적만족을 위해 아동을 관찰하거나 아동에게 성적인 노출을 하는 행위(옷을 벗기거나 벗겨서 관찰하는 등의 관음적 행위, 성관계 장면 노출, 나체 및 성기 노출, 자위 행위 노출 및 강요, 음란물을 노출하는 행위 등) • 아동을 성적으로 추행하는 행위(구강추행, 성기추행, 항문추행, 기타 신체부위를 성적으로 추행하는 행위 등) • 아동에게 유사성행위를 하는 행위(드라이성교 등) • 성교를 하는 행위(성기삽입, 구강성교, 항문성교) • 성매매를 시키거나 성매매를 매개하는 행위

	징후		
	신체적 징후	• 소변 또는 대변을 볼 때 통증 호소(대변의 혈액) • 성기 부위의 통증 호소 • 원인을 알 수 없는 복통 • 옷(속옷)이 찢겨 있거나 피에 젖어 있거나 얼룩져 있음 • 입천장의 손상	
		의료기관 등 외부 전문기관에서 발견·확인할 수 있는 신체적 징후	• 성병 감염 • 잦은 요로감염 및 질 감염 • 질이나 음경에 고름, 분비물 • 회음부나 항문 근처 멍, 출혈 • 성기 부위의 통증, 부어오름, 가려움증
	행동적 징후	• 나이에 맞지 않는 성적 행동 및 해박하고 조숙한 성 지식 • 동물이나 장난감을 대상으로 하는 성적인 상호관계 • 지나치게 자주 오랫동안 씻거나 씻겨 달라는 행동 • 특정 유형의 사람들 또는 성에 대한 두려움 • 자존감이 낮거나 자신감이 부족한 것처럼 보이는 모습 • 체중이 갑자기 줄거나 늘어날 정도로 달라진 식습관 • 감정 조절을 잘하지 못하고 자신의 감정에 대해 비밀로 하려는 모습 • 불안해하고 쉽게 잠들지 못함. 악몽을 꾸는 등 공포감 • 어린아이처럼 말하고 오줌을 가리지 못하는 등 퇴행 행동 • 혼자 있기를 거부하거나 지나치게 혼자 있으려고 하는 모습 • 충동성, 산만함 및 주의 집중을 못 하는 모습 • 식이장애, 섭식장애(폭식증, 거식증)	

방임 및 유기 (Neglect)

개념
- 방임: 보호자가 아동에게 위험한 환경에 처하게 하거나 아동에게 필요한 의식주, *의무교육, 의료적 조치 등을 제공하지 않는 행위
- 유기: 보호자가 아동을 보호하지 않고 버리는 행위
- 자신의 보호·감독을 받는 아동을 유기하거나 의식주를 포함한 기본적 보호·양육·치료 및 교육을 소홀히 하는 방임행위(「아동복지법」 제17조제6호)

방임 유형의 예

물리적 방임	• 기본적인 의식주를 제공하지 않는 행위 • 불결한 환경이나 위험한 상태에 아동을 방치하는 행위 • 아동의 출생신고를 하지 않는 행위 • 보호자가 아동들을 가정 내에 두고 가출한 경우 • 아동을 병원에 입원시키고 사라진 경우 • 친족에게 연락하지 않고 무작정 아동을 친족 집 근처에 두고 사라진 경우
교육적 방임	보호자가 특별한 사유 없이 아동의 미인정결석(무단결석)을 방치하는 등 아동에 대한 교육을 소홀히 하는 행위
의료적 방임	아동에게 필요한 의료적 처치 및 개입을 하지 않는 행위

*의무교육
(교육기본법 제8조제1항)
의무교육은 6년의 초등교육 및 3년의 중학교를 의미한다.

징후

신체적 징후	• 끊임없이 배고파하는 모습 • 개인위생이 불량하며 개선되지 않는 지저분한 상태 • 지속적 악취 • 예방접종과 의학적 치료 불이행으로 인한 불량한 건강 상태 • 발달지연 및 성장장애
행동적 징후	• 계절에 맞지 않는 부적절한 옷차림 • 나이에 비해 몸무게가 지나치게 적거나 불균형한 신체 상태 • 부족한 사회성과 의사소통 능력 • 지속적인 피로 호소 또는 불안정감 • 뚜렷한 이유 없이 지각이나 결석이 잦음 • 음식을 구걸 및 훔치거나 먹는 것에 집착하는 모습

❼ 아동학대의 원인 및 결과(영향)

원인		• 이 외에도 아동학대의 원인으로 부모의 미성숙, 아동양육에 대한 지식 부족, 자녀에 대한 지나친 기대, 알코올 및 약물중독 등이 있고, 때로는 사회적 고립, 즉 아동양육의 부담을 덜어줄 수 있는 친척이나 친구 혹은 이웃이 주위에 아무도 없는 경우에도 아동학대가 발생한다. • 아동학대의 원인은 다양하며 하나의 원인이 또 다른 원인을 야기하고 서로 영향을 미치는 특성이 있다

	발달론적 관점	• 아동의 특성에 중점을 두는 것으로, 그 책임이 아동 자신에게 있다.
		  - 즉, 유전학적으로 형성된 아동의 신체적·행동적 특성이 학대를 유발하게 된다는 것이다.
		  - 학대받는 아동들의 상당수가 미숙아이고, 사회적 반응의 결핍을 보이기 때문에, 이러한 아동의 특성들이 학대를 초래하는 고위험 요인이 될 수 있다.

	정신병리학적 관점	• 부모의 특성에 중점을 두는 것으로, 책임 소재는 부모에게 있다. - 부모가 어린 시절에 학대받은 경험이 있거나 병리적 특성을 소유하고 있는 경우 학대가 발생된다고 본다.
	사회심리학적 관점	• 가정의 환경, 부모의 양육태도, 경제수준 등을 포함한 사회문화적 특성에 논점을 두는 것이다. - 즉, 바람직하지 못한 양육태도, 가족 간 상호작용의 부족, 빈곤에 의한 스트레스와 좌절감, 아버지의 실직, 사회적 소회, 아동을 소유물로 인식하거나 신체적 체벌을 용인하는 등의 사회적 분위기로 인하여 아동학대가 발생하고 있다고 본다.
	생태학적 관점	가족, 아동, 사회문화적 특성 등이 복합적으로 서로 영향을 주고받음으로써 아동학대가 발생하고 있다고 본다.

결과 및 영향	• 아동학대가 사회적으로 심각한 문제로 여겨지는 것은 아동학대가 초래하는 부정적인 결과들 때문이다. 아동은 신체적·정신적으로 성장·발달하는 단계에 있기 때문에, 아동학대의 영향이 평생 동안 지속된다는 점에서 문제의 심각성이 있다. – 정신적·신체적 장애를 일으킬 수 있다. 즉, 아동은 정신적·신체적으로 미성숙한 상태에 있기 때문에 자기방어능력이 없다는 점에서 심각한 장애를 입게 될 수 있다. – 학대받는 아동은 다른 사람에 대한 신뢰감을 형성하지 못한다. 대부분의 가해자는 아동이 신뢰하고 의존하는 보호자라는 점에서 아동학대의 심각성은 특히 크며, 이러한 폭력의 결과는 아동의 전 생애에 부정적인 영향을 미친다.

아동학대의 발생 원인 [정익중·오정수 공저(2021), 「아동복지론」, 학지사]

아동학대 발생의 원인을 설명하는 대표적인 관점으로는 아동 자신의 발달적 특성에 초점을 두는 발달론적 관점, 가해자의 정신적 결함이나 이상심리적 특성 등 개인적 요인에 기초한 정신병리학적 관점, 가정배경·부모의 양육태도나 경제수준과 같은 가정의 환경적 특성에 기인하여 학대가 발생한다고 보는 사회심리학적 관점, 아동과 가정을 둘러싼 사회문화적 맥락에서 원인을 찾는 사회문화적 관점, 그리고 여러 가지 관점을 통합하여 학대가 일어난 아동과 가족을 둘러싼 체계 간의 관계에서 원인을 찾는 생태학적 관점 등을 들 수 있다.

이론적 관점	관련 요인
발달론적 관점	• 아동 자신의 특성: 까다로운 기질, 어린 나이, 신체적 혹은 정신적 장애 등 • 부모의 특성: 자녀에 대한 부정적 편견, 자녀양육에 관한 부족한 문제해결 능력, 자녀관리 능력의 결함, 부모 역할 스트레스 등
정신병리학적 관점	가해자의 병리적 특성: 정신과적 문제, 분노, 우울증, 통제력 부족, 낮은 자존감, 완고성, 감정이입 능력의 결함, 약물 의존 또는 남용, 신체 및 건강상의 문제 등
사회심리적 관점	가정의 특징: 세대 간의 아동학대 행위, 부부간의 불화, 가족 간 긍정적 상호작용 부족, 가정의 경제적 스트레스 등
사회문화직 관점	• 상황적 요인: 낮은 사회경제적 지위, 한부모 가구, 실직 혹은 불안정한 직업, 사회적 스트레스, 사회적 고립, 사회적 박탈감 등 • 사회문화적 요인: 사회 전반의 폭력 묵인 분위기, 사회의 체벌 허용 분위기, 사회 내 권력 또는 계층의 차이 등
생태학적 관점	다른 모든 관점의 관련요인들을 통합

아동학대의 발생 요인 [아동권리보장원]

구분	요인
개인	정신장애, 학대경험, 약물중독, 자녀에 대한 비현실적 기대, 충동, 부모 역할에 대한 지식부족 등
가족	빈곤/실업, 사회적 지지 체계 부족, 원만하지 못한 부부관계, 가정폭력, 부모–자녀 간 애착부족 등
사회	자녀를 부모의 소유물로 여김, 체벌의 수용, 피해아동에 대한 법적인 보호 부재 및 미비 등

8 아동학대 예방

[「2024 아동학대 예방 및 대처요령」(어린이집·유치원 가이드북) 교육부]

(1) 아동학대 예방을 위한 교육·보육기관의 역할

아동 권리 존중 문화 조성	• 아동의 권리 존중 조직문화 조성, 아동학대 감수성 증진 • 아동 행동의 이해와 원인 파악 및 대처 • 아동학대 기준에 대한 명확한 인식 • 아동학대 예방을 위한 가정 지원과 소통 • 아동 권리 존중 문화 조성을 위한 지역사회와의 협력
아동학대 조기발견과 대응	• 평상시 아동의 건강과 안전 확인 및 관리 • 평상시 무단결석·미인정결석 등 아동 소재 확인 및 관리 　※ 어린이집(무단결석), 유치원(미인정결석) [이하 동일 적용] • 아동학대 발견이나 의심 시 신속한 신고와 개입
아동학대 예방교육	• 신고의무자(기관의 장과 그 종사자) 대상 아동학대 예방교육 　※ 아동학대 예방 및 신고의무에 관한 법령, 아동학대 신고의무자용 점검표, 아동학대 발견 시 신고 방법, 피해 영유아 보호절차, 신고의무자에 대한 보호 등 교육 • 교사 대상 사례 중심(권리존중 지도) 아동학대 예방 수시 교육 • 아동 대상 아동학대 예방 교육 • 보호자 대상 아동학대 예방 교육 　※ 오리엔테이션(어린이집), 입학 및 보호자 총회(유치원), 부모 참여 행사 시 대면 교육, 온라인 강의, 가정통신문(종이, 모바일), 예방교육 자료 홈페이지 탑재 등 적절한 방법 시행 　※ 교육내용은 예방교육 자료 및 주요 사이트 참고

(2) 아동학대 조기발견과 대응을 위한 교육·보육기관의 역할

① 아동학대 대응 절차별 역할 - 어린이집·유치원

평상시 관리·대응	• 영유아의 건강과 안전 확인 • 보호자와 영유아의 일과 공유 • 영유아, 보호자 대상 아동학대 예방 공유 • 교직원 대상 아동학대 신고의무자 교육 및 관리 • 무단결석·미인정결석 및 퇴학(퇴소) 영유아 관리 • 보호자 동의서(미인정결석 시 가정방문) 사전 취합 **＋Plus** **보호자 동의서** - 미인정결석(무단결석) 시 가정방문의 활용 • 2일 이상 무단결석하는 경우 지자체의 공무원과 함께 가정방문을 할 수 있다는 동의서를 사전에 받는 것이 아동학대 예방에 도움될 수 있음 • 아동의 소재 및 안전이 확인되지 않은 경우 동의서 제출 여부와 관계없이 방문하여 확인하거나 사안에 따라 신고할 수 있음을 고지하는 내용을 포함해야 함 • 퇴소신청서(어린이집), 자퇴(퇴학)신청서(유치원)에 아동의 인적사항 및 퇴소/자퇴 희망일 외에 퇴소/자퇴 사유를 기재하는 란을 포함하여야 함 • 의도적으로 동의서를 제출하지 않았다면 보다 세밀한 관심을 기울이는 과정이 필요함 • 영유아, 보호자, 동료 교사 등의 제보에 대한 관심 • CCTV 설치 운영 및 관리

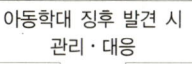

```
아동학대 징후 발견 시
관리·대응
```

대응 절차	어린이집·유치원의 역할
징후 발견	• 아동학대(의심) 징후 파악 등 아동학대 의심 신고 필요성 확인 • 피해 영유아의 신체 또는 행동적 이상 징후 기록(영유아의 신체 또는 정서적 이상 징후 기록 및 보호자 면담) 　※ 면담 가능 시 면담 내용 기록 • 필요시 외부기관 및 전문가 자문, 특수교사 및 특수교육 전문가 협조 의뢰 　※ 장애아동의 의견진술 기회 확보 및 진술 조력 등 　※ 보건교사(간호사 등) 협조 요청 가능
아동학대 신고	• 아동학대 신고(112) 및 신고내용 비밀 엄수 • 아동학대 증거 확보(사진, 동영상 등) • 아동학대 사안 보고 • 어린이집 원장 ➡ 지자체 보고 • 유치원장 ➡ 교육(지원)청 보고 • 피해 영유아 보호를 위한 긴급대책 마련
응급상황시	• 치료적 개입이 필요하거나 응급상황 발생 시 즉시 병원 이송 • 위험 상황으로부터 피해 영유아의 안전확보 및 보호 • 학대(의심)행위자가 보호자인 경우 경찰, 아동학대전담공무원 도착 전까지 피해 영유아의 안전한 보호 또는 관련 방안 마련
현장조사	**경찰, 지자체** • 피해 영유아 조사가 필요한 경우 어린이집, 유치원 내 독립된 장소 마련 　※ 필요시 피해 영유아와 친밀한 관계가 형성되어 있는 교사가 함께 조사에 참여 • 조사 시 필요한 관련 자료(기관 현황, 원아명단, 교직원 명단), 피해 영유아 인적사항 확인, 보호자 동의서 확인 등 요청 협조 **유치원** • 필수면담 대상자(담임교사 등) 조사 협조
조치 결정	• 피해 영유아의 정보 노출과 비밀 누설 금지 • 지속적 관찰을 통한 피해 영유아 상태 확인 • 2차 피해 방지를 위한 노력 • 피해 영유아의 생활기록부(안전을 위해 변경된 주소 누가 기록 지양) 등 각종 기록 관리 및 보호 지원
사후관리	• 피해 영유아 및 신고자에 대한 비밀 누설 금지 • 피해 영유아에 대한 재학대 여부 지속 관찰 　※ 피해 영유아의 학대행위자가 보호자인 경우 아동보호전문기관의 사례관리(가정방문 등)가 어려울 시 피해 영유아의 안전점검 또는 일상생활 모니터링을 협조할 수 있음 • 재학대 의심상황 발생 시 112에 신고 • 지자체 통합사례회의 참석 및 협조 • 피해 영유아에 대한 상담 및 보호, 심리치료 연계 지원 • 유관기관과의 아동 보호 및 재학대 방지를 위한 협력 등 • 필요시, 아동보호전문기관의 피해아동 상담 등 지원을 위해 유치원 내 적절한 장소 제공 협조

② 아동학대 대응 절차별 관리기관의 역할 - 관리기관[지자체, 교육(지원)청]

대응 절차	주요 역할
평상시	• 아동학대 예방 지원 및 관리 • 피해 영유아의 인권 보호 및 위기가정을 위한 긴급복지 지원 신고 • 아동학대 대응을 위한 지자체 정보연계협의체 회의 참석 및 협조
사안 발생 시	• 아동학대 사안처리 지원 및 관리 　※ 장애아동 대상 학대 사안 발생 시 '교육(지원)청 장애학생 인권지원단(유치원) 및 지역장애인권옹호기관'과 공유 　※ 성학대 의심 사안 발생 시 '해바라기센터'와 공유 • 아동학대전담공무원, 경찰조사 시 관련 적극 협조 • 집단시설 내 아동학대(의심) 사례 발생 시 지자체와 경찰의 합동조사 진행 협조 [피해(의심)영유아 보호자 조사 고지, 목격 영유아 보호자 사전동의, 자료제공 등] 　※ 자료제공의 예시 : 시설 이용 아동인원, 아동학대행위(의심)자 정보제공 등 • 피해 영유아 지원 체계 연계 및 협조 • 아동학대 관련 주요 교육 지원(맞춤형 지원 등) • 유관기관(지자체, 경찰, 아동보호전문기관 등) 대상 업무 협조 **유치원** • 교원의 정당한 유아생활지도가 「아동학대범죄의 처벌 등에 관한 특례법」 제2조 제4호에 따른 아동학대범죄로 신고되어 소속 교원에 대한 조사 또는 수사가 진행되는 경우에는 교육감 의견서 제출(「교원지위법」 제17조 제1항) • 지역교권보호위원회에서 교육활동 침해 보호자 등에 대한 조치 및 관련된 분쟁의 조정을 할 수 있음(「교원지위법」 제18조 제2항)
사후관리	• 피해 영유아에 대한 재학대 여부 지속 관찰 • 피해 영유아 회복을 위한 통합지원 적극 연계 협조

참고

미인정결석 시 정보제공 및 가정방문 동의서 예시

양식 5   **영유아의 안전한 보호와 양육을 위한 보호자 동의서 (유치원)**

안녕하십니까? 최근에 드러난 아동학대는 모든 영역에서 유아의 안전을 위해 보다 적극적인 노력을 기울여야함을 보여주고 있습니다. 우리 유치원은 아동 안전을 위해 미인정결석에 대한 관리와 대응을 강화하고자 합니다.

근거: 「아동복지법」, 「아동학대범죄의 처벌」 등에 관한 특례법

♣ 보호자님, 유아의 결석은 반드시 사전에 알려주시기 바랍니다. 결석 시 사전에 유치원으로 연락하지 않거나 보호자와 연락이 되지 않는 경우, 미인정결석으로 간주하여 다음과 같은 절차를 진행하겠습니다.

1일		2일(전화 연락이 되지 않을 경우)	
전화 연락	▶ 필요할 경우 유아와 통화 ▶	가정방문	▶ 가정방문 결과에 따라 시청 아동보호전문기관 상담 또는 112 신고

1. 1일차에는 담임교사가 가정으로 전화 연락을 실시합니다.
2. 2일차에도 연락이 되지 않을 경우에는 유관 기관과 협조하여 **가정방문**을 실시합니다.
3. 가정방문 결과 아동과 연락이 되지 않거나 소재 안전이 확인되지 않는 경우 아동학대가 의심되는 경우로 판단하여 **아동보호전문기관 상담** 또는 **수사기관(112)에 신고**합니다.

미인정결석 시 정보제공 및 가정방문 동의서

정보제공 동의	제3자 제공 동의
1. 수집이용목적: 유아 소재·안전 파악 2. 수집항목: 유아명, 학급명, 성별, 생년월일, 주소, 전화번호, 보호자명 3. 이용 및 보유기간: 해당 업무 종료 시까지 4. 동의를 거부할 수 있으며 동의 거부시 미인정결석 유아의 소재·안전 파악에 제한이 있을 수 있습니다. 개인정보 수집 동의 □예 □아니오	1. 제공받는 자: 읍면동 주민자치센터, 지자체(아동학대전담공무원), 아동보호전문기관, 수사기관 2. 제공받는 자의 이용 목적: 유아 소재·안전 파악 3. 제공하는 항목: 수집항목과 일치 4. 제공받는 자의 보유이용기간: 해당업무 종료 시까지 5. 동의를 거부할 수 있으며 동의 거부 시 미인정결석 유아의 소재·안전 파악에 제한이 있을 수 있습니다. 개인정보 제3자 제공 동의 □예 □아니오

가정방문 동의	
1. 이용목적: 아동 소재·안전 파악 2. 동의를 거부할 수 있으며 동의 거부 시 미인정결석 유아의 소재·안전 파악에 제한이 있을 수 있습니다.	가정방문 동의 □예 □아니오

반 명		반	유아명	
보호자(동의자) 성명				(서명) 또는 (인)

년   월   일

○○유치원장 귀하

(3) 무단결석·미인정결석 관리 및 대응

- 세부 절차 및 관리 방안은 각 시·도 지침에 의함

	시기	조치 필요사항	비고
무단결석·미인정결석 영유아에 대한 대응(안)	결석 1일 차	• 담임교사는 유선으로 결석 사유와 영유아의 안전을 확인하고 다음 출석일을 확인 • 유선 연락이 되지 않는 경우 원장·원감에게 보고하고 지속적 연락 시도	• **출석 인정범위**: 천재지변, 법정감염병, 미세먼지, 교외체험학습, 공권력행사로 출석하지 못하는 경우, 기타 부득이한 사유로 원장의 허가를 받아 결석하는 경우(예 부모의 출산), 질병 및 부상 등 • (유치원) 미인정결석 영유아에 대한 조치 결과 관리대장 작성
	결석 2일 차	• 수시로 보호자에게 유선 연락을 실시하여 영유아의 안전을 확인 • 유선으로 영유아의 안전이 확인되지 않는 경우 가정방문을 실시하여 영유아의 안전을 직접 확인 ※ 지자체 아동학대전담공무원 등 협조 • 가정방문은 교직원, 읍·면·동의 사회복지전담(또는 관련 업무 담당) 직원으로 구성된 2인이 함께 실시 • 가정방문 결과 아동학대가 의심되거나 영유아의 소재·안전이 확인되지 않는 경우 수사기관(112)에 신고	• 교사의 신변 위협, 아동학대가 의심되는 경우, 가정방문 단계(공문을 통한 수사 의뢰 전)부터 원장이 유선으로 경찰 동행요청 가능 • 민원상담, 실종신고 182로 문의 • (유치원) 미인정결석 영유아에 대한 조치 결과 관리대장 작성
	사후 관리	• 수사기관에서 협조 요청 시 영유아의 상태 등에 대해 안내 및 기타 요청사항에 대해 적극 협조 • 미인정(무단)결석 영유아가 재등원하였을 경우 영유아의 심리·정서 상태를 고려하여 적절하게 조치 • 원장은 해당 보호자에 대해 면담 또는 부모교육 등 실시	
반복적 무단결석·미인정결석 관리		• 유아학비 지원 규정에 의한 수업일수 미달 시 학비 지원이 제한됨을 안내 • 유치원 규칙에 의해 일정기간 이상 무단결석 시 퇴학 처리될 수 있음을 안내 • 미인정결석 *집중관리 대상자는 관리카드에 세부 결석 이력 관리 • 현장학습·교외체험학습 등으로 결석이 반복·지속되는 장기 미인정결석 영유아는 소재·안전 확인 이후에도 대면관찰 실시 • 장기결석의 경우 출석인정사유에 해당하더라도, 수시로 연락하여 영유아의 안전을 확인 • 아동학대 우려가 있을 경우 지역 내 유관기관협의체에 상세 안내	

*집중관리 대상자 소재·안전 미확인, 아동학대 우려, 자살관심군, 홈스쿨링 등의 사유로 학교장 또는 교육(지원)청이 집중관리가 필요하다고 판단한 아동 또는 청소년

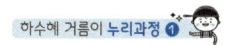

결석 아동에 대한 관리·대응 [어린이집 보육교직원 아동학대 예방교육(2024)]

어린이집에 결석한 유아는 반드시 사유를 확인해야 한다.	
매일 확인해야 하는 내용	**2일 이상 무단결석한 경우**
아동이 어린이집을 결석하는 경우, 부모가 교사에게 유선이나 스마트 알림장 등 대화 방법을 통해 어린이집에 알려야 한다. 교사는 아동 결석 당일 지속적으로 연락하여 결석 사유를 확인한다.	2일 이상 무단결석한 경우 가정방문을 할 수 있으며, 아동의 소재, 안전이 확인되지 않은 경우 수사기관(112)에 신고해야 한다. 가정방문 시 보육교직원, 읍·면·동 공무원으로 구성된 2인이 함께 방문한다. ※ 가정방문해야 하는 경우, 각 지역 주민센터(동사무소) 담당 공무원에게 먼저 연락한다.
명확한 사유 없이 퇴소 신청을 할 때에도 아동학대를 의심해볼 수 있다.	

	유형	보호자가 할 일	어린이집·유치원에서 할 일
어린이집 및 유치원의 자퇴·퇴학(퇴소) 영유아에 대한 관리·대응	명확한 사유로 자퇴(퇴소)신청 시 (이사, 기관이동, 질병 등)	명확한 사유가 포함된 자퇴 신청서를 유치원으로 제출	• 자퇴(퇴소)신청서에 명확한 사유 확인 후 퇴학 처리 완료 • e유치원시스템(유아학비지원시스템)에 퇴학 등록
	명확한 사유없이 자퇴(퇴소)신청 시 (특히, 아동학대가 의심되는 경우)	아동(유아)을 동반하여 자퇴(퇴소) 신청서 작성 및 제출	• 영유아 동반을 요청하되 상황이 여의치 않을 경우, 유선으로 유아와 통화하여 소재·안전 확인 • 아동학대가 의심되는 경우 수사기관(112)에 신고 • '가정양육'으로 전환 시 양육수당 대상임을 안내하고 퇴학(퇴소) 처리
(참고) 용어 개념	• 입학(입소) : 만 3세(0세)부터 초등학교 취학 전의 기간 중 최초로 유치원에 들어감 • 자퇴(퇴소) : 전출, 휴학 이외의 개인사정으로 인해 우리 유치원에서의 학적(재학생의 신분)을 중단(의무교육에 해당하는 특수교육대상 유아는 불가)하거나 어린이집에서의 보육서비스를 중단함 • 퇴학 : 유치원규칙에 의해 학적(재학생의 신분)을 박탈함(의무교육에 해당하는 특수교육대상 유아는 불가) • 기타 부득이한 사유로 원장의 허가를 받아 결석하는 경우, 피해 유아가 시설 입소나 학대로 인한 신체적·정신적 피해 등으로 유치원에 출석하기 어려운 경우, 출석을 인정받을 수 있도록 지원 • 미인정(무단)결석 : 기타 합당하지 않은 사유로 결석한 경우, 사전에 유치원으로 연락하지 않거나 보호자와 연락이 되지 않은 경우의 결석		

❾ 아동학대 신고와 사안처리

[「2024 아동학대 예방 및 대처요령」(어린이집·유치원 가이드북) 교육부]

(1) 아동학대 신고 및 사후조치 흐름도

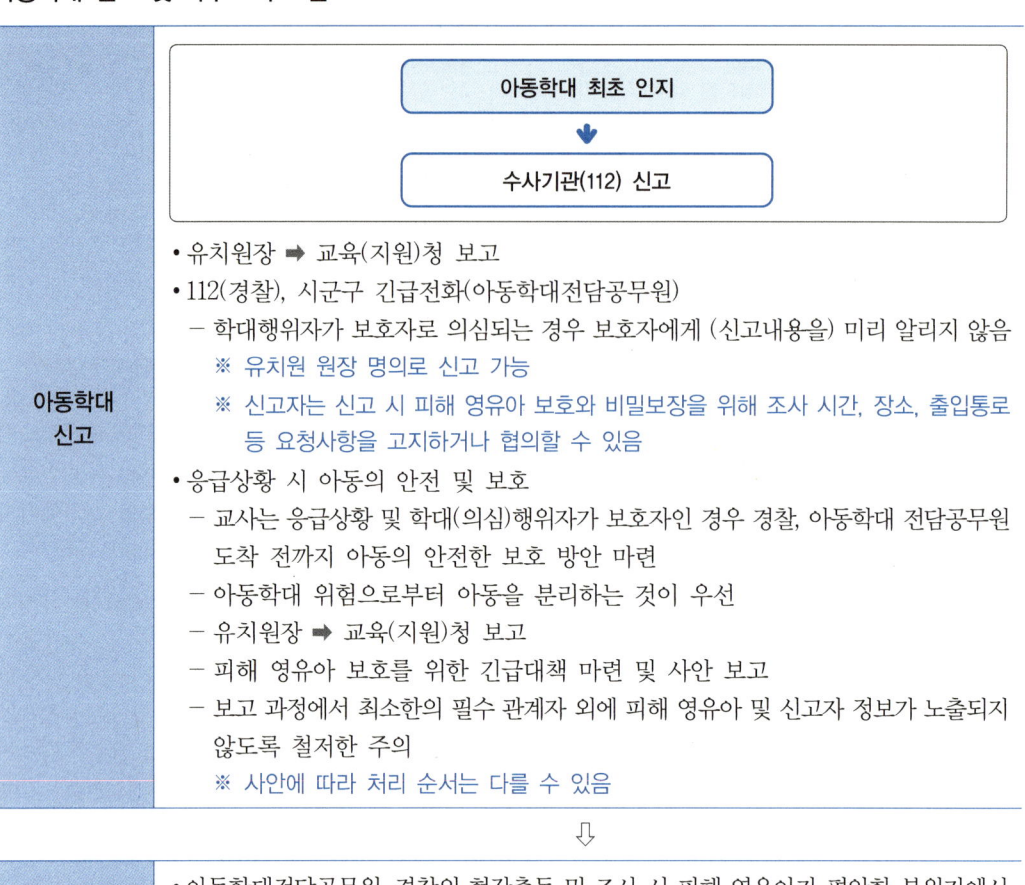

아동학대 신고	아동학대 최초 인지 ⇩ 수사기관(112) 신고 • 유치원장 ➡ 교육(지원)청 보고 • 112(경찰), 시군구 긴급전화(아동학대전담공무원) 　- 학대행위자가 보호자로 의심되는 경우 보호자에게 (신고내용을) 미리 알리지 않음 　　※ 유치원 원장 명의로 신고 가능 　　※ 신고자는 신고 시 피해 영유아 보호와 비밀보장을 위해 조사 시간, 장소, 출입통로 등 요청사항을 고지하거나 협의할 수 있음 • 응급상황 시 아동의 안전 및 보호 　- 교사는 응급상황 및 학대(의심)행위자가 보호자인 경우 경찰, 아동학대 전담공무원 도착 전까지 아동의 안전한 보호 방안 마련 　- 아동학대 위험으로부터 아동을 분리하는 것이 우선 　- 유치원장 ➡ 교육(지원)청 보고 　- 피해 영유아 보호를 위한 긴급대책 마련 및 사안 보고 　- 보고 과정에서 최소한의 필수 관계자 외에 피해 영유아 및 신고자 정보가 노출되지 않도록 철저한 주의 　　※ 사안에 따라 처리 순서는 다를 수 있음
현장 출동	• 아동학대전담공무원, 경찰의 현장출동 및 조사 시 피해 영유아가 편안한 분위기에서 상담을 받을 수 있도록 독립적인 공간 제공 등 협조 • 아동학대(의심) 사안 조사 시 담임교사 등은 필수면담 대상자에 해당 • 사안 조사 시 피해 유아가 원하거나 심리적 안정을 위해 필요한 경우 담임교사나 유아와 친밀한 관계가 형성되어 있는 교사가 동석 가능(단, 진술 개입 금지)
사후조치	사후 지원, 사례 관리 및 서비스 협조 　- 조치 : 피해아동에 대한 응급조치, (일시)보호조치, (임시)보호명령, 피해아동 보호명령, 학대행위자에 대한 긴급임시조치 및 임시조치 ⬇ 피해 영유아에 대한 지속적 경과 관찰 및 다각적 지원방안 마련 ⬇ 최초 신고·보고 후 변동사항 발생 시 지자체(어린이집) 또는 교육(지원)청(유치원)에 수시 보고

(2) 아동학대 사안처리 흐름도

단계별 대응절차	어린이집·유치원의 역할
신고접수	**역할**
신고접수 • 전화: 112(경찰), 시·군·구 긴급전화(아동학대전담공무원) • 방문: 시·도, 시·군·구, 관할 경찰서 ※ 신고자의 신분은 「아동학대처벌법」 제10조, 제62조에 의해 보장됨	**아동학대 신고** • 학대(의심)행위자가 보호자인 경우 신고내용을 알리지 않도록 주의 • 학대(의심)행위자가 보호자인 경우 경찰 및 아동학대전담공무원 도착 전까지 아동의 안전한 보호방안 강구 • 증거 필요시 확보 　- (유치원) 유치원장 및 교육(지원)청 보고 교원 대상 아동학대범죄 신고 사안의 경우 교육감 의견서 작성 및 제출
조사	**역할**
• 경찰 또는 아동학대전담공무원 현장출동 　- 피해 영유아, 학대행위(의심)자 조사 및 증거 수집 　- 관계인 조사 　- 진술 불일치 시 주변인 조사 등 • 지자체의 아동학대 여부 사례판단 • 경찰의 아동학대 조사 ※ 집단시설 내 아동학대 신고 사안의 경우 지자체는 집단시설 관할 행정기관으로 사례판단 결과 통보	• 피해 영유아가 편안한 분위기에서 상담받을 수 있도록 협조 　- 사전에 장소, 시간 등 협의 필수 　- 상담 장면 등이 노출되지 않도록 주의 　- 진술이 오염되지 않도록 유의 　　※ 신고자, 피해 영유아, 가해행위의심자, 사안 관련 비밀엄수 • 관련 자료의 제공 • 담임교사 등 필수 면담자 협조 • (유치원-교육(지원)청) 아동학대전담공무원의 사례판단 결과를 유치원장과 공유, 피해 영유아 보호를 위한 다각적 지원방안(교육복지 및 교육지원방안 안내 등) 마련

피해아동과 학대행위자 조치	
피해아동	학대행위자
① 응급조치	① 긴급임시조치
경찰, 아동학대전담공무원 실시 • 학대행위자에 대한 제지 및 격리 • 피해 영유아를 보호시설 및 의료기관으로 인도	**경찰 실시** • 퇴거 등 격리, 접근금지 • 전기통신을 이용한 접근 금지
② 일시보호조치, 보호조치	② 임시조치
시·도지사, 시장·군수·구청장 실시 • (일시 보호조치) 학대피해가 강하게 의심되고 재학대가 발생할 우려가 있는 경우 등 보호조치를 할 때까지 필요하면 아동일시보호시설 또는 학대피해아동쉼터 등에 일시보호 • (보호조치) 학대피해 영유아 등 보호대상아동을 사례결정위원회 심의를 거쳐 상담·지도, 친인척 보호, 가정위탁, 아동복지시설, 전문치료기관에 입원 또는 입소, 입양	**경찰 신청 ➡ 검사 청구 ➡ 판사 결정** • 퇴거 등 격리, 접근금지 • 전기통신을 이용한 접근 금지 • 친권·후견인 권한 행사 제한·정지 • 상담 및 교육 위탁 • 의료기관, 요양시설 위탁 • 유치장 또는 구치소 유치

역할
• 피해 영유아 학적(생활기록 등) 처리 　- 출석 인정 　- 경찰 수사 및 아동학대전담공무원 조사에 적극 협조 　- 모든 과정은 철저한 비밀 유지 　- 언론의 정보요청 시 개인정보 보호를 위배하지 않도록 주의 • 경찰 수사 및 아동학대전담공무원 조사에 적극 협조 ※ 피해아동의 교육 또는 보육을 담당하는 교직원 또는 보육교직원은 정당한 사유가 없으면 해당 아동의 취학, 진학, 전학 또는 입소(그 변경을 포함한다)의 사실을 아동학대 행위자인 친권자를 포함하여 누구에게든지 누설하여서는 아니 된다. (「아동학대처벌법」 제35조제3항)

사법처리	
피해아동	학대행위자
가정법원의 피해아동 보호명령	수사기관의 수사 및 법원의 판단
• 퇴거 등 격리 • 접근 금지 • 전기통신을 이용한 접근 금지 • 아동복지시설 등 보호 위탁 • 의료기관으로 치료 위탁 • 아동보호전문기관 등 상담·치료위탁 • 가정위탁 • 친권·후견인 권한 행사 제한·정지 ※ 피해아동 보호명령의 청구가 있는 경우 임시보호명령 가능	• 경찰: 수사 후 사건 송치 • 검찰: 결정 전 조사 후 처분 | 경찰	검찰	법원
---	---	---
수사 후 사건 송치	공소 제기 →	형사법원/ 형사판결
	아동 보호 사건 송치	가정법원/ 보호처분
	조건부 기소 유예	종결
	불기소		

↓

사례관리(지속관리)	
피해아동	학대행위자
• 아동보호전문기관 실시 - 상담 및 의료지원 - 사회복지서비스 연계	• 아동보호전문기관 실시 - 보호처분 이행 (아동보호전문기관에의 상담 위탁 등) - 임시조치 등의 결과 상담 - 심리치료, 가정지원 등

역할

- 피해 영유아를 대할 때 이전과 크게 다르지 않은 태도 유지
- 아동의 심리나 재학대 여부 세심하게 관찰 (필요시 아동보호전문기관 공유)
- 재학대 발생 시 112 신고
- 필요시 지자체 통합사례회의 참석
- 최초 신고·보고 후 변동사항 발생 시 지자체(어린이집) 또는 교육(지원)청(유치원)에 수시 보고
- 필요시 아동보호전문기관의 피해아동 상담 등 지원을 위해 어린이집, 유치원 내 적절한 장소 제공 협조

(3) 아동학대 신고

① 아동학대범죄 신고의 실제

아동학대범죄 신고의무제도	제10조(아동학대범죄 신고의무와 절차) ① 누구든지 아동학대범죄를 알게 된 경우나 그 의심이 있는 경우에는 특별시・광역시・특별자치시・도・특별자치도(이하 "시・도"라 한다), 시・군・구(자치구를 말한다. 이하 같다) 또는 수사기관에 신고할 수 있다. <개정 2020. 3. 24.> ② 다음 각 호의 어느 하나에 해당하는 사람이 직무를 수행하면서 아동학대범죄를 알게 된 경우나 그 의심이 있는 경우에는 시・도, 시・군・구 또는 수사기관에 즉시 신고하여야 한다. <개정 2024. 12. 20.>「아동학대처벌법」,「유아교육법」 제2조제2호에 따른 유치원의 장과 그 종사자)

아동학대를
신고해야 하는
경우
	• 아동을 보호하거나 관리, 교육하는 직무 종사자는 아동학대를 발견하거나 아동학대 의심이 있는 경우 의무적으로 신고하여 아동학대범죄를 조기에 발견하고, 피해 영유아를 신속하게 보호하기 위해 노력해야 한다.
	  - 아동에 대한 폭력・유기 등 아동학대 정황이 발견된 경우
	  - 보호자가 정당한 사유 없이 아동 면담을 거절하여 아동학대가 의심되는 경우
	  - 아동이 거주지에 거주하지 않거나 주소지가 확인되지 않아 소재 불명인 경우
	  - 출석 확인이 되지 않거나 이유 없이 2일 이상 연락이 되지 않는 경우
	  - 보호자 연락, 영상통화, 가정방문 등으로 아동학대 의심이 해소되지 않는 경우
	  - 학대행위자로부터 격리 등 아동 보호가 응급한 경우
	  - 가정폭력 사안 발생으로 아동에 대한 학대가 의심되는 경우
	  - 기타 아동학대가 의심되는 경우

아동학대
신고에 필요한
내용
	• 피해(의심)아동의 인적사항
	  - 성명, 성별, 추정 연령, 주소, 전화번호 등 연락처
	• 학대행위(의심)자의 인적사항
	  - 성명, 성별, 추정 연령, 주소, 전화번호 등 연락처, 아동과의 관계, 아동과의 동거 여부, 학대행위(의심)자의 특성 및 성향
	• 피해(의심)아동의 상황
	  - 안전 여부, 응급조치 필요 여부, 심신 상태, 가정 상황 등
	• 기타 사항
	  - 추가 아동 존재 여부(집단 내 다른 아동 또는 아동의 형제・자매 존재 여부), 아동학대행위(의심)자의 현재 상황(심신 상태 등)
	※ 아동학대 신고 시 신고자는「개인정보보호법」제18조(개인정보의 목적 외 이용・제공 제한)에 근거하여 아동의 인적사항, 학대행위(의심)자의 인적사항, 피해(의심)아동의 상황, 기타상황 등을 제공할 수 있으며 학대행위자를 특정할 수 없어도 신고할 수 있음
	※ 신고자가 아동학대 관련 자료를 제출하여도「개인정보보호법」위반이 아님
	「아동복지법」제22조제3항에 따라 시・도지사 또는 시・군・구청장은 아동학대 신고 접수, 조사 업무 등의 수행을 위하여 아동학대 관련 자료 등 개인정보 수집・이용이 불가피한데,「개인정보보호법」제17조제1항제2호는 "법 제15조제1항제2호(법령상 의무를 준수하기 위하여 불가피한 경우)와 제3호(법령 등에서 정하는 소관 업무의 수행을 위하여 불가피한 경우)에 해당하는 경우에는 수집목적 범위 내에서 제3자 제공이 가능하다"는 점을 규정하고 있기 때문임

아동학대 신고 방법	• 전화 : 112(경찰), 시·군·구 긴급전화(아동학대전담공무원) • 방문 : 시·도, 시·군·구, 관할 경찰서 **참고** 신고 전화 예시 ① ○○어린이집/유치원에서 아동학대(의심) 사안에 대하여 신고합니다. ② ○○어린이집/유치원 재원 중인 아동이 아동학대를 당한 것 같아 신고합니다. ③ 아동의 현재 상황은 …… 합니다. 　- 아동의 안전 여부, 응급조치 필요 여부, 아동의 심신 상태, 가정 상황 등 ④ 아동의 인적 상황은 …… 입니다. 　- 이름, 성별, 연령, 주소, 연락처 등 ⑤ 학대행위자로 의심되는 사람은 …… 입니다. 　- 이름, 성별, 나이, 연락처 등 / 단, 학대행위자 정보를 파악하지 못해도 신고 가능 ⑥ 그 외 당부사항은 …… 입니다(신고자 요청 사항 활용). 　- 경찰과 아동학대전담공무원의 동행출동 당부 　- 추후 연락이 필요한 경우 통화 가능한 번호 제공(어린이집/유치원 대표 전화번호 등) 　※ 신고자는 신고 시 피해 영유아의 보호와 비밀보장 등을 위해 조사 시간, 장소, 출입 　　통로 등에 대하여 요청하거나 협의할 수 있음 **참고** 아동학대 관련 제도·절차문의 등 상담 전화 : 보건복지상담센터 129
아동학대 신고 시 주의사항	• 아동학대 최초 인지 시 즉시 신고 　- 신고 지체 시 피해 영유아의 위험 증가, 증거 멸실, 진술의 신빙성 저하 등 　　문제가 발생할 수 있다. • 응급상황 시 아동의 안전 및 보호 　- 아동학대행위자에 의한 심각한 위해가 우려되는 상황이라면 수사기관 및 아동 　　학대전담공무원이 오기 전까지 기관 차원에서 아동을 보호하는 방안을 강구 　　한다. • 학대(의심)행위자에게 신고내용을 미리 알리지 않기 　- 학대행위자가 보호자일 수도 있으므로 신고내용을 보호자에게 미리 알리는 　　등의 행위로 아동학대 증거가 조작 또는 은폐되지 않도록 주의한다. • 가능한 한 증거 사진, 동영상 등을 확보 　- 성학대의 경우 증거 확보를 위해 몸을 씻기거나 옷을 갈아입히지 않는다. • 큰일이 난 것처럼 하지 않고 일상적으로 아동을 대함 　- 피해 영유아가 불안에 빠지지 않도록 평소와 다름없이 대하도록 노력한다. • 현장조사 전에 피해 영유아에게 계속 캐묻거나 유도 질문을 하지 않도록 주의 　- 피해 영유아가 계속된 질문으로 기억에 혼동이 생길 수 있다. • 신고 후에도 수사기관 또는 아동학대전담공무원, 아동보호전문기관과 적극 협조 　- 피해 영유아의 보호와 안전을 위해 관계기관과 지속적으로 협력한다. • 피해 영유아에 대한 정보가 외부에 노출되지 않도록 주의 　- 어린이집, 유치원 내 업무담당자와 관리자 등 정보 공유를 최소화하도록 한다. • 아동학대로 사망 사건 발생 시 나머지 영유아에 대한 트라우마 상담, 치료 고려 　- 관련 전문기관과 연계하여 진행한다.

> **참고** 아동학대범죄 신고로 '인정되지 않은 경우'의 예
> - 담임교사가 아동학대 의심 정황을 발견하고도 확실한 판단이 들지 않아 동료 교사 또는 부장(주임)교사에게만 알리고, 이후 신고가 이루어지지 않은 경우
> - 원장에게 보고만 하고, 수사기관 또는 시·도, 시·군·구(아동학대전담공무원)에 신고하지 않은 경우
> - 아동보호전문기관에 아동학대 관련 문의하여 상담만 하고, 수사기관 또는 시·도, 시·군·구(아동학대전담공무원)에 신고하지 않은 경우
> - 112에 전화하여 신고하였으나, 불성실하거나 허위로 제보한 경우

② 아동학대범죄 신고의무와 신고자 보호

아동학대범죄 신고자 비공개 의무	누구든지 신고인의 인적사항 또는 신고인임을 미루어 알 수 있는 사실을 다른 사람에게 알려주거나 공개 또는 보도하여서는 아니 된다(「아동학대처벌법」 제10조제3항).
「특정범죄신고자 등 보호법」을 준용한 신고자 보호조치	• 아동학대범죄신고자 등에 대하여는 「특정범죄신고자 등 보호법」 제7조부터 제13조까지의 규정을 준용한다(「아동학대처벌법」 제10조의3). - 신고 관련 조서나 그 밖의 서류 작성 시 신고자 인적사항 기재 생략 가능 - 신고자의 인적사항을 다른 사람에게 알려주거나 공개 또는 보도해서는 안 됨 - 신고자에 대한 증인 신문을 영상물로 촬영하여 증거로 할 수 있음 - 법원은 증인 신문 시 신원이 공개되지 않도록 하거나 비공개로 진행 가능 - 법원은 공판기일 지정이나 그 밖의 소송 진행에 필요한 사항 협의 가능 - 검사 또는 경찰서장은 신고자가 보복을 당할 우려가 있는 경우 다음 각 호의 신변 안전 조치 가능 ① 일정 기간 동안의 특정시설에서의 보호 ② 일정 기간 동안의 신변 경호 ③ 참고인 또는 증인으로 출석·귀가 시 동행 ④ 주거에 대한 주기적 순찰이나 폐쇄회로 텔레비전의 설치 등 주거에 대한 보호 ⑤ 그 밖에 신변안전에 필요하다고 인정되는 조치
아동학대범죄 신고자에 대한 불이익조치의 금지	누구든지 아동학대범죄신고자 등에게 아동학대범죄신고 등을 이유로 불이익조치를 하여서는 아니 된다(「아동학대처벌법」 제10조의2).
공익침해행위 신고자 보호	• 아동학대범죄는 공익침해행위에 해당한다. • 아동학대범죄 신고자 등이 공익신고를 이유로 생명·신체에 중대한 위해를 입었거나 입을 우려가 명백한 경우에는 국민권익위원회에 보호에 필요한 조치를 요구할 수 있고, 위원회는 경찰관서의 장에게 보호조치를 하도록 요청 가능하다. • 공익신고를 이유로 신분상 불이익조치를 하여서는 아니 된다(「공익신고자 보호법」 제13조, 제15조).

(4) 현장출동 및 조사
① 현장출동 및 사안 조사

아동학대범죄 현장출동	「아동학대처벌법」 제11조(현장출동) ① 아동학대범죄 신고를 접수한 사법경찰관리나 「아동복지법」 제22조제4항에 따른 아동학대전담공무원(이하 "아동학대전담공무원"이라 한다)은 지체없이 아동학대범죄의 현장에 출동하여야 한다. 이 경우 수사기관의 장이나 시·도지사 또는 시장·군수·구청장은 서로 동행하여 줄 것을 요청할 수 있으며, 그 요청을 받은 수사기관의 장이나 시·도지사 또는 시장·군수·구청장은 정당한 사유가 없으면 사법경찰관리나 아동학대전담공무원이 아동학대범죄 현장에 동행하도록 조치하여야 한다. <개정 2020. 3. 24.> **경찰/아동학대전담공무원** 아동학대범죄 신고를 접수한 경찰이나 아동학대전담공무원은 지체없이 학대(의심) 발생 현장에 출동해야 한다.
아동학대 사안 조사	「아동학대처벌법」 제11조(현장출동) ② 아동학대범죄 신고를 접수한 사법경찰관리나 아동학대전담공무원은 아동학대범죄가 행하여지고 있는 것으로 신고된 현장 또는 피해아동을 보호하기 위하여 필요한 장소에 출입하여 아동 또는 아동학대행위자 등 관계인에 대하여 조사를 하거나 질문을 할 수 있다. 다만, 아동학대전담공무원은 다음 각 호를 위한 범위에서만 아동학대행위자 등 관계인에 대하여 조사 또는 질문을 할 수 있다. <개정 2021. 1. 26.> 1. 피해아동의 보호 2. 「아동복지법」 제22조의4의 사례관리계획에 따른 사례관리 ⑤ 제2항에 따라 조사 또는 질문을 하는 사법경찰관리 또는 아동학대전담공무원은 피해아동, 아동학대범죄신고자등, 목격자 등이 자유롭게 진술할 수 있도록 아동학대행위자로부터 분리된 곳에서 조사하는 등 필요한 조치를 하여야 한다. <신설 2021. 1. 26.> **경찰/아동학대전담공무원** • 경찰과 아동학대전담공무원은 신고현장 또는 피해 영유아를 보호하기 위하여 필요한 장소(어린이집, 유치원 등)에 출입하여 피해 영유아와 아동학대행위자를 분리하여 조사를 실시한다. - 아동의 평소 생활이나 특이사항 등을 파악하기 위하여 아동학대범죄신고자나 담임교사 등이 조사 또는 면담 대상에 포함된다. • 면밀한 조사 이후 아동학대 여부에 대한 사례 판단(지자체)과 혐의 판단(수사기관)이 이루어진다. • 집단시설 내 아동학대 신고 사안의 경우 지자체는 조사완료 및 사례판단 후 해당 집단시설 관할 행정기관에 결과(집단시설명, 사례 판단 근거 및 결과)를 공문으로 통보하고 추후 개입 방향을 협의한다. **경찰** 교원 대상 아동학대범죄 신고 사안에 대해 교육감이 의견서를 제출하는 경우, 수사 및 아동보호사건으로 처리하는 것이 적절한지에 대한 의견을 제시할 때 이를 참고하여야 한다. **지자체** 교원 대상 아동학대범죄 신고 사안에 대해 교육감이 의견서를 제출하는 경우, 아동학대 사례의 판단에 이를 참고하여야 한다.

	어린이집·유치원
	• 아동학대 사안 조사(상담) 시, 피해 영유아가 편안한 분위기에서 상담 받을 수 있도록 기관 내 장소를 제공하고 피해 영유아에 대한 관련 자료 등을 적극 협조한다. – 수사기관 혹은 아동학대전담공무원과 상담시간 및 장소 등에 대하여 사전 협의하여 상담 장면 등이 노출되지 않도록 주의해야 한다. 이는 미상의 성인 집단 방문으로 인해 또래 집단에서 발생할 수 있는 2차 피해 예방을 위함이다. – 영유아를 보호하고 있는 위탁기관을 보호자로 인정하고 적극 협조하며, 아동보호전문기관과 회복지원에 대한 정보 공유 및 협력이 필요하다. – (필요한 경우) 피해 영유아 조사 시 피해 영유아가 원하거나 심리적 안정을 위해서는 담임교사가 동석할 수 있다(단, 진술 개입 금지).
	• 신고·접수된 아동학대(의심) 사안 조사 시 담임교사 등이 필수면담 대상으로 포함되었다(관계부처 합동 '20.7월). – 아동학대전담공무원은 피해 영유아의 보호 및 사례관리를 위한 조사를 할 수 있다. 이 경우 아동학대전담공무원은 아동학대행위자 및 관계인에 대하여 출석·진술 및 자료제출을 요구할 수 있으며, 아동학대행위자 및 관계인은 정당한 사유가 없으면 이에 따라야 한다.

② **사안보고 시 주의사항**

사안보고 시 주의사항	• 보고 과정에서 피해 영유아 및 신고자에 대한 정보가 노출되지 않도록 철저히 주의 – 최소한의 필수 관계자 외 정보 공유나 노출이 금지된다. • 사안 관련 공문작성 시 주의 – 대국민 공개 여부: 비공개 – 공개제한 근거: 6호(개인정보) – 직원 열람제한: 영구 – 기타보안: 열람 시 암호 확인
아동학대 사안 발생 시 언론 대응 후	• 아동학대 신고사례에 대해 언론 인터뷰 요청이 있더라도 단독으로 응해서는 안 되며, 피해 영유아 개인정보 및 신고인의 신분을 알 수 있는 내용 보도는 위법이다. • 언론보도로 신고자와 피해자 모두에게 2차 피해가 발생하지 않도록 언론 창구를 관리자 등 최소 인원으로 한정한다. • 어린이집 관리자 등은 지자체 담당 부서와의 협의 및 자문을 통해 언론 대응한다. • 유치원 관리자 등은 교육(지원)청 담당 부서와의 협의 및 자문을 통해 언론 대응한다.
(참고) 교사가 아동학대 행위자로 신고된 경우 (유치원)	• 교사가 아동학대행위자로 신고된 경우, 원장은 교육(지원)청 아동학대 및 교원업무 담당자와의 협의를 거쳐 필요한 대응(교사 면담, 동선 구분, 수업 교체, 담임 교체 등)을 할 수 있다. • 이때 원장은 피해 영유아의 보호, 사안의 경중, 2차 피해 예방, 피해 영유아 및 그 보호자의 의사, 타 영유아의 학습권 및 목격자 진술, 정당한 교육활동 여부 등 개별 사안의 구체적인 상황을 고려하여 종합적으로 판단한다. ※ 교권 보호 관련 시도교육청별 세부 지침 등을 참고하여 종합적으로 대응

- 다른 영유아들의 피해 여부 등에 대한 구체적 조사가 필요할 경우 전체 학부모 안내 또는 소집을 통해 상황을 공유하고 개인정보동의를 받은 후 조사를 진행한다.
- 유치원과 교육(지원)청은 지자체, 아동보호전문기관 등 아동학대 대응 주관기관 및 교육전문가, 관계자의 의견을 청취할 수 있으며, 필요시 지자체 정보연계협의체 등을 통해 기관 간 협조가 가능하다.
- 교원의 정당한 생활지도 행위가 아동학대범죄로 신고된 경우 교육감은 신속하게 의견을 제출해야 하며, 정당한 사유없이 직위해제 처분이 제한된다.

(5) 피해아동 및 학대행위자 조치

| 피해아동 조치 | 피해아동에 대한 응급조치 | 「아동학대처벌법」 제12조제1항
현장에 출동하거나 아동학대범죄 현장을 발견한 경우 또는 학대현장 이외의 장소에서 학대피해가 확인되고 재학대의 위험이 급박·현저한 경우, 사법경찰관리 또는 아동학대전담공무원은 피해아동, 피해아동의 형제자매인 아동 및 피해아동과 동거하는 아동(이하 "피해아동등"이라 한다)의 보호를 위하여 즉시 응급조치를 하여야 한다. <개정 2016. 5. 29., 2020. 3. 24.>
경찰 또는 아동학대전담공무원
• 학대가 일어나고 있는 현장 이외의 장소라도 학대피해가 확인되고 재학대의 위험이 급박·현저한 경우에는 경찰이나 아동학대전담공무원의 응급조치가 가능하다.

1호. 아동학대범죄 행위의 제지
2호. 아동학대행위자를 피해아동 등으로부터 격리
3호. 피해아동 등을 아동학대 관련 보호시설로 인도
4호. 긴급치료가 필요한 피해아동을 의료기관으로 인도

- 상담을 통하여 학대피해사실이 인지되었고 피해 영유아 등이 가정으로 돌아가게 된다면 재학대의 위험이 현저한 경우, 피해 영유아 등을 행위자로부터 분리하여 안전을 신속히 확보할 필요성이 있다면 응급조치 실시가 가능하다.

• 제2호~제4호 응급조치는 72시간을 넘을 수 없다. 다만, 공휴일이나 토요일이 포함되는 경우로서 피해아동 등의 보호를 위하여 필요하다고 인정되는 경우에는 48시간의 범위에서 그 기간을 연장할 수 있다. 검사가 임시조치를 법원에 청구한 경우에는 법원의 임시조치 결정 시까지 연장된다.
• 경찰이나 아동학대전담공무원은 제3호 및 제4호에 따라 피해아동 등을 분리·인도하여 보호하는 경우 지체없이 피해아동 등을 인도받은 보호시설·의료시설을 관할하는 시·도지사 또는 시장·군수·구청장에게 그 사실을 통보해야 한다. |

피해아동에 대한 보호조치	「아동복지법」 제15조 ① 시·도지사 또는 시장·군수·구청장은 그 관할 구역에서 보호대상아동을 발견하거나 보호자의 의뢰를 받은 때에는 아동의 최상의 이익을 위하여 대통령령으로 정하는 바에 따라 다음 각 호에 해당하는 보호조치를 하여야 한다. <개정 2023. 7. 18.> ⑥ 시·도지사 또는 시장·군수·구청장은 다음 각 호의 어느 하나에 해당하는 경우 제1항제3호부터 제6호까지의 보호조치를 할 때까지 필요하면 아동일시보호시설 또는 학대피해아동쉼터에 보호대상아동을 입소시켜 보호하거나, 적합한 위탁가정 또는 적당하다고 인정하는 자에게 일시 위탁하여 보호(이하 "일시보호조치"라 한다)하게 할 수 있다. <개정 2024. 2. 6.> | 시·도지사 또는 시장·군수·구청장 | 1호. 전담공무원, 민간전문인력 또는 아동위원에게 보호대상아동 또는 그 보호자에 대한 상담·지도를 수행하게 하는 것 2호. 「민법」 제777조제1호 및 제2호에 따른 친족에 해당하는 사람의 가정에서 보호·양육할 수 있도록 조치하는 것 3호. 보호대상아동을 적합한 유형의 가정에 위탁하여 보호·양육할 수 있도록 조치하는 것 4호. 보호대상아동을 보호조치에 적합한 아동복지시설에 입소시키는 것 5호. 성폭력·아동학대피해 등으로 특수한 치료나 요양 등의 보호를 필요로 하는 아동을 전문치료기관 또는 요양소에 입원 또는 입소시키는 것 6호. 「입양특례법」에 따른 입양과 관련하여 필요한 조치를 하는 것 ※ 제3호~제6호 보호조치를 할 때까지 일시보호조치 가능
피해아동에 대한 즉각분리제도	아동학대전담공무원이 아동학대 조사 중 학대피해가 강하게 의심되고 재학대 발생 우려가 있는 등 피해아동의 보호가 필요한 경우 보호조치 결정 시까지 아동일시보호시설, 학대피해아동쉼터 등에 아동을 입소시키거나 적합한 위탁가정 또는 적당하다고 인정하는 자에게 일시위탁하는 제도이다(「아동복지법」 제15조제6항 관련).
피해 영유아 학적(출결) 처리	• 피해 영유아가 시설 입소나 학대로 인한 신체적·정신적 피해 등으로 유치원에 출석하기 어려운 경우, 출석을 인정받을 수 있도록 지원한다. • 지방자치단체, 아동보호전문기관 등으로부터 공문(출결에 대한 학적 처리 요청)을 받아 출석인정 처리할 수 있다.

아동학대행위자 조치	학대행위자에 대한 임시조치	**판사** 판사는 아동학대범죄의 원활한 조사·심리 또는 피해아동 등의 보호를 위하여 필요하다고 인정하는 경우에는 결정으로 아동학대행위자에게 임시조치를 할 수 있다. 1호. 피해아동 등 또는 가정구성원의 주거로부터 퇴거 등 격리 2호. 피해아동 등 또는 가정구성원의 주거, 학교 또는 보호시설 등에서 100미터 이내의 접근금지 3호. 피해아동 등 또는 가정구성원에 대한 「전기통신기본법」 제2조제1호의 전기통신을 이용한 접근금지 4호. 친권 또는 후견인 권한 행사의 제한 또는 정지 5호. 아동보호전문기관 등에의 상담 및 교육 위탁 6호. 의료기관이나 그 밖의 요양시설에의 위탁 7호. 경찰관서의 유치장 또는 구치소에의 유치 ※「아동학대처벌법」 제19조제1항 관련 • 각 호의 임시조치 기간은 2개월을 초과할 수 없다. 다만, 필요한 경우 제1호부터 제3호까지의 임시조치는 두 차례만, 제4호부터 제7호까지의 임시조치는 한 차례만 연장할 수 있다. • 아동학대범죄 재발 우려가 있거나 긴급을 요하는 경우, 사법경찰관은 제1호~제3호까지의 긴급임시조치를 실시할 수 있다.
	학대행위자에 대한 긴급임시조치	**사법경찰관** 사법경찰관은 제12조제1항에 따른 응급조치에도 불구하고 아동학대범죄가 재발될 우려가 있고, 긴급을 요하여 제19조제1항에 따른 법원의 임시조치결정을 받을 수 없을 때에는 직권이나 피해아동 등, 그 법정대리인(아동학대행위자를 제외한다), 변호사, 시·도지사, 시장·군수, 구청장 또는 아동보호전문기관의 상의 신정에 따라 제19조제1항제1호부터 제3호까지의 어느 하나에 해당하는 긴급임시조치를 할 수 있다(「아동학대처벌법」 제13조제1항 관련).

(6) 사법처리 주요 내용

	경찰	검사	법원
수사기관의 수사와 법원의 판단	수사 후 사건 송치	공소제기	형사법원/형사판결
		아동보호사건 송치	가정법원/보호처분
		조건부 기소유예	검찰 단계에서 종결
		불기소	

수사기관의 수사와 법원의 판단

경찰
사법경찰관은 아동학대범죄를 신속히 수사하여 사건을 검사에게 송치한다.

검사
학대행위자는 다음과 같이 처리 가능하다.
- **불기소 결정**: 범죄를 구성하지 아니하거나 인정되지 아니하는 경우 또는 피의사실을 인정할 만한 충분한 증거가 없는 경우 재판으로 넘기지 않고 검찰 단계에서 종결(혐의 없음, 공소권 없음 등)
- **조건부 기소유예**: 상담, 치료 또는 교육받는 것을 조건으로 기소를 유예
- **아동보호사건 송치**: 범죄 사실은 인정되나, 일반 형사사법절차가 아닌 가정법원에서 원가정 회복을 위한 보호처분을 받는 것이 적절하다고 인정하는 경우 가정법원으로 송치
- **공소제기(기소)**: 일반범죄와 동일하게 처벌(징역, 벌금 등)

피해아동에 대한 보호명령

판사
- 「아동학대처벌법」 제47조
  판사는 직권 또는 피해아동, 그 법정대리인, 변호사, 시·도지사 또는 시장·군수·구청장의 청구에 따라 결정으로 피해아동의 보호를 위하여 다음 각 호의 피해아동보호명령을 할 수 있다. <개정 2020. 3. 24.>

- 「아동학대처벌법」 제52조
  관할 법원의 판사는 제47조에 따른 피해아동보호명령의 청구가 있는 경우에 피해아동보호를 위하여 필요하다고 인정하는 때에는 결정으로 임시로 제47조제1항 각 호의 어느 하나에 해당하는 조치(이하 "임시보호명령"이라 한다)를 할 수 있다.

※ 피해아동보호명령
- 경찰, 검찰 등 수사기관을 거치지 않고 피해아동의 실효적인 보호와 학대행위자의 재발 방지를 위한 조치를 가정법원에 요청하는 제도이다.
- 제1호~제8호까지의 피해아동보호명령의 기간은 1년을 초과할 수 없음. 다만, 피해아동의 보호를 위하여 그 기간의 연장이 필요하다고 인정하는 경우 6개월 단위로 그 기간을 연장할 수 있고, 연장된 기간은 피해아동이 성년에 도달하는 때까지로 한다.
- 판사는 피해아동보호명령의 청구가 있는 경우에 임시로 임시보호명령을 할 수 있다.

(7) 아동학대 관련 유치원의 교육활동 보호방안

아동학대 신고 대응 교육감 의견 제출	교원 대상의 무분별한 아동학대 신고로 정당한 교육활동이 위축되는 것을 막기 위하여 아동학대 관련법에 따른 조사·수사 과정에서 학교 현장의 특수성을 고려할 수 있도록 '정당한 교육활동 또는 생활지도' 판단 여부를 담은 교육감 의견서 제출
교원 (피신고자)의 진술 청취	교원이 아동학대 피신고자이면서 신고사항이 교육지원청으로 통보된 사건인 경우, 사안 조사 시 경찰과 아동학대전담공무원이 상호 조율하여 가급적 피신고자의 진술부담을 완화할 수 있는 방식으로 피신고자(교원)의 진술 청취 ※ 같은 날짜에 동일 장소에서 경찰과 아동학대전담공무원이 교대로 진술 청취(장소 등 구체적 방식은 상호 협의하에 결정)

⑩ 피해 영유아 소통과 통합지원
[「2024 아동학대 예방 및 대처요령」(어린이집·유치원 가이드북)교육부]

(1) 피해 영유아의 이해

아동학대의 후유증	\- 생애 초기인 영유아기의 학대 피해는 건강·발달·성장에 부정적인 영향을 미친다. \- 자아개념과 자아존중감의 손상으로 성인기까지 후유증이 남을 수 있고 성인이 되어서도 사회생활, 대인관계, 가정생활 및 부모 역할에 어려움을 겪을 수 있다.	
	신체적 후유증	• 신체적 손상, 성장의 지연 • 신경전달체계 이상으로 인한 생리기능의 변화 등
	심리적 후유증	• 지능 및 인지 기능의 손상 • 감정 조절 기능의 저하·이상, 자기 개념의 손상 • 기관 부적응, 애착 형성의 어려움, 지나친 공격성 및 사회성 위축, 자학적이거나 자기파괴적 행동, 정신병리 등
아동학대 후유증에 영향을 미치는 요인들	• 학대 및 방임 발생 당시 아동의 연령, 발달 상황, 가정환경 • 신체학대, 성학대, 정서학대, 방임 등 학대의 유형 • 학대의 빈도, 기간, 정도 • 피해 영유아와 아동학대행위자와의 관계 • 학대 이후의 생활 • 아동의 기질, 성향 • 아동의 대처 능력이나 적응 능력 • 가족이나 지역사회의 지지 • 전문가들의 개입 방식	

(2) **피해 영유아와 소통 및 대화하기**

- 피해 영유아의 연령 및 발달특성상 자신과 관련된 문제를 객관적으로 인지하거나 보고의 필요성을 인식하지 못할 수 있다.
- 대화에 소극적으로 임할 수 있으므로 교사의 관심과 면밀한 관찰이 필요하다.
- 피해 영유아를 어떻게 대화에 참여시킬 수 있을지, 어떻게 그들의 긍정적 자원을 찾아 대화로 이끌어갈 수 있을지 시도하는 것이 효과적이다.

   🏛 **교사가 유의해야 할 영유아의 발달적 특성**
   - 상황 판단이 자기중심적이다.
   - 주의 집중 시간이 짧다.
   - 연령과 언어발달, 기질에 따라 자신의 생각과 느낌을 말 대신 행동이나 표정으로 표현할 때가 많다.
   - 애착관계를 형성한 보호자의 질문에 따라 답변의 내용이 달라질 수 있다.

   🏛 **학대에 노출된 영유아가 나타내는 특성**
   - 발달지연 : 영유아기에 일관되고 풍부한 경험이 부족하면 동작, 언어, 사회, 인지 발달의 지연이 나타날 수 있다.
   - 섭식행동 문제 : 심각한 방임을 경험한 유아는 음식을 감추거나 모으는 행동을 보일 수 있다.
   - 진정행동 : 머리를 벽에 부딪치거나, 앞뒤로 흔들거나, 긁거나, 상처를 내는 등의 진정행동을 보이기도 한다.
   - 정서문제 : 학대에 노출된 영유아가 나타내는 정서문제의 범위는 매우 넓고 우울과 불안을 동반할 수 있다.
   - 부적절한 모델링 행동 : 학대하는 성인을 모방한 행동, 성인의 성적인 행동에 대한 모방을 나타낼 수 있다.
   - 공격성 : 학대에 노출된 영유아는 또래에게 공격적이거나 잔인한 행동을 나타낼 수 있다.

피해 영유아와 대화하기	긍정적으로 시작하기	좋아하는 것, 잘하는 것, 이전에 잘 해냈던 경험 등에 대해 탐색하고 강화하는 접근이 도움되며, 이러한 대화는 영유아 스스로 자신에 대한 건강한 자기인식을 갖게 한다. 예 무엇을 좋아하나요? / 무엇을 하는 게 좋은가요? / 무엇이 재미있나요?
	현재 상황에 대한 지각 탐색하기	예 유치원에서는 무엇이 좋은가요? / 재밌나요? 유치원 생활하면서 속상한 게 있나요? 집에서는 누구랑 노나요? 엄마(아빠, 할머니, 할아버지, 동생)랑 무엇을 할 때가 좋나요? / 무엇을 할 때 속상하나요? 그러면 그때 ○○이는 무엇을, 어떻게 하나요?
	과거와 현재 상황에서 도움 되는 것 알아보기	예 예전에도 그런 적이 있었나요? 그때는 어떻게 좋아지게 되었나요? 그때처럼 좋아지려면 누가 있어야 하나요? 누구랑 있는 것이 좋나요?
	피해 영유아와 대화를 돕는 다양한 매체 활용	• 인형이나 손인형 이용하기 – 인형은 평상시 많이 가지고 노는 놀잇감으로, 자신의 생각과 감정을 이입하여 말하는 데 도움되며, 교사는 영유아와 함께 손인형을 사용하여 질문하고 서로 이야기를 나눌 수 있다. 예 여기 있는 인형 중에 어떤 것이 마음에 들어요? 이 아이(동물)는 요새 마음이 어때요? 이 아이(동물)는 힘이 없어 보이는데, 왜 그러나요?

		• 감정카드를 사용하여 대화하기 　- 다양한 감정이 그림으로 표현된 감정카드를 활용하면 영유아의 마음 상태에 대해 풍부한 이야기를 끌어낼 수 있다. 언어적 표현에서 제한이 되는 경우 그림으로만 표현된 감정들은 언어로 쓰인 단어에 의해 생각을 제한받지 않고, 자신의 생각 속에서의 감정들을 골라내고 표현할 수 있다는 장점이 있다. 　　예) 여기에 여러 가지 표정들이 있는데, 지금 ○○이의 마음을 나타내는 것은 무엇인지 한 번 골라서 보여줄 수 있나요? 　　　 왜 이 카드를 골랐는지 이야기해줄 수 있나요? 　　　 이 카드의 그림과 ○○이의 마음이 어떻게 같은지 이야기해줄 수 있나요? 　　　 어떨 때 이런 마음이 드나요? 　　　 최근에 이런 마음이 들었던 때가 언제였나요? 　　　 이 마음 대신에 어떤 마음이 생기면 좋겠나요? 　　　 이런 마음이 계속 들려면 어떻게 해야 하나요? • 다양한 놀잇감으로 마음 상태와 변화를 탐색하기 　- 영유아에게 익숙한 놀잇감을 이용하여 영유아의 현재 상태와 변화를 알아볼 수 있다. 　　예) [영유아에게 익숙한 물건(색연필, 작은 블록 등)을 바닥에 많이 늘어두고] 　　　 많이 힘들었다면 많이 잡고, 조금 힘들면 조금 집어 보세요. 　　　 언제 그렇게 많이 힘들었나요? 아팠나요? 　　　 ○○이를 아프게 한 사람이 있다면 누구인가요? 　　　 만약에 말하고 싶지 않다면 말하지 않아도 괜찮아요. 　　　 ○○이가 아프거나 힘들지 않게(기분이 좋아지게) 도와주고 싶어요. 　　　 그 방법을 그 사람에게도 알려주려고 하는 거예요.
피해 영유아와 대화 시 유의점	• 안심시키기 　- 영유아가 부모(교사)에게 학대 상황을 이야기해도 벌을 받거나 피해가 발생하지 않을 것임을 알려주어 안심하고 이야기할 수 있도록 한다. • 질문은 간단히 하기 　- 영유아는 집중시간이 짧기 때문에 질문을 단시간에 마치는 것이 바람직하다. 우선적으로 학대가 있었는지 여부를 확인하는 것이 주된 목적이므로, 재차 질문하여 기억이 변형되지 않도록 유의한다.	
상담 시 유용한 TIP	• 영유아의 표현을 어른의 관점으로 생각하여 추측하는 것은 오해를 불러일으킬 수 있다. 영유아가 표현하고 하는 것이 무엇인지 정확하게 파악하는 것이 중요하며, 부모(교사)가 임의로 추측한 내용을 질문할 경우 유도 질문이 되거나 기억이 변형될 수 있다. • 부모(교사)가 놀라거나 당황하는 모습을 보이면, 영유아는 자신이 잘못했다고 생각하거나 혼이 날까봐 학대 상황에 대해 말을 하지 않으려 할 수 있다. • 대답을 강요하거나 다그칠 경우, 거짓된 대답을 할 가능성이 있으므로 스스로 이야기할 수 있도록 기다려주어야 한다. • 학대 여부를 확인하기 위해 반복하여 질문하는 것이 바람직하지 않으므로 전문가가 직접 영유아와 이야기할 수 있도록 한다.	

(3) 피해 영유아 보호자와 대화하기

> ⚖️ **부모에 대해 교사가 가져야 할 기본적인 태도**
> - 면담을 시작할 때 부모에 대한 부정적인 시각보다는 부모가 가지는 자녀에 대한 근본적인 바람을 인정하고 시작하는 것이 원만한 면담을 가능하게 한다. 교사의 열린 태도가 부모로 하여금 마음을 열고 면담에 임하게 할 수 있다.
> - 자녀를 직접 가해하지 않는 보호자와 면담 시 책임감과 죄책감 등으로 힘들 수 있음을 이해하는 접근이 필요하다.

피해 영유아와 대화하기	시작하기	예) 어떻게 지내고 계시나요? ○○(자녀)이는 어떤 아이인가요?
	원하는 미래 이야기하기	예) 이번 상황이 정리(해결)되면 ○○이와의 사이가 어떻게 달라질까요? 어머님(아버님)은 어떤 상황을 희망하시나요?
	긍정적 경험 알아보기	예) ○○이를 양육하면서 잘 지냈던 때는 언제였나요? 그때는 그것이 어떻게 가능했나요? 그때 어머님(아버님)은 ○○이에게 어떻게 대하셨나요? 혹시 최근에 그것과 조금이라도 비슷했던 때는 언제였나요?
	이미 있는 강점 인정하기	예) 어떻게 이전과 다르게 ○○이에게 그런 좋은 말씀을 하실 수 있었나요? ○○이가 어머님(아버님)의 그런 마음을 알고 있을까요?
	효과 있는 것을 더하기	예) 지금처럼 지내는 데 도움이 되었거나 효과가 있었던 것들을 계속 해 보시는 것은 어떨까요?
학대피해 영유아의 보호자와 대화 시 유의사항		• 보호자가 교사와의 대화에 우호적이 아닐 수도 있다는 것을 가정한다. • 판단을 중지하고 부모의 조심스러운 말과 행동 이면에 있는 감정을 공유한다. • 보호자가 화가 나 있고 비판적인 경우라도 그들이 중요하게 여기는 것(원하는 것)이 무엇인지 알아내기 위해 경청한다. • 보호자가 사용하는 단어를 면담하는 동안 적절하게 사용한다. • 보호자 면(상)담을 나눌 때 '학대'라는 단어 사용을 유의한다. 　※ 위축되거나, 반대로 방어함으로써 대화가 단절될 수 있음 • 타 기관에서 들은 말을 전달하지 않음: 상호 간의 신뢰감 형성에 방해가 될 수 있다. • 보호자를 비난하거나 지적하지 않고, 잘못된 행동에 대해 교육적 또는 지시적인 언어를 많이 사용하지 않는다.
이주배경 (다문화) 아동 보호자 대상 대화 시 유의점		• 이주배경 아동 보호를 위한 법적·행정적 처리 과정은 국민인 아동과 다르지 않으며, 모든 절차는 동일하게 진행될 수 있다(「아동복지법」과 「유엔아동권리협약」 근거). • 피해 영유아 가정 형태에 대한 이해·배려가 부족한 경우가 많으므로 해당 용어나 폄하하는 표현에 주의한다. 　예) "한국에선 이 정도는 교육 목적으로 해요.", "그 나라에선 애를 이렇게 때리면서 교육하나 보죠?" • 이주배경 대상자들은 언어와 문화 차이 등으로 표현에 어려움을 가질 수 있으므로 통역 등 도움을 받을 수 있도록 한다.

(4) 피해 영유아 중심 맞춤형 통합지원

구분	내용
안전·보호 지원	**유치원** • 신고 후 경찰 및 아동학대전담공무원 방문 전까지 피해 영유아를 원가정으로 복귀시키지 않으며 안전을 확보한다. • 조사 시 경찰 및 아동학대전담공무원에게 기관내 장소를 협조하고 피해 영유아에게 의사를 물은 뒤 요구에 따라 조사 시 담임교사가 동석하여 안정적인 환경을 지원한다. • 경찰 및 아동학대전담공무원의 요청에 따라 평소 아동에게 관찰되었던 학대피해 징후 등 관련 정보 및 상처 사진 등 정보를 제공한다. **교육(지원)청** • 아동학대 사안처리를 지원 및 관리한다. • 경찰·아동학대전담공무원 조사 시 운영 관련 서류 및 전수조사 진행 등을 진행 협조한다. • 신고 이후 지자체 주관 정보연계협의체 참석을 통해 유관기관(지자체, 경찰, 아동보호전문기관 등) 대상 업무협조 필요사항을 검토 및 지원한다.
심리·정서 지원	**아동보호전문기관** 피해 영유아 대상 내방 및 방문을 통해 현재 피해 영유아의 안전을 확인하고 회복을 위해 필요한 상담, 교육, 치료 서비스를 지원한다. **정신건강 복지센터** 산후우울증이 있는 친모에게 약물관리 등 정신건강 서비스를 지원한다.
일상회복 (교육) 지원	**유치원** • 피해 영유아가 상담·치료 등을 위해 출석하지 못한 기간 동안 출석을 인정받을 수 있도록 조치한다. • 놀이와 일과에서 치유와 회복을 위한 다양한 기회를 제공한다. • 혼란스러운 경험을 한 영유아에게 안정적 환경을 제공하고 적절한 기대를 설정한다. • 영유아기 자신을 돌봐주는 신뢰할 만한 성인과 의미 있는 관계를 맺도록 지원한다.
재학대방지 지원	**유치원** • 지속적인 관찰을 통해 학대 의심 상황을 수시 모니터링하며, 아동보호전문기관에 모니터링 정보를 정기적으로 공유한다. • 재학대 예방을 위한 정기면담, 보호자 및 심리검사, 부모교육 등을 진행한다. **아동보호전문기관** • 정기적으로 피해 영유아 및 보호자 대상 모니터링 등 사례관리를 진행한다. • 원가정의 양육환경 점검 및 가정복귀 프로그램을 통해 아동의 가정 복귀를 조력한다. • 가정 복귀 이후 통합사례관리를 통해 재학대 여부 확인 및 지속적 보호방안을 마련한다.

기타 지원	**가족지원** 아동보호전문기관 및 사회복지·정신건강 관련 기관 연계를 통해 보호자 대상 양육기술을 강화하고, 가족기능강화 프로그램을 지원한다. **의료지원** • 광역·지역 전담의료기관 및 연계 병원을 통해 피해 영유아의 신체적·정신적 외상 치료 및 검사를 지원한다. • 아동을 진료 후 소견서 및 진단서 발급을 통해 신속한 아동학대 판단을 조력한다. **법률지원** • 진술조력인제도: 피해아동이 경찰 및 검찰에서 조사를 받거나 법정에서 증언할 때 의사소통의 조력을 받을 수 있도록 진술조력인을 지원한다. • 피해아동 국선변호사: 아동학대범죄사건의 피해아동을 위하여 아동보호사건 또는 형사재판의 종결 시까지 피해아동을 조력한다(「아동학대처벌법」 제16조). • 필요시 변호사 연계를 통한 전문 법률 자문 및 관련 상담을 연계한다. • 민·형사 등 소송 진행 시 법률구조 및 변호, 소송대리 관련 정보를 제공한다.

(5) 피해 영유아 통합지원을 위한 유관기관의 역할

아동학대 관련 전문기관	아동권리보장원 (아동학대 예방본부)	• 아동보호전문기관에 대한 지원 • 아동학대예방사업과 관련된 연구 및 자료 발간 • 효율적인 아동학대예방사업을 위한 연계체계 구축 • 아동학대예방사업을 위한 프로그램 개발 및 평가 • 아동학대예방 관련 교육 및 홍보 • 아동통합정보시스템 운영 지원
	아동보호 전문기관	• 피해 영유아, 피해 영유아의 가족 및 아동학대행위자 위한 상담·치료 교육 • 아동학대예방 교육 및 홍보, 아동정보시스템 정보입력에 필요한 자료 제공 • 아동학대예방·피해 영유아보호와 관련된 기관 간의 연계 • 피해 영유아 및 피해 영유아 가정의 기능 회복서비스 제공 • 사례관리 계획 수립 및 서비스 제공 • 가정복귀 프로그램 등 가정복귀절차 실시 및 사후관리 • 법원의 상담위탁 명령 수행
상담 및 의료기관	해바라기센터	아동학대, 가정폭력, 성폭력, 성매매 등의 피해자와 가족에 대한 365일 24시간 상담지원, 의료지원, 법률·수사지원, 심리치료지원 등의 서비스를 통합적으로 제공함으로써 폭력피해로 인한 위기상황에 대처하고 2차 피해를 방지할 수 있도록 지원
	범죄피해자 지원센터	범죄피해자 및 가족이 사회에 복귀할 수 있도록 유관기관의 협조를 통해 법률적, 경제적 지원 및 의료적 지원(정신과적 심리치료, 상해 치료비 지원), 사회복귀를 위한 취업교육 지원, 멘토링 봉사단 운영 등 다각적인 프로그램 지원

	스마일센터	• 외상후스트레스장애(PTSD), 우울증, 불안장애 등 심리적 어려움을 겪는 피해자들과 그 가족들을 위하여 심리평가, 심리치료, 의학적 진단, 법률상담, 사회적 지원 연계 등의 서비스를 제공 • 범죄 발생 후 보호가 필요하거나 본인의 집에서 생활하기 곤란한 피해자들에게 임시 거주가 가능한 쉼터 제공
	건강가정 지원센터	가정 문제의 예방과 해결을 위한 가족지원, 상담 및 치료, 교육 및 문화 프로그램 맞춤형 통합서비스
	광역/지역 전담의료기관	• 피해 영유아의 신체적·정신적 외상 치료 및 검사 • 신속 학대 판단(소견서/진단서)
	가정폭력 상담소	가정폭력 피해자에게 정서적 지원과 가정폭력 예방활동 지원
법률 관련기관 및 제도	국선변호사 지원제도	• 피해아동·법정대리인에게 국선변호사 선정 안내 • 요청 시 지방검찰청에 신청
	진술조력인 지원제도	피해자가 진술에 어려움이 있는 경우, 진술조력인의 조력을 통해 조사 시 의사소통 중개·보조(13세 미만·장애인 피해자 조사 시 의무적 고지) ※ 진술조력인 제도 • 범죄 피해아동·장애인의 특별한 통역사인 진술조력인은 성폭력범죄 또는 아동학대범죄 피해를 입은 아동과 장애인이 경찰이나 검찰에서 조사를 받거나 법정에서 증언할 때 의사소통을 도와주는 전문가이다. 수사나 재판 과정이 피해자의 눈높이에 맞게 진행될 수 있도록 도와줌으로써 2차 피해를 방지하고 성폭력 및 아동학대 사건의 진실을 밝혀낼 수 있도록 기여한다. • 진술조력인 지원 대상은 성폭력범죄 피해자, 아동학대범죄 피해자, 참고인, 증인이 만 13세 미만의 아동이거나 의사소통이 어려운 장애인, 장애가 의심되는 경우도 폭넓게 지원된다. • 수사기관 또는 법원에 구두나 서면으로 진술조력인 선정을 신청한다. 단, 피해자의 특성, 심리상태, 장애 등을 미리 알려주면 피해자에게 보다 더 적합한 전문성을 갖춘 진술조력인을 선정하여 지원할 수 있다. ※ 수사기관 또는 법원이 피해자에게 진술조력인이 필요하다고 판단하는 경우 직권으로 선정 가능
	대한법률 구조공단	대한법률구조공단(132)을 통해 법률상담이나 손해배상청구 등 소송 관련 지원

아동학대 처리과정의 개념 (정익중·오정수)

신고접수	• 아동학대 사례 여부를 판단하고 아동학대 사례의 위급성 정도를 파악하기 위한 기초정보를 수집하는 것을 목적으로 한다. – 먼저 경찰서나 타 기관 또는 일반전화, 24시간 전화(112), 방문 및 서신 등으로 신고접수를 받게 되면 사례의 위급성 여부 판단, 아동학대 사례로서의 적합성 여부 판단, 중복신고 또는 이전 신고기록 확인, 정보의 추가수집 여부 등의 주요사항을 결정하게 된다. – 이러한 주요사항에 따라 아동학대의 증후 및 후유증이 발견되거나 학대를 유발할 수 있는 상황으로 의심이 되면 아동학대 의심사례로 구분하고 현장조사를 나가는 것을 원칙으로 한다. – 「아동복지법」에 따라 아동학대의 의심이 존재하고 사례개입이 가능한 기본 정도가 파악되었다면, 신고자의 의사와 무관하게 사례를 개입할 수 있다. 다만 신고자의 비밀보장에 좀 더 유의하여야 한다.
현장조사 및 사정	• 현장조사 시 파악한 정보를 통한 사정과 아동학대 스크리닝 척도를 통한 사정이 해당된다. 이 단계에서는 학대 판정 및 위급성 여부 확인, 피해아동에 대한 신변보장과 안전조치, 충분한 자료 및 정보의 수집·분석, 프로그램 및 서비스 제공 계획, 부모 역할에 대한 교육 등을 목적으로 한다. • 그리고 아동의 안전 여부, 아동 및 가족들의 욕구 및 특성, 아동의 성장 및 발달사, 학대의 정도 또는 학대로 인한 피해의 심각성, 학대에 대한 위험도를 감소·제거하기 위해 변화될 수 있는 내용 등을 확인하고, 전문의료인의 소견서 및 진단서, 학대 상처에 대한 근접 사진 촬영, 학대와 관련한 음성 녹음, 비디오 녹화, 약술 및 기록 등을 통해서 증거자료를 확보한다.
사례판정	• 해당 사례를 바탕으로 아동복지법령 정의 및 규정에 따라 심각성의 정도, 위급성 여부, 적절한 개입방법을 결정하기 위함을 목적으로 한다. – 사례판정은 상담원의 조사를 기초로 상담원, 사회복지사, 전문상담가, 자문위원 등으로 구성된 아동학대 사례판정 회의를 실시한다. – 따라서 각각의 판정기준에 따라 아동학대 사례, 잠재위험 사례, 일반 사례로 구분한다. 사정을 통해 해결해야 할 문제의 우선순위를 정하고 이에 따른 개입내용과 진행계획을 결정하게 된다.
서비스 제공	• 서비스 제공의 목적은 아동학대 피해아동과 학대행위자 및 그 가족을 위해 가장 효과적이고 적절한 서비스를 제공하는 것과, 학대가 일어날 수 있는 상황을 변화시키도록 가족 전체를 위한 세부적이고 명확한 지침 제공, 학대받은 아동의 위기가 제거되었거나 감소되었는지 파악할 수 있는 측정도구를 제공하는 것이다. – 이때 학대가 일어나는 가족을 위한 서비스에는 집중적인 가족보존서비스, 개별상담, 부부상담, 가족상담, 집단상담, 부모교육, 지지서비스 등이 있고, 아동을 위한 상담치료 서비스에는 미술치료, 집단치료, 개별치료, 놀이치료 등이 있다.
사례종결 및 사후관리	• 사례평가에서는 사례개입 목표 달성 여부, 학대의 위험성 감소 정도, 아동과 그 가족의 욕구충족 정도, 주요 호소 문제나 증상의 감소 및 제거 여부, 적응능력 증진 정도, 가족이 보이는 변화동기, 치료 참여에 대한 만족 정도 등을 고려해서 평가가 이루어져야 한다. 그리고 아동학대 재발 가능성이 희박하다고 평가되거나 사례평가도구에 의해 종결이 가능한 상태라고 평가될 때 사례를 종결하고, 또한 불가피한 상황에 의해 강제 종결할 때도 있다. • 사후관리에서는 가족의 안정유지 및 학대재발의 예방을 위하여 종결된 사례에 대해 3개월 동안 매월 1회 이상 직접 방문 등의 방법으로 가족 또는 아동과 접촉하여 문제 재발생 여부를 확인해야 하고, 가족은 도움이 필요하다면 언제든지 상담원을 통해 아동 및 가족이 필요로 하는 도움과 자원을 받을 수 있도록 지원해야 한다. 아동보호전문기관 및 상담원 수와 비교해 누적 아동학대 사례 수가 점점 증가하면서 최소 사후관리 기간이 이전에는 6개월에서 3개월로 축소되었다.

아동학대 개입절차 – 아동학대 업무흐름도(아동권리보장원)

아래의 내용은 정책 및 법안 개정에 따라 수시 변경될 수 있다.

아동학대 조사
신고접수
아동학대 조사
사례판단
피해아동 보호계획 수립 및 조치
사례관리
초기면접
계획수립 및 개입
사례점검
종결 전 모니터링 및 사례종결

아동학대 개입절차 – 아동학대 업무흐름도(아동권리보장원) / 아동학대 신고 이후 절차(2024 어린이집 보육교직원 아동학대 예방교육)

아래의 내용은 정책 및 법안 개정에 따라 수시 변경될 수 있다.

신고경로
시 · 군 · 구
(아동학대전담공무원)
긴급전화
신고경로
112
신고접수
신고접수
시 · 군 · 구
아동학대전담공무원
신고접수사실 통보
동행요청
경찰
현장출동
피해아동
학대행위자
경찰
아동학대전담공무원
응급조치
피해아동,
법정대리인, 변호사
시 · 도지사,
시 · 군 · 구청장
피해아동
보호명령청구
가정법원
피해아동보호명령
가정법원
임시보호명령
응급조치
피해아동,
법정대리인, 변호사
시 · 도지사,
시 · 군 · 구청장
아동보호전문기관장
사법경찰관
신청
긴급임시조치
임시조치
신청
임시조치 청구요청
임시조치
신청요청
검사
사법경찰관
임시조치
신청
임시조치 신청
가정법원
임시조치결정
경찰
수사
사건송치
검사
결정 전 조사
공소제기
아동보호사건 송치
조건부 기소유예
불기소
형사법원
형사판결
가정법원
보호처분

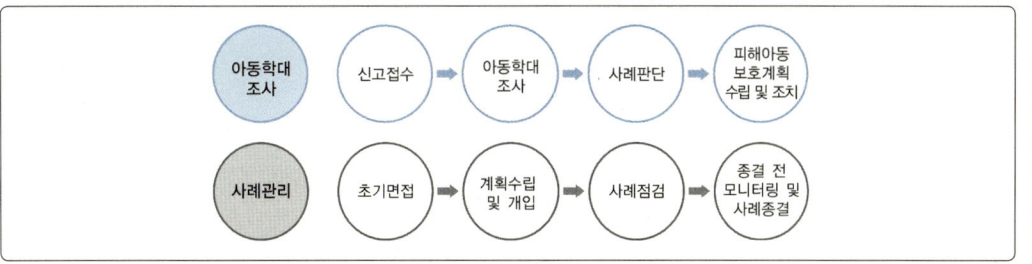

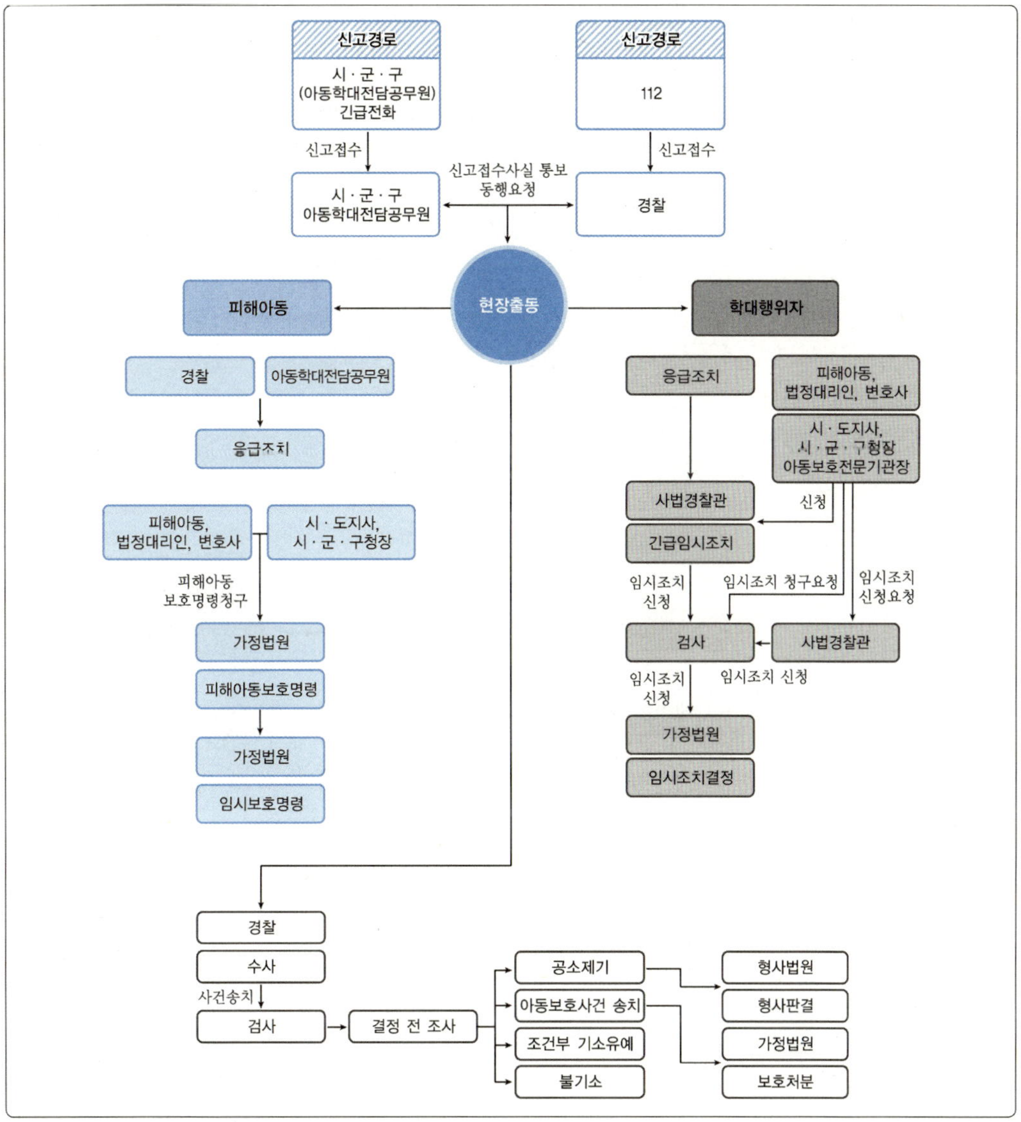

🏛 아동학대 업무흐름도 [서울특별시 아동복지센터(2024년 기준)]

아래의 내용은 정책 및 법안 개정에 따라 수시 변경될 수 있다.

```
                            ┌─────────────┐
                            │   신고접수   │
                            └──────┬──────┘
                          ┌────────┴────────┐
                        ┌───┐        ┌──────────────┐
                        │112│        │아동학대전담공무원│
                        └───┘        └──────┬───────┘
                                            │
                          아동학대의심사례 ──── 일반상담
                                            │
        경찰, 아동보호전문기관        ┌──────────────┐  ┌─ 응급조치
        동행출동                    │  아동학대조사  │──┤
                                   └──────┬───────┘  └─ 즉각분리
                                          │                    ① 자체사례회의
                                   ┌──────────────┐             ② 통합사례회의
                                   │   사례판단   │ ─────────→  ③ 사례결정위원회
                                   └──────┬───────┘
                                          │
                          아동학대사례 ──── 일반사례
                                          │
                           ┌──────────────────────────────┐              ① 자체사례회의
                           │피해아동 보호계획(변경) 수립 및 통보│ ─────────→  ② 통합사례회의
                           └──────────────┬───────────────┘              ③ 아동학대사례전문회의
                                          │
                                   ┌──────────────┐    아동 ─ 보호체계유지
                                   │   조치결과   │────────── 보호체계변경   아동복지법    사례결정위원회
                                   └──────┬───────┘                      제15조제1항   〈아동보호전담요원〉
                                          │              행위자 ─ 사건/사법처리
        통보 및 필요시                 ┌──────────────┐           지속관찰
        변경요청                      │   사례연계   │
                                     └──────┬───────┘
                                     ┌──────────────┐
                                     │ 초기면접 및 사정│
                                     └──────┬───────┘
                                            │
                           ┌──────────────────────────────┐
                           │ 사례관리 계획(변경) 수립 및 통보 │
                           └──────────────┬───────────────┘
        ※ 재학대 발견시                 ┌──────────────┐
           재신고                      │   서비스 제공 │              정기적(최소 월1회) 사례회의
                                     └──────┬───────┘              - 아동학대전담공무원
                     집중                    │                     - 아동보호전문기관
                     일반              ┌──────────────┐            ※ 분리보호아동은 아동보호
                     모니터링 ────────│   사례점검   │─────────→    전담요원과 공동사례점검
                                     └──────┬───────┘
                                     ┌──────────────┐              ※필참
                                     │사례관리 종결회의│─────────→  - 아동학대전담공무원
                                     └──────┬───────┘              - [아보전관(팀)장, 담당 상담원]
                                            │
                          종결가능 ──────── 종결불가
                                            │
                                     ┌──────────────┐
                                     │ 종결 전 모니터링│
                                     └──────┬───────┘
                          사례관리 종결 ──── 위험요인발견
                                            │
                                     ┌──────────────┐  장기보호(시설 등) 지속 시
                                     │   사례종결   │──────────────────→ 아동보호전담요원
                                     └──────────────┘
```

아동학대전담공무원
아동보호전문기관

⓫ 아동보호서비스 업무매뉴얼(2024)[보건복지부, 아동권리보장원] - 아동학대로 신고되어 보호조치가 필요한 아동

신고	아동학대가 의심되는 경우 수사기관(112) 또는 시·군·구 아동학대 긴급전화로 신고한다.
현장출동 및 조사	시·군·구 아동학대전담공무원은 아동학대 긴급전화를 통해 아동학대의심사례가 신고되거나 경찰로부터 아동학대 의심 신고 건을 통보받은 경우 지체없이 현장출동 및 조사를 실시한다.
응급조치	• 아동학대전담공무원 및 경찰은 아동학대범죄 현장 또는 학대현장 이외의 장소에서 학대피해가 확인되고 재학대의 위험이 급박·현저한 경우 피해아동을 보호시설·의료기관으로 인도한다. – 보호시설·의료기관에서 72시간 이내(토요일·공휴일 포함되는 경우 48시간 범위 내에서 연장)에서 보호할 수 있으며, 이 기간 내에 아동의 가정복귀 여부 또는 추가 보호 필요 여부를 판단하고, 피해아동의 보호근거 공백이 발생하지 않을 수 있도록 즉각분리(일시보호조치) 등 조치하여야 한다. – 경찰은 응급조치에도 불구하고 재학대가 우려되고 긴급을 요하여 법원의 임시조치 결정을 받을 수 없을 때 긴급임시조치를 실시할 수 있다. – 피해아동의 신체적·심리적 안정을 도모하기 위해서는 최대한 신속하게 보호가 이루어져야 하므로 아동학대전담공무원은 시설담당 공무원 또는 아동보호전담요원과 상시 협의를 통해 관할 내 피해아동이 입소 가능한 보호시설(위탁가정 포함)을 파악해야 한다.
즉각분리, 일시보호조치	• 아동학대전담공무원은 재학대 우려 등으로 피해(의심)아동을 보호조치 시까지 필요한 경우 아동일시보호시설, 학대피해아동쉼터 등에 입소시키거나 적합한 위탁가정 또는 적당하다고 인정하는 자에게 일시위탁하여 보호한다. ※ 응급조치나 즉각분리를 실시하는 경우 아동학대전담공무원은 일시보호의뢰서를 작성하여 일시보호시설, 쉼터 등 시설에 송부 – 아동학대전담공무원은 즉각분리(일시보호조치)된 보호대상아동의 건강검진, 심리검사를 실시하고, 필요시 아동보호전담요원, 지자체 인력, 보호시설, 학대피해아동쉼터 내 상주 임상심리 치료인력, 외부 치료기관, 아동보호전문기관 등에 협조 요청한다. ※ 아동학대사건의 특성상 사전에 건강검진, 심리검사를 실시하고 분리보호하는 것이 어려울 경우에는 우선 분리보호 후 빠른 시일 내에 건강검진, 심리검사 등을 진행 ※ 피해(의심)아동의 안정적 보호를 위해서 일시보호 중 아동복지법 제15조제1항의 보호조치 결정은 가급적 빠른 시일 내 실시하며, 부득이하게 일시보호(즉각분리)조치가 3개월 이상 지속되어 일시보호 연장이 필요한 경우 사례결정위원회 필수 심의대상임(일시보호연장 심의 시 가정복귀 및 장기보호 전환 여부도 검토해야 함) ※ 최초 일시보호조치 결정 및 일시보호(3개월 미만) 후 추가적 분리보호가 아닌 원가정 복귀인 경우 심의가 의무사항은 아니나, 필요시 사례결정위원회 안건 상정 가능
피해아동보호 계획수립	• 아동학대전담공무원은 피해아동 및 아동학대행위자에 대한 적극적 보호 및 지원이 이루어질 수 있도록 아동학대 조사내용 등을 통해 피해아동 및 아동학대행위자, 가정상황 등을 면밀히 검토하여 피해아동보호계획을 수립한다. – 아동학대전담공무원은 피해아동보호계획 수립 시 자체사례회의, 통합사례회의, 아동학대사례전문위원회를 활용한다. ※ 피해아동보호계획 수립 시 대상자들에 대한 조치계획뿐만 아니라 대상자별 각 문제 및 욕구 등에 따른 지원계획도 포함하여 수립될 수 있도록 하고, 지원계획에 따른 지역사회 내 자원연계가 필요한 경우 담당부서 또는 관련기관들과의 회의를 진행하여 서비스 자원들이 유기적으로 연계될 수 있도록 함

	– 아동학대전담공무원은 피해아동보호계획 수립 후 아동보호전문기관에 사례연계를 실시한다. – 아동학대전담공무원은 피해아동이 아동복지법 제15조제1항에 따른 보호조치가 필요한 경우 아동보호전담요원에게 피해아동보호계획서를 공유하여야 한다. ※ 아동복지법 제15조에 따른 보호조치가 아닌 아동학대처벌법 제47조제1항에 따른 피해아동보호명령 청구 시 사례결정위원회 심의가 불필요하나, 아동의 양육상황 점검을 위해 아동보호전담요원에게 피해아동 보호계획 공유
중장기 보호조치	• 아동보호전담요원은 공유받은 피해아동보호계획을 바탕으로 친부모 상황점검표, 아동 상황점검표를 작성하고, 사례결정위원회 안건을 상정하여 보호조치를 결정한다. ※ 학대행위자가 친부모인 경우 친부모상황점검 생략 가능 – 사례결정위원회 심의에 따라 보호조치가 결정된 경우 아동보호를 신청한 보호자 및 아동을 보호할 기관에 보호조치 결정통지서를 7일 이내 송부한다. ※ 학대행위자에 대한 보호결정통지서에는 '시설(기관명)' 제외하여 송부
사례관리계획 / 서비스 제공 계획 수립	아동보호전문기관은 초기면접 및 사정 등을 통해 피해아동 및 아동학대행위자, 가족구성원 등에 대한 사례관리계획을 수립한 후 아동학대전담공무원에게 공유하고 아동학대전담공무원은 아동보호전담요원에게 공유, 원가정 외 보호기관은 개별보호·관리 계획을 바탕으로 아동에 대한 서비스 제공계획 수립 후 아동보호전담요원에게 공유한다.
사례관리 / 양육상황 및 원가정 점검	• 아동보호전문기관은 분리보호된 아동에 대하여 사례관리 서비스를 제공하고, 아동보호전담요원은 아동보호전문기관과 협조하여 보호조치된 아동의 양육상황 및 원가정을 점검한다. ※ 아동의 피로도를 고려하여 아동보호전문기관의 사례관리 중에는 양육상황 점검 시 아동보호전담요원과 아동보호전문기관이 공동 방문 ※ 아동학대전담공무원은 아동학대 사건에 대한 사법기관의 결정사항 및 피해아동과 학대행위자의 조치 변경사항이 있는 경우 아동보호전담요원에게 공유하고, 아동보호전담요원은 개별보호·관리계획의 '관찰된 보호자 특성' 또는 '관찰된 아동의 특성'란에 기입하여 아동복지시설에 안내함 – 장기보호조치가 이뤄진 후 일정기간이 초과하였으나 가정복귀가 어렵다고 판단되는 경우 등에 대해 아동보호전문기관은 아동학대전담공무원·아동보호전담요원과 함께 사례관리 종결여부를 결정하고, 지자체는 아동보호전문기관의 사례관리 종결보고서 등 종합적 검토를 통해 사례종결 여부를 결정한 후 아동보호전담요원에게 공유한다. 아동보호전문기관 사례 종결 이후에는 아동보호전담요원이 지속 관리한다.
보호종결	• 아동보호전문기관은 사례관리 중 가정복귀 가능성 여부를 검토하고, 가정복귀가 필요한 경우 시·군·구 아동학대전담공무원에 공유한다. ※ 아동보호전문기관의 사례관리가 종결된 경우에는 아동보호전담요원이 아동·보호자의 가정복귀 의사를 확인하고 아동학대전담공무원에게 공유 – 아동보호전문기관은 양육환경 점검 내용, 가정복귀 프로그램 결과, 공공연계 사례회의 결과 등을 종합하여 가정환경조사서 작성 후 아동학대전담공무원에게 제출한다. 아동학대전담공무원은 이를 확인하여 아동보호전담요원에게 사례결정위원회 안건 상정을 요청한다.

― 지자체 가정복귀 승인결정에 따라 아동은 귀가조치, 아동학대전담공무원은 결정 내용을 보호자에게 통보하고, 아동보호전문기관은 아동을 보호자에게 인계한다.

※ 사례결정위원회는 피해아동의 복리에 반한다고 판단하여 가정으로 복귀하지 못하는 것으로 결정된 경우, 신청인이 가정복귀를 재신청하더라도 가정복귀 절차가 진행되지 않도록 결정일로부터 최대 3개월 범위 내에서 유예기간을 설정하여 의결하도록 하며, 아동학대전담공무원은 해당 가정에 미복귀 결정 내용과 사유를 충분히 설명함

※ 피해아동이 아동학대처벌법 제47조(피해아동에 대한 보호명령)에 의한 분리보호 후 원가정 복귀 시 사례결정위원회 심의에서 제외

- 원칙: 관할 시·군·구 결정기준은 아동의 주민등록 주소지이며, 피해아동의 주소지와 실거주지가 다른 경우 실거주지 시·군·구는 보조 사례 관할업무에 적극적으로 협조·참여)
- 예외: 단, 피해아동의 주소지와 실거주지가 다르고, 아동학대 신고현장(실거주지)에서 응급조치, 즉각분리 등 피해아동을 분리보호하는 경우 피해아동의 실거주지 관할 시·군·구가 주 사례 관할(피해아동보호계획 수립, 사례결정위원회 개최 등)
  ※ 위 예외사항 외에도 사례특성 및 상황 등을 고려하여 각 시·군·구 간 협의하여 결정할 수 있음

참고

피해아동 분리보호 사례 예

보호절차	피해아동 분리보호 사례
신고·접수	**112 접수** • 아동의 친부가 가정 내에서 아동을 폭행하고 있다는 내용으로 112로 신고 접수 • 경찰은 시·군·구 아동학대전담공무원에게 학대신고 내용을 통보하며, 필요시 현장출동 동행 요청
아동학대 조사	**경찰 / 아동학대전담공무원** • 경찰과 아동학대전담공무원은 아동 가정을 방문하여 조사 실시 • 아동 가정은 친부모와 아동으로 구성된 3인 가정으로, 경찰과 아동학대전담공무원은 학대피해(의심)아동(초등2/여)과 학대행위(의심)자인 친부를 분리하여 조사 … 사례 내용 생략 …
사례판단 및 피해아동보호 계획수립 (피해아동, 아동학대 행위자 조치)	**경찰 / 아동학대전담공무원** • 조사 결과 학대로 의심되는 멍 등 상흔이 발견되었고, 아동의 분리보호 의사가 확인되고, 재학대 발생 가능성이 있음에 따라 응급조치를 통해 아동을 분리보호 조치하기로 판단하여 학대피해아동쉼터로 인도 • 경찰은 친부의 성행 교정 및 양육 태도 개선 등을 위해 임시조치(아동보호전문기관 등에의 상담 및 교육 위탁)를 검찰에 신청하였고 수사 개시 • 아동학대전담공무원은 친모, 학교 담임교사 등과 추가조사를 진행하였으며, 아동의 추가적인 보호가 필요하다고 판단하여 응급조치 효력 종료 전(72시간 이내) 아동복지법 제15조제6항에 따른 일시보호 실시 **지자체 아동보호팀** • 아동학대전담공무원은 자체사례회의에서 조사 결과를 바탕으로 아동학대 판단여부, 피해아동 및 학대 행위자에 대한 추후 개입 방향 등 논의(아동학대전담공무원, 아동보호담당요원, 아동보호전문기관 등) • 아동은 현재 가정 복귀를 원하지 않는 상황이며, 학대행위자인 친부의 학대 발생 요인이 소거되지 않은 상황임에 따라 아동의 안정적인 보호를 위해 시설에 중장기 보호(아동복지법 제15조 제1항제4호)가 필요할 것으로 판단

	• 아동학대전담공무원은 피해아동보호계획을 수립하여 아동보호전문기관 및 아동보호전담요원에게 공유하여 사례결정위원회 안건 상정 요청 • 아동학대전담공무원 및 아동보호전담요원은 사례결정위원회에 참석하여 안건 설명 • 아동보호전담요원은 사례결정위원회 결과를 바탕으로 보호자에게 보호사실을 서면 통보하고, 아동학대전담공무원은 사례결정위원회 결과를 아동보호전문기관에 공유
	아동보호전문기관
사례관리계획 수립 및 서비스 제공	• 피해아동보호계획 통보 전이긴 하나 법원의 임시조치 결정에 따라 아동보호전문기관은 학대행위자에 대한 상담·교육 프로그램을 진행함 • 아동보호전문기관은 공유받은 피해아동보호계획을 바탕으로 초기면접 및 사정을 통해 사례관리계획을 수립하여 아동학대전담공무원에게 공유하고, 아동학대전담공무원은 이를 아동보호전담요원에게 공유 • 아동보호전문기관은 아동이 가정으로 복귀할 수 있는 환경을 만들기 위한 다양한 서비스 및 프로그램 등을 제공하고 아동학대전담공무원과 상시적인 사례관리 진행상황을 공유하여 필요한 지자체 자원 연계(아동의 원활한 시설적응 및 아동 친부와의 관계개선을 위한 상담지원, 친부 임시조치 결정에 따른 수탁프로그램 제공, 정신건강증진센터를 통해 알코올 치료 프로그램 연계, 가정 내 보호자 역할을 수행할 수 있는 친모에 대한 양육기술프로그램, 심리상담 등 부모교육 프로그램 제공) • 친부는 아동보호사건으로 법원에 송치되어 보호처분(6개월간 아동보호전문기관의 상담위탁) 결정됨. 아동보호전문기관에서는 보호처분에 따른 상담위탁 프로그램을 제공 • 10개월 후, 친부는 지자체에 가정 복귀를 신청하였으나 아동이 가정 복귀를 거부하는 상황임에 따라 시설에서 지속 보호
	아동보호전담요원 / 아동보호전문기관
사례관리 종결 및 사례 종결	• 15개월 후 아동, 아동 친부는 주기적인 면회를 실시하는 것으로 결정 • 아동보호전문기관에서는 아동학대전담공무원 및 아동보호전담요원과의 논의를 통해 사례관리를 종결하고, 아동학대전담공무원도 최종적으로 사례를 종결함. 아동학대전담공무원은 아동보호전담요원에게 사례관리 종결 및 사례 종결됨을 안내함 • 아동보호전담요원은 아동의 양육상황점검을 계속 실시
	아동보호전담요원
양육상황 점검	• 아동보호전담요원은 방문 및 유선상담 등을 통해 아동과 아동 친부가 주기적 면회 여부 및 관계개선, 보호계획에 따른 서비스 제공여부 등 모니터링을 실시함 • 36개월 후, 아동과 아동 친부의 관계가 원만해져 가정복귀하기로 함
	아동보호전담요원
원가정 복귀 후 사후관리	• 아동보호전담요원은 가정복귀 의사를 아동학대전담공무원에게 공유하였고, 아동학대전담공무원은 아동보호전문기관에 가정복귀 프로그램 실시 및 결과 제공을 요청함 • 아동보호전담요원은 가정복귀 이후 3개월간 아동보호전문기관과 공동으로 사후관리를 진행하고 이후에는 단독으로 사후관리를 진행함(사후관리 총 1년)
	아동보호전문기관
	• 아동보호전문기관은 양육상황점검, 2개월간 가정복귀 프로그램 등 가정복귀 절차를 진행하여 재학대 발생 가능성, 안전한 양육환경 마련 등 면밀한 검토 이후 아동학대전담공무원에게 가정환경조사서를 제출함 • 사례결정위원회 통해 가정복귀 결정이 된 경우 아동보호전문기관은 가정복귀 후 3개월간(월 1회 이상) 사후관리를 수행하여 적응 상태 및 아동안전 등을 확인함

⑫ 아동학대의 대처방안과 예방

| 아동학대의 대처방안과 예방 | **아동학대의 대처방안**
• 아동학대 발생을 예방한다는 의미는 아동학대가 발생되지 않도록 노력하는 것과, 실제로 학대가 일어났을 때 재발하지 않도록 치료 및 상담하는 기능도 포함한다.
• 아동의 부모나 양육자와의 개별적인 상담을 통하여 그 가정이나 집단에 내재되어 있는 문제의 해결에 도움을 준다면 그 문제가 아동학대로 발전하는 것을 미리 방지할 수 있다.
• 따라서 상담기관, 교사, 일선 공무원, 경찰관, 의료인 등 지역사회의 분야별 전문가팀들과 협력하여 아동학대 예방 프로그램을 개발하거나, 문제를 지닌 가정이나 집단에 필요한 자원을 알선하도록 지역사회 연계망을 구축해 아동학대를 사전에 예방하도록 노력하는 것이 중요하다.
아동학대의 예방
• 어른의 경우
  – 학대 또는 폭력의 충동을 느끼는 경우 마음을 가라앉힌다.
  – 자녀에 대한 지나친 기대보다는 기대수준을 현실적으로 맞추도록 노력한다.
  – 항상 화목한 가정을 위해서 가족구성원이 노력한다.
  – 아동양육이 힘들 때는 친척이나 주위 사람에게 도움을 요청한다.
  – 알코올 중독이나 약물중독에 빠지지 않도록 대화를 자주하고 고민에 대해서도 의논할 수 있는 가정 분위기로 가꾼다.
  – 심한 스트레스를 받거나 욕구충족이 되지 않고 고민스러울 때는 전문가에게 상담을 요청한다.
• 아동의 경우
  – 크게 울거나 싫다고 소리를 지르는 등 학대 거부의사를 확실하게 밝히도록 한다.
  – 학대의 현장에서 피한다.
아동 성 학대의 예방
• 사실동화 또는 생활동화를 통해 성 학대 상황을 간접적으로 제시하고 그 상황에 대해 이야기 나눈다.
• '학대가 무엇인지' 알려준다.
• '수영복을 입으면 가려지는 부분은 다른 사람에게 함부로 만지게 하거나 보여 주지 말라'고 알려준다.
• 부당하게 취급받았을 때, 즉시 믿을 만한 어른에게 이야기하고 숨기지 말라고 가르친다.
• '괜찮은, 적절한' 접촉과 '안 되는, 부당한' 접촉을 구별하여 부당한 접촉은 거부하도록 가르친다. 그러나 문제는 근친상간의 경우 평소에 친분이 두터운 '좋은, 괜찮은 사람'으로 부터의 '접촉'으로도 일어날 수 있기 때문에 접촉을 구별하도록 가르치는 데 어려움이 있을 수 있다.
• 접촉을 구별하도록 한다.
• 피하는 행동전략을 습득시킨다.
• '싫어요'라고 말한다 ➡ 피한다 ➡ '다른 어른에게 이야기한다'를 가르친다.
• 자기주장 훈련을 시킨다.
• 스스로 행동전략이나 판단을 주장할 수 있도록 가르친다. |

⓭ 아동학대 예방을 위한 과제

아동보호체계 확립	• 아동의 부모나 양육자와의 개별적인 상담을 통하여 가정이나 집단에 내재되어 있는 문제의 해결에 도움을 준다면 그 문제가 아동학대로 발전하는 것을 미리 방지할 수 있다. • 상담기관, 교사, 일선 공무원, 경찰관, 의료인 등의 지역사회의 분야별 전문가팀들과 협력하여 아동학대 예방 프로그램을 개발하거나, 문제를 지닌 가정 또는 집단에 필요한 자원을 알선하도록 지역사회 연계망을 구축하여 아동학대를 사전에 예방하도록 노력하는 것이 중요하다.
아동학대 신고의무자 교육 활성화	아동보호전문기관에서는 교육과 홍보를 적극적으로 실시하여 아동학대 상담신고 건수가 꾸준히 증가하고 있으나, 향후에는 일반인뿐만 아니라 신고의무자를 대상으로 아동학대 예방 및 신고의무와 관련된 교육을 지속적으로 실시함으로써 아동학대 예방 노력을 강화해야 한다.
아동방임에 대한 효과적인 지원체계 마련	방임의 발생가능성이 높은 가정에 대해 보건·복지·교육을 통합한 맞춤형서비스를 제공하고 빈곤아동 및 가족에 대한 구체적이고 체계적인 개입을 시도함으로써, 방임가족에 대한 효과적인 지원방안을 마련하여야 한다.
효과적인 아동학대 사례관리를 위한 인력확충	• 아동학대 피해아동에 대한 서비스 제공은 아동이 학대의 상처를 극복하는 데 매우 중요한 역할을 하므로, 보다 전문적이고 다양한 서비스가 제공되어야 함에도 불구하고 아동보호전문기관에서는 상담 위주의 서비스만 제공하고 있는 상황이다. − 이는 아동보호전문기관 내에 치료서비스를 제공할 전문치료인력의 부재에서 그 원인을 찾아볼 수 있다. 따라서 피해아동에게 양질의 서비스를 제공하기 위해서는 임상심리치료사의 배치가 전국적으로 더욱 확대되어야 한다. − 또한 아동학대가 발생한 가정에 제공되는 서비스의 질을 확보하기 위해 충분한 인력 확충이 필요하다. 충분하지 못한 서비스 제공은 곧 재학대 발생가능성을 높일 수 있으므로 보다 현실적인 인력확충이 반드시 수반되어야 한다.
아동 최선의 이익도모를 위한 사법제도 개선	• 친권자의 의사에 반하여 피해아동의 격리보호가 필요할 경우 법원 판결에 의하여 친권개입을 수행할 수 있는 사법제도의 도입이 필요하다. − 현재 우리나라는 보호가 필요한 아동을 위하여 민법, 아동복지법, 가정폭력범죄의 처벌 등에 관한 특례법 등을 통해 공적 친권개입의 근거를 마련해 두고 있으나, 이러한 법률들은 친권제한이나 상실에 관한 처벌기준과 범위를 구체적으로 명시하지 않고 있으며, 관련 절차와 지원체계도 미흡한 실정이다. 즉, 아동학대가 발생한 가족에 대한 아동보호전문기관의 개입의 정당성을 확보하기 위해서는 법원을 통한 사법적 판단과 처분이 동반되어야 한다. − 한편 아동복지법에는 아동학대행위자인 부모의 학대행위를 교정하여 학대의 재발을 방지하기 위한 보호처분 절차가 포함되어 있지 않다. 학대행위자에 대한 의무적인 상담, 치료 및 교육 수강명령이 법적인 제도 안에서 이루어질 수 있도록 해야 한다. ➡ 즉, 아동학대 피해아동의 최선의 이익을 도모할 수 있도록 사법제도를 개선하여, 보다 안전하고 일관성 있는 보호와 학대행위자에 대한 교정이 이루어져 피해아동의 가족보존 원칙이 보다 적극적으로 실현될 수 있게 해야 한다.

아동학대 신고의무자(서울특별시 아동복지센터)

신고의무자	「아동학대범죄의 처벌 등에 관한 특례법」 제10조 ① 누구든지 아동학대범죄를 알게 된 경우나 그 의심이 있는 경우에는 특별시·광역시·특별자치시·도·특별자치도(이하 "시·도"라 한다), 시·군·구(자치구를 말한다. 이하 같다) 또는 수사기관에 신고할 수 있다. 〈개정 2020. 3. 24.〉 ② 다음 각 호의 어느 하나에 해당하는 사람이 직무를 수행하면서 아동학대범죄를 알게 된 경우나 그 의심이 있는 경우에는 시·도, 시·군·구 또는 수사기관에 즉시 신고하여야 한다. 〈개정 2022. 12. 27〉 13. 「유아교육법」 제2조제2호에 따른 유치원의 장과 그 종사자
신고의무자 교육	「아동복지법」 제26조(시행령 제26조) • 제26조(아동학대 신고의무자에 대한 교육) ① 관계 중앙행정기관의 장은 「아동학대범죄의 처벌 등에 관한 특례법」 제10조제2항 각 호의 어느 하나에 해당하는 사람(이하 "아동학대 신고의무자"라 한다)의 자격 취득 과정이나 보수교육 과정에 아동학대 예방 및 신고의무와 관련된 교육 내용을 포함하도록 하여야 하며, 그 결과를 보건복지부장관에게 제출하여야 한다. 〈개정 2021. 12. 21.〉 ③ 아동학대 신고의무자가 소속된 기관·시설 등의 장은 소속 아동학대 신고의무자에게 신고의무 교육을 실시하고, 그 결과를 관계 중앙행정기관의 장에게 제출하여야 한다. 〈개정 2017. 10. 24.〉 • 시행령 제26조(아동학대 신고의무자에 대한 교육)[요약 제시] ① 법 제26조제1항부터 제3항까지의 규정에 따른 아동학대 예방 및 신고의무와 관련한 교육에는 다음 각 호의 사항이 포함되어야 한다. — 교육내용: 아동학대 예방 및 신고의무에 관한 법령, 아동학대 발견 시 신고 방법, 피해아동 보호 절차 — 교육시간: 아동학대 예방 및 신고의무와 관련된 교육을 매년 1시간 이상 실시 — 교육방법: 집합교육, 시청각교육 또는 인터넷 강의 등
아동학대 신고 및 대응	<u>신고 번호</u> • 국번 없이 112에 신고(전화, 문자) • 시·군·구 긴급전화 • 아이지킴콜앱 활용 • 장애인학대는 1644-8295 <u>신고 내용</u> • 피해(의심)아동의 현재 상황: 피해(의심)아동의 안전여부, 응급조치 필요여부, 피해(의심)아동의 심신상태 등 • 피해(의심)아동 인적사항: 성명, 성별, (추정)연령, 주소, 전화번호 등 연락처 • 아동학대행위(의심)자 관련사항: 성명, 성별, (추정)연령, 주소, 전화번호 등 연락처, 피해(의심)아동과의 관계, 피해(의심)아동과의 동거여부, 아동학대행위(의심)자의 특성 및 성향 • 아동학대 의심상황: 아동학대 유형(구체적인 아동학대행위), 아동학대의 정도 및 심각성, 아동학대 발생빈도, 아동학대의 지속성, 최근 발생한 아동학대 상황 • 기타사항: 추가 아동 존재여부(집단 내 다른 아동 또는 아동의 형제·자매 존재여부), 아동학대행위(의심)자의 현재 상황(심신 상태 등), 다른 기관과의 연계 여부, 기타 내용 ※ 위의 정보를 모두 파악하지 못해도 신고는 가능하며, 가능한 한 많은 정보를 제공하도록 노력한다. <u>112 문자신고 예시</u> • 학대피해 의심 아동 정보(추정) — 이름, 성별, 연령, 주소(학대발견지 혹은 실거주지) • 학대피해 의심 아동 정보(추정) • 학대 의심내용 • 기타사항

구분	내용

아동학대 신고 전후 유의점	• 학대행위자가 보호자인 경우 가해자인 보호자에게 신고내용을 알리는 등의 행위로 아동학대 증거가 은폐되지 않도록 주의한다.
	• 아동학대 상황을 증빙할 수 있는 자료를 확보한다.
	  - 증거 사진, 동영상 등을 확보한다.
	  - 성 학대의 경우 증거 확보를 위해 씻기거나 옷을 갈아입히지 않는다.
	• 진술에 오염이 있을 수 있으므로 학대에 대해 계속 캐묻거나 유도 질문을 하지 않는다.
	• 피해아동의 안전 및 보호가 최우선되어야 하며, 응급상황 시 병원으로 즉시 이송 후 신고한다.
	  - 피해아동이 불안에 빠지지 않도록 큰일이 난 것처럼 하지 않고 일상적으로 대한다.
	  - 신고 후에도 피해아동의 정보가 외부에 노출되지 않도록 주의한다.
	  - 피해아동에게 치료적 개입이 필요하거나 응급상황 발생 시 병원으로 즉시 이송 후 신고한다.
	• 신고 후에도 지속적으로 지자체, 수사기관의 협조가 필요하다.
	• 신고자 정보가 누설되지 않도록 요구하고, 본인도 주의한다.
	  - 신고인의 인적사항 또는 신고임을 미루어 알 수 있는 사실을 알린 경우 3년 이하의 징역이나 3천만 원 이하의 벌금에 처해진다(아동학대처벌법 제62조제2항).
	  - 따라서 경찰, 아동학대전담공무원이 현장 방문 시 주변에서 신고자가 누구인지 물어도 답변하지 않고, "아동학대가 신고되어 방문했다."고 말한다.
	  - 아동학대 신고사례에 대해 언론인터뷰 요청이 있더라도 독단적으로 응해서는 안 되며, 언론 보도로 신고자와 피해자 모두에게 2차 피해가 발생하지 않도록 언론 대응 창구를 원장 등 최소 인원으로 한정한다.
	• 영유아의 진술이 오염되지 않도록 하며, 수사에 협조한다.
	  - 영유아의 진술이 오염되지 않도록 교직원이 직접 상담하지 않고, 전문가가 상담하도록 한다.
	  - 신고 후에도 지속적으로 수사기관, 아동학대전담공무원, 아동보호전문기관과 적극적으로 협조한다.

신고자 보호	• 신고자의 신분은 다음과 같이 보호된다.
	  - 인적사항 기재 생략
	  - 인적사항의 공개 금지(누구든 신고자를 다른 사람에게 알려주거나 공개·보도해서는 안 됨)
	  - 신원관리카드의 열람 가능
	  - 증인신문 시 영상물 촬영 제출 가능
	  - 신변 안전 요청 가능
	  - 누구든지 신고인의 인적사항 또는 신고인을 미루어 알 수 있는 사실을 다른 사람에게 알려주거나 공개 또는 보도해서는 안 됨

🅰 아동학대 징후 체크리스트

• '아동학대 징후 체크리스트'는 아동학대 신고의무자가 직무 중에 학대로 의심되는 아동을 조기 발견하기 위해 활용하도록 제작된 것이다.
  - 1개 이상의 문항에 '예'라고 체크된 경우, 아동학대를 의심해 볼 수 있다.

연번	내용	체크란	
1	사고로 보기에는 미심쩍은 상흔이나 폭행으로 보이는 멍이나 상처가 발생한다.	예 ☐	아니오 ☐
2	상처 및 상흔에 대한 아동 혹은 보호자의 설명이 불명확하다.	예 ☐	아니오 ☐
3	보호자가 아동이 매를 맞고 자라야 한다는 생각을 갖고 있거나 체벌을 사용한다.	예 ☐	아니오 ☐
4	아동이 보호자에게 언어적, 정서적 위협을 당한다.	예 ☐	아니오 ☐
5	아동이 보호자에게 감금, 억제, 기타 가학적인 행위를 당한다.	예 ☐	아니오 ☐
6	기아, 영양실조, 적절하지 못한 영양섭취를 보인다.	예 ☐	아니오 ☐
7	계절에 맞지 않는 옷, 청결하지 못한 외모를 보인다.	예 ☐	아니오 ☐
8	불결한 환경이나 위험한 상태로부터 아동을 보호하지 않고 방치한다.	예 ☐	아니오 ☐

	문항	예	아니오
9	성 학대로 의심될 성 질환이 있거나 임신 등의 신체적 흔적이 있다.	예 ☐	아니오 ☐
10	나이에 맞지 않는 성적 행동 및 해박하고 조숙한 성지식을 보인다.	예 ☐	아니오 ☐
11	자주 결석하거나 결석에 대한 사유가 불명확하다.	예 ☐	아니오 ☐
12	아동에게 필요한 의료적 처치 혹은 예방접종을 실시하지 않는다.	예 ☐	아니오 ☐
13	보호자에 대한 거부감과 두려움을 보이고, 집(보호기관)으로 돌아가는 것에 대해 두려워한다.	예 ☐	아니오 ☐
14	아동이 매우 공격적이거나 위축된 모습 등의 극단적인 행동을 한다.	예 ☐	아니오 ☐

🅰 유치원 교직원용 아동권리보호 자가체크리스트

이 체크리스트는 유치원 교직원이 일과 중에 아동의 권리를 보호하는지 그 민감도를 파악하기 위한 자가체크리스트입니다. 해당하는 문항에 '예' 혹은 '아니오'로 응답해 보세요.

	문항	예	아니오
1	유아를 때리거나 신체에 고통을 가한 적이 있다.		
2	도구 등을 이용하여 유아를 억압하거나 위협한 적이 있다.		
3	유아가 한 행동을 그대로 하도록 하는 보복성 행동을 요구한 적이 있다.		
4	아동을 위협하는 언어를 사용하여 공포 분위기를 조성한 적이 있다.		
5	유아에게 비난, 원망, 거부, 우롱, 경멸적인 언어를 사용하여 공개적으로 창피를 준 적이 있다.		
6	유아의 인격이나 감정·기분을 무시하거나 모욕하는 행위를 한 석이 있다.		
7	유아가 할 수 없거나 원하지 않는 활동을 강제적으로 시킨 적이 있다.		
8	수업시간이나 급·간식 시간에 유아를 의도적으로 배제시킨 적이 있다.		
9	유아를 교실이나 특정 장소에 혼자 있게 하거나 움직일 수 없도록 강제한 적이 있다.		
10	유아의 신체부위를 만져 유아를 불쾌하게 만들거나 불편하게 한 적이 있다.		
11	교육과정과 무관하게 노골적이거나 자극적인 성적 표현을 하거나 관련 자료를 보여준 적이 있다.		
12	유아의 요구에 대해 모른 척하거나 아무런 반응을 보이지 않은 적이 있다.		
13	유아에 대한 기본적인 보호와 돌봄을 소홀히 한 적이 있다.		
14	교육활동 중에 유아와 직접 관련 없는 개인적인 행동을 하느라 유아를 방치한 적이 있다.		
15	유아가 한 수행과정에 대해서 공개적으로 비난하거나 창피를 준 적이 있다.		

⟨자가체크리스트 활용방법⟩
- 교직원이 직접 활용: 주기적으로 자기 행동을 평가해본다.
- 교직원 상호 모니터링을 위한 활용: 주기적으로 짝으로 정한 교직원의 행동을 평가하고 그 결과를 서로 나눈다.
- 원장의 교직원 관리를 위한 활용: 주기적으로 원장이 소속 교직원의 행동을 평가하고 그 결과를 교직원 컨설팅 자료로 활용한다.

구분	내용
아니오	당신은 아동의 권리보호를 위해 최선을 다하고 있습니다.
1개 이상 '예'에 체크한 경우	'예'에 해당하는 문항의 행동을 하지 않도록 주의가 필요합니다.

출처: 중앙아동보호전문기관

유치원 성폭력 및 아동학대 사건 발생 시 매뉴얼

사안 처리 필수사항
- 모든 사안 처리는 기록·문서화: 인지 즉시 신고 접수대장에 기록
- 필요시 피해 유아의 응급조치: 상담 및 병원 치료
  ※ 성폭력(강간) 피해유아의 응급조치
  - 몸을 씻지 않은 상태로 의료기관 방문 및 진단
  - 현장 보존하고, CCTV가 설치된 경우 CCTV 화면 확보
  - 증거물은 종이봉투에 빠짐없이 수거
- 피해 유아 보호자 연락
- 아동학대 교원은 즉시 수업 배제 및 직위해제하고 대체교사 투입
  ※ 성폭력일 경우: 성 비위 관련 징계절차 신속 진행
  - 학대행위자와 피해 유아 분리 조치
- 유아의 아동학대 증후 인지 또는 의심 즉시 유치원 원장과 교직원 신고의무 이행: 112 신고(경찰 신고 시 지역아동보호전문기관, 교육청으로 자동 연결)
- 교육청 보고: 서면 보고를 하되 중대 사안은 유선보고 병행
- 사건 관련 비밀누설 금지 의무 이행
- 사안 조사: 사건 경위서 작성(육하원칙에 따라 작성, 특이사항 기술)
- 아동보호전문기관과 연계 및 피해 유아 보호자에게 조치 안내
  ※ 성폭력은 성폭력 전문상담기관과 연계
- 교직원과 종사자에 대한 아동학대 예방교육 실시
- 경찰과 아동보호전문기관 조사 협조
- 피해유아 보호자와 학부모에게 조치 결과 및 향후 조치계획 안내
- 조치결과 서면 통보(교육청, 피해유아 보호자, 학대행위자 측)
- 결과 이행, 사안 관리, 교직원과 종사자 지원 및 재발 방지 노력

사안 처리 권장사항
- 관련 유아의 조사는 유아의 발달과 특성을 고려해야 한다.
- 관련 유아의 수사기관 조사 시 유아의 인권을 최대한 보장할 방안을 모색한다. 반드시 유아 보호자 동의 이후 조사를 진행한다.
  - 보호자, 교직원 동행
  - 유아 거주 지역 해바라기센터 안내 등
- 2차 피해에 대한 사전 예방대책을 마련한다(유아의 진술 및 행동이 오염되지 않도록 학부모 교육 및 안내).
- 모든 사안 처리는 영상, 음성, 문자 등으로 기록·문서화함으로써 추후 갈등이 발생할 가능성을 최소화한다.
- 성폭력과 아동학대 발생 사전 예방을 위해 유아, 교직원, 종사자와 학부모를 대상으로 한 내실 있는 성폭력·아동학대 예방교육을 실행한다(학기 초인 3월 교육 실시 권장).
- 아동학대 사안 발생 시 효과적 처리를 위해 사건 발생 전에 지역의 지구대, 병원, 상담소, 법률기관, 전문 상담기관 및 아동보호전문기관 등과 긴밀한 협조 체제를 구축·유지한다.

가정폭력

개념
- 가정폭력이란 가족 사이에 상대방을 통제하기 위해 반복적으로 여러 가지 폭력을 가하는 행위를 의미한다. 힘을 이용해 힘이 약한 가족에게 신체적인 폭력을 가하거나 소리를 지르는 등의 언어적인 폭력을 행사하는 것도 가정폭력에 포함된다.
  - 경제적 학대: 직업을 가지지 못하게 하기, 허락을 구해 돈을 사용하게 하기, 지속적인 금전 요구
  - 정서적 학대: 폭언, 죄책감 유발, 행동 통제, 고립시키기, 조롱하기, 공포감 조성
  - 육체적·성적 학대: 물리적 폭력, 원하지 않는 성관계 강요, 낙태 강요
  - 자녀 이용: 아이들에게 폭력, 피해자 학대를 자녀에게 보여주기

대처 방법
- 폭력 상황이 발생하면 즉시 112 또는 아동안전지킴이집에 도움을 요청한다.
  - 유치원 또는 어린이집 선생님에게 즉시 도움 요청하기: 유아가 처한 어려운 상황에서 빨리 벗어날 수 있도록 선생님에게 도움을 요청하는 방법을 지도한다.
- 폭력의 흔적을 남기기
  - 물리적 폭력의 경우 사진 찍어두기, 병원 진단서 확보가 중요
  - 행사한 날짜와 시간 등 사건 일지를 자세히 기록
  - 문자, 메일, 대화 녹음 등 증거 확보 후 데이터 이메일로 옮겨 놓기
- 위급상황 발생 시 안전하게 머물 곳과 연락할 사람을 사전에 정해두기

도움기관
- 여성긴급전화 1366: 1년 365일 24시간 전화 상담이 가능한 곳으로, 전화로 이야기를 듣고, 경찰을 보내주거나, 가족과 함께 우선 피할 곳을 알려준다.
- 중앙아동보호전문기관: 가정폭력으로 힘들어하는 아동을 위해 특별한 보호와 지원을 해주는 기관(아동보호전문기관)으로, 112에 신고하거나 1366과 상담하면 아동보호전문기관과 연결된다.

아동복지 서비스 통합을 위한 아동권리보장원의 설립 (2019년)

- 아동정책에 대한 종합적인 수행과 아동복지 관련 사업의 효과적인 추진을 위하여 별개의 기관으로 운영되고 있던 아동복지서비스 지원업무를 아동권리보장원으로 통합하였다.
- 학대아동 지원, 드림스타트, 지역아동센터 지원, 가정위탁, 자립 지원, 자산형성 지원사업, 입양, 실종아동보호 등 민간에서 분산 운영 중인 8개 사업을 중앙지원조직으로 통합하였다.
  - 아동학대 업무(중앙아동보호전문기관), 보호대상아동 지원(중앙입양원, 중앙가정위탁지원센터), 보호대상 아동 자립지원(아동자립지원단, 디딤씨앗지원단), 아동돌봄(지역아동센터, 드림스타트사업지원단), 아동실종 대응(실종아동전문기관)을 담당해온 기관들의 업무가 아동권리보장원으로 이관됨으로써 이들 분야별 전문성의 질을 높이고 체계적으로 운영해 나갈 계획이며, 요보호아동 전반에 대한 통합적 지원을 위해 종합계획을 수립하고, 아동관점의 정책 수립 지원을 위한 전문기관으로의 위상을 정립하기 위해 노력하고 있다.
  ➜ 이를 통해 아동중심 관점에서 아동보호서비스를 체계적·종합적으로 통합 관리할 수 있으며, 아동보호체계의 중추적인 역할을 수행할 것으로 기대된다.
- 아동권리보장원은 아동보호전문기관에 대한 지원뿐만 아니라, 아동학대 예방사업과 관련된 연구 및 자료 발간, 프로그램 개발과 평가, 정보기반 구축 및 정보 제공, 국가아동학대정보시스템 운영 지원, 아동학대 통계 제공 등을 진행한다.
  ➜ 이를 통해 체계적인 공적 아동보호시스템을 구축하여 보호가 필요한 아동에 대한 국가 책임을 강화하고, 학대로 인해 고통받는 아동이 발생하지 않도록 아동학대를 예방하기 위한 노력도 지속하고 있다.

UNIT 67 자살

1 학습목표

나의 부정적인 감정을 적절하게 대처 및 해소하는 방법을 알고 실천하며, 생명을 소중히 여기는 태도를 기른다.

2 누리과정 관련 요소

사회관계	[나를 알고 존중하기] 나를 알고 소중히 여긴다.
사회관계	[나를 알고 존중하기] 나의 감정을 알고 상황에 맞게 표현한다.
자연탐구	[자연과 더불어 살기] 생명과 자연환경을 소중히 여긴다.

3 학습주제와 학습의 중점

학습주제	학습의 중점
1. 생명 소중히 여기기	• 생명에 대해 알고, 소중한 생명을 보호하는 방법을 알아본다. • 나의 자랑할 점을 찾아보고, 자신을 소중히 여기는 마음을 갖는다.
2. 스트레스 대처 및 해소 방법 알아보기	• 다양한 나의 감정을 인식한다. • 상황에 따라 적절하게 감정을 표현하고, 부정적인 감정에 대처 및 해소하는 방법을 알아본다.

코드아담 (Code Adam)	• 다중이용시설(백화점, 지하철 등)에서 아동이 실종되었을 경우, 시설의 출입문을 즉시 봉쇄하고 내부를 수색하는 제도이다. • 조치단계: 신고 접수(안내데스크) ➡ 경보 발령 ➡ 출입구 통제 등 감시 ➡ 실종자 수색(10분 내) ➡ 미발견 시 경찰 신고 ➡ 발견 시 경보해제 **대상시설** • 1만㎡ 이상의 대규모 점포나 놀이공원, 박물관이나 미술관 등 • 5,000㎡ 이상의 버스터미널, 공항터미널, 도시철도역사나 철도역사, 관람석 • 5,000석 이상의 전문체육시설, 관람석 1,000석 이상의 공연장과 경마장 등
앰버경보	실종아동이 발생하면 고속도로, 국도, 지하철 등의 전광판과 교통방송, 휴대전화 등을 활용해 인상착의 등 신상관련 정보를 신속하게 전파, 신고와 제보를 독려하여 실종아동의 조기 발견을 유도하는 체계이다.
실종경보문자	실종아동 발생 시 신속한 제보를 위해 발견될 가능성이 높은 지역 중심으로 지역 주민에게 실종아동의 정보(나이, 인상착의 등)를 문자메세지로 전송하는 제도이다.
지문 등 사전등록제	실종상황을 대비하여 사전에 아동의 지문과 사진, 보호자의 연락처 정보, 기타 신상정보 등을 경찰 시스템에 등록하는 제도이다.

어린이집 아동 미아발생 시 대처 TIP[어린이집 안전사고 대처 행동 매뉴얼(어린이집안전공제회)]

• 유아를 마지막으로 본 곳으로 되돌아간다.
• 함께 걸어가던 짝이나 친구들에게 묻는다.
• 걸어오던 방향으로 가면서 유아를 찾는다(아이들은 발달상 뒤로 돌아 걷기보다는 가던 방향으로 계속 걷는 성향이 있다).
• 근처에 있는 유치원이나 어린이집 관계자·야외활동 관리자에게 신속히 알린다.
• 안내방송을 할 수 있는 경우에는 유아의 옷차림과 신체적 특징을 자세히 이야기하며 안내방송을 한다.
• 경찰서에 신고한다.
• 유아가 좋아하는 음식을 팔거나 장난감이 있던 곳에 가본다.
• 일정 시간이 지나도 못 찾았을 경우 부모에게 신속히 사실을 알린다.
• 유아를 찾은 후 기관으로 돌아와 야외활동에서 지켜야 할 안전수칙에 대해 이야기를 하며 오늘 있었던 상황에 대한 유아의 생각을 들어본 후 같은 일이 발생하지 않도록 왜 그런 행동을 하면 안 되는지 안전교육을 한다.

신고 의무

• 다음 각 호의 어느 하나에 해당하는 사람은 그 직무를 수행하면서 실종아동 등임을 알게 되었을 때에는 제3조제2항 제1호에 따라 경찰청장이 구축하여 운영하는 신고체계("경찰신고체계")로 지체 없이 신고하여야 한다[「실종 아동 등의 보호 및 지원에 관한 법률」 제6조(신고의무 등) 제1항 제6호].
• 누구든지 정당한 사유 없이 실종아동 등을 경찰관서의 장에게 신고하지 아니하고 보호할 수 없다[「실종 아동 등의 보호 및 지원에 관한 법률」 제7조(미신고 보호행위의 금지)].

참고
귀가 동의서

20___학년도 유치원 귀가 동의서(예시)

20___학년도 유치원 귀가 동의서를 받고자 합니다. 귀가는 학부모 동행이 원칙입니다.
학부모 미동반 시 '대리자 사전 지정제'를 실시하고 있습니다.
대리자는 성인만 가능합니다. 이 점 양해 부탁드립니다.

유아명		보호자 성명 (법정대리인)	(인)

기간	20___년 3월 1일 ~ 20___년 2월 28일까지	
귀가 요청시간	시 분	
하원방법 (O 표시)	통학버스	
	통학택시	
	학부모 동행 귀가	
	대리자 사전 지정제	• 대리자명 : • 연락처 :

※ 귀가 방법 변동시에는 유치원으로 미리 연락주시기 바랍니다.

꽃거름 유치원장 귀하

Plus

흉기 난동(무단 침입)

- 교내 흉기 난동(무단 침입) 발생 시 행동요령
  - 교내 흉기를 소지한 무단 침입자를 발견한 경우 즉시 안전한 장소(교실 등)로 대피한다.
  - 112 또는 교사에게 연락하고 선생님의 지시에 따라 행동한다.
  - 개별 행동을 하지 않고, 무단 침입자를 자극하는 말 또는 행동을 하지 않는다.
  - 복도나 화장실에 있는 경우 가장 가까운 교실로 들어가고 교실 문을 잠근다.
  - 무단 침입자가 교실로 들어오는 경우, 흉기를 사용할 수 없도록 교실 안을 돌아다니면서 내부를 혼란스럽게 만든다. 그리고 무단 침입자의 행동을 저지하기 위해 얼굴이나 신체를 향해 책, 가방 등 물건을 던지는 등 대응하며 신속히 다른 문을 통해 교실 밖으로 나와 다른 안전한 장소로 신속히 대피한다.
  - 사망(부상)자 발생 시 전문응급구조 요원이 도착할 때까지 상황을 수시로 알리거나 기록한다. 가능하면, 화상통화를 시도하여 전문의료인의 지시를 받아 행동한다.
  - 안전한 상황이 확보되면 교사 또는 경찰의 지시에 따라 건물 밖으로 대피한다.
  - 무단 침입 발생 시 학교안전책임관은 *락다운을 실시한다.

*락다운
학생들을 교실에 머물도록 하고, 교사는 별도의 지시가 있을 때까지 외부인이 교실에 들어오지 못하도록 출입문과 창문을 잠그고, 창문을 커튼 등으로 가리며 전등을 소등한 후 학생들이 창문에서 떨어져 조용히 앉아 있도록 하는 것을 말한다.

④ 실종에 대한 이해

실종아동의 정의	실종아동 등이란, 약취·유인 또는 유기되거나 사고를 당하거나 가출하거나 길을 잃는 등의 사유로 인하여 보호자로부터 이탈된 아동 등을 말한다. 아동 등이란 실종 당시 만 18세 미만인 아동,「장애인복지법」제2조의 장애인 중 지적·자폐성·정신 장애인,「치매관리법」 제2조제2호의 치매환자를 의미한다.	
실종아동의 유형	미아	• 공공장소 등에서 아동이 길을 잃는 경우 • (학교안전교육 7대 안전) 어린이가 집이나 길을 잃고 헤매는 것
	유괴	• 금전, 성적 만족, 양육 등의 목적으로 강제로 데려가는 경우 • (학교안전교육 7대 안전) 어린이를 속여서 데려가는 것
	가출	아동 스스로 집을 나간 경우
	사고	사고로 인해 행방을 알 수 없는 경우
	유기	보호자가 아동을 버린 경우

⑤ 아동 실종·유괴 예방교육

내용	실종·유괴 예방을 위해 가장 중요한 것은 지속적이고 반복적인 교육이므로, 생활 속의 다양한 상황에서 교육이 이루어질 수 있도록 하고, 상황 판단력을 체득할 수 있도록 하기 위해 시청각자료 등을 통한 역할극의 형태로 진행하는 것이 바람직하다.	
실종 예방교육	미아상황은 순식간에 일어날 수 있고, 길을 잃고 당황하면 평소 기억하고 있는 것도 생각나지 않을 수 있으므로 미아예방 3단계 구호를 반복해서 연습하도록 지도가 필요하며, 안전요원, 아이와 함께 있는 성인, 경찰, 안전지킴이집 등에 도움을 청할 수 있도록 지도해야 한다.	
	멈추기!	• 유아: 가족을 잃어버리면 그 자리에 멈추고 기다린다. • 보호자: 아이가 사라지면 왔던 길을 되짚어 가 봐야 한다.
	생각하기!	• 유아: 침착하게 자신의 이름과 나이, 가족(부모님)의 이름, 가족(부모님) 연락처, 주소 등을 10번씩 반복해서 생각한다. **유의점** 평소에 자신의 이름과 연락처 등을 기억해 낼 수 있도록 생각하는 연습이 필요하다. • 보호자: 10번씩 외우며 유아가 기다리도록 하고, 빠른 시간 내에 보호자는 아이를 찾아가야 한다.

	도와주세요!
	(도움 요청하기)
		• 유아: 기다려도 가족이 오지 않으면 주위에 안전한 사람에게 "도와주세요!"하고 도움을 요청한다.
		  – 주위에 있는 경찰이나 성인 또는 아주머니(아이와 함께 있는)에게 도움을 요청한다.
		  – 가까운 곳에 공중전화를 찾아 '긴급통화' 버튼을 누르고 '112나 182'를 눌러 도움을 요청한다.
		  – 신분이 확인될 수 있는 건물 안 가게에 들어가 도움을 구한다.

유괴 예방교육		• 실제 발생한 사건을 통해 안전의 중요성을 인식한다.
		• 유아들의 발달 특성상, 성인의 깊은 내면이나 의도를 파악하기 힘들어서 겉모습을 보고 판단하는 경우가 많다. 그러므로 유아들에게 반드시 "사람은 겉모습만 보고 착한 마음을 가진 사람과 나쁜 마음을 가진 사람을 알 수는 없다."라고 지도해야 한다.
		  - 영유아는 무서운 인상의 모습을 한 사람을 유괴범이라고 생각하는 경향이 있다. 유괴범은 오히려 친절하게 접근할 수 있고, 영유아와 안면이 있거나 부모와 잘 알고 있는 사람일 수 있으므로 외모로 판단해서는 안 된다는 것과 부모(보호자)의 허락 없이는 아는 사람이어도 절대 따라가지 않도록 교육해야 한다.
		• 유괴범의 다양한 접근 방식을 직접 재연하여 역할극을 통한 교육을 진행하며 강제로 데려가려고 하면 분명하게 저항하도록 연습하되, 저항하고 소리치는 것이 오히려 위험을 초래할 수도 있으므로 상황을 분별할 수 있도록 교육해야 한다.
		  - 누가 강제로 데려가려고 한다면 큰 소리로 싫다고 말하기
		  - 억지로 데려가는 것을 예방하기 위해 그 자리에 엎드려 3가지 구호 외치기
		    (안 돼요! - 싫어요! - 도와주세요!)

	안 돼요!	가족의 허락 없이는 타인을 따라가지 않는다는 의사표현을 한다.
	싫어요!	가족 외의 타인을 따라가지 않겠다는 거부의 의사표현을 한다.
	도와주세요!	강제로 데리고 가려고 할 경우 주위 사람들에게 나의 위험한 상황을 알리기 위하여 큰 소리로 '도와주세요!'라고 도움을 요청한다.
아동 유괴 범죄의 유형과 특성	호기심유발형	아동이 좋아하는 것으로 호기심을 유발하여 유인한다. ⑩ 설문조사를 해주면 선물을 준다고 유인한다. 얼굴이 예쁘니 TV에 출연시켜 주겠다거나 연예인을 보여주겠다고 하여 유인한다. **지도방법** 좋아하는 것에 몰입하는 아동의 심리를 이용하여 경계심이 풀어지는 때를 노리는 것으로 모르는 사람이 주는 물건은 절대 받지 않도록 지도해야 한다. **대처방법** 따라가지 않고 "부모님께 먼저 허락을 받아야 해요."라고 말한다.
	지인사칭형	부모님과 잘 아는 사이, 이웃으로 가장하여 친근하게 접근한다. ⑩ 가족에게 급한 일이 생겼다고 함께 이동할 것을 권유한다. 이름을 부르면서 친분이 있음을 표현하며 유인한다. **지도방법** 이름이나 얼굴을 알고 있어도 반드시 부모(보호자)에게 허락을 받도록 지도해야 한다. **대처방법** 따라가지 않고 "부모님께 여쭤볼게요."라고 말한다.

	동정심유발형	• 도움을 요청하며 아동의 동정심에 호소한다. 　- 아동의 동정심과 칭찬받고 싶어하는 보상심리를 이용하는 유인수법이다. 　　예) 팔을 다쳤다고 도와달라고 유인한다. 걸어가면서 길을 가르쳐 달라고 유인한다. **지도방법** • 정상적인 어른은 아이들에게 도움을 요청하지 않는다는 것을 인지시켜야 한다. • 직접 돕지 않는다고 해서 예의에 어긋나는 행동이 아님을 알려주어야 한다. • 예의와 친절도 중요하지만 안전이 최우선이라는 것을 강조한다. 　- 낯선 사람의 요구를 함부로 들어주는 것은 위험하므로 간단히 알려주고 절대 따라가지 않는다. **대처방법** 따라가지 않고 "다른 어른에게 물어보세요."라고 말한다.
	물리적 강제동원형	무조건 강제로 끌고 간다. 　예) 싫다고 해도 억지로 끌고 가거나 차에 태운다. **지도방법** 아동의 공포심을 이용한 수법으로, 되도록 밝고 사람이 많은 곳으로 이동하여 도움을 청하도록 지도한다. **대처방법** • "안 돼요! 싫어요! 도와주세요!"하고 큰 소리로 외친다. • 소리를 지르거나 가지고 있는 물건 등을 던져서 주위사람들에게 알린다.
유괴 상황이 발생한 경우 행동요령		• 주변의 시선을 끌어야 하니 소리를 지르거나 "안 돼요! 싫어요! 도와주세요!"라고 소리를 지르며 가지고 있는 물건(가방, 책 등)을 던져서 주위 사람들에게 알린다. • 유괴범이 데리고 가기 어렵도록 체중을 실어 땅에 드러눕는다. • 친구가 모르는 사람에게 끌려갈 때는 112에 신고하거나 어른들에게 빨리 알린다.
유괴를 당했을 때 행동요령		• 범인은 긴장하고 흥분된 상태이기 때문에 범인에게 반항하지 않으며, 말을 잘 듣는 것처럼 행동한다(범인들은 유괴하고 나서 처음 한 시간 동안 느낌이 좋으면 피해자를 해치지 않는다고 함). • 유괴범을 자극하거나 불안함을 조성하지 않고 대처할 수 있도록 교육한다. 　- 고개를 숙이고, 가급적 유괴범의 얼굴을 똑바로 쳐다보지 않는다. 　- 유괴범을 자극하는 행동은 하지 않는다. 　- 격리된 공간에 유괴범과 단둘이 있을 때는 울음을 참고 고분고분히 대한다. 　- 묻는 말에 대답을 잘하고 대화에 적극적으로 참여한다. 　- 마음을 진정시킨다(반드시 집으로 돌아갈 수 있다는 확신을 가지며 마음을 차분하게 유지한다). 　- 유괴범이 눈치 못 채도록 유괴범의 차량번호를 외운다. 　- 밥을 잘 먹고 건강을 지킨다(음식을 주면 먹기 싫더라도 꼭 먹어야 한다). 　- 정신을 바짝 차리고 있는다. 　- 무모하게 혼자서 탈출하다가 실패할 경우 더 큰 위험에 처할 수 있으므로, 탈출 시도는 신중하게 한다.

어린이 유괴 예방을 위한 노력(SOS 국민안심 서비스 활용하기)

범죄에 취약한 어린이들에 대한 성범죄·유괴와 같은 범죄 증가에 대응하기 위해 긴급 상황 시 휴대폰 등으로 경찰에 말 없이 신고, 구조요청과 위치정보 제공이 가능한 새로운 개념의 범죄 예방 시스템인 'SOS 국민안심 서비스'가 실시되었다.

서비스 유형 및 내용

- 원터치SOS : 휴대폰·스마트폰을 갖고 있는 초등학생
  - 사전에 112를 단축번호로 지정하고 위급상황 시 휴대폰·스마트폰의 단축번호를 눌러 경찰에 긴급신고 및 위치정보 제공
- 112긴급신고 앱 : 스마트폰을 갖고 있는 미성년자(19세 이하) 가입자
  - 스마트폰의 112긴급신고 앱 터치로 경찰에 긴급신고 및 위치정보 제공
- U-안심 : 휴대폰을 갖고 있지 않은 전용 단말기 소지자
  - 전용 단말기 SOS 버튼을 눌러 보호자에게 위기 알림 및 위치정보 제공

6 실종·유괴 예방 수칙

부모(보호자)가 알아야 할 실종·유괴 예방 수칙

- 「지문 등 사전등록」을 신청해 둔다.
  - 아동이 실종되었을 경우를 대비하여 경찰시스템(안전 Dream 홈페이지(또는 스마트폰 App), 가까운 지구대나 경찰서에서 가능)에 지문, 사진, 보호자의 인적사항 등 정보를 미리 등록해 놓고 실종 시 등록된 자료를 활용하여 보다 신속히 찾기 위한 제도이다.
  - 사전등록된 경우 182 신고 시 기본정보 입력 및 확인절차를 거칠 필요가 없어 더욱 빨리 위치추적 등을 실시할 수 있다.
- 자녀를 집에 혼자 두지 않는다.
  - 잠시 외출한다고 자녀를 집에 혼자 두고 나가지 않으며, 특히 아동이 잠든 틈에 외출하지 않는다.

  ※ 아이사랑 3대 실천사항 : 혼자 두지 마세요, 굶기지 마세요, 때리지 마세요
- 항상 자녀와 함께 다닌다.
  - 백화점, 마트, 시장, 쇼핑몰, 영화관, 공원 등 외출 시, 아동을 잠시라도 혼자 두지 않으며, 화장실을 혼자 가게 하거나 심부름을 시키거나 자동차 안에 혼자 두는 것도 위험하다.
- 실종아동 예방용품을 활용한다.
  - 아동이 어리거나 장애로 말을 못하는 경우 실종아동 예방용품을 착용하며, 아동의 이름과 연락처 등은 옷 안쪽이나 신발 밑창 등에 새겨놓는다.
  - 낯선 사람이 아는 사람임을 가장하여 접근할 수 있으므로 아이들의 이름과 연락처 등을 적을 때에는 낯선 사람들이 정보를 보지 못하도록 바깥으로 쉽게 드러나지 않는 옷 안쪽이나 신발 밑창 등에 새겨주는 것이 좋다.

		• 자녀에 관한 정보들을 기억해 둔다. 　- 자녀의 키, 몸무게, 생년월일, 신체특징, 버릇 등 아동의 인적사항(구체적인 신상명세)을 적어놓는다. • 자녀의 하루 일과와 친한 친구를 알아둔다. 또한 매일매일 자녀가 어떤 옷을 입었는지 기억하고, 아이의 인적사항을 적어 둔 카드를 집에 비치해둔다. 　- 부모나 교사는 만약의 경우에 대비해 6개월 이내에 찍은 유아의 사진을 가지고 있다. 　- 아동의 하루 일과와 아동이 구체적으로 어디에서, 누구와 있는지 알고 있다. • 정기적으로 자녀사진을 찍어둔다. 　- 아동들은 특히 성장이 빨라 너무 오래된 사진은 실종아동 찾기에 도움을 줄 수 없으므로, 정기적으로 자녀사진을 찍어 보관하도록 한다(사전등록한 경우 아동의 사진을 정기적으로 변경).
장소·상황별 실종·유괴 예방지침	놀이터, 공원에서	• 귀가 시간을 정해놓고, 반드시 약속한 시간을 지킨다. • 내가 어디 있는지 늘 부모님께 알린다. • 외출할 때에는 집에 목적지를 알리고 허락을 받는다. • 유치원 또는 학교에서 친구들과 여럿이 안전한 큰길로 다닌다. • 혼자서 놀지 않고, 친구들과 함께 무리지어 논다. • 보호자가 항상 지켜볼 수 있는 밝고 환한 곳에서 논다. • 누군가 다가와 유인하는 경우에는 "안 돼요! 싫어요! 도와주세요!"라고 소리친다. • 모르는 사람은 절대로 따라가지 않는다.
	집에 혼자 있을 때	• 모르는 사람에게는 절대로 문을 열어주지 않는다. • 집에 들어갈 때는 반드시 주위를 둘러보고 수상한 사람은 없는지 확인한 뒤 문을 연다. • 집안에 누가 있는 것처럼 "다녀왔습니다~"하고 큰소리로 인사하면서 들어간다. • 혼자 있을 때는 집에 혼자 있는 것이 알려지지 않도록 되도록 전화를 받지 않는다. • 집에 혼자 있을 경우 　- 방문객이 오면 사람이 없는 척을 하고, 만약 이야기를 하게 된다면 다음에 오도록 얘기하고 문을 열어주지 않는다.
	엘리베이터 안에서	• 엘리베이터를 타기 전, 주변에 수상한 사람이 있는지 살펴보는 습관을 기른다. • 낯선 사람과 단둘이 있으면 자리를 피하거나 엘리베이터를 바로 타지 않고 다음번에 탄다. • 엘리베이터 안에서는 경비실에서 내부를 볼 수 있도록 숫자 버튼을 누르는 곳 앞에 벽을 등지고 선다. • 모르는 사람과 단둘이 탔을 때, 이상한 느낌이 들면 가장 가까운 층에서 내린다. • 위험한 상황에 처하면 바로 비상버튼을 눌러 도움을 요청한다.

	현장학습 시	**유아** 방송하는 곳, 아동을 보호해 주는 곳에 대해 알도록 지속적으로 반복 연습한다. **교사** • 사전답사를 통해 유아들의 동선과 미아보호소 위치를 확인한다. • 현장학습 장소의 붐비는 정도에 대비하여 충분한 유아 인솔 인원을 확보한다(외부 현장에서는 교사 대 영유아 비율을 낮게 함). • 출석 체크를 철저히 하고, 미등원 유아 발생 시 보호자 확인을 통해 유아의 안전을 확인한다. • 견학이나 소풍 등으로 사람이 많이 모이는 곳에 갈 경우 이름표를 달아 주고, 만약의 경우 비상시에 서로 만날 장소를 미리 정해둔다. • 다른 유아들과 떨어져 혼자 다니지 않도록 또래끼리 짝을 정해주고 함께 다니도록 한다. • 길을 잃거나 교사와 헤어지면 제자리에서 멈춰 기다리기 / 자신의 이름과 연락처 생각하기 / 아이와 동반한 주위의 아주머니나 경찰에 도움 요청 등 미아 발생 시 대처요령을 사전에 교육한다.
	그 외	• 낯선 사람으로부터 돈, 선물 등을 받지 않으며, 따라가거나 차에 타지 않는다. • 값비싼 물건을 가지고 다니거나 자랑하지 않는다. • 인터넷에 개인정보를 함부로 공개하지 않는다. • 비 오는 날에는 길에 사람이 드물고, 사람의 비명이 빗소리에 묻히고, 증거가 잘 남지 않기 때문에 범죄 발생 위험이 높다. 따라서 날씨가 궂은 날에는 밤늦게 돌아다니지 않는다. • 이름과 나이, 주소, 전화번호, 부모님 이름 등을 꼭 기억한다. • 도움이 필요할 때 부모님 또는 긴급전화 112에 전화한다. 　- 유아에게 공중전화를 걸 수 있는 방법과 비상시에 신고나 도움을 요청하기 위한 전화번호를 알고 있는지 확인한다. • 위급상황(낯선 사람이 접근했을 때, 부모와 갑작스레 헤어졌을 때, 길을 잃었을 때 등) 시 대처방법을 부모님과 같이 여러 번 연습해 본다.

❼ 실종아동 발생 시 대처방법 및 실종 예방 관련 정보

실종 발생 시 대처방법 (귀가하지 않았다는 전화를 받은 경우)	① 가까운 곳을 찾아보기	**교사** 하원 시 상황을 자세히 알아본다. • 유아들은 숨는 것을 좋아하므로 유치원이나 유치원 근처에 유아가 있을 만한 곳을 구석구석 찾아본다. • 비상연락망을 통해 유아의 상황을 알아본다. • 교사는 책임 회피적인 발언을 하지 않아야 한다.

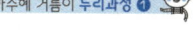

		부모 • 집 근처에서 실종 시 갈 만한 곳이나 자주 다니는 경로를 따라 살펴본다. • 공공장소에서 실종 시에는 안내데스크나 미아보호소에 안내 방송을 요청한다.
	② 즉시 신고하기 (경찰청, 실종아동찾기 센터에 신고하기)	• 전화신고: 112 또는 경찰청 실종아동 찾기센터(국번없이 182) • 문자신고: #0182로 신고 • 방문신고: 가까운 경찰서 또는 지구대·파출소 **실종아동 발생 시 신고사항** • 유아의 이름 • 유아의 나이(생년월일) • 실종된 일시와 장소 • 실종된 자세한 경위 • 실종 발생 당시 유아가 입고 있던 옷차림과 신발, 소품, 신체 특징(얼굴 모양, 머리모양, 흉터나 점 등의 여부, 안경 착용 여부, 키와 몸무게 등) • 유아의 최근 사진(가능한 다른 모습이 담긴 최근 사진으로 여러 매 준비) • 부모 이름 및 언제라도 연락이 가능한 연락처, 주소
	③ 주변관계망 통해 찾기	자주 이용하던 매장 등의 교류를 통해 실종 발생 시 협조를 요청한다.
실종아동 발견 시 대처방법		• 아동의 불안한 마음상태를 이해하고 달래주는 것이 중요하다. • 가장 먼저 112 또는 경찰청 실종아동 찾기센터(국번없이 182)로 신고한다. • 아동이 있는 장소에 그대로 서서 일단은 아동의 부모를 기다린다. 아동이 잠깐 한눈을 팔거나 부모의 부주의로 떨어진 경우 아동의 부모는 가까운 장소에 있는 경우가 많다. • 아동에게 이름과 사는 곳, 전화번호 등을 물어보고 이름을 불러주면서 달래준다. 아동이 집에 간다고 혼자서 가버리게 내버려두면 안 된다. • 아동의 의복이나 신발, 소지품 등을 확인하여 이름이나 연락처를 알아낸다. • 백화점, 쇼핑센터의 경우 안내데스크나 방송실에 문의하여 실종아동 보호 안내방송을 요청해야 한다. • 아동을 실종아동보호센터, 경찰서 등에 인계하는 경우 아동을 발견한 사람의 연락처를 남겨두어야 한다.
실종 예방 관련 정보	아동안전 지킴이집	위험에 처한 아동을 안전하게 임시보호하기 위하여 학교 주변의 문구점, 편의점, 약국 등을 아동안전지킴이집으로 지정해 범죄의 예방을 위한 순찰 및 아동지도 업무 등 필요한 조치를 할 수 있도록 한 제도이다. 
	아동안전 수호천사	신뢰성 있는 업체의 외근사원을 수호천사로 위촉하여 외근활동 중 아동보호활동을 하는 것으로, 현재 야쿠르트 아줌마, 집배원, 태권도 사범, 모범택시운전자회, 학원차량기사 등이 활동 중이다.

UNIT 69 동물 물림

1 반려동물(개나 고양이 등)

반려동물과의 외출 시 챙겨야 할 준비물	• 인식표: 반려인의 성명, 전화번호, 동물등록번호가 명시된 인식표를 착용한다. • 리드 줄: 반려동물과 다른 사람의 안전을 위해 목줄(또는 가슴줄)을 착용한다. • 입마개: 맹견의 경우 입마개도 필수로 착용한다. • 배변봉투: 공중위생을 위해 배설물이 생기면 바로 수거한다. • 물통: 물은 반려동물의 식수로 사용하거나 소변 본 자리에 뿌려준다.	
안전수칙 (펫티켓)	반려인	• 반려견과 동반하여 외출 시, 목줄·가슴줄 및 인식표 착용은 필수이다. • 2개월령 이상의 개는 시·군·구청 또는 동물등록대행기관에 동물등록을 한다. • 반려견과 함께 외출 시, 배변봉투를 챙긴다. • 엘리베이터와 같은 공동주택 건물 내부의 공용공간에서는 반려견을 안거나 목줄의 목덜미 부분을 잡아야 한다. **엘리베이터에서의 펫티켓** • 리드 줄(목줄) 등 안전조치 후 탑승한다. • 동승자가 있다면 탑승 전 괜찮은지 의견을 묻는다. • 동승자가 있는 경우 반려동물을 벽 쪽으로 하고, 보호자가 가로막아 사고를 예방한다. • 반려동물이 탑승·하차 시 달려들지 않도록 교육한다. • 탑승·하차 시 반려동물이 완전히 탑승 및 하차하였는지 확인한다.
	비반려인	**주인이 있는 개를 만났을 때** • 개가 목줄과 입마개를 했는지 확인한다. • 주인 허락 없이 개를 만지거나 먹이를 주지 않는다. - 타인의 반려견을 만지기 전 견주의 동의를 먼저 구해야 한다. • 먹이를 먹고 있는 개는 자극하지 않는다. • 큰 소리를 내면 개가 놀라거나 더 흥분할 수 있기 때문에 큰 소리를 내지 않는다. • 개에게 함부로 먹이를 주거나 다가가지 않도록 알려준다. • 개들은 갑자기 다가오거나 만지면 자신을 위협하는 것으로 받아들여 공격적으로 변할 수도 있다는 것을 알려준다. • 오랫동안 개와 똑바로 시선을 마주 보는 경우 개들은 자신을 공격하는 것으로 인식하기 때문에 몸을 측면으로 비스듬히 틀거나 뒤돌아서 있는 게 좋다. • 누구에게 소중한 존재일 수 있는 반려동물에게 불쾌한 언행은 삼간다. **주인이 없는 개를 만났을 때** • 주인이 없는 개를 발견하면 개가 없는 길로 피한다. • 개가 가까이 다가오면 눈에서 사라질 때까지 등을 보이지 말고 뒷걸음으로 걸어가며 조심스럽게 피한다. **개가 달려들 경우** 고개를 숙여 손으로 귀와 목을 감싸라고 알려준다.

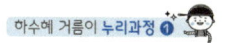

지도방향	교사의 지도방향
	• 모든 개가 항상 무는 것은 아니라고 이야기하여 개를 부정적으로 인식하지 않도록 한다.
	• 그러나 개 물림 사고에 대비하여 개의 특성과 안전수칙을 지도하면 유아의 위험상황 대응능력을 함양할 수 있다.
	학부모의 지도방향
	개와 어린이를 단둘이 있지 않도록 항상 보호자가 함께 있어야 하며, 개의 특성을 반복적으로 알려주어 개 물림 사고를 예방할 수 있도록 한다.

개 물림 사고 후 응급처치 방법	개를 관찰하여 광견병 유무를 확인한다.
	유의점 동물에게 물린 경우 대부분에서 심각한 출혈은 발생하지 않으나, 2차 감염, 인대 근육 또는 혈관, 신경 등에 심각한 손상을 일으킬 수 있다.

	가벼운 상처 (표피상처, 할퀸상처)	• 상처 부위를 흐르는 물에 비누로 5~10분간 깨끗이 씻고 말린 후 드레싱으로 덮는다. ① 상처 부위를 비누와 물로 깨끗이 씻는다. ② 항생제 연고를 바른다. ③ 상처 부위를 깨끗한 밴드로 덮는다. ④ 부기, 열감 등이 지속되면 병원에서 치료받는다.
	심한 상처	• 직접 압박을 하거나 물린 부위를 들어올려서 지혈하고, 상처를 소독된 거즈나 깨끗한 패드로 덮고 붕대를 감는다. 이후 병원을 방문하여 세척, 항파상풍 주사 등의 처치를 받도록 한다. ① 출혈을 멈추기 위해 깨끗한 천으로 상처 부위를 압박한다. ② 출혈이 멈추지 않을 경우 119에 구조요청을 한다.

개 물림 후 주의해야 하는 감염병	공수병 (광견병)	광견병에 걸린 가축이나 야생동물이 물거나 할퀴어서 생기는 바이러스로, 백신과 면역글로불린 접종이 필요하다.
	파상풍	상처 부위를 통해 파상풍균이 들어오면서 발생하는 감염성 질환이다.
	기타 세균감염	상처 상태에 따라 다양한 세균에 감염될 수 있기 때문에 병원 진료가 필수이다.

지도상의 유의점	• 개가 달려들려고 할 때의 대처 방법을 알아보는 것보다 개 물림 사고가 일어나지 않도록 하는 것이 더 중요하다. - 이를 위해 유아와 개가 단둘이 있지 않도록 보호자가 늘 함께 하는 것이 중요하다는 것을 지도한다.

❷ 야생동물(멧돼지 등)

안전 수칙	멧돼지와 직접 마주쳤을 때	• 서로를 주시하는 경우는 뛰거나 소리를 지르기보다는 침착하게 몸을 움직이지 않고 멧돼지의 눈을 똑바로 쳐다본다. • 멧돼지를 보고 놀라거나 달아나려고 등을 보이며 겁먹은 모습을 보이면 공격을 받을 수 있다.
	멧돼지를 일정 거리에서 발견했을 때	• 멧돼지가 인지하지 못한 상태에서는 신속히 가까운 나무나 바위같이 안전한 장소로 몸을 피한다. • 멧돼지를 위협하거나 접근해서는 절대로 안 된다. • 절대 정숙을 유지한다. • 교미기간(11~12월)과 포유기(4~5월)에는 성격이 더욱 난폭해진다.

	야생동물
	[멧돼지산행 활동 중 사고가 발생할 때 행동요령(3C)]
	대처법
		① 1단계 Check : 위급상황을 인식하고 어떻게 행동할지 결정한다.
		② 2단계 Call : 도움을 요청한다. 119에 신고하여 위치와 상태를 알려준다.
		③ 3단계 Care : 응급의료기관이 도착할 때까지 적절한 처치를 한다.
		  - 피가 나는 경우 : 천이나 끈으로 압박한다.
		  - 뼈가 부러지거나 관절을 다친 경우 : 주변의 나뭇가지 또는 신문지로 아픈 곳 주변에 덧대어 천이나 끈으로 가볍게 고정한다.
		  - 체온이 떨어지지 않도록 준비한 옷을 덧입는다.
		※ 골절(뼈 부러짐), 탈구(뼈마디가 어긋남), 염좌(관절의 인대가 손상)가 의심되는 경우 상처 부위를 주무르거나 함부로 자세를 바꾸지 않는다.
		※ 목이나 척추에 이상이 의심되는 경우 자세를 바꾸지 않고 그대로 둔다.

❸ 곤충

안전 수칙	벌	• 빨갛게 부어오른 부위에 검은 점처럼 보이는 벌침을 찾아 신용카드 등을 이용해 피부를 긁어내듯 침을 제거하고, 상처 부위에 얼음주머니를 대 통증과 부기를 가라앉힌다. - 초기 증상으로는 쏘인 부위의 가려움, 통증 등 국소적인 현상이 대부분이다. 그러나 벌 독에 의해 생명에 위협을 줄 수 있는 알레르기 반응(전신성 과민성 반응)이 발생하는 등 심각한 증상이 나타날 수 있어 주의해야 한다.
	거미	• 우선 거미의 사진을 찍어두고, 카메라가 없을 경우 거미의 크기와 모양을 기억해 메모해 둔다. • 이후 시간이 지날수록 붓고 통증이 있다면 병원을 방문하여 조치를 받는다.
	나방 등	빨간 가루를 뿌린 것 같은 발진이 나타나면 즉시 소독하고, 스테로이드 연고를 바른다.

④ 뱀

안전 수칙	• 뱀에게 물렸을 때의 상처자국을 보고 독사 여부를 확인한다(뱀의 머리가 삼각형이고 물린 앞쪽에 두 개의 이빨 자국이 있으면 독사).
	① 유아를 안전한 장소로 이동시키고, 옆으로 눕힌 후 진정시키면서 쇼크를 예방한다.
	② 상처 부위를 생리식염수나 흐르는 물에 비누로 부드럽게 씻어준다.
	③ 독이 퍼지지 않도록 물린 부위의 5~10cm 위쪽을 5cm 이상 넓은 천으로 압박하거나 손가락 한 개가 드나들 수 있을 정도로 압박붕대를 이용해 묶어준다.
	   - 움직이면 독의 흡수가 촉진되므로, 이때 유아가 절대 움직이지 않도록 한다.
	④ 몸을 고정시키고 상처 부위를 심장보다 낮게 하며 신속하게 병원으로 이송한다.
	   - 심장보다 낮게 하여 독이 퍼지는 속도를 낮출 수 있다.
	
	유의점
	• 뱀에게 물린 경우 절대 음식이나 약물을 주지 말아야 한다.
	• 물린 부위에 얼음찜질은 하지 않는다.
	  - 독소를 비활성화시키지 못할 뿐만 아니라, 동상에 의한 조직괴사의 위험성이 높아지기 때문이다.
	• 입으로 흡입하는 것은 권장되지 않는다. 절대적 위급상황이 아님에도 입으로 빨아서 독을 제거하는 행위는 입을 통해 독이 체내로 흡수될 수 있으며, 입 안 각종 세균에 의하여 물린 상처 부위의 2차 세균감염 위험성이 존재하기 때문이다.

Ⅴ 약물 및 사이버중독 예방교육

UNIT 70 | 약물 중독 - 마약 등 약물류 폐해 및 예방

❶ 학습목표

약물의 이해와 올바른 사용 방법을 알아보고, 필요한 경우 올바른 복용과 예방을 통해 건강한 생활을 실천한다.

❷ 누리과정 관련 요소

신체운동 건강
[건강하게 생활하기]
몸에 좋은 음식에 관심을 가지고 바른 태도로 즐겁게 먹는다.

신체운동 건강
[안전하게 생활하기]
질병을 예방하는 방법을 알고 실천한다.

의사소통
[읽기와 쓰기에 관심 가지기]
주변의 상징, 글자 등의 읽기에 관심을 가진다.

❸ 학습주제와 학습의 중점

학습주제	학습의 중점
1. 약물의 이해와 올바른 복용 방법 알아보기	• 아픈 증상에 따라 필요한 약이 다름을 알 수 있다. • 예방접종의 중요성을 알아본다.
2. 약물 오남용의 문제점 알아보기	• 약물을 잘못 사용하면 오히려 몸을 해롭게 한다는 것을 알 수 있다. • 약은 설명서에 따라 꼭 필요할 때 사용해야 함을 안다.
3. 약물의 보관과 폐기 방법 알아보기	• 약물을 안전하게 보관하는 방법을 알아본다. • 의약품을 사용할 때 유통기한이 지난 약은 버리도록 한다.

4 약(약물)

정의	**약(약물)**
	• 약은 '질병을 치료하고 증상을 경감시키며 질병을 예방할 목적으로 사용하는 물질'이라고 세계보건기구(WHO)에서 정의하고 있다. '아프지 않게 하거나 낫게 한다'는 뜻으로 이해하면 된다.
	  - 약은 효과도 좋아야 하지만(약효) 약을 먹고 나타나는 문제가 없어야 한다(안전성). 그래서 약은 전문가의 지시에 따라 올바르게 사용해야 한다.
	  - 약은 바르게 사용하면 우리 몸에 득이 되지만, 잘못 사용하면 치명적인 독이 될 수도 있다.
	• 법적인 의미로서 인체나 동물의 예방, 치료, 경감, 진단의 목적으로 쓰이는 것이다.
	약물오용
	• 의도적인 것은 아니지만 적절한 용도로 활용하지 못하고 잘못 사용하여 피해를 보는 경우를 말한다.
	• 의사의 처방이나 약사의 복약지도 없이, 혹은 그것을 무시하고 약을 본래의 목적에 맞지 않게 잘못 사용하는 것이다.
	  예) 다이어트를 위해 변비약이나 이뇨제를 사용하는 경우, 소화불량 치료를 위해 항생제를 투약하여 오히려 증상을 악화시키게 되는 경우
	약물남용
	• 질병을 치료하기 위해서가 아니라 감정이나 행동을 흥분시키기 위한 목적으로 약물을 사용하는 것이다.
	• 의학적·사회적 통념에 맞지 않게 약물을 지속적 또는 산발적으로 과용하는 것이다.
	• 약물을 특정 목적을 위해 의도적으로 사용하는 것으로 원래의 목적이 아닌 부작용을 경험하기 위해 사용하는 경우를 말한다.
	  예) 접착제인 본드, 연료인 부탄가스 또는 감기약을 일시적인 기분을 위해 사용하는 경우
	약물의존
	• 약물 없이는 지내기가 불편하고 괴로운 상황이 되어 계속 약물을 찾게 되는 상태를 말한다.
	• 중독이란 약물이 신체 내에 과도하게 존재하여 여러 가지 부작용을 나타내는 상태로 가벼운 오심이나 구토, 두통, 복통에서부터 들뜬 기분, 혼동, 착각, 환각 등의 정신병적 상태를 나타내거나 혼수상태와 사망에까지 이르는 상태를 말한다.
	중독성 약물
	• 인체에 작용하여 신체적·정신적 변화를 가져오는 모든 물질을 중독성 약물이라고 하며, 크게 3가지의 특징이 있다.
	  ① 한 번 사용하면 자꾸 사용하고 싶은 충동을 느끼게 되는 '의존성'이다.
	  ② 사용할 때마다 양을 늘리지 않으면 효과가 없는 '내성'이다.
	  ③ 사용을 중단하면 견디기 어려운 정도로 몸에 이상이 오는 '금단증상'이다.
	• 특히 신체적·정신적으로 더 성장해야 할 청소년에게 중독성 약물은 건강을 심각하게 해치고, 인생을 망가뜨릴 수 있다.
	※ 오남용이 쉬운 약물 : 카페인, 감기약, 항생제, 스테로이드제 등
	※ 유아에게 약품의 사용법에 대해 설명할 경우, 사용법을 알더라도 항상 부모님과 교사가 주는 약만 먹어야 한다는 것을 인지할 수 있도록 지도해야 한다.

약물의 보관과 폐기 방법	**약물의 보관** • 아이들의 손이 닿지 않는 안전한 곳에 보관해야 한다. • 직사광선을 피하며 서늘하고 건조한 곳이 일반적이지만, 의약품마다 다를 수 있으므로 보관방법은 꼭 확인해야 한다. • 약은 설명서와 포장상태 그대로 보관해야 한다. – 다른 용기에 약을 옮기지 않는다. **약물의 폐기** 안전하게 버리기 위해서는 가까운 약국의 '폐의약품 수거함'에 버린다.

약의 종류	• 의약품은 크게 '전문의약품'과 '일반의약품'으로 나뉜다.
	• 전문의약품
	  – 의사가 처방하고 약사가 조제하는 약으로, 광고가 불가능하다.
	    예 항암제, 혈압강하제, 우울증치료제, 항생제, 호르몬제 등
	• 일반의약품
	  – 병의원에서 발급하는 처방전 없이 약국에서 구입이 가능하며, 비교적 이상반응이 적은 약물이다.
	  – 안전상비의약품: 일반의약품 중 주로 가벼운 증상에 시급하게 사용하며 환자 스스로 판단하여 사용할 수 있는 의약품으로, 편의점과 같은 24시간 점포에서도 판매하고 있다('24년 기준, 해열진통제 5종, 종합감기약 2종, 소화제 4종, 파스 2종이 있다).
	    ※ (용량) 안전상비의약품은 1일 치 복용량에 맞춰 판매하므로 개수에 차이가 있다.
	    ※ (성분) 안전상비의약품은 약국에서 판매하는 일반의약품보다 약한 성분으로 구성되어 있다.
	• 의약외품
	  – 사람이나 동물의 질병을 치료, 경감, 처치, 예방할 목적으로 사용하지만, 인체에 약하게 작용하거나 직접적으로 작용하지 않는 제품을 말한다.
	  – 대표적으로 연고(항생제 포함 여부의 차이), 피로회복제(타우린 함량의 차이), 마시는 소화제(성분 개수의 차이)가 있다.

약을 복용할 때 주의사항 십계명	• 의사 또는 약사에게 가능한 한 많이 질문한다. • 약은 꼭 필요한 경우에만 사용해야 한다. • 약을 복용할 경우 약 사용 지시서를 꼼꼼히 읽어본다. • 정해진 용량을 엄격하게 준수해야 한다. • 정해진 용법을 엄격하게 준수해야 한다. • 약의 보관법을 항상 숙지해야 한다. • 유통기한을 확인한 후, 유통기한이 지난 약은 즉시 버린다. • 약 사용 후, 이상징후가 나타났을 경우 신속하게 의사 또는 약사와 상의해야 한다. • 증세가 호전되었다 할지라도, 임의로 약 사용을 중단해서는 안 된다. • 처방받은 약 이외의 약물을 추가로 사용하게 될 경우 의사 또는 약사와 상의해야 한다.

약물의 안전사용 수칙	• 다른 사람의 약을 마음대로 복용하면 안 된다.
	  – 의약품은 반드시 의사, 약사 등 전문가의 판단에 따라 필요한 경우 사용해야 한다.
	• 의약품을 사용하기 전에 꼭 의약품의 이름, 모양, 사용기한을 확인한다.
	  – 약의 모양과 색이 비슷하더라도 성분이 다른 경우가 있으며, 약은 반드시 사용기한 내에 사용해야 한다.

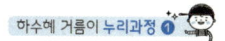

	• 의약품을 사용하기 전에 꼭 투여용량을 확인한다. – 투여용량을 의사, 약사와 상의하지 않고 마음대로 조절하면 안 된다. – 액상제제의 투여용량은 계량스푼, 계량컵을 이용해서 확인한다. • 의약품을 사용하기 전에 꼭 사용방법을 확인한다. – 약의 모양이 비슷하더라도 사용방법이 다른 경우가 있다. 　　예 경구 캡슐/정제, 연고/크림제, 점안제, 점비제, 좌제, 경구 액제, 안연고제, 점이제, 흡입제, 질정 등 • 의약품을 사용하기 전에 꼭 사용시간을 확인한다. – 정해진 시간에 의약품을 사용해야 약효가 유지되어 기대한 효과가 나타난다. • 의약품 부작용이 의심되면 즉시 의사·약사에게 알린다. – 의약품 사용 시 예상하지 못한 부작용이 나타날 수 있으므로, 이 경우 의심되는 의약품을 중단하고 즉시 의사·약사와 상담해야 한다. **주작용 및 부작용** • 주작용: 기대하던 효과를 발현하는 것이다. • 부작용: 주작용을 제외한 나머지 작용들을 의미한다. – 부작용이 없는 약물은 없다고 해도 과언이 아니며, 주작용과 부작용은 약물의 용량(농도)에 따라 달라질 수도 있다.
약물과 관련한 교육의 필요성	• 유아의 약물 오남용 사고는 유아의 호기심에서 비롯되기도 하나, 부모나 교사의 부주의로 인해 일어날 수 있다. – 어른들과 함께 있을 때 약물이나 의약품에 쉽게 노출되며 많은 유독물 사고가 일어난다. • 제대로 관리되지 않은 약물이나 의약품에 유아가 노출되지 않도록 환경에 대한 철저한 안전관리 및 약물 안전교육이 필요하다.

어린이를 위한 의약품 사용 안내

약 이름 보기	무슨 약인지 확인하고 먹이세요.
아이 이름 보기	• 친구나 형제, 자매끼리 약을 나누어 먹이지 마세요. • 어른약을 쪼개 먹이지 마세요.
정확한 용량 보기	• 투약 시 계량컵, 계량스푼 또는 의약품 주입기를 사용하세요. • 어른을 기준으로 어린이 용량을 유추하여 먹이지 마세요. • 아이가 약을 먹은 시간과 용량을 적어두는 습관을 기르세요.
보관장소 보기	• 어린이 손이 닿는 곳에 의약품을 보관하면 우발적인 중독사고의 원인이 됩니다. • 영양제를 포함한 모든 약은 반드시 잠금 장치가 있는 장소나 어린이 손이 닿지 않는 장소에 보관하세요.
약 설명서 보기	• 복용법을 확인하세요. • 투여량은 나이·체중에 따라서 다를 수 있어요.
유통기한 보기	• 유통기한이 지난 약은 효과와 품질을 보장할 수 없습니다. • 특히 물약은 알약이나 가루약보다 더 불안정하여 오래 두면 성질이 변하기 쉽다는 점을 기억하세요.

UNIT 71 약물 중독 - 흡연 폐해 및 예방

❶ 학습목표

흡연(신종담배 포함)의 위험성을 알고, 흡연에 대한 올바른 인식과 태도를 가진다.

❷ 누리과정 관련 요소

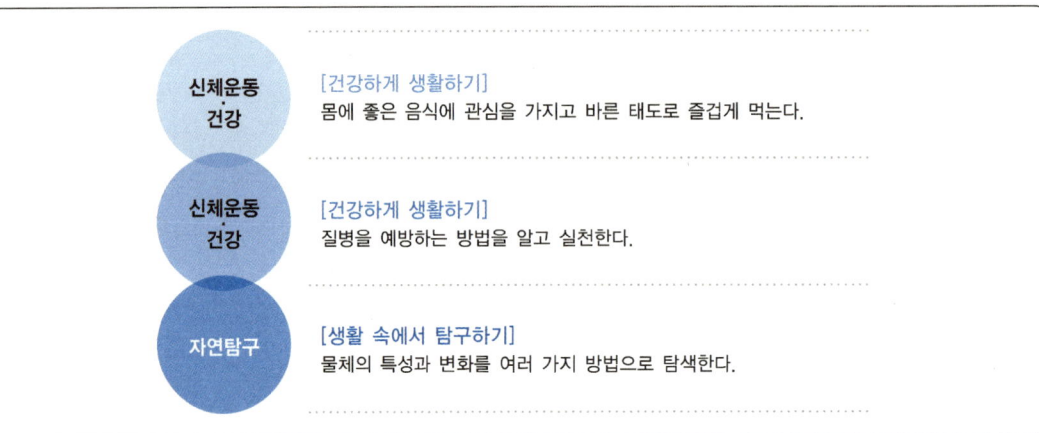

신체운동 건강	[건강하게 생활하기] 몸에 좋은 음식에 관심을 가지고 바른 태도로 즐겁게 먹는다.
신체운동 건강	[건강하게 생활하기] 질병을 예방하는 방법을 알고 실천한다.
자연탐구	[생활 속에서 탐구하기] 물체의 특성과 변화를 여러 가지 방법으로 탐색한다.

❸ 학습주제와 학습의 중점

학습주제	학습의 중점
1. 담배 속 해로운 성분 알아보기	• 담배 속에 들어 있는 해로운 물질에 관심을 가진다. • 금연의 필요성을 알 수 있다.
2. 간접흡연의 문제점 알아보기	• 직접흡연과 간접흡연의 의미를 안다. • 흡연으로부터 나를 보호하는 방법을 알아본다.
3. 담배가 우리 몸에 미치는 부정적인 영향 알아보기	• 담배가 우리 몸에 미치는 해로움을 알아본다. • 주변 어른들의 금연과 흡연 예방 실천을 위한 '금연포스터'를 만들어 본다.

4 간접흡연

개념	2차 간접흡연	일반적으로 자신이 담배를 입에 물지 않고, 자신이 아닌 다른 사람이 피우는 담배 연기에 노출되는 것을 말한다.
	3차 간접흡연	• 흡연자가 담배를 피운 공간 표면이나 먼지에 남아 있는 오염물질 및 환경에서 다른 물질과 반응해 만들어진 2차 오염물질 등을 비흡연자가 들이마시거나 피부를 통해 흡수하는 것을 말한다. − 실내에서 흡연한 경우, 집을 깨끗하게 청소해도 3차 흡연으로 인한 유해물질은 수개월간 먼지와 함께 지속된다. − 실내에 담배 연기가 있으면 옷, 소파와 같은 가구와 집안 먼지에 니코틴이 남게 되어, 만성적으로 간접흡연 노출을 일으키게 되나. − 3차 흡연으로 인하여 집 안에 남아 있는 유해물질들은 가족 구성원뿐만 아니라 반려동물에게까지 치명적이다.
유아의 간접흡연 위해성		• 간접흡연에 노출되면 담배의 유해성분이 체내에 축적되어 이후 건강에 치명적인 영향을 미친다. 성인에 비해 유아는 상대적으로 신체의 면역력 및 방어력이 취약하여 간접흡연에 노출될 경우 유해 정도가 크다. • 간접흡연은 영유아의 영아돌연사증후군, 어린이의 급성 호흡기 질환, 중이염, 천식, 저체중아 출산 등을 유발한다. • 간접흡연은 성장하는 유아에게 유해하며 이로 인하여 뇌세포 성장 억제, 기억력 감퇴, 지능·집중력·학습 능력 등에 부정적 영향이 있다고 알려져 있으며, 유아의 주의력 결핍과 과잉행동장애(ADHD) 증상도 심화시키는 것으로 보고되었다(WHO). • 최근 영유아에 대한 3차 간접흡연 관련 위험이 밝혀지고 있지만 대중의 인지도는 상대적으로 낮으며, 아이들을 보호하기 위해서는 부모들이 감지할 수 없는 상황에서도 노출이 일어날 수 있다는 위험성을 인식하고, 유아를 간접흡연으로부터 보호하기 위해 예방 행동에 나서야 한다. • 개성 누리과정에서는 '유아의 건강과 행복'을 강조하고 있으므로, 유아로 하여금 발달단계에 맞는 건강 지식과 바른 습관을 형성해 나갈 수 있도록 하는 교육이 필요하다. • 유아를 대상으로 하는 흡연위해예방교육은 유아가 간접흡연에 대해 이해하며, 간접흡연의 위험성을 알고, 간접흡연으로부터 스스로를 보호할 수 있는 실천적 역량을 키우는 교육이다.
교사 역할		• 교사는 교육전문가로서 유아 흡연위해예방교육을 통해 흡연환경으로부터 유아의 건강한 성장을 도모해야 한다. − 유아에게 직접흡연뿐만 아니라 간접흡연의 위해성에 대해 경각심을 갖도록 교육을 실시한다. − 교사는 유아가 흡연의 위해성을 알고 2·3차 흡연으로부터 자신의 몸을 보호할 수 있도록 교육적 지원을 한다. **고려점** • 반복적으로 다양한 활동을 실시하여, 유아가 위험 상황을 안전하게 극복할 수 있도록 내재화시키는 것이 중요하다. • 교사가 계획하여 실시하는 교육활동뿐만 아니라, 유아가 흡연예방과 관련된 것에 관심을 가질 경우, 교사는 놀이 지원의 하나로 유아의 흥미로부터 흡연위해예방교육을 연계하는 놀이연계활동으로 제시한다.

- 교육 대상의 발달 수준과 상황을 고려하여 난이도를 조절해 실행하며, 담배와 관련된 용어가 유아들에게 매우 낯설고 어려울 수 있으므로 사진이나 그림 자료를 이용하여 최대한 쉽게 전달한다.
- 다양한 주제를 정하고 그에 따른 교육자료를 준비하되, 교육 실행을 위해 유아의 일상적인 경험이나 환경에서 벗어나 유해한 환경에 노출되지 않도록 한다.
- 유아 흡연위해예방교육의 실제가 유아 중심으로 이루어지도록 하기 위해 유아의 관심과 흥미를 고려하고, 유아의 일상적 경험을 근거로 계획한다.
- 흡연위해예방교육은 담배의 유해성을 알고 가까이 하지 않도록 하는 데 목적을 둔 교육이므로, 교육으로 인해 흡연자를 나쁜 사람으로 인식하지 않도록 교육하는 것도 필요하다.
- 유아 흡연위해예방교육 진행 중 유아의 질문에 반응할 때 지나친 공포심을 주지 않도록 주의한다.
  - 유아의 가족에게 금연을 권유하는 것은 바람직하지만 가족들이 금연에 성공하지 못하더라도 이는 유아의 책임이 아니며, 실패한 것도 아니라는 것을 이해시킨다.
- 담배를 유아에게 설명한다는 명목으로 유아의 언어를 잘못 사용할 경우, 위해성에 대한 인식이 어려울 수 있으므로 표현에 유의한다. 즉, 담배에 대한 친근감을 갖지 않도록 한다. 예 구름과자, 담배 친구
- 일회성의 교육으로 유아 흡연위해예방교육의 목적과 목표를 달성할 수 없으므로, 가정과의 연계활동을 지속적으로 진행한다.

UNIT 72 | 약물 중독 - 고카페인 식품 폐해 및 예방

1 학습목표

카페인에 들어있는 식품이 우리 몸에 해롭다는 것을 알고, 건강한 식품을 선택할 수 있다.

2 누리과정 관련 요소

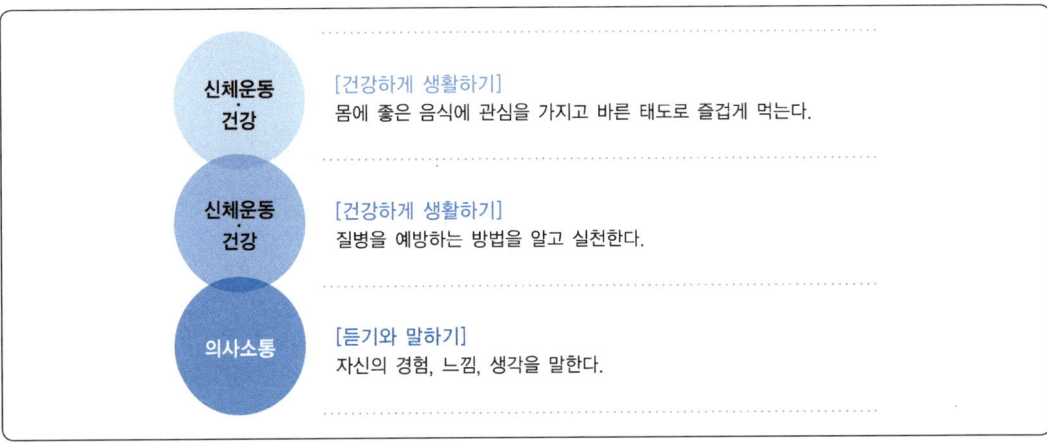

❸ 학습주제와 학습의 중점

학습주제	학습의 중점
1. 카페인이 들어 있는 식품 알아보기	• 카페인이 들어 있는 식품을 구분할 수 있다. • 고카페인 식품 대신 건강한 식품을 선택할 수 있다.
2. 고카페인이 미치는 부정적인 영향 알아보기	• 카페인이 들어 있는 식품이 몸에 해롭다는 것을 안다. • 카페인 중독의 의미와 위험성을 안다.
3. 카페인 섭취를 줄이는 생활습관 알아보기	• 카페인 섭취를 줄이기 위한 노력을 할 수 있다. • 카페인 중독을 예방하는 방법을 안다.

❹ 카페인

개념 및 특징	• 카페인은 식물의 열매, 잎, 씨앗 등에 많이 함유되어 인간의 몸에 들어오게 되면 강한 효과를 나타내는 물질이다.
	  – 섭취 시 인간의 신경계에 반응하여 정신을 각성시키고 피로를 줄이는 등의 효과가 있기 때문에, 적당량을 섭취하게 되면 피로 회복을 도와주고, 정신을 맑게 하며, 소변 배출을 원활하게 해 주어 체내 노폐물 제거를 돕는다.
	  – 하지만 카페인이 들어간 음료나 음식을 지나치게 많이 먹으면 부작용이 발생하는데, 불안감을 느끼고 메스꺼움, 수면장애, 가슴 두근거림, 복부 경련 등이 일어날 수 있다.

카페인 최대 일일섭취 권고량	• 카페인은 에너지 음료, 초콜릿, 아이스크림, 콜라, 커피 등에 광범위하게 함유되어 있다. • 19세 이하 어린이 및 청소년의 하루 카페인 섭취 제한량은 체중 1kg당 2.5mg 이하이다.
카페인이 신체에 미치는 영향	• 잠이 잘 오지 않는다. • 소변이 자주 마려워진다. • 심장이 빨리 뛰고 초조하거나 불안해진다. • 구토가 나거나 속이 메스꺼워진다. • 식욕이 떨어진다. • 일시적 혈압상승이 생긴다.
카페인을 많이 섭취하면 나타나는 증상 (카페인 중독)	• 더 자주, 더 많은 카페인을 찾게 된다. • 카페인이 들어 있는 음식을 먹지 않으면 졸리거나 예민해진다. • 뇌를 각성시켜 불면증, 행동불안, 정서장애를 유발한다. • 일시적으로 잠을 쫓고 집중력을 향상시키는 효과가 있지만, 시간이 지나면 오히려 집중력이 떨어지고 피곤해진다. • 신경과민이 발생할 수 있다. • 근육 경련이 일어날 수 있다. • 가슴 두근거림 증상이 발생할 수 있다. • 칼슘흡수를 방해하여 성장 저해를 유발할 수 있다. • 철분흡수를 방해하여 빈혈을 유발할 수 있다.

카페인을 줄이는 습관	• 커피나 녹차, 초콜릿이 들어 있는 간식을 피한다. • 카페인이 들어 있는 음식을 많이 섭취한 경우, 3일 정도는 먹지 않는다. • 음료수를 선택할 때 영양 성분 표시를 확인한다. • 제품에서 카페인 문구를 찾아본다. • 탄산음료 대신 탄산수를 마신다. • 졸음이 오거나 목이 마를 때는 고카페인 음료 대신 물을 마신다. - 부득이하게 마실 경우에는 제품의 '카페인 함량'을 반드시 확인하여 최대 일일섭취 권고량 이하로 마신다. • 가공식품보다 제철 과일이나 채소를 먹는다. • 충분한 수면을 취하고, 적당한 운동을 한다. • 약과 함께 먹지 않는다. ※ 교사는 유아들에게 카페인이 들어 있지 않은 식품을 표시하는 '어린이 기호식품 품질인증 마크'에 대해 알려준다.

UNIT 73 사이버 중독 - 인터넷게임 중독 예방, 스마트폰 중독 예방

#KEYWORD 텔레비전의 영향(부정적·긍정적 영향 및 가정 연계 지도방법)

① 학습목표

인터넷게임 중독 예방	인터넷게임의 올바른 이용수칙을 알아보고, 인터넷게임 중독을 예방할 수 있다.
스마트폰 과의존 예방	올바른 스마트폰 사용수칙을 알아보고, 스마트폰 중독을 예방할 수 있다.

② 누리과정 관련 요소

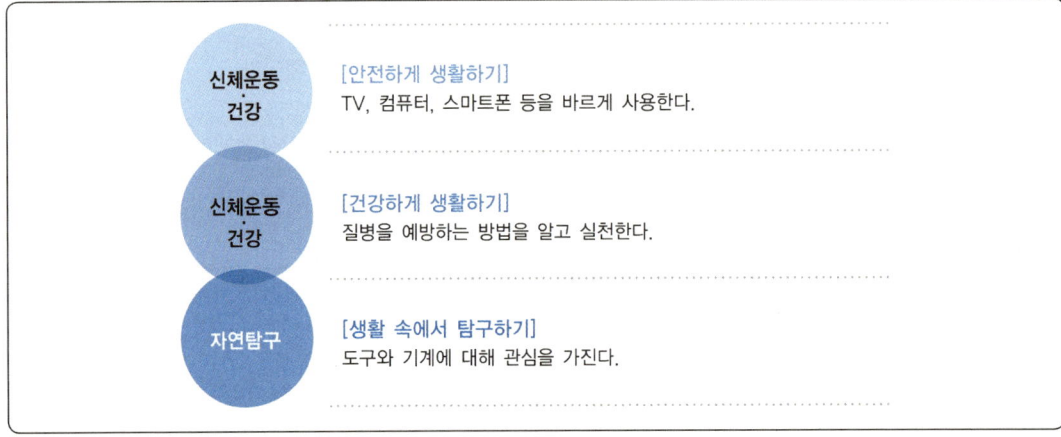

③ 학습주제와 학습의 중점

소분류	학습주제	학습의 중점
인터넷게임 중독 예방	1. 나의 인터넷 사용 습관 알아보기	• 일상생활에서 인터넷을 사용하는 습관을 점검해 본다. • 인터넷을 사용할 때 지켜야 할 예절을 알아본다.
	2. 인터넷게임 중독 예방하기	• 인터넷게임 중독을 알아본다. • 인터넷게임 중독 예방법을 알아본다.
	3. 건전한 인터넷게임 사용 습관 알아보기	• 인터넷게임을 올바르게 사용하는 방법에 관심을 가진다. • 인터넷게임을 올바르게 사용하는 방법을 알고 실천한다.
스마트폰 과의존 예방	1. 나의 스마트폰 사용 습관 알아보기	• 일상생활에서 스마트폰을 사용하는 습관을 점검해 본다. • 스마트폰을 사용하는 습관의 문제점을 알아본다.
	2. 스마트폰 중독 예방하기	• 스마트폰 중독을 알아본다. • 스마트폰 중독 예방법을 알아본다.
	3. 올바른 스마트폰 사용 습관 알아보기	• 스마트폰을 올바르게 사용하는 방법에 관심을 가진다. • 스마트폰을 올바르게 사용하는 방법을 알고 실천한다.

참고

미디어의 순기능과 역기능

순기능	• 다양한 시청각 정보 수집 • 검색을 통한 일상생활의 문제해결 • 학습의 도구로 활용 • 개인의 정보 축적 • 타인과의 관계 형성
역기능	• 지속적으로 접하고자 하는 중독 현상 • 현실과 환상의 혼동에 따른 문제 상황 야기 • 사회적 관계의 단절 • 기초체력의 저하와 신체적·정신적 증상의 발현

❹ 스마트폰

스마트폰의 장점 및 단점	**장점** 여러 가지 정보 및 유익한 교육 영상 제공, 편리한 물건 구입 등 **단점** 장시간 사용 시 여러 가지 질병 유발(눈이 나빠지거나 어깨가 아픔 등), 계속 하고 싶어짐 등
유아들의 스마트폰 사용 습관 점검해보기	• 부모님의 지도에 따라 사용하기 • 정해진 시간만큼만 하기 • 다른 놀이보다 스마트폰을 하는 시간이 더 많은지 점검해 보기 • 스마트폰을 계속 하고 싶은 마음 때문에 부모님과 싸운 적은 없는지 점검해 보기
스마트폰 중독의 개념	스마트폰이 일상에서 가장 우선시되는 활동이 되고(현저성), 이용 조절력이 감소하여(조절 실패), 신체·심리·사회적 문제를 겪는(문제적 결과) 상태이다. **요인 / 개념** **현저성**: 개인의 삶에서 스마트폰을 이용하는 생활패턴이 다른 행태보다 두드러지고 가장 중요한 활동이 되는 것 **조절 실패**: 이용자가 설정한 목표 대비 스마트폰 사용에 대한 자율적 조절 능력이 떨어지는 것 **문제적 결과**: 신체적·심리적·사회적으로 부정적 결과를 경험함에도 스마트폰을 지속해서 이용하는 것
스마트폰 중독의 특징	• 안구건조증 및 시력 저하 • 거북목 증후군 및 나쁜 자세로 인한 질병 우려 • 심리적 불안: 지속적으로 하고 싶어지는 불안감 형성 • 신체 활동량 감소로 인한 질병 발생: 소아비만 및 신체 발달 저해 • 가족 간의 갈등 발생: 일상에서 계속되는 문제로 인한 가족 간의 갈등 및 대화시간 부족 • 스마트폰의 지나친 사용은 개인의 건강 및 학업, 부모-자녀 갈등 및 관계 단절, 안전사고 등 사회적 문제로 이어질 수 있다. **신체적 영향**: 장시간 스마트폰 사용으로 근골격계(목, 손목), 시각 및 청각 등 신체 건강 문제가 발생하거나 수면장애 등 일상생활 불편을 초래한다. **심리적 영향**: 스마트폰을 사용하지 못하면 우울, 불안, 초조함 등 심리적 불안정 증상을 보이고, 심각한 경우 행동장애(주의력결핍과잉행동장애: ADHD) 등이 나타날 수 있다. **관계·행동적 영향**: 스마트폰에 빠져 친구 혹은 동료 간에 심한 갈등을 겪거나 다툼이 발생하여 단절되는 등 대인관계에 악영향이 발생할 수 있다.

스마트폰 중독의 해결방법 (올바른 사용습관)	• 꼭 필요할 때만 부모님의 허락을 받고 한다.
	• 약속한(정해진) 시간만큼만 한다.
	• 바른 자세로 한다.
	  - 스마트폰과 내 눈 사이에 적정한 거리를 두고 한다.
	  - 스마트폰을 하면서 눈을 자주 깜빡이고, 먼 곳을 바라본다.
	• 스마트폰 대신 친구들과 재미있는 놀이를 한다.
	• 유아기는 스마트폰 사용에 있어 스스로 조절하기 어렵기 때문에, 반드시 가정과 연계하여 지도하는 것이 필요하다.

스마트폰 중독 예방 가이드라인	스마트폰 과의존 (➡ 중독) 문제 인식 (problem Recogniton)	• 아이가 스마트폰 작동에 능숙하다고 해서 똑똑한 것은 아니다. • 보호자의 스마트폰 이용습관과 과의존(➡ 중독)도 아이에게 대물림될 수 있다. • 규칙 없는 스마트폰 이용은 방임일 수 있다.

	사용 상태 점검 (statE check)	• 보호자가 스마트폰 과의존(➡ 중독)일 경우, 아이도 과의존(➡ 중독) 위험이 크다.
		  − 성인과 아이 모두 스마트폰 과의존으로 인해 신체・심리・관계・행동 문제를 경험할 수 있다.
		  − '스마트폰 과의존 척도'를 활용해서 사용습관을 꼭 확인한다.

	바른 사용 실천 방안 및 대안 제시 (Suggest alternatives)	• 아이의 발달단계와 기질을 고려해 스마트폰 사용규칙을 '구체적'으로 정한다. 가정(기관) 내 스마트폰 활용 규칙을 정해 일관되게 지킨다. • 학습용 앱보다 '책'을 읽어주고, 보호자가 일할 때나 식당, 차 안에서도 스마트폰 대신 놀잇감(장난감, 종이, 그림책, 퍼즐, 블록 등)을 준다.
	주변 사람과의 관계 형성 강화 (connecT)	• 아이가 규칙을 지키면 충분히 칭찬하고 격려해준다. 아이와의 상호 작용을 위해 다양한 놀이를 함께 해준다. − 유아기(만 3~5세)까지의 발달 특성과 보호자와의 유대관계는 아이의 평생 발달에 영향을 미친다. 보호자와의 긍정적인 상호작용과 놀이는 아이의 건강한 발달을 위한 가장 효과적인 방법이다.

스마트폰 중독 예방 가이드 ('부모용')		• 만 3~5세 유아에게 올바르게 스마트폰을 주는 방법
		  − 스마트폰으로 할 수 있는 놀이와 스마트폰 없이도 할 수 있는 놀이의 차이를 알려준다.
		  − 가정 내 스마트폰을 사용하는 공간과 시간을 구체적으로 정한다.
		  − 스마트폰 이용시간은 적을수록 좋고, 보호자가 함께 보고 시청 내용에 대해 이야기 하기가 권장된다. 만 3~4세의 경우 앉은 채 수동적으로 화면을 보는 시간은 1시간 이내로 허용하는 것이 좋다.
		  − 놀이와 달리 스마트폰 이용의 주도권은 아이에게 주지 않는다.
		  − 집이 아닌 공간에서도 아이를 진정시키는 방법으로 스마트폰을 사용하지 않도록 노력한다.
		  − 스마트폰 사용규칙을 어겼을 경우 스마트폰 사용 금지 기간을 정하며, 규칙은 일관되고 단호하게 지킨다.
		유의점
		• 스마트폰 사용 습관을 알아보면서 과의존 증상을 자연스럽게 언급하여 유아들이 〈과의존〉에 대해 좀 더 쉽게 이해할 수 있도록 지도한다.
		• 유아기는 스마트폰 사용에 있어 스스로 조절하기 어렵기 때문에 반드시 가정과 연계하여 지도하는 것이 필요하다. 가정통신문 배부(유아의 스마트폰 유해요소에 대한 정보 제공)를 통한 부모교육 및 가정 연계 교육을 활용해 세심한 지도를 하는 것이 필요하다.
		• 유아의 스마트폰 과의존에 대해 지도하기 전에 학부모의 스마트폰 사용을 먼저 생각해 볼 수 있도록, 가정과 연계하여 지도하는 것이 중요하다.
		• 단 한번의 예방교육으로 유아가 교육받은 내용을 이해하고 행동을 습관화 및 유지하기는 쉽지 않다. 그러므로 부모가 먼저 자녀의 스마트폰 사용지도를 위한 부모교육에 참여한 후, 중요한 교육 내용들을 유아가 충분히 인지하고 행동이 습관화될 때까지 주기적으로 반복 교육해 주는 것이 좋다.
		• 유아가 규칙을 지키면 충분히 칭찬하고 격려해 준다.

- '만 2세' 전에 아이가 스마트폰 자극에 노출되지 않게 지도한다.
  - 아이 앞에서는 가급적 스마트폰을 사용하지 않도록 노력한다. 집안에서는 특히 부모의 스마트폰을 아무 곳에나 방치하지 말고, 서랍이나 주머니에 넣어두는 등 스마트폰이 아이 눈에 띄지 않도록 잘 치워두어야 한다.
  - 만 2세 이후에도 스마트 기기 이용시간을 하루에 1~2시간 이내로 지도하는 것이 좋다.

 참고

> **0세~만 2세의 영유아기는 뇌 발달의 '결정적 시기'**
> - 0세~만 2세의 영유아기는 뇌 발달에 중요한 시기이며, 적절한 자극을 통해 시각·청각·후각·미각·촉각의 오감이 균형있게 발달될 수 있다.
>   - 그러나 가장 강력한 시각·청각 자극 도구인 스마트폰에 노출되는 과정이 지속될 때 현실에 무감각해지고 주의력이 떨어지게 되는 '팝콘브레인' 현상이 발생하게 된다.
>   - 또한 스마트폰의 일방적이고 반복적인 자극은 아이의 좌뇌만 과도하게 발달시켜 뇌 발달의 균형을 깨뜨릴 수 있으며, 결국 다양한 자극을 경험해야 할 때 스마트폰과 같은 특정 자극에만 강하게 노출되면 필요한 자극의 부족으로 영유아 발달에 문제가 생길 수 있다.

스마트폰 바른 사용 실천가이드 활용 매뉴얼

- 지나친 스마트폰 사용은 건강에 해롭다는 점을 가르쳐준다.
  - 스마트폰 과의존 예방체조, 바른 사용 노래, 영상을 활용한다.
  - 부모가 먼저 예방교육에 참여한다.
  - 전문가의 도움을 받는다.
- 아이와 보호자의 사용 습관을 함께 점검해본다.
  - 아이가 이미 스마트폰에 노출되어 있다면, 어떻게 끊을지, 혹은 어떻게 사용규칙을 정할지보다 왜, 언제, 어떤 식으로, 얼마만큼 사용하고 있는지를 파악하는 것이 무엇보다 중요하다.
- 이른 시기에 노출됐다면, '서서히'가 아니라 '단번'에 끊는 것도 방법이 될 수 있다.
  - '일관적인' 태도로 '단호하게' 스마트폰에서 멀어지도록 지도한다. 아이가 스마트폰을 달라고 계속 떼쓰거나 보챌 경우, 아이가 울음을 그치고 진정이 될 때까지 기다려주는 것이 좋다. 아이는 엄마가 내 말을 들어주지 않는다는 것을 깨닫게 되고, 울음으로 보상받는 태도를 서서히 고쳐갈 수 있게 된다.
  - 아이가 심심해하는 모습에 익숙해져야 한다. 아이를 심심하게 만들어야 새로운 자극을 찾아내고자 하는 아이들의 행동이 증가하게 되고, 이로 인해 아이의 창의성이 발휘되면서 뇌가 발달하게 된다.
- 안전하고 바른 사용을 위해, 스마트폰의 유해요소를 정리해준다.
  - 불필요한 앱을 정리하고 보호자용 앱은 잠금(암호)기능을 설정한다.
  - 자녀 사용관리 프로그램을 활용한다.
  - 부모가 먼저 아이에게 적절한 콘텐츠를 선별해준다.

5 인터넷게임 중독

개념	인터넷게임이 일상생활에서 가장 우선시하는 활동이 되고(현저성), 이용조절력이 감소(조절 실패)하여 신체적·심리적·사회적 문제를 겪는(문제적 결과) 상태를 의미한다.
인터넷게임 중독의 특징	• 안구건조증 및 시력 저하 • 신체 활동량 감소로 인한 질병 발생: 소아 비만 및 신체 발달 저해 **유의점** 인터넷게임과 스마트폰 중독 예방 교육을 구분하여 지도하기보다, 미디어 중독교육의 차원에서 통합적으로 접근하여 지도한다.

인터넷게임 과의존을 예방하는 교육 원칙	• 인터넷게임은 바른 자세로 사용하기
	  - 인터넷게임을 할 때, 내 눈 사이에 적정한 거리 두고 사용하기
	  - 인터넷게임을 하면서 눈을 자주 깜빡이고, 먼 곳 바라보기
	• 화면의 변화 속도가 느리며 내용이 자극적이지 않은 인터넷게임으로 선정할 것
	• 인터넷게임은 약속한 시간만큼만 사용하기
	  예 인터넷게임 시간은 하루 30분 이내로 제한할 것
	• 아이를 달래기 위한 수단이나 칭찬의 대가로 인터넷게임을 제공하지 말 것
	• 인터넷게임을 할 때 건전한 사용 습관에 대해 더 알아보기
	  - 부모와의 놀이 시간과 바깥활동 시간을 늘려 컴퓨터 게임보다 더 즐거운 활동이 많음을 아이가 느끼게 할 것
	  - 인터넷게임 대신, 친구들과 재미있게 놀이하기
	• 식사 시간이나 저녁 9시 이후로 인터넷게임을 하지 말 것
	• 인터넷게임을 혼자 하도록 두지 말 것
	• 활동지를 통해 인터넷 및 인터넷게임을 건전하게 이용하기 위한 나만의 약속 정해보기
	  - 약속을 정한 후 교실에 게시하기
	  - 가정으로 활동지를 배부하여 가정에서도 연계활동이 될 수 있도록 지도하기(가정에서도 약속이 지켜질 수 있도록 노력하기)

6 텔레비전

순기능		• 다양한 정보와 지식을 제공한다. • 우리가 경험해보지 못한 세계를 생생하게 접할 수 있도록 돕는 매우 유용한 매체이다. • 대리 만족이나 정신적 휴식을 취할 수 있는 가장 간편한 방법이다.
역기능	뇌세포 발달 측면	뇌신경 회로 형성을 저해하며 뇌를 수동적으로 만들 위험이 있다.
	정서 및 사회성 발달 측면	자기 지향적 관심이 높아지고, 친사회적 도덕성 발달도 지연되며, 감정 조절과 타인의 감정 공감능력도 저하된다.
	신체 발달 측면	운동 시간이 절대적으로 부족해지며, 신체 활동을 위한 욕구가 저하되고, 한 자세로 오래 있으므로 척추나 뼈의 성장에 영향을 미칠 수 있고, 시력도 저하시키는 원인이 된다.
	학습 동기 측면	수동적인 어린이로 자랄 가능성이 높으며, 읽기 능력이 저하되고, 주의집중 능력을 떨어뜨리며, 게으르거나 자기중심적이 되어 공격성이 높아지는 등 학습동기에 부정적인 영향을 미친다.
좋은 프로그램 선별		• 유아의 선호도와 연령, 발달 수준, 이해 수준에 적합한 것이어야 한다. • 영상이 아름다운 것이어야 한다. • 공동체 생활에 도움되는 것이어야 한다. • 문제해결과정이 적합한지 살펴본다. • 애니메이션, 글자, 숫자, 영어, 음악, 미술 등 다양한 프로그램을 선별해서 보여준다. 만화 영화에도 관심이 많을 때이므로, 화면의 색감과 스토리 등을 고려하여 좋은 만화영화를 보여주어도 무방하다. • 시리즈물이나 폭력적이고 선정적인 내용은 지양한다.
효과적인 활용(시청) 방안		• 혼자 보지 않도록 하며, 친구 또는 교사(성인)와 함께 시청한다. • 시청 후에는 유아와 간단히 소감을 나눈다(적극적인 평가와 참여). 　예 '실제로 저렇게 높은 곳에서 뛰어내리면 어떻게 될까?'와 같이 텔레비전 내용에 대해 함께 이야기 나누고 비평하는 것이 필요하다. • 프로그램에서 배우거나 본 내용은 직접적인 경험을 하는 것이 가장 효과적이다.
지도 내용	환경적 요인의 조절	텔레비전의 위치를 거실에서 방으로 옮겨 쉽게 접근하지 못하도록 한다.
	시청 능력 기르기	신문에 예고된 프로그램 안내 등을 활용하여 어떤 프로그램을 볼 것인지에 대해 사전에 계획하고 실천해보도록 한다.
	다양한 놀이시간 갖기	다른 종류의 활동에 참여하므로 텔레비전 시청 시간을 줄인다.
	발달적 적합성 고려하기	아직 어린 유아가 시청하기에 부적절한 내용이 많이 있으므로 특히 만 3세 미만의 유아는 텔레비전을 시청하지 않도록 하며, 만 3세 이상의 유아에게도 유아들을 위해 제작된 프로그램을 시청할 수 있도록 한다.

Ⅵ 재난안전교육 및 응급처치교육

UNIT 74 화재

❶ 학습목표

화재 발생	화재의 의미를 알아보고, 화재 예방을 위해 지켜야 할 안전수칙을 알고 지킨다.
화재 발생 시 안전 수칙	화재 발생 시 안전하게 대피하는 방법을 익히고, 완강기가 필요한 상황과 사용 방법을 알아본다.
소화기 사용 및 대처 방법	소화기를 알아보고, 화재 발생 시 사용 방법을 익혀 재난 상황에 대처할 수 있다.

❷ 누리과정 관련 요소

화재 발생	신체운동·건강	[안전하게 생활하기] 안전사고, 화재, 재난, 학대, 유괴 등에 대처하는 방법을 경험한다.
	신체운동·건강	[안전하게 생활하기] 일상에서 안전하게 놀이하고 생활한다.
화재 발생 시 안전 수칙	신체운동·건강	[안전하게 생활하기] 안전사고, 화재, 재난, 학대, 유괴 등에 대처하는 방법을 경험한다.
	의사소통	[듣기와 말하기] 상황에 적절한 단어를 사용하여 말한다.
	신체운동·건강	[안전하게 생활하기] 일상에서 안전하게 놀이하고 생활한다.

MEMO

소화기 사용 및 대처 방법	신체운동·건강	**[안전하게 생활하기]** 안전사고, 화재, 재난, 학대, 유괴 등에 대처하는 방법을 경험한다.
	자연탐구	**[생활 속에서 탐구하기]** 도구와 기계에 대해 관심을 가진다.

❸ 학습주제와 학습의 중점

소분류	학습주제	학습의 중점
화재 발생	1. 불의 이로운 점과 위험한 점 알아보기	• 불이 일상에서 주는 이로운 점을 알아본다. • 화재의 의미와 일상생활 속 불의 위험한 점을 알아본다.
	2. 화재의 발생 원인과 예방법 알아보기	• 화재 발생 원인을 알아본다. • 화재를 예방하는 방법을 알아보고 실천한다.
화재 발생 시 안전수칙	1. 화재 발생 시 안전한 대피 방법 알아보기	• 화재 발생 시 안전하게 대피하는 방법을 안다. • 비상구 표시를 알고, 안전하게 대피할 수 있다. • 옷에 불이 붙었을 때 행동요령을 익힌다.
	2. 완강기 알아보기	• 불이 났을 때 완강기를 이용하여 대피할 수 있음을 안다. • 완강기 사용 방법에 관심을 가지고 알아본다.
	3. 119 신고 방법 알아보기	• 화재 발생 시 도움을 요청하는 번호가 119임을 안다. • 화재 발생 시 119에 신고하는 방법을 알고, 실천할 수 있다.
소화기 사용 및 대처 방법	1. 소화기의 중요성을 알고 위치 찾아보기	• 소화기가 무엇인지 이해하고, 중요성을 알아본다. • 유치원에서 소화기의 위치를 알고 찾아본다.
	2. 소화기 사용 방법 알아보기	• 소화기의 올바른 사용법을 알아본다. • 유아가 사용할 수 있는 소화기를 알아보고 직접 실습한다.

❹ 화재

불의 이로운 점과 위험한 점	**이로운 점** • 음식을 익혀서 먹을 수 있게 해 준다. • 추위로부터 따뜻하게 해 준다. **위험한 점** • 불씨가 커지면 불을 끄기 어려울 수도 있다. • 화재가 발생하면 사람의 목숨이 위험해질 수 있다.

화재의 개념	• 어떤 물질이 산소와 화합하여 열과 빛을 내며 타는 현상으로, 사람의 의도와는 상관없이 발생하거나 고의에 의해 발생 또는 확대된 화학적인 폭발을 통해 연소하는 현상으로서 소화시설 등을 사용하여 소화할 필요가 있는 것이다. • 불을 잘못 사용하여 불이 나는 것을 '화재'라고 한다. – 유아기 때는 '화재'라는 용어가 어렵게 들릴 수 있으므로, 유아의 발달과 상황을 고려하여 최대한 쉽게 이야기해 주는 것이 필요하다.
화재의 원인	• 전기: 전선의 합선, 전기기구 과열, 콘센트 접촉 불량, 용량 초과사용 등 • 담뱃불: 담뱃불의 남아있는 불씨, 라이터 등을 이용한 불장난 등 • 가스: 중간밸브 개방, 가스 누설 등이 원인이며 가스화재는 폭발을 동반하기도 함 • 폭발: 사용자 부주의, 유통과정에서의 취급 부주의, 부실시공 및 가스관의 노후화 등
화재를 예방하기 위한 안전 수칙	• 화재 발생 시 대피경로를 평상시에 파악해 두어야 한다. • 화재 발생 시 대피장소를 미리 정해 놓는다. • 성냥, 라이터, 촛불 등 불로 장난을 하지 않는다. • 불을 사용한 후에는 불씨가 꺼진 것을 꼭 확인한다. • 공터나 야산에 올라가 불을 피우거나 폭죽놀이를 하지 않는다. • 한 개의 콘센트(멀티탭)에 전기플러그(전기코드)를 여러 개 꽂아서 사용하지 않는다. • 플러그는 반드시 몸체를 잡아서 뽑는다. • 사용하지 않는 전기제품은 플러그(코드)를 빼둔다. • 난로 1~2m 이내에 인화성 물건을 두거나 난로 근처에서 장난을 하지 않는다. • 가스레인지를 사용한 후 반드시 가스 밸브를 잠근다. • 화재 대비 방연마스크, 소화기 등 화재 대비 물품이 놓인 장소를 미리 알아둔다. • 방연마스크 및 소화기 사용법을 평소에 익혀둔다.

화재 발생 시
행동요령
	• 화재 발생 시, 신속한 상황전파와 신고가 이루어지면 피해를 최소화할 수 있다.
	• 소화가 가능하다고 판단되는 화재 발생 초기에는 소화기로 불을 꺼 초기에 진압할 수 있다. 하지만 초기 진화가 안 되면 바로 대피한다.
	① 화재를 목격하면 "불이야!"하고 외치고 비상벨을 눌러 주변에 알린다. 또한 신속하게 대피한 후 안전한 장소에서 119에 화재 사실을 신고한다.
	② 화재경보가 울리면 선생님의 지시에 따라 대피로를 통해 지정된 장소로 대피한다.
	  – 소지품을 그대로 두고 한 줄로 이동한다.
	  – 대피할 때, 코와 입을 마스크, 젖은 수건이나 옷, 손 등으로 가리고 허리를 숙여 대피한다.
	  – 가장 늦게 교실을 나오는 학생은 교실문을 닫고 나온다.
	  – 이동 도중 연기에 휩싸이는 경우 손으로 코와 입을 막고 자세를 낮추어 손으로 벽을 짚고, 한 방향으로 신속히 대피한다.
	  – 아래층으로 대피를 못할 경우 옥상으로 대피한 후 구조를 요청한다.
	③ 대피로가 화염에 싸여있어 이동할 수 없을 경우 교실로 되돌아가 문을 닫고 옷이나 양말 등으로 틈새를 막은 후 구조를 요청한다.
	  – 휴대전화나 수건을 흔들어 자신이 고립되었다는 사실을 알린다.
	④ 대피장소에서는 인솔교사의 안내에 따라 질서 있게 행동한다.

- 불이 났을 때 가장 먼저 대피를 하고, 화재 신고는 안전한 장소에서 한다.
- 유치원의 안전한 대피 경로를 알고, 대피 방법을 배운다.
- 비상구 표시를 알아본다.
- 몸에 불이 붙었을 때 대처요령을 알아본다.
- 실내에서 안전하게 대피한다.
- 비상구 및 유도등 표시를 익히고, 비상구 표시 또는 유도등을 따라 안전하게 대피한다.

⑤ 학교 조치사항

1단계 예방·대비

[안전계획 수립]
- 소방계획서 작성
  - 매년, 소방 대상물을 사용 개시할 때, 계획 변경 시 필요
  - 소방훈련 및 교육에 관한 계획

[사전점검]
- 소방 안전관리자의 선임 및 통보
  - 30일 이내에 선임, 14일 이내에 관할 소방서에 통보
- 화기 단속 등
  - 화기 책임자의 임무
    - ▶ 실별 사용 책임자: 해당 실 안의 화기 단속 및 화재 예방을 위한 조치
    - ▶ 경비 업무 담당자, 당직자: 옥외 집합 장소 및 공중사용 시설의 화기 단속과 화재 예방
- 화재예방
  - 화재예방 점검
    - ▶ 화재예방 점검표 작성·제출: 월별 작성·분기별 제출
    - ▶ 실별 화재예방 중점 추진: 과학실 및 실험 자료실 화재예방 일일 점검표 작성
    - ▶ 기숙사(운동부 포함), 급식실 등 화재 취약시설 집중 점검
- 소방시설 안전 점검

구분	자체점검	종합 정밀점검
점검주기	월 1회 이상	연 1회 이상
점검서식	소방시설 외관점검표	소방시설 종합정밀점검표
점검자	특정 소방대상물의 관계인, 소방 안전관리자 또는 관리업자	관리업에 등록된 소방시설관리사, 소방안전관리사로 선임된 소방시설관리사 및 소방기술사
점검결과	자체 기록 보관(2년)	15일 이내 관할소방서 제출

- 전기 및 가스 시설 점검
- 한국교육시설안전원 가입(정기, 추가)

[안전교육]
- 소방훈련 및 교육
  - 대상자: 학생 및 교직원 전원
  - 실시 횟수: 연 2회 이상 실시(1회 이상은 반드시 소방관서와 합동훈련)
  - 기록 보관: 소방훈련·교육 시행 결과기록부를 2년 동안 보관
  - 지역별 교육지원청, 소방관서 간 학교별 훈련일정 협의 및 지원

2단계 대응
화재 신고 및
대피
	[화재 신고 및 상황 보고]
	• 화재 전파 및 접수
	  - 불을 발견하면 "불이야!"하고 외쳐 다른 사람에게 알리고 화재경보장치(발신기)를 누름
	• 안전한 곳으로 이동 후 119에 신고하며, 가능하면 벨이 울린 지점에 접근하여 화재 발생 여부 파악 후 신고
	  - 119 신고 절차 : 본인의 위치(주소) ➡ 현재상황 ➡ 부상여부 ➡ 상황요원 ➡ 안내에 따라 행동
	  - 학교 주소, 화재 진행 정도, 부상자 상황 등 신고
	• 비상 상황(인명피해) 발생 시 보고 철저(교육청, 소방서)
	  - 피해 내용, 현재 학교조치사항, 향후 계획 등
	
	[비상대피]
	• 비상 방송 및 대피 지시
	  - 화재 비상벨이 울리면 담당자는 화재 발생 위치를 확인하고 즉시 안내방송 실시(즉각적인 피난 개시 명령)
	  - 대피유도반 활동, 전교생에게 대피 지시(교내 방송 활용)
	  - 대피경로의 안전확보
	• 대피 후의 안전 확보
	  - 학생 인원 파악 후 대피 못한 학생 확인
	  - 부상자 확인 후 응급조치 및 구조대 인계
	  - 보호자에게 연락 후 인계, 학생들의 안정 유지	

3단계 초기대응 및 화재 진압	• 2단계 대응 [화재 신고 및 상황보고] 지속 • 2단계 대응 [비상대피] 지속 [초기대응] • 학교장은 화재가 발생하면 소방대가 현장에 도착할 때까지 화재 경보, 대피 등과 관련된 필요한 조치 실시 • 비상연락체계를 활용하여 지휘통제, 초기 소화, 응급구조, 방호안전 등의 조치 • 화재 유형에 따라 자체 소화전 및 소화기 등으로 초기 진압 • 현장 상황 모니터링 지속 통보 [화재 진압] • 화재 진압 및 인명구조·검색활동 지원 • 소방관서 현장지휘대 지원	

4단계 복구
후속 조치
	[상황반 설치]
	• 피해상황 파악(인원, 시설 등)
	  - 정보수집 및 교육청에 보고
	  - 외부기관 등과 협조체계 유지
	  - 건물 밖 대피장소에서 안전한 학생 관리
	  - 보호자에게 연락 후 학생 인계 조치
	[후속 조치]
	• 응급 수업대책 및 학생안전대책 이행
	  - 교육시설물의 화재로 수업에 지장을 초래할 경우 인근 학교 이용
	  - 2부제 수업실시 등 적절한 수업대책 강구	

- 응급조치 확인 및 점검
  - 학교 피해시설 응급복구
  - 시설물 피해원인 등을 조사하여 유사사고 방지 및 예방대책 수립
- 재난복구비 지급 신청
  - 피해 내용 확인 후 한국교육시설안전원으로 공제급여 신청

6 학생 행동요령

학교에서

[화재 사실 알리기]
- 화재 발생 즉시 최초 화재 목격자는 "불이야!"하고 외치고, 비상벨을 누른다.
- 선생님에게 즉시 알리고 선생님의 지시에 따라 대피로를 통해 지정된 장소로 대피한다.
  ① 소지품은 그대로 두고 한 줄로 이동한다.
  ② 질서 있게 행동한다.
  ③ 대피 시 엘리베이터를 이용하지 않는다.
  ④ 이동 중 연기에 휩싸이면 손으로 입을 막고, 자세는 낮춘 뒤 빠르게 이동한다.
  ⑤ 아래층으로 대피를 못할 경우, 옥상으로 대피 후 구조를 요청한다.

[119 신고]
- 119 신고는 대피 후 안전한 장소에서 한다.
- 119에서 끊기 전까지 먼저 끊지 않는다.
- 묻는 내용에 대해서 답하고, 지시하는 대로 따른다.
- 119에 신고한 전화로 다른 곳에 전화하지 않는다(119에서 전화가 올 수 있음).

[초기진화 가능 시]
- 학급에서 화재가 발생하여 초기진화가 가능하다고 판단되는 경우, 소화기를 사용하여 불을 끈다.
  - 실내에서 소화기를 사용할 때에는 밖으로 대피할 때를 대비하여 문을 등진다.

[대피 시]
- 불과 연기가 오는 곳 반대편으로 향한다.
- 연기가 없을 경우 허리를 숙이지 않고 바른 자세로 신속하게 대피한다.
- 연기가 있을 경우 허리를 최대한 숙여 머리를 낮추고, 젖은 수건이나 헝겊으로 코와 입을 막는다.
- 비상표지유도판 및 비상구 표지를 확인하면서 건물 밖으로 대피한다.
- 앞이 보이지 않을 경우 한 손으로 코와 입을 막고 나머지 손으로 벽을 짚으면서 나간다.
- 대피로가 화염에 싸여 이동이 불가능할 경우, 교실에서 문을 닫고 옷, 양말, 커튼 등으로 틈새를 막은 후 구조를 요청한다.

[대피 후]
- 인솔교사 안내에 따라 안전한 장소에서 대기한다.
- 소방서에서 건물의 안전 여부를 판정하기 전까지 건물에 들어가지 않는다.
- 대피하면서 다친 곳은 없는지 살핀다.

가정에서	**[화재 사실 알리기]** 불을 발견하면 "불이야!"하고 큰 소리로 외쳐 다른 사람에게 알리고, 화재 비상벨을 누른다. **[대피 시]** • 유도등의 표시를 따라 대피한다. • 엘리베이터를 이용하지 말고 계단을 이용하며, 아래층으로 대피가 불가능할 경우 옥상으로 대피한다. • 불길 속을 통과할 때에는 물에 적신 담요나 수건 등으로 몸과 얼굴을 감싸고 통과한다. • 연기가 많을 경우 젖은 수건, 마스크 등으로 코와 입을 막고 낮은 자세로 이동한다. • 방문을 열기 전 손등을 문손잡이에 대어보고, 뜨겁지 않으면 문을 열고 밖으로 나가며, 뜨거우면 문을 열지 말고 다른 길을 찾는다. • 출구가 없으면 연기가 방안에 들어오지 못하도록 옷이나 이불에 물을 적셔 문틈을 막고 구조를 기다린다. **[대피 후]** • 소방서에서 건물의 안전 여부를 판정하기 전까지 건물에 들어가지 않는다. • 대피하면서 다친 곳은 없는지 살핀다.	

7 화재대피훈련

훈련의 목적 및 목표	**훈련의 목적** 학교 및 주변 시설에서의 화재 발생 시 이로 인한 피해를 최소화하는 데 필요한 대응 역량 개발 **훈련의 목표** 화재대피 역량 강화 및 훈련 참여자 임무·역할 검증	
훈련 절차	훈련 준비	• 대피동선 파악 − 각 담임교사와 안전교육 지도교사는 대피동선을 사전 파악하고, 대피 시 장애가 될 요인 등을 제거(화분 등) • 훈련 준비 − 각 층별 유도요원 훈련시작 10분 전 인원 체크 − 장비 준비 및 배치 실시 − 외곽 방송 장비 점검 및 준비 • 훈련 전 대피방법 교육 − 대피방법 설명 및 주의점, 안전사고 예방법 숙지(동영상 등으로 대피 교육 실시) − 방화벽(방화셔터)이 내려왔을 때의 대피 방법 교육(방화벽에 턱이 있음, 손잡이가 없어 세게 밀어서 열어야 함 등)

	훈련 실시	• 가상화재 메시지 전달 – 학교안전책임관(또는 소방담당교사)이 전달
		  – (화재발견자) 주위에 "불이야!"하고 3회 큰소리로 외친다.
		  – 화재경보기를 누름
		• 화재방송 실시
		• 대피 실시
		  – 각반 담임선생님은 모든 수업을 중단하고, 대피 후 집결 장소를 말한 후, 학생들을 복도 옆 창가로 2~4줄로 세운 후 낮은 자세로 침착하게 대피하며, 화장실 등 훈련에 빠진 학생들을 1차 수색(주의사항 – 절대 뛰지 않음)
		  – 학생들이 우왕좌왕하여 패닉상태로 되지 않도록 강하게 대피를 지시
		• 대피 완료
		  – 담임선생님과 대피 학생들은 각반 집결 장소로 모인 후, 대피인원을 파악해 학교안전책임관(교장)에게 보고하고, 학교안전책임관(교장)은 출동소방관에게 대피인원, 대피하지 못한 인원(위치) 등을 통보

	후속 조치	• 대피경로 선정의 적합성 검토
		• 화재대피 훈련절차와 행동요령 적절성 검토
		  – 학생 행동요령 단계별 적용의 적절성
		  – 예고 없는 상황에 대한 훈련 적용의 적절성
		• 재난대응반(상황반, 안내·유도반, 응급구조반, 소화반) 운영의 적절성 검토
		• 훈련장비와 물자의 소요 검토 ➡ 도출된 문제점은 교직원 회의 시 공유하여 차기 훈련에 반영

화재 훈련 역할별 훈련 내용	학교장 / 학교 안전책임관	• 대피 방송 실시(교내 방송시설 활용) • 교직원, 학생, 방문객들을 지정된 대피경로(화재감지 자동 셔터문 주의)를 이용하여 건물 밖의 지정된 장소로 즉시 대피한다. • 119에 신고 또는 신고자 지정 – 소방서에 신고하여 화재장소, 피해정도, 대피여부 등을 신속·정확하게 이야기한다. • 교육청에 학생들을 대피시켜야 하는 재난이 발생하였음을 보고한다. • 업무부서에 학교 방문자 명단, 조퇴 학생 명단, 비상 배낭(사고대응에 필요한 중요문서, 도면, 정보, 비상물품을 담아 놓은 가방) 등을 교내에 설치된 사고지휘소에 전달한다. • 화재현장의 소방관 등 지휘관으로부터 안전을 확인받지 않은 상황에서는 학생과 교직원들이 건물로 다시 들어가지 못하도록 조치한다. • 지속적인 상황 모니터링을 실시하고, 소방관서에 협조한다.
	교사	• 비상물품 등을 챙기고, 비상 대피로 또는 지정된 대피 경로를 따라 학생들을 가능한 빨리 지정된 장소로 대피시킨다. • 장애학생(또는 이동에 어려움을 갖고 있는 사람)의 이동을 도와준다. • 교실을 떠날 때 문을 잠그지 않은 상태로 문을 닫아 놓는다(실험·실습실의 경우, 열기구와 전열기 등 차단).

		• 대피경로에 화재로 인한 연기 발생 시 학생들은 자세를 낮추고, 연기를 최대한 마시지 않도록 코를 젖은 수건이나 옷자락으로 막은 상태에서 낮은 자세로 신속하고 질서있게 이동할 것을 지시한다. • 기존 대피경로가 위험할 경우, 지정된 2차 대피로를 이용하여 대피를 실시하고, 학교장과의 연락을 통해 안전한 대피경로를 확보한다. • 대피 장소에 도착한 후, 이름을 불러 학생 인원을 확인하고 실종자 또는 부상자가 있는 경우 즉시 소방관·학교장에게 보고한다. - 대피 시 부상당한 유아를 돌볼 수 있도록 비상 약품을 가지고 응급처치한다. • 학생들이 집합장소에 모여 있도록 지도하면서 추가적인 지시를 기다린다.
	행정직원	• 행정실 비상 배낭(응급처치 도구 등), 방문객 기록지 등을 지참하고 대피 지역으로 이동한다. • 교사들로부터 인원점검 결과를 취합하여 소방관·학교장에게 부상 학생과 특이사항을 전달한다.

🔺 화재 시 담당 역할

유아 대피	• 교실, 화장실, 복도 등에 있는 유아들을 모아서 안전한 경로를 통하여 건물 밖으로 대피시킨다. • 화재 발생 위치에 따른 다양한 대피경로를 잘 알고 있어야 한다. • 어두운 곳을 나와야 하는 경우나 정전을 대비하여 손전등을 준비한다.
교실 확인	대피하는 유아의 마지막에 따라 나오면서 교실, 화장실, 복도 등에 남아있는 유아가 없는지 확인한 후 전등을 끄고 문을 닫고 나온다.
최종인원 점검	함께 모이는 장소에서 학급 인원수를 확인하고 훈련 도중에 다친 유아가 없는지 살펴본다.
화재 신고	• 소방서에 신고하여 불이 난 곳과 상황을 신속하고 정확하게 이야기한다. • 소방서에서 모든 정보를 알고 전화를 끊을 때까지 신고자는 전화를 끊지 않는다.
다친 유아 치료	• 대피 시 부상당한 유아를 돌볼 수 있도록 비상약품을 가지고 대피한다. • 건물 밖에서 다친 유아를 응급처치하고 돌본다.
소요시간 측정	초시계를 준비해 대피훈련에 소요되는 시간을 정확하게 측정한다.

훈련 시 유의사항	• 평소에도 소방 대피훈련을 실시하여 화재 발생 시 대처 요령을 유아가 숙지하도록 한다. • 유아들에게 화재 대피훈련의 필요성을 다양한 자료와 활동을 통해서 인식시키고, 훈련 시 유의사항을 지도한다. - 화재 대피훈련은 가상으로 실시하는 것이므로 자칫 소홀해지기 쉽기 때문에 진지하게 참여할 수 있도록 지도한다. - 화재경보를 들으면 즉시 그 자리를 떠나 교사의 지시대로 신속하게 움직이고, 소지품을 챙기려고 머뭇거리지 않도록 지도한다. • 매월 대피훈련을 정기적으로 실시하며, 익숙해질 때까지 예고를 한 후 훈련을 하고 점차 예고 없이 실시해 보기도 한다. • 가상으로 설정하는 화재 발생지점은 매 훈련마다 달리하여 실시함으로써 화재 장소에 따라 대피경로를 번갈아가면서 훈련을 실시한다. - 실제 화재 발생 시 신속하고 정확하게 안전한 장소로 대피하는 능력을 기를 수 있다.

	• 화재 대피 시 건물 밖에서 만날 장소를 유아, 교사, 직원들에게 알리고, 일단 밖으로 나온 후에는 절대로 건물 안에 다시 들어가지 않도록 지도한다. • 대피에 걸리는 시간을 측정하고, 보다 신속하게 대피할 수 있는 방법을 연구한다. • 비상문의 위치와 비상 대피경로는 평소에 유아들과 함께 살펴보고 확인해야 한다. • 모든 건물의 출구를 알아 두고, 어두울 때도 길을 알 수 있도록 한다. • 대피 경로와 비상구 주위는 항상 통행이 원활하도록 물건을 쌓거나 막아 두지 않는다. • 화재 대피훈련을 진행할 때에는 가정통신문을 발송하여 사전에 부모님께 알린다. - 소방 대피훈련은 사전에 유아와 가정에 알린 후 실시한다.
연기를 대피하는 자세	• 대류 현상에 따라 뜨거운 연기는 천장으로 올라가고 차가운 공기는 아래로 내려오므로 자세를 낮춰서 대피한다. - 화재 시 연기는 위에서 내려오고, 깨끗한 공기는 바닥면으로부터 30~60cm 사이에 있다. - 코와 입을 막을 때에는 물에 적신 수건을 이용하는 것이 효과적이며, 급한 상황에서 찾기 힘든 경우 긴팔 소매로 가리거나 반팔일 경우 목 부분을 당겨 코와 입을 막고 대피한다.     손수건, 옷 등을 / 자세를 낮춘다. / 다른 손으로 벽을 / 한 방향으로 신속하게 이용하여 호흡기 / / 짚는다. / 밖으로 대피한다. (코, 입)를 보호한다.
소화기 사용법 (학생안전 매뉴얼)	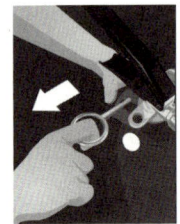 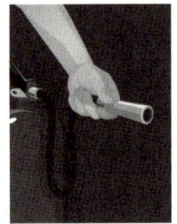 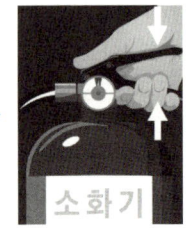 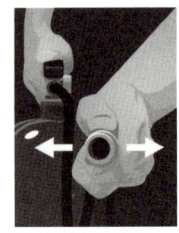 몸통을 단단히 잡고 / 노즐을 잡고 불쪽으로 / 손잡이를 꽉 움켜쥔다. / 빗자루를 쓸 듯 안전핀을 뽑는다. / 가까이 이동한다. / / 분말을 골고루 쏜다. 실내에서 소화기를 사용할 때는 밖으로 대피할 때를 대비하여 문을 등진다. 1. 소화기를 가져와서 몸통을 단단히 잡고 안전핀을 뽑는다. - 화점에 너무 가까이 두지 않는다. 2. 소화기를 바닥에 내려놓은 후 몸통을 잡고 안전핀을 잡아당긴다. - 손잡이를 쥐고 안전핀을 당기지 않는다. 3. 한 손은 손잡이를, 한 손은 노즐을 잡고 화점을 향하게 한다. 4. 소화가 완전히 될 때까지 약제를 화점을 향하여 골고루 방사한다. - 바람을 등진다. ※ 소화기를 잘 보이는 곳에 둬야 하는 이유 • 화재 초기에 진화가 가능하여 불을 끌 수 있다. • 불길이 커지는 것을 예방할 수 있다.

투척용 소화기	• 투척용 소화기는 불길이 거세어 다가가기 힘들 때 사용하거나 소화기 사용이 어려운 노약자 또는 어린이가 사용할 수 있다. – 불속에 직접 던지지 말고, 불 근처의 벽이나 바닥에 던진다. 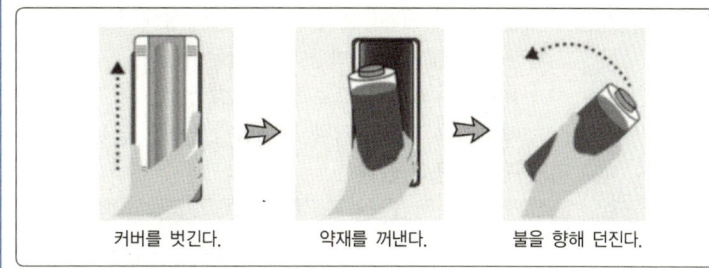 커버를 벗긴다. 약재를 꺼낸다. 불을 향해 던진다.
소화기 사용법 (소방청)	① 소화기를 불이 난 곳으로 옮긴다(화점에 너무 가까이 두지 않는다). ② 소화기를 바닥에 내려놓은 후 몸통을 잡고 안전핀을 잡아당긴다(손잡이를 쥐고 안전핀을 당기지 않는다). ③ 한 손은 손잡이를, 한 손은 노즐을 잡고 화점을 향하게 한다. ④ 소화가 완전히 될 때까지 약제를 화점을 향하여 골고루 방사한다(바람을 등진다).
소화전 사용법	  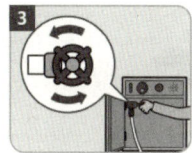  문을 연다. 호스를 빼고 노즐을 잡는다. 밸브를 돌린다. 불을 향해 쏜다. **2인 1조로 사용할 경우** 1. 2명 중 1명이 먼저 소화전함의 문을 열고 호스와 노즐이 연결되어 있는지 확인한다. 2. 호스가 꼬이지 않도록 불이 난 곳까지 길게 늘어뜨린 후 노즐(관창)을 열고 방수자세를 취한다. 3. 다른 한 사람이 밸브를 돌려 물이 나오는 것을 확인한 후 뛰어가서 호스를 잡는 것을 도와준다. 4. 노즐의 끝을 돌려 물의 양을 조절해 가며 불을 끈다.
완강기 사용법	**완강기가 필요한 상황** 피난로가 전부 막히고, 119 구조를 기다리기 어려워 바로 대피해야 할 때 사용한다. **완강기 사용방법** • 완강기 지지대를 흔들어 튼튼하게 고정되어 있는지 확인한다. • 고정이 잘 되어 있다면 지지대 고리에 완강기 고리를 연결한다. • 벨트를 머리부터 위에서 아래로 가슴부위에 착용 후, 고리를 단단하게 조여 몸에 딱 맞도록 한다. • 아래로 내려갈 위치를 확인하고, 로프를 바닥으로 떨어뜨린다. • 양팔을 좌우로 펼치고 건물을 바라보며, 아래 장애물이 있는지 살펴보면서 내려온다. ※ 유아의 발달수준을 고려했을 때 유아 스스로 완강기 사용방법을 익히기 어렵지만, 완강기가 필요한 상황이 있음을 알고 유아가 사용방법에 관심을 가질 수 있도록 지도한다면, 화재 발생 시 위험 상황에 따라 대처할 수 있는 태도를 신장시킬 수 있다.

피난구 유도등	**피난구 유도등** 피난구의 위치나 피난 방향을 유도하는 전등을 말한다. **피난구 유도등이 초록색인 이유** • 정전 또는 화재 시 빛이 적은 어두운 상태에서는 간상체 시각세포가 활성화되면서 녹색 파장의 빛에 더 잘 반응하기 때문이다. 　- 유도등은 화재 등으로 정전이 발생했을 때 전기를 사용하지 않아도 빛이 날 수 있도록 배터리를 사용하거나 자체발광하도록 만든다. **피난구 유도등의 종류**	

피난구 유도등	통로 유도등			객석 유도등
	복도	계단	거실	
피난경로로 사용되는 출입구 표시	피난통로를 안내하기 위한 유도등으로 방향을 명시			객석의 통로·바닥·벽에 설치

피난구 유도등의 주의사항
• 피난구 유도등의 그림은 흡사 사람이 나가는 방향으로 대피하라는 것으로 오해하기 쉬우나, 피난구 또는 피난 경로로 사용되는 출입구의 표시이다.
• 피난 통로의 방향을 알려주는 유도등에는 화살표시가 있다.

옷에 불이 붙었을 때		    멈춘다　　눈·코·입 보호　　엎드린다　　뒹군다 얼굴의 화상을 방지하고, 연기가 폐로 들어가지 않도록 한다. 1. 옷에 불이 붙었을 때는 하던 일을 멈춘다. 2. 얼굴(눈, 코, 입)에 화상을 입지 않도록 두 손으로 감싼다. 3. 바닥에 엎드린다. 4. 몸을 뒹굴어서 불이 꺼지도록 한다.
	몸에 불이 붙었을 때 3가지 원칙	• 몸에 불이 붙었을 때의 대처요령인 3가지 원칙을 알려준다. 　- "멈춰요. 엎드려요. 뒹굴어요." 　- 3가지 원칙 중 '뒹굴어요'를 지도할 때는, 두 손으로 얼굴(눈, 코, 입)을 가리고 불이 꺼질 때까지 바닥에서 뒹굴어야 함을 설명해주어야 한다.
화재취약시설 집중관리 및 위험요소	행정실	• 학교 관리자는 화재 대비 소방훈련계획 및 방재계획을 수립한다. • 소방점검에서 발견된 지적사항은 즉시 시정한다. • 각 실별로 화재예방 점검표를 작성하여 점검을 한다.
	교실	• 교실에서 퇴실할 때는 컴퓨터, 모니터, TV 등과 냉·난방기기의 전원을 차단한다. • 하절기에는 선풍기와 에어컨 사용 및 관리에 유의한다. • 교실에서 개인 전열기구 사용을 금지한다. • 소화기는 주 출입구 옆 눈에 잘 띄는 곳에 비치한다. • 소화기의 압력게이지가 녹색범위에 있는지 매월 확인한다. • 노후되거나 고장난 형광등은 즉시 교체한다. • 교실의 쓰레기는 분리수거하고, 방과 후에는 반드시 제거한다.

	실험 실습실	• 실험·실습 전에 기구 사용법 및 위험성에 대하여 충분히 숙지한다. • 실험·실습이 없을 경우에는 전기기구의 전원을 차단한다. • 특수한 실험·실습에는 용도에 적합한 소화기를 설치한다. • 폭발 및 화재 위험이 있는 약품들은 출입구에서 먼 위치에 보관한다. • 일반 소화기를 사용할 수 없는 화학실에는 모래함을 준비한다.
	교무실	• 교무실, 행정실에서 사무기기의 문어발식 사용을 금지한다. • 교무실 등에서 취사도구 사용을 금지한다. • 최종 퇴실자는 전기제품의 전원을 끄고 전원 코드를 제거한다.
	화장실	• 점검구 덮개에 잠금장치를 설치하여 학생들이 열지 못하도록 관리한다. • 동파방지를 위해 난방기구를 설치한 경우 관리에 유의한다. • 화장실 환풍기가 고장·노후된 것은 교체한다.
	복도	• 복도에는 소화기를 20m 이내마다 배치한다. • 옥내소화전의 램프가 켜져 있는지 확인한다. • 옥내소화전의 호스 비치 상태 및 부식 여부를 확인한다. • 최종 관리자는 복도 방화문이 닫혀 있는지 확인한다.
	체육관/강당	• 체육관/강당은 별도의 분전반을 설치하여 관리한다. • 체육관/강당을 사용한 후에는 전원을 차단한다. • 화재감지기 작동 시 당직실의 수신기에서 확인할 수 있도록 설치한다.
	합숙소	• 별동으로 건축된 합숙소에도 관계 법령에 따라 단독 경보형감지기를 반드시 설치한다. • 화재 피난로를 2곳 이상 확보한다. • 숙소 내 휴대용 취사기구의 사용을 금하고, 조리실의 출입을 통제한다. • 소화기 배치, 작동 상태를 매월 확인하고 사용법을 숙지한다. • 전열기기의 문어발식 사용을 금지한다.
	창고	• 창고 등 부속건물의 노후화된 전기시설은 교체한다. • 쓰레기 분리 보관소에 담뱃불 등을 버리지 않도록 조치한다.

화재 대피훈련

예방과 대비 원칙	• 불은 편리함과 함께 위험성을 가지고 있음을 숙지할 수 있도록 화재 원인에 대해 알려주고, 평소에 주의하는 생활습관이 형성되도록 지도한다. • 교사는 화재의 원인이 되는 성냥, 촛불, 라이터 등을 유아들 가까이 두지 않도록 하고, 기관 내의 전기시설을 자주 점검하며, 전기제품의 사용에 유의한다. • 화재 발생 시 피해를 최소화할 수 있는 안전 시설을 설치한다. • 대피 시설(대피기구, 유도등, 비상조명등)을 설치한다. • 층별·면적별 방화구획을 설치하여 화재의 확산을 방지한다. • 계단과 비상구는 두 군데 이상 확보한다. • 내부의 구조는 미로식이 아니라 실내에 있는 사람이 비상구나 계단을 찾아 밖으로 대피할 수 있는 구조로 설계한다. • 건물 각 부분에 대피안내도를 붙여 둔다. 　- 비상사태 시 대피할 장소와 통로가 표시된 비상대피 경로를 교실과 복도 등 눈에 잘 띄는 곳에 게시한다. • 화재 시 역할분담에 관한 내용(역할 분담표)을 크고 정확하게 적어 교실 문에 붙여둔다. • 실제로 화재가 발생했을 경우에 대비하여 미리 대피훈련을 계획하고, 그에 따라 정기적으로 실시한다. 　- 계획 구성: 훈련 시간, 모의 화재 발생 장소, 대피 경로, 역할 분담, 건물 밖의 만날 장소 등 　- 화재 시 담당해야 할 역할: 유아 대피, 교실 확인, 최종인원 점검, 화재 신고, 다친 유아 치료, 소요시간 측정

UNIT 75 자연재난 - 태풍·집중호우·낙뢰

❶ 학습목표

- 자연재해인 홍수 및 태풍 발생의 원인과 대처 요령을 알아본다.
- 자연재해인 낙뢰 발생 원인과 대피 방법을 알아본다.

❷ 누리과정 관련 요소

신체운동·건강	[안전하게 생활하기] 안전사고, 화재, 재난, 학대, 유괴 등에 대처하는 방법을 경험한다.
자연탐구	[탐구과정 즐기기] 주변 세계와 자연에 지속적으로 호기심을 가진다.
자연탐구	[자연과 더불어 살기] 날씨와 계절의 변화를 생활과 관련짓는다.

❸ 학습주제와 학습의 중점

학습주제	학습의 중점
1. 자연재난의 개념 알아보기	• 자연재난에 관심을 가지고 종류와 원인을 알아본다. • 자연재난 시 안전하게 지내는 방법을 알아본다.
2. 홍수 발생 시 대처 방법 알아보기	• 여름철 날씨 현상인 호우와 홍수에 관심을 갖는다. • 홍수로 인한 피해를 줄이는 방법을 알아본다.
3. 태풍 발생 시 대처 방법 알아보기	• 태풍 단계에 따라 대비해야 할 사항을 알아본다. • 태풍에 대비하기 위한 준비사항과 행동을 알아본다.
4. 낙뢰 발생 시 대처 요령 알아보기	• 낙뢰의 위험성을 알 수 있다. • 장소에 따라 낙뢰 발생 시 대처 요령을 알아본다.

④ 태풍의 정의

개념		• **태풍**: 열대성 저기압의 한 종류로, 북태평양의 남서해양에서 중심최대풍속이 초속 17m 이상의 강한 바람과 많은 비를 동반한 기상현상이다. • **집중호우**: 짧은 시간에 특정 지역에 집중적으로 많은 양의 비가 내리는 현상으로 천둥·번개를 동반하고 돌발적으로 출현하는 기상현상이다. • **침수**: 홍수로 인한 하천의 범람 또는 지역 내에서 강우가 적절히 배수되지 아니하여 발생하는 현상이다. • **낙뢰**: 흔히 '천둥', '번개'라고도 부르는 낙뢰는 구름에 축적된 전기가 대지에 순간적으로 방전되는 현상이다. - 낙뢰 예보: 낙뢰는 특보가 없는 기상정보로 낙뢰의 발생, 시각, 위치, 강도 등의 관측 자료가 시각화되어 기상청 홈페이지와 모바일 앱을 통해 제공된다.

태풍 주의보와 경보	태풍 주의보	• 태풍으로 인하여 강풍, 풍랑, 호우, 폭풍해일 현상 등이 주의보 수준에 도달할 것으로 예상될 때
		  - **강풍**: 육상에서 풍속 50.4km/h(14m/s) 이상 또는 순간 풍속 72.0km/h(20m/s) 이상 예상될 때. 다만, 산지에서는 풍속 61.2km/h(17m/s) 이상 또는 순간 풍속 90.0km/h(25m/s) 이상 예상될 때
		  - **풍랑**: 해상에서 풍속 50.4km/h(14m/s) 이상이 3시간 이상 지속되거나 유의파고가 3m 이상 예상될 때
		  - **호우**: 3시간 누적 강우량이 60mm 이상 예상되거나 12시간 누적 강우량이 110mm 이상 예상될 때
		  - **폭풍해일**: 천문조, 폭풍, 저기압 등의 복합적인 영향으로 해수면이 상승하여 기상청장이 정하는 지역별 발효기준 값 이상이 예상될 때

	태풍 경보	• 태풍으로 인하여 강풍, 풍랑, 호우, 폭풍해일 현상 등이 경보 수준에 도달할 것으로 예상될 때
		  - **강풍**: 육상에서 풍속 75.6km/h(21m/s) 이상 또는 순간 풍속 93.6km/h(26m/s) 이상 예상될 때. 다만, 산지에서는 풍속 86.4km/h(24m/s) 이상 또는 순간 풍속 108.0km/h(30m/s) 이상 예상될 때
		  - **풍랑**: 해상에서 풍속 75.6km/h(21m/s) 이상이 3시간 이상 지속되거나 유의파고가 5m 이상 예상될 때
		  - **폭풍해일**: 천문조, 폭풍, 저기압 등의 복합적인 영향으로 해수면이 상승하여 기상청장이 정하는 지역별 발효기준 값 이상이 예상될 때
		  - 총 강우량이 200m 이상 예상될 때

5 학교 조치사항

1단계 예방·대비	**[사전점검 및 안전교육]** • (태풍 / 집중호우 및 침수 공통) 교직원 비상 연락망 및 유관기관과의 연락망 점검·확인 　※ 유관기관 : 교육부, 행정안전부, 기상청, 보건복지부 등 • (태풍 / 집중호우 및 침수 공통) 방재물자 구비 상태 점검 / 확보 　- 라디오, 비상 조명기구, 응급약품, 확성기, 경광봉, 양수기, 모래주머니, 로프, 테이프 등 　 (학교의 특성 고려 구비) • (집중호우 및 침수) 기상청 홈페이지, 기상상황 모바일 앱 등을 통해 실시간 기상상황 확인 • (집중호우 및 침수) 교내 지하공간, 옹벽, 경사지 등 침수 취약지역 및 배수시설 사전 점검 및 표시 • 여름철 시설물 안전점검 실시 　- (공통) 　　▶ 노후되거나 기울어진 담장, 축대 등은 보수, 보강 　　▶ 건물 주변의 교내 수목 가지치기 실시 　　▶ 금이 가거나 깨진 유리창 교체 　　▶ 교내 공사 현장 주변 안전 점검 　- (태풍) 　　▶ 교내 강풍에 날아갈 가능성이 있는 외부의 모든 시설물을 제거 및 고정하거나 실내로 이동 　　▶ 태풍에 노출되는 전선들은 누전이나 감전사고가 발생하지 않도록 전선 연결 부위를 사전에 점검(필요시 교체) 　- (집중호우 및 침수) 　　▶ 학교 시설 내 배수로, 빗물받이 등 배수시설 청소 및 점검 　　▶ 저지대(지하실) 침수 사전점검 및 모래주머니나 물막이판을 이용해 침수 피해 사전 예방 　　▶ 가로등, 신호등, 전선 등 침수 시 감전 위험이 있는 전기 시설 안전 점검 　　▶ 붕괴될 우려가 있는 비탈면은 천막으로 덮어 붕괴 방지 　　▶ 통학로 땅 꺼짐(싱크홀) 우려 지역 점검 및 통제 • 태풍(또는 집중호우 및 침수) 대응 행동요령 교육
2단계 대응 주의보 발령	• (태풍 / 집중호우 및 침수 공통) 1단계 예방·대비 단계 [안전교육] 지속 • 1단계 예방·대비 단계 [사전점검]의 학교시설 점검 강화 　- (태풍) 　　▶ 강풍으로 날아갈 수 있는 시설물은 견고하게 고정하거나 제거하거나 실내로 이동 　　▶ 창문이 바람에 흔들리지 않도록 조치 　- (집중호우 및 침수) 　　▶ 물에 떠내려갈 수 있는 물건은 실내로 이동 조치 　　▶ 침수가 예상되는 저층 건물 내의 중요 물품은 상부로 이동 　　▶ 침수 위험 시설에 사전 모래주머니 적재 　　▶ 붕괴 위험 지구, 균열이 있는 옹벽 출입 통제 및 접근금지 표시 • (태풍) 태풍의 진로 및 도달시간을 파악하여 대피계획 수립

[학사운영 조정 여부 검토]
- 학교장은 기상예보, 기상청 문의 결과, 학교 여건 등을 종합적으로 고려하여 학사운영 조정 여부를 검토하고 결정
  - 등·하교시간 조정 또는 휴업 결정 시 돌봄교실 및 (휴업 시) 휴업 대체 프로그램 운영 여부를 함께 결정하여 해당 사항을 학부모/학생에게 안내하고 시·도 교육청(교육지원청)에 보고
    ※ 주의보 단계에서도 상황을 종합적으로 판단하여 학교장이 휴업 결정 가능
    ※ 시·도 교육청이 등·하교시간 조정 및 휴업을 결정할 수 있음
- 현장 체험학습 등에 대한 일정 조정 검토

[상황보고 및 응급조치]
- 비상 상황(인명피해) 발생 시 보고 철저(교육청)
  - 피해 내용, 현재 학교조치사항, 향후 계획 등
  - 재난상황관리시스템을 통한 비상 상황(인적 및 물적 피해 등), 학사운영 조정현황 보고

3단계 대응 경보 발령

- (태풍 / 집중호우 및 침수 공통) 1단계 예방·대비 [안전교육] 지속
- 1단계 예방·대비 [사전점검]의 학교시설 점검 강화
  - (태풍)
    ▶ 학교시설 점검 강화
  - (집중호우 및 침수)
    ▶ 지하실, 전기시설, 하수도 및 맨홀 등 교내 위험지역 인근 접근 통제
    ▶ 침수 상황에 따라 저층에 위치한 교실에 있는 학생들을 고층 교실로 이동
    ▶ 하천 부근에 위치한 학교는 통제소의 홍수예보에 따라 하천의 범람 여부 수시 파악
- (태풍 / 집중호우 및 침수 공통) 2단계 대응 [학사운영 조정 여부 검토] 강화
  - 재난으로 인한 임시휴업 시에 돌봄교실을 운영하고 휴업 대체 프로그램 운영을 권장
  - 전제조건: 학생의 안전을 위해 등·하교 시 학부모(대리인) 동행
    ※ 단, 재난 지역 및 학교 상황 등을 고려, 학교 내 안전보장이 어려운 경우와 학교의 모든 기능이 정지되는 휴교 처분을 받으면 미운영
  - 수업 시 실시간 안전조치 시행
  - 기상방송을 청취하여 기상 상태 파악
  - 상황을 고려하여 비상근무 실시(학교 자체 기준에 따름)
  - 교실 창문이 심하게 흔들려 파손 우려 시 학생들을 교실에서 안전한 공간(체육관, 강당 등)으로 대피시킴
  - 교내 위험지역 인근 접근 통제
- 2단계 대응 [상황보고 및 응급조치] 강화
  - 인명피해 발생 시 119 신고 및 응급조치
  - 피해 인원 후송조치 시 직원 파견 등을 통한 연락체계 유지
  - 보호자에게 상황 전파
  - 교육청 등 유관기관에 피해 상황 보고
    ※ 심각한 피해 발생 시 주민센터 신고
  - 필요할 때, 피해 발생지역에 접근금지 라인 설치
  - 전기, 가스, 수도 등 기간 시설 피해 발생 시 전문기관 통보
  - 침수된 곳은 펌프 등으로 배수 작업 실시

	[상태 악화 시 대피 실시] • 상황 악화로 학교가 위험하다고 판단 시 안전하게 대피 실시 - 대피 전 유의사항 등 안전교육 시행 및 대피 안내 방송 실시 - 대피 전·후 인원 확인 - 지정된 대피 장소 도착 시 소방서, 교육청 등 유관기관에 통보

4단계 복구
복구대책 마련
	• (태풍 / 집중호우 및 침수 공통) 피해 확산 및 2차 피해를 방지하기 위한 조치 시행
	• (태풍 / 집중호우 및 침수 공통) 피해 부분에 대한 복구계획 수립
	• (태풍 / 집중호우 및 침수 공통) 기둥, 보 등이 훼손되었을 경우 전문가의 안전점검 실시
	• (태풍)
	 - 태풍으로 파손된 부분에 대한 복구대책 마련 및 복구 실시
	  ※ 복구 작업은 안전 장비를 착용하고 반드시 2인 이상 실시
	• (집중호우 및 침수)
	 - 침수된 부분은 완전히 배수시킨 후 복구대책 마련
	  ※ 복구 작업은 안전 장비를 착용하고 반드시 2인 이상 실시
	 - 전염병 예방을 위해 물이 빠진 후 교내 방역작업 실시

⑥ 학생 행동요령

등교 전	• 방송 매체(TV, 라디오), 인터넷(기상청) 및 기상상황 확인 모바일 앱의 기상상황을 확인한다. • 등교시간 조정 및 휴업 여부를 확인(문자, 홈페이지, 교무실 전화 등)한다. • 우산·우비·장화 등 우천 대비 용품을 준비한다. • 되도록 밝은 옷을 입고 등교한다. • 태풍으로 등교가 어려울 경우 선생님께 알린다.
등·하교 시	• (태풍 / 집중호우 및 침수 공통) 걸어가는 중에는 스마트폰 사용을 자제하고 주변을 경계한다. • (태풍) - 전신주, 가로등, 신호등, 고압전선 근처는 가지 않는다. - 유리창, 건물 간판 등 낙하물이 떨어질 수 있는 장소를 피한다. - 강풍에 날리는 간판 등의 물건을 조심한다. • (집중호우 및 침수) - 집중호우로 인하여 빠르게 흐르는 물은 피한다. - 저지대나 상습 침수지역은 침수 위험이 있으므로 우회하여 안전한 길로 등교한다. - 하수도나 맨홀 근처는 역류하거나 추락할 수 있으므로 가급적 피한다. - 물이 강하게 흐르거나 소용돌이를 일으키는 경우, 맨홀 뚜껑이 열려있을 수 있으므로 피해서 이동하고, 맨홀 뚜껑에서 기포가 나온다면 뚜껑이 갑자기 열릴 수 있다는 신호이므로 즉시 먼 곳으로 벗어난다. - 물이 고인 웅덩이나 도로는 피해서 가되, 불가피한 경우라면 도로 중심보다는 건물의 외벽을 붙잡고 이동한다.

	− 간판 등의 낙하물이 있는 곳을 벗어나서 보행한다. − 신호등, 가로등, 간판 등 전기시설물은 감전 위험이 있으므로 최소 2~3m 떨어져서 보행한다. − 좁은 폭의 하천은 순식간에 물이 불어나므로 신속하게 벗어난다.
학교에서	• (태풍) − 건물의 출입문, 창문은 닫아서 파손되지 않도록 하고, 창문이나 유리문에서 되도록 떨어져 있도록 한다. − 태풍으로 인한 시설물 파손 발견 시 즉시 선생님께 알린다. − 위험 지역으로 표시된 건물 등에 접근하지 않는다. − 대피 시 선생님의 통제에 따라 줄을 서서 이동한다. • (집중호우 및 침수) − 시설물 파손이나 누수, 침수 발견 시 즉시 선생님에게 알린다. − 위험지역으로 표시된 건물 등에 접근하지 않는다. − 저층에 있는 교실이나 지하공간에 내려가지 않는다. − 교내 전기 관련 시설이나 장비를 만지거나 근처에 접근하지 않고, 만약 전기 전원 차단이 필요하다면 선생님께 요청한다. − 학교건물 안으로 물이 들어올 경우에 119에 신고하고, 교실 안의 높은 곳으로 대피하거나 옥상 문이 열린다면 옥상으로 대피한다. − 침수로 인해 대피할 경우, 슬리퍼를 신지 않고 운동화나 실내화로 갈아신고 대피할 수 있도록 한다. − 대피 시 선생님의 통제에 따라 줄을 서서 이동한다.
가정에서	• (태풍 / 집중호우 및 침수) − 가족과 재난 대책 회의를 가져 비상시 연락 방법, 대피 장소를 정한다. − 외출을 삼가되, 부득이 외출할 경우 등·하교시 행도요령을 따른다. − 감전 위험이 있는 집 안팎의 전기시설은 만지지 않도록 한다. ※ 물에 젖은 손으로 절대 전기시설을 만지지 않는다. − 정전이 발생한 경우 양초를 사용하지 말고 손전등, 스마트폰 등을 사용한다. • (태풍) − 건물의 출입문, 창문은 닫아서 파손되지 않도록 하고, 창문이나 유리문에서 되도록 떨어져 있도록 한다. − 강풍으로 인해 피해를 입지 않도록 가급적 욕실과 같이 창문이 없는 방이나 집안의 제일 안쪽으로 이동한다. − 가스 누출로 2차 피해가 발생할 수 있으므로 사전에 차단한다. • (집중호우 및 침수) − 침수되거나 고립 시 옥상 등 안전한 곳으로 대피하여 구조를 요청한다. − 반지하 등 지하공간에 빗물 유입 즉시 대피하여 구조를 요청한다.

❼ 홍수로 인한 결과 및 낙뢰를 맞았을 때의 조치

홍수로 인한 결과	• 수해 지역의 오염으로 인해 수인성 전염병에 걸릴 수 있다.
	  – 홍수로 인해 물과 토양이 오염되어 식품이 상하게 되므로, 음식을 잘못 섭취하면 장티푸스, 콜레라, 이질 등에 걸릴 위험이 높다.
	  – 수인성 전염병에 걸리면 열, 복통, 구토, 설사, 몸살 등의 증상을 보인다.
	  – 전염병 예방법
	    ▶ 수해지역에서는 음식과 물을 함부로 먹지 말고, 반드시 뜨거운 물로 조리하여 식품 속 바이러스를 사멸시킨 후 먹는 것이 중요하며, 식기나 수저 등도 평소보다 더 소독해야 한다.
	    ▶ 홍수가 완벽하게 지나간 후에는 주변을 소독하고 곳곳에 생긴 물웅덩이를 메워야 한다.
	    ▶ 수해 때 물은 각종 세균과 오염물질이 가득하기 때문에 가급적이면 긴 옷과 장화를 착용해 물과 접촉하지 않도록 해야 한다.
	    ▶ 물과 접촉했다면 피부와 다친 부위를 즉시 깨끗한 물에 씻어내고 소독하는 것이 좋다.
	• 침수, 산사태, 나무 쓰러짐 등으로 인명 피해를 겪게 된다.
	• 거주지가 침수되어 문제가 발생한다.
	  – 지반 침하와 정전, 누수, 고립 문제가 있다.
	  – 자택이 무너진다.

낙뢰를 맞았을 때의 조치	• 낙뢰로부터 안전한 장소로 옮긴다. • 구조해 내면 이름을 부르는 등 의식 여부를 살핀다. • 의식이 없으면 즉시 기도를 열어 호흡하는지 확인하고, 호흡하지 않으면 인공호흡과 함께 심장마사지를 한다. • 의식이 있는 경우에는 자신이 가장 편한 자세로 안정한다. 감전 후 대부분의 환자가 전신 피로감을 호소한다. • 환자가 흥분하거나 떠는 경우에는 말을 걸거나 침착하게 한다. • 등산 중이거나 해서 의사의 치료를 받을 수 없는 장소에서 사고가 일어나더라도 필요하다면 인공호흡, 심장마사지 등의 처치를 계속한다. • 설사 환자의 의식이 분명해 보여도, 감전은 몸의 안쪽 깊숙이까지 화상을 입는 경우가 있으므로 신속하게 병원(응급실)에서 진찰을 받아야 한다.

memo

*전날 하교시간 1시간 전까지 결정하는 것을 권장하되, 불가피한 경우 가급적 당일 등교시간 2시간 전까지 결정하여 안내

풍수해(태풍 등)가 발생할 때 학사운영조정 가이드 라인

- (풍수해 예보 시) *시·도 교육청 조치 ➡ 교육부로 보고 ➡ 언론발표(교육부, 시·도 교육청)
- (경보 이상의 돌발상황) 시·도 교육청 조치 ➡ 교육부로 보고 ➡ 언론발표(교육부, 시·도 교육청)
  - 시·도 교육청 조치 후 CBS(재난안전문자시스템)를 적극 활용하여 학부모 안내
- (기타 상황) 초·중등교육법에 따라 학교장·교육감이 조치
  ※ 학사운영조정 결정권자는 돌봄교실(방과후돌봄), 휴업대체프로그램 등의 운영여부 결정(대책마련) 및 관련 사항 학부모 안내

※ 태풍 관련 시·도 교육청 참고 기준(기상청 예보를 참고하되, 지역 기상청 예보담당자와 연락하여 결정 권장)
- 관내 지역 대부분에 태풍경보 발령 시 휴업명령 적극 검토
- 태풍경보가 발령되고, 강도 강 이상의 태풍이 등·하교시간대에 관내를 통과할 경우 휴교 처분 적극 검토

UNIT 76 자연재난 – 지진

1 학습목표

자연재해인 지진 발생 원인과 대피 방법을 알아본다.

2 누리과정 관련 요소

❸ 학습주제와 학습의 중점

학습주제	학습의 중점
1. 유치원에서의 지진 대피 방법 알아보기	• 지진의 개념과 발생 원인을 알아본다. • 유치원에서 지진이 일어났을 때 대비하는 방법을 알아본다.
2. 가정에서의 지진 대피 방법 알아보기	• 가정에서 지진이 일어났을 때 대피하는 방법을 알아본다. • 장소별·상황별 지진이 일어났을 때 대피하는 방법을 알아본다.
3. 지진해일 대피 방법 알아보기	• 지진해일의 개념과 발생 원인을 알아본다. • 지진해일이 일어났을 때 대피하는 방법을 알아본다.

❹ 지진

개념	**지진** 지구 내부의 단층 붕괴 등에 의해 지반이 갑작스럽게 변동하여 인명 및 재산피해를 유발하는 재해 **지진의 규모와 진도** • 규모: 지진계에 기록된 지진파의 진폭을 이용하여 발생한 지진에너지의 양을 수치로 환산한 것으로서 특정 장소와 관계없는 절대적인 크기 • 진도: 어떤 장소에서 사람이 느끼는 감각, 주변의 물체, 구조물 및 자연계에 대한 영향을 등급별로 분류시킨 상대적인 크기

지진 발생하기 전 사전준비	• 지진은 예고 없이 발생하므로 대피 절차와 행동요령을 사전에 숙지한다.
	  - 가정에서는 비상용품을 항상 준비해둔다.
	  - 평소에 대피경로, 대피장소를 익혀둔다.
	  - 항상 비상연락망(119, 가족, 담임선생님 등)을 챙겨둔다.
	• 교실이나 집 안에서의 안전을 확보한다.
	  - 탁자 아래와 같이 집 안에서 대피할 수 있는 안전한 대피 공간을 미리 파악해 둔다.
	  - 유리창이나 넘어지기 쉬운 가구 주변 등 위험한 위치를 확인해 두고, 지진 발생 시 가까이 가지 않는다.
	  - 깨진 유리 등에 다치지 않도록 두꺼운 실내화를 준비해 둔다.
	  - 화재를 일으킬 수 있는 난로나 위험물은 주의하여 관리한다.
	• 교실이나 집 안에서 떨어지기 쉬운 물건을 고정한다.
	  - 가구나 가전제품이 흔들릴 때 넘어지지 않도록 고정해 둔다.
	  - 텔레비전, 꽃병 등 떨어질 수 있는 물건은 높은 곳에 두지 않는다.
	  - 그릇장 안의 물건들이 쏟아지지 않도록 문을 고정해 둔다.
	  - 창문 등의 유리 부분은 필름을 붙여 유리가 파손되지 않도록 한다.
	• 교실이나 집을 안전하게 관리한다.
	  - 가스 및 전기를 미리 점검한다.
	  - 건물이나 담장은 수시로 점검하고, 위험한 부분은 안전하게 수리한다.
	  - 건물의 균열을 발견하면 전문가에게 문의하여 보수·보강한다.

		• 평상시 학급회의나 가족회의를 통하여 위급한 상황에 대비한다. - 가스 및 전기를 차단하는 방법을 알아둔다. - 머물고 있는 곳 주위의 넓은 공간 등 대피할 수 있는 장소를 알아둔다. - 비상시 가족과 만날 곳 및 연락할 방법을 정해둔다. - 응급처치하는 방법을 반복적으로 훈련하여 익혀둔다.
	비상용품	• **비상식품**: 물, 통조림, 라면 등 가열하지 않고 먹을 수 있는 것 • **구급약품**: 연고, 감기약, 소화제, 지병약 등이 포함된 구급함 • **생활용품**: 간단한 옷, 화장지, 물티슈, 라이터, 여성용품, 비닐봉지 • **기타**: 라디오, 손전등 및 건전지, 휴대전화 예비배터리, 비상금, 비상연락망 등
지진 발생 시 행동요령	머리 보호하기	• 머리 위로 물건이 떨어지면 머리를 다칠 수 있기 때문에 위험하다. • 책상 아래로 숨어 책상다리를 꼭 잡아서 머리를 보호한다. • 책상이 없다면 책가방이나 방석으로 머리를 보호한다.
	신발 신기	• 떨어진 물건을 밟으면 발을 다칠 수 있기 때문에 위험하다. • 흔들림이 멈추면 꼭 신발을 신고 밖으로 나가야 한다.
	계단 이용하기	엘리베이터가 떨어지거나 멈출 수 있기 때문에 위험하므로, 계단을 이용한다.
	넓은 장소로 가기	• 건물이 많은 곳은 간판이 떨어지거나 전봇대가 넘어져 다칠 수 있기 때문에 위험하다. • 학교 운동장, 공원과 같은 넓은 곳으로 대피한다.
지진 발생 시 장소별 행동요령	엘리베이터를 이용할 때	• 지진, 화재가 발생할 때에는 엘리베이터를 사용해서는 안 된다. • 엘리베이터를 타고 있다면 모든 층의 버튼을 눌러 가장 먼저 열리는 층에서 신속하게 내린 후, 계단을 이용하여 대피한다. • 만일 갇힌 경우 인터폰이나 휴대전화를 이용하여 구조를 요청한다.
	지하철·전철을 타고 있을 때	• 지하철·전철 안의 손잡이나 기둥, 선반을 꼭 잡고 넘어지지 않도록 한다. • 지하철·전철이 멈췄다고 해서 서둘러 출구로 뛰어가는 것은 위험하므로 안내에 따라 행동한다.
	백화점·마트에 있을 때	• 진열장에서 떨어지는 물건으로부터 몸을 보호한다. • 계단이나 기둥 근처로 피하고, 흔들림이 멈추면 안내에 따라 밖으로 대피한다. • 에스컬레이터를 타고 있다면, 손잡이를 잡고 앉아서 버틴 후 침착히 벗어난다.
	극장·경기장에 있을 때	• 흔들림이 멈출 때까지 가방 등 소지품으로 몸을 보호하면서 잠시 동안 자리에 머물러 있는다. • 사람이 많은 곳에서는 한 곳으로 갑자기 몰리게 되면 사고의 우려가 있으니, 안내에 따라 대피한다.
	산이나 바다에 있을 때	• 돌·바위가 굴러 내려오거나 큰 산사태가 발생할 수 있으므로, 급한 경사지를 피해 평탄한 곳으로 대피한다. • 지진해일 특보가 발령되면 지진해일 긴급대피장소 등 높은 곳으로 신속하게 대피한다.

대피 후 행동요령	• 여진은 지진(본진)보다 진동은 작지만 지진으로 취약해진 건물에 치명적인 손상을 줄 수 있으므로 조심해야 한다.
	• 부상자를 살펴보고 즉시 구조를 요청한다.
	  – 흔들림이 멈춘 후 주변에 부상자가 있으면 서로 협력하여 응급처치하고 119에 신고한다.
	  – 부상자가 위치한 곳이 위험하지 않다면 부상자를 그 자리에 그대로 두어야 한다.
	• 주변 피해 상황에 따라 귀가 여부를 결정한다.
	  – 지진이 발생하면 통신기기 사용이 폭주하여 일시적인 장애가 발생할 수 있으니 당황하지 말고, 라디오 및 주변에 있는 공공기관이 제공하는 정보에 따라 행동한다.
	• 교실이나 가정으로 돌아간 후에는 안전에 유의하여 주변을 확인한다.
	  – 옷장이나 보관함 등의 내용물이 쏟아져 내려 부상을 입을 수도 있으므로 문을 열 때 주의한다.
	  – 여진이 발생할 수 있으므로 지역방송 등이 제공하는 정보를 확인한다.
	• 올바른 정보를 항상 확인한다.
	  – 근거 없는 유언비어에 유의하고, TV·라디오나 공공기관에서 제공하는 정보를 확인하여 지진 국민행동요령에 따른다.
	• 대피 후 후속 조치
	  – 학교대책본부 설치
	  – 교사 시설 등 피해 상황 파악 및 위험지역 통제
	  – 등·하교 안전 및 휴업조치
	  – 신속한 상황 보고

⑤ 학교 조치사항

1단계
예방·대비
	[사전점검 및 안전교육]
	• 교직원 비상연락망 및 유관기관의 연락망 점검·확인
	  ※ 유관기관 : 교육부, 기상청, 소방서, 경찰서, 한국교육시설안전원, 주민센터, 한국가스공사, 한국전력공사 등
	• 취약지역 사전점검 및 조치
	  – 건물 기초, 지반, 균열 등 취약시설 점검 및 조치
	  – 노후 시설물, 옹벽, 담장, 지붕 등 지진 취약시설 점검 및 조치
	  – 떨어지기 쉬운 물건은 고정
	• 방재물자 구비 상태 점검 및 확보
	  – 지진 대비 비상용품(대피 유도 장비, 구급 장비, 방송 장비 등) 준비, 보관 장소와 사용법 숙지
	• 안전교육 및 훈련 시행
	  – 지진 대응 행동요령 교육
	  – 대피로 및 대피 장소 지정, 안내문 설치
	  – 지진대피 계획 작성 및 훈련 시행

2단계 대응
지진 발생 시
	[안전 확보 - 지진 발생 시]
	• 머리 보호 및 책상 아래로 대피 지시
	  - 손, 책, 방석 등으로 머리를 보호하거나 책상 아래로 대피
	  - 출입문 개방 및 각 학급의 전원 차단(주간)
	  - 흔들림 후, 화재 등 2차 재난 방지(약품·가스·전열기 차단)
	  ※ 지진으로 크게 흔들리는 시간은 길어야 1~2분 정도
	[대피 - 흔들림이 멈춘 후]
	• 흔들림이 멈춘 후 지정된 대피 경로를 따라 신속한 대피 지시
	  - 대피 전 유의사항 등 안전교육 시행 및 전교생 대피 지시(방송, 타종, 음성, 메가폰, 호루라기 이용)
	  ※ 이동 중 유리 파편 등에 주의함
	  - 학교 건물에서 신속하게 벗어나 운동장이나 넓은 공간으로 대피
	  - 대피 전·후 인원 확인
	  - 인솔 교사는 대피 장소의 학생 질서 유지와 불안증세를 호소하는 학생 대응
	  - 지정된 대피 장소 도착 시 유관기관에 통보

3단계 대응
대피 후
	[대책 회의]
	• 학교장(부재 시: 상위직급순) 주재로 초동 대처 및 향후 대책 결정(긴급대피 완료 후)
	  - 학생 인원 파악 및 피해 학생 발생 여부 파악
	  - 붕괴로 인해 갇힌 경우, 의식을 확인하고 섣부른 구조 금지(인명피해 시 즉시 119 신고)
	  - 지진 발생으로 인한 피해 상황 파악 후 교육청(교육지원청) 신속 보고(건물 손상 여부 등)
	  - 지진 규모, 진앙 확인(기상청 홈페이지·안전디딤돌 앱)
	  - 향후 대책 결정
	  - 수업 진행 여부: 정상 수업 여부, 운동장 대기, 학생 귀가조치
	  - 귀가 시 학생 안전대책: 보호자 인계 및 연락 방안(전화, 문자, 홈페이지 등)
	  - 학부모 연락 부재 시 학생 조치사항 결정(교내 안전 구역 대기, 인솔 교사의 직접 귀가 인솔 등)
	  ※ 여진이나 시설 점검 후 안전이 확보된 경우만 정상 수업 실시
	  ※ 대책 결정 근거: 행정안전부와 기상청, 교육청, 지자체, 언론 등을 통한 지진 상황 모니터링 결과를 종합하여 판단
	[학생에 대한 후속 조치]
	• 학생에 대한 안전 조치 및 조치사항 전파
	  - 정상 수업 여부 전파
	  ※ 통신두절 시, 보호자 불안 최소화를 위해 학생들의 운동장 대기 지속, 통신장애 복구 후 SNS 또는 홈페이지 공지
	  - 귀가 조치는 명확한 안전 확보가 가능할 때만 실시하고, 학생 인계 절차 준수(인솔 교사 대기)
	    ① 피해 학생 후송 시 담당 교사 동행, 치료병원이나 치료상황 관련 학교안전책임관(교장)에게 수시 보고
	    ② 대피 장소(운동장 또는 넓은 공터) 안전 확보
	      - 담임교사 및 인솔교사 지도를 통한 학생 보호

	③ 불안증세 대응 – 학교 진행상황 안내를 통한 학생 동요 방지 교육 – 불안증 호소 학생에 대한 선 조치(상담교사 인계 등) 실시 ※ 필요시 관할 교육청 Wee센터 협조 요청 **[상황 대처 및 보고체계 구축]** • 교직원, 학생 상태 파악 및 피해 상황 보고(교육청) – 인명 피해: 신체 피해, 불안 호소자 신고 및 이송 – 시설 피해: 건물, 수도, 전기, 통신망 이상 여부 확인 ※ 피해가 심각한 경우, 주민센터 신고 – 화재 발생 여부 확인 및 조치 – 위급 상황 시 교직원 간 연락체계 구축 – 사고, 결정, 행동에 대한 기록 • 재난 대처 지속적 실시 – 재난 종료 시까지 학생 안전 관리 – 여진에 의한 추가피해 대비 철저
4단계 복구 상황종료	• 상황일지 작성 및 대응 결과, 특이사항 보고 • 학교 피해시설 응급 복구 • 위험구역 설정 및 관리: 위험구역 내 학생의 강제 대피, 통행 제한 • 2차 피해 예상 시설점검 및 안전조치: 가스, 상하수도, 전기 등 • 시설물 피해 원인 등을 조사·분석하여 유사사고 방지 및 예방대책 수립 • 피해시설 복구·정비 소요 예산을 관계부서와 협의하여 확보

6 학생 행동요령

교내(건물 안) 교육 활동 중 지진이 발생한 경우	(지진) 발생 직후	• 자신의 책상 밑으로 재빨리 들어가거나, 손이나 책·방석 등으로 머리를 보호한다. – 밖으로 급하게 달려 나가지 않는다. – 책상, 탁자 아래로 들어가 몸을 웅크리고 책상다리를 꼭 잡는다. – 근처에 책상이 없을 때는 손이나, 책 등으로 머리를 보호한다. – 즉시 창문에서 멀리 떨어지고, 계단에서 떨어지지 않도록 난간을 붙잡는다.
	흔들림이 멈춘 후	• 인솔 교사의 안내에 따라 침착하게 대피를 준비한다. – 큰 흔들림이 진정되면 출입문부터 개방하여 출구를 확보한다. – 화재를 대비해 전열기 및 전원을 차단한다. – 재난방송을 청취한다.

	대피 시 (대피 중)	• 밖으로 대피할 때에는 손이나 책가방(책·방석 등)으로 머리를 보호하면서 이동한다. – 인솔 교사의 지시에 따라 당황하지 않고 침착하게, 뛰지 않고 질서 있게 피난경로(대피경로)를 따라 안전한 장소로 대피한다. – 엘리베이터를 타지 않는다(탑승 중인 경우, 모든 층을 눌러 바로 내린다). – 낙하물 및 유리창 파편에 의해 부상을 당하지 않도록 주의한다(절대로 맨발로 이동하지 않는다). – 창문에서 멀리 떨어져 이동한다. – 환자와 장애학생을 우선적으로 도와준다. • 교실 밖으로 나와서는 최대한 건물로부터 멀리 떨어진 운동장으로 피한다.
	대피 이후 행동 (대피 후)	• 안전지대(대피장소)에서는 인솔 교사의 안내에 따라 행동한다. – 환자 및 불안증세를 보이는 학생은 담임(인솔) 교사 및 보건 교사에게 이야기하고 조치를 받는다. – 불필요한 대화는 삼가고 침착하게 인솔 교사의 지시에 따른다. – 보호자 인계 등 인솔 교사의 지시가 있을 때까지 안전지대를 벗어나지 않는다.
실외(운동장, 교외 활동) 교육 활동 중 지진이 발생한 경우	지진 발생 시	• 손이나 가방 등으로 머리를 보호하고 안전한 곳으로 대피한다. – 주택가는 담이 붕괴되어 다칠 수 있으므로 건물과 최대한 떨어진다. – 실내로 들어가지 말고, 낙하물의 위험이 없는 장소(운동장, 공터)로 이동한다. – 재난방송에 귀를 기울인다.
	대피 시 (대피 중)	• 흔들림이 멈추면 재빨리 주변의 안전지대로 이동한다. – 건물의 붕괴 위험이나 낙하물 발생 여부에 주의를 기울이며 멀리 벗어난다. – 학교 외벽(담벼락)이 건물보다 쉽게 붕괴될 수 있으므로 절대 기대지 않는다. ※ 해안에서 지진을 느꼈다면 곧 지진해일이 올 수도 있으므로 해안에서 멀리 떨어져 지대가 높은 곳으로 신속하게 대피한다.
	대피 이후 행동 (대피 후)	• 안전지대에서는 인솔 교사 및 주위 안내요원의 지시에 따라 행동한다. – 환자 및 불안증세를 보이는 학생은 인솔 교사(안내요원)에게 이야기하고 조치를 받는다. – 불필요한 대화는 삼가고 침착하게 인솔 교사(안내요원)의 지시에 따른다. – 인솔 교사(안내요원)의 지시나 안전이 확보되기 전까지 안전지대를 벗어나지 않는다.

7 지진 대피훈련

| 훈련 시 점검 사항 | •훈련 실시 전 5단계 준비 사항을 점검하고 실시한다.
•훈련 절차에 대한 사전 교직원 회의와 학생 교육을 통해 훈련의 효과를 높인다.
•실제와 같은 훈련으로 만약의 상황에 대처하는 능력을 키운다.
대응 조직의 편성·운영(예)
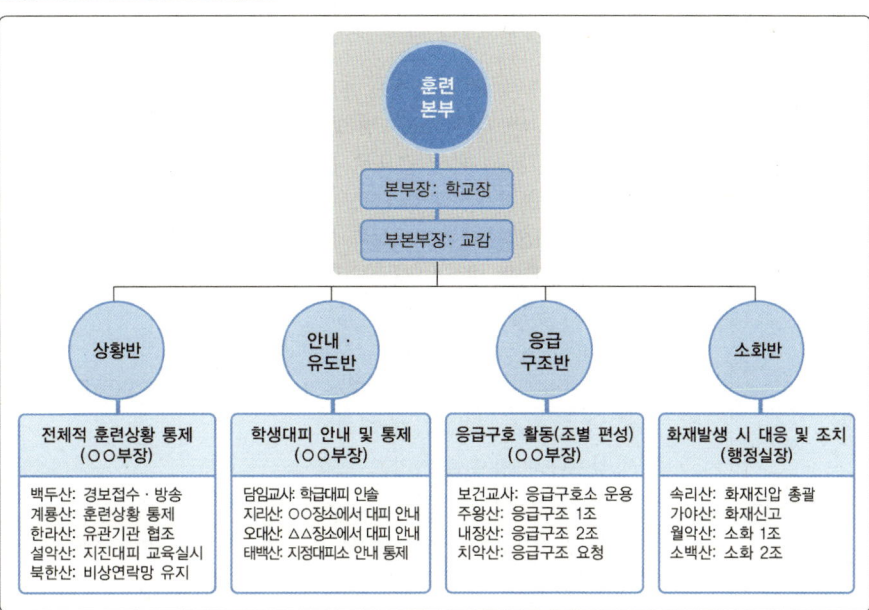
•상황반은 학교 내 및 유관기관과의 비상연락체계 유지
※ 유관기관 : 지자체, 경찰서(지구대), 소방서(119안전센터), 군부대, 병원 응급실 등
•안내·유도반은 메가폰, 호루라기, 교통신호봉, 손전등 등을 휴대(정전에 대비)하고 각 층 비상구(계단)와 대피소 등에서 학생 대피를 유도한다.
대피 장소 및 경로 지정

구분	지진 발생 시	지진 파동 종료 시~여진 발생 전
대피 장소	신체(머리) 보호 가능한 책상 밑	운동장, 주변에 고층 건물이 없는 넓은 공터

경로 접수 및 전파

구분	주 수단	보조 수단	정전 시 수단	비고
접수(외부)	기상청 흔들림 느낄 때	유선, 팩스	휴대전화	관할 지자체
전파(교내)	학교 내 방송	음성방송, 타종, 호루라기	타종, 메가폰, 육성, 호루라기	방송실, 교무실

대피 훈련 및 교육 준비사항
•재난경보 및 신호방법
•대피절차 및 행동요령
•지진 시 훈련 계획(대피 순서, 경로, 장소 등)

구분	내용
	훈련 소요 장비·물자 확보 ※ 학교별 학급 수를 감안하여 소요 수량을 준비 | 구분	내역
대피 유도 장비	안전모, 메가폰, 호루라기, 깃발, 교통신호봉, 손전등 등
구급 장비	응급조치 세트(비상약품), 들것, 목발, 부목 등
기타	방송장비(재난경보), 타종, 라디오 등	
훈련 절차 및 행동요령	① 재난 경보 접수 및 전파 - 상황반 　• 각 학급의 전원 차단(교실) 및 출입문을 개방한다. 　• 교실 내 학생들은 책상 밑으로 들어가 머리를 보호한다. 　　※ 실제 지진은 경보 전파 없이 오는 경우가 많아, 전파 없는 상황으로 훈련 방향을 설정한다. 　　※ 학생 행동요령을 교육하고 상황에 맞는 행동을 유도하도록 한다. 지진발생 시에는 근처에 보호물건(가방, 방석)이 없는 경우 바로 책상 밑으로 들어가도록 교육한다. ② 대피 지시 - 흔들림 종료 시 　• 대응조직을 가동한다(안내·유도반, 응급구조반). 　• 담임교사(인솔 교사) 통제하에 질서 있고 신속하게 정해진 대피 경로를 따라 이동한다. 　　- 한 줄로 서서 질서 있게 대피 　　- 방석이나 가방으로 머리를 보호 　　- 환자와 장애학생 안전 대피 우선 지원 　• 층(구역)별 안내 교사는 학생 대피 확인 후 마지막에 대피 장소로 이동한다. 　• 응급구조반은 환자 발생 시 지원 가능한 장소에 위치하여 구호활동을 실시한다. ③ 대피 장소에 도착 후 　• 학생 인원 파악(전체 학생 대피 여부) 　• 환자 및 장애학생 대피 여부 파악 　• 피해 학생 파악(신체적 피해 및 정신적 피해) 　　- 신체적 피해 학생을 응급구조반에 인계 조치 　　- 정신적 피해 학생(불안증 호소)은 Wee 클래스 및 전문상담기관에 연계 조치 　• 라디오 방송 청취(이후 진행 상황 파악) ④ 소방 및 응급 복구 활동 - 소화반, 응급구조반 ⑤ 피해 상황 파악 및 보고 - 상황반 ⑥ 대피 훈련 종료 후 안전에 유의하여 각 학급별 교실로 이동 - 안내·유도반
훈련 실시 후 후속 조치	• 교육 내용 적절성 등 검토, 문제점 도출 후 차기 훈련에 반영 　- 대피 경로 선정의 적합성 검토 　- 지진 대피 훈련 절차와 행동요령 적절성 검토 　　▶ 학생 행동요령 단계별 적용의 적절성 　　▶ 예고 없는 상황에 대한 훈련 적용의 적절성 • 재난대응반(상황반, 안내·유도반, 응급구조반, 소화반) 운용의 적절성 검토 • 훈련 장비와 물자의 소요 검토 • 도출된 문제점은 교직원 회의 시 공유하여 차기 훈련에 반영

8 지진 규모별 학교 조치 기준

- 진앙에 속해있거나 진앙으로부터 반경 100km 이내 위치한 시·도 교육청, 학교에서는 적용을 권장하되, 그 외 교육청 및 학교에서는 피해 상황을 고려하여 결정한 사항에 따른다.
  - 지진 규모별 학교조치 기준은 권고사항으로 학교별 위치 및 여건 등을 고려하여 변경 적용이 가능하며, 가능한 높은 단계로 대응한다.
  - '진앙' 근처에 위치한 학교와 시·도 교육청은 1단계 수준일지라도 가급적 대피하도록 권장한다.

구분			1단계	2단계	3단계
규모 및 진도			4.0 미만 (해역 5.0 미만)	4.0~4.9 (해역 5.0~5.9) 또는 지역최대진도 Ⅴ	5.0 이상 (해역 6.0 이상) 또는 지역최대진도 Ⅵ 이상
근무 형태	주간		• 정상 근무 • 상황 관리	• 전 교직원 근무 • 대응조직 활동	• 전 교직원 근무 • 대응조직 활동
	야간·주말	학생이 있을 때	• 관리자에게 상황 보고 • 상황메시지 접수, 전파	• 관리자 복귀 • 대응조직 소집 • 상황메시지 접수, 전파	• 상황반 근무 • 관리자 복귀 • 대응조직 소집 • 상황메시지 접수, 전파
상황반 설치			미설치	설치(행정실) (설치 여부는 학교장 판단)	• 설치(행정실) • 통신장비 준비
교육 활동			정상 운영	교육 활동 중지	• 교육 활동 중지 • 임시휴업 조치 (피해 발생교)
학생 안전 조치			대피 여부 학교 판단 ※ 학생 대다수가 진동을 느낀 경우, 운동장 등으로 임시 대피 권장	대피 실시	대피 및 귀가 실시 ※ 반드시 명확한 안전확보 후 학생 인계절차에 따라 실시
장애학생 조치			정서·심리적 안정 및 보호	• 대피부터 지원인력 동행 • 정서·심리적 안정 및 보호	• 대피부터 지원인력 동행 • 정서·심리적 안정 및 보호
보호자 문자 발송			기상청 문자수신 시 (규모 3.0 이상)	조치사항 안내	조치사항 안내
보고			• 상황일지 작성 • 상황 종료 후 특이사항 보고	• 상황일지 작성 • 상황 종료 후 특이사항 보고	• 상황일지 작성 • 상황 종료 후 특이사항 보고

❾ 지진해일

개념	해저에서의 지진, 해저의 화산폭발, 단층 운동 등 급격한 지각변동으로 발생하는 파장이 긴 파도를 의미하며, 쓰나미라고도 불린다.
지진해일의 특성	• 지진해일은 파도의 주기가 아주 긴 파장이다. • 지진해일이 해안가에 도달하게 되면 5분에서 10분 간격으로 높은 파도가 계속적으로 밀려온다. • 내가 있는 지역이 지진해일의 위험이 있는 지역인지 미리 확인한다.
지진해일 발생 시 행동요령	• 지진해일이 오기 전에는 해안의 바닷물이 갑자기 빠져나가거나, 기차와 같은 큰 소리를 내면서 다가오기도 한다. 이러한 경우 높은 곳으로 대피한다. • 지진해일은 내습이 확인되면 모든 통신수단을 동원하여 모두에게 알린다. • 해안가에 있을 때 지진을 느끼면, 약 2~3분 이내에 해일이 내습할 수 있으므로 해일 경보 등이 없더라도 신속히 고지대나 긴급대피 장소로 이동한다. • 지진해일 특보가 발표되면 수영, 낚시, 야영 등을 즉시 중단하고 높은 곳으로 대피한다. • 피할 시간이 없다면 주변에 있는 철근콘크리트로 된 튼튼한 건물의 3층 이상인 곳 또는 해발고도 10m 이상인 곳(언덕, 야산 등)으로 대피한다. • 대피할 때 차량보다는 걸어서 이동한다. • 지진해일은 몇 번이고 반복해서 일어나는 것으로 한 번에 끝난다고 볼 수 없으므로 대피 후 안전하다는 정보가 있을 때까지 바닷가 근처는 가지 않도록 주의한다.

UNIT 77 자연재난 - 대설·한파

❶ 학습목표

자연재해인 대설, 한파 발생 원인 및 대피 방법을 알아본다.

❷ 누리과정 관련 요소

신체운동·건강	[안전하게 생활하기] 안전사고, 화재, 재난, 학대, 유괴 등에 대처하는 방법을 경험한다.
자연탐구	[탐구과정 즐기기] 주변 세계와 자연에 대해 지속적으로 호기심을 가진다.
자연탐구	[자연과 더불어 살기] 날씨와 계절의 변화를 생활과 관련짓는다.

❸ 학습주제와 학습의 중점

학습주제	학습의 중점
1. 대설 발생 시 대처 요령 알아보기	• 눈이 많이 왔을 때 좋은 점과 불편한 점을 알 수 있다. • 대설 발생 시 대처 방법을 알아본다.
2. 한파 발생 시 대처 요령 알아보기	• 추운 겨울 날씨에 외출로 걸릴 수 있는 질병을 알 수 있다. • 한파 발생 시 대처 방법을 알아본다.

④ 대설·한파

개념	**대설** 겨울철에 일정시간 동안 눈이 한꺼번에 많이 내리는 현상	
	대설 주의보	대설 경보
	• 24시간 동안 내려 쌓인 눈의 양이 5cm 이상 예상될 때 　- 눈을 밟으면 신발이 묻히는 상황	• 24시간 동안 내려 쌓인 눈의 양이 20cm 이상(산지는 30cm 이상) 예상될 때 　- 눈을 밟으면 신발이 완전히 빠지는 상황
	한파 저온의 한랭기단이 몰아닥쳐 급격한 기온의 하강을 일으키는 현상	
	한파 주의보	한파 경보
	• 10월~4월 사이의 기간 중 다음 각 호의 어느 하나에 해당하는 경우 ① 아침 최저기온이 전날보다 10℃ 이상 하강하여 3℃ 이하이고, 평년값보다 3℃가 낮을 것으로 예상될 때 ② 아침 최저기온이 -12℃ 이하인 날이 2일 이상 지속될 것으로 예상될 때 ③ 급격한 저온현상으로 중대한 피해가 예상될 때	• 10월~4월 사이의 기간 중 다음 각 호의 어느 하나에 해당하는 경우 ① 아침 최저기온이 전날보다 15℃ 이상 하강하여 3℃ 이하이고, 평년값보다 3℃가 낮을 것으로 예상될 때 ② 아침 최저기온이 -15℃ 이하인 날이 2일 이상 지속될 것으로 예상될 때 ③ 급격한 저온현상으로 광범위한 지역에서 중대한 피해가 예상될 때
대설·한파 발생 시 행동요령	• 등교시간 조정 및 임시휴업 등에 관한 사항은 학교 안내에 따른다. • 걸을 때 주머니에 손을 넣지 않는다(미끄럼 주의). • 걸을 때 빙판길이 있는지 확인하고, 최대한 피해서 걷는다. • 경사진 빙판길을 지날 때 낮은 자세로 지지물을 잡고 조금씩 걷는다. • 횡단보도, 도로 주변, 경사지에서는 차량을 주의한다(차량이 미끄러져 서지 못할 수 있다). • 접근금지(주의) 지역은 접근을 하지 않거나 피한다. 　- 완전히 결빙되지 않은 하천, 강, 저수지 　- 눈이 많이 쌓인 지붕이나 경사면, 고드름이 있는 곳 　- 눈이 쌓여 확인되지 않는 지역 　- 맨홀 근처, 공사장 • 현관 입구, 계단에서는 난간을 잡고 이동한다(미끄럼 주의). • 젖은 옷과 신발은 완전히 말린 후 착용한다. • 외출은 삼가되, 부득이 외출할 경우 등·하교 시 행동요령을 따른다. • 폭설로 고립된 경우 119에 구조를 요청한다.	

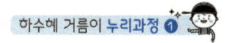

한파 질병	저체온증	저체온증은 심부체온이 35℃ 미만으로 떨어지는 상태를 말한다. **증상** • 말이 어눌해지거나 기억장애가 발생한다. • 점점 의식이 흐려진다. • 지속적인 피로감을 느낀다. • 팔, 다리의 심한 떨림 증상이 나타난다. **대처방법** • 신속히 병원으로 가거나 바로 119로 신고한다. • 젖은 옷은 벗기고 담요나 침낭을 감싸준다. • 겨드랑이, 배 위에 핫팩이나 더운 물통 등을 둔다. - 이런 재료가 없는 경우 사람을 껴안는 것도 효과적이다. • 의식이 있는 경우 따뜻한 음료가 도움이 될 수 있으나, 의식이 없는 경우 주의한다.

	동상	동상이란 피부 및 피하조직이 동결하여 조직이 손상된 상태를 말한다.
		증상
		• 1도 : 찌르는 듯한 통증, 붉어지고 가려움, 부종
		• 2도 : 피부가 검붉어지고 물집이 생김
		• 3도 : 피부와 피하조직 괴사, 감각 소실
		• 4도 : 근육 및 뼈까지 괴사
		대처방법
		※ 병원을 방문하여 진료를 받는 것이 우선이다.
		• 환자를 따뜻한 환경으로 옮긴다.
		• 동상 부위를 따뜻한 물(37~40℃)에 담근다.
		• 얼굴, 귀 : 따뜻한 물수건을 대주고 자주 갈아준다.
		• 손, 발 : 손가락, 발가락 사이에 소독된 마른 거즈를 끼운다.
		  ※ 습기를 제거하고 서로 달라붙지 않게 한다.
		• 동상 부위를 약간 높게 한다.
		  ※ 부종 및 통증을 줄여준다.
		• 다리, 발이 동상에 걸린 환자는 들것으로 운반한다.
		  ※ 동상 부위는 절대 디디거나 걷지 않는 것이 좋다.

	손상	**증상** 낙상에 의한 손상 ※ 미끄러짐, 넘어짐, 떨어짐 등에 의한 탈구, 골절, 타박상 등 **대처방법** • 홀로 거동이 어려울 경우 빠르게 119로 신고한다. • 환자가 편안해하는 자세 그대로 움직이지 않게 고정하고 도움을 청한다(필요시 부목 등을 이용하여 고정한다).

5 학교 조치사항

1단계 예방·대비	**[사전점검 및 안전교육]** • 교직원 비상 연락망 및 유관기관과의 연락망 점검·확인 　※ 유관기관: 교육부, 기상청, 행정안전부, 한국전력공사 등 • 학교 내 취약요인 점검을 위한 안전점검반 편성·운용 • 교실 내부 적정온도 유지(18~20℃) • 학교시설 안전점검 　- 조립식, 경량철골조 구조물 등에 대한 사전 안전점검 및 지붕 제설 계획 수립 　- 경량철골조 건물 지붕, 연결통로의 접합부 점검 및 보수 　- 과거 대설 피해가 있었던 학교는 유사건물에 대한 점검 　- 통학로 등 교내 빙판 제거 및 각종 배관 동파 점검 　- 제설 장비·인력·자재(염화칼슘, 모래, 소금) 점검 　- 학교 내 위험지역(붕괴, 눈사태 등) 지정 및 표시 　- 출입구에 흙털이 발판 및 미끄럼방지 매트 설치 　- 제설 자재 결빙 취약구간 및 등·하교 경사로에 사전 살포 • 대설·한파 대비 학생 행동요령 교육
2단계 대응 대설·한파 주의보 발령	• 1단계 예방·대비 단계 [사전점검 및 안전교육] 강화 **[학사운영 조정 여부 검토]** • 학교장은 대설·한파 특보로 인한 통학로 사정 등을 감안하여 등·하교시간 조정을 검토 　- 등·하교시간 조정 또는 휴업 결정 시 돌봄교실 및 (휴업시) 휴업 대체 프로그램 운영 　　여부를 함께 결정하여 해당사항을 학부모(보호자)/학생에게 안내하고 시·도 교육청 　　(교육지원청)에 보고 　※ 대설주의보에도 상황을 종합적으로 판단하여 학교장이 휴업결정 가능 　※ 시·도 교육청이 등·하교시간 조정 및 휴업을 결정할 수 있음 • 재난으로 인한 임시휴업 시에 돌봄교실을 운영하고 휴업대체 프로그램 운영을 권장 　- 전제조건: 학생의 안전을 위해 등·하교 시 학부모(대리인) 동행 　※ 단, 재난지역 및 학교상황 등을 고려하여 학교 내 안전보장이 어려운 경우와 학교의 모든 　　기능이 정지되는 휴교 처분을 받은 경우에는 미운영 • 한파특보로 인해 등교에 지장이 있을 경우, 등교시간 조정을 통해 학생 안전조치 실시 　- 등교시간 조정 시 학생 및 학부모에게 신속히 통보하고 교육청에 즉시 보고 **[상황보고 및 응급조치]** • 학생들의 건강상태를 수시로 점검하며, 이상 징후 발견 즉시 응급조치를 시행 • 비상 상황(인명피해) 발생 시 보고 철저(교육청, 소방서) 　- 피해 내용, 현재 학교 조치사항, 향후 계획 등 　- 재난상황관리시스템을 통한 비상 상황(인적 및 물적 피해 등), 학사운영 조정현황 보고
3단계 대응 대설·한파 경보 발령	• 1단계 예방·대비 단계 [사전점검 및 안전교육] 강화 • 2단계 대응 [학사운영 조정여부 검토] 지속 • 2단계 대응 [상황보고 및 응급조치] 지속

4단계 복구 후속 조치	• 대설 후 점검 사항 　- 통학로 및 교내 제설 작업, 건물 지붕, 옥상 등에 쌓인 눈 제거 　- 학교 시설물 안전점검 실시 후 학생 입실 조치 • 응급 수업대책 및 학생 안전대책 　- 학교장의 판단 아래 조기 귀가, 임시휴업 조치 　- 교육시설물 피해가 있을 경우 인근 학교 이용, 2부제 수업 등 수업대책 강구 • 피해시설 복구 및 정비 　- 피해시설에 대한 복구 및 정비대책 수립 　- 피해원인 조사·분석, 유사사고 방지·예방대책, 복구계획 수립

6 학생 행동요령

등교 전	• 방송 매체(TV, 라디오) 및 인터넷(기상청)을 통해 기상상황을 확인한다. • 등교시간 조정 및 휴업 여부를 확인한다. • 체온 유지 용품(옷, 모자, 장갑, 신발 등)을 준비한다. 　- 구두 착용을 자제하고, 미끄러운 신발이나 슬리퍼를 신지 않는다. • 대설·한파로 인해 등교가 어려울 경우 담임 교사나 학교에 연락한다.
등·하교 시	• 걸을 때 주머니에 손을 넣지 않는다(낙상 방지). • 횡단보도, 도로 주변, 경사지에서 차량 안전에 유의한다. • 하천이나 저수지 근처에 접근하지 않는다. • 걸을 때 빙판길이 있는지 확인하고, 최대한 피해서 걷는다. • 경사진 빙판길을 지날 때 낮은 자세로 지지물을 잡고 조금씩 걷는다.
학교에서	• 눈 쌓인 지붕이나 고드름이 있는 곳은 접근하지 않는다. • 눈이 많이 쌓인 경사면 주변과 위험지역(맨홀, 공사장 등)에 접근하지 않는다. • 학교 현관 입구 또는 계단에서는 난간을 잡고 이동한다.
가정에서	• 외출을 삼가되, 부득이 외출할 경우에는 등·하교 시 행동요령을 따른다. • 폭설로 고립 시 건물 밖에 고립표식(적색)을 하고 119에 구조를 요청한다.

UNIT 78 자연재난 - 폭염

1. 학습목표

자연재해인 폭염 발생 원인 및 대피 방법에 대해 알아본다.

2. 누리과정 관련 요소

3. 학습주제와 학습의 중점

학습주제	학습의 중점
1. 폭염 발생 시 대처 요령 알아보기	• 더운 여름 날씨에 외출로 걸릴 수 있는 질병을 알 수 있다. • 폭염 발생 시 대처 방법을 알아본다.

4 폭염

개념	체감온도가 33℃ 이상인 매우 더운 날씨를 말한다.	
	폭염 주의보	**폭염 경보**
폭염 주의보와 경보	• 폭염으로 인하여 다음 각 호의 어느 하나에 해당하는 경우 ① 일최고 *체감온도 33℃ 이상인 상태가 2일 이상 지속될 것으로 예상될 때 ② 급격한 체감온도 상승 또는 폭염 장기화 등으로 중대한 피해가 예상될 때	• 폭염으로 인하여 다음 각 호의 어느 하나에 해당하는 경우 ① 일최고 체감온도 35℃ 이상인 상태가 2일 이상 지속될 것으로 예상될 때 ② 급격한 체감온도 상승 또는 폭염 장기화 등으로 광범위한 지역에서 중대한 피해가 예상될 때
온열 질환 (학교안전지원 시스템)	열사병	• 체온을 조절하는 신경계(체온조절 중추)가 열 자극을 견디지 못해 그 기능을 상실한 질환 - 중추신경 기능장애(의식장애 / 혼수상태) - 땀이 나지 않아 건조하고 뜨거운 피부(>40℃) - 심한 두통, 오한, 잦은 맥박, 빈호흡, 저혈압 • 다발성 장기손상 및 기능장애와 같은 합병증이 발생할 수 있고 치사율이 높아 온열질환 중 가장 위험한 질환
	열탈진	• 열로 인하여 땀을 많이 흘려 수분과 염분이 적절히 공급되지 못하는 경우 발생 - 땀을 많이 흘림(과도한 발한), 차고 젖은 피부, 창백함 - 체온은 크게 상승하지 않음(≤40℃) - 극심한 무력감과 피로, 근육경련 - 오심 또는 구토, 혼미, 어지럼증(현기증)
	열경련	• 땀을 많이 흘려 체내 염분(나트륨)이 부족하여 근육경련이 발생하는 질환 - 근육경련(팔, 다리, 복부, 손가락) • 특히 고온 환경에서 강한 노동이나 운동을 할 경우 발생
	열실신	• 체온이 높아져 열을 외부로 발산하기 위해 체표면의 혈액량은 늘어나고 심부의 혈액량은 감소하여 뇌로 가는 혈액량이 부족해 일시적으로 의식을 잃는 질환 • 실신(일시적 의식소실), 어지럼증 • 주로 앉아있거나 누워있는 상태에서 갑자기 일어나거나 오래 서 있을 때 발생
	열부종	• 체온이 높아져 열을 외부로 발산하기 위해 체표면의 혈액량은 늘어나고 심부의 혈액량은 감소하여 이런 상태에서 오래 서 있거나 앉아있게 되면 혈액 내 수분이 혈관 밖으로 이동하여 부종(몸이 붓는 증상)이 발생 - 중추신경 기능장애(의식장애 / 혼수상태) 및 손, 발, 다리 등의 부종

*체감온도
• 기온에 습도, 바람 등의 영향이 더해져 사람이 느끼는 더위나 추위를 정량적으로 나타낸 온도를 말한다.
• 습도 10% 증가 시마다 체감온도 1도 가량 증가하는 특징이 있다.

	열발진/땀띠	• 땀관이나 땀관 구멍 일부가 막혀서 땀이 원활히 표피로 배출되지 못하고 축적되어 작은 발진과 물집이 발생하는 질환 - 중추신경 기능장애(의식장애 / 혼수상태) - 여러 개의 붉은 뾰루지 또는 물집(목, 가슴 상부, 사타구니, 팔, 다리 안쪽)
(추가) 학교안전교육 7대 표준안 교육 자료집	울열증	체온은 매우 높지만 땀이 나지 않고 두통과 구토를 하는 상태 **대처방법** • 미지근한 물로 몸을 적셔 체온을 내린다. • 이온음료, 식염수를 섭취한다.
온열질환자에 대한 응급대처방법	(표 및 설명)	

구분		열사병	열탈진
증상	의식	없음	있음
	체온	40℃ 이상	약간 높거나 정상
	피부	건조하고 뜨거움	축축하고 땀이 많이 남
	기타	심한 두통, 오한	두통, 경련, 피곤, 무기력
조치 방법	단계 1	119에 전화	시원한 곳으로 옮김
	단계 2	시원한 곳으로 옮김	의식이 있으면 물을 마시게 함
	단계 3	넥타이나 윗단추 등을 풀어줌	넥타이나 윗단추 등을 풀어줌

① 시원한 장소(통풍이 잘 되는 그늘, 에어컨이 작동되는 실내)로 옮긴다.
② 옷을 벗기고 몸을 차게 식힌다.
- 옷을 벗긴다.
- 노출된 피부에 물을 뿌리고, 부채나 선풍기 등으로 몸을 차게 식힌다.
- 얼음 주머니가 있을 경우 이마, 목, 겨드랑이, 가랑이 등에 대어 몸을 식힌다.
③ 수분, 염분을 섭취하게 한다.
- 응답이 명료하고 의식이 뚜렷한 경우
  ▶ 차가운 물이나 음료수를 먹인다.
  ▶ 땀을 많이 흘렸을 경우, 염분(식염수, 물 1L에 소금 1~2g)을 섭취하게 한다.
  ▶ 필요시 119에 연락한다.
- 응답이 불분명하거나 의식이 없는 경우
  ▶ 119에 연락한다.
  ▶ 불렀을 때나 자극을 가했을 때 반응이 이상하거나 응답이 없는 경우, 토하는 증상이 있는 경우는 옷을 벗기고 몸을 식히며 수분 섭취를 금지한다.
④ 의료기관으로 이송시킨다.

5 학교 조치사항

1단계 예방·대비	**[사전점검]** • TV, 라디오, 인터넷 등을 통해 무더위와 관련된 기상상황을 수시로 확인 • 폭염 발생 시 실외수업 대체 계획 마련 • 교직원 비상연락망 및 유관기관과의 연락망 점검·확인 　※ 유관기관 : 교육부, 행정안전부, 기상청, 보건복지부, 질병관리청 등 • 폭염 대비 행동요령, 일사병 등 온열질환 환자 응급조치 요령 비치(눈에 잘 띄는 장소에 비치) • 폭염 대비 응급처치 물품 구비 : 생리식염수, 얼음팩, 체온계, 비상 구급품 등 • 폭염 대비 시설 사전점검(냉방시설, 변압기, 급식실 등) 　- 에어컨이나 선풍기 등 냉방시설, 변압기 과부하 점검, 실내 직사광선 차단 등 　- 조리실 냉방기, 환기시스템, 온·습도계 사전점검 　- 커튼이나 천, 필름 등으로 실내 직사광선 차단 **[안전교육]** • 폭염 대응 건강관리 및 행동요령 교육·홍보 　- 학생·학부모 대상 가정통신문 발송 및 보건 교육 시행, 홍보영상, 리플릿, 교내방송 등 활용 　- 폭염 대비 3대 건강 수칙 안내 　　① 물 자주 마시기 　　② 시원하게 지내기[실내온도 적정 수준(26℃) 유지, 시원한 물로 목욕 또는 샤워하기, 헐렁하고 밝은 색깔의 가벼운 옷 입기, 양산·모자 착용으로 햇볕 차단하기] 　　　▶ 실내온도 적정 수준(26℃) 유지, 시원한 물로 목욕 또는 샤워하기, 헐렁하고 밝은 색깔의 가벼운 옷 입기, 양산·모자 착용으로 햇볕 차단하기 　　③ 더운 시간대에는 휴식하기
2단계 대응 주의보 발령 / 폭염영향예보 주의 단계	• 1단계 예방·대비 단계의 [안전교육] 지속 • 1단계 예방·대비 단계 [사전점검]의 학교시설 점검 강화 　- 조리실 적정 온·습도 유지관리 철저(18℃, 50~70%) 　- 학교 급식(식자재, 조리기구, 조리사의 청결 등) 및 매점 위생관리 강화, 점검자는 개선·보완점을 파악하여 향후 개선결과 점검 　- 냉방기기 점검(가동 및 청결 상태) **[학사운영 조정여부 검토]** • 학교장은 단축수업 검토, 체육활동 등 실외 및 야외활동 자제 권고 　- 단축수업 검토 / 교육청 또는 학교 재량으로 결정된 사항은 학생과 학부모에게 신속히 통보 　- 폭염 예방교육 강화, 학부모에게 학생 외출 자제 안내 • 현장 체험학습 등에 대한 일정 조정 검토 • 학교장은 등·하교시간 조정을 검토하고, 이를 결정하는 즉시 학부모에게 안내 **[상황보고 및 응급조치]** • 학생들의 건강 상태를 수시로 점검하며 이상 징후 발견 즉시 응급조치를 시행 • 비상 상황(인명피해) 발생 시 보고 철저(교육청, 소방서) 　- 피해 내용, 현재 학교 조치사항, 향후 계획 등 • 폭염으로 인한 피해 사항, 단축수업 등 조치사항 보고

3단계 대응 경보 발령 / 폭염영향예보 경고 단계 이상	• 1단계 예방・대비 단계의 [안전교육] 지속
	• 1단계 예방・대비 단계 [사전점검]의 학교시설 점검 강화
	• 2단계 대응 [학사운영 조정 여부 검토] 강화
	  – 휴업, 단축수업 등 대응조치 발령 시(지역 및 적용 학교 결정), 등・하교시간 조정, 임시휴업 등 상황에 따른 조치
	  – 휴업 조치 결정 시 교육청(교육지원청) 즉시 보고 및 학부모 안내
	  – 휴업 조치 시 맞벌이 부부 자녀 등 부득이 등교하는 학생에 대해서 별도 지도(도서관 개방, 프로그램 운영 등)
	  – 폭염경보 1주일 이상 지속 시 학교별 조기방학 검토
	• 2단계 대응 [상황보고 및 응급조치] 지속

4단계 복구 후속 조치 및 지원	• 피해 학생과 교직원 상황 파악 및 사후 조치 – 증상을 가진 학생은 쉬게 하거나 조기 귀가조치, 119 신고 및 응급조치, 유관기관에 관련 사항 보고 • 조치 결과 보고

6 학생 행동요령

등교 전	• 방송 매체(TV, 라디오) 및 인터넷(기상청)의 기상 상황을 확인한다. • 등교시간 조정 및 휴업 여부를 확인(문자, 홈페이지, 교무실 전화 등)한다. • 폭염 대비 용품(모자, 양산, 부채 등)을 준비한다. • 자외선 차단제로 피부를 보호한다.
등・하교 시	• 최대한 햇볕을 피해 그늘로 걷는다. • 가볍고 얇은 옷을 입고, 모자나 양산 등으로 햇볕을 가린다.

학교에서	• 학교 지시에 따라 안전한 학교생활을 준수한다.
	  – 쉬는 시간과 점심시간의 체육활동 등 야외활동을 자제한다.
	  ※ 폭염경보 발령 시에는 체육활동 등 모든 야외활동을 금지한다.
	  – 손 씻기 등 개인위생을 철저히 한다.
	• 깨끗한 물(음용수)을 규칙적으로 섭취한다.

가정에서	• 밀폐된 차 안에 혼자 있지 않는다.
	• 균형 있는 식사를 하고, 식품 안전을 철저히 한다.
	  – 식사는 균형 있게 신선한 야채와 과일 등을 골고루 섭취한다.
	  – 물은 끓여 마시고, 날음식은 삼가며, 유통기한을 확인하여 변질이 의심되면 버린다.
	• 냉방병 예방을 위한 실내 적정온도를 유지한다.
	  – 에어컨, 선풍기는 잠들기 전에 끄거나 일정 시간 가동 후 꺼지도록 예약한다.
	  – 냉방기기 사용 시 실내・외 온도차를 5℃ 내외로 유지하여 냉방병을 예방한다(실내 적정 냉방온도는 26~28℃).
	• 창문을 커튼이나 천 등으로 가려 직사광선을 최대한 차단한다.
	• 집에서 가까운 병원의 연락처를 확인하고, 자신과 가족의 건강 상태를 체크한다.
	• 준비운동 없이 물에 들어가거나 갑작스러운 찬물샤워를 자제한다(심장마비 위험).

오존경보 발령 시 행동지침

	시민	자동차 소유자	관계기관
주의보	• 대중교통 이용 • 실외활동 및 과격한 운동 자제 • 노약자, 어린이, 호흡기환자, 심장질환자 실외활동 자제	• 경보지역 내 차량운행 자제 • 대중교통 이용 권고	• 주의보상황 통보 • 대중홍보매체에 의한 대국민 홍보 요청 • 대기오염도 상황 관측 및 결과 분석 검토 요청
경보	• 실외활동 및 과격한 운동 제한 권고 • 유치원, 학교 등 실외수업 제한 권고 • 노약자, 어린이, 호흡기환자, 심장질환자 실외활동 제한 권고	경보지역 내 자동차 사용 자제 권고	• 경보상황 통보 • 대기오염 측정 및 기상관측활동 강화 요청 • 경보상황에 대한 대국민 홍보 강화 요청
중대경보	• 실외활동 및 과격한 운동 금지 권고 • 유치원, 학교 등 실외수업 중지 및 휴업 권고 • 노약자, 어린이, 호흡기환자, 심장질환자, 실외활동 중지 권고	경보지역 자동차 통행 금지	• 중대경보상황 통보 • 대기오염 측정 및 기상관측활동 강화 요청 • 위험상황에 대한 대국민홍보 강화 요청 • 경찰에 교통규제 협조요청

오존이 발생하기 쉬운 기상조건

- 일출 후 정오까지의 총 일사량이 6.4MJ/m^2 이상일 때
- 기온이 25℃ 이상, 상대습도가 75% 이하일 때
- 구름이 없는 쾌청한 날씨가 계속될 때
- 풍속 4m/s 이하의 약풍이 지속될 때

UNIT 79 자연재난 - 황사

① 학습목표

자연재해인 황사 및 미세먼지 발생 시 대처 방법에 대해 알아본다.

② 누리과정 관련 요소

신체운동·건강	[안전하게 생활하기] 안전사고, 화재, 재난, 학대, 유괴 등에 대처하는 방법을 경험한다.
자연탐구	[탐구과정 즐기기] 주변 세계와 자연에 대해 지속적으로 호기심을 가진다.
자연탐구	[자연과 더불어 살기] 날씨와 계절의 변화를 생활과 관련짓는다.

③ 학습주제와 학습의 중점

학습주제	학습의 중점
1. 황사 및 미세먼지 위험단계 이해하기	• 황사 및 미세먼지가 우리 몸에 미치는 영향을 알 수 있다. • 미세먼지 예보 등급에 따라 안전수칙이 다름을 알 수 있다.
2. 황사 및 미세먼지 대처 방법 알아보기	• 황사 및 미세먼지 발생 시 대처하는 방법을 알 수 있다. • 평소에 미세먼지를 대피하는 방법을 알아본다.
3. 마스크의 중요성과 바른 착용법 알아보기	• 미세먼지의 위험성을 알 수 있다. • 마스크의 중요성을 알고 바르게 착용할 수 있다.

❹ 황사

개념	황사 : 먼지 *연무의 일종으로, 주로 대륙의 황토지대에서 불려 올라간 다량의 황토 먼지가 온 하늘을 덮고 떠다니며 서서히 하강하는 현상이다.	
황사 경보	황사로 인해 1시간 평균 미세먼지 농도가 800㎍/m³ 이상이 2시간 이상 지속 ※ PM-10 : 미세먼지(Particulate Matter) 지름이 10㎛ 이하인 입자 ※ ㎍/m³(마이크로그램/세제곱미터) : 공기 1m³dp 포함된 미세먼지의 양	
행동요령	발생 전	**교육기관** • 기상예보를 확인하여 지역 실정에 맞게 휴업 또는 단축 수업을 신중히 검토한다. • 학생들의 비상연락망을 사전에 점검하고 연락체계를 유지해 둔다. • 휴업을 하는 경우 맞벌이 부부 자녀에 대해서는 학교에서 자율학습을 하도록 한다. • 학생과 학부모를 대상으로 황사 피해 예방 행동요령을 지도·홍보한다. **가정에서** • 등교 전 학교의 임시휴교 등 비상연락 내용을 확인한다. • 창문을 닫고 공기청정기와 가습기를 사용하여 실내공기를 쾌적하게 유지한다. ※ 요리할 때 공기청정기는 켜두지 않는다. 요리하는 동안 공기청정기를 가동하면 기름 입자가 공기청정기 필터를 막아 공기정화 효과가 감소하게 된다. • 가능한 한 외출을 삼가며, 외출 시에는 긴소매 옷을 입고 마스크, 보호용 안경 등을 착용한다. • 외출 후에는 양치질을 하고, 손과 얼굴을 깨끗이 씻는다. • 포장되지 않은 식품은 오염되지 않도록 위생 용기에 넣는다.
	발생 중	• 창문 및 환기구 닫기 • 물 자주 마시기 • 외출 시 보호안경·마스크·긴소매 옷 착용하기 • 외출 후 손 씻고 외투 먼지 털기 등
	종료 후	**교육기관** • 학교의 실내·외를 청소하여 먼지를 제거한다. • 학생들의 건강을 살펴서 쉬게 하거나 일찍 귀가시킨다. • 황사 후 발생할 수 있는 전염병에 대한 예방접종을 실시하거나 식당 등에 대한 소독을 시행한다. **가정에서** • 충분히 환기를 하고, 청소를 한다. 　- 물걸레로 청소를 하면 바닥에 가라앉은 먼지가 다시 날릴 가능성을 낮출 수 있다. 　- 황사에 노출되어 오염된 물품은 충분히 세척 후 사용한다.

memo

*연무
먼지 현상의 하나로 대기 중에 먼지, 연기 및 오염 물질 등 고체 입자가 떠다니는 현상을 말한다.

질환별	주 증상	대처방법
호흡기질환 (기관지염, 천식)	• 호흡곤란 • 목의 통증 • 기관지, 기도점막 염증 • 기침 등	• 천식환자는 황사 발생 시 가급적 외출을 삼간다. • 창문 등을 닫아 외부공기의 유입을 차단한다. • 물걸레질 청소 및 공기정화기가 있을 경우 가동한다. • 물을 많이 마신다.
안질환 (결막염)	• 눈의 가려움증 • 눈물이 남 • 눈이 빨갛게 충혈됨 • 눈에 이물감과 통증 • 눈을 비비면 끈끈한 분비물이 나옴	• 부득이 외출해야 할 경우 보호안경을 끼고 콘택트렌즈의 착용은 삼간다. • 귀가 후에는 미지근한 물로 눈을 깨끗이 씻어낸다. • 결막염 초기 증세가 의심되면 깨끗한 찬물에 눈을 대고 깜빡거리거나 얼음찜질을 해주면 증상을 완화시킬 수 있다.
이비인후과 질환(비염)	• 재채기가 계속됨 • 맑은 콧물이 흐름 • 코 막힘 등	• 외출 시 보건용 마스크를 착용하도록 한다. • 귀가 후에는 미지근한 물로 콧속을 씻어낸다.
피부질환	• 피부의 가려움증 • 두드러기 등	• 외출 시에 황사에 노출되지 않도록 긴소매 옷을 입는다. • 귀가 후에는 반드시 손과 발 등을 깨끗이 씻는다. • 피부에 로션 등을 발라 흙먼지가 직접 피부에 닿지 않도록 한다.

위 표는 **황사로 인한 발생 가능 질환 및 대처방법**에 해당한다.

미세먼지 질병결석 절차 (학교)

- '기저질환(천식, 아토피, 알레르기, 호흡기질환, 심혈관 질환 등)을 가진 민감군임을 인정하는 의사의 진단서(또는 의견서)'를 학교에 제출한다.
- 등교시간대 거주지 또는 학교 주변 실시간 미세먼지 농도가 '나쁨' 이상인 경우, 학부모가 학교에 사전 연락(전화 또는 문자 등)을 한다.
- 결석한 날부터 5일 이내에 *결석계를 제출하여 학교장의 승인을 받으면 질병결석이 인정된다.
  ※ 미세먼지 민감군으로 확인되지 않은 학생의 경우에도 상습적이지 않은 2일 이내의 질병으로 인한 결석은 학부모의 의견서나 담임교사 확인서만으로도 질병결석으로 처리될 수 있다.
  ※ 단, 학생의 각 학년과정의 수료에 필요한 출석일수는 해당 학년 수업일수의 3분의 2 이상이 되어야 한다.

미세먼지 질병결석 절차 (유치원)

- 미세먼지 '나쁨'인 날(수업시작 전까지) 학부모가 담임교사에게 연락(문자 및 전화)한다.
- 질병결석이 인정된다.
  ※ 미세먼지 또는 오존으로 질병결석을 하는 경우에는, 유아학비 지원금 산정 일수에 미포함되어 유아학비 지원금 수령에 불이익이 없다.

* 결석계
결석계 제출 시 첨부하는 증빙 서류는 학기 초 최초 제출한 진단서로 해당학기 질병결석 증빙을 갈음할 수 있다.

5 학교 조치사항

1단계 **예방·대비**	**[사전점검]** • 미세먼지 예보·특보를 수시로 확인 • 황사 발생 시 등·하교 시간 조정이나 단축수업 실시, 실내 수업 대체 계획 마련 • 교직원 비상연락망 및 유관기관과의 연락망 점검·확인 　※ 유관기관: 교육부, 기상청, 한국환경공단, 병원 등 • 학교시설 점검 　- 학교 급식 관련 위생관리 점검·강화(식재료 세척, 조리 시 위생 철저) 　- 실내 공기질 관리(창문 닫기, 물걸레질 청소, 공기청정기 가동, 주기적인 공기청정기 필터 점검 및 관리) • 황사 마스크, 상비약 등 비치 및 점검 • 호흡기 질환 등 민감군 학생 파악 및 관리대책 사전점검 　- 간이 의료기기 및 상비약 준비 **[안전교육]** • 황사 대응 건강관리 및 행동요령 교육 　- 학생·학부모 대상 가정통신문 발송 및 보건 교육 시행, 홍보영상, 리플릿, 교내방송 등 활용 　- 마스크 착용 및 귀가 후 얼굴·손 씻기, 외출 자제, 수분 섭취 등 행동요령 교육 • 생활지도 　- 물을 자주 마시고 청결을 유지 　- 비누를 이용하여 30초 이상 손 씻기 지도
2단계 대응 **미세먼지** **주의보 발령**	• 1단계 예방·대비 [안전교육] 지속 • 1단계 예방·대비 [사전점검]의 학교시설 점검 강화 **[학사운영 조정여부 검토]** • 학교장은 단축수업 검토, 체육활동 등 실외 및 야외활동 단축 등 권고 　- 단축수업 검토 　- 예방 교육 강화, 학부모에게 학생 외출 자제 안내 　- 현장 체험학습 등에 대한 일정 조정 검토 • 학교장은 등·하교시간 조정을 검토하고, 이를 결정하는 즉시 학부모에게 안내 및 교육청(교육지원청) 즉시 보고 　- 등·하교시간 조정 또는 휴업 결정 시 돌봄교실 및 (휴업 시) 휴업 대체 프로그램 운영 여부를 함께 결정하여 해당 사항을 학부모와 학생에게 안내하고 시·도 교육청(교육지원청)에 보고 　- 미세먼지 주의보에도 상황을 종합적으로 판단하여 학교장이 휴업 결정 가능 • 임시휴업 시에 돌봄교실 운영, 휴업 대체 프로그램 운영 권장 　- 전제조건: 학생의 안전을 위해 등·하교 시 학부모(대리인) 동행 　- 단, 재난 지역 및 학교 상황 등을 고려해 학교 내 안전보장이 어려운 경우와 학교의 모든 기능이 정지되는 휴교 처분을 받은 경우에는 미운영 **[상황보고 및 응급조치]** • 학생들의 건강 상태를 수시로 점검하며 이상 징후 발견 즉시 응급조치 시행 • 황사 관련 질환자를 파악하고 특별관리(조기 귀가, 진료) • 비상 상황(인명피해) 발생 시 보고 철저(교육청, 소방서) 　- 피해 내용, 현재 학교 조치사항, 향후 계획 등

3단계 대응
황사
경보 발령
	• 1단계 예방·대비 단계 [안전교육] 지속
	• 1단계 예방·대비 단계 [사전점검] 학교시설 점검 강화
	• 2단계 대응 [학사운영 조정여부 검토]
	• 학교장은 단축수업 검토, 체육활동 등 실외 및 야외활동 단축 또는 금지 적극 검토 및 결정
	  − 예방 교육 강화, 학부모에게 학생 외출 자제 안내
	  − 실외 수업 시간 단축 또는 금지
	  − 단축수업 적극 검토
	  − 현장 체험학습 등에 대한 일정 적극 검토
	• 학교장은 등·하교 시간 조정을 적극 검토하고, 등·하교시간 조정을 결정하는 즉시 학부모 안내 및 교육청(교육지원청) 즉시 보고
	  − 등·하교시간 조정 또는 휴업 결정 시 돌봄교실 및 (휴업 시) 휴업 대체 프로그램 운영 여부를 함께 결정하여 해당 사항을 학부모/학생에게 안내하고 시·도 교육청(교육지원청)에 보고
	• 임시휴업 시에 돌봄교실 운영, 휴업 대체 프로그램 운영 권장
	  − 전제조건: 학생의 안전을 위해 등·하교 시 학부모(대리인) 동행
	  − 단, 재난지역 및 학교상황 등을 고려, 학교 내 안전보장이 어려운 경우와 학교의 모든 기능이 정지되는 휴교 처분을 받은 경우에는 미운영
	• 2단계 대응 [상황보고 및 응급조치] 지속

4단계 복구 후속 조치	• 실내외 방역 및 청소 시행, 실내 공기 환기, 오염된 물품 세척 • 피해 학생과 교직원 상황 파악 및 사후 조치 − 감기, 안질환, 가려움증 등의 증상을 가진 학생은 쉬게 하거나 조기 귀가 조치 • 조치결과 보고

❻ 학생 행동요령

등교 전	• 방송 매체(TV, 라디오) 및 인터넷(기상청)의 기상 상황을 확인한다. • 등교시간 조정 및 휴업 여부를 확인(문자, 홈페이지, 교무실 전화)한다.
등·하교 시	• 황사용 마스크, 손수건, 휴지 등을 준비한다. • 황사가 짙은 경우 교차로, 횡단보도를 건널 때 안전에 유의한다.

학교에서	• 창문을 닫고 실외활동을 자제한다.
	• 개인위생을 철저히 한다.
	  - 손을 깨끗이 씻고 양치질을 하여 질환을 예방한다.
	  - 목을 축이는 정도로 물을 자주 마신다.
	  - 눈이 가렵다고 손으로 만지지 말고 물로 씻거나 안약, 점안제 등을 사용한다.
	  - 외부활동 시 손수건이나 휴지, 마스크, 보호용 안경을 준비하고 긴 소매 옷을 착용한다.
	• 황사가 끝나면 실내 공기를 환기한다.

가정에서	• 창문을 닫고 실외활동을 자제한다.
	  - 공기청정기, 가습기를 이용하여 실내 공기를 쾌적하게 유지한다.
	  - 외출 시 손수건이나 휴지, 마스크, 보호용 안경을 준비하고 긴 소매 옷을 착용한다.
	• 황사가 지나간 후 실내 공기를 환기해 주고, 황사에 노출되어 오염이 된 물품은 충분히 세척 후 사용한다.

❼ 10가지 학생생활 실천

미세먼지를 줄이는 5가지 실천	• 일회용품의 사용을 줄인다. • 겨울철 적정 실내온도(20℃)를 유지하고, 낭비되는 전기에너지를 줄인다. • 가까운 거리는 걷거나 자전거를 타고, 먼 거리는 대중교통을 이용한다. • 운전하는 어른에게는 시동을 꺼달라고 말씀드린다. • 공기정화식물을 키우고, 나무를 심는다.
건강을 지키는 5가지 실천	• 집에 들어오면 손씻기, 세수하기, 양치질로 미세먼지를 씻어낸다. • 건강상태에 따라 보건용 마스크를 올바르게 착용한다(호흡곤란 시에는 바로 벗는다). • 물과 과일, 야채를 충분히 섭취한다. • 미세먼지가 나쁜 날에는 격렬한 운동 및 외출을 피한다. • 미세먼지가 나쁜 날에도 10분씩 하루에 3번, 요리할 때는 30분 이상 환기를 한다.
올바른 마스크 착용법	• 마스크를 만지기 전에 손을 씻는다. • 양손으로 마스크의 날개를 펼치고 날개 끝을 오므린다. • 고정심이 있는 부분을 왼쪽으로 잡고 턱부터 시작하여 코와 입을 완전히 가린다. • 머리끈을 귀에 걸어 위치를 고정하거나 끈을 머리 뒤쪽으로 넘겨 연결고리에 양쪽 끈을 건다. • 양손의 손가락으로 고정 부분이 코에 밀착되도록 심을 누른다. • 양손으로 마스크 전체를 감싸고 공기가 새는지 체크하면서 얼굴에 밀착되도록 고정한다.

UNIT 80 | 자연재난 – 미세먼지(미세먼지의 경우, '재난대응 매뉴얼'에서는 '사회재난'으로 분류됨)

❶ 학습목표

자연재해인 황사 및 미세먼지 발생 시 대처 방법에 대해 알아본다.

❷ 누리과정 관련 요소

신체운동·건강	[안전하게 생활하기] 안전사고, 화재, 재난, 학대, 유괴 등에 대처하는 방법을 경험한다.
자연탐구	[탐구과정 즐기기] 주변 세계와 자연에 대해 지속적으로 호기심을 가진다.
자연탐구	[자연과 더불어 살기] 날씨와 계절의 변화를 생활과 관련짓는다.

❸ 학습주제와 학습의 중점

학습주제	학습의 중점
1. 황사 및 미세먼지 위험단계 이해하기	• 황사 및 미세먼지가 우리 몸에 미치는 영향을 알 수 있다. • 미세먼지 예보 등급에 따라 안전수칙이 다름을 알 수 있다.
2. 황사 및 미세먼지 대처 방법 알아보기	• 황사 및 미세먼지 발생 시 대처하는 방법을 알 수 있다. • 평소에 미세먼지를 대피하는 방법을 알아본다.
3. 마스크의 중요성과 바른 착용법 알아보기	• 미세먼지의 위험성을 알 수 있다. • 마스크의 중요성을 알고 바르게 착용해볼 수 있다.

④ 미세먼지

개념	• 대기 중에 떠다니거나 흩날려 내려오는 입자상 물질로 크기(입경)에 따라 PM-10($10\mu m$)과 PM-2.5($2.5\mu m$)로 구분한다. • 미세먼지는 화석연료의 연소, 공장과 자동차의 배출가스 등 인간의 활동으로 배출되며, 인체에 유해한 탄소류·대기오염물질 등으로 구성된다. ※ PM-10 : 1,000분의 10mm보다 작은 먼지 ※ PM-2.5 : 1,000분의 2.5mm보다 작은 먼지, 머리카락 지름(약 $60\mu m$)의 1/20~1/30
미세먼지가 인체에 미치는 영향	• 미세입자들은 먼지 핵에 여러 종류의 오염물질이 엉겨 붙어 구성된 것으로 호흡기를 통하여 인체 내에 유입될 수 있다. • 장시간 흡입 시, 입자가 미세할수록 코점막을 통해 걸러지지 않고 흡입 시 허파까지 직접 침투하여 천식이나 폐 질환의 유병률, 조기 사망률 증가에 영향을 줄 수 있다. • 장기적·지속적 노출 시 건강에 영향이 나타나고 단시간 흡입으로 갑자기 신체 변화가 나타나지는 않으며, 어린이·노인·호흡기 질환자 등 민감군은 일반인보다 건강에의 영향이 더 클 수 있다. – 뇌혈관 질환: 뇌졸중, 치매, 편두통 등 – 눈질환: 염증, 가려움증 등 – 알레르기성 비염, 후두염 – 피부 질환: 아토피, 여드름 등 – 심혈관 질환: 부정맥, 심근경색 등 – 호흡기 질환: 천식, 만성폐쇄성 폐질환 등
미세먼지 주의보와 경보	<table><tr><th>구분</th><th>미세먼지 주의보</th><th>미세먼지 경보</th></tr><tr><td>PM-10</td><td>1시간 평균 미세먼지(PM-10) 농도 $150\mu g/m^3$ 이상이 2시간 지속</td><td>1시간 평균 미세먼지(PM-10) 농도 $300\mu g/m^3$ 이상이 2시간 지속</td></tr><tr><td>PM-2.5</td><td>1시간 평균 미세먼지(PM-2.5) 농도 $75\mu g/m^3$ 이상이 2시간 지속</td><td>1시간 평균 미세먼지(PM-2.5) 농도 $150\mu g/m^3$ 이상이 2시간 지속</td></tr></table>
미세먼지 등급별 농도	• 예보 등급은 좋음, 보통, 나쁨, 매우 나쁨의 네 단계로 구분한다. ① 좋음(PM-10 $0~30\mu g/m^3$, PM-2.5 $0~15\mu g/m^3$) – 대기오염과 관련된 환자군에게도 영향을 미치지 않는 수준 ② 보통(PM-10 $31~80\mu g/m^3$, PM-2.5 $16~35\mu g/m^3$) – 환자군에게 만성 노출 시 경미한 영향이 유발될 수 있는 수준 ③ 나쁨(PM-10 $81~150\mu g/m^3$, PM-2.5 $36~75/m^3$) – 환자군과 민감군에게 좋지 않은 영향을 미칠 수 있는 수준 – 일반인도 건강상의 불쾌감을 경험할 수 있음 ④ 매우 나쁨(PM-10 $151\mu g/m^3$, 이상 PM-2.5 $76\mu g/m^3$ 이상) – 환자군 및 민감군에게 노출 시 심각한 영향 유발 – 일반인도 약한 영향을 받을 수 있는 수준

- 시시각각으로 변하는 대기질 상황을 전달하기 위해 하루 4회(오전 5시, 오전 11시, 오후 5시, 오후 11시) 대기오염 농도 등급을 예측하여 예보한다.
- 전국 19개 권역에 대한 대기질 예보가 제공된다.
- 미세먼지 실시간 농도가 건강에 유해한 수준으로 상승할 경우, 해당 지역 지자체장이 주의보나 경보를 발령한다.

미세먼지 등급별 행동요령

예보구간		등급			
		좋음	보통	나쁨	매우 나쁨
PM-10 예측농도 ($\mu g/m^3$, 1일)		0~30$\mu g/m^3$	31~80$\mu g/m^3$	81~150$\mu g/m^3$	151$\mu g/m^3$ 이상
PM-2.5 예측농도 ($\mu g/m^3$, 1일)		0~15$\mu g/m^3$	16~35$\mu g/m^3$	36~75$\mu g/m^3$	76$\mu g/m^3$ 이상
행동요령	민감군		실외활동 시 특별히 행동에 제약은 없으나 몸 상태에 따라 유의하여 활동	장시간 또는 무리한 실외활동 제한, 특히 천식환자는 실외활동 시 흡입기를 더 자주 사용할 필요가 있음	가급적 실내활동만 하고 실외활동 시 의사와 상의
	일반인			장시간 또는 무리한 실외활동 제한, 특히 눈이 아프거나, 기침이나 목의 통증으로 불편한 사람은 실외활동을 피해야 함	장시간 또는 무리한 실외활동 제한, 기침이나 목의 통증 등이 있는 사람은 실외활동을 피해야 함

5 학교 조치사항

1단계 예방·대비

[사전점검]
- 미세먼지 예·경보 상황을 수시로 확인
- 미세먼지 발생 시 실외수업 대체 계획 마련
- 교직원 비상연락망 및 유관기관과의 연락망 점검·확인
  ※ 유관기관: 교육부, 기상청, 한국환경공단, 병원 등
- 학교시설 점검
  - 학교 급식 관련 위생관리 점검·강화(식재료 세척, 조리 시 위생 철저)
  - 실내 공기질 관리(창문 닫기, 물걸레질 청소, 공기청정기 가동, 주기적인 공기청정기 필터 점검 및 관리)
- 마스크, 상비약 등 비치 및 점검
- 호흡기질환 등 민감군 학생 파악 및 관리대책 사전점검
  - 간이 의료기기 및 상비약 준비

	[안전교육] • 미세먼지 대응 건강관리 및 행동요령 교육·홍보 　- 학생·학부모 대상 가정통신문 발송 및 보건 교육 시행(홍보영상, 리플릿, 교내방송 등 활용) 　- 마스크 착용 및 귀가 후 얼굴·손 씻기, 외출 자제, 수분 섭취 등 행동요령 교육 • 생활 지도 　- 물을 자주 마시고 청결 유지 　- 비누를 이용하여 30초 이상 손 씻기 지도
2단계 대응 미세먼지 주의보 발령	• 1단계 예방·대비의 [안전교육] 지속 • 1단계 예방·대비 [사전점검]의 학교시설 점검 강화 **[학사운영 조정 여부 검토]** • 학교장은 단축수업 검토, 체육활동 등 실외 및 야외활동 단축 등 검토 　- 단축수업 검토 　- 예방교육 강화, 학부모에게 학생 외출 자제 안내 　- 현장 체험학습 등에 대한 일정 조정 검토 • 학교장은 등·하교시간 조정을 검토하고, 이를 결정하는 즉시 학부모에게 안내 및 교육청(교육지원청) 즉시 보고 　- 등·하교시간 조정 또는 휴업 결정 시 돌봄교실 및 (휴업 시) 휴업 대체 프로그램 운영 여부를 함께 결정하여 해당 사항을 학부모와 학생에게 안내하고, 시·도 교육청(교육지원청)에 보고 　- 미세먼지 주의보에도 상황을 종합적으로 판단하여 학교장이 휴업 결정 가능 • 임시휴업 시에 돌봄교실 운영, 휴업 대체 프로그램 운영 권장 　- 전제조건: 학생의 안전을 위해 등·하교 시 학부모(대리인) 동행 　　※ 단, 재난지역 및 학교상황 등을 고려해 학교 내 안전보장이 어려운 경우와 학교의 모든 기능이 정지되는 휴교 처분을 받은 경우에는 미운영 **[상황보고 및 응급조치]** • 미세먼지 관련 질환자를 파악하고 특별관리(조기귀가, 진료) • 학생들의 건강 상태를 수시로 점검하며 이상 징후 발견 즉시 응급조치 시행 • 비상 상황(인명피해) 발생 시 보고 철저(교육청, 소방서) 　- 피해 내용, 현재 학교 조치사항, 향후 계획 등
3단계 대응 미세먼지 경보 발령	• 1단계 예방·대비 [안전교육] 지속 • 1단계 예방·대비 [사전점검]의 학교시설 점검 강화 • [학사운영 조정 여부 검토] • 학교장은 단축수업 검토, 체육활동 등 실외 및 야외활동 단축 또는 금지 적극 검토 및 결정 　- 예방 교육 강화, 학부모에게 학생 외출 자제 안내 　- 실외 수업 시간 단축 또는 금지 　- 단축수업 적극 검토 　- 현장 체험학습 등에 대한 일정 적극 검토

	• 학교장은 등·하교시간 조정을 적극 검토하고, 등·하교시간 조정을 결정하는 즉시 학부모 안내 및 교육청(교육지원청) 즉시 보고
	   − 등·하교시간 조정 또는 휴업 결정 시 돌봄교실 및 (휴업 시) 휴업 대체 프로그램 운영 여부를 함께 결정하여 해당 사항을 학부모/학생에게 안내하고 시·도 교육청(교육지원청)에 보고
	• 임시휴업 시에 돌봄교실 운영, 휴업 대체 프로그램 운영 권장
	   − 전제조건: 학생의 안전을 위해 등·하교 시 학부모(대리인) 동행
	   − 단, 재난지역 및 학교상황 등을 고려, 학교 내 안전보장이 어려운 경우와 학교의 모든 기능이 정지되는 휴교 처분을 받은 경우에는 미운영
	• 2단계 대응 [상황보고 및 응급조치] 지속

4단계 복구 후속 조치	• 실내외 방역 및 청소 실시, 실내 공기 환기, 오염된 물품 세척 • 피해 학생·교직원 상황 파악 및 사후 조치 − 감기, 안질환, 가려움증 등의 증상을 가진 학생은 쉬게 하거나 조기 귀가 조치 • 조치결과 보고

❻ 학생 행동요령

등교 전	• 방송 매체(TV, 라디오) 및 인터넷(기상청)의 기상 상황을 확인한다. • 등교시간 조정 및 휴업 여부를 확인(문자, 홈페이지, 학교 전화 등)한다.
등·하교 시	• 마스크, 손수건, 휴지 등을 준비한다. • 미세먼지가 짙은 경우 교차로와 횡단보도를 건널 때 안전에 유의한다.

학교에서	• 창문을 닫고 실외활동을 자제한다.
	• 개인위생을 철저히 한다.
	   − 손을 깨끗이 씻고 양치질을 하여 질환을 예방한다.
	   − 목을 축이는 정도로 물을 자주 마신다.
	   − 눈이 가렵다고 손으로 만지지 말고 물로 씻거나 안약, 점안제를 이용한다.
	   − 실외활동 시 손수건이나 휴지, 마스크, 보호용 안경, 긴 소매 의복을 착용한다.
	• 미세먼지가 지나간 후 실내 공기를 환기한다.

가정에서	• 창문을 닫고 실외활동을 자제한다.
	   − 공기청정기, 가습기를 이용하여 실내공기를 쾌적하게 유지한다.
	   − 외출 시 손수건이나 휴지, 마스크, 보호안경, 긴 소매 의복을 착용하고, 귀가 후에는 손과 발 등을 깨끗이 씻어준다.
	• 미세먼지가 지나간 후 실내 공기를 환기해 주고, 미세먼지에 노출되어 오염된 물품은 충분히 세척 후 사용한다.
	• 외출 후 입은 옷은 즉시 털고 세탁을 한다.

UNIT 81 응급처치의 이해

❶ 학습목표

응급처치의 의미와 중요성을 인식하고, 생활 속에서 도움이 필요한 응급상황과 응급처치 물품을 알 수 있다.

❷ 누리과정 관련 요소

신체운동·건강	[안전하게 생활하기] 일상에서 안전하게 놀이하고 생활한다.
신체운동·건강	[안전하게 생활하기] 안전사고, 화재, 재난, 학대, 유괴 등에 대처하는 방법을 경험한다.
사회관계	[나를 알고 존중하기] 내가 할 수 있는 것을 스스로 한다.

❸ 학습주제와 학습의 중점

학습주제	학습의 중점
1. 응급처치의 의미와 중요성 알아보기	• 응급처치의 의미와 중요성을 알아본다. • 안전한 생활 태도의 중요성을 인식한다.
2. 생활 속 응급상황과 응급처치 물품 알아보기	• 생활 속에서 도움이 필요한 다양한 응급상황을 알 수 있다. • 응급상황 시 필요한 응급처치 물품을 알아본다.

❹ 개념 및 중요성

개념	• 응급처치란 사고로 다쳤을 때 즉시 그 현장에서 해주는 임시적인 처치이다. • 사고나 질병으로 인한 응급상황이 발생한 후 응급의료기관에서 전문적인 치료를 받기 전까지 행해지는 즉각적이고 임시적인 처치로, 가슴압박과 인공호흡, 기타 생명의 위협이나 증상의 악화를 방지하기 위한 조치이다. ※ 지도상의 유의점: 응급처치보다 사고 예방이 더 중요하다는 것을 지도하고, 다치거나 위험한 상황을 보면 주위의 어른에게 이야기하도록 지도한다.
중요성	• 구조자의 신속하고 정확한 응급처치는 환자의 삶과 죽음, 회복 기간, 장애 여부에도 영향을 미칠 수 있다. • 위급한 상황에서 올바른 응급처치를 하면 위급한 생명을 구하고, 빠른 회복을 도우며, 후유증을 감소시킨다.
유아교사가 응급처치 방법을 알아야 하는 이유	• 유아가 기관에 머무르는 시간이 점차 늘어남에 따라 생활 속에서 예기치 않은 사고나 응급상황이 일어날 가능성 또한 높아지고 있다. 　- 응급상황은 일상생활 중 언제, 어디서나 발생할 수 있으며, 특히 영유아의 경우 판단능력과 신체조절능력이 미숙하므로 영유아교육기관에서도 응급상황이 발생할 수 있다. • 안전사고는 예방이 최우선이지만 신속한 대처에 따라 사고의 결과가 완전히 달라질 수 있는 만큼, 유아교사들은 다양한 응급상황에 대한 대처방법을 정확히 숙지하고 있어야 한다. 　- 이러한 응급상황에 대처하는 처치자의 신속하고 정확한 행동 여부는 부상 영유아의 생명과 회복 기간에 영향을 미칠 수 있으며, 사고로 인한 질병이나 일시적 또는 영구적 장애에도 영향을 줄 수 있다. 　- 따라서 교사는 응급상황 시 영유아가 전문적인 의료처치를 받기 전까지 현재의 상태를 유지하거나 상처를 완화할 수 있도록 조치할 수 있어야 한다. • 영유아교유기관에는 응급상황 시 대처를 위한 지침 및 절차가 반드시 마련되어 있어야 하며, 교직원은 이에 대해 숙지하고 훈련을 통해 숙달해야 한다.
법적 기준 (「유아교육법」)	제17조의3(응급조치) 원장(제21조제2항에 따라 원장의 직무를 대행하는 사람을 포함한다)은 보호하는 유아에게 질병·사고나 재해 등으로 인하여 위급한 상태가 발생한 경우 즉시 해당 유아를 「응급의료에 관한 법률」 제2조에 따른 응급의료기관에 이송하여야 한다. [신설 2013. 5. 22.]

5 응급처치 기본 원칙 및 주의사항

응급처치 기본 원칙	• 응급처치 방법이나 절차, 원칙 등에 대해 알고 실시해야 역효과를 방지할 수 있다. – 환자에게 다가가기 전에 자신이나 환자에게 위험한 요인이 없는지 현장의 안전을 확보한 후 응급처치를 실시하고, 필요하면 소방서, 경찰서 등에 먼저 연락해야 한다. – 119(119안전신고센터), 1339(질병관리청), 의료기관 등에 도움을 요청할 경우 환자의 상태와 응급처치 내용을 정확하게 알린다. – 환자의 생명과 직결되는 문제, 즉 기도(숨길)는 유지되는지, 호흡은 있는지, 순환(맥박)은 유지되는지, 심한 출혈은 없는지를 먼저 확인해야 한다. – 일차평가 후에는 머리끝에서 발끝까지 살펴야 한다. 다친 경우에는 상처가 있는지, 변형이 있는지, 만지면 아픈 곳은 없는지, 붓지는 않았는지 살핀다. – 일차평가를 시행하는 동안 환자가 숨을 쉴 수 있는지, 숨을 쉬고 있는지 확인한다. – 의식확인, 구조요청(119), 기도유지, 인공호흡, 순환(맥박)의 확인, 흉부압박으로 이루어지는 심폐소생술은 환자의 생명을 구할 수 있다. – 과민반응, 출혈 등으로 쇼크 증상(불안, 찬 피부, 식은 땀, 어지러움, 힘 빠짐 등)이 있으면 다리를 높여 주고 체온을 유지해 주어 쇼크의 진행을 늦추어야 한다. – 연부 조직이나 피부의 손상, 출혈에 대한 올바른 처치는 환자의 고통을 덜어 주고, 상처의 회복을 빠르게 해 줄 수 있다. – 출혈이 있는 경우 지혈하고, 상처에 먼지, 이물질, 세균이 침투하지 않도록 보호한다. – 근육이나 뼈의 손상이 의심되면 골절에 준해서, 다친 부위를 올바른 방법으로 고정하고, 차게 해 주며, 압박해 주고, 올려 주어야 한다. – 척수(등골) 손상은 전신이나 하반신 마비와 같은 장애를 남기므로 모든 손상환자는 척추 손상이 있다고 생각하고 처치해야 한다. – 호흡기에 공기가 들어갈 수 있도록 기도를 확보하여 유지한다. – 전문가가 판단하기 전까지 환자나 부상자의 생사를 판단하지 않는다. – 전문가가 정확한 진단을 내리기 전까지 외약품 사용을 금한다. – 응급환자의 구강을 통한 음식물 섭취는 기도폐쇄의 위험과 수술 및 검사의 지연을 초래할 수 있으므로 지양한다. – 현장에서 응급처치로 의식이 회복되었더라도 전문의료인에게 반드시 확인 및 치료를 받을 수 있게 한다.

응급처치 시 주의사항	• 처치자 자신의 안전을 우선적으로 확보한다.
	• 응급상황일 때는 즉시 응급의료기관에 연락한다.
	• 함부로 물이나 음식물, 약을 먹이지 않는다.
	• 환자에 대한 생사의 판정을 하지 않는다.
	• 환자의 몸에서 나온 구토물이나 혈액 등이 자신의 몸에 직접 닿지 않도록 주의한다.
	• 환자를 안전한 지역으로 옮기되, 이로 인해 2차 손상이 우려될 경우에는 옮기지 않는다.
	• 어디까지나 응급처치로 그치고, 전문 의료인의 처치에 맡긴다.
	※ 응급처치 시 알아두어야 할 법적인 문제: 응급처치자는 다음과 같은 법적 문제와 윤리적 문제에 대해 충분히 숙지하고 있어야 한다.
	  • 동의: 응급처치를 하기 전 처치자는 반드시 부상자로부터 사전 동의를 얻도록 한다. 허락이나 동의 없이 신체를 접촉하는 행위는 위법이며, 어떤 면에서는 폭행으로 간주될 수 있다. 따라서 부상자의 사전 동의 없는 응급처치 행위는 위법이 될 수 있다.
	  • 명시적 동의: 의식이 있는 경우, 이성적인 결정을 내릴 수 있는 법적인 성인에게는 사전 동의를 얻어야 하며, 처치자는 자신의 이름을 대고 응급처치 교육을 받았음을 밝혀야 한다. 앞으로 실시할 응급처치에 대해 설명하고 부상자는 상태에 따라 직접 말을 하거나 고개를 끄덕이는 방법으로 의사표현을 한다.

6 응급상황에 대한 사전 준비(기본지침)

> 응급상황에 대비하여 지침과 응급처치 용품 등을 마련해 두면 응급상황 발생 시 신속하게 대처할 수 있으며, 피해를 최소화할 수 있다.

업무분장	• 응급상황을 대비하여 교직원 간에 응급상황 시 업무분장을 해 두어야 한다.
	  - 교직원의 역할이 사전에 분담되어 있어야 하며, 교사는 자신의 역할을 숙지하고 있어야 한다. 업무분장 내용이나 절차를 문서로 작성하여 비치해 둔다.
	• 사고 상황에서의 교사 역할을 미리 분담해 두는 것이 필요하다.
	  - 사고 당한 유아를 보살피고 응급처치하는 역할
	  - 부모와 구조대 또는 응급실에 연락하는 역할
	  - 남은 유아를 돌보는 역할
	  - 경우에 따라서는 대피를 주도하는 역할

응급처치 교육 및 훈련	• 교직원을 대상으로 정기적인 응급처치 교육 및 훈련을 실시한다.
	  - 미숙한 응급처치는 오히려 환자의 상태를 악화시킬 수 있으므로 정확한 응급처치 방법에 대한 교육과 훈련이 필요하다.
	  - 응급처치 교육은 해당기관으로 강사를 초빙하여 실시하거나, 관할 소방서에서 운영하는 119시민체험센터를 방문하여 실시할 수 있다.
	  - 119시민안전센터에서는 이론교육과 더불어 심폐소생술, 자동제세동기 사용 방법, 하임리히 응급처치 교육 등을 함께 실시하고 있으므로 더욱 실제적인 교육이 가능하다.

비상연락망	• 비상연락망을 준비한다. 　- 응급상황이 발생하면 도움을 요청할 수 있는 관련 기관에 신속히 연락을 취해야 하므로 비상연락망을 교사실과 교실 게시판 또는 전화기 주변에 비치해 둔다. 　　예) 도움 요청할 곳: 가까운 병원의 응급실, 구급차를 부를 수 있는 전화번호, 119구조대, 기타 응급 전화번호 　　예) 유아 관련: 유아 부모의 연락처, 유아 주치의 전화번호 　- 알려야 할 응급상황 정보: 교사 정보, 위치, 응급유형, 사고 원인 및 장소, 사고 유아 정보 및 상태, 이미 적용한 처치 방법 등 　- 응급처치 담당자가 전화를 끊을 때까지 기다리고 먼저 끊지 않는다.
약품 및 기구를 담은 구급상자	• 응급상황 발생 시 사용 가능한 약품 및 기구를 구급상자에 담아 준비한다. 　- 구급상자는 찾기 쉬운 곳에 두되 영유아의 손이 닿지 않는 곳에 비치해야 한다. 　- 상비약품은 수시로 점검하여 유통기한이 지난 약품이 있는지 확인하고, 사용한 후에는 바로 보충해 두어야 한다. • 휴대용 구급상자 준비: 소풍, 견학 등의 야외 활동에 활용한다. • 응급 상황 시 특별한 보호를 필요로 하는 유아에 대비하여 필요한 도움에 대해 사전 숙지하고, 이들을 위한 구급상자를 별도로 마련한다.
응급처치 동의서와 사고보고서	영유아에 대한 응급처치동의서를 사전에 받아 비치해 두고, 사고 발생 시 작성할 수 있도록 사고보고서 양식을 준비한다.
공제나 보험 가입	• 영유아 및 교직원을 대상으로 공제나 보험에 가입한다. 　- 만료기간을 확인하여 보상기간이 중단되지 않도록 주의한다.

응급상황 대비 기본 지침

응급 시 필요한 유아 개인정보
• 치료 시 알아두어야 할 유아의 개인 건강정보를 기술한 서류와 건강기록부를 구비해야 한다. 특히 유아에 대한 개인정보를 미리 수집하여 기록·보관하여야 하며, 부모의 응급처치 동의서는 미리 받아 구비해 두어야 한다.
　- 부모가 작성한 건강정보, 부모의 직장과 집 전화번호, 부모의 부재시 연락할 비상연락치, 유아 주치의 전화번호, 치료 병원 상호명, 알레르기 반응 기록, 응급처치 동의서 등

응급 시 보조교사
• 교사가 유아와 병원에 갈 경우 보조교사 리스트를 구비해야 한다.
　- 응급 상황 시 낯선 사람과 함께 있게 하는 것은 유아들에게 불안감을 가중시킬 수 있으므로 환경을 잘 알고 유아에게 익숙한 사람이어야 할 것

·대피 계획
화재, 천재지변, 그 밖의 다른 주요 응급상황이 발생할 경우의 대피 계획을 준비해야 한다.

참고: 응급처치 동의서 예시

응급처치 동의서

- 응급처치 동의서

학급명	유아명	생년월일	성별	혈액형

귀 기관에서는 사고 발생 시 응급처치에 대한 신속한 동의가 이루어지도록 다음의 연락처로 연락을 취해 주시고, 귀 기관에서 다음의 절차에 따라 응급처치를 하는 경우 그 권한을 귀 기관에 위임할 것에 동의합니다.

20○○. ○○. ○○

보호자 : _____ (서명)

- 응급처치 절차 안내

1. 사고 시 가장 먼저 부모님께 알립니다.

	연락처		
	휴대전화	집	직장
부			
모			

2. 부모님과 신속하게 연락이 되지 않을 경우 부모님이 정해주신 아래의 보호자께 연락합니다.

성명	유아와의 관계	연락처

3. 우선 순위를 정하신 후 원하시는 곳에 체크해 주시고, 의료기관 이름을 써 주십시오.
   1) _____ 유치원에서 지정한 의료기관
   2) _____ 부모님이 정하신 의료기관(　　　　　　)

4. 의료기관 수송 후에는 다음의 의료보험 관련 정보에 따라 신속한 치료를 받도록 합니다.

의료보험 가입자 성명	의료보험 종류	의료보험	기관기호

5. 응급처치 시 유아가 피해야 할 약이나 특이사항이 있으면 기록하여 주시기 바랍니다.
   - 특이증상 :
   - 약물 알레르기 반응 여부 및 종류 :

○○유치원/어린이집 원장 귀하

7 응급상황 발생시 대처요령

> **응급사고 발생 시 대처요령(check, call, care)**
> ① CHECK : 응급상황 여부 파악하기, 환자 상태 파악하기
> ② CALL : 응급구조 요청하기, 응급환자 관리체계 가동하기
> ③ CARE : 안전한 장소로 환자 옮기기, 응급처치 시행하기, 병원으로 환자 이송하기, 기록 및 추후결과 확인하기

① 응급상황 인식	응급 환자의 전반적인 모습, 행동, 주변 환경을 보고 판단한다.		
② 다친 유아의 상태를 파악하여 적절한 조치 취하기	상태 파악 및 도움 요청	• 먼저 환자의 상태를 판단한다. • 환자의 상태를 판단하기 어려울 경우, 119에 전화를 걸어 문의한다. • 환자의 상태가 위급하다고 생각되면 119에 전화를 걸어 구급차를 요청한다.	
	119 도움 요청	• 응급상황 시 당황하지 않는다. • 구급차를 불러야 할 시점을 놓치지 않는다. • 구조요청을 하지 않은 채 일반 차량으로 환자를 병원까지 이송하는 경우 2차 부상 등 환자에게 심각한 위험을 초래할 수 있음을 인지한다.	
		🔺 응급상황 발생 시 119 신고방법	
		상황 발생	• 119에 신속하고 정확하게 신고한다. - 의식소실 등 환자의 상태가 위급하면 즉시 119에 도움을 요청한다. - 환자가 있음을 알리고 환자의 위치, 상태 등의 정보를 전달한다.
		구급차 도착 전	• 환자 상태 파악을 위해 119 상황센터의 도움을 요청할 수 있으며, 구급차 도착 전까지 전화를 통해 응급처치 요령을 지도 받을 수 있다. - 필요한 응급처치를 실시한다. - 의식, 호흡, 맥박 등을 확인하여 의식이 없으면 기본소생술을 먼저 시행해야 하고, 의식이 있다면 상황별 응급처치를 시행한다.
		전달 내용	침착하고 명확하게 사고 난 장소(위치), 주요 건물, 사건이나 사고의 종류(응급상황의 내용), 도움이 필요한 환자 수, 환자의 상태, 환자에게 응급처치한 내용(심폐소생술 실시 여부)을 말해야 하며, 휴대전화의 경우 위치정보 동의서비스 활용에 동의한다.
		신고 후	• 먼저 전화를 끊지 않는다. - 다른 질문이 없는지 확인("끊어도 되겠습니까?")하고, 응급의료원이 더 이상의 지시사항이 없음을 확인할 때까지는 통화를 유지한다. • 구조대가 출동 후 관련 정보를 다시 물을 수도 있으므로, 신고 후 119가 오기 전까지 휴대폰을 다른 용도로 사용하지 않는다.
		응급상황 행동원칙 요약	• 응급상황인지의 확인 및 무엇을 할 수 있는지 판단한 후 구조요청(119) • 안전한 장소로 환자 이동(척추손상 예외) 후 환자 응급처치 실시

	안전한 환경 지원	• 응급의료요원이 현장에 오기 전에는 가급적 환자를 옮기지 않는다. • 사고 장소가 위험할 경우 이차적인 손상에 주의하면서 환자를 안전한 곳으로 옮긴다.
	응급처치 실시	생명을 구하는 응급처치는 가장 가까이에 있던 사람이 취할 경우 효과가 가장 크다.

③ 부모에게 연락		• 다친 영유아의 부모에게 연락하여, 부모에게 사고 상황과 영유아의 현재 상태 등을 정확하고 침착하게 알리고, 응급처치 이상의 치료에 대해서 의논한다.
		  - 학기 초에 응급처치 동의서 및 비상연락망을 받아 두어 처리가 신속하게 이루어질 수 있도록 한다.
		  - 다친 유아의 부모에게 연락하고 응급처치 절차에 대한 부모의 동의를 받는다.
		  - 부모가 도착할 때까지 교사는 유아와 함께 있도록 한다.

④ 남은 유아 돌보기		• 응급처치 대상자의 상태에 따른 대처
		  - 상처가 가벼울 때: 다친 유아를 돌보면서 다른 유아들이 당황하지 않도록 상황을 설명하고, 응급처치에 방해가 되지 않도록 조용히 기다려 줄 것을 당부한다.
		  - 상처가 심각할 때: 교사는 다친 유아를 돌보고, 다른 사람에게 도움을 요청하여 다른 영유아들을 돌볼 수 있도록 한다.

⑤ 사고보고서 작성		• 사고 처리를 한 후 사고보고서를 작성하면서 사고의 상황과 원인 및 결과를 정리한다.
		  - 사고보고서는 사고 발생 24시간 이내에 작성하여 1부를 다친 영유아의 부모에게 당일 전달하고, 1부는 유아의 개인파일에 첨부, 1부는 기관의 사고일지에 첨부한다.
		  - 유아에게 특별한 외상이 없더라도 교사는 사고보고서를 작성한다.
		작성된 사고보고서의 활용
		• 작성된 사고보고서를 토대로 위험물 제거 및 교정활동 계획을 수립한다.
		• 연말에는 1년간의 사고보고서를 분석하여 유치원 내 자주 발생하는 사고유형과 원인을 내년도 안전관리 및 안전교육 계획 수립 시 반영한다.
		• 신임교사 훈련 시 교육 내용에 포함시킨다.
		내용
		기관명, 기관주소, 사고시간, 응급처치, 진료 여부, 사고일자, 목격자명, 사고부위, 상해원아 인적사항(원아명, 성별, 연령), 전화번호, 사고발생 장소, 사고원인, 사고 당시 활동내용, 사고유형, 교사 서명, 부모 서명, 상해를 입은 시설설비, 원아 보호를 위한 추후계획, 부모에게 연락한 사항, 연락시간, 재발방지에 필요한 교정활동, 119신고(신고여부, 신고시간)

❽ 유치원에서 안전사고 발생 시 대처방안

상황에 맞는 응급처치하기	유아의 상황을 신속히 파악한 후 응급처치를 한다.
사고 알리기	간단하게 처치할 수 없는 경우라면 섣불리 접근하기보다는, 119 구급상황 관리센터에 연락하여 상황을 명확하게 전달받고 도움을 구한다.
학급 안정시키기	• 다친 유아를 안심시키고, 다른 유아들도 현장에서 벗어나도록 하여 안정시킨다. • 남은 유아를 돌보는 역할을 해 줄 교사를 함께 배치한다.
필요한 의료조치 받기	응급처치할 사람이 오면 상황을 설명하고, 상황을 평가하도록 한다.
사고 후 처리하기	사고 발생 24시간 이내에 사고보고서를 작성하여 부모에게 전달한다.

❾ 안전사고 발생 시 보고체계

사안 발생 시 보고 여부를 판단한 후 사건 인지 또는 보고받은 시점으로부터 즉시 보고해야 한다.

보고 순서	유치원 ➡ 교육지원청 ➡ 시·도 교육청 ➡ 교육부
	• 재난 및 안전사고 신속 보고체계 가동
	  - 학교에서는 교육지원청(유·초·중) 및 본청(고·특수·각종)에 보고
	  - 재난 상황 중에는 24시간 일관성 있는 보고체계 유지
	  - 필요시 유관기관(시·도의회, 지자체, 자치구)에 재난상황 통보 및 협조체계 유지	

보고 방법	유치원	• 사건·사고 또는 재난 발생 시 '보고 대상 여부(지원 필요)'를 판단한다. • 보고 및 지원이 필요한 경우 교육지원청 담당자에게 상황을 유선으로 보고하고, 교육지원청의 지도를 받아 보고서식을 활용하여 서면으로 보고한다.
	교육지원청	관내 유치원 및 그 밖의 경로를 통해 사건·사고를 인지한 경우 사실관계 및 피해 규모, 구호상황, 발생 원인 등을 정확히 확인하여 시·도 교육청에 보고한다.
	시·도 교육청	• 교육지원청으로부터 보고 받거나 그 밖의 경로로 사안(사고) 발생 인지 즉시 교육부 유아교육담당부서로 유선 및 서면으로 보고한다. - 유선 보고는 즉시, 서면 보고는 별첨 서식에 의거하여 작성 후 근무시간(8시간) 이내 보고한다.

보고 단계	초기 단계	• 신속하게 응급여부를 판단하여, 현장에서 가능한 응급처치 실행 및 (보건복지부 지정) 응급의료기관 후송 등을 통해 구호 조치한다. – 유아에게 응급처치가 필요한 상황에 대비하여 병원으로 갈 때에는 동행한 교직원이 부모동의서, 상해보험 등의 서류를 가지고 간다. • 현장학습 등 외부에서의 차량 사고 등의 경우는 유아들을 안전지대로 신속하게 이동시킨다. • 유치원장 및 원감, 학부모와 관련자에게 즉시 보고하며, 유치원장은 지체 없이 관할 교육감 또는 교육장에게 보고한다.
	경과 단계	• 사고원인을 파악한다. • 사고 직후 초기 대응 및 경과 과정을 상세히 작성하여 유치원장 및 원감에게 즉시 보고한다. • 유치원장은 사고 원인, 처리과정 및 향후 수습방안을 관할 교육감 또는 교육장에게 보고한다.
	사후조치 단계	• 유치원장은 사고수습 방안에 따라 대응이 완료되었는지를 확인하고, 사안의 중요성에 따라 교육지원청에 보고한다(재발방지책 포함). • 유치원은 안전사고 사안에 따라 관련자에게 학교안전공제회 보상 신청을 안내한다.
역할수행 내용	학생	• 주변에 상황전파, 119 신고
	교직원	• 주변에 상황전파, 119 신고, 학교 관리자에게 보고
	학교 관리자 (교장, 교감, 행정실장)	교육지원청 및 본청에 연락
	교육지원청 및 본청 담당부서	• 피해 복구 방안 마련 • 안전총괄담당관에 재난상황 보고 • 재난 위기경보 수준 경계 단계 시 상황관리전담반 구성·운영
	안전총괄담당관	• 재난상황 전파 및 유관기관 협조 체계 구축 • 규모별 상황관리전담반 구성(교육지원청 및 본청 담당부서) 지원 • 재난 위기경보 수준 심각 단계시 지역사고수습본부 구성·운영
학교 안전공제회		• 유치원은 유아교육법 제2조제2호에 의한 학교로 학교안전공제회에 의무적으로 가입한다. • 학교안전공제회에서 안전사고 발생 대응, 안전교육 등 관련 정보를 제공한다. • 유치원장은 학교 안전사고 처리와 관련하여 학교안전공제회의 업무과정을 숙지하여 학부모 및 사고 관련자에게 공지한다.
학교 안전사고 사후 처리	사고처리 창구 일원화	• 사고 관련 업무의 원활한 처리를 위하여 가급적 담당자를 지정 • 담당자는 사고 발생경위, 처리 경과, 관련 사안 등을 정리 • 학교 안전사고와 관련한 모든 사안은 가급적 학교안전공제회와 논의하여 처리(민원상담, 분쟁조정 등) • 국민건강보험공단, 보험사의 구상권 행사 등에 대한 대응은 학교안전공제회와 논의하여 처리

	학교 안전공제회를 통한 치료비 등 청구 안내	• '학교 안전사고 보상지원시스템' 접속(www.schoolsafe.or.kr) • 공제회에 사고 발생 통지 • 학부모에게 공제회를 통하여 치료비 등을 보상받을 수 있음을 안내 • 구체적인 보상범위는 학부모가 직접 공제회로 확인하도록 안내
	사고 원인에 따른 개선대책 마련	• 안전교육 실시: 같은 유형의 사고가 재발하지 않도록 학교별 안전사고 발생 사례를 분석하여 월별, 분기별 등으로 학교 실정에 맞는 학생 안전 교육 실시 • 시설 개선: 사고 원인이 시설에 있을 경우 같은 사고가 발생하지 않도록 즉시 개선 • 제도 개선 요청: 사고 원인이 법령 및 규정의 미비로 인한 경우라고 판단되는 경우 교육청에 제도 개선 요청

UNIT 82 | 응급처치의 실제

❶ 학습목표

심폐소생술	심폐소생술의 중요성을 인식하고, 심폐소생술 방법을 알아보고 연습한다.
자동심장충격기의 사용	자동심장충격기 사용법을 알아보고, 주변에서 자동심장충격기가 있는 곳을 찾아본다.
기도폐쇄	기도폐쇄의 의미와 원인을 이해하고, 응급처치법을 알아본다.

❷ 누리과정 관련 요소

자동심장 충격기의 사용	신체운동·건강	[안전하게 생활하기] 안전사고, 화재, 재난, 학대, 유괴 등에 대처하는 방법을 경험한다.
	의사소통	[듣기와 말하기] 자신의 경험, 느낌, 생각을 말한다.
	자연탐구	[생활 속에서 탐구하기] 도구와 기계에 대해 관심을 가진다.
기도폐쇄	신체운동·건강	[안전하게 생활하기] 안전사고, 화재, 재난, 학대, 유괴 등에 대처하는 방법을 경험한다.
	신체운동·건강	[안전하게 생활하기] 일상에서 안전하게 놀이하고 생활한다.

❸ 학습주제와 학습의 중점

소분류	학습주제	학습의 중점
심폐소생술	1. 심폐소생술 의미 알아보기	• 심폐소생술의 필요성과 중요성을 인식한다. • 심폐소생술 대상이 누구인지 알아본다. • 반응(의식)을 확인하는 방법을 익힌다.
	2. 심폐소생술 방법 알아보기	• 심폐소생술로 생명을 구한 사례를 경험한다. • 심폐소생술의 방법과 절차를 익힌다.
자동심장 충격기의 사용	1. 자동심장충격기 알아보기	• 자동심장충격기가 무엇인지 알아본다. • 자동심장충격기 사용법과 주의점을 알아본다.
	2. 자동심장충격기 위치 알아보기	• 자동심장충격기 표시를 알아본다. • 유치원 주변에 있는 자동심장충격기를 찾을 수 있다.
기도폐쇄	1. 기도폐쇄의 의미와 원인 알아보기	• 기도폐쇄의 의미와 원인을 이해한다. • 기도폐쇄를 예방하는 방법을 알아본다.
	2. 기도폐쇄 응급처치 방법 알아보기	• 기도폐쇄 시 나타나는 증상을 알아본다. • 하임리히법의 중요성을 알고, 올바른 응급처치법을 알아본다.

4 심폐소생술

개념 및 법령	• 심장이 멈추고 호흡이 없을 때, 인공적으로 혈액을 순환시키고 호흡을 돕는 응급처치 방법이다. • 심장이 멈춘 사람에게 호흡을 불어 넣고 가슴(심장)을 압박하여 심장과 폐의 기능을 다시 살리는 응급처치이다. - ABC 절차: Airway(기도확보), Breathing(호흡회복), Circulation(심장마사지) • 「유아교육법」 제2조제2호에 따른 유치원의 장 및 「초·중등교육법」 제2조에 따른 학교의 장은 교육부령으로 정하는 바에 따라 매년 교직원을 대상으로 심폐소생술 등 응급처치에 관한 교육을 실시하여야 한다[「학교보건법」 제9조의2(보건교육 등) 제2항].
필요성	• 심폐소생술은 심장마비가 발생했을 때 인공적으로 혈액을 순환시키고 호흡을 돕는 응급치료법으로, 심장이 마비된 상태에서도 혈액을 순환시켜 뇌의 손상을 지연시키고 심장이 마비상태로부터 회복하는 데 결정적인 도움을 준다. • 심장마비가 발생하면 심장이 역할을 하지 못해 온몸으로 혈액을 보낼 수가 없어서 심폐소생술을 하지 않으면 사망하거나 뇌손상(뇌는 혈액 공급이 4~5분만 중단돼도 영구적으로 손상될 수 있음)이 일어난다. - 따라서 뇌손상을 막기 위해서는 심폐소생술 동안 뇌로 충분한 혈류가 전달될 수 있도록 일정한 가슴압박의 깊이를 유지하는 것이 중요하다.
어린이에게 안내할 수 있는 대처요령	• 유아들이 혼자 해결하려고 하지 말고, 주변 어른에게 도움을 요청하는 것을 가장 우선적으로 지도한다. • 깨우기 ➡ 알리기 ➡ 누르기 ➡ 자동심장충격기 사용하기 등 미리 대처 요령을 익히도록 안내한다.
절차	• 심폐소생술은 의식이 없고, 호흡도 없는 사람에게 사용한다. • 심폐소생술의 절차는 ① 반응 확인하기 ➡ ② 도움 요청하기 ➡ ③ 119 신고하기 ➡ ④ 호흡 확인하기 ➡ ⑤ 가슴압박(심폐소생술)하기(자동심장충격기 요청 및 사용하기)이다. **유의점** 유아들이 혼자 해결하려고 하지 말고, 주변 어른에게 도움을 요청하는 것을 가장 우선으로 지도한다. 1. 반응과 호흡을 확인한다. 2. 도움 및 119 신고를 요청한다. 3. 가슴압박을 30회 시행한다. 4. 인공호흡을 2회 시행한다. 119 구급대원이 도착할 때까지 가슴압박과 인공호흡을 반복한다.

	의식(반응) 확인	• 양쪽 어깨를 가볍게 두드리면서 "괜찮으세요?"라고 말하며 반응을 확인한다. 　- 반응을 확인할 때 숨을 쉬고 있는지 호흡의 정상 유무를 함께 확인한다. 　- 반응 확인을 했을 때 말을 하거나 얼굴을 찡그리는 등 반응을 보이는 사람은 심폐소생술이 필요하지 않다고 본다. 　　**유의점** 사람이 쓰러졌다고 무조건 가슴 압박을 하는 것이 아니라 반응 확인을 먼저 해야 한다. 이때 몸을 흔들거나 뺨을 때리면 내부에 손상된 장기가 있는 경우 피해가 커질 수 있다.
	주위 사람에게 도움 요청 (119 신고 및 자동심장충격기 요청)	• 환자의 의식(반응)이 없다면, 다른 사람에게 119에 신고와 자동심장충격기를 요청한다. • 주변에 아무도 없으면 도와달라고 소리를 치고, 도와줄 사람이 없으면 직접 신고한다.
	심폐소생술 실시	**가슴압박(흉부압박)** • 방법 　- 가슴뼈(흉골)의 아래쪽 절반 부위에 깍지를 낀 두 손의 손바닥 뒤꿈치를 댄다[가슴 정중앙(흉골의 아래쪽 1/2)에 한 손의 손바닥 뒤꿈치를 올려놓고 그 위에 다른 손을 올려서 겹친 뒤 깍지를 낀 자세로 시행한다]. 　- 손가락이 가슴에 닿지 않도록 주의하면서, 양팔을 쭉 편 상태로 체중을 실어서 환자의 몸과 수직을 유지하며(구조자의 팔이 수직이 되게 하고) 가슴을 압박한다(단, 칼돌기를 누르지 않도록 함). • 압박 속도 및 깊이 　- 분당 100~120회의 속도를 유지하며 약 5cm 깊이(소아 4~5cm)로 강하고 빠르게 30회 압박한다. • 압박의 깊이 유지가 중요한 이유 　- 심폐소생술 동안 일정한 가슴압박의 깊이가 유지되어야만 심장과 뇌로 충분한 혈류가 전달되어 뇌손상을 막을 수 있기 때문이다. • 가슴이완 　- 가슴압박과 가슴압박 사이에 가슴이 완전히 원래의 위치로 올라오도록 힘을 뺀다. 　- 가슴압박을 너무 빠른 속도로 시행하지 않음 ➡ 가슴을 눌러주는 것도 중요하지만, 누른 가슴 부위를 다시 원상태로 팽창시키는 것도 중요하기 때문이다. **기도개방** • 인공호흡을 시행하기 위해서 먼저 환자의 머리를 젖히고, 턱을 들어 올려서 환자의 기도를 개방한다. 　- 환자의 입이 닫히지 않도록 하며, 소아의 경우 성인에 비해 목을 덜 젖힌다.

	인공호흡	① 머리를 젖힌다. ② 환자의 코를 막는다. ③ 환자의 가슴이 올라올 정도로 서서히(1~2회) 공기를 불어넣는다. ④ 119구급대원이 도착할 때까지 가슴압박과 인공호흡을 반복한다. ※ 인공호흡 방법을 모르거나, 꺼려지는 경우 인공호흡을 제외하고 지속적으로 가슴압박만 시행한다.
	자동심장충격기	• 심정지 발생 시 전기충격을 통해 심장의 기능을 회복시키는 구급 장비이다. – 가능한 한 빨리 자동심장충격기를 부착하고 사용하며, 전기충격 후 즉시 가슴압박을 시작한다.
	가슴압박과 인공호흡의 반복	이후 30회 가슴압박과 2회의 인공호흡을 119구급대원이 현장에 도착할 때까지 반복해서 시행한다.
	회복자세	• 가슴압박 소생술을 시행하던 중에 환자가 소리를 내거나 움직이면, 호흡도 회복되었는지 확인한다. 호흡이 회복되었다면, 환자를 옆으로 돌려 눕혀 기도(숨길)가 막히는 것을 예방한다. – 그 후 환자의 반응과 호흡을 관찰한다. 환자의 반응과 정상적인 호흡이 없어진다면 심정지가 재발한 것이므로 신속히 가슴압박과 인공호흡을 다시 시작한다.
자동심장충격기	**개념** • 자동심장충격기란 심장의 기능이 정지하거나 호흡이 멈추었을 때 사용하는 응급처치기기로, 짧은 순간에 강한 전류를 환자의 심장에 통과시켜 심장근육 대부분에 활동 전위를 유발함으로써 심실세동이 유지될 수 없도록 한다. 이로써 심장이 다시 정상적인 전기 활동을 할 수 있도록 유도하는 것이다. 환자의 심박동을 자동으로 측정될 수 있고, 심장충격이 필요한 상황인지 확인할 수 있다. **사용방법** ① 전원(초록색 버튼) 켜기 ② 자동심장충격기 패드 부착하기 – 환자의 옷을 벗기고, 패드 부착 부위에 땀이나 기타 이물질이 있으면 제거한 후 환자의 가슴부위 피부에 단단히 부착한다. ③ 심장리듬 분석 – 자동심장충격기가 환자의 심전도를 분석하는 동안 접촉을 피하고 기다린다. – 심장충격 필요 ➡ ④ / 심장충격 불필요 ➡ ⑤ ④ 1회 제세동 시행 – 제세동(심장충격)이 필요한 경우라면 '제세동(심장충격)이 필요합니다'라는 메시지와 함께 심장충격 에너지를 충전하며, 이후 '제세동(심장충격) 버튼을 누르세요'라는 음성 지시가 나오면, 환자와 접촉한 사람이 있는지 확인한 뒤 해당 버튼을 누른다. ※ '심장충격이 필요하지 않습니다'라고 분석 시, 그 즉시 가슴압박 심폐소생술을 다시 시작한다. ⑤ 2분간 가슴압박소생술(CPR) 시행 – 환자가 소생되어 움직이거나 119 구조대가 도착할 때까지 ③, ④, ⑤를 지속한다.	

유의점
- 모든 심장정지 환자에게 무조건 심장충격을 시도하는 것은 아니다.
- 심장충격기를 부착하여 분석 후, "심장충격(제세동)이 필요합니다."라는 지시문이 나오면 거의 확실하게 심실세동 또는 심실빈맥이 확인된 것이므로, 이런 환자에게는 심장충격이 시행되어야 한다.
- 심장충격기를 부착하여 분석 후, "심장충격(제세동)이 필요하지 않습니다."라는 지시문이 나오면 정상에 가까운 심전도 소견이거나 심장 무수축이란 의미이므로, 이런 환자에게는 즉시 가슴압박 등의 심폐소생술을 다시 시작해주어야 한다.
- 의식이 있는 사람에게는 심장충격기를 부착하면 안 되며, 만일 의식이 회복된 사람에게 부착된 심장충격기에서 '심장충격이 필요합니다'라는 지시문이 나오더라도 의식이 있는 경우에는 절대로 심장충격 버튼을 누르면 안 된다.

자동심장충격기 패드 부착 위치

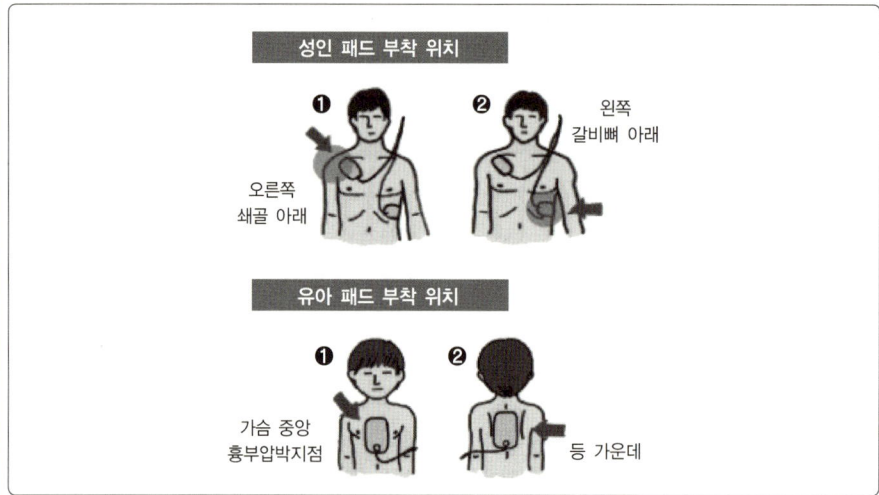

자동심장충격기 설치기관 안내 표지

붉은색은 화재나 위험을 뜻하므로, 안전장비에 속하는 심장충격기 안내 표지의 색상은 안전을 의미하는 녹색 및 흰색으로 나타내며, 일반적인 번개는 전기적 위험을 의미하므로 화살표 번개를 사용하였다.

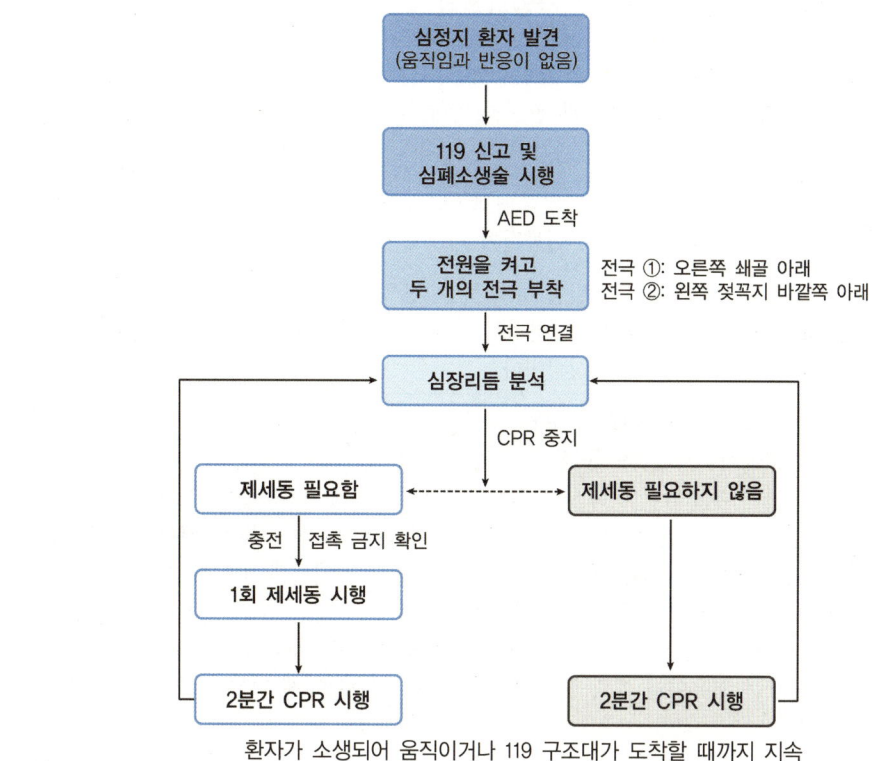

심장정지 기본 소생술 순서
① 현장 안전 확인
② 반응확인 : 두드려 깨워보기(움직임과 반응이 없음 ➡ ③)
③ 구조요청, 119 신고 및 자동심장충격기 요청, 구급상황(상담)요원의 조언에 따라 행동
④ 호흡 확인(정상호흡 ➡ 관찰하며 구급대 기다리기 / 호흡이 없거나 비정상 호흡인 경우 ➡ ⑤)
⑤ 가슴압박소생술(CPR)(5cm 깊이, 분당 100~120회로 가슴 압박)
　(AED 도착)
⑥ 자동심장충격기(AED) 사용법에 따라 행동

🔖 심폐소생술 순서 - 학교안전지원시스템 '재난대응 매뉴얼'

5 기도폐쇄(이물질이 목에 걸렸을 때) - 하임리히법

개념		기도로 들어간 이물질이 기도를 부분적으로 또는 완전히 막아 호흡을 방해하는 상태로, 얼굴빛이 금세 파래지고, 기도가 완전히 막힐 경우 말과 기침, 호흡도 할 수 없게 되어 사망에 이른다.
	부분 기도폐쇄	호흡 가능, 색색거리는 소리, 거친 기침, 목소리를 낼 수 있는 상태이며 기침을 통하여 이물질이 나오도록 유도한다.
	완전 기도폐쇄	호흡 어려움, 말을 하지 못함, 청색증, 의식감소, 기침이 불가능하며 즉시 복부 밀어내기(하임리히법)의 응급처치를 하지 않으면 수분 내로 사망할 수 있는 응급상황이다.
예방법 및 주의사항		• 음식물은 꼭꼭 씹은 후에 삼킨다. • 앉은 자리에서 음식물을 다 삼킨 후에 일어난다. • 큰 음식물은 부모님이나 교사가 작은 크기(먹기 쉬운 크기)로 잘라서 제공한다. • 땅콩 등 견과류는 잘못 먹으면 기관지에 들어가기 쉬우므로 3세까지는 먹이지 않는다. • 급정차할 가능성이 있는 차 안, 흔들리는 비행기 안에서는 먹이지 않는다. • 눕거나 걷거나 놀면서 먹지 않도록 주의한다. • 음식물을 던져 입으로 받아먹는 것과 같은 방법으로 먹지 않도록 한다. • 식사 중에는 영유아를 깜짝 놀라게 하지 않고, 영유아에게 먹는 것을 억지로 강요하지 않는다. • 조금 큰 어린이가 영유아에게 위험하게 음식물을 주는 경우가 있으므로 주의한다. • 연하장애가 있는 장애아는 음식물에 의한 질식이 발생하기 쉬우므로 충분히 주의한다. - 연하: 음식물을 입에서 식도를 거쳐 위에 보내는 기능을 말한다.

하임리히법 절차	상태 체크 및 119 신고	• 환자가 숨쉬기 힘들어 하거나 목을 감싸 괴로움을 호소할 경우 기도폐쇄로 판단한다.
		  - "목에 뭐가 걸렸나요?"라고 물어본 후 호흡곤란 증세를 보이면 바로 119에 신고한다.
		  - 주변 사람들에게 119 신고를 요청한다.

	기침 유발 (기침 격려)	• 호흡을 할 수 있거나 환자가 스스로 기침이 가능할 경우, 방해하지 말고 자발적으로 기침을 유발한다(등 두드리기 금지). - 만약 말을 할 수 있다면 기도가 완전하게 막힌 것은 아니며, 대부분의 경우 기침이 가능하다. 환자가 자발적으로 기침을 하여 이물질을 빼내려는 노력을 중단시키거나 방해하지 않아야 한다.
	등 두드리기	심각한 기도 폐쇄가 의심되면(소리나는 기침이 아닌 경우) '등 두드리기' 5회를 한다.

복부 밀어내기	• 이물질이 제거되지 않는 경우 복부 밀어내기 5회를 실시한다. – 복부 장기를 손상시키지 않도록 힘 조절을 한다. ① 환자의 등 뒤에서 주먹 쥔 손의 엄지손가락을 배꼽과 명치 중간 (혹은 배꼽 바로 위)에 오도록 둔 후 다른 손으로 주먹을 감싸 쥔다. ② 한쪽 다리는 환자의 다리 사이로, 다른 한쪽 다리는 뒤로 뻗어 균형을 잡는다. ③ 팔에 강하게 힘을 주면서 배를 안쪽으로 누르며 상측 방향으로 밀쳐 올린다. **유의점** 복부 밀어내기는 기도폐쇄 증상이 없는 사람에게는 절대 시행하지 않는다.	
반복	• 이물질이 제거될 때까지 등 두드리기 5회, 복부 밀어내기 5회를 반복한다. – 이물질이 제거되거나 의식을 잃기 전, 혹은 119 도착 시까지 복부 밀어내기를 반복한다.	
심폐소생술	• 환자가 의식을 잃고 쓰러지면 바닥에 눕히고 심폐소생술을 진행한다. – 심폐소생술 과정에서 구조호흡 시 이물질이 입 안에 있는지 확인하고, 보인다면 손을 이용해 제거해 준다.	
주의사항	• 환자의 키가 처치자보다 크거나, 환자가 서 있기 힘든 경우(노인·장애인)에는 환자를 의자에 앉게 한 다음 기도폐쇄 처치를 실시한다. • 임산부의 경우 배가 아닌 흉부(가슴뼈) 밀어내기를 실시한다. – 이유: 복부 밀어내기로 태아가 다칠 수 있기 때문이다. • 처치자의 발은 앞뒤로 일자로 벌려 한쪽 발은 환자 발 사이에 넣는다. – 이유: 환자 무게로 앞으로 쓰러지는 것을 방지하기 위함이다. • 복부에 강한 압력을 주어 장기손상을 유발할 수 있다. 따라서 복부 밀어내기로 기도의 이물을 빼내었다고 해도 반드시 병원을 방문하여 복부 장기 손상 여부를 확인해야 한다. **영유아 시행방법** • 영아 – 영아를 한쪽 팔에 엎드려 올려놓고 얼굴을 지탱한다. – 머리를 낮게 하여 등 가운데를 손바닥으로 4, 5회 두드린다. • 조금 큰 유아 – 무릎을 세워 허벅지에 엎드린 아이의 명치를 압박하도록 한다. – 머리를 낮게 하여 등 가운데를 손바닥으로 4, 5회 두드린다.	

6 그 외 응급처치의 실제

(1) 쇼크

일반적 쇼크	• 외부에서 주어진 신체적, 정신적인 자극으로 인한 쇼크이다. − 하반신을 조금 높이고 모포에 싸서 보온하면 저절로 진정된다.	
의학적 쇼크	• 몸 속의 모든 부분이 혈액으로부터 충분한 산소나 영양을 공급받지 못하여 매우 위험한 상태이다. • (원인) 탈수증, 화상, 외상에 의한 심한 출혈, 약물에 의한 것, 패혈증 등 세균 감염에 의한 것이다. • (증상) 피부색이 창백하거나 파랗게 변함, 호흡이 빠르고 얕음, 맥박이 약하고 혈압이 내려감, 식은땀을 흘리며 손발이 차가워짐 등	
처치 방법	발쪽을 높게 해주는 처치	명확한 쇼크의 경우 심장이나 뇌에 피가 많이 가도록 머리를 약간 낮추고 하반신을 20cm 정도 높게 눕힌다.
	머리쪽을 높게 해주는 처치	• 호흡 곤란을 동반한 흉부 손상이나 두부 손상, 머리를 다쳐 쇼크를 일으킨 경우 실시한다. • 환자 몸을 수평으로 해주거나 머리를 약간 높게 해준다.
유의사항	• 구토할 때 토사물로 기도가 막히지 않도록 얼굴을 옆으로 보게 하고, 토사물은 곧바로 깨끗이 닦아준다. • 체온 유지: 혈액 순환 장애로 체온 소실이 매우 빨라서 몸 상태가 악화되기 쉬우므로, 모포로 보온해 준다. − 뜨거운 물이나 물주머니로 몸을 직접 덥게 만드는 일이 없게 한다. • 음식 섭취를 금지한다.	

(2) 현기증

처치 방법	① 맥박과 호흡을 확인한 후 의자에 앉힌다. ② 머리를 구부려 무릎 사이에 놓도록 하여 뇌로 가는 피의 양을 증가시켜 산소공급이 되도록 해준다.

(3) 토했을 때

처치 방법	① 옷을 느슨하게 해 주고 옆으로 눕혀, 토사물에 의하여 기도가 막히지 않도록 한다. ② 원인에 따라서 적절한 체위를 해 줄 필요가 있다(뇌출혈일 때에는 상반신을 약간 높게 해주고, 머리를 높여줌). ③ 검지에 손수건을 말아 토사물을 닦아내고, 입 주위와 코 안의 토사물도 깨끗이 닦아낸다. ④ 의식이 있으면 시기를 보아 입가심을 해줘 환자가 불쾌감을 덜 느끼게 해준다. ⑤ 식사와의 관계, 발열, 복통과 설사, 두통, 의식과 호흡상태 등 구토 이외의 상태에도 주목하면서, 다른 증상의 유무를 잘 관찰한다. ⑥ 갈증을 호소할 때 얼음 조각을 입안에 넣어주면 환자의 기분이 안정을 찾게 된다. ⑦ 차게 해 줄 때 위 주위에 얼음주머니를 대면 기분이 안정될 수 있는데, 이때 너무 차게 하지 말아야 한다. ⑧ 의사에게 토사물을 보존하여 보여주고, 토한 횟수와 모습도 보고한다.

(4) **발작**

처치 방법
(3S)
	① (STAY) 발작이 끝날 때까지 곁에 머무른다.
	  - 침착하게 발작 지속 시간을 체크한다.
	  - 대부분의 발작은 수 초, 수 분 내로 멈추지만 5분 이상 지속되면 119를 부른다.
	② (SAFE) 주변을 안전하게 정리한다.
	  - 발작으로 인한 움직임에 의해 다칠 수 있으므로, 위험하거나 날카로운 물건을 멀리 치운다.
	③ (SIDE) 의식이 없다면 기도 확보를 위해 옆으로 눕힌다.
	  - 머리맡에 돌돌 말은 재킷과 같은 평편하고 부드러운 것으로 머리를 받쳐주고, 목 주변의 옷을 느슨하게 해 준다.
	  - 기도가 막히지 않도록 환자의 머리를 측면으로(옆으로) 돌려서 침과 이물질이 나오도록 해 준다.

응급처치 - 「학교현장 재난유형별 교육훈련 매뉴얼」	• 주위에 있는 위험물체를 제거한다. • 환자를 바로 눕힌 후 조이는 옷, 단추, 혁대를 풀어준다. • 침, 분비물로 호흡이 막히지 않도록 기도를 확보한다. • 발작을 할 때 억지로 잡으려 하지 말고 그대로 둔다. • 발작이 계속 되풀이될 때는 119에 신고, 병원으로 이송한다.
119 신고가 꼭 필요한 상황	• 발작이 5분 이상 지속되거나 2번 이상 반복될 때 • 발작이 끝난 후 원래 상태로 회복되지 않을 때 • 임산부이거나 부상을 당했을 때 • 물 속에서 발작이 발생했을 때 • 호흡 곤란을 보일 때

주의사항	• 발작이 있을 때 꽉 잡거나 주무르지 말아야 한다.
	• 입을 억지로 벌리지 말고, 입안에 아무것도 넣지 않는다.
	  - 입을 딱딱한 기구나 손가락으로 강제로 열려고 하면 환자의 치아나 턱을 손상시킬 수 있고, 열려고 했던 사람도 다칠 수 있으므로 유의해야 한다.
	• 발작 중에는 CPR(심폐소생술)을 하지 않는다.
	  - 경련이 멈춘 후에 호흡을 다시 하지 않는 경우를 제외하고 인공호흡을 시도해서는 안 된다.

(5) **천식 발작**

처치 방법	• 쌕쌕거리는 호흡음이 들리는 경우 환자를 앉히고 등을 똑바로 세워주며, 흡입기를 가지고 있으면 사용하도록 도와주고, 환자가 의식이 없을 경우 즉시 119를 통해 병원으로 이송한다. • 쌕쌕거리는 호흡음이 들리지 않지만, 공기가 움직일 수 없을 정도로 천식이 심해 호흡음이 들리지 않을 경우 즉시 119를 통해 병원으로 이송한다.

(6) 발열

열이 날 때	• 체온을 재서 38℃ 이상이면, 아이의 옷을 벗기고 방을 서늘하게 하며, 열이 계속되어 갈증을 느낄 때에는 보리차나 냉수를 급여한다. • 열이 계속 많이 나면 미지근한 물수건으로 머리에서 다리 쪽으로 몸을 닦아 식혀준다. • 얼음 팩을 마른 수건에 싸서 몸과 팔 사이에 넣어준다. • 고열 뒤 땀으로 전신이 흠뻑 젖었을 때에는 마른 수건으로 닦아주고 옷을 갈아 입힌다. • 다른 증상이 있는지 면밀히 관찰한다.
물수건 사용시	• 머리, 가슴, 배, 겨드랑이, 사타구니까지 쉬지 않고 계속 닦아준다. • 10~20분 동안 닦아도 계속 힘들어할 경우 해열제를 투여한다. • 해열제는 단지 발열이라는 증상만을 경감시켜주는 약제이므로 병원에 가지 않고 임의로 해열제만 복용하는 것은 위험할 수 있다.
반드시 응급실로 가야하는 경우	• 열이 나면서 경련할 때와 탈수 증상이 보일 때 • 물을 잘 삼키지 못하거나 소변의 양이 줄 때 • 열이 나면서 목, 귀, 배가 아프다고 하거나 소변을 보면서 아파할 때 • 열이 심하게 나면서 처지거나 보챌 때

(7) 피가 날 때(출혈)

상처 부위가 작은 경우	• 직접 압박으로 대부분의 출혈은 멈출 수 있다. • 출혈을 멈추게 하기 위해 지압 지혈법, 압박 붕대법이 가장 보편적으로 사용된다. ① 일회용 장갑을 낀다. ② 소독한 거즈나 깨끗한 천으로 상처 부위를 완전히 덮고, 거즈에 손가락이나 손바닥을 대고 직접 압박한다. ③ 거즈가 피로 젖으면 거즈를 제거하지 않고 거즈를 덧대어 압박한다. ④ 상처에 댄 거즈 위에 붕대를 세게 감는다. ⑤ 상처 부위를 심장보다 높은 위치에 유지한다.
상처 부위가 넓거나 출혈이 심한 경우	• 상처를 봉합할 필요가 있다고 생각되거나 돌이나 흙이 깊게 박혀 물로 씻는 정도로 쉽게 제거되지 않을 경우 전문가에게 치료를 받아야 2차 감염의 위험을 막을 수 있다. ① 출혈부위보다 심장에 가까운 쪽의 동맥을 강하게 압박한다. ② 피부 위에서 박동이 쉽게 감지되는 동맥을 안에 있는 뼈를 향해 강하고 정확하게 압박한다.
지혈 방법	• 직접 압박: 장갑 낀 손으로 거즈를 이용하여 압박한다. - 단, 골절 부위나 관통상에는 직접 압박을 하지 않는다. • 붕대감기: 붕대로 감아 반창고로 고정한다. 직접 압박은 지속한다. • 올리기: 손상부위를 심장보다 높게 올린다.

상처 소독
(드레싱)
방법
	① 처치자는 먼저 손을 씻는다.
	② 상처 부위를 모두 덮을 수 있을 만큼 크고 소독된 것을 사용하며, 소독 드레싱이 없다면 깨끗한 천을 사용한다.
	③ 드레싱의 한쪽 끝을 잡고 직접 상처에 댄다.
	④ 드레싱 위에 피가 배일 때에는 드레싱을 떼어내지 말고 그 위에 붕대를 맨다.
	• 의료용 장갑을 착용하고, 멸균 거즈로 직접 압박한다.
	• 출혈이 멈추면, 멸균 생리식염수로 상처를 세척한 후 소독약으로 사용한다.
	  - 지혈이 어려운 경우 상처 부위를 위로 올리고, 현장에서 무리하게 세척하지 않는다.
	• 소독된 거즈로 상처를 덮은 후 붕대로 감는다.
	  - 몸과 가까운 방향으로 붕대를 감아 올라가며, 각 붕대의 겹치는 부분은 붕대폭의 절반 정도로 한다.

주의사항	• 유아는 한 컵(100~200㎖) 이상 출혈하게 되면 생명이 위험해진다. - 출혈이 멈추지 않을 경우 쇼크의 증후가 있는지 관찰해야 한다(유아가 기운이 없고 어지러워하며 피부가 창백하고 차갑고 축축하게 변할 경우 쇼크에 대한 응급처치를 해야 함). • 상처나 드레싱 위에서 기침하거나 숨 쉬거나 말하지 않아야 한다. • 출혈부위를 심장보다 높게 하고 가능한 한 빨리 병원으로 이송한다. • 상처를 만지거나 상처에 닿는 부분의 드레싱은 손에 닿지 않도록 해야 한다. • 충분한 압박을 주되 너무 세게 압박하면 혈액 공급이 이루어지지 않아 주변 세포의 괴사가 이루어질 수 있으므로 주의하도록 한다.

(8) 상처(개방성 손상)

개념	개방성 상처는 외부 자극 등으로 인하여 피부나 점막에 손상을 입은 것으로, 여기에는 찰과상, 열상(찢김), 절상(베임), 자상, 결출상(벗겨짐), 절단상 등이 포함된다.

처치 방법	① 흐르는 수돗물에 이물질을 세척한다.
	  - 상처 부위에 더러운 먼지나 흙이 묻어 있으면 흐르는 물이나 생리식염수로 깨끗이 씻어준다.
	② 깨끗한 수건(거즈)으로 눌러 지혈한다.
	  - 신속하게 지혈하는 방법: 피가 나는 부위를 심장보다 높이 두면 피가 조금 더 빨리 멈출 수 있다.
	  - 10분 정도 눌러 주고, 상처가 깊은 경우에는 15분 정도 눌러준다.
	③ 압박붕대로 상처를 감아준다.
	  - 피가 멎으면(지혈된 후) 상처에 연고를 바르고 깨끗한 붕대나 반창고를 붙여 감염을 예방한다.
	※ 상처가 깊거나 넓고, 벌어진 경우는 꿰매야 하므로 즉시 병원으로 이송한다.

손바닥 손상 지혈방법	① 깨끗한 수건(거즈 뭉치)을 주먹에 쥔다. ② 주먹쥔 손을 붕대로 감아 지혈한다. ③ 손을 심장보다 높게 고정한다.

상처가 감염되었을 때 처치 방법	• 소독약을 사용하여 상처를 차게 해 준다. • 오염된 상처가 작고 깊을 때에는 자기가 처치할 수 있더라도 의사의 치료를 받아야 한다. • 특히 파상풍 예방접종을 하지 않은 사람은 예방접종을 받아야 한다.

주의사항	• 상처 부위를 함부로 소독하지 않는다.
	• 포비돈 등은 얼굴에 바르지 않는다.
	• 지혈할 때 휴지를 사용하면 안 된다.
	  - 휴지가 피부에 붙으면 떼기 힘들고, 피부 세포를 마르게 하여 베인 살이 붙지 않을 수 있다.
	  - 지혈 응급처치를 했음에도 피가 멈추지 않는다면 병원에 가야 한다.
	• 깊게 베인 경우 병원에서 봉합수술을 받아야 하는 경우가 있으므로, 연고를 바르지 않는다.

(9) 절단상

처치 방법	① 상황 판단: 절단 정도를 파악한다.
	② 지혈 및 119 신고
	  - 손가락의 잘린 부분에 소독한 거즈를 두껍게 댄다.
	  - 지혈한 뒤 압박붕대로 감는다.
	  - 절단 부위를 심장보다 높게 한 상태로 병원에 이송한다.
	③ 절단물 관리
	  - 잘린 손가락을 생리식염수로 적신 거즈에 싼다.
	  - 절단부위를 감싼 거즈를 비닐봉지에 넣어 물이 들어가지 않도록 봉합한다.
	  - 얼음물이 담긴 비닐봉지나 용기에 봉합한 비닐봉지를 넣고, 얼음물이 담긴 비닐봉지를 묶는다.
	④ 병원 이송: 119의 도움을 받아 접합전문 병원으로 이송한다.

주의사항	• 절단 부위를 세게 만지거나 소독약 등을 바르지 않는다. • 절단 부위를 물로 세척하지 않는다. • 솜, 티슈, 화장지로 세척하지 않는다. • 얼음(물)에 직접 절단물을 접촉하지 않는다. • 불완전 절단물을 떼어내지 않는다. • 모든 병원에서 접합 수술이 가능한 것은 아니므로 119의 도움을 받는다.

(10) 뾰족한 것에 찔림

이물질에 찔린 경우	• 출혈은 비교적 적지만 상처가 깊으면 내출혈이 발생되며, 상처가 좁고 깊어서 소독하기 힘들기 때문에 세균 침입의 위험성이 높다. ① 이물질을 뽑아내고 생리식염수나 흐르는 물로 깨끗이 씻어준다. ② 깨끗한 천이나 소독한 거즈로 덮어 상처를 지혈한다.
가시에 찔린 경우	① 소독한 핀셋이나 족집게로 가시를 빼낸다. 　- 사용하는 족집게는 알코올로 소독하거나 불에 달군 후 식혀서 사용한다. ② 상처 주위를 살짝 눌러 피와 함께 세균을 짜낸다. ③ 생리식염수나 흐르는 물에 비누로 상처 부위를 씻어준다. ④ 상처용 외용연고를 발라주거나, 소독한 가제를 대고 붕대를 감아준다.
이물질이 박힌 경우	① 이물질이 압정이나 못 등의 금속성 물질인 경우에는 한두 차례 뽑는 것을 시도한다. ② 너무 깊게 박힌 경우 뽑아내려고 하지 말고 그대로 고정한다. ③ 이물질을 제거할 수 없는 경우에는 병원으로 가거나 119에 구급차를 요청한다.
주의사항	• 나무나 가시 등 부서지기 쉬운 물질은 억지로 뽑아내지 않아야 한다. • 녹이 슨 못이나 압정에 찔린 경우 반드시 병원에 간다. • 깊게 박힌 것은 빼지 말고 바로 병원에 간다. • 큰 나무 조각 같은 것 등으로 팔이나 다리가 깊숙이 찔렸을 경우에는 빼지 말고 박힌 물체가 움직이지 않도록 수건 등으로 고정시킨 후 신속히 병원에 가야 한다. • 녹이 슨 못이나 압정에 찔린 경우 반드시 병원에 가서 파상풍 예방을 위한 추가접종의 필요성을 확인한다.

(11) 타박상

처치 방법	• 피부에 출혈 또는 부종이 보이는 상처 　- 손상 직후부터 24시간 정도까지 냉찜질하여 부종의 진행을 막고 통증을 완화시킨다. 　- 48시간 이후부터는 온찜질을 통해 부종 완화와 상처 치유를 돕는다. 　- 휴식: 통증이 유발되는 모든 움직임과 운동을 피하고 환자가 가장 편안한 자세를 취하도록 한다. 　- 얼음 찜질: 손상부위 피부에 거즈나 의복을 대고 얼음이나 찬 물건으로 찜질을 한다. 　- 압박: 붕대로 감거나 부목으로 고정시켜 손상 부위 연부조직의 추가 손상을 예방하고 통증을 감소시킨다. 　- 거상: 손상 부위는 심장보다 높게 위치시켜 혈류를 감소시키고 부종을 예방한다.

(12) 멍든 경우

처치 방법	① 냉찜질을 해 준다. ② 상처 부위를 심장보다 높게 해 준다. ② 24시간 후에는 온찜질을 해 준다. ③ 심하게 멍들거나 변형이 보이면 병원에 가서 치료를 받도록 한다.

(13) 물에 빠졌을 때

의식이 있는 경우	① 젖은 옷은 벗긴다. ➡ ② 유아의 몸을 담요 등으로 덮어 체온을 유지한다. ➡ ③ 옆으로 눕힌다. ➡ ④ 119에 구급차를 요청한다.
주의사항	• 물에 급하게 뛰어들기보다는 튜브나 막대기를 활용하여 유아를 건져낸다. • 배를 누른다거나 억지로 구토를 시키지 않는다. • 골절이나 척추손상이 의심되는 경우에는 함부로 옮기지 않는다.

(14) 햇볕 및 더위에 노출된 경우

일사병
(열탈진)
	• 강한 태양의 직사광선에 오랜 시간 노출되었을 때 몸이 체온을 조절하지 못하게 되어 생기는 병이다.
	• 증상: 차갑고, 땀이 나며, 피부가 창백해진다.
	  - 체온 37℃~40℃ 사이, 두통, 피로감, 무기력감, 구토, 어지러움이나 실신 증상이 나타날 수 있지만, 물을 섭취하고 휴식을 취하면 즉시 회복되는 편이다.
	  - 땀을 많이 흘리기 때문에 체내 영양분 손실이 커져서 탈수 증상으로도 이어질 수 있으므로 수분 보충이 중요하다.

열사병	• 고온 다습한 곳에서 오래 머물러 몸속의 열을 발산하지 못하여 생기는 병이다.
	  - 중추신경계 기능이상과 무한증이 특징으로 여러 장기를 손상시킬 수 있는 위험한 질환이다.
	• 증상: 뜨겁고, 땀이 나지 않으며, 피부가 붉어진다.
	  - 몸속의 열을 밖으로 내보내지 못해 체온이 40℃ 이상 비정상적으로 높이 올라간다.
	  - 일사병과 비슷하게 구토 증상을 보이지만, 큰 차이는 일사병과 달리 설사, 발작, 경련 등이 나타난다.
	  - 열사병은 땀을 거의 흘리지 않아 몸에 일어난 변화를 인지하기 어렵기 때문에 위험하므로 즉각적인 조치가 필요하다.

예방법	• 낮 12시~오후 5시까지 야외활동을 자제한다. • 양산, 모자를 활용하여 햇빛과 자외선을 최대한 차단한다. • 체온이 발산될 수 있는 헐렁한 옷을 입는다. • 물과 이온음료를 자주 섭취하여 몸에 수분이 충분히 유지될 수 있도록 한다. • 야외에서 운동을 하는 경우라면, 중간중간 뜨거운 태양을 피해 서늘한 곳에서 휴식을 자주 취하도록 한다.

처치 방법	① 시원하고 그늘진 장소(통풍이 잘 되는 그늘이나 에어컨이 작동되는 실내)로 환자를 옮긴다.
	  - 옷은 느슨하게 하고 환자가 의식이 흐려지는 단계라면 옷을 최대한 많이 벗긴다.
	② 체온 측정하기
	  - 체온계를 사용할 수 있는 상황이라면 체온 측정을 시작한다.
	③ 119에 신고한다.
	  - 환자의 의식이 정상이더라도 뜨겁고 붉은색 피부를 보이거나 체온이 높은 경우 119 신고가 필요하다.
	④ 냉각처치(냉찜질 등)를 실시한다.
	  - 젖은 수건으로 감싸는 등의 냉각처치를 실시해 체온을 낮춘다.
	  - 의식이 있는 사람에게는 찬물이나 음료수를 먹이는 것도 포함된다. 단, 의식이 없다면 약을 포함하여 아무것도 먹이지 않아야 한다.

(15) 추위에 노출된 경우

저체온증	**개념** 신체를 따뜻하게 유지하지 못하여 차가워지는 것(체온이 35℃ 이하)이다. **증상** 떨림, 감각상실, 흐릿한 시력, 무관심, 의식 상실 **처치 방법** • 119 구조대에 전화한다. • 따뜻한 장소로 환자를 이동시켜 휴식을 취하도록 한다. • 젖은 옷을 제거하고 환자의 몸을 건조하게 유지하고, 환자의 머리도 반드시 감싸준다. • 담요로 감싸거나 마른 옷을 입히거나 따뜻한 장소로 옮겨서 신체를 점차 따뜻하게 해준다. • 열 패드나 열이 발생하는 도구를 대되, 열이 발생하는 도구와 환자 사이에 보호대를 유지하여 열화상을 입지 않도록 한다. • 환자가 움직일 수 있으면 따뜻한 음료를 준다. • 호흡과 혈액순환의 신호를 확인하고, 필요시 인공호흡을 한다. • 구조대가 올 때까지 따뜻하게 해 주고 심폐소생술을 시작하기 위한 준비를 한다.	
동상	**개념** 추위에 노출된 신체 부위가 어는 것이다. **증상** 노출된 부위가 창백하게 색깔이 없어지거나 매우 차갑고 감각이 떨어진다. **예방법** • 두꺼운 옷 속에 얇은 옷을 여러 겹으로 단단히 입는다. • 모자와 장갑을 낀다. • 양말을 신고 따뜻한 신발을 신고 나간다. • 추운 겨울에는 밖에서 볼이 빨개질 때까지 오래 놀지 않는다. • 외출 후에는 손, 발을 깨끗이 씻고 주물러서 따뜻하게 한다. • 동상 입기 쉬운 부위인 손가락, 발가락, 귀 등은 자주 움직이고 문질러 주는 것이 좋다. **처치 방법(공통)** • 젖은 옷을 입고 있으면 다른 옷으로 갈아입혀 주거나 보온한다. • 어떠한 물집도 터뜨리지 않는다. • 따뜻한 방이나 장소로 옮긴다. • 의식이 있으면 따뜻한 음료를 마시게 하고 안정시킨다.	
	부분 동상	① 동상에 걸린 부위를 문지르지 말아야 한다(문지르면 피부를 더 손상시키는 원인이 된다). ② 37~40℃ 정도의 물에 동상 부위를 푹 담가 따뜻하게 한다. ③ 손가락이나 발가락이 동상에 걸렸다면 그 사이에 탈지면이나 가제를 댄다. ④ 어떤 물집도 터뜨리지 말아야 한다. ⑤ 가능한 한 빨리 응급처치를 받아야 한다.

전신 동상	**증상** • 운동이 곤란해지고 감각이 없어진다. • 참을 수 없을 정도의 졸음이 온다. • 걸음이 산만해지고 눈이 둔해진다. **처치 방법** ① 따뜻한 물에 온 몸을 담그거나 담요 같은 따뜻한 것으로 온몸을 감싼다. ② 의식이 있으면 따뜻한 음료를 마시게 하고 안정시킨다.

(16) 감전

처치 방법	① 감전물체의 전원을 차단한다(이때, 전기와 접촉된 사람을 만져서는 안 된다). - 전원 차단이 어려우면 막대나 고무장갑 등 비전도체를 이용하여 유아를 감전물체에서 분리시킨다. ② 119에 구급차를 요청한다. ③ 의식이 있는지 확인한다. ④ 의식이 있는 경우 유아의 몸을 담요 등으로 덮어 따뜻하게 하고 편안하게 눕힌다.

전기에 의해 화상을 입은 경우	• 화상 부위 찾아내기
	   - 전기에 의한 화상 부위는 좁고 깊은 것이 특징이므로 유심히 살펴 찾아야 한다.
	   - 부위를 찾은 경우 그 반대편까지 살펴보고 화상이 이어져 있는지 확인해 보아야 한다.
	• 화상 부위에 대한 처치는 열에 의한 화상 응급처치와 같다.
	   - 화상(전류의 입구와 출구 부위) 입은 부위와 몸의 심부(깊숙한 곳)까지 충분히 차게 해 준다.

(17) 벌에 쏘였을 때

처치 방법		① 피부에 박힌 벌침은 딱딱한 종이나 신용카드로 살살 밀어서 제거한다.
		   - 집게나 손톱으로 벌침을 잡으면 독을 짜주는 효과가 있어 위험하다.
		② 생리식염수나 흐르는 물에 비눗물로 씻는다.
		③ 냉찜질을 한다.
		   - 붓기를 가라앉히고, 통증을 감소시키며, 독소 흡수를 늦출 수 있다.
		④ 알레르기 반응(숨 쉬기가 어렵고 몸이 붓고 어지러움 등)을 보이면 빨리 병원으로 간다.

주의사항		일벌의 경우 사람이 공격하지 않으면 먼저 공격하지 않는다고 알려져 있다. 다만, 말벌의 경우 사람의 움직임만으로도 자극을 받아 공격을 하는 특성을 가지고 있기 때문에 대처 방법이 다르다.
	일벌의 경우	• 벌과 마주했을 때는 겁을 주면 공격적으로 변할 수 있으므로, 무조건 자세를 낮추고 움직임을 최소화해야 한다. • 벌을 쫓기 위한 행동으로 팔을 휘두르거나 뛰어가는 행동은 오히려 벌을 자극할 수 있기 때문에 자제해야 한다.

말벌의 경우	• 예방: 어두운 색(특히 검정색, 머리카락)을 천적으로 생각하고 강한 공격성을 보이기 때문에 밝은 색상(특히 흰색)의 복장을 착용하는 것이 안전하다. • 자세를 낮추고 머리를 손으로 감싼 뒤 빠른 속도로 15~20m 이상 신속히 벗어나도록 한다.

(18) 눈

눈에 모래나 먼지가 들어간 경우	• 눈물을 흘리게 하여 자연적으로 빠지게 한다(눈을 절대 비비지 않도록 한다). • 이물질이 들어간 눈을 아래쪽으로 하여 생리식염수나 깨끗한 물을 눈에 흘려 씻어낸다. • 세면대에 물을 받아 눈을 깜빡이도록 한다.
눈을 부딪친 경우	• 공이나 단단한 물건에 직접 눈을 맞은 눈 타박상의 경우, 눈의 통증, 충혈, 출혈, 골절 등 다양한 증상이 나타날 수 있다. • 냉찜질을 통해 부기를 줄여주되, 눈은 압박하지 않도록 한다. • 뿌옇게 보이거나 붉게 보이는 경우, 물체가 여러 개로 보이는 경우, 한 쪽 부분만 보이는 경우에는 안과를 방문한다. • 눈에 출혈이 있는 경우, 눈을 누르지 말고 압박되지 않도록 종이컵을 눈 위에 엎어 대고 다친 눈을 보호하며(가급적 눈을 만지지 않음), 신속하게 병원으로 이송한다.
눈을 찔린 경우	• 눈이 찔린 경우, 이물질을 제거하지 않고 양쪽 눈을 가리고 119 구급차를 요청한다. ① 이물질을 제거하지 않는다. ② 찔린 눈을 종이컵이나 붕대로 도넛 모양을 만들어 보호한다. ③ 눈을 보호하면서 이물질이 움직이지 않도록 붕대를 감되, 양쪽 눈을 가린다. ④ 119에 구급차를 요청한다.
주의사항	• 눈에 이물질이 들어가거나 아플 때 유아들이 눈을 비비지 않도록 사전에 교육하다. • 눈에 화학약품이 들어간 경우, 신속하게 흐르는 물에 20분 이상 눈을 깜빡거리며 씻어준 후 병원으로 이송하거나, 119에 전화하여 전문가의 지시에 따라 처치한다.

(19) 코피

처치 방법	① 유아를 의자에 앉게 하고 고개를 약간 앞으로 숙이게 한다. – 바람직한 응급처치 방법: 코피가 목으로 흐르지 않도록 턱을 당기고 입으로 숨쉬도록 한다. – 머리를 뒤로 젖히면 피가 목으로 넘어가 위장, 폐로 들어갈 수 있어 위험하다. ② 엄지와 검지로 콧등을 잡고 5~10분간 꼭 누른다. – 코피는 혈관이 많은 코벽 앞쪽에서 많이 나기 때문에, 코끝의 양쪽 부분인 콧방울을 잡아야 코피가 멈춘다. – 가벼운 코피라면 콧방울을 쥐고 있는 것만으로도 멈추게 된다. ③ 코피가 나오는 쪽의 콧구멍에 거즈를 둥글게 말아 너무 깊지 않게 막은 후 콧방울의 약간 위쪽을 손가락으로 압박하도록 한다. – 틀어막은 가제는 자주 갈지 말고 피가 멈출 때까지 그대로 두며, 끝이 조금 밖으로 나오게 해 둔다.

	④ 피가 잘 멈추지 않을 경우 콧부리가 시작되는 부분에 냉찜질을 한다. – 콧잔등에서 양 눈 사이에 걸쳐 냉수를 적신 수건이나 얼음주머니로 차게 해줄 수 있다. – 이마나 양쪽 눈 사이에 찬 수건이나 얼음주머니를 대 준다.
주의사항	• 코피가 20분(학교안전교육 7대 표준안 교육자료집 : 10분) 이상 멈추지 않으면 빨리 병원으로 옮긴다. • 외상 때문에 코피가 나는 경우라면 지혈을 하지 않는다. • 코를 풀거나 코피를 삼키지 않도록 한다.

(20) 코나 귀의 이물질

코에 이물질이 들어간 경우	• 입과 이물질이 들어있지 않은 쪽의 콧구멍을 막아주며 코를 세게 풀어보게 한다. • 이물질이 빠지지 않으면 무리하게 빼내려지 말고 병원에 간다. – 나오지 않는다고 해서 손가락을 코로 넣어 빼려고 하면 안 된다.
귀가 아플 때	• 귀 안이 아플 때에는 귓불 주위를 차게 해 준다. – 귓불을 가볍게 끌어당기거나 귀 주위를 누를 때 아파하면 외이염이나 중이염을 의심해볼 수 있고, 열이 있으면 중이염을 의심해볼 수 있다. – 피가 날 때는 밖에서 가제로 덮어주고, 귀 안으로 면이나 가제를 밀어 넣는 것은 좋지 않으므로 유의한다.
귀에 이물질이 들어갔을 때	• 콩이 귀에 들어간 경우, 이물질이 들어간 쪽의 귀를 기울이고 한 발로 뛰어본다. • 귀에 작은 벌레가 들어간 경우 – 어두운 곳에서 손전등을 귀에 비추면 벌레가 나온다. – 올리브유, 샐러드유, 베이비오일 한두 방울을 귓구멍 속에 떨어뜨려 5분 정도 귀를 막은 후 가볍게 마사지를 하고 이비인후과를 방문하여 벌레를 꺼낸다. – 귀를 아래쪽으로 향하게 하여 이물질이 밖으로 나오게 한다.
귀에 물이 들어갔을 때	• 귓구멍에 손가락을 넣었다가 갑자기 빼면 압력에 의해 물이 나온다. • 물이 들어간 쪽의 귀를 아래로 기울여 한 발로 껑충껑충 뛴다. • 따뜻한 수건을 물이 들어간 귀 쪽에 대고 있으면 물이 흘러나온다. • 계곡에서 놀다가 귀에 물이 들어간 경우, 따뜻한 돌 위에 물이 들어간 쪽 귀를 대고 눕는다.
주의사항	• 곤충의 종류를 모르는 경우에는 오일을 사용하는 방법을 사용한다. • 고막에 염증 등으로 구멍이 있는 경우에는 오일을 사용하지 않는다. • 절대로 면봉이나 귀이개 등으로 이물질을 억지로 빼내려 하지 않는다.

(21) 귀(고막 파열)

처치 방법	심한 통증과 부분적 난청이 있을 수 있으며, 소독솜으로 귀를 막고 병원으로 간다.

(22) 다른 유아에게 물린 경우

처치 방법	① 깨물고 있는 유아의 코를 잡아 스스로 놓게 만든다. ② 피가 나면 지혈한 후 생리식염수나 흐르는 물에 비누로 상처 부위를 씻는다. ③ 냉찜질한다.

(23) 독극물을 마셨을 때

의식이 있는 경우	① 삼킨 물질을 확인한다. ② 119에 전화하여 전문가의 지시를 따른다. ③ 유아를 옆으로 눕혀 안정을 취하게 한다.
의식이 없는 경우	① 119에 구급차를 요청한다. ② 유아를 옆으로 눕혀 안정을 취하게 한다.
주의사항	• 병원에 갈 때는 유아가 삼킨 물질이나 그 용기를 가져간다. • 물질을 발견하지 못한 경우에는 구토물을 가져간다. • 유아가 삼킨 물질이 무엇인지 모를 때는 함부로 토하게 해서는 안 된다.

(24) 치아(부러지거나 빠짐)

처치 방법	• 이가 부러지거나 빠진 경우, 거즈를 둥글게 말아 다친 부분에 넣어 물고 있게 하고 냉찜질을 한다. 부러지거나 빠진 이는 우유에 담가 상태를 보존하고 24시간 내에 치과 진료를 받도록 해야 한다. ① 거즈를 도톰하고 둥글게 말아 다친 부분에 물게 한다. ② 차가운 수건이나 냉찜질팩을 이용하여 냉찜질을 한다. ③ 치아가 빠진 시간을 파악하며, 빠지거나 부러진 치아를 생리식염수나 우유에 담가 30분 이내에 병원으로 간다. | 치아손상의 유형 | • 이가 완전히 빠졌을 때 : 빠진 자리에 넣거나 식염수·우유에 담궈 30분 안에 병원으로 간다. • 이가 반만 빠졌을 때 : 빠르게 지혈하고 신속하게 병원에 간다. • 이가 부러졌을 때 : 부러진 조각이 여러 개이거나 오염이 심하면 접착이 어려우므로 부러진 치아를 찾지 말고 병원에 간다. 부러진 치아를 바로 찾았다면 치과에서 부착 가능한 경우가 있을 수 있으므로 생리식염수나 우유에 담가 30분 이내에 병원으로 간다.
주의사항	• 빠진 치아의 뿌리 부분을 절대로 만지지 않는다. • 치아가 더럽다고 뿌리 부분을 문질러 닦지 않는다. • 포크같이 뾰족한 것을 입에 물고 있다가 찔렸을 경우에는 움직이거나 빼지 말아야 한다.

(25) 턱이 빠졌을 때

처치 방법	① 치아 부위에 가제 등을 둥글게 말아 넣고 천천히 입을 닫아보게 한다. ② 치아를 눌러서 밑으로 힘을 주고, 양손 엄지를 환자의 양쪽 어금니에 대 깊이 입안으로 넣은 다음, 나머지 손가락으로 아래턱을 잡고 아래턱 전체를 후방과 하방으로 밀어내듯이 힘을 준다. - 환자는 스스로 입을 닫는 동작을 한다.

(26) 머리

머리를 다쳤을 때	① 의식과 호흡을 자주 확인한다. ② 머리 손상 시 척추의 손상이 있을 수 있으므로 함부로 일으키거나 움직이지 않는다. ③ 머리에서 출혈이 있을 경우에는 깨끗한(소독한) 거즈로 상처를 압박하고 붕대로 고정한다. – 머리와 어깨를 약간 위로 올린 자세로 눕힌다. ④ 뇌를 다친 경우 구토를 하는 경향이 있으므로 토할 때는 옆으로 눕혀 구토물이 기도나 폐로 들어가지 않도록 한다.

피가 나는 경우	• 출혈이 심할 경우
	  – 머리는 혈관이 많은 곳이기 때문에 작은 상처에도 피가 많이 흐를 때가 있다.
	  – 피가 흐르는 부위를 확인하고 깨끗한 거즈나 가제를 사용해 상처를 가볍게 압박하여 지혈시킨다.
	• 출혈은 없으나 안색이 나쁘고 기운이 없는 경우
	  – 머리를 부딪치고 난 후에 유아가 계속 기분이 좋지 않고 기운 없이 축 늘어져 있다면 즉시 병원으로 간다. 또한 멍해져 반응이 느린 경우에도 주의하여야 한다.
	• 의식 장애가 있는 경우, 어깨 밑에 베개를 넣어 머리를 뒤로 젖혀 호흡이 수월할 수 있도록 해 준다.
	• 오심, 구토 증세를 보이는 경우, 얼굴을 옆으로 돌려주고 턱을 앞으로 나오게 돌출시켜 준다.
	• 고열 발생 시 전문의에게 보여야 하며, 대기시간이 길어질 경우 목 주위, 겨드랑이 밑, 넓적다리를 얼음주머니로 차갑게 해주는 것이 좋다.
	• 환자를 운반할 때에는 머리와 목이 움직이지 않도록 고정시킨다.

혹이 생긴 경우	① 유아를 안정시킨다. ② 차가운 수건이나 냉찜질팩으로 냉찜질을 한다. ③ 병원으로 이송한다.
즉시 병원에 이송해야 하는 경우	• 의식이 희미하거나 없는 경우 • 두통과 구토가 반복되는 경우 • 호흡이 이상하거나 하품이나 딸꾹질을 자주 하는 경우 • 손발의 동작이 이상하거나 좌우 눈동자의 크기가 다른 경우 • 귀나 코에서 혈액이나 맑은 액체가 흘러나오는 경우
외부에 손상이 없는 경우	• 머리를 부딪친 후 평소와 다른 모습을 보이지 않는다면 몸을 되도록 안정시키며 상태를 지켜보아야 한다. – 유아의 머리에 경미한 상처만 있고 정상적으로 잘 놀면 상처난 부위를 소독한 후 반창고나 거즈를 붙이고 해당 유아의 보호자에게 알린다. • 그러나 시간이 지나서 증상이 나타나는 경우가 있으므로, 머리를 강하게 부딪친 때에는 가능한 안정을 시키고 상태를 관찰하도록 한다. • 하원 후에 집에서도 지속적으로 관찰하도록 보호자에게 설명해 준다.
주의사항	• 귀나 코에서 혈액이나 맑은 액체가 흘러나오면 막지 않는다. • 꼭 이동을 해야 하는 상황이 아니라면 유아를 함부로 움직이게 하지 않는다. • 머리에 상처가 난 경우에는 다른 부위보다 피가 많이 나므로 침착하게 행동한다.

㉗ 가슴이나 배

외부에 손상이 없는 경우	• 안색과 기분이 좋고 평소와 다른 모습을 보이지 않는다면 크게 걱정할 것은 없다. • 가슴이나 배를 강하게 부딪친 직후에는 전혀 이상을 보이지 않다가 시간이 지나고 증상이 나타나는 경우가 있으므로 가능한 한 안정시키고 상태를 관찰할 필요가 있다.
병원에 가야하는 경우	• 의식이 희미하거나 없는 경우 • 심한 통증이 있는 경우 • 얼굴이 파랗고 식은땀을 흘리는 경우 • 소변에 피가 섞여 나오는 경우 • 호흡이 이상하거나 구토, 딸꾹질을 하는 경우
119 요청 시	① 119에 구급차를 요청한다. ② 유아를 옆으로 눕힌다. ③ 몸을 따뜻하게 해준다.
주의사항	음식물 섭취를 금지한다.

㉘ 염좌, 골절, 탈구

공통 응급처치
(PRICE 원칙)
	• 근골격계 손상은 PRICE 원칙에 의거하여 응급처치를 시행해야 한다.
	• 또한 2차 손상을 예방하기 위해 48~72시간 안에 PRICE 응급처치를 시행하는 것이 효과적이다.
	① Protection(보호) : 환자 주변의 안전을 확보하여 더 큰 부상을 당하지 않도록 해야 한다.
	② Rest[휴식(쉬기)] : 추가 손상을 방지하고, 통증을 조절하기 위해 손상받은 부위는 최대한 움직이지 않고 휴식을 취할 수 있도록 한다.
	③ Ice(냉찜질) : 최초 부상 후 48시간까지는 2~3시간마다 20~30분 정도 실시하면 부종과 염증, 통증을 감소시키는 데 도움이 된다. 냉찜질은 직접 손상 부위에 대지 않고 옷이나 천 등으로 피부 위를 덮고 시행한다.
	※ 냉찜질 후 무딘 감각이 느껴진다면 찜질을 중단한다.
	④ Compression(압박) : 부상 부위를 압박하는 것은 내부출혈을 줄이고 부종을 예방하는 데 효과적이다. 단, 정확한 압박법을 모르는 상태에서 환자에게 시행하거나 무리하게 움직여야 하는 상황이라면 압박 단계는 생략한 상태로 냉찜질만 시행하며 의료진을 기다린다.
	⑤ Elevation[거상(높이기)] : 부상 부위를 심장보다 높게 올려주면 다친 부위로 혈류가 흐르는 양이 줄어들어 내부출혈이 억제되고 부종이 줄어드는 효과가 있다.
	〈유의점〉
	• 골절의 경우 주변의 연부조직이나 피부를 상하게 할 수 있으므로 전문적인 의료처치가 이루어지기 전까지 손상 부위의 움직임을 절대적으로 최소화한다.
	• 가능하면 부상자를 옮기지 않고 사고 발생 현장에서 응급처치를 시행한다.
	  – 부득이하게 부상자를 운반해야 하는 경우 부상 부위에 2차 손상을 방지하기 위해 반드시 부목 등을 댄 후 운반할 수 있도록 한다.
	  – 마땅한 부목을 구하기 어려운 경우 신문지 뭉치, 잡지, 담요 등을 활용하여 부목으로 사용한다.
	  – 부목을 댈 여유가 없이 환경이 안전하지 못하여 급히 환자를 옮겨야 하는 경우에는 손으로 골절된 부위의 위아래를 보호하여 환자를 이동시킨다.

염좌	**개념 및 증상** • (개념) 관절 주위의 근육이나 인대가 찢어지거나 늘어난 상태(삐끗한 상태)이다. • (증상) 다친 부위가 아프고 멍이 들며 부어오른다. **처치 방법** • 손상 부위를 냉찜질한다. • 얼음이 직접 피부에 닿지 않도록 손수건으로 감싸서 동상을 예방한다. • 가벼운 염좌 발생 시 　- 처음에는 다친 부위를 가만히 두는 것이 좋다. 심한 정도가 아니라면 안정만 시켜도 좋아지는 경우가 있으며, 다친 부위를 심장보다 높게 두면 부기가 빨리 가라앉는다. **유의점** • 시간이 지난 후에도 아픈 부위의 통증이 사라지지 않는다면, 압박붕대로 관절이 움직이지 않게 해 준다. • 손가락이나 발가락을 삐었을 때, 다치지 않은 옆의 손가락, 발가락을 같이 묶어주어 힘을 덜 주게 하면 도움이 된다. **참고** **손상 범위에 따른 염좌 분류(삐임)** • 1도 염좌(경도) 　- 인대의 일부가 살짝 늘어난 상태 　- 통증이 있으나 부기가 없고 정상 보행 가능 　- 1주일 정도 주의하고 상태에 따라 휴식 필요 • 2도 염좌(중등도) 　- 인대의 일부가 파열된 상태 　- 극심한 통증이 있고 부기와 피멍이 있음 　- 통증으로 절뚝거림 　- 손상 부위를 고정하고 3주 정도의 휴식 필요 • 3도 염좌(고도) 　- 인대 전체가 파열된 상태 　- 부축 없이 걷기 어려움 　- 반드시 병원 치료를 받아야 하고 상태에 따라 수술이 필요할 수 있음 　- 6주 이상의 휴식 필요
골절	**개념 및 증상** • (개념) 뼈에 금이 가거나 부러진 상태이다. • (증상) 별다른 증상이 없더라도 아이들의 경우 통증을 정확하게 표현하지 못하므로 성인이 아이의 행동을 유심히 관찰해야 한다. 　- 부상 주변 부위의 심한 통증을 느낀다. 　- 부상 부위를 손으로 가볍게 눌러도 많이 아파한다. 　- 부상 부위가 점점 부어오른다. 　- 한쪽 팔을 쓰지 않거나 한쪽 다리를 절뚝거린다.

	처치 방법
	① 119에 신고한다.
	② 섣부른 응급처치는 하지 않는다.
	   - 골절 부위를 원상태로 돌려놓으려고 하지 않는다.
	   - 쇼크 증상이나 중요한 손상은 없는지 전신을 잘 관찰하면서, 옷을 느슨하게 해주어 호흡하기 편하게 한다.
	③ 골절 부위를 고정시킨다.
	   - 부러진 뼈가 움직이지 않게 부목을 사용하여 고정하며, 골절부위뿐만 아니라 부근 관절도 움직이지 않게 한다.
	   - 주변에 쉽게 구부러지지 않는 골판지, 책, 박스, 평편한 판이나 우산 등을 깨끗한 수건이나 천으로 감아 고정시켜 간이 부목을 만든다.
	   - 2차 손상을 줄이고 통증도 감소시킬 수 있다.
	④ 냉찜질한다.
	   - 충격 부위의 염증과 진통, 부종을 막아주는 데 도움이 된다.
	⑤ 지혈한다.
	   - 골절 부위에서 피가 나면 깨끗한 거즈나 천, 탄력붕대로 지혈한다.
	⑥ 부목 위에 천(수건) 등을 놓아 딱딱하지 않게 고정시킨다. 몸과 부목 사이에 간격이 있으면 적당한 것을 끼워 넣어 채운다.
	소아골절을 조심해야 하는 이유
	• 소아골절은 성장판을 손상시켜 어린이의 성장을 방해하기 때문에 각별히 주의해야 한다.
	   - 성장판 부위가 골절로 손상되면 '성장하면서 뼈 길이가 짧아지거나, 관절이 한쪽으로 휘어지거나, 성장 장애가 올 수 있는 등'의 결과가 나타날 수 있다.
	소아골절 예방법
	• 야외활동 전에는 충분한 스트레칭을 한다.
	• 자전거, 킥보드 등을 탄다면 무릎 보호대, 헬멧 등 보호장비를 필수로 착용한다.

탈구	**개념 및 증상** 탈구: 뼈가 관절에서 이탈했거나 분리된 상태이다. **처치 방법** ① 탈구 부분이 움직이지 않는 편한 자세로 취해준다. ② 부목이 준비되기까지 차게 해주고, 부목을 대어 고정시킨다. - 손목의 경우 손목에 부목을 댄 뒤, 부목 부위를 삼각건이나 붕대로 두르고 목에 매달아 고정시킨다. ③ 병원 치료를 받아야 한다.
피가 나지 않는 경우	① 부목을 사용하여 가볍게 붕대를 감는다. ② 부목이 없는 경우, 골판지나 잡지를 활용할 수 있다. ③ 부목으로 고정시킨 후 병원에 간다.
피가 나는 경우	① 일회용 장갑을 사용한다. ② 상처 부위를 생리식염수나 흐르는 물로 씻어낸다. ③ 상처 부위를 소독한 거즈로 덮고 지혈한 뒤 압박붕대로 감는다. ④ 부목으로 고정시킨 후 병원으로 이송한다.

주의사항	• 아프고 부어오르는 것을 감소시켜 주므로 다친 후 1~2일 정도는 얼음 찜질, 그 이후에는 따뜻한 찜질을 하여 혈액 순환이 잘되게 해주어야 한다. • 염좌, 골절, 탈구가 의심되는 경우, 상처 부위를 주무르거나 자세를 함부로 바꾸지 말아야 한다. • 목이나 척추에 이상이 의심되는 경우에는 유아를 그대로 둔다. 높은 곳에서 떨어져 누워있는 경우 함부로 몸을 돌려 움직이게 해서는 안 되며, 빨리 병원에 이송해야 하므로 119에 연락한다. • 의식이 없는 경우에는 119에 연락하고 가능한 한 빨리 병원으로 이송한다. • 부목이 없는 경우에는 부목 대용품(쿠션, 담요, 신문지, 잡지 등)을 활용한다. • 골절 정도가 심한 경우, 응급 수술을 진행할 수 있으므로 물과 음료수를 포함해 일체 금식해야 한다.

(29) 화상

가벼운 화상	① 가능한 한 빨리 열원을 피부에서 없애고 화상부위를 흐르는 찬물 속에 넣는다. ② 옷을 입은 채 뜨거운 물에 뎄을 때는 옷을 벗기기 전에 흐르는 차가운 물로 상처 부위를 10~15분 정도 식혀 열기를 빼낸다(이때 수압을 세게 하면 물집이 찌부러지므로 주의해야 한다). 　- 소독된 거즈나 보푸라기(보푸라기가 일면 상처에 붙어 감염을 유발하고, 떼어내기 어려우므로 유의)가 일지 않는 매끈한 면으로 된 천을 차가운 물에 적셔서 덮어준다. 　- 머리, 얼굴, 몸 등 씻기가 곤란한 곳에는 얼음주머니를 이용하여 차게 한다. 　- 상처 부위가 넓으면 욕조에 차가운 물을 받아 담글 수 있으나, 물이 더워지지 않도록 얼음을 넣어 수온을 내리도록 한다(10℃가 적당). 　- 얼음을 화상 부위에 직접 대지 않는다. ③ 뜨거운 물에 젖은 옷은 빠르게 제거한다. 　- 옷이 피부에 붙어 있을 경우 무리해서 옷을 떼지 말고 바로 위에서 물을 흘려주면서 그대로 식힌다. 　- 옷이 환부에 눌러 붙었을 때에는 가위로 그 부분을 남기고 잘라낼 수 있다. ④ 환부에 청결한 가제나 소독된 거즈 등으로 화상 부위를 되도록 넓게 덮어 감염을 예방한다. ⑤ 상처에는 크림, 로션은 절대 금물이며, 바셀린 등의 연고도 바르지 않는 것이 좋다. ⑥ 물집이 부풀어 오르는 화상일 경우 즉시 병원치료를 받도록 한다. 　- 천을 가볍게 대 물집이 눌려 터지지 않도록 주의하면서 붕대를 감고, 절대 물집을 일부러 터트리지 않아야 한다. 　- 환부 주위를 도넛형으로 높여 붕대를 감는 것도 좋다. 　- 물집이 터진 경우, 소독된 거즈로 덮은 뒤 자주 갈아주어 감염에 유의한다. ⑦ 심한 화상을 입었을 때에는 혈장이 많이 흘러나와 환자가 갈증을 느끼게 되므로 수분을 보충해 준다. 　- 환부는 계속 차게 해주고 화상을 입지 않은 부위는 차갑지 않도록 담요를 덮어 체온을 유지한다. ⑧ 화상이 심하여 의식 잃은 경우 　- 호흡 여부 확인, 기도 확보, 인공호흡을 실시한다. 　- 쇼크에 대한 처치: 몸이 지나치게 차거나 젖어 있을 때에는 모포 위에 눕힌 후, 쇼크 시 시행하는 응급처치 방법을 따른다.

화학약품에 의한 화상	• 가루형태인 경우 가루를 털어내고 물로 세척해야 한다. • 응급처치자는 장갑을 끼거나 두꺼운 수건으로 손을 감아 약품에 2차 손상되지 않도록 주의해야 한다. • 약품이 옷에 묻었을 경우, 옷을 가로로 잘라내어 벗긴 후 차갑고 흐르는 물(샤워기나 호스)로 상처 부위의 화학 약품을 모두 씻어내야 한다. • 눈에 들어갔을 경우 손가락으로 눈꺼풀을 열어 낮은 수압의 흐르는 물로 곧바로 씻어내야 한다. – 눈 앞머리에서 눈꼬리 쪽으로 물을 흘려 다른 눈에 흘러 들어가지 않도록 유의해야 한다. • 열에 의한 화상의 경우와 같은 방법으로 응급처치할 수 있다. **유의점** 높은 수압은 약품을 조직 안으로 깊이 밀어 넣게 되므로 유의해야 하며, 화학 약품을 씻어낸 물로 인하여 2차 사고가 일어나지 않도록 적절한 곳에 빨리 폐기해야 한다.
병원으로 즉시 가야하는 화상	• 화학약품이나 전기로 인한 화상, 열기를 코나 입으로 흡입한 화상 • 화상 부위가 얼굴, 손, 발, 관절, 생식기관인 경우 • 화상 부위가 넓은 경우 • 화상에 의한 통증이 계속될 경우

▲ 화상 응급처치(질병관리청)

STOP 원인물질 제거	COOL 상처 부위 식히기	CLEAN 상처 부위 씻어내기	WRAP 상처 부위 감싸기	CALL 119 신고, 병원 방문
• 옷에 불이 붙었다면 바닥에 구르며 불을 끈다. • 옷에 뜨거운 음식물이나 화학약품을 쏟았다면, 즉시 옷을 벗는다. • 금속장신구 등은 열전도율이 높으므로 즉시 제거한다. • 옷이 몸에 붙었다면, 억지로 제거하지 말고 병원에서 제거한다.	• 흐르는 수돗물에 10~15분 충분하게 열기를 식혀 상처가 깊어지는 것을 막도록 한다. • 상처에 자극을 줄 수 있으므로 상처 부위에 얼음을 직접 대지 말아야 한다. • 저체온증이 발생할 수 있으므로 20분을 넘기지 말아야 한다.	• 차가운 물로 상처 부위를 씻어낸다. • 감염의 위험이 있으니 민간요법을 사용하지 말아야 한다.	• 세균 감염 예방을 위해 깨끗하고 마른 수건으로 상처 부위를 감싼다. • 화상부위보다 넓은 수건이나 천을 사용하고, 상처를 세게 조이지 않도록 한다. • 솜은 상처에 붙을 수 있으므로 사용하지 말아야 한다.	• 119에 신고하거나, 화상전문병원으로 도움을 요청한다. • 화상은 잘못 처치할 경우 흉터가 남을 수 있으므로 얼굴, 관절, 생식기부위, 넓은 범위의 화상일 경우 반드시 병원을 방문하는 것이 좋다.

UNIT 83 사회재난 - 감염병 등

❶ 학습목표

감염병을 예방하는 방법을 알고 실천한다.

❷ 누리과정 관련 요소

❸ 학습주제와 학습의 중점

학습주제	학습의 중점
1. 감염병에 대해 알아보기	• 감염병의 원인에 대해 알아본다. • 감염병의 종류와 증상에 대해 알아본다.
2. 감염병 예방수칙 알아보기	• 질병을 예방하는 방법을 알고 지킨다. • 공중위생을 지키기 위한 여러 가지 방법을 알고 생활에서 실천한다.

4 감염병

인간 및 동물의 신체에 감염 물질이 유입되거나 발육·증식하여, 공중 보건에 위험이 될 수 있는 병을 말한다.

구분	감염병의 법적 정의(「감염병의 예방 및 관리에 관한 법률」)
제1급 감염병	생물테러감염병 또는 치명률이 높거나 집단 발생의 우려가 커서 발생 또는 유행 즉시 신고하여야 하고, 음압격리와 같은 높은 수준의 격리가 필요한 감염병
제2급 감염병	전파가능성을 고려하여 발생 또는 유행 시 24시간 이내에 신고하여야 하고, 격리가 필요한 감염병
제3급 감염병	그 발생을 계속 감시할 필요가 있어 발생 또는 유행 시 24시간 이내에 신고하여야 하는 감염병
제4급 감염병	제1급 감염병부터 제3급 감염병까지의 감염병 외에 유행 여부를 조사하기 위하여 표본감시 활동이 필요한 감염병
기생충 감염병	기생충에 감염되어 발생하는 감염병 중 질병관리청장이 고시하는 감염병
세계보건기구 감시대상 감염병	세계보건기구가 국제공중보건의 비상사태에 대비하기 위하여 감시대상으로 정한 질환으로서 질병관리청장이 고시하는 감염병
성매개 감염병	성 접촉을 통하여 전파되는 감염병 중 질병관리청장이 고시하는 감염병
인수공통 감염병	동물과 사람 간에 서로 전파되는 병원체에 의하여 발생되는 감염병 중 질병관리청장이 고시하는 감염병
의료관련 감염병	환자나 임산부 등이 의료행위를 적용받는 과정에서 발생한 감염병으로서 감시 활동이 필요하여 질병관리청장이 고시하는 감염병

개념

 참고

감염병 알아보기 - 학교안전교육 7대 표준안 교육자료집

개념 및 이유
감염병이란 바이러스가 몸에 들어와 생기는 질병을 말하며, 질병에 걸린 사람 몸의 배설물, 분비물, 침방울을 통해 나온 바이러스가 다른 사람에게 전해져서 감염병에 걸리게 된다.

지도상 유의점
- 바이러스가 몸에 들어오더라도 면역력이 높으면 감염병에 걸리지 않을 수 있음을 이야기하고, 면역력을 높이는 방법도 함께 교육한다.
  - 충분한 수면 시간, 적당한 운동, 외출 후 씻기, 편식하지 않고 골고루 먹기
- 유아의 수준을 고려하여 유아의 경험을 바탕으로 이야기 나누기를 진행한다.

어린이가 자주 걸리는 감염병
- 감기, 독감, 수두, 수족구, 볼거리, 코로나19 등
  - 감기는 다양한 바이러스가 원인이며, 계절과 상관없이 걸릴 수 있다.
  - 특히 독감이라고 불리는 인플루엔자는 주로 겨울, 봄철에 유행하는 A형 또는 B형 인플루엔자 바이러스로 인한 감염병이다. 독감은 전염성이 높은 급성 호흡기질환이다.

⑤ 학교 조치사항

1단계
예방·대비
	[안전계획 수립]
	• 학생 감염병 예방·관리 계획 수립
	  – 학생 감염병 관리 조직 구성, 감염병 예방교육 실시 계획, 방역물품 비축 계획, 방역 실시계획, 일시적 관찰실 설치·운영 계획, 학사 운영·관리 계획, 급식실·기숙사 관리 계획 등
	[사전점검 및 안전교육]
	• 교직원 비상연락망 및 유관기관과의 연락망 점검·확인
	  ※ 유관기관: 보건소, 시·군·구청 등
	• 방역물품 확보 및 상태 점검
	• 수동감시체계 운영
	• 학생 예방접종 관리
	  – 국가예방접종에 대한 접종 완료여부 확인과 미접종자 추가 접종
	• 감염병 예방 및 대응 행동요령 교육

2단계 대응 학교 내 감염병 발생					
	단계	상황	시작 시점	종료 시점	후속 조치
	대응 제1단계	감염병 유증상자 존재	유증상자 발견	의료기관 진료 결과 감염병 (의심)환자 발생 확인	대응 제2단계
				감염병이 아닌 것으로 확인	예방단계
	대응 제2단계	의료기관으로부터 확인받은 감염병 (의심)환자 존재	의료기관 진료 결과 감염병 (의심)환자 발생 확인	추가 (의심)환자 발생을 통해 유행 의심 기준을 충족	대응 제3단계
				기존 (의심)환자가 완치되고 추가 (의심)환자 미발생	예방단계
	대응 제3단계	감염병 (의심)환자 2명 이상 존재	추가 (의심)환자 발생을 통해 유행 의심 기준을 충족	기존의 모든 (의심)환자가 완치되고 추가 (의심)환자 미발생	복구단계

[대응 제1단계: 학교 내 감염병 유증상자의 발견 및 확인]
• 1단계 예방·대비 단계의 [안전교육 및 사전점검] 활동 강화
• 유증상자 발생 시 의료기관 진료 전 별도의 공간(일시적 관찰실)에 격리 및 관찰: 학교 내 전파 방지
• 보호자 연락 및 의료기관 진료 요청
  – 등교 중지가 필요한 감염병으로 확진된 경우 격리기간 동안 등교 중지
• 교실 환기 및 소독

[대응 제2단계: 학교 내 감염병 유행 의심 여부 확인]
• 보고 및 신고
  – 교육(지원)청, 관할 보건소장(신고가 필요한 법정 감염병인 경우) 등
• 능동감시 실시: 추가 (의심)환자 파악

	• 감염병 (의심)환자 발생 학급 관리 　- 최대 잠복기 동안 추가 (의심)환자 발생 감시 　- 감염병 증상 안내 　- 마스크 착용 조치 • 유행 의심 여부 확인 　- 동일 학급 내 특정 감염병의 공통 증상을 호소하는 구성원이 비슷한 시기에 2명 이상 확인 　- 최대 잠복기 이내 동일 학급의 구성원 또는 최초 (의심)환자와 접촉을 한 학내 구성원이 증상 호소 • 추가 감염병 유증상자 발생 시 [대응 제1단계] 요령에 따라 조치 [대응 제3단계 : 학교 내 유행 확산 차단] • 보고 및 신고 　- 환자 발생 현황을 정기적으로 교육(지원)청에 보고 　- 신고가 필요한 법정 감염병인 경우 관할 보건소장에게 신고 • 능동감시 강화 : 전교생과 교직원 대상 능동감시 실시 • 고위험군 파악 및 관리 : 보건학적 고위험군 및 사회적 취약계층 • 밀접접촉자 파악 및 역학조사 요청 • 학교 전체 시설 환기 및 소독 • 전파 차단을 위한 별도 조치 　- 유행 확산 정도에 따라 단축수업 및 자체 휴업 실시 등 검토・시행 　- 출결 관리 및 수업 결손대책 마련
3단계 후속 조치	[유행종료 판단] • 유행종료 판단 　- 학교 내 해당 감염병 (의심)환자가 모두 완치되고, 최대 잠복기까지 추가 (의심)환자 발생이 없는 경우 　- 방역당국 역학조사 실시 결과 유행종료 판단이 내려진 경우 • 유행종료 보고 : 발생 현황 및 조치 결과 교육(지원)청에 보고 • 유행종료 선언(예방단계로 복귀) 및 학부모 통지 [사후조치 실시] • 수업 결손 보충 • 심리 지원 등의 학생 보호조치 실시

6 학생 행동요령

등교 전	• 발열 및 호흡기 증상(콧물 혹은 코막힘, 인후통, 기침 등)이 있는 경우 등교하지 않는다. 　- 교사에게 연락 후 가까운 의료기관에 방문해서 진료 및 검사를 받는다. • 학교에서 감염병 환자가 발생한 경우 등교 시 마스크를 착용한다.
등·하교 시	• 대중교통 등 많은 사람이 이용하는 시설에서는 마스크를 착용한다. • 감염병이 유행하는 시기에는 가급적 친구들과의 모임을 자제하고, 신체 접촉을 하지 않는다. • 등·하교 후에는 반드시 흐르는 물과 비누로 30초 이상 손을 씻는다.
학교에서	• 발열 및 호흡기 증상(콧물 혹은 코막힘, 인후통, 기침 등)이 있는 경우 즉시 교사에게 알린다. • 감염병이 유행하는 시기에는 학교생활 중 마스크를 상시 착용하고, 가급적 친구들과 신체 접촉을 하지 않는다. • 수시로 손을 씻고(흐르는 물과 비누로 30초 이상), 씻지 않은 손으로 눈, 코, 입을 만지지 않는다. • 식당에서는 다른 사람과 최소 1m 이상 거리를 유지하고, 식사 중에는 대화를 자제한다.
가정에서	• 발열 및 호흡기 증상(콧물 혹은 코막힘, 인후통, 기침 등)이 있는 경우 즉시 가까운 의료기관에 방문해서 진료 및 검사를 받는다. 　- 감염병에 걸린 것이 확인되면, 교사에게 연락 후 의료기관의 지침에 따른다(격리 등). • 하루에 3회 이상(회당 10분 이상) 주기적으로 환기한다. • 가족 중 고위험군(60세 이상, 기저질환자 등)이 있는 경우, 감염병이 유행하는 시기에는 집에서도 가급적 마스크를 착용하고, 고위험군과의 접촉을 최소화한다.

7 참고사항

올바른 마스크 착용방법	• 얼굴 크기에 맞는 적당한 마스크를 선택하여 입과 코를 완전히 덮도록 얼굴에 잘 밀착해 착용한다. • 마스크 내부에 휴지나 수건 등을 덧대면 밀착력이 떨어져 차단 효과가 낮아지므로 주의해야 한다. • 마스크 자체가 오염되지 않도록 마스크를 만지기 전에 손을 깨끗이 씻는다. • 마스크를 잠시 벗어야 하면 오염되지 않도록 깨끗한 봉투에 보관하고, 마스크 안쪽 면이 외부로 노출되지 않도록 주의한다. • 환기가 어렵고 사람이 많은 시설에서 사용한 마스크는 교체한다. • 땀이나 물에 젖은 마스크는 세균번식의 우려가 있으므로 교체한다. • 마스크 착용으로 호흡곤란, 어지러움, 두통 등의 증상이 있는 경우 즉시 개별 공간 또는 야외 공간에서 마스크를 벗고 휴식을 취한 후 증상이 완화되면 다시 착용한다. • 마스크 사용 후에는 마스크 겉면에 손을 대지 않고, 귀에 거는 끈만 이용해 벗은 후 겉면을 안쪽으로 접어 끈으로 감고, 가능하면 소독제를 뿌린 후 종량제 봉투에 버린다.

감염병 예방을 위한 냉·난방기 사용 수칙	• 학교 시설 사용 전 또는 후에 출입문과 창문을 모두 열어둔 상태에서 송풍 등을 통해 최대 풍량으로 30분 이상 가동 : 냉난방기 내부 및 실내 오염물질 제거 • 수업 전, 쉬는 시간, 점심시간(1회 환기 시 겨울철 3분 이상, 여름철 10분 이상) 마다 수시로 창문과 출입문을 동시에 개방하여 환기한다. • 냉·난방기, 공기청정기 바람 방향은 천장 또는 벽으로 향하게 하고, 바람의 세기는 가능한 한 약하게 설정한다. • 화장실은 문을 닫고, 화장실 창문은 열린 상태로 유지 : 환기용 배기 팬이 설치되어 있는 경우 팬을 상시 가동하여 환기한다. • 필터 청소 또는 교체 시 마스크, 장갑 등 기본적인 보호장구를 착용하고, 교체 완료 후 손 씻기 등 위생수칙을 준수한다.

UNIT 84 학교 감염병 예방·위기대응 매뉴얼[제3차 개정판(유치원용)] - 교육부

① 구성

전체 구성	**유치원 편** • 유치원 내 평상시 대비 • 유치원 내 감염병 발생 시 대비 및 대응 • 국가의 감염병 위기 상황 시 대비 및 대응 • 전파 차단을 위한 별도의 조치 **교육행정기관 편** • 평상시 및 학교 내 감염병 발생 시 대비 • 국가의 감염병 위기 상황 시 대비 및 대응
감염병 발생 수준별 구성	평상시, 감염병 발생 시와 국가위기상황 시로 구분하여 예방 및 위기 대응 방안을 제시한다. **평상시 및 감염병 발생 시** • '평상시'라 함은 예비단계로 유치원에 감염병 발생이 없는 상황을 의미한다. • '감염병 발생 시'라 함은 유치원에 감염병 (의심)환자의 발생, 유행, 확산, 종료 상황을 모두 포함한다. 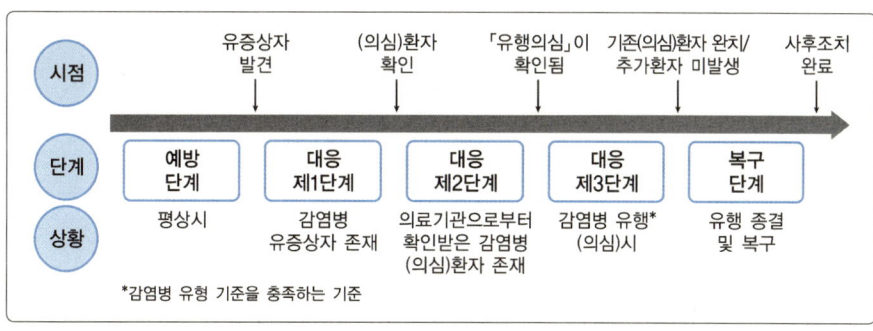 ▲ 평상시 및 감염병 발생 시 대응 단계

국가위기상황 시
- 보건복지부의 「감염병 위기관리 표준매뉴얼」의 정의에 따라 방역당국에 의해 발령되는 상황으로 다음을 포함한다.
    ① 해외 신종 감염병이 공항, 항만 등을 통해 국내 유입·확산되는 경우
    ② 국내에서 원인불명·재출현 감염병 환자가 대규모 발생하는 경우로서 보건복지부 자체 위기 평가 회의에서 국가 감염병 위기관리가 필요하다고 판단되는 경우
- 예방부터 복구까지의 모든 단계를 포함한다.

감염병 관련 국가위기경보수준에 따른 유치원(교육행정기관) 대응

단계		판단 기준	유치원 내 발생 가능성	대응
예방		평상시	없음	• 일반적 대비 • 대응체계 구축
국가 위기 경보 수준	관심 (Blue)	해외에서의 신종 감염병의 발생 및 유행	없음	• 감염병 발생 동향 파악 • 구체적 대응 방안 검토
		국내 원인불명·재출현 감염병의 발생	산발적	• 구체적 대응 방안 검토 • 징후 감시 활동(필요시)
	주의 (Yellow)	해외 신종 감염병의 국내 유입	해당지역	• 구체적 대응 방안 마련 • 유관기관 협조체계 가동 • 환자 발생 지역에 대한 감시 및 대응 실시
		국내 원인불명·재출현 감염병의 제한적 전파		
	경계 (Orange)	국내 유입된 해외 신종 감염병의 제한적 전파	해당지역	• 대응체제 가동 • 유관기관 협조체계 강화 • 환자 발생 지역에 대한 감시 및 대응 강화
		국내 원인불명·재출현 감염병의 지역사회 전파		
	심각 (Red)	국내 유입된 해외 신종 감염병의 지역사회 전파 또는 전국적 확산 징후	전국적	• 대응역량 총동원 • 범정부적 협조체계 강화 • 전국적으로 감시 및 대응 강화 확대
		국내 원인불명·재출현 감염병의 전국적 확산		
복구		유행 종료	산발적	• 평가 및 보완 • 복구 • 감시 활동 유지

❷ 유치원 내 평상시 대비

(1) 유치원 감염병 예방 관리

1) 평상시 대비

상황	평상시란 예방단계로, 유치원 내 감염병이 없거나 전염성이 없다고 진단받은 단순 감기 또는 복통(설사 및 구토 포함) 등 특이사항 없이 일반적인 상황을 유지하는 경우를 말한다.
평상시 추진 업무	• 유치원 감염병 예방·관리 연간계획 수립 • 감염병 대응 모의훈련 계획 및 실시

2) 감염병 예방·관리 연간계획 수립

① 개요

- **내용** 감염병 환자 발생에 대비하여 대응체계 구축(조직 구성, 계획 수립) 및 예방 활동 수행
- **시기** 매년 3월 말까지
- **총괄** 원장
- **수립내용**
  - 유치원 감염병 관리 조직 구성
  - 예방접종 관리
  - 감염병 예방교육
  - 유치원 내 감염병 발생 시 보고 및 대응
  - 수동감시체계 운영
  - 일시적 관찰실 지정
  - 방역활동
- **참고사항**
  - 전년도 예방 활동 및 대응에 대한 자체 평가를 통해 당해 학년도 계획을 수립·반영한다.
  - 원장의 업무분장에 따라 감염병 예방·관리 수립 내용은 일부 달라질 수 있다.

② 주요내용

유치원 감염병 관리 조직 구성

목적
학년 초 감염병 관리 조직 구성과 역할 숙지를 통해 감염병 발생 시 신속하게 대처함으로써 감염 확산 방지 및 건강 보호

조직 운영시기
대응 3단계부터 운영(필요시 조정 가능)

조직 구성 예시(안)

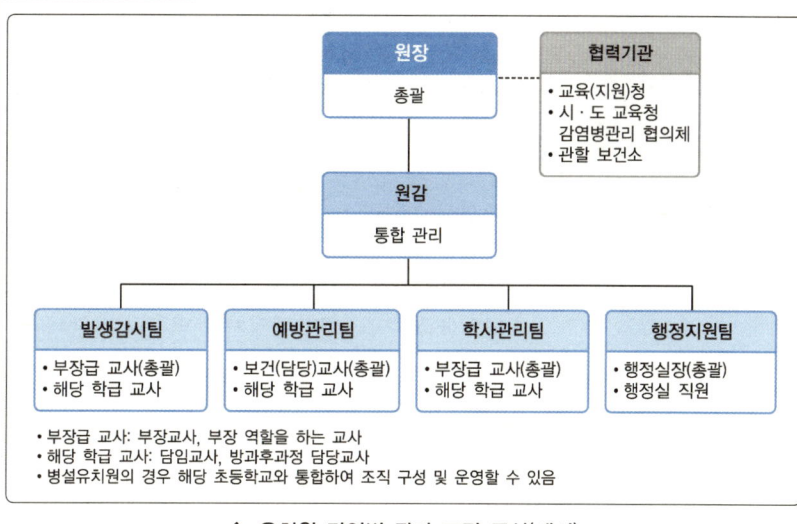

▲ 유치원 감염병 관리 조직 구성(예시)

조직 구성별 역할

① 총괄 및 통합 관리
- **구성원**: 원장, 원감 등
- **역할**
  - 원장: 유치원 감염병 관리 총괄
  - 원감: 비상대책반 통합 관리, 교사 격리·확진 시 대체 인력 지원, 대외 협조 및 언론 보도 대응 등

② 발생감시팀
- **구성원**: 부장급 교사(총괄), 담임교사, 방과후과정 담당교사 등
- **역할**
  - 감염병 (의심)환자의 신속한 파악
  - 밀접접촉자 파악

③ 예방관리팀
- **구성원**: 보건(담당)교사(총괄), 담임교사, 방과후과정 담당교사 등
- **역할**
  - 보건교육(위생수칙 등)
  - 고위험군, (의심)환자·접촉자 관리
  - 유행 확산 방지
  - 보건소 등 외부기관에서 역학조사 시 협조
  - 방역 물품 수요 파악, 구매 요청 및 관리
  - 학급 소독 및 환기

④ 학사관리팀
- **구성원**: 부장급 교사(총괄), 담임교사, 방과후과정 담당교사 등
- **역할**
  - 수업 및 출결 관리
  - 등원 중지 유아에 대한 행정 처리
  - 휴업·휴원이나 등원 중지 시 유아들의 가정학습과 생활지도 관리
  - 비상연락망을 활용한 학부모 대상 상황 공유

⑤ 행정지원팀
- **구성원**: 행정실장(총괄), 행정실 직원 등
- **역할**
  - 위생시설 관리
  - 방역·소독 활동
  - 예산 및 행정 지원
  - 방역물품 구매 관련 행정처리 및 관리지원

참고사항
- 유치원 감염병 관리 조직은 모든 유치원 구성원이 참여하고, 유치원 실정에 맞게 사전에 조직하며 각자의 역할을 숙지하도록 한다.
- 이 매뉴얼에서 제시한 조직 구성과 역할은 예시이므로 각 유치원 상황에 따라 자율적으로 정할 수 있다.

예방접종
관리
	• 목적
	유아의 예방접종력 확인을 통해 '표준예방접종 일정표'에 따라 적기에 예방접종을 실시하도록 하여 예방접종 대상 감염병의 유치원 내 확산 방지
	• 유치원 신입생 취학 예방접종 관리
	  - 확인이 필요한 국가예방접종: 「표준예방접종 일정표(2024)」에 따름
	  - 국가예방접종 종류: B형간염, 결핵, 디프테리아/파상풍/백일해, 폴리오, b형 헤모필루스인플루엔자, 폐렴구균 감염증, 로타바이러스 감염증, 홍역/유행성 이하선염/풍진, 수두, A형간염, 일본뇌염, 인플루엔자
	• 예방접종 미확인 또는 접종을 완료하지 못한 유아의 학부모 대상 안내 사항
	  - 국가예방접종을 완료하지 못한 유아의 예방접종 실시 독려(「미접종 소아의 예방접종 일정표」)
	  - 의료기관 또는 보건소에서 접종 후 전산 등록 요청
	  - 예방접종 금기자 및 전산 등록이 불가한 경우에는 접종받은 의료기관에서 예방 접종 증명서를 발급받아 유치원에 제출
	  ※ 의료기관 폐업으로 전산 등록이 불가능한 경우 보건소에 전산 등록 요청
	참고
	예방접종 금기자
	• 백신 성분에 대해서 또는 이전 백신 접종 후 심한 알레르기 반응이 발생
	• 백일해 백신 투여 7일 이내에 다른 이유가 밝혀지지 않은 뇌증이 발생
	• 면역결핍자 또는 면역억제제 사용자
	
	• 해외 전입 유아 예방접종 관리
	  - 해외 전입 유아에 대한 국가예방접종 증명서 제출 안내
	  - 해외에서 예방접종한 경우 예방접종 내역 서류를 가지고 보건소에서 등록 요청 가능함
	• 입학 후 예방접종 안내 및 등록
	  - 입학 후 추가 예방접종 연령이거나 계절 인플루엔자 등 접종이 필요한 경우 보호자에게 안내

감염병
예방교육
	목적
	감염병 예방 및 대처 능력의 향상
	담당
	보건(담당)교사, 담임교사, 방과후과정 담당교사 등
	대상
	유아, 교직원 및 학부모
	교육내용
	• 월별 유아 빈발 감염병의 예방·관리 방법
	  - 호흡기계 감염증: 수두, 성홍열, 수족구병, 유행성 각결막염, 유행성 이하선염, 인플루엔자
	  - 위장관계 감염증: 살모넬라, 캄필로박터, 로타 바이러스, 노로 바이러스
	• 감염병 증상 발생 시 행동요령
	• 감염병 일반 예방수칙(손 씻기, 마스크 착용, 기침예절 등)
	• 심리적 피해 예방교육 등

교육방법

학급별 교육, 교육자료 게시, 관련 동영상 시청, 실습(손 씻기 등), 가정통신문, SNS 등 유치원 여건에 맞게 다양한 방법 활용

※ 학교 안전교육 7대 영역 표준안 및 아동복지법 시행령 제28조(아동의 안전에 대한 교육) 교육기준을 참고하여 실시

> **유치원 빈발 감염병별 주요 증상**
> - 결핵 : 발열, 전신 피로감, 식은땀, 체중 감소 등
> - 수두 : 피부 발진, 수포, 발열, 피로감 등
> - 유행성 각결막염 : 충혈, 안통, 이물감, 많은 눈물, 눈곱, 눈부심, 결막하출혈 등
> - 유행성 이하선염 : 이하선 부종, 발열, 두통, 근육통 등
> - 인플루엔자 : 발열, 두통, 근육통, 인후통, 기침, 객담 등
> - 성홍열 : 미만성 구진, 발열, 두통, 구토, 복통, 오한 및 인후염 등
> - 수족구병 : 발열, 손·발바닥 및 구강 내 수포·궤양 등

> **심리적 피해 예방교육**
> - 보건(담당)교사, 담임교사 또는 방과후과정 담당교사는 감염병 (의심)환자의 낙인효과 (비난받음, 따돌림 등)를 예방하기 위해 평소에 교육 실시
> - 교육 내용(예시)
>   - 감염병이 의심될 경우 자신과 다른 사람의 보호를 위한 다양한 조치(일시적 격리, 마스크 착용, 등원 중지 등)를 하는 것이 당연하다는 것을 보건교육 및 생활지도를 통해 평소에 알림
>   - 일시적 관찰과 마스크 착용이 감염병 환자임을 의미하는 것이 아니라, 환자로 확인되기 전에 필요한 사전조치이므로 본인이나 주변 사람들이 불안해할 필요가 없음
>   - 대부분의 감염병은 개인위생수칙, 영양섭취 등의 건강생활수칙 준수 시 충분히 예방 및 치료가 가능하므로 지나치게 불안해하지 않도록 함
>   - 감염병에 걸린 것이 자신의 잘못이 아니며, 누구나 감염될 수 있다는 것을 안내함

유치원 내 감염병 발생 시 보고 및 대응

목적

감염병 발생 시 신속 보고를 통하여 감염병의 유행 감시

방법
- 원내 감염병 발생 현황을 인지 즉시 나이스(NIES) 등록 및 교육(지원)청 보고
- 결핵·홍역·콜레라·장티푸스·파라티푸스·세균성이질·장출혈성대장균감염증·A형간염은 보고 절차 준수 및 보건소에도 즉시 신고
- 환자 및 의심 증상자 발생 시 신속한 격리(등원 중지 포함)를 통한 확산 차단 강화
- 학교 결핵관리지침 준수 및 결핵검사 실시로 원내 확산 방지

수동감시체계 운영

목적
- 감염병 (의심)환자를 조기에 발견하여 유치원 내 감염병 발생단계 업무흐름도에 따라 체계적으로 대응
  - 수동감시 : 평소에 유아 관찰을 통해 감염병 (의심)환자를 발견하는 것
  - 능동감시 : 유행이 의심되는 일정 기간 동안 증상 유무 묻기, 검사 등을 통해 감염병 (의심)환자를 적극적으로 파악하는 것

	담당 및 연락체계 • 보건(담당)교사: 감염병 (의심)환자 발견 시 담임교사에게 알림 • 담임교사: 담당 학급 유아에 대한 상시 관찰, 결석자 파악 등을 통해 감염병 (의심)환자 발견 시 보건(담당)교사에게 연락 • 방과후과정 담당교사: 방과후과정 중 감염병 (의심)환자 발견 시 보건(담당)교사와 담임교사에게 연락 **방법** • 학부모의 자발적 통지, 교사의 관찰 등을 통해 발견 • 보건(담당)교사는 월별로 감시가 필요한 감염병과 증상 정보를 「감시 대상 정보 제공 요령」을 참고하여 발생감시팀에게 제공 • 담임교사는 유아 및 학부모를 대상으로 감염병 진단 또는 의심 증상 발생 즉시 담임교사나 보건(담당)교사에게 알릴 수 있도록 교육

일시적 관찰실 지정	• 지정조건
	  − 1층에 마련 원칙(1층 마련이 어려운 경우 층간 이동을 최소화하고 신속한 귀가가 가능한 장소에 마련)
	  − 문을 닫을 수 있고 환기가 잘 되는 공간
	  − 출입구에 안내문을 부착하여 다른 사람들의 접근 차단
	    ※ 원장실, 교무실, 보건실은 다른 사람과의 접촉 가능성이 있으므로 바람직하지 않으나 부득이한 경우 가림막(커튼, 파티션 등)으로 차단
	• 담당자
	  − 담당자는 해당 학급 교사 외 다른 교직원을 권장함(학급의 다른 유아들의 안전을 위해 해당 학급 교사는 학급 유아들과 함께 있는 것이 바람직함)
	    ※ 병설유치원(소인수 학급)의 경우 해당 초등학교와 통합하여 조직 구성 및 운영할 필요 있음

방역 활동	• 방역물품 비축
	  − 적정 수량 확보/유지: '유치원 방역물품 비축 권장 모형' 참고
	  − 방역물품 소모 시 추가 구매를 통하여 필요 수량 유지
	  − 방역물품 구입 예산 확보
	
	　　참고
	　　유치원 방역물품 비축 권장 모형
	　　• 발열감시: 고막 체온계, 비접촉 체온계
	　　• 장갑: 의료용 장갑
	　　• 마스크: 보건용(KF80 이상), 수술용
	　　• 손 소독: 알코올 손 소독제
	　　• 환경 소독: 락스, 살균 티슈
	
	• 소독 및 환기
	  − 유치원의 소독은 정기 소독, 임시 소독, 보건실 소독, 일시적 관찰실 소독으로 분류함
	  − 정기 소독 실시계획 수립, 예산 확보, 방역업체 선정·계약, 실시 여부 확인
	  − 시설별 소독 담당자는 유치원 상황을 고려하여 원장 재량에 따라 결정
	  − 교실 등의 창문과 출입문을 동시에 10분 이상 열어 충분히 수시로 환기

세부 지침	적용 범위 및 방법
정기 소독	• 「감염병 예방 및 관리에 관한 법률」 제51조제2항 및 시행령 제24조에 따라 아래 해당 학교 전체에 대해 주기적으로 실시 　- 「유아교육법」에 따른 유치원 중 50명 이상 수용 유치원 　　(※ 50명 미만 규모의 유치원도 정기소독 실시 권고) • 4월~9월에는 2개월에 1회 이상, 10월~3월에는 3개월에 1회 이상 전문 소독 업체에서 실시
임시 소독 (감염병 발생 시)	• 유치원 내 감염병 환자가 발생하였거나 유행 시 해당 공간에 대해 실시 　- 유치원 전체 소독은 정기 소독에 준하여 실시 　- 그 외 유치원 다빈도 접촉 공간 및 물품 등에 소독제나 소독 티슈를 사용하여 표면 소독 실시 　- 충분히 환기하기
보건실 소독	평상시 보건실의 공간, 장비 및 물품 등의 소독 시행 시
일시적 관찰실 소독	감염병 (의심)환자를 격리, 관찰한 경우 해당 공간에 대한 소독 시행 시

(2) **감염병 대응 모의훈련**

목적	• 유치원 내에서 발생할 수 있는 다양한 감염병 발생 상황에 대한 대처 능력 강화 • 유치원 내 감염병 발생 시 각 구성원의 역할 강화와 의사소통 능력 향상
필요성	유아 감염병 관리를 유치원 구성원 전체가 참여하는 활동으로 계획하고 구성원 역할에 맞는 교육과 훈련을 통해 유치원 내 감염병 발생 시 신속하고 적절한 대응 필요
훈련 내용 및 방법	**참여자** 유치원 관리자 및 부장급 교사, 보건(담당)교사, 담임교사, 방과후과정 담당교사, 행정실장 등 모든 교직원 참여 원칙 **훈련시기** 유치원의 학사 일정을 고려하여 일정 조정, 가능하면 상반기 내에 훈련 진행 **방법** • 훈련 당일 조별로 특정 유아 감염병 발생의 단계별 시나리오가 기입되어 있는 훈련용 워크북을 제공하고, 대응 단계에 따라 구성원들이 서로의 역할을 논의하여 대응 방법을 찾는 도상훈련(tabletop exercise) 실시 • 유치원별 자체 모의 훈련 시 교육지원청 단위의 모의훈련에 참석하였던 유치원별 대표 구성원들이 *모더레이터(moderator) 역할을 하도록 한다.

*모더레이터 (moderator) 토론을 진행하고, 유용한 결과를 도출하기 위하여 문제 해결을 유도하는 사람

③ 유치원 내 감염병 발생 시 대비 및 대응

유치원 내 빈발 감염병의 종류 및 특성

감염병	임상 증상	감염 가능 기간	등원 중지 (격리) 기간[1), 2)]	잠복기[3)]	밀접 접촉자 파악	일시적 격리[4)]	마스크 착용
결핵	발열, 전신피로감, 식은땀, 체중 감소	약물 치료 시작 후 2주까지	약물 치료 시작 후 2주까지	수년까지 가능 (50% 2년 이내)	○	○	○
수두	피부 발진, 수포, 발열, 피로감	발진 1~2일 전부터 모든 피부 병변에 가피가 생길 때까지	모든 수포에 가피가 형성될 때까지	10~21일 (평균 14~16일)	○	○	○
수족구병	발열, 손, 발바닥 및 구강 내 수포·궤양	발병 후 7일간이 가장 전염력이 강함. 피부 병변(수포)에 가피가 생성될 때까지	수포 발생 후 6일간 또는 가피가 형성될 때까지	3~7일	○	○	○
급성 출혈성 결막염	충혈, 안통, 이물감 많은	발병 후 4일~1주일	격리 없이 개인 위생수칙을 철저히 지킬 것을 권장	8~48시간	○	○	×
유행성 각결막염	눈물, 눈곱, 눈부심, 결막하출혈	발병 후 14일까지		5~7일	○	○	×
유행성 이하선염	이하선 부종, 발열, 두통, 근육통	이하선염 발현 3일 전부터 5일 후까지	증상 발생 후 5일까지	12~25일 (평균 16~18일)	○	○	○
감기균	발열, 기침, 객담 등 호흡기계 증상	이환 기간 내내	등원 중지 안 함	병원체마다 다양 (보통 2~14일)	×	○	○
인플루엔자	발열, 두통, 근육통, 인후통, 기침, 객담	증상 발생 1일 전부터 5일까지	유아 상태 및 의사의 소견에 따라 등원중지 기간 운영[5)]	1~4일 (평균 2일)	×	○	○

1) 전파 차단을 위한 등원 중지 기간으로 관련 질환에 대한 질병관리청 매뉴얼의 환자 격리 기간을 바탕으로 작성함
2) 등원 중지 기간은 휴일을 포함
3) 감염 시작 시점부터 증상과 징후 발생 시점까지의 기간
4) 전파 우려가 있는 감염병 의심 유아가 의료기관에 진료를 받으러 가기 전까지 격리하여 관찰하는 것
5) 방역당국의 '인플루엔자 관리 지침'이 있을 경우 그 지침의 등원 중지 기간을 우선 적용

참고 유치원 내 빈발 감염병의 기본적인 지침은 위 표를 따르되, 방역당국에서 별도의 관리지침을 제시할 경우에는 그 지침을 우선 적용함(예 인플루엔자 관리 지침의 등원 중지 기간)

그 외 유치원 내 감염병의 종류 및 특성

감염병	임상 증상	감염 가능 기간	등원 중지 (격리) 기간[1),2)]	잠복기[3)]	밀접 접촉자 파악	일시적 격리[4)]	마스크 착용
b형 헤모필루스 인플루엔자	수막염, 후두개염, 폐렴, 관절염 등	호흡기 분비물에 균이 존재하는 동안 전파 가능하며, 적절한 항생제 투여 후 24시간까지 전파 가능	항생제 치료 시작 후 24시간까지	명확하지 않음	○	○	×
노로 바이러스	오심, 구토, 설사, 복통, 권태감, 발열	급성기부터 설사가 멈추고 48시간 후까지	증상 소실 후 48시간까지	24~48시간 (평균 33시간)	○	○	×
백일해	상기도 감염 증상, 발작적 기침, 구토	2주간 전염력이 높으며, 증상 발생 4주 후에는 전염성이 소실	항생제 투여 후 5일까지	7~20일 (평균 5~10일)	○	○	○
성홍열	미만성 구진, 발열, 두통, 구토, 복통, 오한 및 인후염	항생제 치료 시작 후 24시간까지	항생제 치료 시작 후 24시간까지	1~3일	○	○	○
수막구균성 수막염	두통, 발열, 경부 경직, 오심, 구토	항생제 치료 시작 후 24시간까지	항생제 치료 시작 후 24시간까지	2~10일 (평균 3~4일)	○	○	○
풍진	구진성 발진, 림프절 종창, 미열 등 감기 증상	발진 발생 7일 전부터 발진 발생 후 7일까지	발진 7일 전부터 7일 후까지	12~23일 (평균 14일)	○	○	○
홍역	발진, 발열, 기침, 콧물, 코플릭 반점	발진 발생 4일 전부터 발진 발생 후 4일까지	발진 4일 전부터 4일 후까지	7~21일 (평균 10~12일)	○	○	○

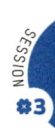

(1) 개요

유치원 내 감염병 발생 시 대응 제1단계부터 복구까지의 단계별 주요 의사결정은 아래의 감염병 대응 업무 흐름도를 따른다.

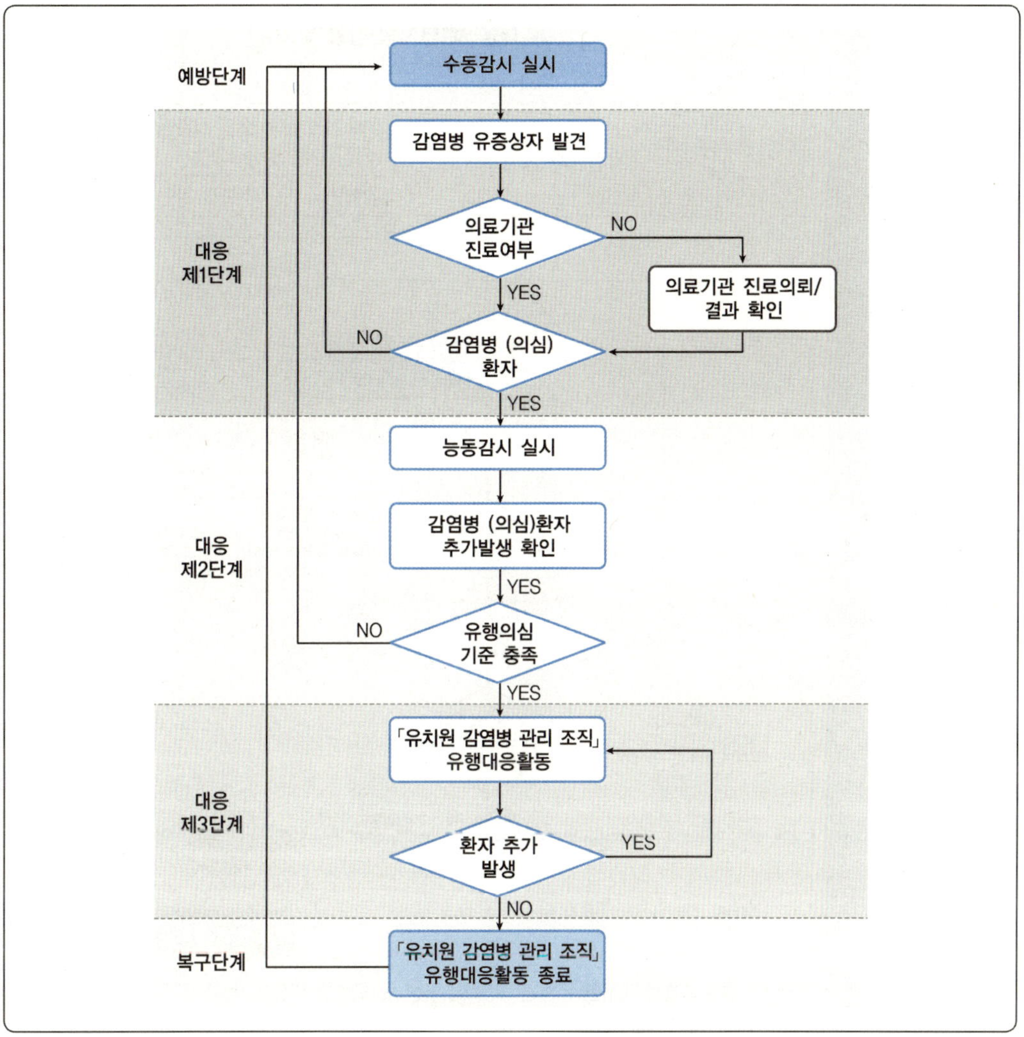

예방단계
수동감시 실시
대응 제1단계
감염병 유증상자 발견
의료기관 진료여부
NO
의료기관 진료의뢰/ 결과 확인
YES
NO
감염병 (의심) 환자
YES
대응 제2단계
능동감시 실시
감염병 (의심)환자 추가발생 확인
YES
NO
유행의심 기준 충족
YES
대응 제3단계
「유치원 감염병 관리 조직」 유행대응활동
환자 추가 발생
YES
NO
복구단계
「유치원 감염병 관리 조직」 유행대응활동 종료

유치원 내 감염병 대응 업무 흐름도

시점
유증상자 발견
(의심)환자 확인
「유행의심」이 확인됨
기존 (의심)환자 완치/ 추가환자 미발생
사후조치 완료
단계
예방 단계
대응 제1단계
대응 제2단계
대응 제3단계
복구 단계
상황
평상시
감염병 유증상자 존재
의료기관으로부터 확인받은 감염병 (동일학급 내 감염병 (의심)환자 2명 이상 발생)
감염병 유행* (의심)시
유행 종결 및 복구
*감염병 유행 기준을 충족하는 경우

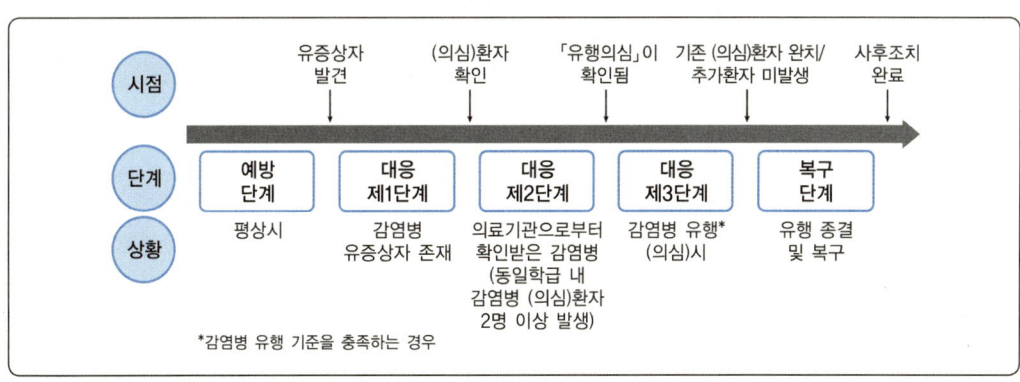

평상시 및 감염병 발생 시 대응 단계

(2) 대응 제1단계 : 유치원 내 감염병 유증상자의 발견 및 확인 단계

	감염병 유증상자 발견 후 의료기관 진료를 통해 감염병 (의심)환자 발생 여부를 확인하는 단계이다.
	대응 제1단계의 상황 및 기간

상황	시작 시점	종료 시점	후속 조치
감염병 유증상자 존재	유증상자 발견	의료기관 진료 결과 감염병 (의심)환자 발생 확인	➡ 대응 제2단계
		감염병이 아닌 것으로 확인	➡ 예방단계

개요

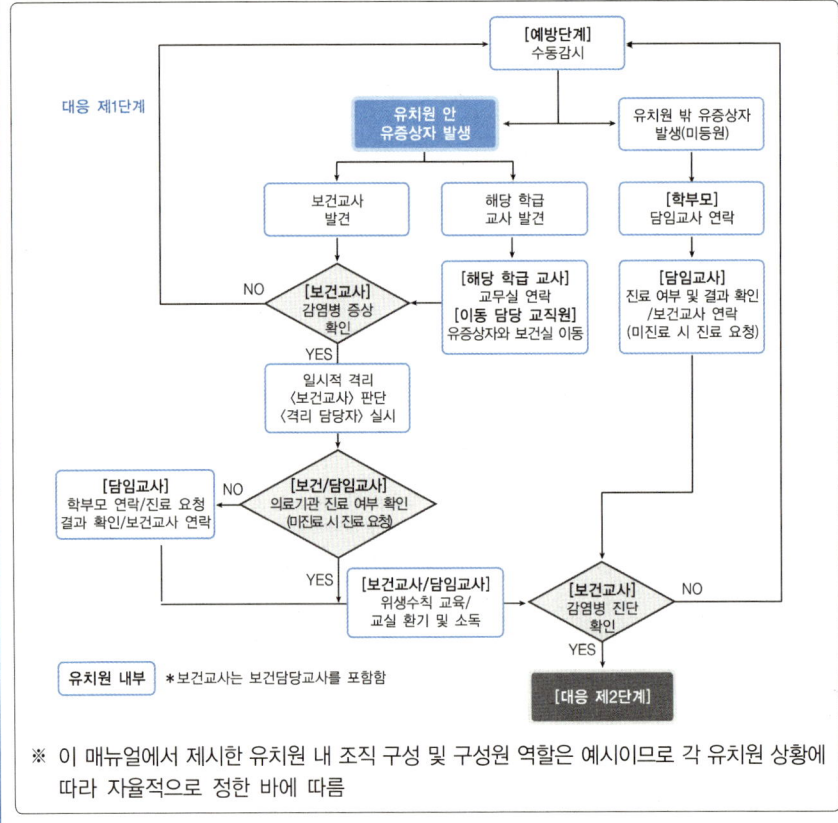

※ 이 매뉴얼에서 제시한 유치원 내 조직 구성 및 구성원 역할은 예시이므로 각 유치원 상황에 따라 자율적으로 정한 바에 따름

감염병 대응 제1단계의 업무 흐름도

유치원 내에서 감염병 유증상자를 발견했을 때 주요 활동과 담당자의 역할은 아래와 같다.

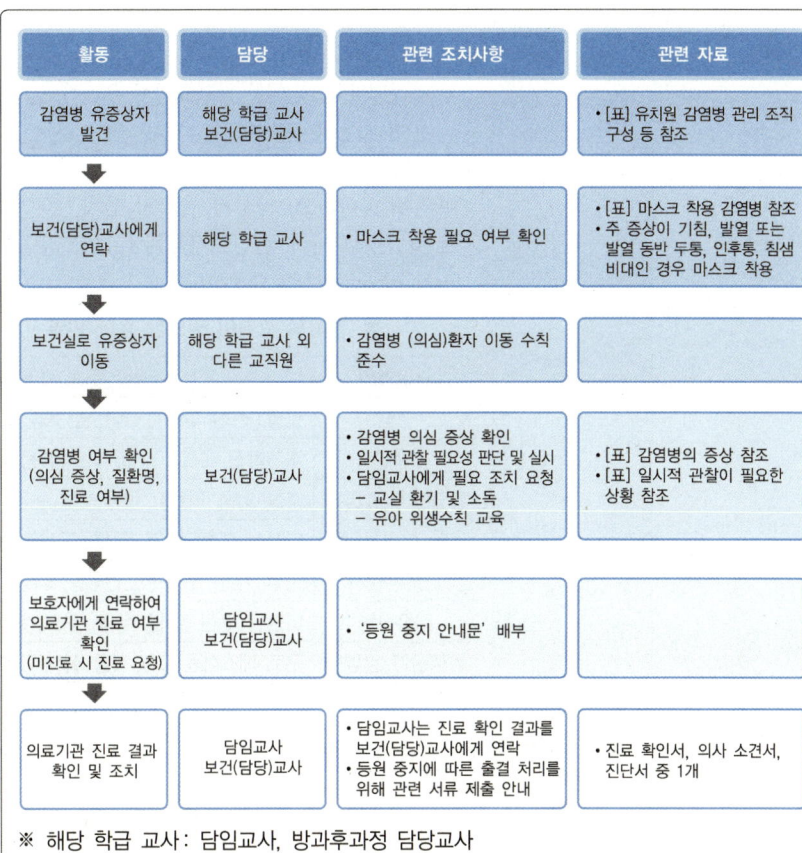

대응 제1단계의 주요 활동과 담당

감염병 (의심)환자 이동 수칙	• 감염병 (의심)환자가 원내에서 혼자 이동하는 것은 원칙적으로 금지한다. • 이동 시에는 해당 학급 교사 외 다른 교직원이 동행한다. • 필요시 감염병 (의심)환자와 이동 담당 교직원 모두 마스크를 착용한다.
감염병 여부 확인 시 참고사항	• 감염병을 의심할 수 있는 증상인지를 확인하고 의료기관 진료 여부를 확인 후 미진료 시 진료를 요청한다. • 유치원 내 감염병 증상들은 주요 감염병 이외에도 발생할 수 있고 그 외 다른 증상이 나타날 수 있으므로 해당 시기의 빈발 감염병 정보 등을 종합하여 판단한다. • 발열을 호소하는 경우 체온을 측정하여 실제 발열 여부를 다시 확인 • 응급상황인 경우에는 즉시 적절한 조치를 수행한다.

유치원 내에서 (교육활동 중) 감염병 유증상자를 발견한 경우

- 일시적 관찰실
  - 유치원 내 전파를 방지하기 위하여 감염 우려가 있는 유아가 의료기관에 진료를 받으러 가기 전까지 격리하여 보호·관찰하는 유치원 내 공간을 말한다.
  - 격리된 유아에 대한 낙인효과를 우려하여 '격리' 대신 '관찰'이라는 용어 사용을 권장한다.
- 보건(담당)교사가 감염병 증상 자료 등을 참고하여 일시적 관찰 여부를 판단하고, 일시적 관찰실 설치·운영한다.
- 보건(담당)교사가 담임교사에게 [표]의 감염병 유증상자 발견 시 조치 방안 실시를 요청한다.

일시적 관찰이 필요한 유아 빈발 감염병의 증상

감염병명	주요 증상
결핵	발열, 전신 피로감, 식은땀, 체중 감소 등
수두	피부발진, 수포, 발열, 피로감 등
유행성 각결막염	충혈, 안통, 이물감, 많은 눈물, 눈곱, 눈부심, 결막하출혈 등
유행성 이하선염	이하선 부종, 발열, 두통, 근육통 등
인플루엔자	발열, 두통, 근육통, 인후통, 기침, 객담 등
수족구병	미만성 구진, 발열, 두통, 구토, 복통, 오한 및 인후염 등
위장관계 감염증	구토, 메스꺼움, 오한, 복통, 설사, 근육통, 권태, 두통, 발열 등

일시적 관찰실 설치 및 운영 방안

구분	내용
장소	• 학년 초 「유아 감염병 예방·관리 계획」 수립 시 장소 지정 • 유치원 상황에 맞게 탄력적으로 운영할 수 있지만 가급적 지정조건 준수 권고 • 지정조건 　- 1층에 마련 원칙(1층 마련이 어려운 경우 층간 이동을 최소화하고 신속한 귀가가 가능한 장소에 마련) 　- 문을 닫을 수 있고 환기가 잘 되는 공간 　- 출입구에 안내문을 부착하여 다른 사람들의 접근 차단 　- 원장실, 교무실, 보건실은 다른 사람과의 접촉 가능성이 있으므로 바람직하지 않으나, 부득이한 경우 가림막(커튼, 파티션 등)으로 차단하여 장소 활용
담당자	담당자는 수업 중인 해당 학급 교사 외 다른 교직원을 권장함(학급의 다른 유아들의 안전을 위해 해당 학급 교사는 학습 유아들과 함께 있는 것이 바람직함)
기간	의료기관에 진료를 받으러 가기 전까지 한시적으로 격리
방법	• 관찰실 내에서 교직원과 유아는 1m 이상의 거리를 유지하도록 노력하고 보호자에게 인계 후에는 반드시 손씻기 및 소독 • 유증상 유아가 있는 경우에는 복도 쪽 창문은 닫고 실외 쪽 창문은 모두 개방 • 최대한 유아를 안정시킨 상태에서 주의 깊게 증상 변화 관찰 • 필요시 유아와 담당 교직원은 마스크 착용 • 사용 시설은 격리 해제 후 즉시 환기, 소독 실시
심리 지원	• 격리 유아의 불안감 해소 및 낙인효과 예방에 주의 • 필요시 심리 지원 실시

(좌측 구분: 일시적 관찰 필요성 판단 및 실시)

의료기관 진료 결과에 따른 조치	• 담임교사: 아래와 같이 진료 후 감염병의 구분, 감염 여부의 결과에 따라 조치한다. **⚠ 감염병 유증상자 발견 시 담임교사의 조치** | 구분	감염 여부	조치 사항		추가 조치	확인 방법
---	---	---	---	---	---
법정 감염병	확진	등원 중지	격리 기간 준수	대응 제2단계	• 제출 서류 - 진단서 - 의사 소견서 등 • 확인 내용 - 진단명 - 격리기간 등
	의심		감염병 확진 확인 시까지		
비법정 감염병	확진	• 등원 가능 • 필요시 등원 중지 가능		대응 제1단계	
	의심				
일반질병 또는 비감염성 질병	확진			예방 단계	| • 보건(담당)교사: 감염병 (의심)환자 발생을 확인한 즉시 추가 (의심)환자 파악 등 대응 제2단계의 활동을 수행한다.	
교실 소독 및 환기	• 감염병 발생에 따른 임시 소독을 실시한다. • 감염병 유증상자가 속한 학급은 소독제를 이용해 오염 가능성이 높은 물체 표면을 닦는다. 예) 책상, 의자, 창틀, 사물함, 교구장, 교재교구, 출입문 및 화장실 손잡이 등 • 교실 등의 창문과 출입문을 동시에 10분 이상 열어 충분히 수시로 환기한다.	
위생수칙 교육 실시	• 해당 감염병의 정보 및 위생수칙 교육(손씻기, 기침예절 등)을 실시한다. • 해당 감염병 증상 발생 시 담임교사나 방과후과정 담당교사에게 알리도록 안내한다.	
가정에서 감염병 유증상자를 발견한 경우 (미등원 시)	담임교사	• 보호자에게 의료기관 진료 여부를 확인하여 미진료 시 진료를 받도록 하며, 이때 출결 관련 필요 서류 및 관련 서식 이용 방법을 안내한다. • 감염병 증상으로 결석한 사실을 인지한 즉시 보건(담당)교사에게 연락한다. • 의료기관 진료를 이미 받은 경우 의사의 소견에 따라 등원 중지를 실시한다. • 등원 중지 시에는 학습결손 예방을 위한 학습지도 방안 및 가정에서의 생활수칙을 안내한다.
	보건(담당)교사	• 감염병 확진 인지 시 즉시 대응 제2단계 활동을 수행한다. • 위생수칙 교육 등 기타 활동은 유치원 안에서 감염병 유증상자를 발견한 경우와 동일하게 수행한다.

(3) 대응 제2단계 : 유치원 내 감염병 유행 의심 여부를 확인하는 단계

개요

의료기관으로부터 확인받은 감염병 (의심)환자가 있어 감염병 (의심)환자의 추가 발생 및 유행 의심 여부를 판단하는 단계이다.

대응 제2단계의 상황 및 기간

상황	시작 시점	종료 시점	후속 조치
의료기관으로부터 확인받은 감염병 (의심)환자 존재	의료기관 진료 결과 감염병 (의심)환자 발생 확인	추가 (의심)환자 발생 확인을 통해 유행 의심 기준 충족	➡ 대응 제3단계
		기존 (의심)환자가 완치되고 추가 (의심)환자가 미발생	➡ 예방단계

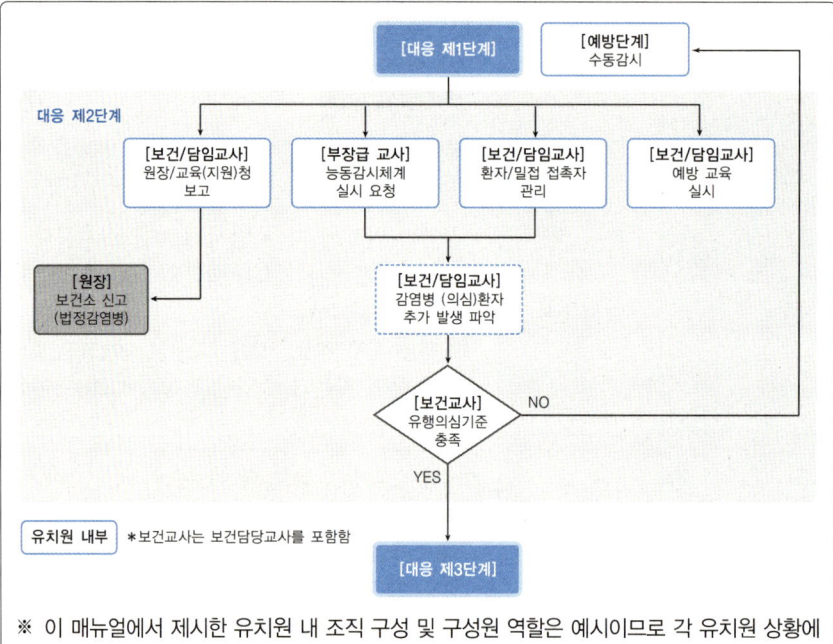

※ 이 매뉴얼에서 제시한 유치원 내 조직 구성 및 구성원 역할은 예시이므로 각 유치원 상황에 따라 자율적으로 정한 바에 따름

🔖 감염병 대응 제2단계의 업무 흐름도

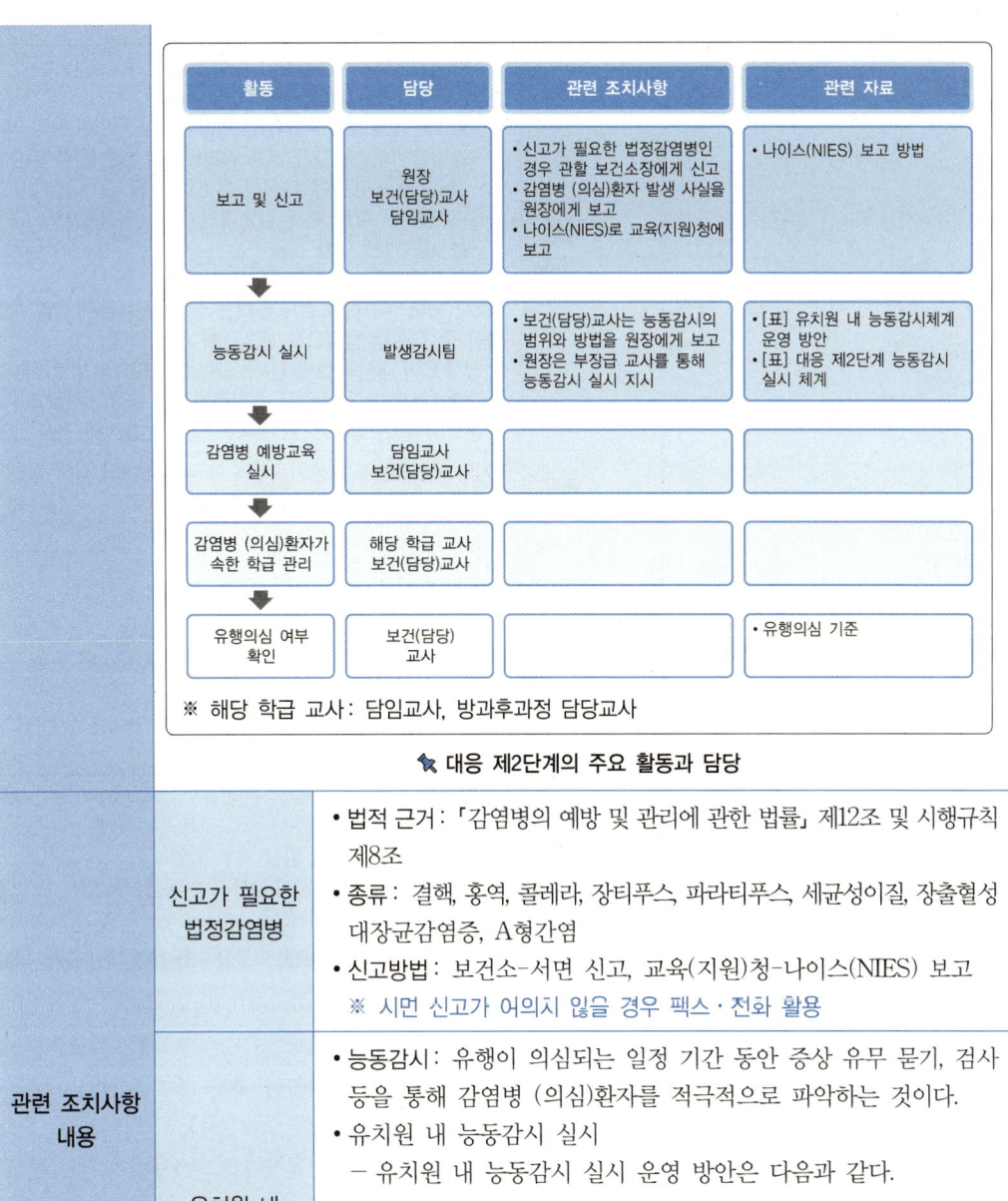

🔖 대응 제2단계의 주요 활동과 담당

관련 조치사항 내용		
	신고가 필요한 법정감염병	• 법적 근거 : 「감염병의 예방 및 관리에 관한 법률」 제12조 및 시행규칙 제8조 • 종류 : 결핵, 홍역, 콜레라, 장티푸스, 파라티푸스, 세균성이질, 장출혈성 대장균감염증, A형간염 • 신고방법 : 보건소-서면 신고, 교육(지원)청-나이스(NIES) 보고 ※ 서면 신고가 여의치 않을 경우 팩스・전화 활용
	유치원 내 능동감시 실시 : 발생감시팀	• 능동감시 : 유행이 의심되는 일정 기간 동안 증상 유무 묻기, 검사 등을 통해 감염병 (의심)환자를 적극적으로 파악하는 것이다. • 유치원 내 능동감시 실시 – 유치원 내 능동감시 실시 운영 방안은 다음과 같다. 🅰 유치원 내 능동감시체계 운영 방안

구분	내용
담당	발생감시팀, 예방관리팀
운영 시기	• 대응 제2・3단계 • 시・도 교육청의 「학교유행경보」 발령 시 • 국가위기상황 시 교육부(시・도 교육청)의 요청이 있는 경우

	운영 방법	• 보건(담당)교사가 능동감시 대상을 결정 • 대응 제2단계: 일부만 실시 - 감염병 (의심)환자가 발생한 학급이 있는 동일한 층의 학급 - 감염병 (의심)환자가 공용 공간(강당, 식당 등)을 이용한 경우, 함께 공간을 이용한 유아들 전원 - 수인성 및 식품 매개 감염병의 경우 (의심)환자와 같은 음식을 먹은 유아 전체 • 대응 제3단계: 전체 학급으로 확대 • 감시 방법: 유아/보호자에 대한 설문, 신체검사(발열 측정 등) 중 적절한 방법으로 매일 1회 이상 파악 ※ 전체 유아 대상의 발열 검사는 권장하지 않으며 발열 여부에 대한 감시가 필요한 경우, 유아에게 발열 증상이 관찰되거나, 본인이 열이 있다고 한 유아에 대한 선별적인 검사 권고
	종료	마지막 (의심)환자 발생일로부터 해당 감염병의 최대 잠복기까지 추가 (의심)환자가 발생하지 않는 경우

- 대응 제2단계의 능동감시 실시 체계
  - 유치원 내 각 담당자별 역할은 다음과 같다.

🅰 대응 제2단계 능동감시 실시 체계

구분	역할
담당자	발생감시팀은 능동감시를 하고, 그 결과를 보건(담당)교사에게 통보하도록 함
능동감시 대상 학급 담임교사 및 방과후과정 담당교사	• 학급 유아들의 출석 관리(결석, 조퇴, 지각 등의 사유 확인) • 출석 유아들의 증상 여부 확인 • 학급 내 추가 (의심)환자 또는 유증상자 발생 시 보건(담당)교사에게 전달
보건(담당)교사	발생감시팀의 보고 및 보건실 이용 유아 대상 추가 (의심)환자 발생 파악

감염병 예방교육 실시: 예방관리팀

- 담임교사
  - 해당 감염병의 주요 증상과 예방법, 증상 발생 시 행동요령 등에 대한 간단한 교육을 주기적으로 실시한다.
  - 유아가 해당 증상 발생 시 담임교사나 보호자에게 알릴 것을 교육한다.
  - 가정통신문을 배부하여 보호자에게 유치원 내 감염병 발생 사실을 알리고 자녀 생활지도를 협조 요청한다(개인위생 관리, 외출 및 다중이용시설 출입 자제).
- 보건(담당)교사
  - 해당 감염병에 대한 예방교육 자료를 제공하고 학급에서 감염병 예방교육을 실시하도록 안내한다.
  - 가정통신문을 작성하여 담임교사에게 제공한다.
  - 필요시 유아 및 교직원 대상 감염병 예방교육을 실시한다.

감염병 (의심)환자가 발생한 학급 관리	**필요성**	
	• 감염병 (의심)환자와 같은 학급 유아들은 같은 공간에서 일정시간 함께 생활하였기 때문에 해당 감염병의 발생 가능성이 높은 밀접접촉자이다.	
	• 특히, 유아 빈발 감염병인 인플루엔자, 수두, 유행성이하선염, 수족구병 등은 증상 발생 전부터 감염성이 있으므로 밀접접촉자를 파악하고 관리하는 것이 매우 중요하다.	
	밀접접촉자의 정의	
	• 일반적으로 밀접접촉자는 보통 1~2미터 이내에서 접촉한 경우로 정의한다.	
	• 이 매뉴얼에서는 관리의 효율성을 위해 (의심)환자가 포함된 학급 전체를 의미한다.	
	• 다만, 방역당국의 판단이 있을 경우 이를 우선적으로 따른다.	
	밀접접촉자의 일반적 관리 방안	
	• 대부분의 감염병은 증상 발생 여부 감시만으로 충분하다. - 최대 잠복기 동안 (의심)환자 발생 여부 감시 - 손 씻기, 마스크 사용, 기침 예절 등의 예방교육 강화 - 호흡기 전파 감염병의 경우 최대 잠복기 동안 마스크 착용	
	밀접접촉자의 기타 관리 방안	
	격리 실시 등: 역학조사 결과 방역당국의 지시에 따라 실시한다.	

유행의심
여부 확인
	• **담당** 보건(담당)교사
	• 유행의심 여부 판단
	 - 유치원 자체적으로 감염병 유행 여부를 판단하는 것보다 보건소의 역학조사 결과에 따르는 것이 바람직하다.
	 - 다만, 유치원에서는 감염병 확산의 선제적 대응을 위해 '유행의심 기준'에 따라 판단하고 이에 해당하면 실제 유행 여부가 불확실하더라도 대응 제3단계의 활동을 수행한다.
	• 유치원 내 감염병 유행의심 기준
	 ① 최대 잠복기 이내에 동일 학급에서 의심 또는 확진 환자 2명 이상 발생한 경우
	 ② 최초 (의심)환자와 동일 학급은 아니지만 추가 (의심)환자가 이동식 수업이나 급식 등 공통된 공간에 노출되어 관련성이 의심되는 경우
	  - 사례 1: 최초 (의심)환자와 같은 학급은 아니지만 추가 (의심)환자가 최초 (의심)환자가 발견된 당일 같은 공간(예 강당)에서 함께 있었던 것이 확인되면 유행의심 기준을 충족한다.
	  - 사례 2: 서로 다른 학급 유아인 2명의 (의심)환자가 증상 발생 하루 전 유치원 식당에서 점심 식사를 한 것으로 확인되면 유행의심 기준을 충족한다.
	• 후속 조치
	 - 유행의심 기준을 충족하는 경우 대응 제3단계로 격상한다.
	 - 기존 (의심)환자가 완치되고 최대 잠복기 동안 추가 (의심)환자가 발생하지 않는 경우는 예방단계로 복귀한다.	

(4) 대응 제3단계 : 유치원 내 유행 확산 차단

동일 학급에서 감염병 (의심)환자가 2명 이상 존재하는 것을 확인하여, 유아 감염병 관리 조직의 유행 시 대응 활동을 통해 유행 확산을 방지하는 단계이다.

🔔 대응 제3단계의 상황 및 기간

상황	시작 시점	종료 시점	후속 조치
동일 학급에 감염병 (의심)환자 2명 이상 존재	추가 (의심)환자 발생 확인을 통해 유행의심 기준 충족	기존의 모든 (의심)환자가 완치되고 추가 (의심)환자 미발생	➡ 복구단계

개요

※ 이 매뉴얼에서 제시한 유치원 내 조직 구성 및 구성원 역할은 예시이므로 각 유치원 상황에 따라 자율적으로 정한 바에 따름

🔖 감염병 대응 제3단계의 업무 흐름도

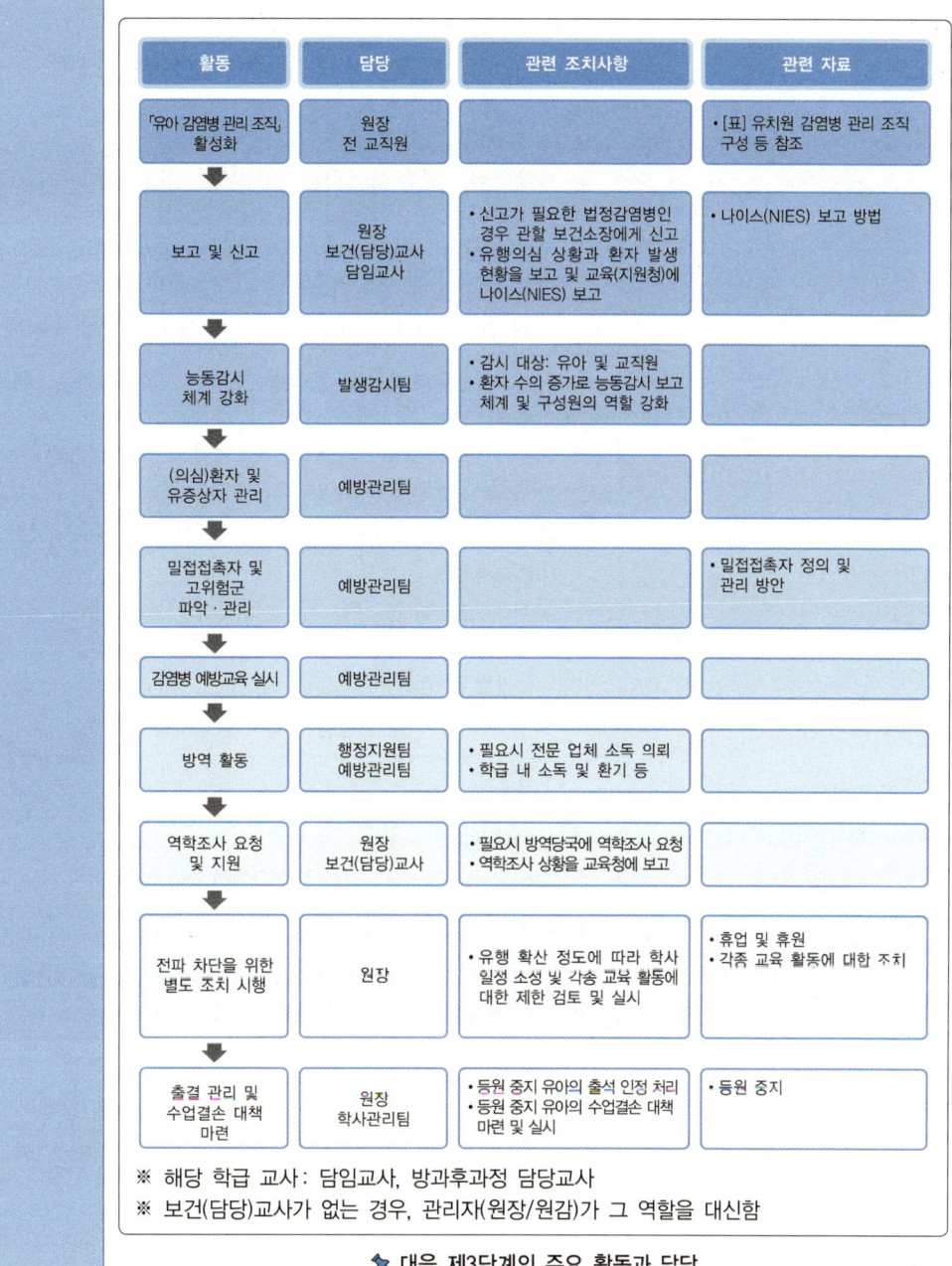

활동	담당	관련 조치사항	관련 자료
「유아 감염병 관리 조직」활성화	원장 전 교직원		• [표] 유치원 감염병 관리 조직 구성 등 참조
보고 및 신고	원장 보건(담당)교사 담임교사	• 신고가 필요한 법정감염병인 경우 관할 보건소장에게 신고 • 유행의심 상황과 환자 발생 현황을 보고 및 교육(지원)청에 나이스(NIES) 보고	• 나이스(NIES) 보고 방법
능동감시 체계 강화	발생감시팀	• 감시 대상: 유아 및 교직원 • 환자 수의 증가로 능동감시 보고 체계 및 구성원의 역할 강화	
(의심)환자 및 유증상자 관리	예방관리팀		
밀접접촉자 및 고위험군 파악·관리	예방관리팀		• 밀접접촉자 정의 및 관리 방안
감염병 예방교육 실시	예방관리팀		
방역 활동	행정지원팀 예방관리팀	• 필요시 전문 업체 소독 의뢰 • 학급 내 소독 및 환기 등	
역학조사 요청 및 지원	원장 보건(담당)교사	• 필요시 방역당국에 역학조사 요청 • 역학조사 상황을 교육청에 보고	
전파 차단을 위한 별도 조치 시행	원장	• 유행 확산 정도에 따라 학사 일정 조정 및 각종 교육 활동에 대한 제한 검토 및 실시	• 휴업 및 휴원 • 각종 교육 활동에 대한 조치
출결 관리 및 수업결손 대책 마련	원장 학사관리팀	• 등원 중지 유아의 출석 인정 처리 • 등원 중지 유아의 수업결손 대책 마련 및 실시	• 등원 중지

※ 해당 학급 교사 : 담임교사, 방과후과정 담당교사
※ 보건(담당)교사가 없는 경우, 관리자(원장/원감)가 그 역할을 대신함

대응 제3단계의 주요 활동과 담당

관련 조치사항 내용	유행의심 상황 나이스(NIES) 등록 및 교육(지원청) 보고	• 대응 단계별 나이스(NIES) 등록 담당 　- 대응 제3단계: 담임교사가 등록한다(유행 확산 시 환자 수 증가로 인한 보고의 신속성 확보). • 교육(지원)청 보고 방법 　- 유행의심 기준을 충족하는 「유행의심 상황」임을 나이스(NIES)로 보고한다. 　- 상황에 따라 필요시 전화, 팩스 또는 전자문서 등 다양한 방법으로 교육(지원청)에 보고한다. 　- 보고 주기는 교육부 또는 교육(지원)청의 상황별 지침에 따른다.
	능동감시 체계 강화: 발생감시팀	• 능동감시체계 운영 방안: 「감염병 대응 제3단계의 업무흐름도」 참조 • 보고체계 　- 유아가 의심(환자)인 경우: 유아, 보호자 ➡ 담임교사 ➡ 부장급 교사 ➡ 보건(담당)교사 　- 교직원이 의심(환자)인 경우: 해당 교직원 ➡ 복무 담당자 ➡ 보건(담당)교사 　- 보건(담당)교사는 (의심)환자 발생 현황을 부장급 교사(발생감시팀 총괄)와 공유한다. • 발생감시팀의 역할 **▲ 능동감시 실시 담당자별 역할** | 담당자	역할
---	---
부장급 교사 (발생감시팀 총괄)	• 능동감시 체계 운영에 관한 업무지휘 및 발생감시팀 총괄 • 능동감시 및 보고체계 가동, 실제 작동 여부 모니터링 • 매일 학급 교사들로부터 전달받은 사항을 보건(담당)교사와 공유
담임교사	• 매일 등원 직후, 학급 유아 중 감염병 (의심)환자 추가 발생 여부 파악(출·결석 확인 및 증상 유무) • 매일 등원 직후, 부장급 교사(발생감시팀 총괄)에게 보고
보건(담당)교사	• 의심 환자 관리 총괄 • (의심)환자·완치자 등 일일 현황을 집계	
	(의심)환자 및 유증상자 관리: 예방관리팀	**▲ (의심)환자 및 유증상자 관리 담당자별 역할** | 담당자	역할
---	---
보건(담당)교사	• (의심)환자 및 유증상자 관리 총괄 • 담임교사를 통해 보호자에게 의료기관에서 진료받도록 안내
담임교사	• 보호자에게 유치원 내 감염병 유행의심 상황을 알리고, 의료기관에서 진료받도록 안내 • 의료기관 진료 결과에 따라 등원 중지 실시 • 감염병 확진 유아 나이스(NIES) 등록 • 보호자에게 등원 중지 유아 생활수칙 및 필요한 행정 조치 안내 • (의심)환자와 주변 유아의 불안감 해소 및 낙인효과가 발생하지 않도록 심리 지원 실시	

밀접접촉자 파악 및 관리: 예방관리팀	A 밀접접촉자 파악 및 관리 담당자별 역할	
	담당자	역할
	보건(담당)교사	• 담임교사에게 '밀접접촉자 관리 방안'에 따른 조치 요청 • 보건교육자료 제공
	담임교사	• 최대 잠복기 동안 (의심)환자 발생 감시 • 가정통신문 배부 및 보건교육 실시 • 그 외 보건(담당)교사나 방역당국의 요청에 따라 마스크 착용, 예방교육 등을 실시

고위험군의 파악 및 관리: 예방관리팀	A 고위험군의 파악 및 관리 담당자별 역할	
	담당자	역할
	보건(담당)교사	• 보건학적 고위험군에 대한 관리 대책 수립 • 학년 초 담임교사를 통해 보건학적 고위험군 파악(개인정보 보호 주의) • 담임교사에게 보건학적 고위험군 관리 요청(환자·접촉자 관리, 위험 경고, 역격리 등)
	담임교사	• *보건학적 고위험군 보호자에게 연락 후 조치 결과를 보건(담당)교사에게 통보 • *사회적 취약계층 관리: 위생수칙 교육, 생활지도, 등원 중지의 경우 필요시 급식 제공 방안, 지자체 복지 서비스 연계 의뢰(예 아이돌봄서비스) 등을 위해 관련 부서나 교사와 협의

감염병 예방교육: 예방관리팀	A 감염병 예방교육을 위한 담당자별 역할	
	담당자	역할
	보건(담당)교사	• 해당 감염병 예방교육 자료 및 가정통신문 작성 • 담임교사에게 예방교육 실시 요청 • 필요시 유아 및 교직원 대상 감염병 예방교육 실시
	담임교사	• 간단한 교육을 주기적으로 실시(해당 감염병 증상 및 예방법, 증상 발생 시 행동요령 등) • 가정통신문을 배부하여 보호자에게 감염병 유행 사실을 알리고 자녀 생활지도 협조 요청(개인위생 관리, 외출 자제, 다중이용시설 출입 자제)

방역활동: 행정지원팀/ 각 실 관리담당 교직원	A 방역 활동을 위한 담당자별 역할	
	담당자	역할
	행정지원팀	유치원 전체 소독: 유치원 내 유행이 확산되었거나 방역당국의 요청이 있는 경우, 방역·소독 활동 지원, 방역물품 구매 관련 예산 집행 및 행정 지원
	각 실 담당	• 환기: 교실 등의 창문을 수시 개방하여 충분히 환기 • 감염병 유증상자가 속한 학급에서는 소독제를 이용하여 오염 가능성이 높은 물체 표면 소독 실시 예 책상, 의자, 창틀, 사물함, 교구장, 교재교구, 출입문 및 화장실 손잡이 등

* 보건학적 고위험군 감염병 발생의 위험이 높거나 감염 발생 시 합병증, 사망의 위험이 상대적으로 높은 만성질환자, 면역저하자, 감염 시 태아에게 영향을 미칠 수 있는 임산부 등을 말한다.

* 사회적 취약계층 시설 아동, 다문화가정 아동, 결손 가정 아동 등을 말한다.

(5) **복구단계: 유치원 내 유행 종결 및 복구**

개요	기존 (의심)환자가 모두 완치되고 최대 잠복기까지 추가 (의심)환자 발생이 없어 사후조치를 완료하고 유행을 종료하는 단계이다(방역당국에서 역학조사를 실시한 경우 방역당국의 판단에 따름).
	▲ 복구단계의 상황 및 기간

상황	시작 시점	종료 시점	후속 조치
유행 종결 및 복구	기존 (의심)환자가 모두 완치되고 최대 잠복기까지 추가 (의심)환자 발생 없음	사후조치 완료	➡ 종료

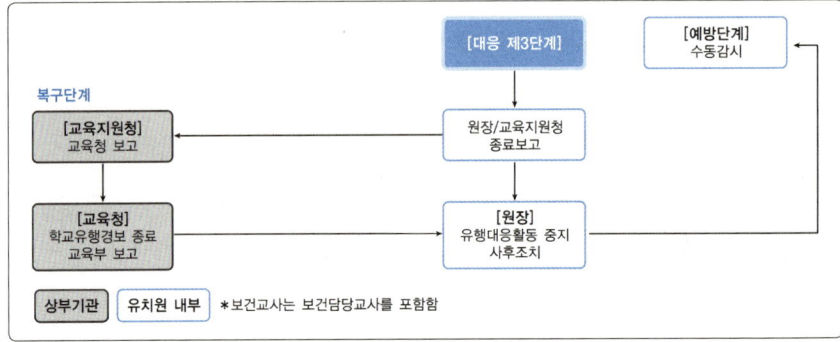

★ 감염병 복구단계의 업무 흐름도

▲ 방역 활동을 위한 담당자별 역할

구분	담당자	활동 내용
유행 종료 판단 및 보고	보건(담당)교사	• 유행 종료 기준: 유치원 내 해당 감염병 (의심)환자가 모두 완치되고, 최대 잠복기까지 추가 (의심)환자 발생이 없는 경우(방역당국에서 역학조사를 실시한 경우 방역당국의 판단에 따름) • 발생 현황 및 조치 결과를 원장과 교육(지원)청에 보고
사후조치 실시	학사관리팀	• 부장급 교사: 수업 결손 대책에 따라 수업 보충 지휘 • 담임교사: 수업 결손 대책에 따라 수업 보충 실시
	예방관리팀	심리지원이 필요한 경우 유아 및 학부모 상담
유행 종료 선언	원장	유아 감염병 관리 조직의 유행 당시 대응 활동 중단 및 예방단계로 복귀 지시
	보건(담당)교사	유치원 내 유행 종료 안내: 가정통신문, 비상연락망, 게시판, 유치원 홈페이지 등 유치원 여건에 맞는 다양한 방법 이용

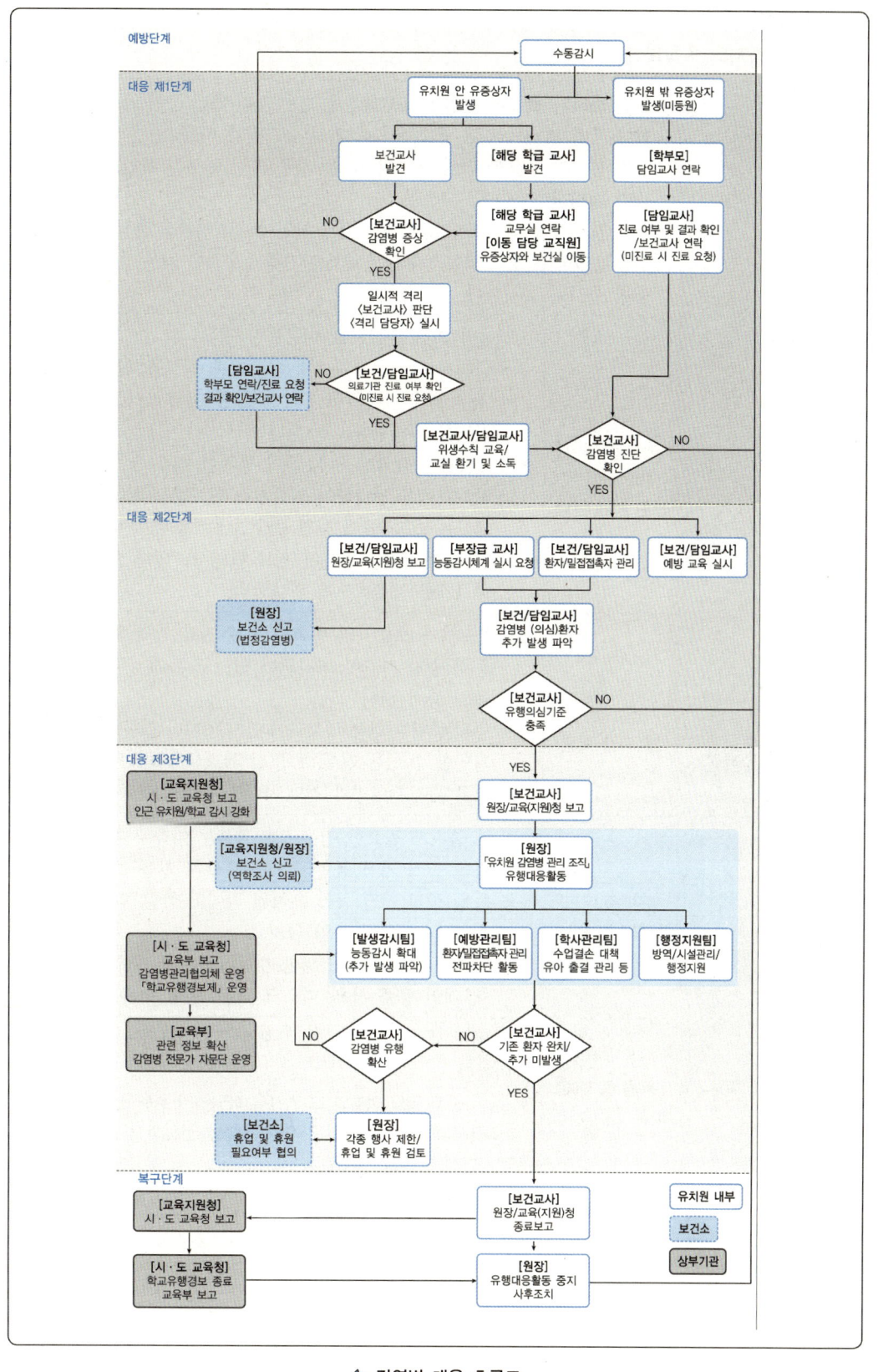

◆ 감염병 대응 흐름도

(6) 등원 중지

① 등원 중지의 원칙과 절차

기본 원칙		• 등원 중지가 필요한 감염병으로 확진된 경우 격리 기간 동안 등원 중지를 실시한다(이때 격리 기간은 원칙적으로 의사의 소견을 따름). • 등원 중지가 필요한 감염병이 의심되는 경우 확진 여부를 확인할 때까지 등원 중지 실시한다. • 진료 결과 감염병이 아니었다 해도 결과 확인까지의 기간은 출석으로 인정한다. • 신종 감염병 유행 시 역학조사 실시 결과 자가격리 통보를 받은 경우(증상과 무관) 등원 중지를 실시한다.

실시 절차	감염병 확인을 위한 진료 요청 및 관련 서류 안내	• 감염병 의심 증상으로 미등원한 경우
		  – 담임교사는 보호자에게 의료기관 진료를 받도록 안내하고 '등원 중지 안내문'을 유치원 홈페이지에서 다운로드하여 이용하도록 안내한다.
		• 유치원에서 감염병 의심 유아 발견한 경우
		  – 보호자에게 연락하여 의료기관 진료를 요청하고, 이때 담임교사는 보호자에게 '등원 중지 안내문'을 배부하며, 유치원 복귀 시 출결 처리를 위하여 '진료 확인서', '의사 소견서', '진단서' 중 1개를 제출하도록 안내한다.

	등원 중지 필요 여부 및 기간 확인	• 담임교사가 보호자의 통화를 통해 진료 결과 확인
		  – 등원 중지 기간이 명시되어 있는 경우에는 해당 기간 동안 등원 중시 실시
		  – 등원 중지 기간은 명시되어 있지 않지만 질환명(의심 포함)을 확인할 수 있는 경우, 보건(담당)교사가 최초 증상 일을 기준으로 해당 감염병의 '전파 차단을 위한 등원 중지 기간'을 적용

	등원 중지 및 생활수칙 안내	• 등원 중지가 필요한 경우 담임교사는 아래 사항을 안내한다.
		  – 등원 중지 기간 동안 유치원에 오지 않음
		  – 등원 중지 기간 동안 유치원 외에도 학원, 다중이용시설 등 사람이 많은 곳 출입 금지
		  – 감염병 전파를 막기 위한 개인위생 수칙 준수(손 씻기, 가정 내 개인 용품 사용, 마스크 착용, 일상 소독 등)

	등원 중지에 따른 출결 처리	등원 재개 시 진료 확인서, 의사 소견서, 진단서 중 1개를 제출하도록 안내한다. ※ 등원 중지 필요 여부와 그 기간을 파악하기 위해 진료 확인서, 의사 소견서나 진단서 중 한 가지를 제출을 권장하지만 부득이한 경우 *처방전도 인정 가능하다.

*처방전
KOICD 질병분류센터 웹사이트에서 질병코드 확인 후 인정 가능함

등원 중지 해제		• 등원 재개 여부에 대한 판단 　- 원칙적으로 의사나 보건소의 의견에 따른다. 　- 증상이 소실되고, 진단서 등에서 등원 중지 기간으로 판단한 기간이 종료되면 등원을 재개한다. • 등원 재개 방법 　- 등원 중지 기간이 지나고 감염병 증상이 소실되면 등원이 재개되며, 이때 담임교사는 유아가 등원한 당일 해당 사실을 보건(담당)교사에게 통보한다. 　- 등원 중지 종료 시점 이전에도 감염성이 소실되었다는 의사의 진료 확인서 또는 소견서를 제시하면 등원 가능하다. 　- 등원 중지 종료 시점 이후에도 감염병 증상이 남아있는 경우 진료 확인서나 소견서 등을 제시하면 등원 중지 기간 연장이 가능하다.

② 등원 중지 유아의 관리

학습 및 생활지도 계획 수립	• 교무부장은 학년 초에 등원 중지 유아의 학습결손 예방 및 생활지도 계획 수립 • 담임교사는 등원 중지 유아의 학습결손 예방 및 생활지도 계획·시행 　- 유아 및 보호자와의 비상연락망 확보
학습지도	• 담임교사는 교육 콘텐츠, 놀이(활동) 꾸러미 등 다양한 방법 활용 • 보호자가 자녀의 학습 수행을 관리하도록 협조 요청
생활지도	• 원칙적으로 완치 시까지 유치원 밖 교육 시설 및 다중이용시설 외출 금지 안내 • 가정 내 다른 가족의 감염을 막기 위해 자가격리 시 준수사항 안내

④ 국가의 감염병 위기 상황 시 대비 및 대응

(1) 국가위기상황 시 유치원의 대비 및 대응
① 개요
- 보건복지부의 「감염병 재난 위기관리 표준매뉴얼」의 정의에 따라 방역당국에 의해 발령되는 상황으로 예방부터 복구까지의 모든 단계를 포함한다.
  - 해외 신종 감염병이 공항, 항만 등을 통해 국내 유입, 확산되는 경우
  - 국내에서 원인불명·재출현 감염병이 발생 및 확산되어 자체 위기평가회의에서 국가위기대응이 필요하다고 판단된 감염병
  - 기타 위기 유형에 준하는 사항으로서 자체 위기평가회의에서 국가위기대응이 필요하다고 판단되는 경우

▲ 위기경보수준에 따른 유치원의 대응

구분	담당자		주요 대응활동
	해외 신종 감염병	국내 원인불명·재출현 감염병	
관심 (Blue)	해외에서 신종 감염병의 발생 및 유행	국내 원인불명·재출현 감염병의 발생	• 감염병 발생 동향 파악 • 환자 발생 감시체계 운영
주의 (Yellow)	해외 신종 감염병의 국내 유입	국내 원인불명·재출현 감염병의 제한적 전파	• 교육연속성계획(ECP) 수립 (환자 발생 지역) • 환자 발생 감시체계 운영 • 환자 발생 지역의 전파 차단을 위한 예방 활동
경계 (Orange)	국내 유입된 해외 신종 감염병의 제한적 전파	국내 원인불명·재출현 감염병의 지역사회 전파	• 교육연속성계획(ECP) 수립 (환자 발생 지역) • 환자 발생 현황 파악 • 환자 발생 시 대응 • 위기 소통채널 운영 • 각종 행사 연기 또는 취소
심각 (Red)	국내 유입된 해외 신종 감염병의 지역사회 전파 또는 전국적 확산	국내 원인불명·재출현 감염병의 전국적 확산	• 교육연속성계획(ECP) 수립 (전체 지역) • 환자 발생 현황 파악 및 보고 • 환자 발생 시 대응 • 휴업 및 휴원 검토 • 위기 소통채널 강화

② 예방단계

개요	유치원 내 감염병 발생 가능성이 없는 일상생활 속 대비를 하는 단계		
	판단 기준	유치원 내 발생 가능성	대응
	평상시	없음	

유치원의 주요 활동	영역	주요활동
	대응체계 구축	각 유치원별 「감염병 예방·관리 계획」 수립
	소통채널 구축	교육부, 교육(지원)청의 소통채널 구축에 협조

영역	세부 항목	교육부	시·도 교육청	교육지원청	유치원
대응체계 구축	교육부 감염병 위기대응 실무매뉴얼	작성/배포	배포	배포	-
	감염병 전문가 자문 조직	구성	구성	-	-
	방역당국 협조체계	구축 (보건복지부/ 질병관리청)	구축 (보건복지부/ 질병관리청)	구축 (보건소)	구축 (보건소)
소통채널 구축	학부모 대상 소통채널	구축	협조	협조	협조
	언론 대상 소통채널	구축	구축	-	-

예방단계의 기관별 주요 활동

③ 국가위기경보 제1단계 : 관심(Blue)

개요	해외에서 신종 감염병이 발생·유행하거나, 국내 원인불명·재출현 감염병이 발생하여 구체적 대응 방안을 검토하는 단계이다.

	판단 기준	유치원 내 발생 가능성	대응
개요	해외 신종 감염병 발생	없음	• 감염병 발생 동향 파악 • 구체적 대응 방안 검토
	국내의 원인불명·재출현 감염병 발생	산발적	• 구체적 대응 방안 검토 • 징후 감시 활동(필요시)

	영역	주요활동
유치원의 주요 활동	대응체계 운영	• 유치원 내 감염병 대응 자원 현황(방역물품) 파악 및 비축 • 교육(지원)청, 관할 보건소(감염병 담당자), 유아·보호자·교직원 비상 연락 체계 구축 • 교육(지원)청에서 주관하는 국가위기 대응 모의훈련에 참여
	감시체계 운영	• 능동/수동감시체계 운영 • 해외 출·입국자(유아, 보호자, 교직원)에 대해 감시 및 관리 방안 적용
	각종 예방활동 강화	유아, 보호자, 교직원을 대상으로 감염병 예방교육과 홍보 실시

★ 관심단계의 기관별 주요 활동

④ 국가위기경보 제2단계 : 주의(Yellow)

개요	해외 신종 감염병의 국내 유입, 국내의 원인불명·재출현 감염병의 제한적 전파로 인해 구체적 대응 체계를 운영하는 단계이다.		
	판단 기준	유치원 내 발생 가능성	대응
	해외 신종 감염병의 국내 유입 및 제한적 전파	해당 지역	• 교육연속성계획(ECP) 수립(환자 발생 지역) • 환자 발생 감시체계 운영 • 환자 발생 지역의 전파 차단을 위한 예방 활동
	국내에서 원인불명·재출현 감염병의 제한적 전파		

유치원의 주요 활동	영역	주요활동
	대응체계 운영	• 각 유치원별 「유치원 감염병 관리 조직」 운영 • 환자 발생 지역은 「교육연속성 계획(ECP)」 수립 및 운영 ➡ 전 교직원 교육을 실시하여 각자의 역할 숙지하기
	감시체계 운영	• 환자 발생 여부 감시 : 능동/수동적 감시체계 • 해외 출·입국자(유아, 보호자, 교직원)에 대해 감시 및 관리 방안 적용
	전파 차단 및 예방 활동	• 환자 발생 지역 　- 해당 감염병 예방교육, 위생관리 및 방역소독 실시 　- 단체 활동 및 교육과정과 관련한 현장학습 등을 자제하고, 외부인의 출입 관리 • 유치원 내 환자 발생 시 추가 조치사항 　- (의심)환자를 즉시 교육(지원)청, 보건소에 신고하고 보건소의 역학조사 결과에 따라 (의심)환자와 밀접접촉자 관리 등을 실시 　- 휴업에 대한 고려 : 원장이 교육부의 휴업 지침을 바탕으로 자체 휴업을 고려할 수 있음. 다만, 휴업 결정은 지역 보건당국, 교육(지원)청과의 협의를 거쳐야 함
	위기 소통채널 확보 및 운영	• 교육(지원)청, 시·군·구 방역당국(보건소)과 정보 공유 및 적극적 소통 • 유아·보호자 불안감 해소를 위한 정보 제공 등

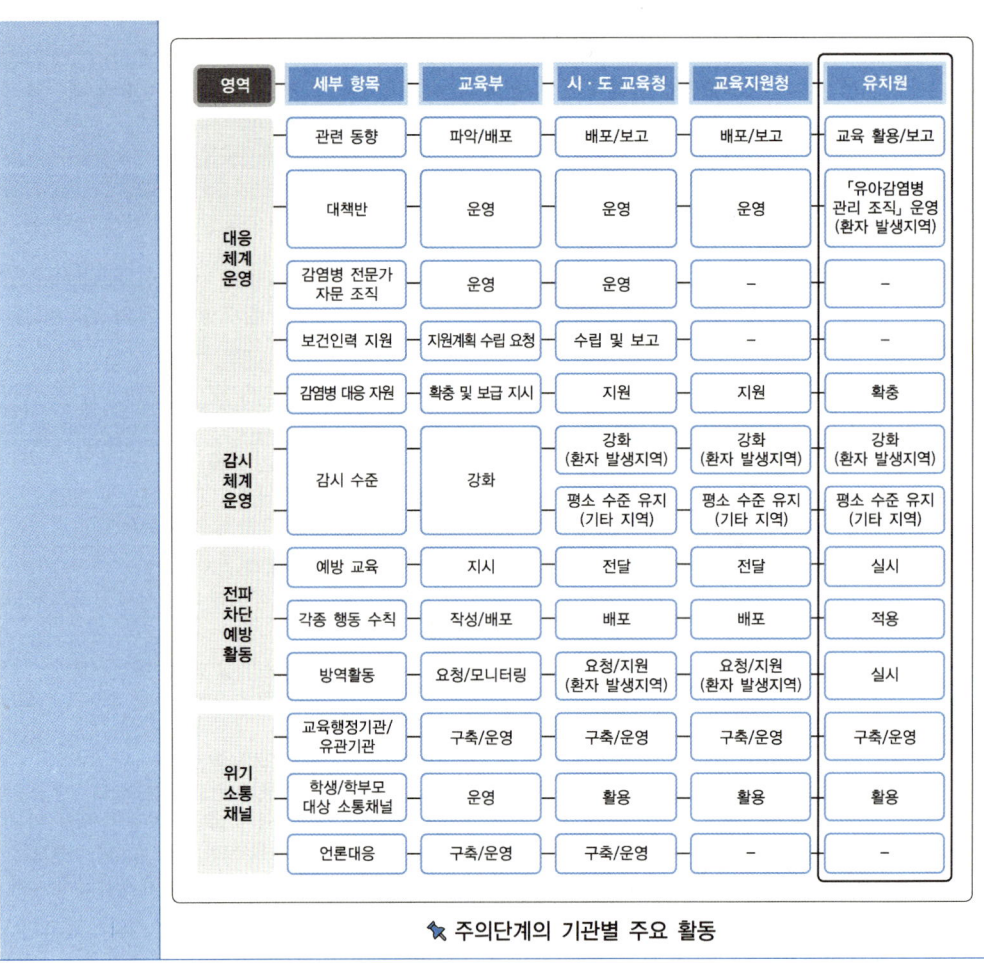

🔹 주의단계의 기관별 주요 활동

⑤ 국가위기경보 제3단계 : 경계(Orange)

개요	해외 신종 감염병의 국내 유입 후 지역사회 전파, 국내의 원인불명·재출현 감염병의 추가 지역 전파로 인해 환자 발생 지역에 대한 감시 및 대응을 강화하는 단계이다.		
	판단 기준	유치원 내 발생 가능성	대응
	해외 신종 감염병의 국내 유입 후 추가 전파에 따른 지역사회 전파	해당 지역	• 교육연속성계획(ECP) 수립(환자 발생 지역) • 환자 발생 현황 파악 • 환자 발생 시 대응 • 위기 소통채널 운영 • 각종 행사 연기 또는 취소
	국내 원인불명·재출현 감염병의 추가 전파에 따른 지역 전파		

유치원의 주요 활동	영역	주요활동
	대응체계 운영	• 각 유치원별 「유치원 감염병 관리 조직」 운영 • 환자 발생 지역은 「교육연속성 계획(ECP)」 수립 및 운영(검토) ➡ 전 교직원 교육을 실시하고 '유치원 비상 대응 체계 조직'을 숙지하여 신속하고 정확한 의사결정이 이루어지도록 대비
	감시체계 운영	• 환자 발생 여부 및 현황 감시 : 능동/수동적 감시체계 • 해외 출·입국자(유아, 보호자, 교직원)에 대해 감시 및 관리 방안 적용

	전파 차단 및 예방 활동	• 환자 발생 지역
		  - 해당 감염병 예방교육, 위생관리 및 방역소독 실시
		  - 유치원의 단체 활동을 자제하고 외부인의 출입 관리
		• 유치원 내 환자 발생 시 추가 조치사항
		  - (의심)환자를 즉시 교육(지원)청, 보건소에 신고하고 보건소의 역학 조사 결과에 따라 (의심)환자와 밀접접촉자 관리 등을 실시

	휴업 및 휴원의 검토	유치원 내 환자 발생 시 : 유치원장이 교육부의 휴업 지침을 바탕으로 자체 휴업을 고려할 수 있음. 다만, 휴업 결정은 지역 보건당국, 교육(지원) 청과의 협의를 거쳐야 힘
	위기 소통채널 운영	• 유치원은 교육(지원)청 및 시·군·구 방역당국(보건소)과 적극적 정보 공유 등 소통 강화 • 유아·보호자 불안감 해소를 위해 적극적으로 객관적인 정보 제공

	각종 행사 운영	• 환자 발생 지역
		  - 현장체험학습, 체육대회 등 유아 및 교직원이 참여하는 단체 행사를 연기하거나 취소
		• 환자 미발생 지역
		  - 현장체험학습, 체육대회 등 유아 및 교직원이 참여하는 단체 행사를 자제
		※ 신종 감염병 유행 상황 시 각종 행사에 대한 별도의 지침이 있는 경우 그에 따름

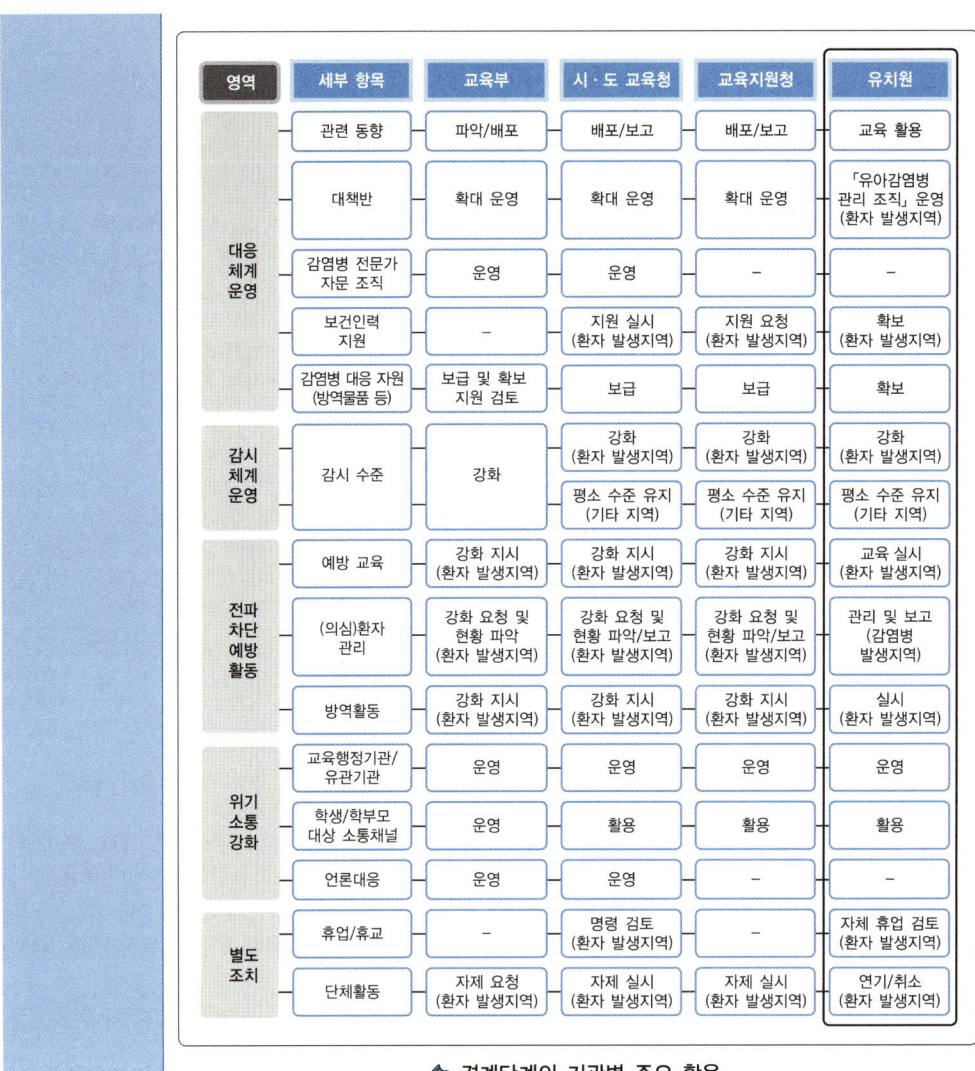

🔖 경계단계의 기관별 주요 활용

⑥ 국가위기경보 제4단계 : 심각(Red)

개요	해외 신종 감염병 또는 국내의 원인불명·재출현 감염병의 전국적 확산으로 인해 범정부적 협조체계를 강화하여 대응 역량을 총동원하는 단계이다.		
	판단 기준	유치원 내 발생 가능성	대응
	해외 신종 감염병의 전국적 확산 징후	전국적	• 교육연속성계획(ECP) 수립(전체 지역) • 환자 발생 현황 파악 및 보고 • 환자 발생 시 대응 • 휴업 및 휴원 검토 • 위기 소통채널 강화
	국내 원인불명·재출현 감염병의 전국적 확산 징후		

유치원의 주요 활동	영역	주요 활동
	대응체계 운영	• 각 유치원별 「유치원 감염병 관리 조직」 운영 • 전체 지역에서 「교육연속성 계획(ECP)」 수립 및 운영 ➡ 전 교직원 교육을 실시하고 '유치원 비상 대응 체계 조직'을 숙지하여 신속하고 정확한 의사결정이 이루어지도록 대비
	감시체계 운영	• 「국가 위기 경보」 발령 수준에 준하여 감시 실시 - 환자 발생 현황 보고: 유치원 ➡ 교육(지원)청 ➡ 교육부
	전파 차단 및 예방 활동	• 해당 감염병 예방교육, 위생·방역물품관리 및 방역소독 실시 • 유치원의 단체 활동을 연기하거나 취소하고, 외부인의 출입 관리 • 유치원 내 환자 발생 시 (의심)환자를 즉시 교육(지원)청, 보건소에 신고하고 보건소의 역학조사 결과에 따라 (의심)환자와 밀접접촉자 관리 등을 실시
	휴업 및 휴원의 검토	• 유치원 내 환자 발생 시: 유치원장이 교육부의 휴업 지침을 바탕으로 자체 휴업을 고려할 수 있음. 다만, 휴업 결정은 지역 보건당국, 교육(지원)청과의 협의를 거쳐야 함
	위기 소통채널 운영	• 교육(지원)청 및 시·군·구 방역당국(보건소)과 적극적 정보 공유 등 소통 강화 • 유아·보호자 불안감 해소를 위해 정확한 정보를 즉시 제공하여 루머 확산 방지
	각종 행사 운영	• 현장체험학습, 체육대회 등 유아 및 교직원이 참여하는 단체 행사를 연기하거나 취소 ※ 신종 감염병 유행 상황 시 각종 행사에 대한 별도의 지침이 있는 경우 그에 따름

> **참고**
>
> **휴업 및 휴원에 따른 후속 조치**(예시)
>
> • 학사운영 대비 방안 마련
> • 방과후 과정 및 돌봄 등 유치원 유아 관리 방안 마련
> • 사회적 취약계층 관리 방안 마련

memo

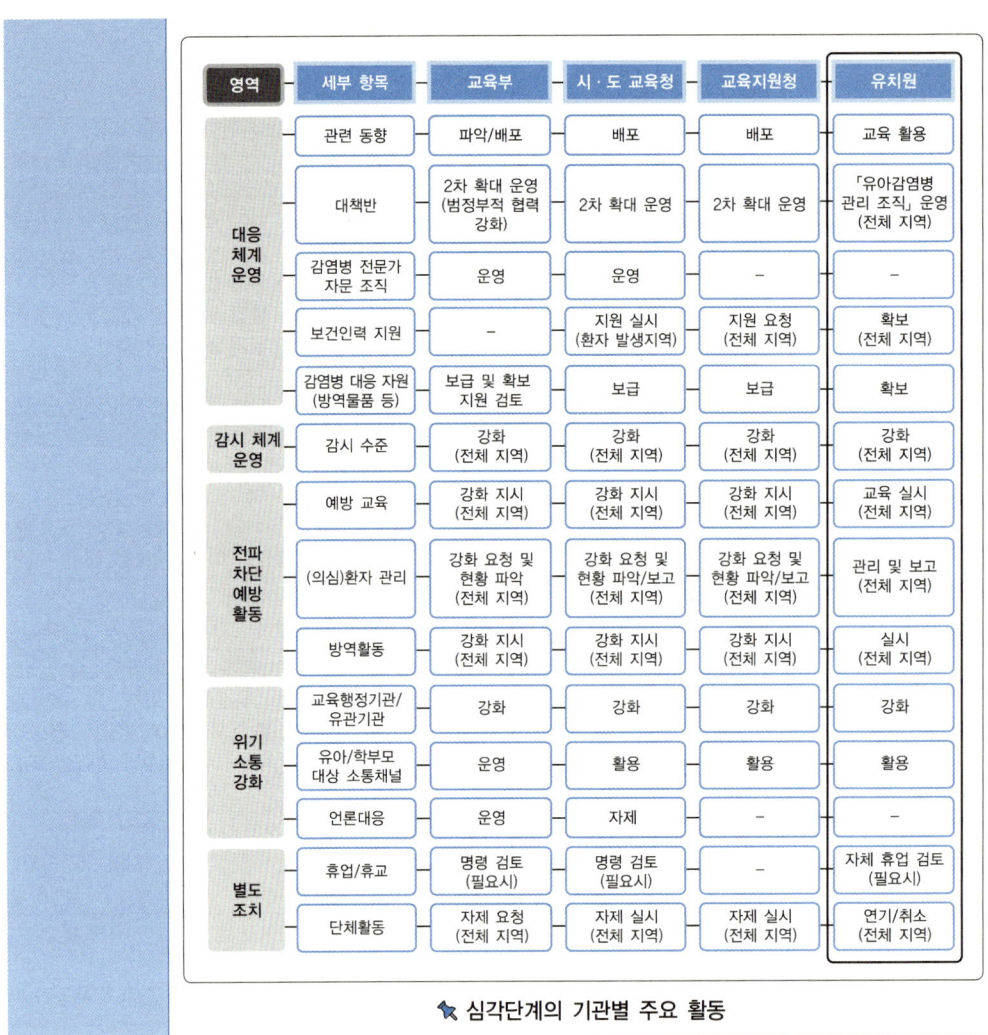

▲ 심각단계의 기관별 주요 활동

⑦ **복구단계**

개요	감염병 유행이 종료되어 복구활동을 하는 단계이다.		
	판단 기준	유치원 내 발생 가능성	대응
	유행 종료	산발적	• 평가 및 보완 • 복구 • 감시 활동 유지

유치원의 주요 활동	영역	주요활동
	복구 활동	• 휴업 또는 휴원 및 수업 결손 현황을 파악하여 교육(지원)청에 보고, 수업 결손 해소 • 심리 지원이 필요한 유아 및 교직원에 대한 심리 지원 계획 수립 및 실시

영역	세부 항목	교육부	시·도 교육청	교육지원청	유치원
대응체계평가	대책반	운영 종료	운영 종료	운영 종료	-
		대응평가 실시	대응평가 실시	대응평가 실시	-
복구활동	심리지원	자료 배포	전달	전달	활용
		계획 수립 및 실시 요청	전달	전달	실시
	수업결손 대책	수업결손 현황 파악 및 대책 수립 (휴업/휴교 명령 시)	수업결손 현황 파악 및 대책 수립 (휴업/휴교 명령 시)	수업결손 현황 파악 및 보고	수업결손 현황 보고 및 대책 수립 (자체 휴업 시)

↘ 복구단계의 기관별 주요 활동

(2) 국가위기경보수준 심각단계 시 유치원의 대비 및 대응
  ① 신종 감염병 등 국가위기상황 시 대응 기본 방향

목적		해외 신종 감염병 또는 국내의 원인불명·재출현 감염병의 전국적 확산으로 인한 감염병 예방·관리를 위해 각급 학교의 학생 및 교직원의 관리 기준을 마련하여 피해를 최소화한다.
감염병 대응 기본 방향	관리체계 구성	• 유치원 내 비상 연락망 구축: 교직원, 유아, 보호자 • 유치원 구성원의 적절한 역할분담을 담은 대응계획을 수립·시행한다. - 교무부장: 핵심 업무 지속을 위한 교육연속성계획(ECP) 수립 • 유치원 내 감염병 담당자를 복수로 지정, 원장은 담당자와 함께 감염예방활동을 총괄한다. • 유치원 감염병 대응체계에 대하여 교직원 교육: 상황 발생 즉시 대응할 수 있도록 각 구성원의 역할을 숙지한다.
	유관기관 협조체계 구성	• 관할 교육(지원)청 및 보건소(유관기관) 등의 비상연락체계를 수립하고 상황 발생 시 즉시 대응한다. - 유치원: 교육(지원)청 보고 및 보건소 신고 - 가까운 선별 진료소 및 진료의뢰 방법을 미리 파악하여 유증상 유아 발견 시 지체 없이 진료받을 수 있도록 조치
	구성원 건강관리, 환자 파악 및 관리	• 보건학적 고위험군 유아 및 교직원은 개인위생 준수를 더욱 철저히 하도록 교육·안내한다. - 기저질환자는 신종 감염병 담당자에서 제외 • 외부인(방문객 등)의 유치원 출입은 원칙적으로 금지한다. • 의심 증상자 대기를 위한 별도의 일시적 관찰실을 마련한다. ※ 신종 감염병 의심 증상이 있는 경우 출근 및 등원하지 않도록 유아와 교직원에게 사전에 적극 안내하고 관리
	교육·홍보	• 유아 및 교직원, 기타 방문객 대상 위생수칙을 교육·홍보한다. • 손 씻기, 마스크 착용, 기침 예절 등 신종 감염병 예방을 위한 각종 홍보물을 유치원 내 주요 장소에 부착한다. • 의심 증상이 있는 경우 등원 및 출근하지 않도록 유아 및 교직원에게 사전에 적극 안내하고 관리한다. • 등원 전 유아·보호자 안내 사항: 가정통신문, 문자 등을 활용한다. - 신종 감염병 특성 및 행동수칙 - 등원 전 유아 건강 상태 체크 실시하여 의심 증상자는 등원 중지 - 발열 체크를 위한 등원 시간 및 출입구 조정 - 일과 중 의심 증상자 처리 절차 - 출결 처리 절차 및 관련 서류
	방역 관리	• 보건용 마스크, 체온계 등 감염예방을 위한 방역물품을 확보한다. • 교실 등의 창문을 수시 개방하여 충분히 환기시킨다. • 화장실 등 세면대에 손 세척제와 휴지 등을 충분히 비치한다. • 접촉이 많은 부위의 일상 소독을 1일 1회 이상 실시한다(자체 소독).

급식 관리	• 감염 예방을 위한 식사환경 조성 및 급식 방역 관리 내실화 • 식사 장소에 칸막이 설치(교실 배식은 식사 시간 휴대용 칸막이 권고) • 유아의 접촉이 빈번한 시설·기구는 매일 청소·소독 • 식사 시간 모든 창문 상시 개방 및 급식 전·후 수시 환기 • 식사지도 강화: 손 소독, 식사 시 대화 금지, 지정된 장소에서 섭취, 식사 전·후 마스크 착용 등 • 급식 종사자 관리: 건강 상태 매일 확인 및 개인위생 수칙 준수, 급식 종사자 격리 대비 급식 *대체인력 운영 및 관리 강화
국가위기경보 수준 심각 단계 시 「표준 감염병 관리 조직」 구성(예시)	• 유치원 내 '감염병 담당자'를 복수로 지정하고, 원장은 담당자와 함께 감염예방 활동을 총괄한다. ※ 임신부, 기저질환자, 고령자(만 65세) 등 고위험군은 담당자에서 제외 • 일부 교직원에게 업무가 편중되지 않도록 모든 구성원은 팀·개인의 역할을 명확하게 인지해야 한다.

* 교육(지원)청 또는 단위 학교에 구성되어 있는 '대체인력풀'을 점검하고 상시 활용한다.

심각 단계 시 「유치원 감염병 관리 조직」 구성(예시)

유관 기관
유관 부처(교육부, 질병청 등)
도교육청, 교육지원청, 관할 지자체
보건소 등

위원장 — 원장
• 각 팀 지휘 및 통제
• 보고 및 신고
• 업무분장 지시 및 조정

부위원장 — 원감
• 대외 협조 및 언론 보도 대응
• 위기 상황 진단, 정책 판단
• 교사 확진, 격리 시 대체인력 지원

보건안전팀
보건(담당)교사, 안전담당교사
• 담임교사를 통한 교내 확진자(유증상자) 및 접촉자 발생현황 파악 및 보고, 모니터링
• 보건교육 및 홍보
• 신종감염병 관련 정보 관리
• 방역물품 관리

비상대책팀
각 대응팀장
• 관리자 및 보건안전팀의 지시사항을 조직 내 대응팀에 전달
(내부 소통을 위한 의견 수렴 등)

대응팀

발생감시팀	행정지원팀	학사·유치원 운영 관리팀	급식, 돌봄, 방과후 과정 등 관리팀
부장급 교사, 담임교사	행정실장, 행정실 교직원	부장급 교사 (교무·학사·특수교육 업무)	각 업무 담당교사
• 감염병 (의심)환자 및 접촉자 신속한 파악 • 비상 연락망 관리 • 등원 중지 처리 • 원격수업 자료 분배 • 각 가정에 안내사항 전달, 유아 모니터링 및 학부모 상담 • 보건소 등 외부 기관에서 역학조사 시 협조	• 감염병 대비 방역물품 구입 • 협력업체 계약 및 관리 • 유치원 방역소독 실시 • 방역인력 채용 등 관리 • 교직원 격리, 확진 시 대체 인력 지원 • 예산 지원	• 교육연속성계획 수립 • 학사 유형 및 등원 유형에 따른 등원 수업과 원격수업 일정 관리 • 원격수업 물품 등 관리 • 원격수업 역량 강화를 위한 연수 운영	• 안전한 급식 방안 마련 • 방과후 과정, 돌봄 운영방안 마련 • 취약계층 지원 관리

② 유치원 내 대응 요령

 참고

신종 감염병 등 국가위기상황 시 유치원 내 대응 요령은 「유·초·중등 및 특수학교 코로나19 감염예방 관리 지침 1판(2020)~8-1판(2022년)」을 기초로 하였으나, 향후 새로운 신종 감염병 유행 시에는 방역당국의 지침에 따라 대응 필요

등원 전 대응	① 유아 및 교직원은 등원(출근) 전 가정에서 사전 건강 상태를 확인하여 의심 증상을 인지한 경우 등원(출근) 중지하고 유치원에 연락한다.
	• 보호자가 유아 등원 전 유치원에서 지정하는 방법(PC, 모바일 등)으로 유아 건강 상태를 확인하여 유치원에 연락하는 일일점검 시스템을 가동한다.
	• 등원(출근) 중지한 유아 및 교직원에게 등원(출근) 중지 기간 동안 전담 관리인을 지정한다.
	   - 유아: 담임교사가 매일 건강 상태 확인
	   - 교직원: 스스로 건강 상태를 확인하여 1일 1회 복무담당자에게 보고
	② 의심 증상자는 지정 의료기관, 선별 진료소 등을 방문하여 진료·검사
	• 검사 결과 음성이더라도 증상이 있는 동안은 집에서 충분히 휴식을 취하면서 경과를 관찰한다.
	• 의심 증상이 호전된 경우 담임교사 및 복무 담당자에게 알린 후 등원한다.
	• 의심 증상이 호전되지 않고 증상이 심해지면 지정 의료기관 또는 선별 진료소에 재방문한다.
	※ 원장은 위 조건에 해당하는 유아 또는 교직원에 대하여 불이익을 주지 않도록 주의
	   - 유아: 출석 인정 결석
	   - *교직원: 병가, 공가, 재택근무 등
	   - 관련 내용을 증빙할 수 있는 서류(진료 확인서, 검사 결과서, 처방전 등) 또는 보호자 확인 등 다양한 방법을 활용하여 출결 및 근태관리
	③ 등원 전 유아 및 보호자 사전 안내 사항(가정통신문, 문자 등 활용)
	• 등원 전 건강 상태 확인 필수: 의심 증상 시 등원 중지
	• 발열 체크를 위한 등원시간 및 출입구 조정 등의 안내
	• 마스크를 착용하여 등원하도록 안내(여분 마스크 개인 지참)

등원 시 대응	① 등원 시 마스크를 착용한다.
	② 교실 입실 전 모든 유아 및 교직원의 발열 검사를 실시한다.
	• 발열 측정 전 등원시간, 출입 동선 등 조정
	• 교실 입실 전 측정하며 가급적 실외에서 실시
	• 비접촉 체온계 사용을 원칙으로 하며, 발열이 확인된 경우 일정 시간 동안 안정을 취하게 한 후 고막체온계를 이용하여 재측정
	   - 비접촉 체온계가 없는 경우 고막체온계 사용
	• 재측정 후에도 발열이 확인되면 추가 의심 증상을 확인하고 보호자에게 연락, 가까운 지정 의료기관 또는 선별 진료소를 방문하여 진료·검사받을 수 있도록 안내
	   - 유아가 혼자 귀가할 수 없는 경우를 대비하여 일시적 관찰실 마련

*해당 교육(지원)청의 「교원 복무관리지침」을 따른다.

등원 후 (일과 중) 대응	① 유아 및 교직원의 접촉을 최소화하는 방식으로 유치원을 운영한다. • 교육 활동에 따른 교실 이동, 쉬는 시간 중 화장실 이용, 급식 이용 및 음용수 섭취 등을 제외하고는 교실 간 이동 및 불필요한 움직임 자제 　- 연령별 등·하원, 점심시간을 다르게 운영하는 등 유아 몰림 방지 　- 급식실 식탁에 칸막이 설치, 식사 중 대화 자제 • 교실 내 책상 배치 : 모둠 좌석 배치 금지 • 교육 활동 　- 교사는 놀이 활동(수업) 중 유아와의 충분한 거리를 확보 　- 비말 또는 접촉감염이 발생할 수 있는 놀이 활동(수업) 제한 　- 유아들이 공동으로 사용하는 수업자료 이용 자제 ② 마스크를 착용시키고, 유아 건강 상태를 체크한다. 　※ 실내·외 마스크 상시 착용 여부, 마스크 종류, 마스크 착용 의무화 예외 인정 대상 등은 방역당국의 지침을 따름 • 교육 활동 중 유아 건강 상태 체크 　- 발열 또는 의심 증상 확인 시 보건용 마스크를 착용시킨 후 일시적 관찰실로 이동 　- 보호자에게 연락하여 귀가 조치, 역학적 연관성 조사 후 가까운 지정 의료기관 또는 선별 진료소를 방문하여 진료·검사받도록 안내 ③ 감염 예방을 위한 방역 관리 • 교실 등의 창문을 수시 개방하여 충분히 환기 　- 냉·난방기, 공기청정기 가동 시 자주 환기(쉬는 시간, 점심 시간 등) 　- 실외 쪽 및 복도 쪽 창문을 함께 열어서 환기 • 빈발 접촉 부위 소독 실시 : 1일 1회 이상 • 손 세척제와 손 소독제를 충분히 비치 ④ 외부인 관리 • 방문객 등의 교사 출입은 가급적 최소화하되, 유치원 출입 시에는 발열, 증상 여부 등 이상 확인 후 방문 허가 　- 청소, 경비 등 상시 출입하는 외부인은 교직원의 건강관리 기준에 준하여 실시
등원 중지에 따른 출결처리	• 출석 인정 근거 　- 교육부 훈령, 학교생활기록부 기재요령 　- 학교보건법 제8조(등교 중지), 학교보건법시행령 제22조(등교 등의 중지) • 원장 출석 인정 조치(기준) 　※ 정확한 세부사항은 각 교육(지원)청의 「출결·평가·기록 가이드라인」, 「학사운영 방안」을 참고할 것 　- 교육부의 '신종 감염병 감염예방관리 안내'에 따라 출석하지 못한 경우, 출석 인정 결석 처리 　　▶ 신종 감염병 확진자, 의심 증상자, 기저질환자 등 　　▶ 기타 유치원 내 확산 방지를 위해 원장이 필요하다고 인정하는 비법정 감염병 　- 출석 인정을 위한 증빙 자료 　　▶ 감염 확진 진단서, 의사가 작성한 확인서(진료 내역 확인서, 의사 소견서) 격리 통지서, 격리 통지 문자 사진 등 제출(전송) 　　▶ 가정 내 건강관리 기록지, 진료 확인서(처방전도 가능) 사진 전송 확인 등 　- 「학교보건법」 제8조에 따른 등원 중지 등으로 출석하지 못한 경우 인정 처리

③ **유치원 내 신종 감염병 감염의심자 발생 시 대응**

아래 내용은 예시이며, 신종 감염병 대응 지침을 우선적으로 따라서 유치원 상황에 맞게 적용할 것을 권장한다.

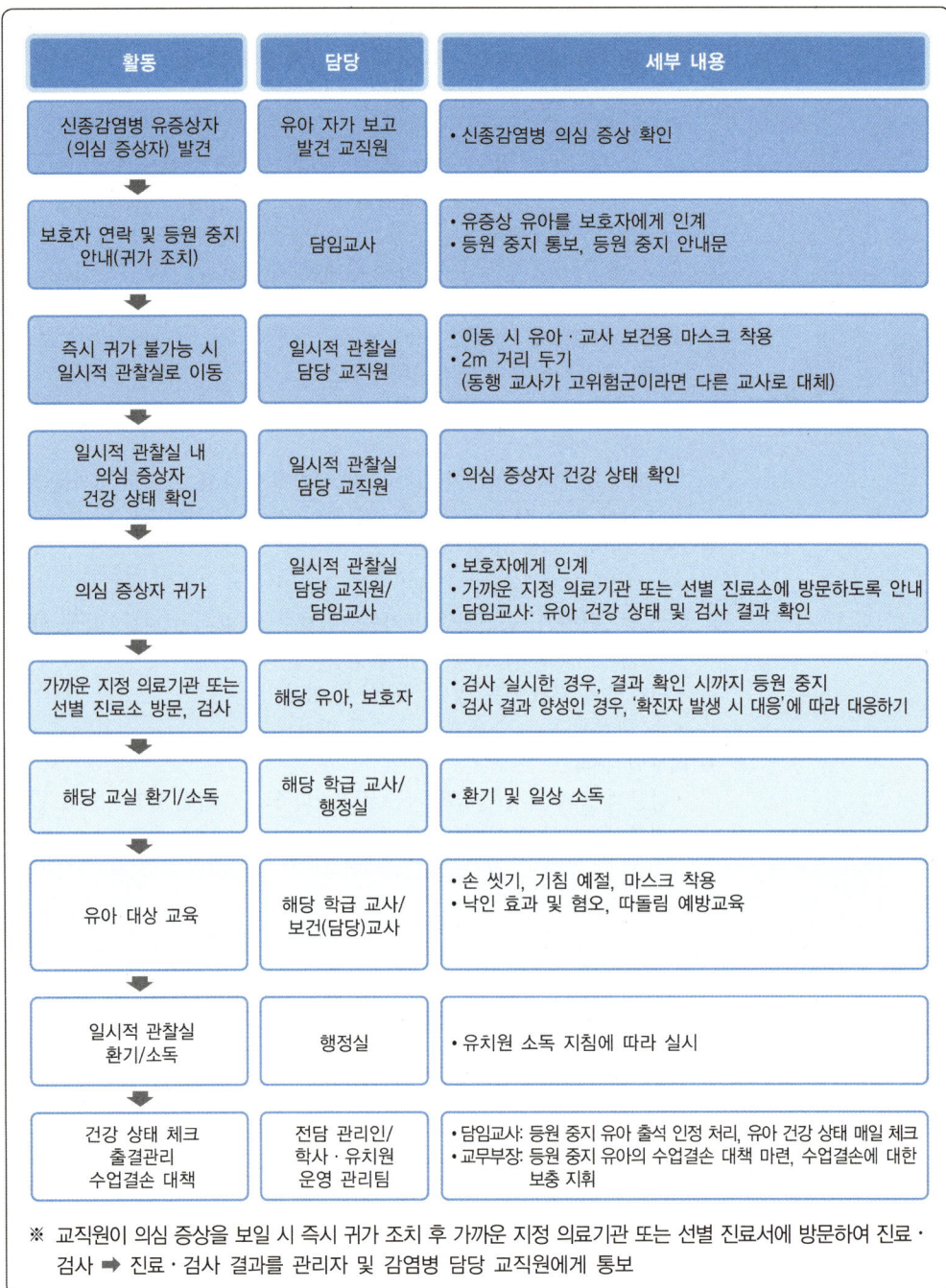

활동	담당	세부 내용
신종감염병 유증상자 (의심 증상자) 발견	유아 자가 보고 발견 교직원	• 신종감염병 의심 증상 확인
보호자 연락 및 등원 중지 안내(귀가 조치)	담임교사	• 유증상 유아를 보호자에게 인계 • 등원 중지 통보, 등원 중지 안내문
즉시 귀가 불가능 시 일시적 관찰실로 이동	일시적 관찰실 담당 교직원	• 이동 시 유아·교사 보건용 마스크 착용 • 2m 거리 두기 (동행 교사가 고위험군이라면 다른 교사로 대체)
일시적 관찰실 내 의심 증상자 건강 상태 확인	일시적 관찰실 담당 교직원	• 의심 증상자 건강 상태 확인
의심 증상자 귀가	일시적 관찰실 담당 교직원/ 담임교사	• 보호자에게 인계 • 가까운 지정 의료기관 또는 선별 진료소에 방문하도록 안내 • 담임교사: 유아 건강 상태 및 검사 결과 확인
가까운 지정 의료기관 또는 선별 진료소 방문, 검사	해당 유아, 보호자	• 검사 실시한 경우, 결과 확인 시까지 등원 중지 • 검사 결과 양성인 경우, '확진자 발생 시 대응'에 따라 대응하기
해당 교실 환기/소독	해당 학급 교사/ 행정실	• 환기 및 일상 소독
유아 대상 교육	해당 학급 교사/ 보건(담당)교사	• 손 씻기, 기침 예절, 마스크 착용 • 낙인 효과 및 혐오, 따돌림 예방교육
일시적 관찰실 환기/소독	행정실	• 유치원 소독 지침에 따라 실시
건강 상태 체크 출결관리 수업결손 대책	전담 관리인/ 학사·유치원 운영 관리팀	• 담임교사: 등원 중지 유아 출석 인정 처리, 유아 건강 상태 매일 체크 • 교무부장: 등원 중지 유아의 수업결손 대책 마련, 수업결손에 대한 보충 지휘

※ 교직원이 의심 증상을 보일 시 즉시 귀가 조치 후 가까운 지정 의료기관 또는 선별 진료서에 방문하여 진료·검사 ➡ 진료·검사 결과를 관리자 및 감염병 담당 교직원에게 통보

④ 유치원 내 신종 감염병 확진자 발생 시 대응
아래 내용은 예시이며, 신종 감염병 대응 지침을 우선적으로 따라서 유치원 상황에 맞게 적용할 것을 권장한다.

활동	담당	세부 내용
확진(접촉)자 발생 인지	원장	• 유치원 비상 대응체계 활성화
인지 즉시 보고 및 신고	원장/ 보건안전팀	• 교육(지원)청/시·도 교육청 보고 • 보건소 신고 • 보건안전팀, 비상대책팀 회의 실시
확진(접촉)자 등 관리 역학조사 실시	학사·유치원 운영 관리팀/비상대책팀/ 보건당국	• 유치원 내 분리공간으로 이동 • 보건당국의 요청에 따라 유아 및 교직원에 대한 일시적 조치를 취하고, 역학조사 진행에 협조 • 보건당국이 역학조사를 실시하는 동안 필요시 원격수업으로 전환
전파 차단을 위한 조치	원장/원감/ 학사·유치원 운영 관리팀	• 교직원, 유아, 보호자에게 비상 연락망으로 현황 알림 - 확진자에 대한 개인정보를 제공하지 않고 감염병 발생 현황만 알림 • 필요시 유아 및 교직원 귀가 조치
언론 대응 보호자 민원 대응	원장/원감/ 전체 교직원	• 언론 대응 창구 단일화 • 루머 확산 방지를 위해 유아·학부모에게 확진자의 개인정보 (이름, 이동경로 등)를 공개하지 않음
방역(소독)활동 실시	행정실	• 확진(접촉)자 동선에 해당하는 장소 우선 소독 • 이동 동선에 따른 일시적 시설 이용 제한 조치 • 시설 이용 제한 등의 구체적 범위는 보건당국의 역학조사 결과에 따라 결정
감염병 예방교육 실시	보건(담당)교사/ 해당 학급 교사	• 보건(담당)교사: 예방교육자료 제공 • 해당 학급 교사: 학급 예방교육 실시, 가정통신문 배부 • 낙인 효과 및 혐오, 따돌림 예방교육
건강 상태 체크 출결관리 수업결손 대책	담임교사/ 학사·유치원 운영 관리팀	• 담임교사: 등원 중지 유아 출석 인정 처리, 수업결손에 대한 대책 안내, 유아 건강 상태 매일 체크, 확진 유아에 대한 심리 지원 • 교무부장: 등원 중지 유아의 수업결손 대책 마련, 수업결손에 대한 보충 지휘
고위험군 파악 관리	보건(담당)교사/ 담임교사	• 신속 진료 의뢰, 보호 격리 안내 등 고위험군 관리

※ 교직원이 확진 시 위와 동일하게 대응
- 복무 처리는 각 교육(지원)청의 복무지침을 따름
- 대체수업 방안 마련, 필요시 교육(지원)청의 인력풀 등 대체 교원 활용

⑤ 전파 차단을 위한 별도 조치

(1) 휴업 및 휴원
① 휴업 및 휴원의 실시 원칙과 절차

용어의 의미	• 「유아교육법」 제31조(휴업 및 휴원 명령) 제4항에 의하면 다음과 같다. – 휴업: 휴업 기간 중 유아의 등교와 교육이 정지 – 휴원: 휴원 기간 중 단순한 관리 업무 외에 유치원의 모든 기능이 정지
실시 원칙	• 휴업이나 휴원은 사회적 파급이 크며, 특히 유치원 밖에서 유아들이 통제가 되지 않아 오히려 유행을 확산할 수 있으므로 원칙적으로 휴업·휴원을 권고하지 않는다. • 국가위기상황 시 해당 감염병에 대한 휴업·휴원 지침을 마련한다. – 교육부 및 시·도 교육청은 아래 휴업 실시의 일반적 기준을 참고하고, 교육부 학생 감염병 전문가 자문단의 자문과 보건복지부 장관과의 협의를 통해 주의 단계에서 구체적인 휴업·휴원 지침을 작성하여 전국에 배포한다.
휴업 실시의 일반적 기준 (권고)	• 전파 차단을 위한 휴업 – 인플루엔자, 수두, 유행성이하선염, 수족구병, 유행성각결막염 등의 빈발 감염병에 대해서는 전파 차단을 위한 휴업은 권장하지 않는다. – 방역당국의 역학조사 결과 휴업을 권고하는 경우에는 실시한다. – 신종 감염병과 같이 치명률이 높은 감염병으로 방역당국의 권고가 있는 경우에는 유치원 내에 단 한 명의 환자가 발생하여도 휴업을 실시한다. • *기능상 휴업 – 감염병의 종류와 관계없이 일정 수준 이상의 유아가 등원 중지되어 정상적인 수업이 어려운 경우에 원장이 방역당국과 교육(지원)청의 협의를 통해 휴업을 실시할 수 있다. • 기능상 휴업 기준(예시) – 1개 학급에서 일정 수준 이상 유아들이 등원 중지 시 ➡ 해당 학급을 휴업 조치 – 1개 연령 중 2개 학급 이상이 휴업하는 경우 ➡ 해당 연령 전체를 휴업 조치 – 전체 연령 중 2개 연령 이상이 휴업하는 경우 ➡ 유치원 전체를 휴업 조치 ※ 휴업 또는 원격수업 전환 조치를 취할 수 있음
휴업 및 휴원 절차	유치원 자체 휴업	• 유치원 내 감염병 발생 시 – 유행이 확산된 유치원의 원장은 자체 휴업(기능상 휴업)이 필요하다고 판단된 경우, 관할 보건소와 협의를 거쳐 휴업할 수 있으며, 이때 필요시 교육(지원)청 감염병 관리 협의체의 자문을 요청할 수 있다. • 국가위기상황 시 – 환자가 발생한 원장이 교육부의 휴업 지침을 바탕으로 자체 휴업이 필요하다고 판단한 경우, 해당 지역 보건당국과 협의를 거쳐 휴업할 수 있으며, 이때 필요시 교육청 감염병 관리협의체의 자문을 요청할 수 있다. – 단, 긴급한 사유로 신속한 결정 필요시 선(先) 조치 이후 그 결과를 관할 교육(지원)청에 즉시 보고하고, 방역당국과의 협의에 따라 후속 조치할 수 있다. • 자체 휴업 결정 후 반드시 관찰 교육(지원)청에 보고하여야 한다(「유아교육법 시행령」 제14조제2항).

*기능상 휴업
「유아교육법 시행령」 제14조 제2항에 의거하여 유치원의 장은 임시 휴업을 할 수 있으며, 이 매뉴얼에서는 감염병으로 인한 등원 중지 유아가 너무 많아 부득이하게 정상적인 유치원 기능이 어려울 경우 휴업을 고려할 수 있도록 하기 위하여 사용된 용어이다.

	휴업 및 휴원 명령: 교육부/ 교육(지원)청	교육부·교육(지원)청은 국가위기상황으로 인해 정상수업이 불가능하다고 인정될 때 휴업 또는 휴원을 명령할 수 있다. 이때 감염병 전문가의 검토와 보건복지부 장관과의 사전 협의가 필요하다.
휴업 및 휴원 기간		휴일 포함 7일 이하를 권장하되 감염병의 특성(잠복기 등)에 대한 고려와 수업 일수 확보에 지장이 없는 범위에서 연장할 수 있다.
휴업 및 휴원 종료	유치원 자체 휴업인 경우	• 원칙적으로 최초 결정된 휴업 기간이 끝나면 자동적으로 휴업이 종료된다. • 만약 휴업 기간 종료 시점에도 감염병 발생이 지속되는 경우, 방역 당국과의 협의를 통해 연장 여부를 결정한다.
	교육부/ 교육(지원)청 명령에 의한 휴업 및 휴원인 경우	• 원칙적으로 별도의 종료 명령 없이 휴업(휴원) 기간이 지나면 자동적으로 휴업(휴원)이 종료된다. • 만약 휴업(휴원) 기간 종료 시점에도 국가위기상황이 지속되어 휴업(휴원)을 지속할 필요가 있는 경우, 감염병 전문가 자문조직의 자문과 보건복지부 장관과의 협의를 거쳐 연장 여부를 결정한다.

② 휴업 및 휴원에 따른 조치

수업 일수 확보 방안	• 당해 학년도의 누적 휴업·휴원일이 15일 이하인 경우, 방학 일수 조정 등을 통해 확보한다. • 당해 학년도의 누적 휴업·휴원일이 15일을 초과한 경우, 수업 일수의 감축을 허용한다. • 천재지변 등의 경우 매 학년 10분의 1 범위에서 수업 일수를 줄일 수 있으며, 이 경우 다음 학년도가 시작되기 전까지 관할청에 보고하여야 한다(「유아교육법 시행령」 제12조제1항제1호). • 「유아교육법」 제31조제1항·제3항에 따른 휴업명령이나 휴원처분에 따라 휴업하거나 휴원하는 경우, 수업 일수를 줄일 수 있으며 이 경우 다음 학년도가 시작되기 전까지 관할청에 보고하여야 한다(「유아교육법 시행령」 제12조제1항제2호).
휴업·휴원 기간 중 유치원의 조치 사항	• 개인위생 강화, 유아 가정학습, 생활지도 방안을 마련하고 시행한다. • 가정통신문, 유치원 홈페이지, 휴대폰 메시지 등을 이용하여 감염병 예방수칙을 준수하도록 안내한다. • 수업 결손에 대한 보충 계획을 수립한다. • 등원이 불가피한 유아(맞벌이 가정 등)에 대한 유치원 내 별도 프로그램을 운영한다. • 결식 우려 유아에 대해서는 교육청별로 방학 중 급식 지원 방법에 준하여 지자체에서 지원할 수 있도록 협의한다.
정상수업 재개 시 방역 원칙	• 원장은 휴업·휴원 종료일 1일 전까지 환기 및 소독을 완료한다. • 「유치원 소독지침」에 따른 임시 소독을 실시하되, 유치원 내 유행이 확산되었거나 방역당국의 요구가 있는 경우 보건소에 요청하거나 방역업체를 선정할 수 있다. • 유치원 자체적으로 소독을 시행할 경우 「유치원 소독지침」에 따라 환경부에 승인·신고된 소독제를 사용한다.

(2) 각종 교육활동에 대한 조치
① 유치원 내 감염병 발생 시

기본 방향	• 아래 상황에서는 가급적 단체 교육 활동은 취소하거나 연기하여야 한다. – 해당 유치원에 감염병이 발생하여 「유행의심」 상황(대응 3단계)이 지속되는 경우 – 지역사회 감염병 유행이 확산되어 방역당국이 단체 교육활동 자제를 요청한 경우
현장체험학습	• 감염병 확산 상황 등을 종합적으로 고려하여 상황에 따라 선별적으로 실시한다. • 유아·보호자의 의견을 수렴해 체험학습 장소, 일정 등을 결정하여 진행한다.

② 국가위기상황 시

대규모 단체 교육활동	• 국가위기 단계별로 방역당국의 방침에 따라 교육부 학생 감염병 전문가 자문단의 검토를 통해 아래의 세부사항을 결정한다. • 경계단계의 경우 지역사회 전파가 발생한 지역에서는 불가피한 경우가 아니면 다수가 모이는(특히, 여러 유치원의 교직원이나 유아 혹은 외부인이 섞일 수 있는) 축제 및 교육활동을 연기 또는 취소할 것을 권고하며, 심각단계에서는 해당 조치를 전국으로 확대한다. • 교육기관은 축제 및 교육활동 개최 시 감염병 예방에 필요한 조치사항을 준수해야 한다.
단체 교육활동 참여·개최 제한 기준 설정	방역당국의 지침 혹은 교육부 학생 감염병 전문가 자문단의 권고를 따르는 것을 원칙으로 하되, 상황에 따라 교육(지원)청에서 자율적으로 조정하여 결정한다.
세부 운영 지침	• 원칙적으로 연기 또는 취소를 권고하는 축제 및 교육활동 – 지역 경제에 미치는 영향이 적고, 불요불급한 일회성 또는 이벤트성 축제 및 교육 활동 • 가급적 연기 또는 취소를 권고하는 축제 및 교육활동 – 폐쇄된 실내 공간에서 개최되고, 신종 감염병의 고위험군을 주요 대상으로 하거나 또는 출입구 관리 및 이동 제한 등으로 인해 감염병 예방 통제가 어려운 축제·행사 등 　※ 고위험군(예): 만 5세 이하의 영유아, 65세 이상의 노인, 임신부, 만성질환자, 면역저하자 등 • 이외 축제 및 교육 활동은 교육기관에서 자율적으로 결정하되, 감염병 예방수칙을 충실히 지켜서 진행해야 한다. • 유치원 축제 또는 행사 진행 시 감염병 예방 및 확산 차단을 위해 방역관리자 2인(정·부)을 지정하고 방역 준수사항을 이행·점검해야 한다. – 방역관리자는 관리자·행사 운영 담당자 등으로 지정하고, 그 현황을 교육활동 계획서에 명시 – 방역관리자의 역할 　▶ 방역수칙 교육 및 준수 안내 　▶ 감염병 의심 증상 시 단체활동 참여 자제 및 진료(진단 검사) 실시 권고

(3) 고위험군·취약계층에 대한 관리
① 보건학적 고위험군에 대한 관리

보건학적 고위험군의 정의와 범위	• (정의) 감염병 발생의 위험이 높거나 감염 발생 시 합병증, 사망의 위험이 상대적으로 높은 만성질환자, 면역저하자, 감염 시 태아에게 영향을 미칠 수 있는 임신부 등을 말한다. • (범위) 아래의 질환을 가진 유아나 교직원을 포함한다. △ 보건학적 고위험군의 범위	

구분	질환
폐질환자	만성폐쇄성폐질환(만성기관지염, 폐기종), 기관지확장증, 진폐증, 기관지폐형성이상, 천식 등
만성심혈관질환자	선천성심장질환, 부정맥, 만성심부전, 허혈성 심질환 등 ※ 단순고혈압 제외
내분비계질환	당뇨(유형 무관), 소아청소년비만(체질량지수 95백분위수 이상), 뇌하수체 기능저하증, 부신기능저하증
당뇨병 환자	인슐린이나 경구 혈당강하제를 필요로 하는 당뇨병
신장질환자	콩팥증후군, 만성신부전증, 신장이식 환자 등
만성 간질환자	간경변증 등
악성종양 환자	• 교직원: 갑상선암, 위암, 폐암, 유방암 등 • 유아: 림프종, 백혈병, 뇌종양, 신경모세포종, 횡문근육종, 골육종 등
면역저하자	장기이식, 무비장증, 비장기능이상, HIV 감염자, 조혈모세포 이식, 방사선 치료, 자가면역질환자, 화학요법 치료로 면역저하 유발, 스테로이드 복용, 기타 면역억제 치료자
발달장애 유아	척추이분증, 뇌성마비, 다운증후군
임신부	현재 임신 중이거나 임신의 가능성이 높은 여성
기타	인지장애, 척수손상, 경련장애, 기타 신경근육질환 등으로 인해 흡인의 위험이 있는 자

보건학적 고위험군의 관리 방안	담임교사	• 학년 초 고위험군 파악 후 보건(담당)교사에게 통보한다. • 보건(담당)교사의 요청에 따라 보호자에게 연락하고, 조치 결과를 보건(담당)교사에게 통보한다.

	보건(담당)교사	• 고위험군 파악: 학년 초 담임교사를 통해 파악하며, 개인정보 유출에 주의한다.
		• 고위험군 유아 및 교직원은 개인위생 준수(마스크 착용, 손 씻기 등)를 더욱 철저히 하도록 교육·안내한다.
		• 고위험군에 대한 아래의 관리 방안을 담임교사에게 요청하고 실시 결과를 확인한다.
		  - 환자/접촉자 관리: 고위험군 유아가 감염이 의심되거나 감염병(의심)환자와 접촉한 경우 즉시 의료기관 진료를 받을 수 있도록 보호자와 연계한다.
		  - 위험 경고: 유치원 내 감염병 유행 시 유아와 보호자에게 알려, 주치의와 상담한 후 적절한 예방 조치를 취하도록 한다.

- 역격리 : 유치원 내 감염병 유행 시 고위험군 유아의 감염예방을 위해 주치의가 권고하는 경우 역격리(등원 중지)를 허용할 수 있다.
• 임신 교직원 관리
 - 임신부에게 문제를 일으킬 수 있는 감염병 유행 시 임신 중인 교직원에게 알린다.
 - 감염이 의심되거나 감염병 (의심)환자와 접촉한 경우 즉시 의료기관에 진료를 의뢰한다.
 - 임신부는 일시적 격리 담당자에서 제외한다.

임신부에게 특별 관리가 필요한 감염병과 관리 방안

구분	주요 감염경로	합병증	예방/관리방법
거대세포 바이러스병	분비물 접촉 (타액, 소변 등)	태아 기형 유발	• 환자/밀접접촉자로부터 격리 • 손 씻기 등 개인위생 강화
수족구병	환자 대변/호흡기 분비물(침, 가래 등) 접촉 환자와의 직접 접촉	유산, 태아 기형 유발	• 환자/밀접접촉자로부터 격리 • 손 씻기 등 개인위생 강화
전염성 홍반 (사람 파보바이러스 B19)	호흡기 감염, 접촉 감염	유산, 신생아 빈혈 유발	• 환자/밀접접촉자로부터 격리 • 손 씻기 등 개인위생 강화
리스테리아 모노사이토제네스 감염증	오염된 음식 섭취 (육류, 우유, 치즈, 생식 채소 등)	유산, 사산, 조산 유발	• 육류는 완전히 익혀서 섭취 • 채소는 깨끗이 씻거나 조리해서 섭취 • 가공 안 된 우유, 저온살균 우유, 치즈 등을 피할 것
풍진	비말감염	태아 기형 유발	• 환자/밀접접촉자로부터 격리 • 면역이 없는 임산부(특히 12주 미만)가 접촉한 경우 즉시 의사와 상의
톡소플라즈마증	감염된 고양이와의 접촉, 오염된 음식을 익히지 않은 채 섭취	태아 기형 유발	• 손 씻기 등 개인위생 강화 • 고양이와의 접촉 주의 • 날고기 섭취 금지
수두	비말감염 직접 접촉 (환부 분비물)	태아 기형 유발	• 환자/밀접접촉자로부터 격리 • 환자 접촉 시 즉시 진료 의뢰
지카바이러스	감염된 모기가 전파	태아 기형 유발	유행 시 긴소매 옷을 입고 밝은 옷 착용

② 사회적 취약계층에 대한 고려

사회적 취약계층의 예시	시설 아동, 다문화가정 아동, 결손가정 아동 등
사회적 취약계층에서 있을 수 있는 문제	• 의료기관 이용의 제한 • 위생관리 및 영양부족 • 생활지도 관리의 부실 • 등원 중지로 인한 식사 제한 등 • 다문화 가정의 의사소통 제한 • 마스크 등 방역물품의 부족
관리 방안	• 위생수칙 교육 등 생활지도 관리 강화 • 등원 중지가 필요한 경우 급식을 제공할 수 있는 방안을 마련하거나, 지자체 복지 서비스(아이돌봄 서비스 등) 연계를 의뢰하기 위해 관련 부서나 교사와 협의함 • 위기 가정 유아 맞춤형 지원: 교육(지원)청의 교육복지 우선 지원 사업 등 활용 • 보건복지부·질병관리청에서 마련한 「코로나19 예방 10가지 행동수칙」의 21개 언어 번역본 제공

(4) 특수학급에 대한 관리

① 대응 원칙

- 특수교육대상 유아는 장애 및 기타 질환으로 인해 예방접종을 받지 못했을 가능성이 높고, 감염병에 대한 저항력이 낮을 수 있으므로 기본적으로 보건학적 고위험군의 관리 원칙에 따른다.
- 특수학급은 일반학급의 기준보다 더 적극적인 대응이 필요하다.
- 일반적인 감염병 예방, 대비 및 대응에 관한 사항은 유치원용 지침을 따른다.

② 특수학급 유아늘이 감염에 취약한 이유

일상생활 속 높은 감염 위험성	• 마스크 착용, 손 씻기 등 일반적인 예방수칙을 이행하기 어렵다. • 장애인 보조 기기 및 점자 사용으로 물리적인 접촉 발생 등 감염 위험이 높다.
밀접 돌봄	보조인 등의 일상적인 도움이 필요하여 사회적 거리 두기가 어렵다.
면역 저하	• 질환 및 사고로 인해 장애 상태가 고착되어 기저질환 보유, 혈액투석, 재활과 같은 정기적 치료·처방 등 의료 서비스를 필요로 한다. 　예) 신장장애, 심장장애, 간 장애, 호흡기 장애, 장루·요루장애, 뇌전증 장애 등 • 장애 및 기저질환에 의해 예방접종을 받지 못했을 가능성이 높다. • 보건학적 고위험군 해당 여부 확인이 필요하다.
의사소통 제약	시각 정보 습득이나 음성 의사소통에 제약이 있거나, 언어적 의사소통은 가능하나 의미적 의사소통에 어려움을 가져 충분한 정보 습득과 이해가 부족하다.
이동 제약	와상, 휠체어 이용 등 보행상 장애가 있는 경우 자력으로 이동이 불가능하고, 시각장애, 발달장애(지적장애, 자폐성 장애)가 있는 경우 보행은 가능하지만 목적지까지 이동할 수 있도록 안내가 필요하다.

유치원 교육 활동 외 시설 이용	각종 특수교육대상 유아 프로그램 제공 기관을 이용한다.
특수교육대상 유아의 감염병 취약 특성	특수교육대상 유아의 감염병 취약 특성은 '① 의사소통 제약, ② 이동 제약, ③ 감염 취약, ④ 밀접 돌봄, ⑤ 집단 활동'으로 구분할 수 있다.

③ 특수학급 감염병 관리 및 대응

감염병 정보 접근성 제고	• 정보제공 강화: 감염병 관련 상담 서비스 안내 및 홍보를 실시한다. • 감염병 관련 정보와 교육자료를 시각장애, 발달장애, 뇌병변장애 등 장애 대상별로 적절한 매체를 활용하여 제공한다.
이동 서비스 지원	• 시·도 내 휠체어 이동이 가능한 선별 진료소(지정 의료기관)를 파악하고, 해당 기관으로 이동할 수 있도록 지원한다. • 자택-의료기관-격리 장소 등 이동 필요시 서비스를 지원한다. - 구급차 - 휠체어 탑승 가능 차량(특별 교통수단) - 보호자 동행 또는 이동 지원인력 신청
감염병 예방 관리 및 필수 의료지원 강화	• 고위험군 장애 유아 및 중증 장애 유아가 주요 의심 증상을 보일 경우 즉시 병원 진료를 받는다. • 유아의 확진(격리)을 대비하여 복용 중인 약을 2주 이상 확보할 수 있도록 조치한다. - 비대면 진료 및 처방약 대리수령 등 꼭 필요한 의료 서비스를 지속적으로 제공한다. • 가능한 경우 최우선적으로 예방접종을 시행한다.

④ 특수학급 (의심)환자 및 접촉자 관리

- 의사소통이 어려운 특수교육대상 유아의 경우 담임교사는 유아들을 주의 깊게 관찰하며, 학부모와 소통을 통하여 감염병 의심 증상을 조기에 발견하도록 노력한다.
- 면역 저하 등으로 인해 감염에 취약한 유아의 경우 감염병 (의심)환자에게 노출 즉시 주치의와 상의하도록 조치한다.
- 감염병 (의심)환자를 철저하게 격리하여 다른 유아들을 보호한다.
- 감염병 (의심)환자가 발생한 학급/유치원에서는 휴업 또는 휴원을 적극적으로 검토한다.
- 장애 등으로 상시 마스크 착용이 어려운 유아는 장애 특성을 고려한 마스크 착용 방법을 교육한다.
- 의심 증상 확인 또는 접촉자 파악을 위한 의사소통
  - 교사 및 교직원은 특수교육대상 유아와 의사소통을 위해 필요하다고 판단될 경우(예 청각장애) 입 모양이 보이는 투명창 마스크를 활용한다(식품의약품안전처 허가 제품).
    ▶ 마스크 미착용 상태에서 대화는 권장하지 않는다.
  - 보완대체 의사소통: 감염병에 대한 의사소통을 돕기 위하여 글자판·시각 지원판을 제작해 활용한다.

- 밀접 접촉에 따른 교직원의 고려사항
  - 식사보조, 투약 등 특수교육대상 유아에게 꼭 필요한 활동을 보조하는 교직원은 수행 전·후 손 위생을 철저히 해야 한다.
  - 보조 활동을 수행하는 교직원은 유아가 의심 증상을 보일 때 마스크, 일회용 장갑 등 감염 예방을 위한 개인보호장구를 반드시 착용한다.
  - 장애유아들의 가검물(대소변, 구토물 등)과 기저귀 등을 조심해서 위생적으로 처리하며, 처리 후 즉시 물과 비누를 이용하여 손을 깨끗이 씻는다.
  - 배출된 가검물은 위생봉투에 밀봉하여 뚜껑 있는 쓰레기통에 버린다.

> 참고) 특수학급 감염병 유행 시 유치원 상황에 맞추어 융통성 있게 감염병 대응 요령 준수(예 영유아의 경우 원활한 배식과 식사 보조를 위해 식탁 칸막이 생략 가능 등)

6 유치원 소독 지침

목적	평상시 및 감염병 발생 시 유치원 시설에 대한 표준화된 소독 지침을 제공함으로써 감염병 예방 및 전파를 차단한다.		
소독 기준	• 소독 기준 - 유치원의 소독 기준은 ① 정기 소독, ② 일상 소독, ③ 임시 소독, ④ 보건실 소독 등 4개 영역으로 구성된다. - 보건실 소독은 매일 사용한 공간, 장비 및 물품에 대하여 소독을 시행하는 것을 원칙으로 한다.		

구분		적용 범위	시행 주체
정기 소독		감염예방법에 따른 유치원 전체 주기적 소독	전문 소독업체 위탁
일상 소독		학기 중 감염 취약 시설 관리를 위한 소독	원장의 판단에 따라 소독 시행주체 결정
임시 소독	감염병 발생 시	유치원 내 감염병 환자가 발생하였거나 유행 시 해당 공간에 대해 실시	
	일시적 관찰실 소독	감염병 (의심)환자를 격리·관찰한 경우 해당 공간에 대한 소독 시행	
보건실 소독		평상시 보건실의 공간, 장비 및 물품 등의 소독 시행	

① 정기 소독
- 소독 주기: 4~9월은 2개월에 1회 이상, 10월~3월은 3개월에 1회 이상
  ※ 「감염병의 예방 및 관리에 관한 법률 시행규칙」 제26조제4항
- 소독 방법: 전문 소독업체 위탁 시행

> ★ 개인보호구
> 일회용 장갑, 보건용 마스크를 착용하고, 필요시 일회용 긴팔 방수 가운 또는 방수 앞치마, 고글 혹은 안면 보호구를 활용한다.

② 일상 소독
- **소독 주기**: 학기 중 공공으로 사용하는 감염 취약시설 관리를 위한 소독으로 1일 1회 이상 소독한다.
- **소독 방법**
  - 청소 및 소독 작업을 수행하는 직원은 적절한 ★개인보호구를 착용한다.
  - 사람들이 자주 접촉하는 시설·기구 등의 표면을 소독한다.
  - 소독 부위 예시
    ▶ 손잡이, 난간, 문고리, 팔걸이, 에어 콘센트, 스위치, 엘리베이터 버튼 등 다양한 접촉을 하는 장치 등
    ▶ 사무실에서 자주 접촉하는 표면(예 키보드, 책상, 의자, 전화 등)
    ▶ **화장실**: 수도꼭지, 화장실 문 손잡이, 변기 덮개 및 욕조 및 화장실 표면
  - 소독제는 알코올, 차아염소산나트륨 등 환경부 승인·신고 소독제를 선택하여 제조사의 설명에 따라 희석 사용한다.
  - 준비된 소독제로 천(헝겊 등)을 적신 후 손길이 닿는 벽면과 자주 사용하는 모든 부위를 닦고 일정 시간 이상 유지 후, 깨끗한 물로 적신 천(헝겊 등)을 이용하여 표면을 닦는다.

③ 임시 소독
- **감염병 발생 시 임시 소독**
  - 감염병 (의심)환자 발생 또는 유행 시 소독 방법은 정기적 소독 지침에 준하여 시행한다.
  - 소독 시행 주체는 원장이 결정한다.
  - 소독업체를 통해 소독할 경우 소독 방법은 정기 소독 지침에 준하여 시행하며, 유치원 자체적으로 소독을 시행할 경우에는 아래의 원칙을 준수하여 소독한다.
- **각종 행사 후 임시 소독**
  - 유치원에서 각종 행사를 위해 장소를 제공하는 경우, 행사가 끝난 후 교실 전체를 임시 소독 실시한다.

> 🏛 **유치원 자체 소독 시행 시 원칙**
> - 취약지역(화장실, 급수장, 쓰레기장, 하수도, 조리실 등)을 집중 관리한다.
> - 책상, 의자, 창틀, 사물함, 교구장, 교재교구, 출입문 및 화장실 손잡이 등 사람들이 공통적으로 많이 접촉하는 부분은 소독제를 이용하여 매일 닦는다.
> - 교실 등의 창문과 출입문을 동시에 10분 이상 열어 수시로 충분히 환기한다.
> - 방역소독은 유치원 자체소독, 방역 당국(보건소, 보건지소 등) 의뢰, 소독대행업체 등을 통해 실시한다.
> - 소독제를 사용할 때에는 다음의 안전사용 수칙을 준수한다.
>   - 소독제는 환경부의 승인·신고 제품을 사용할 것
>   - 사용설명서를 충분히 읽어본 후 사용할 것
>   - 다른 소독제와 혼합하거나 병행하여 사용하지 말 것
>   - 희석하여 사용 시 희석 비율을 반드시 지킬 것
>   - 소독제 희석 시 통풍이 잘 되는 곳에서 희석할 것
>   - 사용 시 마스크 등 보호 장구를 착용할 것
>   - 소독제에 사람의 피부나 눈이 과다 노출 시 즉시 흐르는 물에 5분 동안 씻어낼 것
>   - 소독제 사용에 따른 환경오염을 방지하는 조치를 취할 것
>
> 🏛 **일시적 관찰실 소독 주기**
> - 환자가 일시적 관찰실에 있는 경우 1일 1회 이상 시행

7 유치원 환기 지침

목적	환기는 실외 공기를 실내로 공급하는 과정으로 악취 제거와 온습도 조절에 효과적이나 부적절한 환기는 감염병 전파의 위험요소가 될 수 있으므로 주기적인 관리를 통해 실내 공기 질을 쾌적하게 유지하여야 한다.
환기 방법	• 환기는 공기를 공급 및 제거하는 방식에 따라 자연환기, 기계환기가 있다. • 환기 설비를 설치할 때는 기본적으로 다음의 사항을 고려한다. 　- 모든 설비의 설치 작업 시 시설이 위치한 기후, 풍향, 습도, 기타 특성 등을 고려해야 하고, 평면도 및 비용과 가용성을 따져 시행되어야 한다. 　- 최소 환기량 이상을 만족해야 한다. 　- 공기는 깨끗한 구역에서 오염된 구역으로 흐르도록 한다. 　- 도입된 깨끗한 실외 공기가 실내의 각 부분에 효과적이고 효율적으로 분배되어야 한다. 　- 난방-환기-공조(HVAC) 전문가를 통한 주기적 관리(배기 시스템 점검, 필터 체크)로 교차오염이 발생하지 않도록 한다. • 환기는 하루 3회 이상 시행한다. 　- 하루에 최소 3회, 매회 10분 이상 창문을 열어 자연환기를 실시하고, 맞통풍을 고려하여 전·후면 창문 및 출입문을 개방한다. 　- 자연 환기를 증가시키는 가장 효과적인 방법은 외부 문, 통풍구 및 창문을 여는 것이다. 　- 추운 날의 환기는 외풍을 줄이면서 환기를 제공하기 위해 낮은 곳보다 높은 곳의 창을 연다. 　- 출입문은 항상 문을 닫은 조건을 유지하되, 자연환기하는 모든 실에서 출입문과 창문을 동시에 개방하여 환기한다. 　- 환기설비가 없는 건물에서 선풍기 등을 활용하여 환기량을 증대할 수 있다. 　- 밀집도가 높을수록 더 자주 환기한다. • HEPA 필터를 장착한 간이·이동형 공기청정기를 도입할 수 있다. HEPA 필터를 장착한 공기청정기는 공기의 방향이 깨끗한 곳에서 오염된 곳으로 이동하도록 하되, 공기정정기는 어떠한 상황에서도 환기를 완전히 대체할 수 없으므로, 단지 부족한 환기량을 보충하는 역할로만 사용해야 한다. • 냉난방기(공기청정기 포함) 사용 시 실내 공기가 재순환되고 비말이 확산될 우려가 있으므로 1시간마다 1회 이상 환기한다. 　- 바람 세기를 낮추고 바람이 몸에 직접 닿지 않도록 한다. 　- 세척 가능한 필터의 경우 물로 세척하여 사용하고 교환이 필요한 필터는 주기적으로 교체한다. 에어컨의 필터 청소는 1일 8시간 사용 기준으로 일주일에 1회 시행한다. 　- 에어컨을 장기간 사용하지 않을 경우 청소 후 2~3시간 정도 송풍 운전을 하여 실내기 내부를 건조시킨다.

8 개인 위생수칙(손 씻기, 기침예절 등)

올바른 손 씻기 6단계	① 손바닥 ② 손등 ③ 손가락 사이 ④ 두 손 모아 ⑤ 엄지 손가락 ⑥ 손톱 밑
올바른 마스크 사용법	• 마스크를 착용하기 전, 흐르는 물에 비누로 손을 꼼꼼하게 씻는다. • 마스크로 입·코를 완전히 가려서, 얼굴과 마스크 사이에 틈이 없게 한다. • 마스크 안에 수건, 휴지 등을 넣어서 착용하지 않는다. • 마스크를 사용하는 동안 마스크를 만지지 않는다. - 마스크를 만졌다면 흐르는 물에 비누로 손을 꼼꼼하게 씻는다. • 마스크를 벗을 때 끈만 잡고 벗긴 후, 흐르는 물에 비누로 손을 씻는다.
기침예절 4가지 수칙	• 기침할 때는 휴지와 옷소매로 입과 코를 가린다. • 기침한 후에는 반드시 올바른 손씻기를 실천한다. • 호흡기 증상이 있을 때는 마스크를 착용한다. • 사용한 휴지나 마스크는 바로 쓰레기통에 버린다.

9 주요 감염병(유아 빈발 감염병)의 특성과 관리

(1) 인플루엔자

개념	인플루엔자바이러스(Influenza virus A·B·C) 감염에 의한 급성 호흡기 질환

임상 증상	• 전신 증상 및 호흡기 증상이 갑자기 시작된다.
	  - 고열(38~40℃), 마른 기침, 인후통 등 호흡기 증상
	  - 두통, 근육통, 피로감, 쇠약감, 식욕 부진 등 전신 증상
	  - 그 외에도 콧물, 코막힘, 안구통, 구토, 복통 등이 동반될 수 있다.
	• 주로 소아에서는 구토, 오심, 설사 등의 소화기 증상이 동반된다.
	• 대부분 경증으로 자연 치유되지만 노인, 영유아, 만성질환자, 임신부 등은 합병증 발생 또는 기저질환의 악화로 입원치료를 받거나 일부는 사망에 이를 수 있다.

잠복기	1~4일(평균 2일)
전염 기간	• 대체로 증상 발현 1일 전부터 발병 후 약 5~7일 정도까지 감염력이 있다. • 소아나 면역저하자는 증상 시작 후 10일 이상 감염 가능 기간이 더 길어질 수 있다.

전파 경로		• **호흡기(비말) 전파**: 주로 급성 인플루엔자 환자가 기침이나 재채기를 할 때 분비되는 호흡기 비말을 통해 사람에서 사람으로 전파된다. • 환기가 잘 안 되는 밀집된 공간에서는 공기 감염도 가능하다. • 건조한 환경에서 1~2일 정도 생존 가능하기 때문에 인플루엔자 바이러스에 오염된 물건이나 환경을 만지고 나서 눈이나 코, 입 등을 만지는 경우 접촉 감염이 발생 가능하다. • 동물에서 사람으로의 감염은 흔하지 않으나, 감염된 동물의 분비물에 직접 닿거나 간접적으로 사람이 접촉했을 때 감염이 가능하다. • 우리나라를 포함한 북반구에서는 주로 11월부터 4월 사이에 유행한다.
관리 방안	예방접종	• 권장 백신주(유행 예측주)가 절기별로 달라 매년 새로운 백신 생산 및 접종이 필요하다. • 합병증 위험과 질병부담이 높은 고위험군(어르신, 임신부, 6~59개월의 소아, 만성질환자 등)이 우선 접종 대상자에 해당되며, 예방접종 후 이상반응에 대한 관리 또한 중요하다. • 인플루엔자 유행시기(11월~익년 4월), 백신 공급시기, 예방접종 효과 지속기간[평균 6개월(3~12개월)]을 고려하여 10~12월로 접종을 권장한다.

	일반 예방수칙	• 올바른 손 씻기
		  – 흐르는 물에 비누로 30초 이상 손 씻기
		  – 외출 이후나 배변 후, 식사 전·후, 코를 풀거나 기침·재채기 후 등에 실시
		• 기침예절
		  – 기침이나 재채기를 할 때 휴지로 코나 입을 막을 것
		  – 사용한 휴지는 꼭 버릴 것
		  – 휴지가 없을 시 손이 아닌 상의 소매로 입을 막고 기침
		  – 기침이나 재채기 후 비누로 손을 씻거나 알코올이 함유된 소독제로 손 소독
		• 더러운 손으로 눈, 코 또는 입을 만지지 말 것

	환자 치료	대증치료 및 항바이러스제 치료

	환자 격리	• 호흡기 질병의 증상이 있을 경우 해당 기관은 코로나19에 대한 지침과 배제 기준을 준수한다.
		  – 만약 코로나19가 인플루엔자의 원인으로 판명되었다면, 유아와 교직원은 감염력이 소실될 때까지 등원·출근 등을 하지 않고 집에서 휴식한다[해열제를 사용하지 않고 최소 24시간 동안 발열이 없을 때까지(38℃ 이하)].
		  – 해열제를 투약한 경우, 마지막 해열제 투약 시점부터 2일(48시간)까지 경과 관찰이 필요하다.
		  – 중증의 증상을 보이거나 면역저하자 등의 경우는 의사의 판단에 따라 등원·출근 제한 기간이 달라질 수 있다.

		• 집에서 휴식 중 증상이 호전되지 않거나 심해지는 경우 의료진에게 진료받는다.
		• 인플루엔자 환자는 병원 방문 등 꼭 필요한 경우 외에 외출을 자제한다.
		  - 부득이 외출을 하는 경우에는 반드시 마스크를 착용한다.
		  - 타인과의 접촉을 최소화한다.
		  - 사람이 많은 다중이용시설에 가지 않는다.
		• 인플인플루엔자 환자가 집에서 쉬는 동안 가족 내 65세 이상 고령자나 영유아, 만성질환자 등 고위험군과의 접촉을 피한다.

	접촉자 관리	건강한 접촉자에게 예방을 위한 항바이러스제 투여는 통상적으로 권유되지 않으나, 예방접종을 받지 않은 고위험군 또는 고위험군과 접촉을 하는 사람들에게는 항바이러스제로 예방한다.
교사 및 학부모의 역할		• 보건(담당)교사 및 담임교사는 밀접접촉자의 인플루엔자 발병 여부를 확인하고, 증상이 생기면 의사 진료를 받도록 하여 유치원 내 추가 전파가 되지 않도록 한다. • 생후 6개월 이상 대상자의 예방접종 권고지침 및 일반 예방수칙을 준수한다. • 인플루엔자 유행 기간에는 가능한 한 교실의 혼잡과 접촉을 줄이도록 한다. • 합병증(라이증후군: 간과 뇌의 장애 유발) 발생 위험성이 있으므로 인플루엔자 환자에게는 아스피린 사용을 금한다.

기타 사항	환경 관리	• 자주 만지는 표면과 물건을 소독한다.
		• 일상적인 청소(세척) 소독: 인플루엔자 바이러스는 표면에 오염된 후 2~8시간 정도 생존하며, 이 시기에만 잠재적으로 사람을 감염시킬 수 있다.
		• 올바른 청소와 소독
		  - (1단계) 일반 가정용 청소 비누 또는 세제와 물로 청소
		  - (2단계) 표면이나 물건의 소독
		
		  • 염소 소독제를 이용한 소독 용액은 다음과 같이 만들어 사용 가능하다 (원액 5% 경우).
		   - 염소 소독제 20ml + 물 980ml(농도 1,000ppm 기준)
		   - 용액을 헝겊에 묻혀 표면을 닦는다.
		   - 3~5분 동안 기다린다.
		   - 깨끗한 물로 표면을 헹군다.
		
		• 올바른 세제 및 소독제 사용
		  - 교직원 및 청소 담당자는 제품 설명서 및 사용방법을 숙지하여 안전하게 사용하는 방법을 익히고, 표기된 위험 경고 등을 준수하여 청소를 시행한다.
		• 폐기물 처리
		  - 폐기물 처리에 대한 표준 절차를 준수한다.
		  - 쓰레기통을 비울 때 사용한 휴지 및 기타 쓰레기에 손 등 신체를 접촉하지 않으며, 접촉한 경우 반드시 비누를 이용하여 손 씻기를 시행한다.

(2) 수두

개념		수두-대상포진(Varicella-Zoster) 바이러스에 의한 급성 발진성 감염질환이며, 급성 미열로 시작되고 전신적으로 가렵고 발진성 수포가 발생하는 질환
임상 증상	전구기	• 발진이 발생하기 1~2일 전에 권태감, 미열, 두통 및 식욕 부진이 있을 수 있다. • 전구기 증상이 없는 경우도 있다.
	발진기	• 발진은 주로 몸통, 두피, 얼굴에 발생한다. • 24~48시간 내에 반점(macules) ➡ 솟음(구진, papules) ➡ 잔물집(소수포, cesicles) ➡ 고름물집(농포, pustules) ➡ 괴사 딱지(가피, eschar)의 순으로 빠르게 진행한다. • 동시에 여러 모양의 발진이 발생하며, 잔물집(소수포)은 매우 가렵다. • 구강 및 질 내 궤양성 병변도 흔하게 발생한다.
	회복기	모든 병변에 괴사 딱지(가피)가 형성되면서 회복된다.
	합병증	발진 부위의 2차 세균감염, 폐렴, 뇌염, 라이증후군 등이 있다.
잠복기		0~21일(평균 14~16일)
전염 기간		• 발진(잔물집)이 생기기 1~2일 전부터 모든 잔물집(소수포)에 괴사 딱지(가피)가 형성될 때까지 전염 가능하다. • 수두 발진 발생 시작 후 최소 5일 이상 전염성이 있다. • 발진 시작 시기가 언제인지 정확히 모르는 경우, 수포성 발진에 딱지가 생기고 새로운 발진이 더 나타나지 않는다면 전염력은 없다고 간주할 수 있다.
전파 경로		• 공기 및 비말 전파: 수두 환자가 기침이나 재채기를 할 때 분비되는 호흡기 분비물이 공기 또는 비말을 통해서 사람에서 사람으로 전파된다. • 피부 병변 수포액에 직접 접촉함으로써 사람에서 사람으로 전파될 수 있다.

관리 방안	예방접종	• 수두 예방접종은 우리나라에서 12~15개월 영아의 기본접종 백신으로 권장된다.
		• 수두 백신을 접종 받은 후에는 수두에 걸리면 대부분 경미한 증상을 나타내며 회복도 빠르다.
		  - 만 13세 미만
		    ▶ **정기접종**: 생후 12~15개월의 소아에게 1회 접종
		    ▶ **따라잡기 접종**: 수두에 걸린 적 없으면서 예방접종을 받지 못한 소아에게 1회 접종
		  - 만 13세 이상
		    ▶ 4~8주 간격으로 2회 접종

	생활 지도 및 보건교육 실시 내용	• 공기 전파 감염병이므로 전염성이 소실될 때까지 등원을 금지한다. • 기침 예절 교육을 철저히 실시하고 마스크 착용을 권고한다. • 수두에 대한 정보(질환 특징, 합병증, 예방접종 중요성 등)를 제공한다.

환자 치료	• 합병증이 없는 경우 대증치료를 실시한다. 　- 합병증(라이증후군: 간과 뇌의 장애 유발) 발생 위험성이 있으므로 수두 환자에게는 아스피린 사용을 금한다. • 가려움증 해소를 위해 칼라민 로션을 도포한다. • 병변 부위의 2차 세균 감염 방지 위해 피부를 청결하게 하고, 손톱을 짧게 하여 피부에 상처를 주지 않도록 한다. 　- 환자의 상태, 감염 정도, 치료에 대한 초기 반응 등에 따라 의사와 상의하여 항바이러스 제제를 사용한다.	
환자 격리	• 환자 격리 기간: 모든 피부 병변에 괴사 딱지(가피)가 생길 때까지(발진 발생 후 최소 5일간) 　- 단, 예방접종을 시행한 사람에게서 발생해 가피가 생기지 않은 경우: 24시간 동안 새로운 피부 병변이 생기지 않을 때까지 　- 수두에 걸린 엄마에게서 출생한 신생아가 입원 중인 경우: 생후 21일까지(면역글로불린을 투여받았다면 생후 28일까지)	
접촉자 관리	접촉 관리 대상	접촉자 관리 방법
	• 면역력이 있는 사람 　- 과거에 수두를 앓았거나, 예방접종 완료한 사람	증상 발생 모니터링
	• 면역력이 없는 사람 　- 가족 및 동거인 　- 같은 실내 공간에서 5분 이상 있었거나, 대면 또는 직접 접촉이 있었던 사람 　- 의료기관 내 같은 병실을 사용했거나, 대면 또는 직접 접촉이 있었던 사람	(예방접종) 접촉 후 가능한 3일(최대 5일) 이내에 백신 접종
	• 감수성자 중 백신 접종 금기인 사람 　- 수두 감수성이 있는 임신부 　- 분만 전 5일부터 분만 후 2일 이내 수두가 발병한 임신부에게서 태어난 신생아 　- 수두에 감수성이 있는 산모에서 재태 기간 28주 이상으로 태어난 미숙아 　- 수두에 대한 산모의 감수성 여부에 관계없이 재태 기간 28주 미만 혹은 1kg 미만으로 태어난 미숙아 　- 면역저하자(면역결핍증 환자, 암질 환자 등)	(노출 후 예방요법) 면역글로불린(VZIG)을 10일 이내에 되도록 빨리 1회 근육주사
특수상황에서의 관리 방법	환자가 격리되고 학급에 충분히 환기 및 소독이 된 후 등원이 가능하다.	

교사 및 학부모의 역할	• 정기적인 예방접종을 권장한다. • 보건(담당)교사 및 담임교사는 학교 내 (의심)환자 발생에 따라 교육(지원)청에 보고 및 조치한다. • 노출자 중 면역력이 없거나 고위험군(면역저하 환자 및 임신부)은 의료기관의 진료를 받도록 권고한다. 　- 임신 초기에 수두에 노출될 경우 태아 기형 등 심각한 문제를 유발할 수 있으므로 노출 24시간 내에 의사를 방문하도록 알린다. • 개인 위생수칙 등을 교육한다. • 환자에게는 아스피린 사용을 피한다.
기타 사항	• 과거에 수두를 앓지 않은 성인의 경우 소아 연령에 비하여 수두를 아주 심하게 앓거나 합병증을 동반할 가능성이 높다. • 수두 예방접종을 실시한 경우 70~90%에서만 예방효과가 있기 때문에 수두에 걸리는 경우가 종종 있으나, 이 경우 발진의 숫자도 적고 대개 경미한 증상을 나타내며 회복도 빠르게 된다.

(3) 유행성이하선염(볼거리)

개념		유행성이하선염 바이러스에 감염되어 편측 혹은 양측 침샘의 비대를 가져오는 질환
임상 증상	전구기	침샘이 커지기 1~2일 전에 발열, 두통, 근육통, 식욕부진 등이 드물게 생길 수 있다.
	침샘 비대 및 통증	• 귀밑샘의 침범이 가장 흔하다. • 처음에는 한쪽에서 시작하여 2~3일 후 양쪽에 침범하며, 25%에서는 한쪽만 침범한다. • 부기는 1~3일째에 최고조에 달하며 3~7일 이내에 가라앉는다. • 턱밑샘과 혀밑샘도 단독으로 침범되거나 귀밑샘과 동반되어 침범될 수 있다.
	합병증	• **수막염**: 뇌척수액 세포 증가증은 환자의 40~60%에서 나타나지만, 증상을 동반한 경우는 10% 정도이다. • **고환염 및 부고환염**: 사춘기 이후 남자의 30~40%에서 발생하며, 갑작스러운 고환의 부종과 압통, 구토, 발열 등의 증상이 있으나, 불임이 되는 경우는 드물다. • **난소염**: 사춘기 이후 여자의 7%에서 발생하며, 골반부 동통과 압통 증상이 있으나, 불임과는 관계 없다.
잠복기		보통 16~18일이며, 25일까지 길어질 수 있다.
전염 기간		증상 발현 3일 전부터 발현 5일까지
전파 경로		• **호흡기 전파**: 환자가 기침이나 재채기를 할 때 분비되는 호흡기 비말을 통해서 사람에서 사람으로 전파된다. • **접촉 전파**: 환자의 타액이나 호흡기 분비물의 접촉을 통해서 직접적으로 전파된다.

관리 방안	예방접종	• 1차 접종: 생후 12~15개월에 MMR 접종 • 2차 접종: 만 4~6세에 MMR 접종
	생활지도 및 보건교육 실시 내용	• 비말 전파 감염병이므로 전염성이 소실될 때까지 등원을 금지한다. • 손 씻기와 기침 예절 교육을 철저히 시행하고, 마스크 착용을 권고한다. • 유행성이하선염에 대한 정보(질환 특징, 합병증, 예방접종 중요성 등)를 제공한다.
	환자 치료	치료는 보존적이며 대중적인 방법으로 치료한다.
	환자 격리	• 증상 발현 후 5일까지 격리 • 환자의 타액이나 호흡기 분비물로 오염된 물품의 소독을 실시한다.
	접촉자 관리	• 감시 필요 　- 노출 후 예방접종이나 면역글로불린은 효과가 없다. 　- 환자와 접촉한 사실이 있다면 노출 후 3주간 발병 여부를 주의 깊게 관찰한다.
교사 및 학부모의 역할		• 보건(담당)교사 및 담임교사는 (의심)환자 발생에 따라 보고 및 조치를 시행한다. • 가정과 유치원에서 노출 가능성이 있는 사람들에게 증상 감시를 권고한다. • 환자는 의료기관으로 진료를 의뢰한다.

(4) 수족구

개념	콕사키바이러스, 엔테로바이러스 등에 감염되어 입, 손, 발의 수포성 발진을 특징으로 하는 질환
임상 증상	• 발열, 인후통, 식욕부진 등으로 시작하여 발열 후 1~2일째에 수포성 구진이 손바닥, 손가락, 발바닥에 생긴다. • 혀, 볼 점막, 인후두, 입천장, 잇몸 및 입술에 수포가 발생하여 궤양을 형성하며, 이로 인해 아이가 먹거나 마시는 것이 힘들어진다. • 때로는 엉덩이에도 나타나지만, 수포가 아닌 발진만 나타나는 경우도 많다. • 엔테로바이러스 71에 의한 수족구병은 신경학적 증상을 일으킬 수 있다. • 대부분 자연적으로 7~10일 안에 회복된다.
잠복기	3~7일
전염 기간	• 발병 후 3~7일간이 가장 전염력이 강하다. • 바이러스가 7~11주까지 대변을 통해 배출 가능하며, 호흡기 분비물을 통한 바이러스 배출은 대체로 1~3주이다.
전파 경로	• 호흡기 경로: 아이가 말하거나, 기침하거나, 재채기할 때 생성된 큰 비말과의 접촉에 의하며, 비말은 눈, 코 또는 입을 통해 들어올 수 있다. • 접촉 경로: 감염된 아이의 호흡기 분비물과 직접 접촉 또는 호흡기 분비물에 오염된 물체와의 간접 접촉에 의한다. • 대변-경구 경로: 감염된 아이의 대변이 손·물체 표면에 묻어 입으로 들어오게 된다. • 오염된 물을 마시거나 수영장을 통해서도 전파 가능하다. • 전파의 위험이 높은 장소: 가정(감염자가 있는 경우), 보육 시설, 놀이터, 병원, 여름 캠프 등 많은 인원이 모이는 장소이다.

관리 방안	일반 예방수칙	• 개인위생이 최선의 예방 방법이다. • 올바른 손 씻기의 생활화 　- 흐르는 물에 비누로 30초 이상 손 씻기 　- 외출 후, 배변 후, 식사 전·후, 기저귀 교체 전·후 　- 특히, 산모, 소아과나 신생아실 및 산후조리원, 유치원, 어린이집 종사자 • 기침 예절 　- 기침할 때는 휴지나 옷소매 위쪽으로 입과 코를 가리고, 반드시 올바르게 손 씻기를 한다. • 철저한 환경 관리 　- 아이들의 장난감, 놀이기구, 집기 등을 청결(소독)히 하기 　- 환자의 배설물이 묻은 옷 등을 철저히 세탁하기 • 수족구병이 의심되면 바로 병원에서 진료를 받고 자가 격리한다. • 수족구병 환자와 접촉을 피한다.
	환자 치료	• 대증치료를 하며, 합병증이 없는 경우 특별한 치료법을 필요로 하지 않는다. • 통증과 열을 경감시키기 위하여 해열 진통제를 복용한다. 　- 아스피린은 소아에게 사용하지 않는다. • 입원이 필요한 경우 　- 음식 섭취량이 현저히 감소하여 탈수가 심하게 발생해 수액 공급을 받아야 할 때 　- 무균성 뇌막염이나 뇌염과 같은 신경계 합병증이 발생된 것이 의심되는 경우
	환자 격리	• 열이 내리고 입의 물집이 나을 때까지 어린이집이나 유치원에 가지 말 것을 권장한다 • 증상이 나타난 어른의 경우도 증상이 사라질 때까지 직장에 출근하지 말 것을 권장한다.
	접촉자 관리	노출 후 7일간 감시가 필요하다.
교사 및 학부모의 역할		• 보건(담당)교사 및 담임교사는 유치원 내 (의심)환자 발생에 따라 보고 및 조치를 시행하고, 가정과 유치원에서 노출 가능성이 있는 사람들에게 증상 감시를 권고한다. • 환자의 증상이 심한 경우(먹거나 마시지 못하고 매우 아파 보이는 경우)는 의료기관으로 의뢰한다.
기타 사항	방역 대책	• 환자가 만진 물건이나 표면 등은 소독액[염소 0.5%(5,000ppm)]을 뿌린 후 10분 후에 물로 씻어낸다. • 손은 비누를 이용하여 30초 이상 씻으며, 수족구병에 걸린 어린이와의 입맞춤이나 안아주기 등 신체 접촉을 제한하고, 생활용품을 따로 사용해야 한다.

(5) 성홍열

개념		A군 베타 용혈성 연쇄구균의 발열성 외독소에 의한 급성 발열성 질환
임상 증상		• 인후통에 동반되는 갑작스러운 발열(39~40℃), 두통, 식욕부진, 구토, 인두염, 복통 등 • 발진: 1~2일 후면 작은 좁쌀 크기로 입 주위 및 손·발바닥을 제외한 전신에 나타나지만, 발진은 병의 첫 징후로 나타나기도 한다. 3~4일 후면 사라지기 시작하며, 간혹 손톱 끝, 손바닥, 발바닥 주위로 피부 껍질이 벗겨지기도 한다. • 붉은 얼굴: 얼굴은 홍조가 나타나나 입 주위는 창백하다. • 혀: 처음에는 회백색이 덮이고 돌기가 현저히 두드러지는 모양에 발병 후 2~3일 지나면 붉은색을 띠고 돌기가 붓는 딸기 모양으로 새빨간 혀가 된다. • 편도선이나 인두 후부에 점액 화농성의 삼출액, 경부 림프절 종창 등이 생긴다.
잠복기		1~7일(평균 2~5일)
전염 기간		• 일 년 내내 발생하나, 주로 늦은 겨울과 초봄에 많이 발생한다. • 적절한 항생제로 치료를 시작하면 24시간 후 전염력은 소실되지만, 치료하지 않은 경우 2~3주까지 전염이 가능하다.
전파 경로		• 환자와 보균자의 호흡기 분비물(점액과 타액)과 직접 접촉 또는 해당 분비물과 손이나 물건을 통한 간접 접촉에 의해 전파된다. • 긴밀한 접촉이 흔한 유치원, 어린이 보호시설 등에서 유행이 발생한다.
관리 방안	예방접종	현재 개발된 백신은 없다.

	생활지도 및 보건교육 실시 내용	• 등원 중지: 성홍열을 진단받은 경우는 항생제 치료 시작 후 적어도 24시간까지 등원을 중지한다.
		• 손 씻기 강조: 등원 시, 화장실 다녀온 후, 놀이 후, 식사 전·후, 하원 시 손 위생을 강조한다.
		• 기침 예절
		  - 기침할 때는 휴지나 옷소매 위쪽으로 입과 코를 가리고, 반드시 올바른 손 씻기 하기
		  - 수건, 물컵, 식기구 등 개인 용품 공유하지 않기
		  - 성홍열에 대한 정보(질환 특징, 합병증, 예방수칙 등) 제공

	환자 치료	• 항생제(아목시실린, 페니실린계 항생제)로 치료한다. • 페니실린 계열 과민성 환자에게는 세팔로스포린 계열, 마크로라이드 계열, 클린다마이신 계열의 항생제도 고려 가능하다.
	환자 격리	• 격리 필요: 항생제 치료 시작 후 최소 24시간까지 자택 격리하고, 등원, 출근 등을 금지한다. • 의학적 사유로 입원한 경우는 항생제 치료 시작 후 24시간까지 비말 격리한다.
	접촉자 관리	• 마지막 노출일로부터 7일까지 접촉자 중 추가 발생 여부를 감시한다. • 환자와 접촉한 가족은 잠복기 동안 추가 발생 여부를 확인한다. • 집단 시설에서 침습성 A군 연쇄구균 감염증, 급성 류마티스열, 연쇄구균 감염후 사구체신염 유행 의심 시 보균자에 대한 항생제 치료를 고려한다. • 집단발생이 3주 이상 지속되는 경우는 추가 조치를 검토한다.

교사 및 학부모의 역할		• 보건(담당)교사 및 담임교사는 유치원 내 (의심)환자 발생에 따라 보고·조치한다. • 가정과 유치원에서 노출 가능성이 있는 사람들에게 증상 감시를 권고한다. • 성홍열 의심 증상자는 즉시 의료기관으로 진료를 권고한다.
기타 사항	방역대책	• 올바른 손 씻기 - 흐르는 물에 비누를 이용하여 30초 이상 손 씻기 • 기침 예절 - 기침이나 재채기할 때는 옷소매 및 휴지로 입과 코를 가리고 하기 - 발열과 호흡기 증상이 있을 때는 마스크 쓰기 • 식기구, 담요 수건 등 개인 용품 공유하지 않기

(6) 홍역

개념		홍역 바이러스 감염에 의한 급성 발열성 발진성 질환
임상 증상	전구기	전염력이 강한 시기로 2일 내지 4일간 지속되며, 발열, 기침, 콧물, 결막염, 특징적인 구강내 병변 등이 나타난다.
	발진기	• 홍반성 구진성 발진이 목 뒤, 귀 아래에서 시작하여 몸통, 팔다리 순서로 퍼지고, 손바닥과 발바닥에도 발생하며 서로 융합된다. • 발진은 3일 이상 지속되고 발진이 나타난 후 2일 내지 3일간 고열을 보인다.
	회복기	발진이 사라지면서 색소 침착을 남긴다. ※ 연령, 백신 접종력, 수동 면역항체 보유 여부에 따라 뚜렷한 전구증상 없이 발열과 가벼운 발진이 나타나는 경우도 있다.
잠복기		7~21일(평균 10~12일)
전염 기간		발진이 나타나기 4일 전부터 발진이 나타난 4일 후까지
전파 경로		• 감염된 사람의 코와 목 점액에 서식하는 전염성이 강한 바이러스이다. • 기침과 재채기를 통해 전파(비말감염) 또는 오염된 공기를 마시거나 감염된 표면을 만진 다음 눈, 코 또는 입을 만져 감염된다(공기감염).
관리 방안	예방접종	생후 12~15개월, 만 4~6세에 MMR 백신 2회 접종
	생활지도 및 보건교육 실시 내용	• 등원 중지: 홍역을 진단받은 경우는 감염된 사람의 발진이 발생한 후 4일까지 등원 중지 • 손 씻기 강조: 등원 시, 화장실 다녀온 후, 놀이 후, 식사 전·후, 하원 시 • 올바른 기침 예절: 기침이나 재채기할 때는 옷소매 및 휴지로 입과 코를 가리고 하기 - 수건, 물컵, 식기구 등 개인 용품 공유하지 않기 - 대중교통을 이용하여 이동하지 않기 - 홍역에 대한 정보(질환 특징, 합병증, 예방수칙 등) 제공
	환자 치료	보존적 치료: 안정, 충분한 수분 공급, 기침·고열에 대한 대증치료

	환자 격리	• 전염기간(발진이 나타난 후 4일까지) 동안 유치원에 등원하지 않고 자택에서 격리한다. • 아기, 임산부, 면역 체계가 약한 사람과의 긴밀한 접촉을 피하도록 안내한다.
	접촉자 관리	일반 접촉자의 연령 및 노출 경과시간에 따라 조치한다.
교사 및 학부모의 역할		• 보건(담당)교사 및 담임교사는 유치원 내 (의심)환자 발생에 따라 보고·조치한다. • 가정과 유치원에서 노출 가능성이 있는 사람들에게 증상 감시를 권고한다. • 홍역 의심 증상자는 즉시 의료기관으로 진료를 권고한다. • 홍역(의심) 진단을 받지 않았으나 유사증상자가 2주 이내 2명 이상 발생할 경우 보건소로 신고한다. • 교내 MMR(홍역·유행성이하선염·풍진) 2차 접종 미완료자가 있는 경우 감염 예방을 위해 예방접종을 완료할 필요가 있음을 안내한다. • 추가 환자 발생 동향에 대해 보건소와 정보를 공유한다.

기타 사항	환경 관리 및 소독	• 최소한 2~4시간 창문 등을 열어 자연 환기한다.
		• 청결을 유지할 정도의 소독을 실시한다.
		  - 화장실, 변기 의자: 소독제를 이용하여 청소
		  - 유리컵, 식기: 끓이거나 소독제에 담근 후 설거지 및 자연건조
		  - 장난감: 소독제에 담근 후 충분히 헹궈 자연건조하거나, 물에 담글 수 없는 장난감은 깨끗한 천에 소독제를 적셔 닦아낸다.
		  - 출입문 손잡이, 계단 난간, 책상, 의자, 창틀, 사물함, 교구장 등 사람들이 공통적으로 많이 접촉하는 부분은 소독제를 이용하여 매일 닦아낸다.
		• 환자 주변을 정리하기 위한 걸레와 다른 곳을 청소한 걸레는 구별되어야 하며, 하나의 걸레로 모든 표면을 닦지 않는다.
		• 취약지역(화장실, 급수장, 쓰레기장, 하수도, 조리실 등)을 집중 관리한다.

(7) 결핵

개념		• Mycobacterium tuberculosis complex라는 세균에 의해 발생되는 감염병 • 대부분 폐에서 발생하지만 신장, 신경, 뼈 등 우리 몸속 대부분의 조직이나 장기에서 병을 일으킨다.

임상 증상	활동성 결핵	• 폐결핵일 경우에는 다음과 같은 증상이 나타난다.
		  - 기침: 초기에는 가래가 없는 마른 기침, 점차 진행되면서 가래가 섞인 기침이 나오며, 2주 이상 계속되는 기침은 반드시 결핵 여부를 의심한다.
		  - 객혈: 폐에서 피가 나오는 것으로 가래에 소량의 피가 섞여 나온다.
		  - 무기력, 식욕부진, 체중 감소: 결핵균은 매우 천천히 증식하며, 영양분을 소모시키고 조직과 장기를 파괴한다.

		– 발열: 고열은 잘 나타나지 않으며, 오후에 미열이 발생했다가 식은땀이 나면서 열이 떨어지는 증상이 반복된다. – 호흡곤란: 초기에 치료하지 않으면 폐에 육아종과 공동이 생기면서 폐조직이 망가지기 때문에 조금만 움직여도 숨이 찬 호흡곤란이 발생한다.
	잠복 결핵	감염되었다 해도 박테리아가 활동하지 않아 증상을 일으키지 않으며(감염자 중 90%가 유지), 전염성이 없지만 활동성 결핵으로 변할 수 있다.
잠복기		발병한 결핵환자의 50%는 감염 후 1~2년 안에 발병하며, 나머지 50%는 그 후 면역력이 감소하는 때에 발병한다.
전염 기간		발병하고 나서 결핵을 진단받기 이전의 기간
전파 경로		공기 전파: 호흡기 결핵 환자의 기침, 재채기 등을 통해 나오는 미세한 비말 형태의 분비물을 통해 다른 사람에게 전파된다.
관리 방안	예방접종	• 1차 접종: 금기사항이 없는 모든 신생아(생후 4주 이내) • 미취학 아동 중 미접종자: 즉시 또는 초등학교 1학년 때 BCG 접종
	생활 지도 및 보건교육 실시 내용	• 2주 이상 기침이 지속되면 결핵을 의심하고 검진받기 • 결핵 예방접종(BCG 접종) • 365일 결핵예방(평상시 건강관리, 금주·금연, 무리한 다이어트 등) • 손 씻기와 기침 예절 교육을 철저히 시행하고, 마스크 착용 권고 • 결핵에 대한 정보(질환 특징, 예방수칙 등) 제공
	환자 치료	• 약제감수성 결핵인 경우 치료 후 2주 정도 지나면 전염성은 거의 소실 ※ 해당 기간 내 등원, 출근 등 금지 • 유아는 '등원 일시 제한' 시행 • 전염성 결핵환자의 전염성 소실이 확인된 경우에는 '업무 종사 및 등원 일시 제안 해제'를 통지하고 복귀할 수 있음(전염성 소실에 대한 의사 소견서 등 관련 근거를 반드시 확인 및 보관) • 해제 기준: 효과적인 치료 약제를 포함한 항결핵제의 14일 이상 투여, 호흡기 증상 소실, 가래(객담) 항상균 도말검사에서 음성이 되었을 때로 판단
	접촉자 관리	• 결핵환자와 접촉하였다면 결핵균에 노출 및 감염될 수 있다. • 병원 또는 보건소에 방문하여 결핵감염에 대한 검사를 시행한다. • 결핵으로 신고된 유아 또는 학급 수업에 들어가는 교직원 1명의 호흡기 검체 검사 결과가 양성으로 확인되거나 호흡기 검체 검사 결과 음성이나 흉부 X선상 공동이 확인된 경우 역학조사를 시행한다(해당 학급 유아, 교직원을 포함해 결핵 및 잠복결핵감염 검사). • 교직원 또는 유아에 관계없이 한 유치원에서 6개월 이내 활동성 결핵환자가 2명 이상 발생 시 해당 유치원 전원(교직원 포함)에 대해 결핵 및 잠복결핵감염 검사를 시행한다(지표 환자 밀접접촉자).

교사 및 학부모의 역할		• 보건(담당)교사 및 담임교사는 유치원 내 (의심)환자 발생에 따라 보고·조치한다. • 가정과 유치원에서 노출 가능성이 있는 사람들에게 보건소 또는 의료기관으로 진료를 권고한다. • 결핵 의심 증상자는 즉시 보건소 또는 의료기관으로 진료를 권고한다.

기타 사항	방역대책	• 기침 예절
		  - 기침이나 재채기할 때는 옷소매 및 휴지로 입과 코를 가리고 하기
		  - 사용한 휴지는 밀봉된 비닐봉지에 담아서 폐기하기
		• 환기
		  - 가능하면 창문을 열어서 환기하기

UNIT 85 재난으로 인한 휴업

재난으로 인한 휴업 결정	시·도 교육청 ➡ 학교	교육청이 휴업(휴교)·수업기간 단축을 명령하거나, 각급 학교에 휴업·수업시간 단축 검토를 요청한다. ※ 휴업: 학교에 대하여 수업과 학생의 등교를 정지시키는 명령으로 교육기본법에 따라 학교의 장 또는 감독청이 내리며 학교의 행정 업무는 정상적으로 수행할 수 있다. ※ 휴교: 학교에 대하여 건물 관리 따위의 단순한 업무를 제외한 학교의 모든 기능을 정지시키는 명령으로 교육기본법에 따라 학교의 감독청이 내린다.
	학교	① 시·도 교육청의 휴업명령 또는 등·하교시간 조정 지시에 따르거나, ② 학교장이 자체적으로 판단하여 휴업, 등·하교시간 조정이 가능하다. ※ 학교에서 임시휴업 또는 등·하교시간을 조정(수업 단축)하는 경우, 결정 즉시 교육지원청 또는 교육청에 보고하여야 한다. [요건] ①시·도 교육청의 휴업 또는 등·하교시간 조정 검토요청 / ②학교장이 학교 위험 판단 → [학교장 재량으로 휴업 결정] 돌봄교실 및 휴업대체프로그램 운영여부 결정 ※학교→교육청 즉시 보고 → [휴업 결정시점] 학부모에게 안내: 돌봄교실 및 휴업대체프로그램 운영여부 함께 안내 → [등교 전] 학부모에게 2차 안내: 휴업일 기상상황이 호전되어도 휴업사실에 변동 없음을 안내 [요건] 시·도 교육감이 휴업명령 또는 등·하교시간 조정 지시 → [즉시 휴업 또는 등·하교시간 조정] 돌봄교실 및 휴업대체프로그램 운영여부 결정 ※학교→교육청 즉시 보고

구분	대상	운영주체	세부사항
돌봄교실	돌봄교실 신청 학생	돌봄전담사 등 돌봄 운영인력	사전에 계획한 돌봄프로그램 제공
휴업대체 프로그램	모든 학생(돌봄교실 미신청학생 포함)	학교장·교사 주도	도서관, 컴퓨터실 등 학교시설을 이용하여 학교 자체적으로 프로그램 제공(프로그램 내용은 학교재량)

돌봄교실, 휴업대체 프로그램

※ 돌봄교실은 '초등돌봄교실' 외에 '유치원 방과후과정(돌봄)'도 의미함

- 돌봄서비스 운영 전제조건
  ① 등·하교 안전 확보(학부모 또는 대리인 등·하교 동행)
  ② 학교 내 안전 확보
- 등·하교 및 학교 안전 확보 시, 맞벌이부부 자녀 등을 위하여 돌봄교실을 운영하고, 휴업대체 프로그램은 학교여건에 맞춰 운영을 권장한다.
  - 학교장은 재난을 대비하여, 휴업대체프로그램 참여 희망 학생을 학기 초에 조사할 수 있다.
  ※ 휴교처분을 받은 경우에는 돌봄서비스를 미운영한다.

- 기상이변 등이 예상되는 경우, 휴업일 2~3일 전에 휴업 및 등·하교시간 조정 등의 가능성이 있음을 사전에 학부모에게 SMS문자 등의 방법으로 안내한다.
- 하교 이후 결정된 경우 SMS문자 등의 방법으로 학부모에게 즉시 안내한다(하교 전 휴업 결정 시 학생에게 대면안내를 병행).
- 돌봄교실 및 휴업대체프로그램 운영 여부를 함께 안내한다.
- 등교일에 기상이 호전되어도 휴업결정에 변동이 없음을 함께 공지한다.
- 학부모가 충분히 인지할 수 있도록, 가급적 등교일 오전 6시 이전에 SMS문자 등의 방법으로 학부모에게 최종 안내하여 총 2회 이상 SMS안내 문자를 발송한다(시·도 교육청 휴업명령·휴교처분 시에도 동일).

학부모 안내 절차

학부모 안내문구 예시 (문자서비스)

우리 학교는 내일, ○월 ○일[○○재난]으로 임시휴업할 예정입니다.
- 우리 학교는 내일(○월 ○일) 돌봄교실을 정상적으로 실시합니다.
- 돌봄교실 미신청 학생을 위한 휴업대체프로그램 또한 실시합니다. 휴업대체 프로그램 희망 학생은 22시까지 A 선생님(000-0000-0000)께 신청하여 주십시오.
  ※ 돌봄교실, 휴업대체프로그램 참여학생은 학부모(대리인)가 등·하교 동행
- ○월 ○일 기상이 호전되어도 예정대로 휴업합니다.

※ 등·하교시간 변경에 대한 알림과 돌봄교실 및 휴업대체프로그램 실시여부 안내문구 예시

○○ 재난으로 인해 학생의 등교가 어려울 경우 학교로 연락주시기 바랍니다. 학생이 등교시간에 구애받지 않고 안전하게 등교할 수 있도록 지도 부탁드리며, 우리 학교는 오늘 조기하교(12:30)할 예정입니다.
- 우리 학교는 오늘 돌봄교실을 정상적으로 실시합니다(XX:XX까지).
- 돌봄교실 미신청 학생을 위한 대체 프로그램 또한 실시하여, 희망 학생은 정상 하교시간 전까지 보호할 예정입니다.

해당 기준은 참고 기준에 불과하며, 학교장은 기상청 문의 결과, 학교시설 안전 및 학교주변 통학로환경 등을 종합적으로 고려하여 학사운영 조정 여부를 판단한다.

재난유형별 학사 운영조정 참고 기준	기상 상황		학사운영 조정 검토사항
	호우 및 태풍	호우경보	학교장은 등·하교시간 조정을 적극검토, 휴업을 검토
		예상 강수량 250mm 이상 예보	학교장은 휴업을 적극검토
		태풍경보	학교장은 등·하교시간 조정 또는 휴업을 적극검토
		태풍경보가 발령되고 태풍이 해당 지역을 통과	학교장은 휴업을 적극검토
	대설	대설주의보	학교장은 등·하교시간 조정을 검토
		대설경보	학교장은 등·하교시간 조정 또는 휴업을 검토
	미세먼지·황사	내일 '매우 나쁨'으로 (초)미세먼지 예보	학교장은 등·하교시간 조정 또는 휴업을 검토 ※ 시·도 교육청 안내사항 등을 참조하여 결정
		(초)미세먼지주의보 발령	학교장은 등·하교시간 조정을 검토
		황사주의보 또는 (초)미세먼지경보 발령	학교장은 등·하교시간 조정을 적극검토
		황사경보(발령 또는 발령이 예보)	학교장은 등·하교시간 조정 또는 휴업을 적극검토
	폭염	폭염주의보	학교장은 등·하교시간 조정을 검토
		폭염경보	학교장은 등·하교시간 조정 또는 휴업을 검토
		폭염영향 예보(위험)	학교장은 등·하교시간 조정 또는 휴업을 적극검토

UNIT 86 장애 학생 및 조력자 재난 대응 요령

❶ 장애 유형별 특성

재난으로부터 장애 학생을 보호하거나 위험을 최소화하기 위해 장애 학생들이 가지고 있는 특성과 요구사항에 대한 인지가 필요하다.

시각장애	• 시력상실로 인해 색상, 형태, 움직임 등을 인지하는 데 어려움이 있다. • 주변 환경 탐색 시 청각이나 촉각에 의존하므로 재난 시 돌발 장애물이 있거나 익숙하지 않은 새로운 장소에서는 이동에 어려움이 있다.
청각장애	• 심한 청력 손상으로 다른 사람이 말하는 내용을 이해하는 데 어려움이 있다. • 보청기 등의 보장구를 착용하는 경우에도 대피 경고를 듣지 못할 수 있다. • 다른 사람이 말하는 단서를 인지하는 데 어려움이 있다.
지적장애	• 언어 발달이 늦어 의사표현 능력과 이해력이 낮은 경향이 있다. • 주의집중 지속시간, 범위, 선택적 주의 등에 곤란함을 가진다. • 재난 상황 시 즉각적 판단이나 대응에 어려움이 있다. • 재난 대응훈련에서 배운 내용을 일반화하여 유지하는 데 어려움이 있다.
자폐성 장애	• 또래보다 낮은 사회성을 보이며 대인관계에 어려움이 있다. • 과잉행동, 위축행동, 공격행동 등 부적절한 행동이 나타날 수 있다. • 재난 발생 등 위급상황 시 환경의 변화에 민감하게 반응할 수 있다.
지체장애	• 신체적 기능 이상으로 인해 이동이나 옷 입기 등 일상생활에 어려움이 있다. • 하지기능이상 지체장애는 이동 시 목발이나 휠체어 등을 사용한다. • 지체장애로 인해 계단 이용에 어려움이 있다. • 중증 지체장애의 경우 이동 시 다른 사람의 도움이 필요하다.

❷ 재난 대응을 위한 장애학생 지원 방안

- 장애 유형 및 특성을 고려하여 적절한 지원 방안을 제공함으로써 재난 발생 시 체계적인 대응을 할 수 있도록 지원한다.
- 재난 발생 전 대비, 재난 상황 인지, 이동 및 대피로 상황을 구분하여 장애 유형에 맞는 지원 방안을 제시한다.

(1) 재난 발생 전 대비

공통사항	**장애학생** • 도움이 필요한 경우, 도움 요청 방법에 대해 조력자와 미리 결정하여 숙지한다. • 재난 발생 시 신속하고 안전하게 대피하기 위한 방법 및 행동요령을 사전에 개인별로 숙지한다. • 학교 내 비상구 위치 및 대피경로를 숙지한다. • 이동 시 정체현상 등 혼란이 발생할 수 있으므로 신속하게 대응이 이루어질 수 있도록 반복적인 훈련 등에 참여한다. **조력자 유의사항** • 재난 발생에 따른 장애 학생 지원 및 계획을 수립하여 대피 유도를 지원할 수 있도록 교사, 보조인력 등 장애 학생과 친숙한 대상으로 사전에 조력자를 지정한다. • 장애 학생의 개인별 행동특성을 이해하고 숙지한다. • 학교 주위의 넓은 공간 등 대피할 수 있는 장소를 미리 알아둔다. • 재난 발생으로 인한 정전에 대비하여 장애 학생이 사용할 수 있는 손전등을 비치한다. • 화재 발생에 대비하여 소화기 사용법을 숙지하고 정기적으로 점검한다.
시각장애	**시각장애 학생 유의사항** • 학교의 점자블록 및 핸드레일 촉지판을 항상 확인하여 비상구 및 대피로의 위치를 확인한다. • 비상용 가방에 여분의 흰 지팡이를 준비하고, 보조견을 사용하는 경우 보조견에 대한 정보나 필요 물품 등을 함께 준비한다.
청각장애	**청각장애 학생 유의사항** • 평소 비상 상황을 시각적으로 알려주는 경광등, 시각경보기 등의 위치를 알아두도록 한다. • 재난 시 필요한 수화나 신호를 익힌다. • 비상용 가방에 펜과 종이를 준비하고, 보청기용 보조배터리 등 물품을 미리 준비한다. **조력자 유의사항** 보청기를 사용하는 청각장애 학생들을 위하여 FM보청기를 준비한다.
지적장애 및 자폐성 장애	**조력자 유의사항** • 화재 경보음, 시각경보기의 점멸 신호, 연기 등이 비상 상황을 알리는 신호임을 인지할 수 있도록 그림을 활용하여 사전에 교육한다. • 장애 학생들이 주로 이용하는 길이 대피로일 수 있도록 하고 대피로에 대한 주기적인 교육과 훈련을 실시한다.
지체장애	**조력자 유의사항** 재난 시 전동휠체어를 사용하지 못할 상황을 대비하여 대피가 원활한 이동 수단(여분의 수동휠체어 등)을 마련한다.

(2) 재난상황 인지

시각장애	**조력자 유의사항** • 재난 발생 시 복잡하고 많은 소리가 들릴 경우, 시각장애 학생이 혼란에 빠질 수 있으므로, 비상벨과 소리를 통하여 상황을 안내한다. • 가장 안전한 대피 경로와 방향에 대해서 예상되는 거리와 방향을 구두로 설명한다. • 재난대응 행동요령을 점자 또는 확대문자로 사전에 작성하여 학생을 대상으로 교육을 시행한다.
청각장애	**조력자 유의사항** • 시각 경보기를 통하여 재난 상황을 안내한다. • 시각적인 전달을 위해 수화나 구화 혹은 표정과 동작으로 상황을 안내한다. • 간결한 그림이나 글로 만든 안내판을 활용하여 상황을 전달한다.
지적장애 및 자폐성 장애	**조력자 유의사항** • 재난 상황을 알리는 간결한 안내 문구나 그림으로 만든 안내판을 활용하여 정확한 상황을 안내한다. • 심리적인 안정을 가질 수 있도록 차분한 말투와 표정으로 상황을 전달한다.

(3) 이동 및 대피

공통사항	**장애 학생 유의사항** • 대피 시 층간 이동할 경우, 엘리베이터를 사용하지 않도록 하고, 계단을 통해 대피한다. • 계단을 내려가는 것이 불가능할 경우, 테라스, 방화구획 등 대피공간으로 대피한 후 호루라기를 불어 구조를 요청한다. • 자력대피가 가능한 장애 학생의 경우: 최대한 빠른 방법으로 대피경로를 따라 대피한다. • 자력대피가 불가능한 장애 학생의 경우: 본인의 상황을 주변에 알리고 조력자와 함께 대피경로를 따라 대피한다. • 지진 발생 시, 머리를 보호하고 흔들림이 멈춘 후 대피한다. **조력자 유의사항** • 대피로 내의 경사로, 계단, 장애물 등에 대해 미리 설명하여 대피를 돕는다. • 대피하는 동안 현재 상황 및 주변 환경을 설명하여 불안감을 없애고 끝까지 침착하게 대피할 수 있도록 돕는다.
시각장애	**시각장애 학생 유의사항** 시각에 의한 상황파악이 곤란하므로 이동을 유도할 조력자를 확보하여 함께 이동한다. **조력자 유의사항** • 현재 재난 상황을 간결하고 정확하게 음성으로 전달한다.

	• 조력자는 시각장애인보다 반보 정도 앞에서 출입문, 계단 등을 통과할 때 말로 설명한다. • 이동 시 조력자가 시각장애인의 팔을 잡는 것은 안 되며, 시각장애인이 조력자의 팔을 잡고 이동한다. • 한 번에 여러 명의 시각장애 학생을 대피시킬 경우, 앞에 있는 장애 학생의 어깨를 잡고 이동하도록 유도한다. • 이동하는 동안 말로 계속 경로(지금 어디를 지나고 있는지, 어디에 장애물이 있는지 설명)에 대한 정보를 안내한다. • 안전한 장소에 도착하게 되면 위치를 안내하고 추가적인 도움이 필요한지 질문한다. • 시각장애인의 보행속도에 맞추어 대피한다.
청각장애	**조력자 유의사항** • 손전등이나 경광등을 사용하여 이동을 유도한다. • 정면에서 입을 크게 움직여 말하고, 몸짓, 수화, 필담, 그림, 사진 등의 시각적 정보를 전달한다.
지적장애 및 자폐성 장애	**조력자 유의사항** • 이동 시 돌발행동을 하거나, 앉아버리는 경우를 고려하여 이동을 유도한다. • 숨어있는 학생이 있을 경우, 큰 소리를 내거나 말없이 끌어당기는 등 불안감을 고조하는 행동을 삼가고 차분한 말투로 대피를 유도하면서 조력자가 직접 손을 잡고 밖으로 대피한다. • 장애학생이 위험물로부터 몸을 보호하기 어려운 경우라면, 조력자가 베개나 책가방 등을 이용하여 학생의 몸을 보호하도록 지원한다. • 가급적 단문을 사용하거나 쉬운 말로 대피 상황을 알린다. • 자력대피가 가능한 학생의 경우, 비상구의 위치를 알려주고 유도하여 신속히 대피할 수 있도록 지원한다. • 학생의 특성에 따라 조력자가 손을 잡고 이동하고, 한꺼번에 여러 명을 인도할 때는 장애 학생의 거동이 가능할 경우 서로 손을 잡도록 안내한다. • 장애 학생이 사이렌 소리 등으로 불안해할 수 있으므로 상황을 설명해주어 안정시킨다. • 학생이 불안감을 느껴 큰 소리를 내거나 비정상적인 행동을 해도 꾸짖지 않고 침착하게 안정시켜 이동하며, 학생들이 불안하지 않도록 마음을 진정시키면서 안전한 장소로 유도한다. • 학생이 좋아하는 교재나 교구를 이용하여 안정감을 갖고 안전한 장소에 머무를 수 있도록 지원한다.

지체장애

지체장애 학생 유의사항
- 전동휠체어를 사용하는 학생은 휠체어의 충전상태를 확인해야 하며, 필요한 경우 의자(수동휠체어) 등 피난 보조기구를 비치하여 대피 시 지원받도록 한다.
- 혼자 대피가 불가능한 경우, 안전 공간을 확보한 후 구조대원이 위치를 파악할 수 있도록 호루라기를 불어 알린다.
- 층간 이동이 필요한 경우, 피난용으로 지정된 엘리베이터만 사용하고, 조력자의 도움을 받아 계단으로 대피한다.
- 자력대피가 가능한 경우 : 이용 가능한 보조기구(휠체어, 지팡이, 보행기 등)를 활용하는 등 최대한 빠른 방법으로 대피경로를 따라 대피한다.
- 수평이동에서 휠체어를 사용할 수 없는 장애인 : 가장 빠른 시간 내 자신의 의지로 몸을 끌거나 기어서 비상구 방향으로 이동한다.

조력자 유의사항
- 낙하물이나 다른 파편에 의해 다칠 수 있으므로 보호장비를 착용하도록 안내한다.
- 조력자가 베개나 책가방 등을 이용하여 학생의 몸을 보호하도록 지원한다.

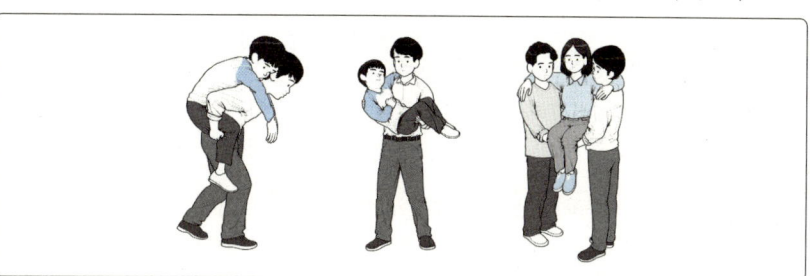

- 몸이 가볍고 조력자에게 매달릴 수 있는 경우에는 업어서 이동한다.
- 1인 대피보조 : 팔 힘이 없는 학생을 아기를 안듯 한 손은 다리를, 한 손은 등을 받치고 안아서 이동한다.
- 2인 대피보조 : 2인이 각각 장애학생 옆에 위치하여 팔을 어깨에 걸치도록 하고, 조력자는 장애학생 무릎 뒤로 손을 잡아서 이동한다.
- 휠체어 이용 시, 1인 혹은 2인 조력자가 휠체어를 잡고 들어서 이동한다.
  - 단, 조력자가 적으면 안기, 업기, 또는 커튼이나 담요, 이불 등을 활용해 끄는 방법으로 대피한다.

VII. 2019 개정 누리과정 – 신체운동·건강

1 목표 및 내용

> **거름이 TIP**
> 기존 누리과정은 「신체운동·건강」 목표에 대해 능력과 습관을 기르는 것으로 기술하였다면, 개정 누리과정은 즐기고 생활을 하는 것으로 기술하고 있다. 5개의 세부 목표를 3개로 간략화하고, 내용 범주에 있어서도 신체 인식하기, 신체 조절과 기본운동하기, 신체활동에 참여하기를 모두 합하여 '신체활동 즐기기'로 기술했으며, '건강하게 생활하기'와 '안전하게 생활하기'는 그대로 유지되었다.

(1) 목표

3~5세 연령별 누리과정(2015)	2019 개정 누리과정
기본 운동 능력과 건강하고 안전한 생활 습관을 기른다. 1. 감각 능력을 기르고, 자신의 신체를 긍정적으로 인식한다. 2. 신체를 조절하고 기본 운동 능력을 기른다. 3. 신체 활동에 즐겁게 참여한다. 4. 건강한 생활 습관을 기른다. 5. 안전한 생활 습관을 기른다.	실내외에서 신체 활동을 즐기고, 건강하고 안전한 생활을 한다. 1) 신체 활동에 즐겁게 참여한다. 2) 건강한 생활습관을 기른다. 3) 안전한 생활습관을 기른다.

(2) 내용범주와 내용

3~5세 연령별 누리과정(2015)	2019 개정 누리과정
신체 인식하기	신체 활동 즐기기
신체 조절과 기본 운동하기	
신체 활동에 참여하기	
건강하게 생활하기	건강하게 생활하기
안전하게 생활하기	안전하게 생활하기

신체 활동 즐기기	• 신체를 인식하고 움직인다. • 신체 움직임을 조절한다. • 기초적인 이동운동, 제자리 운동, 도구를 이용한 운동을 한다. • 실내외 신체 활동에 자발적으로 참여한다.

건강하게 생활하기	• 자신의 몸과 주변을 깨끗이 한다. • 몸에 좋은 음식에 관심을 가지고 바른 태도로 즐겁게 먹는다. • 하루 일과에서 적당한 휴식을 취한다. • 질병을 예방하는 방법을 알고 실천한다.
안전하게 생활하기	• 일상에서 안전하게 놀이하고 생활한다. • TV, 컴퓨터, 스마트폰 등을 바르게 사용한다. • 교통안전 규칙을 지킨다. • 안전사고, 화재, 재난, 학대, 유괴 등에 대처하는 방법을 경험한다.

★ 거름이
TIP

신체운동·건강 영역의 내용은 12개로 간략화되었는데, 세부 내용을 삭제했다기보다는 기존 누리과정의 내용과 세부 내용을 합하여 포괄적으로 기술했다고 볼 수 있다. 안전하게 생활하기에서는 안전에 대한 법적인 규정을 모두 담고자 하였으며, 유아들에게 가장 중요한 교통안전은 별도의 내용으로 기술하고 안전사고를 비롯한 나머지 내용은 포함하여 기술하였다.

(3) 목표 및 내용범주 이해하기

신체운동·건강 영역의 목표 및 내용범주는 유아가 다양한 신체활동에 즐겁게 참여하고, 청결과 위생, 즐거운 식사, 적당한 휴식을 통해 건강한 생활습관을 기르며, 일상에서 안전하게 생활하는 방법을 배우고 실천하는 내용으로 구성된다.

3~5세 연령별 누리과정(2015)	2019 개정 누리과정
• '신체 인식하기' • '신체 조절과 기본 운동하기' • '신체 활동에 참여하기'	'신체 활동 즐기기'로 통합
배변이나 낮잠 등 유아의 일상생활과 관련된 내용	[총론, 누리과정의 운영] 교수·학습의 '바'항을 통해 하루 일과 전체에서 지원: 개별 유아의 요구에 따라 휴식과 일상생활이 원활히 이루어지도록 한다.
'건강하게 생활하기'	바른 태도로 즐겁게 음식을 먹는 내용
'안전하게 생활하기'	'유아 안전교육' 강조: 관련 법령 및 지침에 제시한 내용을 최대한 반영하여 개정

신체 활동 즐기기	유아가 스스로 신체를 움직이는 동안 자연스럽게 자신의 신체를 인식하고 조절하며, 실내외에서 다양한 신체 활동에 자발적으로 참여하면서 신체 활동을 즐기는 내용이다.
건강하게 생활하기	유아가 스스로 몸과 주변을 깨끗이 하고, 즐겁게 식사하며, 자신의 신체 리듬에 맞게 휴식을 취하고, 질병을 예방하는 다양한 방법을 실천하는 내용이다.
안전하게 생활하기	유아가 안전하게 놀이하고 생활하며, 자주 접하는 TV, 컴퓨터, 스마트폰을 바르게 사용하고, 안전하게 다닐 수 있도록 교통안전 규칙을 지키며, 안전사고, 화재, 재난, 학대, 유괴 등의 위험한 일이 발생하였을 때 도움을 요청하거나 대처할 수 있는 방법을 경험하는 내용이다.

② 내용범주의 이해 및 실제 – 신체 활동 즐기기

(1) 2019 개정 누리과정 – 신체 활동 즐기기

목표	신체 활동에 즐겁게 참여한다.
내용	**신체를 인식하고 움직인다.** 유아가 자신의 신체에 관심을 가지며 신체 각 부분의 특성을 알고 다양하게 움직이는 내용이다. **신체 움직임을 조절한다.** • 유아가 몸을 움직이며 균형을 잡고, 몸이나 도구의 움직임을 다양하게 조절하는 내용이다. • 눈과 손을 협응하며 소근육 움직임을 조절하는 내용이다. **기초적인 이동운동, 제자리 운동, 도구를 이용한 운동을 한다.** 유아가 한 곳에서 다른 곳으로 몸을 움직이는 걷기・달리기・뛰어넘기 등의 이동운동, 구부리기・뻗기・돌기 등의 제자리 운동, 공・줄・후프 등의 도구를 이용한 운동을 하는 내용이다. **실내외 신체 활동에 자발적으로 참여한다.** 유아가 하루 일과에서 실내외의 다양한 신체 활동에 자발적으로 즐겁게 참여하는 내용이다.
유아 경험의 실제	① 물놀이를 하기 전, 교사와 유아들이 함께 체조를 한다. 목을 오른쪽 왼쪽으로 번갈아 가며 돌리고, 어깨를 으쓱거리고, 허리에 손을 얹고 허리를 돌리고, 무릎을 구부렸다가 펴고, 손목과 발목을 돌린다. ② 유아들은 얼음땡 놀이를 하면서, 술래가 천천히 걸으면 천천히 걷고, 술래가 빠른 걸음으로 걸으면 빠른 걸음으로 달아난다. 그리고 술래에게 잡힐 듯하면 몸의 방향을 재빨리 바꿔 달아나기도 하고, "얼음!"하고 외치며 급히 멈춰 서서 즐겁게 웃는다. ③ 유아들이 후프 돌리기를 한다. 한 유아가 안정된 자세로 후프를 오랫동안 돌린다. 옆에서 지켜보던 다른 유아가 "나도 잘 돌려. 이것 봐."하며 후프를 허리에 놓고 손으로 힘껏 돌린다. 후프가 돌아가는 동안 유아의 허리도 빠르게 움직인다. ④ 유아가 바깥 놀이터에서 친구들이 있는 쪽을 향해 "나랑 달리기 할 사람?"하고 큰 소리로 외친다. 이 소리를 듣고 같이 하고 싶은 유아들이 "나도.", "나도 같이 하자."라고 말하며 달려와 달리기를 제안한 유아의 엄지손가락을 잡고 모여 선다.

TIP
③번의 사례는 '신체 움직임을 조절한다'와 '도구를 이용한 운동을 한다', '즐겁게 참여한다'의 내용이 연계되어 있다.

(2) 2015 누리과정 – 신체 인식하기

연령별 특성		유아기는 오감을 통해 사물을 직접적으로 탐색함으로써 감각 능력을 기르고, 자신의 신체를 움직여 보는 다양한 경험을 통해 자신의 신체 능력을 긍정적으로 인식할 수 있는 시기이다.
	3세	감각기관이 발달함에 따라 주변의 대상·사물 및 환경의 감각적인 차이를 인식하고, 이를 활용할 수 있게 된다.
	4세	다양한 감각 자극의 차이를 구분하여 인식할 수 있다.
	5세	여러 가지 감각을 동시에 통합적으로 활용하여 사고할 수 있다.
지도 원리		• 신체의 여러 감각기관을 인식할 수 있도록 시각, 촉각, 청각, 미각, 후각 등 오감을 모두 활용할 수 있게 하는 데 초점을 둔다. • 다양한 움직임과 활동을 통해 자신의 신체 능력에 대해 자부심을 느끼게 하는 데 주안점을 둔다.
환경 구성	공통	유아가 흥미를 가지고 참여할 수 있도록 다양한 감각기관 활용 활동을 계획하고, 사전에 적절한 환경과 자료를 준비한다.
	3세	• 과학 영역에 작은 곤충에서 큰 동물까지 비교해 보도록 직접 또는 비디오나 사진, 그림책을 제시한다. • 음률 영역에는 다양한 장르의 음악을 들을 수 있고, 다양한 리듬악기나 유아 또는 교사가 직접 만든 악기, 소리를 녹음하여 들을 수 있는 녹음기 등을 비치하여 원할 때 언제나 활용할 수 있도록 한다. • 미술 영역에 다양한 내용의 미술 활동이 이루어지도록 여러 가지 모양과 색, 질감을 가진 종이류, 다양한 그리기 도구, 점토를 포함하여 쉽게 이용할 수 있는 기본 미술영역 자료를 제시한다.
	4세	• 과학 영역에 자석, 현미경, 확대경, 기계류, 지울, 낙엽, 씨앗, 새집, 소개 껍질 등을 계절과 주제에 맞게 제시함으로써 오감을 충분히 활용하여 탐색할 수 있도록 지원한다. • 음률 영역에는 음악과 함께 몸을 마음대로 움직여 보고 노래를 부르며 여러 가지 악기를 자유롭게 만지고 경험해 보도록 리듬악기류와 유아들이 직접 만든 악기를 제시한다. • 미술 영역에 작품전시 및 감상활동을 할 수 있도록 공간을 제공한다.
	5세	• 과학 영역에는 동식물 기르기, 다양한 수집물 관찰하기, 기계와 부품 탐구하고 조립하기 등의 활동을 통해 감각능력을 더욱 세밀하게 발달시킬 수 있도록 한다. • 음률 영역에는 다양한 동작카드, 한삼, 탈, 스카프, 접이부채, 응원 반짝이 수술 등 동작활동 자료를 제시하고, 전신거울을 두어 스스로 자기가 표현하는 모습을 볼 수 있도록 한다. • 미술 영역에 풍부하고 다양한 재료를 유아가 보기 쉽게 분류하여 비치한다.

① 신체 인식하기 – 감각능력 기르고 활용하기

구분		지도 중점
3세	감각적 차이를 경험한다.	• 주변의 대상·사물 및 환경 등의 감각적 차이를 인식하고, 점차 차이를 표현하도록 지원한다. • 오감 기능을 각각 활용하여 사물을 인식·구분해 보는 충분한 경험을 제공한다. 📖 여러 가지 색깔로 번지는 물감 관찰하기(시각적 경험), 소리 상자나 악기 등을 이용해 여러 가지 소리 들어보기(청각적 경험) 등 • 주변 환경을 파악할 때 여러 가지 감각기관을 활용하도록 한다.
	감각기관을 인식하고, 활용해본다.	
4세	감각적 차이를 구분한다.	• 다양한 감각 자극의 차이를 변별하여 주변 대상·사물·환경 특성의 차이를 구분하도록 한다. • 두 가지 이상의 감각 기관을 동시에 협응하여 활용하도록 한다. 📖 구슬 꿰기 등 • 감각적 경험을 다양한 방법(이야기, 그림, 신체표현 등)으로 표상하도록 활동을 계획한다.
	여러 감각기관을 협응하여 활용한다.	
5세	감각으로 대상이나 사물의 특성과 차이를 구분한다.	• 이전 시기에 발달된 감각 능력을 기초로, 보다 미세한 감각적 차이를 구분하도록 한다. • 여러 가지 감각을 동시에 통합적으로 활용함으로써 주변 사물의 특성과 차이를 이해하도록 한다. 📖 빨간색의 따뜻한 공과 파란색의 차가운 공을 만져보며 차이 말해 보기 등 [초등학교 교육과정 연계] 다양하고 충분한 감각 경험을 통해 예술적 표현능력을 기르는 데 중점을 둔다.
	여러 감각기관을 협응하여 활용한다.	

② 신체 인식하기 – 신체를 인식하고 움직이기

구분		지도 중점
3세	신체 각 부분의 명칭을 알고, 움직임에 관심을 갖는다.	• 3·4·5세 공통 – 성공적인 움직임 경험을 통해 자신의 신체를 긍정적으로 인식하도록 한다. • 3세 – 자신의 움직임을 관찰·탐색·시도해 보는 경험을 통해 신체 각 부분의 명칭을 인식하도록 한다. 📖 신체 부위를 가리키는 노래나 손유희, 간단한 놀이 등
	자신의 신체를 긍정적으로 인식하고 움직인다.	

4세	신체 각 부분의 특성을 이해하고 활용하여 움직인다.	• 3·4·5세 공통 – 성공적인 움직임 경험을 통해 자신의 신체를 긍정적으로 인식하도록 한다. • 4세 – 신체 각 부분을 스스로 움직임으로써 신체의 구조·기능을 이해하고, 이를 활용하도록 한다. 예 팔과 다리를 이용하여 몸을 크게 혹은 작게 해보기 등 – 신체 움직임에 필요한 부위와 방법을 이해하고 활용하도록 한다.
	자신의 신체를 긍정적으로 인식하고 움직인다.	
5세	신체 각 부분의 특성을 이해하고 활용하여 움직인다.	• 3·4·5세 공통 – 성공적인 움직임 경험을 통해 자신의 신체를 긍정적으로 인식하도록 한다. • 5세 – 자신의 신체에 대해 보다 적극적으로 관심을 가지고 탐색함으로써 신체 각 부위의 명칭·기능·역할 등을 인식하도록 한다. – 다른 사람과 움직임의 유사점과 차이점을 구분해보는 경험을 제공한다. 예 친구와 마주보며 거울놀이하기 등 [초등학교 교육과정 연계] 신체 각 부분에 대해 알아본 경험을 기초로 창의적으로 표현하도록 한다.
	자신의 신체를 긍정적으로 인식하고 움직인다.	

(3) 2015 누리과정 – 신체 조절과 기본운동하기

연령별 특성		유아기는 신체 조절 능력과 균형감이 향상되고, 기본 운동 능력이 발달하는 시기이며, 아직 신체 균형을 잡기 어려워하고 원하는 대로 신체를 조절하는 능력이 미숙하여 부딪치거나 넘어지는 경우가 많다.
	3세	신체의 움직임 속도를 적절히 조절하지 못하므로, 빨리 달려 가속이 붙게 되면 멈추고자 하는 시점에서 적절하게 멈추기 어렵다.
	4세	점차 공간, 힘, 시간 등의 움직임 요소를 고려하여 자신의 행위를 조절하고 움직일 수 있으며, 다양한 크기나 빠르기의 이동·비이동 움직임을 시도한다.
	5세	상황에 맞추어 신체 움직임을 조절하기 위해 신체기관의 두 부분 이상을 협응하여 동작을 조절할 수 있다. 또한 소근육이나 눈과 손의 협응력의 발달을 기초로 이전보다 더욱 정교한 조작 활동을 할 수 있다.
지도 원리		• 다양한 움직임을 통해 신체를 조절하고 균형을 유지하며, 신체 각 부분의 움직임과 협응력을 증진하는 데 초점을 둔다. • 제자리에서의 몸 움직임과 함께 다양한 이동운동을 기초로 표현력과 창의적인 동작을 만들기 위한 기초능력을 배양하는 데 주안점을 둔다.

환경 구성	3세	• 쌓기놀이 영역에 팔과 다리의 대근육을 사용하여 구성할 수 있는 적당히 큰 쌓기 블록을 제공한다. • 수·조작놀이 영역에는 조작놀이를 위해 5~10조각의 퍼즐류, 일상생활 훈련 자료, 작은 구슬을 숟가락으로 옮기기 등을 제시한다. • 운동놀이 영역에 미끄럼이나 경사가 완만하고 길이가 짧은 오름틀과 함께 소형 자전거 등 탈 것을 제공한다.
	4세	• 쌓기놀이 영역에 적당한 크기의 쌓기 블록과 함께 중간 정도 크기의 끼우기 블록도 함께 제공하고, 3세보다 블록과 소품의 종류를 다양하게 제시한다. • 수·조작놀이 영역에는 조작 활동을 위해 계절과 활동주제를 반영한 10~20 조각의 퍼즐, 작은 블록류, 끈·구슬 끼우기, 지퍼 올리기와 단추 끼우기 등의 일상생활 훈련 등 주로 소근육을 사용하는 자료들을 제시한다. • 운동놀이 영역에 미끄럼이나 오름틀은 신체 조건에 적합한 것을 제공하고, 평균대 걷기, 공굴리기, 고무줄뛰기 등 다양한 운동놀이 기구를 비치한다.
	5세	• 친구들과 협의하여 다소 복잡한 구조물을 만드는 것이 가능하므로 쌓기놀이 영역에 다양한 유형의 블록과 함께 유아들이 직접 제작한 소품 등을 제공한다. • 수·조작놀이 영역에는 개별적인 탐색을 즐기는 조작 활동을 위해 15~30 조각 정도의 퍼즐 맞추기, 바느질하기, 실뜨기, 직조 짜기 등을 제공한다. • 운동놀이 영역에 모험놀이를 비치하여 도전적인 놀이를 시도해 보도록 하고, 놀이기구를 다른 용도로 활용하는 아이디어를 내어 놀이할 수 있도록 구성한다.

① 신체 조절과 기본운동하기 - 신체 조절하기

	구분	지도 중점
3세	신체 균형을 유지해 본다. 공간, 힘, 시간 등의 움직임 요소를 경험한다. 신체 각 부분의 움직임을 조절해 본다. 눈과 손을 협응하여 소근육을 조절해 본다.	• 정지·이동 시 신체 균형을 유지해 봄으로써 균형감을 경험하게 한다. • 움직임 요소(공간, 힘, 시간 등)를 인식하여 자신의 움직임을 조절해 보도록 한다. • 눈과 손을 협응하는 동작을 통해 소근육을 발달시키는 기초 경험을 제공한다.
4세	다양한 자세와 움직임에서 신체 균형을 유지한다. 공간, 힘, 시간 등의 움직임 요소를 활용하여 움직인다. 신체 각 부분을 협응하여 움직임을 조절한다. 눈과 손을 협응하여 소근육을 조절해본다.	• 다양한 자세와 움직임에서 신체 균형을 유지하는 경험을 제공한다. • 움직임 요소(공간, 힘, 시간 등)를 활용하여 움직임을 만들어 보는 기회를 준다. • 시각 능력을 이용하여 자신이 의도한 대로 소근육을 조절하여 목표 행동을 수행하는 경험을 제공한다.

	구분	지도 중점
5세	다양한 자세와 움직임에서 신체 균형을 유지한다.	• 머리, 몸통, 다리, 팔 등의 근육을 조절하여 신체 균형을 유지하면서 다양한 자세를 취할 수 있는 기회를 제공한다. • 동물·기구·타인 등의 움직임을 관찰하고 특징적인 움직임 요소를 파악하여 신체로 표현해보는 경험을 제공한다. • 신체 각 부위를 협응하여 동작을 조절하는 경험을 제공한다. • 도구를 통해 더 정교하게 조작해보는 경험을 제공한다. [초등학교 교육과정 연계] • 여러 신체 부위를 협응하여 조절하는 경험을 충분히 제공한다. • 도구를 활용하여 다양한 동작을 창의적으로 표현하는 기회를 제공한다.
	공간, 힘, 시간 등의 움직임 요소를 활용하여 움직인다.	
	신체 각 부분을 협응하여 움직임을 조절한다.	
	눈과 손을 협응하여 소근육을 조절해본다.	
	도구를 활용하여 여러 가지 조작운동을 한다.	

② 신체 조절과 기본운동하기 - 기본운동하기

	구분	지도 중점
3세	걷기, 달리기 등 이동운동을 한다.	• 다양한 상황에서 걷기, 달리기 등 기본 동작을 충분히 경험하도록 한다. • 몸을 움직일 때 바른 자세를 갖도록 지도한다. • 제자리에서 신체 균형을 유지하면서 다양한 자세·동작을 충분히 경험하도록 한다.
	제자리에서 몸을 움직여 본다.	
4세	걷기, 달리기, 뛰기 등 다양한 이동운동을 한다.	• 걷기, 달리기를 기본으로 다양한 이동운동을 경험하도록 한다. ㉮ 앞·뒤·옆·지그재그로 달리기, 한발 뛰기, 두발 모아 뛰기, 뛰어 넘기 등 • 다양한 제자리 동작으로 균형감각 및 평형성 발달을 경험하도록 한다. ㉮ 구부리기, 뻗기, 꼬기, 회전하기, 흔들기, 떨기 등 • 다양한 조건에 만족하는 자세·동작을 취해보도록 한다.
	제자리에서 몸을 다양하게 움직인다.	
5세	걷기, 달리기, 뛰기 등 다양한 이동운동을 한다.	• 앞, 뒤, 좌, 우로 발 모양과 방향, 속도, 리듬을 달리하는 이동운동에서 움직임을 조절해 보도록 한다. ㉮ 스키핑(skipping), 호핑(hopping), 갤러핑(galloping) 등 • 역동적이고 다양한 움직임을 통해 표현력을 증진하도록 한다. • 유아의 상상에 따라 창의적으로 표현하는 기회를 제공한다. ㉮ 팽이처럼 몸을 축으로 하여 돌기, 산들바람이나 강풍에 흔들리는 꽃 되어보기, 세탁기 속의 빨래가 되어 비틀어보기 등 [초등학교 교육과정 연계] 다양한 기본운동을 통해 기초체력을 증진하고, 다양한 운동에 사용할 근육이 발달하도록 한다.
	제자리에서 몸을 다양하게 움직인다.	

(4) 2015 누리과정 – 신체 활동에 참여하기

연령별 특성		유아기는 개인 또는 집단으로 하는 다양한 신체 활동에 참여하면서 신체운동을 생활 속에서 즐기는 습관을 갖게 되는 시기이다.
	3세	규칙을 정하고 준수해보는 안전한 신체 활동 경험을 통해 자신감을 증진한다.
	4세	정한 규칙을 지키면서 친구와 협동하여 신체 활동을 함으로써 서로의 특성을 존중하는 태도를 기를 수 있다.
	5세	규칙의 의미를 알며 스스로 규칙을 정하여 지킬 수 있고, 친구들과 협동적인 놀이를 통해 다른 사람과의 차이를 자연스럽게 인식할 수 있다.
지도 원리		• 즐거운 신체 활동을 제공함으로써 유아가 자발적이고 지속적으로 신체 활동에 참여할 수 있도록 하는 데 초점을 둔다. • 다양한 능력을 가진 친구와 함께 신체 활동을 하면서 운동 능력에 차이가 있음을 알고 다양한 방법으로 활동할 수 있다는 것을 이해하도록 한다. • 바깥에서 자유롭게 움직임으로써 심신을 건강하게 하고 대근육 발달을 돕는 데 주안점을 둔다. • 기구를 이용한 신체 활동을 하면서, 기구를 탐색하고 활용하여 신체 협응력을 발달시키는 데 중점을 둔다.
환경 구성	3세	• 운동놀이 영역에 미끄럼이나 오름틀의 경사가 완만하고 길이가 짧은 것을 제공하며 자전거 등 탈것은 소형으로 제공한다. • 모래·물놀이 영역에는 모래나 물을 그릇에 담기, 손으로 만지기, 모래모양 찍기 등을 할 수 있도록 다양한 종류의 그릇, 인형, 공 등을 준비한다. • 자연탐구 및 관찰 영역에 주변의 친숙한 동식물을 관찰하도록 하며, 식물은 토마토, 고추 등 성장 속도가 빠르고 열매가 맺히는 것을 기른다.
	4세	• 운동놀이 영역에 미끄럼이나 오름틀은 신체 조건에 적합한 것을 제공하고 평균대걷기, 공굴리기, 고무줄뛰기 등 다양한 운동놀이 기구를 비치한다. • 모래·물놀이 영역에는 물의 특성을 알아볼 수 있는 다양한 도구를 제공하고, 모래를 탐색하는 활동 이외에 소꿉놀이 도구, 인형, 자동차 모형, 자연물 등을 이용하여 여러 가지 놀이로 확장하도록 지원한다. • 자연탐구 및 관찰 영역에 씨를 뿌리거나 모종을 하여 꽃밭과 텃밭을 가꾸며 식물을 기르도록 하고, 동식물의 성장과정이나 변화를 그림으로 나타내도록 관찰기록 용지를 준비한다.
	5세	• 운동놀이 영역에 모험놀이를 비치하여 도전적인 놀이를 해보도록 하고, 놀이기구를 다른 용도로 활용하는 아이디어를 내어 놀이할 수 있도록 구성한다. • 모래·물놀이 영역에는 모래 삽, 수로용 플라스틱 관, 투명 호스 등을 제공하여 모래·물놀이가 확장되도록 지원한다. • 자연탐구 및 관찰 영역에 자기 몫을 정하여 꽃밭과 텃밭을 가꾸고, 자신이 기르는 동식물의 성장과정이나 변화를 그림이나 글로 기록할 수 있도록 관찰기록 용지를 준비한다.

① 신체 활동에 참여하기 - 자발적으로 신체 활동에 참여하기

구분		지도 중점
3세	신체 활동에 자발적으로 참여한다.	• 자유롭게 뛰어 놀며 즐길 수 있는 기회를 통해 기초체력을 증진하고, 신체 활동의 즐거움을 만끽하도록 한다. • 유아가 자발적이고 적극적으로 참여하는 즐거운 분위기를 조성한다.
	다른 사람과 함께하는 신체 활동에 참여한다.	• 다른 사람과의 신체 활동 경험을 통해 기본적인 규칙을 준수해보도록 하고, 함께하는 신체 활동의 즐거움을 느끼도록 한다.
4세	신체 활동에 자발적이고 지속적으로 참여한다.	• 좋아하는 신체 활동에 자발적으로 참여함으로써 즐거움, 성취감, 자신감을 느끼고 만끽하도록 한다. • 다른 사람과 함께 하는 신체 활동을 통해 규칙을 지키면서 협동하는 경험을 제공한다. • 자신이 좋아하는 운동과 잘하는 신체 운동, 익숙하지 않거나 선호하지 않는 운동이 있음을 인식하도록 한다. • 자신과 다른 사람의 운동 능력에 차이가 있음을 인식하도록 한다.
	다른 사람과 함께하는 신체 활동에 참여한다.	
	자신과 다른 사람의 운동 능력의 차이에 관심을 갖는다.	
5세	신체 활동에 자발적이고 지속적으로 참여한다.	• 생소하고 새로운 신체 활동에도 호기심과 관심을 가지고 자발적으로 참여하도록 지지한다. • 발달에 적합한 활동을 규칙적으로 계획하고 실행함으로써 생활 속에서 자신만의 신체 운동을 즐기는 습관을 형성하도록 한다. • 다른 사람과 함께 하는 신체 활동을 통해 다른 사람과 운동 능력의 차이가 있음을 인정하는 경험을 제공한다. • 수행한 과정을 구체적으로 칭찬하여 서로의 특성을 존중하는 태도를 형성하도록 한다. [초등학교 교육과정 연계] 움직임을 조절하는 것에 어려움을 느끼는 순간에도 자신감 있고 지속적으로 신체 활동에 참여할 수 있는 태도를 형성하도록 한다.
	다른 사람과 함께하는 신체 활동에 참여한다.	
	자신과 다른 사람의 운동 능력의 차이를 이해한다.	

② 신체 활동에 참여하기 – 바깥에서 신체 활동하기

구분		지도 중점
3세/ 4세/ 5세	규칙적으로 바깥에서 신체 활동을 한다.	• 3·4·5세 공통 – 바깥에서 마음껏 뛰어 놀고, 달리고, 탐색하고, 만지고, 쌓거나 파보며 심신의 스트레스를 자연스럽게 발산하도록 한다. – 자연의 신선한 공기를 마시고 햇빛을 받으며 자연의 아름다움을 느끼고, 환경 변화에 적응·대비할 수 있는 능력을 증진하도록 한다. – 실외에서도 동적·정적인 활동, 집단·개인 활동 등을 적절히 배치하고, 주제와 관련된 다양한 활동이 이루어지도록 계획·운영한다. • 3세 – 유치원 주변을 규칙적으로 산책하며 바깥에서 신체 활동 경험 • 4세 – 안전하고 넓은 바깥 공간에서 바람개비, 종이비행기 등 자유놀이 • 5세 – 실외놀이터에 있는 다양한 모양의 놀이기구로 신체 활동 [초등학교 교육과정 연계] 악천후나 유아의 건강 이상 등 특별한 경우를 제외하고, 날씨나 기온 변화에 크게 구애받지 않고 매일 규칙적으로 바깥놀이를 계획·운영한다.

③ 신체 활동에 참여하기 – 기구를 이용하여 신체 활동하기

구분		지도 중점
3세	여러 가지 기구를 이용하여 신체 활동을 한다.	• 작은 공, 풍선, 훌라후프, 스카프, 줄 등의 도구와 미끄럼틀, 그네, 유니바, 매트 등 다양한 놀이기구를 여러 가지 방법으로 탐색하도록 한다. • 도구와 기구 사용 시 정확성에 중점을 두기보다는 도구와 기구를 사용해보는 경험을 통해 물체와의 다양한 관계를 탐색하는 데 중점을 둔다. • 도구와 기구를 스스로 안전하게 사용하기 어려우므로 안전한 환경을 조성하는 데 먼저 주안을 둔다.
4세	여러 가지 기구를 이용하여 신체 활동을 한다.	• 다양한 도구와 기구를 활용하여 거리, 높이, 길이, 빠르기 등에 대한 감각 경험을 해봄으로써 조절 능력, 방어 대처 능력 등을 증진하도록 한다. • 여러 가지 신체 활동 도구와 기구의 사용 방법을 사전에 충분히 탐색하도록 하여 신체 활동을 할 때 쉽게 실패하지 않고 즐길 수 있도록 한다.

5세	여러 가지 기구를 이용하여 신체 활동을 한다.	• 신체 활동에 다양한 도구와 기구를 적극적이고 창의적으로 이용하는 기회를 제공한다. • 도구와 기구를 사용하기 전 안전수칙에 대해 명확하게 지도하고, 안전하게 이용할 수 있는 방법을 의논하여 규칙을 만들어 지켜보는 경험을 제공한다. • 발달에 적합한 기구를 사용하되 개인차를 고려하여 난이도를 조절한다. **[초등학교 교육과정 연계]** 도구와 기구의 안전한 사용법을 충분히 숙지함으로써 신체 활동 시 일어날 수 있는 안전사고를 사전에 예측하고, 원인을 탐색하여 규칙을 정하는 활동으로 확장한다.

③ 내용범주의 이해 및 실제 – 건강하게 생활하기

(1) 2019 개정 누리과정 – 건강하게 생활하기

목표	건강한 생활습관을 기른다.
내용	**자신의 몸과 주변을 깨끗이 한다.** 유아가 손을 씻고 이를 닦는 등 몸을 깨끗이 하는 적절한 방법을 알고 실천하며, 자기 주변을 깨끗하게 정리정돈하는 내용이다. **몸에 좋은 음식에 관심을 가지고 바른 태도로 즐겁게 먹는다.** 유아가 몸을 건강하게 하는 음식에 관심을 가지고, 음식을 소중히 여기며, 제자리에 앉아서 골고루 즐겁게 먹는 내용이다. **하루 일과에서 적당한 휴식을 취한다.** 유아가 피곤하거나, 몸이 아프거나, 몸을 많이 움직여서 쉬고 싶을 때, 적절한 휴식을 취하는 내용이다. **질병을 예방하는 방법을 알고 실천한다.** 유아가 질병의 위험으로부터 건강을 유지할 수 있는 다양한 생활 방식(몸을 청결히 하기, 날씨와 상황에 알맞은 옷 입기, 찬 음식 적당히 먹기, 정해진 시간에 자고 일어나기, 따뜻한 물 마시기 등)을 경험하는 내용이다.
유아 경험의 실제	① 시금치무침 요리 활동 중에, 교사는 유아가 데친 시금치를 맛보고 싶다고 하여 맛보게 한다. 유아들이 "맛있어?", "맛없지?", "난 시금치 안 좋아해. 안 먹을래."라고 말하며 인상을 찌푸린다. 교사가 "시금치에 양념 옷을 입혀 맛있게 변신시켜 줄까?" 하고 말한 후, 유아들에게 직접 깨소금, 참기름 등의 여러 양념을 넣고 손으로 무쳐 보게 한다. 유아들은 "우와! 좋은 냄새 난다.", "맛있겠다!", "저도 주세요."라고 말한다.

② 유아들은 바깥 놀이터에서 신나게 놀이한 후 교실로 돌아오자마자, "선생님, 정말 더워요. 에어컨 틀어주세요."라고 다급한 목소리로 요청한다. 교사는 "그래. 선풍기도 켜 놓을게. 그런데 땀을 많이 흘렸으니 얼굴이랑 팔을 씻는 것은 어떨까?"하며 에어컨과 선풍기를 켠다. 유아들은 얼굴과 팔, 손을 씻고 들어와 "이젠 좀 쉬자!"라고 말하며 교실 바닥에 앉기도, 눕기도 한다.

③ 유아: 선생님, 나 감기에 걸렸어요.
 교사: 어떡하니, 많이 아파?
 유아: 네, 열도 났어요. 그래서 엄마가 따뜻한 물을 넣어 주셨어요.
 교사: 그렇구나. 따뜻한 물이 감기에 좋지. 오늘은 따뜻한 물을 자주 마셔봐. 감기가 금방 나을거야.

TIP

②번 사례의 유아는 '몸과 주변을 깨끗이 하는 것'과, '하루 일과에서 적당한 휴식을 취한다', '질병을 예방하는 방법을 알고 실천한다'의 내용을 자연스럽게 경험하고 있음을 연계하여 읽을 수 있다.

(2) 2015 누리과정 – 건강하게 생활하기

연령별 특성		유아기는 질병에 대한 면역이나 저항력이 취약함은 물론 환경적인 변화에 대한 적응력도 성인에 비해 약하다.
	3세	자신의 몸을 넘어 주변까지 점차 청결의 개념을 확장해 가며, 배변습관 및 낮잠 등에 대한 지속적이고 반복적 지도가 필요하다.
	4세	깨끗하게 몸과 주변을 유지할 수 있는 습관을 형성할 수 있다.
	5세	청결과 영양 등의 의미를 알아 스스로 건강한 생활을 영위할 수 있는 생활태도 형성이 점차 가능해진다.
지도 원리		• 일과 중 유아의 건강 상태와 신체 리듬을 고려하여 규칙적인 생활을 하게 하는 데 주안점을 둔다. • 스스로 이 닦기, 손 씻기, 주변을 깨끗이 하기, 바른 식생활과 옷 입기 등의 기본생활습관을 실천하는 데 초점을 둔다.
환경 구성	공통	• 개인 소지품을 정리할 수 있도록 사물함 및 옷장을 마련하고, 개인 칫솔과 양치컵을 위생적으로 보관할 수 있는 장치를 마련한다. • 휴식영역에 의자나 소파를 비치하고 쿠션이나 방석 등을 깔아주어 편안하게 구성하며, 조용한 음악을 들을 수 있도록 음악CD와 CD플레이어, 이어폰 등을 준비한다.
	3세	• 교실 내 영역에 맞게 표시를 하여 스스로 정리해볼 수 있도록 지원한다. • 낮잠실은 개별적인 공간을 확보하여 쾌적하게 수면을 취할 수 있는 환경으로 조성하고, 교실에서 낮잠을 자게 되더라도 위생적으로 수면할 수 있도록 지원한다. • 낮잠을 자지 않는 유아들도 조용하게 할 수 있는 개별 활동을 마련한다. • 화장실은 편안하고 위생적으로 관리하여 유아들이 즐거운 장소로 인식하도록 지원한다.

4·5세		• 교실 내 청소도구를 마련하여 깨끗한 환경을 스스로 유지할 수 있도록 지원한다. • 화장실 이용절차, 손 씻기 및 이 닦기 방법 등을 벽면에 부착하여 스스로 청결을 유지할 수 있는 습관을 들이도록 한다. • 휴식영역에서 개별적인 낮잠지도까지 가능하도록 한다.

① 건강하게 생활하기 - 몸과 주변을 깨끗이 하기

구분		지도 중점
3세	손과 이를 깨끗이 하는 방법을 알고 실천한다.	• 자신의 신체를 항상 청결하게 유지하는 것에서부터 청결한 생활습관이 시작함을 인식하고 행동하도록 지도한다. • 스스로 손을 씻고, 이를 닦는 등 청결을 유지하는 방법을 구체적으로 지도한다.
	주변을 깨끗이 한다.	• 자신의 소지품과 생활공간을 깨끗하게 유지하도록 지도한다. • 불결한 상태를 인지할 때 주위 어른들에게 도움을 요청하도록 지도한다. • 스스로 놀잇감과 물건을 제자리에 정리할 수 있도록 발달 및 각 영역 특징을 고려하여 정리 표시를 한다.
4세	손과 이를 깨끗이 하는 방법을 알고 실천한다.	• 올바르게 손을 씻고 깨끗하게 이를 닦는 방법을 알고 실천하도록 지도한다. • 스스로 주변을 청결하게 유지하는 방법을 구체적으로 알려주고 반복적으로 실천하도록 한다. 예 놀잇감과 사용한 물건을 제자리에 정리하기, 쓰레기를 분류하여 휴지통에 버리기 등
	주변을 깨끗이 하는 습관을 기른다.	• 지나치게 청결한 상태를 강조하면 유아가 심리적으로 위축될 수 있으므로, 정리하는 시간을 충분히 제공함으로써 스스로 정리하는 습관을 들이는 데 중점을 둔다.
5세	스스로 몸을 깨끗이 하는 습관을 기른다.	• 깨끗하게 손 씻기, 효과적으로 이 닦기 방법 등을 중점적으로 지도하여 어른의 도움 없이 스스로 청결을 유지하도록 한다. • 생활 속에서 자발적으로 손을 씻고 이를 닦는 행위가 습관이 되도록 지속적이고 반복적으로 지도한다. • 콧물, 가래, 침 등의 체액을 위생적으로 처리하는 것이 습관화되도록 지도한다. • 청소도구 등을 교실 내에 비치하여 청결을 유지하는 것이 자연스럽게 습관화되도록 지도한다.
	주변을 깨끗이 하는 습관을 기른다.	[초등학교 교육과정 연계] 자신 및 주변의 청결을 위한 올바른 기본생활습관을 기르고 공동체 생활에 필요한 청결한 환경을 지속적으로 유지하도록 한다.

② 건강하게 생활하기 - 바른 식생활하기

구분		지도 중점
3세	음식을 골고루 먹는다.	• 유아의 식품 선호도는 음식을 먹어본 경험에 의해 형성되므로 다양한 음식을 즐겁게 먹어볼 수 있는 경험을 충분히 제공한다. • 건강에 좋은 음식과 나쁜 음식이 있음을 알고 관심을 가짐으로써 건강과 영양과의 관계에 대해 기초적으로 이해하도록 한다. • 식사 도구에 관심을 갖도록 다양하게 준비하고, 젓가락 사용 시도를 격려한다. • 식사 시 지켜야 할 기본적인 예절을 익히도록 지도한다. 예 식사 도중에 돌아다니지 않기, 음식을 꼭꼭 씹어 넘기기, 입에 넣은 상태로 말하지 않기, 입술을 붙이고 소리나지 않게 씹기 등
	몸에 좋은 음식에 관심을 갖는다.	
	바른 태도로 식사한다.	
4세	음식을 골고루 먹는다.	• 음식물에 포함된 영양소의 개념을 이해하기 시작함으로써 생활 속에서 신체건강을 유지하기 위해 필요한 음식을 알도록 지도한다. • 수저를 올바르게 사용하도록 지도하되 정확성에 중점을 두지 않도록 유의한다. • 자신이 먹을 만큼 적당량의 음식을 남기지 않고 골고루 먹는 습관을 갖도록 하되, 지나치게 강조할 경우 식사에 대한 거부감이 생길 수 있으므로 식사 시간은 즐거운 시간임을 느끼도록 한다.
	몸에 좋은 음식을 알아본다.	
	음식을 소중히 여기고 식사예절을 지킨다.	
5세	적당량의 음식을 골고루 먹는다.	• 편식하지 않고 골고루 먹을 뿐만 아니라 자신이 먹을 수 있는 음식의 양을 적절히 조절하도록 지도한다. • 음식물에 포함된 영양소가 우리 몸의 건강에 어떠한 영향을 미치는지 이해함으로써 스스로 몸에 좋은 음식을 선택하도록 한다. • 식품의 생산·공급·조리과정에 참여하는 많은 사람들의 노고를 이해하고, 남긴 음식의 처리나 그로 인한 경제적인 손실을 이해함으로써 음식을 남기지 않고 먹는 습관을 들이도록 지도한다. • 젓가락을 바르게 사용하도록 지도한다. [초등학교 교육과정 연계] 바른 식생활에 대한 기본생활습관을 형성하도록 한다.
	몸에 좋은 음식을 선택할 수 있다.	
	음식을 소중히 여기고 식사예절을 지킨다.	

③ 건강하게 생활하기 – 건강한 일상생활하기

구분		지도 중점
3세	규칙적으로 잠을 자고, 적당한 휴식을 취한다.	• 3·4·5세 공통 – 활동에 적극적으로 참여하고, 활동 과정에서 느끼는 다양한 감정과 느낌을 적절한 방법으로 표현하도록 지원한다. • 3세 – 하루 일과 중 낮잠시간을 규칙적으로 계획하여 생리적인 피곤을 회복하고, 건강을 유지하도록 한다. – 낮잠 시 지켜야 할 약속을 정해 꾸준히 지도함으로써 편안하고 안전하게 낮잠을 잘 수 있도록 한다. – 활동에 몰입하면 용변의 욕구를 느끼면서도 화장실에 가지 못해 실수하는 경우가 생기므로 유아의 행동을 관찰하고, 수시로 화장실에 가야함을 알려준다.
	하루 일과에 즐겁게 참여한다.	
	스스로 화장실에서 배변한다.	
4세	규칙적으로 잠을 자고, 적당한 휴식을 취한다.	• 3·4·5세 공통 – 활동에 적극적으로 참여하고, 활동 과정에서 느끼는 다양한 감정과 느낌을 적절한 방법으로 표현하도록 지원한다. • 4세 – 유아를 유심히 관찰하여 피로 정도를 파악함으로써, 지나치게 피로한 상태일 경우 개별적인 요구를 고려하여 낮잠을 자도록 한다. – 생활에서 휴식의 중요성과 방법을 알고 실천하도록 한다. 　예 조용히 책 읽기, 음악 듣기 등 – 화장실 사용에 대한 올바른 절차와 방법을 알고 행동하도록 한다. 　예 화장실을 사용한 후 물 내리기, (남아의 경우) 소변 볼 때 바지를 천천히 적당히 내리기 등 – 배설 후 스스로 뒤처리할 수 있도록 지도한다.
	하루 일과에 즐겁게 참여한다.	
	바른 배변습관을 가진다.	

	구분	지도 중점
5세	규칙적으로 잠을 자고, 적당한 휴식을 취한다.	• 3·4·5세 공통 - 활동에 적극적으로 참여하고, 활동 과정에서 느끼는 다양한 감정과 느낌을 적절한 방법으로 표현하도록 지원한다. • 5세 - 유아가 생리적인 피곤을 느낄 때 언어로 표현하도록 지도한다. - 하루 일과를 예측할 수 있도록 운영함으로써 계획적이고 즐겁게 놀이에 참여하도록 지원한다. - 규칙적인 배변습관은 건강의 기본이 됨을 이해하고, 바른 식습관, 운동 등을 통해 규칙적인 배변습관을 갖도록 지도한다. - 배변 실수를 하는 경우 수치심을 느끼지 않도록 독립된 공간에서 처리하고, 정서적으로 위축되지 않도록 배려한다. [초등학교 교육과정 연계] 정서적인 안정감을 갖고 공동체 생활을 즐겁게 영위할 수 있는 기본생활습관과 태도를 형성하도록 한다.
	하루 일과에 즐겁게 참여한다.	
	규칙적인 배변습관을 가진다.	

④ 건강하게 생활하기 - 질병 예방하기

	구분	지도 중점
3세	질병의 위험을 알고 주의한다.	• 질병의 위험성과 예방하는 방법을 알고 행동하도록 지도한다. 예 예방주사 맞기, 모기에 물리지 않도록 몸을 청결히 하기 등 • 스스로 외부 온도나 날씨에 알맞게 옷을 조절하여 입기 어려우므로 체온을 조절할 수 있도록 교사가 상황에 맞게 지도한다. • 질병 예방의 중요성과 내용 및 방법 등을 정기적으로 가정에 안내하고, 가정과 연계하여 함께 지도한다.
	날씨에 맞게 옷을 입는다.	
4세/5세	질병을 예방하는 방법을 알고 실천한다.	• 일상생활에서 일어나는 여러 상황 속에서 질병 예방 방법을 지키는 생활태도를 갖도록 지속적이고 반복적으로 지도한다. • 건강한 생활 습관에 관심을 가지고 실천하도록 한다. 예 편식하지 않기, 몸과 주변을 청결히 하기, 정기적으로 건강검진 받기 등 • 날씨나 상황에 적절한 옷차림은 활동을 편리하게 하고, 건강 유지에 도움이 됨을 이해하도록 한다. [초등학교 교육과정 연계] 계절과 날씨를 고려하여 질병에 걸리지 않고 건강을 유지하는 방법을 알고 실천하는 생활태도 형성에 중점을 두어 지도한다.
	날씨와 상황에 알맞게 옷을 입는다.	

❹ 내용범주의 이해 및 실제 – 안전하게 생활하기

(1) 2019 개정 누리과정 – 안전하게 생활하기

목표	안전한 생활습관을 기른다.
내용	**일상에서 안전하게 놀이하고 생활한다.** 유아가 일상에서 위험한 장소, 상황, 도구 등을 알고, 안전한 놀이 방법과 놀이 규칙을 지키며 놀이하고 생활하는 내용이다. **TV, 컴퓨터, 스마트폰 등을 바르게 사용한다.** 유아가 일상에서 자주 접하는 TV, 컴퓨터, 스마트폰 등을 필요한 상황에서 적절하게 사용하며, 바른 자세로 이용하는 내용이다. **교통안전 규칙을 지킨다.** 유아가 안전한 보행 및 도로 횡단, 교통기관의 안전한 이용 등 교통안전 규칙을 알고 실천하는 내용이다. **안전사고, 화재, 재난, 학대, 유괴 등에 대처하는 방법을 경험한다.** 유아가 안전사고, 화재, 재난, 학대, 유괴 등의 위험에 처한 상황을 알고, 주변에 도움을 요청하는 방법을 배우며, 평소 훈련에 따라 대피하는 연습을 하는 등의 안전교육과 관련된 내용이다.
유아 경험의 실제	① 한 유아가 미끄럼틀을 내려오려고 한다. 다른 유아가 미끄럼틀 아래서 바라보다가 올라가려고 한다. 이때, 미끄럼틀을 타고 내려오던 유아가 "야, 비켜, 다쳐!"하고 큰 소리로 외친다. 이 모습을 지켜본 유아는 유아들에게 다가와 안전하게 미끄럼틀을 타기 위한 약속을 정하자고 제안한다. ② 유아가 색종이를 반으로 접어 한 면에는 모니터를 그리고, 다른 한 면에는 컴퓨터 자판 모양처럼 그린다. 다른 유아들에게 "나는 지금 컴퓨터로 공룡에 대하여 찾아보고 있어."하며 색종이 자판을 두드린다. 그리고 옆에 있던 친구에게 "같이 찾아볼래?"라고 말한다. ③ 3세 유아가 종이 벽돌을 이어 길을 만들고, 그 위에 교통 표지판과 자동차를 일렬로 놓는다. 만들어진 길을 바라보다 갑자기 팔이 움직이는 사람 모형 2개를 가져와 팔 한쪽을 반복적으로 들어올리고 내리며 "조심, 조심, 지나가요. 자동차들은 우리가 건너면 지나가세요."라고 흥얼거린다. ④ 화재경보기 소리와 함께 지진 대피 방송이 들리자, 유아들은 재빨리 책상 아래와 벽 쪽으로 대피한다. 지진이 잠시 멈췄다는 안내 방송 후 유아들은 교사의 안내에 따라 침착하면서도 신속하게 바깥으로 대피한다.

거름이 TIP

④번 사례의 유아 경험은 '안전사고, 화재, 재난, 학대, 유괴 등에 대처하는 방법을 경험한다'의 내용과 자연스럽게 연계되어 있음을 알 수 있다.

(2) 2015 누리과정 - 안전하게 생활하기

연령별 특성	• 유아기는 주변의 사물이나 환경에 대한 호기심이나 탐구하려는 충동은 강한 반면, 아직 신체 기능의 미성숙으로 운동기능이 충분히 발달되어 있지 않고, 환경을 지각하는 능력이 부족하므로 항상 사고의 위험에 노출되어 있다. • 3~5세 유아 스스로 안전한 공간을 조성하고 확보하기 어려우므로 교사 및 주변 어른의 도움이 필요하다.	
지도 원리	• 사전에 안전사고를 예방할 수 있도록 하는 것에 중점을 둔다. • 유아가 스스로 위험 상황을 인식하고 대처할 수 있도록 지속적인 교육과 훈련을 하는 것에 주안점을 둔다.	
환경 구성	공통	• 활동의 특성 및 놀이 공간의 규모를 고려하여 적절한 인원을 배치하고, 실내·외 공간을 유아가 마음껏 활동할 수 있을 만큼 충분히 넓게 확보한다. • 유아들이 사용하는 놀잇감과 도구의 위험요소(날카로운 면, 부서진 장난감 등)를 매일 점검하고, 기구 및 도구 사용 시 안전한 사용법을 그림이나 글로 제시한다. • 시설·설비 안전 점검표를 활용하여 놀잇감, 놀이기구, 시설물 등의 안전 상태를 확인하는 등 안전점검을 주기적으로 실시하고 관리한다. • 재난 및 사고 발생 시 안전하게 대처하는 방법을 교실과 복도 벽면에 부착하여 일상생활 속에서 지도할 수 있도록 지원한다.

① 안전하게 생활하기 - 안전하게 놀이하기

구분		지도 중점
3세	놀이기구나 놀잇감, 도구를 안전하게 사용한다.	• 놀잇감이나 도구를 사용하기 전에 안전사항을 인지하고 사용하도록 한다. • 일상생활에서 안전하게 놀이하도록 지속적이고 반복적으로 관찰하고 지도한다. • 유아 스스로 안전한 공간을 확보하기가 어려우므로 교사는 위험요인들이 미리 제거된 안전한 놀이 공간과 시설을 제공하는 데 초점을 둔다. • 전자 미디어의 바른 사용법을 알고 생활 속에서 지키도록 지도한다. ⓔ 시간을 정하여 사용하기, 바른 자세로 사용하기 등
	안전한 놀이장소를 안다.	
	TV, 인터넷, 통신기기 등을 바르게 사용한다.	
4세	놀이기구나 놀잇감, 도구를 안전하게 사용한다.	• 실내·외 놀이기구나 놀잇감, 도구의 안전한 사용규칙을 지킬 수 있도록 지속적이고 반복적으로 지도한다. • 실내·외에서 안전한 장소와 위험한 장소를 구분하여 일상생활에서 안전하게 놀이하도록 지속적이고 반복적으로 관찰하고 지도한다. • 생활 속에서 전자 미디어와 관련된 다양한 문제 상황 및 해결방법에 대해 알아보고 실천하도록 한다.
	안전한 장소를 알고 안전하게 놀이한다.	
	TV, 인터넷, 통신기기 등의 위해성을 알고, 바르게 사용한다.	

구분		지도 중점
5세	놀이기구나 놀잇감, 도구의 바른 사용법을 알고, 안전하게 사용한다.	• 실내·외 놀이기구나 놀잇감, 도구를 어떻게 사용해야 안전한지, 왜 그렇게 사용해야 하는지 등을 알도록 지도한다. • 위험한 장소와 그 이유에 대해 알아보고, 안전한 사용 규칙에 대해 의논하여 약속을 정하며, 이를 지켜서 놀이하는 경험을 제공한다. • 전자 미디어의 순기능과 역기능에 대해 올바르게 이해하도록 한다. • 전자 미디어의 위해성 및 대안을 다른 사람들에게 알리며 스스로 조절할 수 있는 능력을 증진하도록 한다. **[초등학교 교육과정 연계]** 일상생활에서 접하는 여러 상황에서의 위험 요인을 인지하여 안전하게 이용할 수 있는 방법을 정확하게 알고 행동하도록 지도한다.
	안전한 장소를 알고 안전하게 놀이한다.	
	TV, 인터넷, 통신기기 등의 위해성을 알고, 바르게 사용한다.	

② 안전하게 생활하기 – 교통안전 규칙 지키기

구분		지도 중점
3세	교통안전 규칙을 안다.	• 등·하원길과 골목길 등에서의 안전 보행, 다양한 횡단보도에서의 안전 횡단에 대하여 지속적으로 지도한다. • 신호등의 빨간불과 녹색불이 뜻하는 바를 올바로 이해하고, 횡단 시 팔을 들어 건너는 습관을 들이도록 한다. • 승용차, 버스, 지하철 등 실생활에서 교통수단을 이용해본 경험을 통해 교통수단 안전수칙을 알아보고 안전하게 이용하도록 한다. • 자동차를 탈 때의 규칙을 구체적으로 지도한다. 예 안전하게 의자 뒤쪽에 앉기, 안전벨트 매기, 운전에 방해되지 않게 조용히 앉아 있기 등
	교통수단을 안전하게 이용한다.	
4세	교통안전 규칙을 알고 지킨다.	• 4·5세 공통 – 기본적인 교통 표지판의 모양과 의미에 대해 알아보고, 상황에 알맞게 지키도록 지도한다. • 4세 – 교통안전 규칙을 알아보고 지키도록 지도한다. – 여러 가지 교통수단의 안전 수칙을 알아보고, 안전하게 이용하도록 한다.
	교통수단을 안전하게 이용한다.	
5세	교통안전 규칙을 알고 지킨다.	• 4·5세 공통 – 기본적인 교통 표지판의 모양과 의미에 대해 알아보고, 상황에 알맞게 지키도록 지도한다. • 5세 – 교통안전 규칙을 알아보고 경험함으로써 안전 규칙을 왜 지켜야 하는지, 지키지 않을 경우 어떤 일이 생기는지 등에 대해 알아보고 지키도록 지도한다.

구분		지도 중점
	교통수단을 안전하게 이용한다.	- 여러 가지 교통수단을 안전하게 이용할 수 있는 방법에 대해 의논하여 문제점을 도출하고, 자율적으로 교통수단을 안전하게 이용하는 방법을 알고 지키도록 한다. **[초등학교 교육과정 연계]** 교통수단을 안전하게 이용해야 하는 이유와 방법을 알고 지속적으로 행동하도록 지도한다.

③ 안전하게 생활하기 - 비상 시 적절히 대처하기

구분		지도 중점
3세	학대, 성폭력, 실종, 유괴 상황을 알고 도움을 요청한다.	• 학대, 성폭력, 실종, 유괴 상황은 누구에게나 벌어질 수 있음을 인지하여 만약의 경우 교사나 주변의 믿을 만한 성인에게 도움을 요청하는 방법을 알고 행동하도록 지도한다. • 단순한 지식을 전달하기보다 실제 상황에서 도움이 되는 방법으로 지도한다. 예 상황극을 통해 연습하기 등
	재난 및 사고 등 비상시 적절하게 대처하는 방법을 안다.	• 태풍, 홍수, 지진, 화재, 폭염 등 다양한 재난 및 사고 상황이 있음을 알고, 누구에게나 이런 상황이 벌어질 수 있음을 인지하도록 한다. • 재난 및 사고 대피훈련 시 놀라거나 당황하지 않도록 예정된 훈련시간과 대피 장소에 대해 사전에 자세히 안내한다.

4세	학대, 성폭력, 실종, 유괴 상황 시 도움을 요청하는 방법을 알고 행동한다.	• 4·5세 공통
		  - 학대, 성폭력, 실종, 유괴 등 다양한 위험한 상황을 인식하고, 적절하게 대처하는 방법을 알고 실천하도록 지도한다.
		  - 다양한 사고·재난 유형과 상황에 대해 사회에서 보편적으로 가지고 있는 선입견이나 편견 혹은 교사의 주관적인 견해가 그대로 전달되어 왜곡된 개념이 고착되지 않도록 한다.
		  - 실제 생활 속 발생하는 다양한 재난 및 사고 발생의 원인과 예방 방법을 인식하여 위급한 상황에서도 당황하지 않고 적절히 대처하도록 한다.
		• 4세
		  - 대피 훈련은 가까운 곳에서 먼 곳까지 대피 장소와 방법을 변경하여 정기적으로 실시하고, 상황에 따라 다양한 대피 방법을 경험하도록 한다.

	재난 및 사고 등 비상시 적절하게 대처하는 방법을 알고 행동한다.	

5세	학대, 성폭력, 실종, 유괴 상황 시 도움을 요청하는 방법을 알고 행동한다.	• 4·5세 공통 – 학대, 성폭력, 실종, 유괴 등 다양한 위험한 상황을 인식하고, 적절하게 대처하는 방법을 알고 실천하도록 지도한다. – 다양한 사고·재난 유형과 상황에 대해 사회에서 보편적으로 가지고 있는 선입견이나 편견 혹은 교사의 주관적인 견해가 그대로 전달되어 왜곡된 개념이 고착되지 않도록 한다. – 실제 생활 속 발생하는 다양한 재난 및 사고 발생의 원인과 예방 방법을 인식하여 위급한 상황에서도 당황하지 않고 적절히 대처하도록 한다. • 5세 – 왜 위험한 상황이 생기는지에 대해 영상물 홍보자료, 방송, 신문기사, 그림 자료, 동화 등 다양한 자료를 통해 생각해보도록 지원한다. **[초등학교 교육과정 연계]** 다양한 위험 상황에 대해 인지하고, 그에 따른 대처방법을 알고 행동할 수 있도록 지속적이고 반복적으로 지도한다.
	재난 및 사고 등 비상시 적절하게 대처하는 방법을 알고 행동한다.	

❺ 신체운동 · 건강 영역의 통합적 이해

(1) 사례

> **"나 잘하죠?"**
>
> 바깥 놀이터에서 4세 반과 5세 반 유아들이 함께 놀이하고 있다. 유아들은 모래를 파 커다란 구덩이를 만들었다. 4세 은제는 모래 구덩이를 뛰어넘다가 모래 구덩이 속에 빠진다.
>
> 은제 : (모래 구덩이를 바라보며) 아, 이거 어려운데….
>
> 은제는 한쪽 다리를 크게 들어올려 모래 구덩이에서 위로 올라온다. 그러다 옆에서 소꿉놀이를 하던 수하의 얼굴에 모래가 튄다.
>
> 은제 : (수하의 표정을 살피며) 수하야, 미안해.
>
> 4세 수하는 얼굴을 찡그리더니 말없이 얼굴에 묻은 모래를 털어 낸다. 옆에 있던 5세 지원이가 말한다.
>
> 지원 : 음…. 나는 이거 할 수 있을 것 같은데…. 하얏!
>
> 지원이는 모래 구덩이를 가볍게 뛰어 넘는다. 지원이는 모래 구덩이의 가장 긴 거리를 뛰어넘고, 반대편에서 또다시 뛰어넘기를 반복한다. 지원이는 모래 구덩이 뛰어넘기를 성공할 때마다 웃는다. 지원이를 지켜보던 은제가 모래 구덩이 뛰어넘기를 다시 시도한다. 은제는 모래 구덩이 가장자리 끝을 뛰어넘었지만, 두 발로 서서 착지하지 못하고 넘어졌고, 두 손으로 바닥을 짚고 곧바로 일어난다. 그리고 손바닥과 무릎에 묻은 모래를 툭툭 털어낸다.
> 지원이와 은제의 모습을 보고 있던 4세 수하가 소꿉놀이를 멈추고 벌떡 일어난다. 그리고 금세 모래 구덩이를 풀쩍 뛰어 넘는다. 그리고 활짝 웃으며 말한다.
>
> 수하 : "나 잘하죠?"

(2) 5개 영역의 통합적 이해

① 신체운동 · 건강

신체 활동 즐기기	• 신체를 인식하고 움직인다. 　- 유아는 모래 구덩이에서 올라올 때 다리를 넓게 벌려야 한다는 것을 안다. 　- 유아는 넘어졌을 때 손바닥과 무릎에 묻은 모래를 툭툭 털어낸다.
	• 신체 움직임을 조절한다. 　- 모래 구덩이를 뛰어넘을 때 자신의 팔과 다리, 허리 등의 움직임을 조절한다.
	• 기초적인 이동운동, 제자리 운동, 도구를 이용한 운동을 한다. 　- 유아들은 한 곳에서 다른 곳으로 점프하며 몸이 움직이는 방향과 공간에 대해 느끼며, 힘과 빠르기를 다르게 하여 몸을 이동한다.
	• 실내외 신체 활동에 자발적으로 참여한다. 　- 유아들은 스스로 모래 구덩이를 뛰어넘으며 신체 활동에 즐겁게 참여한다.

안전하게 생활하기	• 일상에서 안전하게 놀이하고 생활한다. – 유아들은 모래 구덩이의 크기와 너비를 살펴보고, 자신이 잘 뛰어넘는 방법에 대해 생각하며 놀이한다. – 모래가 튀어서 친구의 얼굴에 묻거나 눈에 들어가면 위험할 수 있다는 것을 알고 행동을 조심한다.

② 의사소통

듣기와 말하기	• 말이나 이야기를 관심 있게 듣는다. – 유아는 소꿉놀이를 하면서 친구들을 관심 있게 지켜본다. • 자신의 경험, 느낌, 생각을 말한다. – 유아는 교사에게 자신의 경험과 느낌, 생각을 말한다.

③ 사회관계

나를 알고 존중하기	• 나를 알고 소중히 여긴다. – 유아는 모래 구덩이 뛰어넘기를 성공하며 성취감과 만족감을 느낀다. – 유아는 모래 구덩이를 훌쩍 뛰어넘을 수 있는 자신의 능력을 알고, "나 잘하죠?"라고 말하며 자신을 가치 있는 존재로 느낀다.
더불어 생활하기	• 서로 다른 감정, 생각, 행동을 존중한다. – 유아는 활짝 웃으며 모래 구덩이를 훌쩍 뛰어넘은 기쁨을 표현한다. – 이와 달리 실패한 유아는 성공한 유아가 부럽고 한편으로 속상하지만 모래 구덩이 뛰어넘기를 다시 도전한다. – 유아는 친구의 얼굴에 모래가 튀었을 때, 친구의 찡그린 얼굴 표정을 보고 친구의 감정을 알아차렸고, 미안한 마음을 적절한 말로 상황에 맞게 표현한다. – 유아는 말없이 얼굴에 묻은 모래를 털어 내면서 친구의 실수를 이해해 준다.

④ 자연탐구

생활 속에서 탐구하기	• 일상에서 길이, 무게 등의 속성을 비교한다. – 유아들은 자신이 뛰어넘을 수 있는 모래 구덩이의 너비를 비교한 뒤 자신이 잘 뛰어넘을 수 있는 거리를 선택한다.

하수혜 거름이 누리과정 ❶ 신체운동·건강

제1판발행 | 2024. 3. 29.　**제3판인쇄** | 2025. 3. 10.　**제3판발행** | 2025. 3. 15.
편저자 | 하수혜　**발행인** | 박 용　**발행처** | (주)박문각출판
등록 | 2015년 4월 29일 제2019-000137호
주소 | 06654 서울특별시 서초구 효령로 283 서경 B/D　**팩스** | (02)584-2927
전화 | 교재 문의 (02) 6466-7202, 동영상 문의 (02) 6466-7201

이 책의 무단 전재 또는 복제 행위는 저작권법 제136조에 의거, 5년 이하의 징역 또는 5,000만 원 이하의 벌금에 처하거나 이를 병과할 수 있습니다.

ISBN 979-11-7262-607-5 | 979-11-7262-606-8(SET)
정가 37,000원

저자와의
협의하에
인지생략